接触网作业车

北京铁路局　编

中国铁道出版社

2018年·北京

内容简介

本书全面、系统地阐述了接触网作业车的基本结构和作用原理包括发动机、传动系统、车体、车架及运行系统、制动系统、液压系统与作业机构、电气系统等，并对接触网作业车的操纵、日常故障处理及日常行车基础理论知识进行了简单的介绍。

本书适用于接触网作业车乘务人员和检修人员，对各类职业学校相关师生及有关工厂的职工、技术人员也有一定参考价值。

图书在版编目(CIP)数据

接触网作业车/北京铁路局编. —北京：中国铁道出版社，2012.9（2018.8 重印）
ISBN 978-7-113-15278-9

Ⅰ.①接…　Ⅱ.①北…　Ⅲ.①电气化铁道－接触网－检查车－基本知识　Ⅳ.①U226.5

中国版本图书馆 CIP 数据核字(2012)第 209249 号

书　　名：接触网作业车
作　　者：北京铁路局　编

责任编辑：孙　楠　　编辑部电话：(010)51873421　　电子信箱：tdpress@126.com
编辑助理：侯跃文　李慧君
封面设计：崔丽芳
责任校对：孙　玫
责任印制：陆　宁

出版发行：中国铁道出版社(100054，北京市西城区右安门西街 8 号)
网　　址：http://www.tdpress.com
印　　刷：北京虎彩文化传播有限公司
版　　次：2012 年 9 月第 1 版　　2018 年 8 月第 3 次印刷
开　　本：787mm×1092mm　1/16　印张：23　字数：580 千
书　　号：ISBN 978-7-113-15278-9
定　　价：68.00 元

《接触网作业车》编委会

前　言

随着我国电气化铁路的快速发展，接触网作业车在铁路运输生产、施工、事故救援中的发挥着越来越重要的作用。为进一步提高接触网作业车司机专业知识水平和操作技能，保证行车安全，我们依据现行规章、技术标准，结合现场工作实际，组织编写了《接触网作业车》一书。

全书共分十二章，主要包括：接触网作业车辆概述、发动机、传动系统、车体车架及走行系统、制动系统、液压系统与作业机构、电气系统、接触网作业车的操纵、常见故障处理、接触网作业车运行控制设备、相关基础理论知识、行车知识简介等内容。本书可作为接触网作业车司机培训用教材，也可作为接触网作业车管理人员学习参考用书。

本书由北京铁路局供电处、职工教育处组织编写，天津供电段等单位承担编写任务，刘国庆任主编。第一章、第五章由刘国庆、张胜国编写；第二章、第四章、第八章由刘国庆、张建忠编写；第三章、第六章、第九章由刘国庆编写；第七章由高枫、刘吉生编写；第十章由高枫、陈伟编写；第十一章由柳崇玉、陈伟编写；第十二章由柳崇玉、刘吉生编写。全书经张之明、曹元枫、赵寅辉、邓洪、裴海斌、韩志强、栾锐敏、孙树春、杨涛、戚峰峰、王小刚等集体审定。

书中不妥之处，敬请读者指正。

编　者

2012 年 8 月

目　　录

第一章　接触网作业车概述

接触网作业车是电气化铁路运输企业、工程施工企业的重要机械动力设备，主要用于电气化铁路建设、设备维修、事故救援抢险、路用生产物资运输和线路检查等工作，接触网架线作业车、接触网放线车、接触网检修车、接触网巡检车、接触网轨道起重车、接触网立杆作业车、接触网高空作业车、接触网专用平板车等统称接触网作业车。

第一节　接触网作业车的分类

一、一般定义

重型轨道车是指装机功率在1 000 kW(1 359马力)以下，在铁路线路上运行的小型内燃机车。接触网架线作业车、接触网检修车、接触网巡检车、接触网轨道起重车、接触网立杆作业车、接触网高空作业车等接触网作业车均属于重型轨道车。

轨道平车是指由接触网作业车牵引，净载重量为30 t以下的专用平车。接触网放线车、接触网专用平板车均属于轨道平车。

二、接触网作业车的分类

接触网作业车可按照传动方式和用途两方面进行分类。

1. 按传动方式分类

机械传动方式：接触网作业车以内燃机为动力，通过离合器、变速器、换向分动箱、传动轴、车轴齿轮箱等将发动机的动力传递到轮对上，实现驱动车辆运行，其主要传动部件为齿轮。机械传动方式的特点是结构简单、制造成本低、维修方便以及操作简单，是目前的主要传动类型。

液力传动方式：接触网作业车以内燃机为动力，通过液力变矩器(也叫变扭器)、传动轴、车轴齿轮箱等将发动机的动力传递到轮对上，实现驱动车辆运行，其主要传动介质为液力传动油，通过电磁阀控制液力传动油的压力和方向，由泵轮、涡轮、离合器毂借助传递介质实现动力的变矩、变速传出。液力传动方式的特点是启动平稳、换挡中无明显的功率中断现象、操作简单、技术含量高，但生产成本高、维修专业化较强、要求保养质量高。

电力传动方式：接触网作业车以内燃机为动力，驱动发电机发电，通过整流系统实现交流电变直流电，再通过控制系统控制牵引电机，实现动力传递。电力传动方式的优点是启动平稳、换挡中无明显的功率中断现象、操作简单、技术含量高、环保；缺点是生产成本高、维修专业化较强，且如操纵调控速度失误，可导致牵引电机、整流电路因过电流烧损。2004年7月由中国北车集团永济电机厂开发出适宜海拔4 000 m以上运行的GCD－1000型大功率电传动重型轨道车，2006年6月22日通过铁道部科技司主持的评审，目前已在青藏铁路西宁—格尔木段运行，但未批量生产。

2. 按用途分类

接触网作业车按用途可分为接触网架线作业车、接触网放线车、接触网检修车、接触网巡检车、接触网轨道起重车、接触网立杆作业车、接触网高空作业车、接触网专用平板车、绝缘子水冲洗车等。

第二节　国产接触网作业车型号

目前，我国生产接触网作业车的厂家较多，除宝鸡南车时代工程机械有限公司（原宝鸡工程机械厂）、金鹰重型工程机械有限公司（原襄樊轨道车辆厂）、北车集团太原轨道车辆装备制造有限责任公司（原太原机车厂）外，还有诸如郑州铁路局工务机械厂、哈尔滨铁路局内燃机械厂、宝鸡中铁工程机械有限公司等。由于铁路大提速，轻型轨道车渐渐淡出我们的视线，下面仅对重型接触网作业车的型号进行说明。

一、重型轨道车

重型轨道车特指设有附属作业设备的小型内燃机车，其型号由车辆名称代号、车辆类型代号、主要技术参数代号（发动机功率）组成。

车辆名称代号由车辆名称的汉语拼音第一个字母大写组成，重型轨道车用 G（轨）、C（车）表示，有的型号上还有第三个英文字母，表示“轴数”类型即“S”表示四轴车。

如金鹰重型工程机械有限公司生产的轨道车型号表示方法，它的型号由四部分组成：JY××-××，JY 为“金鹰”两字的汉语拼音第一个字母的大写，第一组“××”为主要技术参数代号，第二组“××”为生产序列号。有的型号上还有第三个英文字母，表示轨道车类型，如“M”表示米轨。

在型号中机械传动不做表示；液力传动用“Y”表示；电力传动用“D”表示。

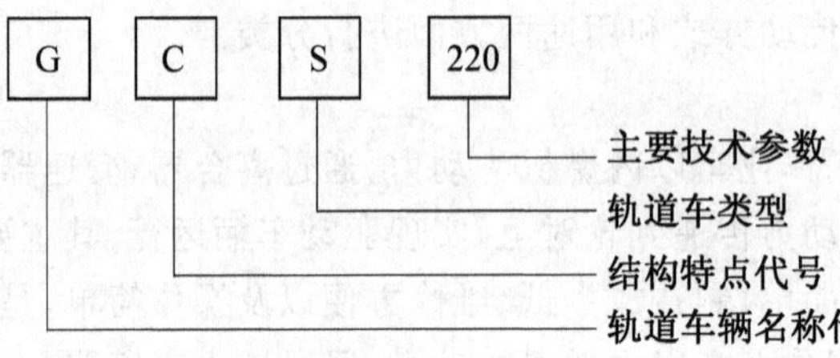

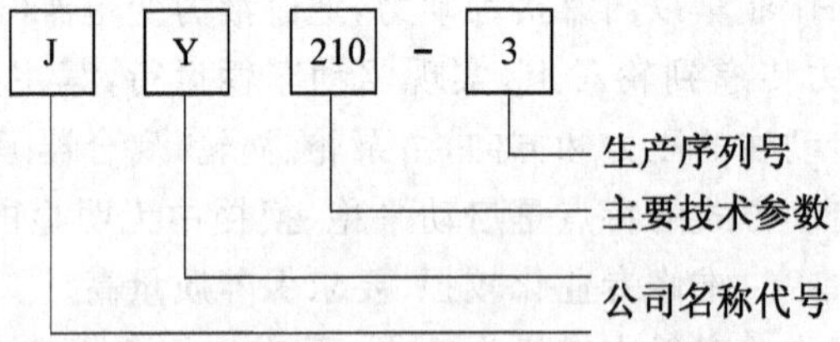

二、接触网作业车

接触网作业车的型号一般按用途命名，由字母和相应的数字组成，各生产厂家的表示方法不尽相同。

宝鸡南车时代工程机械有限公司命名为“DA”、“DX”、“GQ”等，D 表示电气化、A 表示安装车、X 表示综合维修车、G 表示轨道、Q 表示起重车。

北车集团太原轨道车辆装备制造有限责任公司命名为“TY”，表示生产厂名称，5 表示四轴作业车，4 则为铁道部规定的车辆厂代码。

金鹰重型工程机械有限公司命名为“JW”、“JX”、“JC”等，J 表示接触网、W 表示维修车、X 表示架线车、C 表示检测车。

例如：DA12 表示宝鸡南车时代工程机械有限公司生产的 12 型电气化作业安装车、$TY_5$4009 表示北车集团太原轨道车辆装备制造有限责任公司生产的四轴接触网作业车出厂编号为第 009 号的接触网作业车、JW－4 表示金鹰重型工程机械有限公司生产的 4 型作业车、JC－2E 表示金鹰重型工程机械有限公司生产的 2 型 E 类改进接触网检测车、GQ16－3C 表示最大起重量为 16 t、3 型 C 次改进的轨道起重车等。

三、轨道平车

轨道平车的型号用“GPC”表示，后续数字表示载重吨位，如 GPC30 表示载重量为 30 t。

接触网放线车属于轨道平车类，宝鸡南车时代工程机械有限公司生产放线车用 DF 表示，金鹰重型工程机械有限公司生产的放线车用 FX 表示，北车集团太原轨道车辆装备制造有限责任公司生产的放线车则用 TY4 表示。

第三节　接触网作业车的主要技术参数

一、接触网作业车的总体技术要求

铁道部 2006 年颁布了《电气化铁道接触网综合检修作业车技术条件》（TB/T 2180—2006），明确了新造接触网作业车的技术条件。

电气化铁道接触网综合维修作业车涵盖了电气化接触网维修作业车、电气化接触网维修高空作业车、电气化维修架线车等种类。

1. 作业车工作环境温度为－25～＋45 ℃，超过上述温度应采取降温或保温措施。

2. 作业车工作海拔高度在 2 500 m 以下，超过时应对发动机功率进行校正。

3. 作业车轨距 1 435 mm。

4. 作业车轮对直径为 840 mm，也可用 915 mm、1 050 mm。应采用四轴，轴重≤21 t。

5. 作业车通过最小曲线半径 100 m，并能顺利摘挂作业。双向自行速度≥100 km/h，最大尾挂速度 120 km/h，双向作业走行速度 0～10 km/h，爬坡能力 25‰（速度≥30 km/h）。

6. 作业车车钩中心距轨面高度应为（880±10）mm。

7. 作业车排障器距轨面的整备高度应为（110±20）mm。作业车排障器下部应设扫石器，尺寸为 300 mm×200 mm，距轨面高度为 20 mm。

8. 作业车在平直线路上行驶，单机以初速度 80 km/h 运行，紧急制动距离≤400 m。

9. 作业车空气压缩机的排量在柴油发动机额定转速下，总风缸压力从 0 升至（800±20）kPa 所需时间≤4 min。常用制动后缓解时间≤35 s。

10. 作业车日光直射和夜间关闭司机室照明后，距仪表和指示灯能在 500 mm 处辨别仪表读数值和指示灯显示信号。

11. 作业车夜间行车时，室内照明关闭后，司机能正常观察和操纵。指示灯和照明灯不应引起司机对信号产生错觉。

12. 作业车司机室在关闭门窗的状态下，车速为 100 km/h，柴油发动机为额定功率，其稳态噪声为：司机室中央应≤88 dB(A)；司机座位上方 1m 处应≤90 dB(A)。

13. 车门开向安全，开启灵活，关闭严密，不允许发生自动启闭现象。

14. 天窗启闭灵活，不漏水，不允许发生自动启闭现象，侧窗启闭轻便灵活，关闭时密封良好。

15. 作业车前、后窗风挡玻璃应采用安全玻璃，透光良好、光色稳定、清晰、不失真，安装牢固、不漏水。

16. 作业车控制及照明电路电压采用直流 24 V。

17. 前、后大灯、侧灯照明良好，在 300 m 处距钢轨表面垂直距离 0 m、1 m、1.5 m 照度值≥1.0 lx。

18. 作业车作业平台：升起地板面距轨面的最大高度 6 800 mm；旋转角度≤120°；尺寸为 5 500 mm×1 750 mm；前端距回转中心尺寸 4 500 mm；回转中心承载能力 1 000 kg；前端边缘 300 kg。上升时间≤50 s；回转单边时间≤35 s。

19. 作业车高空作业斗：最大垂直高度≥15 500 mm；工作幅度 11 000 mm；旋转角度≥360°；外形尺寸≥1 600 mm×1 000 mm×1 100 mm；承载能力 300 kg。

20. 作业车接触网模拟检测受电弓：接触高度 5 100～6 700 mm；拉出值－600～＋600 mm；弓网静态压力 60～80 N。

21. 作业车导线拨线装置：左右拨出值≥600 mm。

22. 作业车接触网紧线装置：最大作业高度≥7 200 mm；最大紧线张力≥30 kN。

23. 轴箱轴承部位最高温度为≤0.6×(环境温度＋50 ℃)；车轴齿轮箱温升为≤50 K。

24. 作业车车体能够承受风、沙、雨、雪的侵袭。

25. 作业车电路各回路电缆对地绝缘电阻≥1.0 MΩ；在环境绝对湿度大于 16 g/m^3 时，绝缘电阻≥0.5 MΩ。

26. 作业车液压应急系统，在紧急的情况下，应急泵应保证在 10 min 内将作业装置回收到位。

27. 作业车制动时闸瓦应抱紧车轮，可靠制动；缓解时闸瓦分离彻底，轮瓦间隙 6～8 mm。

二、轨道平车的总体技术要求

1. 载重量为 24 t、30 t。

2. 自重系数≤0.5。

3. 地板尺寸≥12 500 mm×2 500 mm。

4. 车钩中心距轨面高度应为(880±10) mm。

5. 最大运行速度≥80 km/h。

6. 在平直线路上以初速度 80 km/h 行驶，满载时紧急制动距离≤400 m。

7. 轮对及轴承组装应符合铁道部《铁路货车厂修规程》及《铁路货车轮对和滚动轴承组装及检修规则》。

三、国产主型接触网作业车的主要技术参数

随着电气化铁路的快速发展，接触网作业车的引进、更新换代也比较快，下面主要介绍一下目前我国主型接触网作业车的技术参数。

(一) JW-4 型接触网架线车

JW-4 型接触网架线车是金鹰重型工程机械有限公司生产的接触网作业车，已广泛应用于我们的实际生产中。

1. 车辆主要技术参数

JW-4 型接触网架线车技术参数见表 1-1。

表 1-1　JW-4 型接触网架线车主要技术参数

序号	项　　目	技　术　数　据
	车辆参数项目	
1	轨距	1 435 mm
2	轴列式	1A—A1
3	走行部形式	拉杆式二轴转向架
4	轴距	2 400 mm
5	定距	7 200 mm
6	整备质量	约 36 t
7	轮对直径	840 mm
8	通过最小曲线半径	单机状态 90 m,连挂状态 250 m
9	最高运行速度	100 km/h
10	传动方式	机械传动
11	制动机形式	JZ－7
12	车钩形式	15 号下作用式车钩
13	缓冲器形式	G1 缓冲器
14	车钩距轨面高度	(880±10) mm
15	轴重	9 t
16	燃油箱容积	760 L
17	外形尺寸	14 030 mm×3 070 mm×4 750 mm
	发动机技术参数项目	
18	柴油发动机型号	Cummins NTC-290
19	柴油发动机形式	直列水冷、四冲程、废气涡轮增压
20	气缸数	6
21	气缸直径	139.7 mm
22	活塞行程	152.4 mm
23	发火次序	1—5—3—6—2—4
24	发动机排量	14 L
25	发动机额定功率/转速	216 kW(294 马力)/2 100(r/min)
26	发动机最大输出扭矩	1 261 N·m(1 300 r/min)
27	发动机最高空载转速	2 300 r/min
28	发动机怠速	575～650 r/min
29	燃油泵形式	PT 泵燃油系＋VS 全程调速器
30	冷态气门间隙	进气门 0.28 mm,排气门 0.58 mm
31	发动机机油压力	345～483 kPa
32	标准节温器调节温度	80～90 ℃
33	启动方式	DC 24 V 电启动

续上表

序号	项 目	技 术 数 据
34	充电发电机容量	DC 24 V,70 A
35	燃油消耗率	219.3 g/(kW·h)
36	润滑油容量	44 L
	变速器主要技术参数	
37	变速器型号	富勒 RTO－11509C
38	变速器形式	双副轴主副变速器
39	最大输入扭矩	1 490 N·m
40	最大输入转速	2 600 r/min
41	润滑油容量	13 L
42	变速器净重	270 kg
43	换挡方式	双 H 空气助动手动换挡
	离合器主要技术参数	
44	离合器型号	英国 LIPE 15 英寸/380－2LP
45	离合器形式	双片干式、拉式陶瓷摩擦片离合器
46	最大传递扭矩	3 488 N·m

2. 变速器各挡速比

变速箱各挡速比见表 1-2。

表 1-2 变速箱各挡速比

	低 挡 区						高 挡 区			
挡 位	倒	起步	1	2	3	4	5	6	7	8
速 比	12.99	12.42	8.26	6.08	4.53	3.36	2.47	1.81	1.35	1

3. 车辆外形布置图

车辆外形示意图如图 1-1 所示。

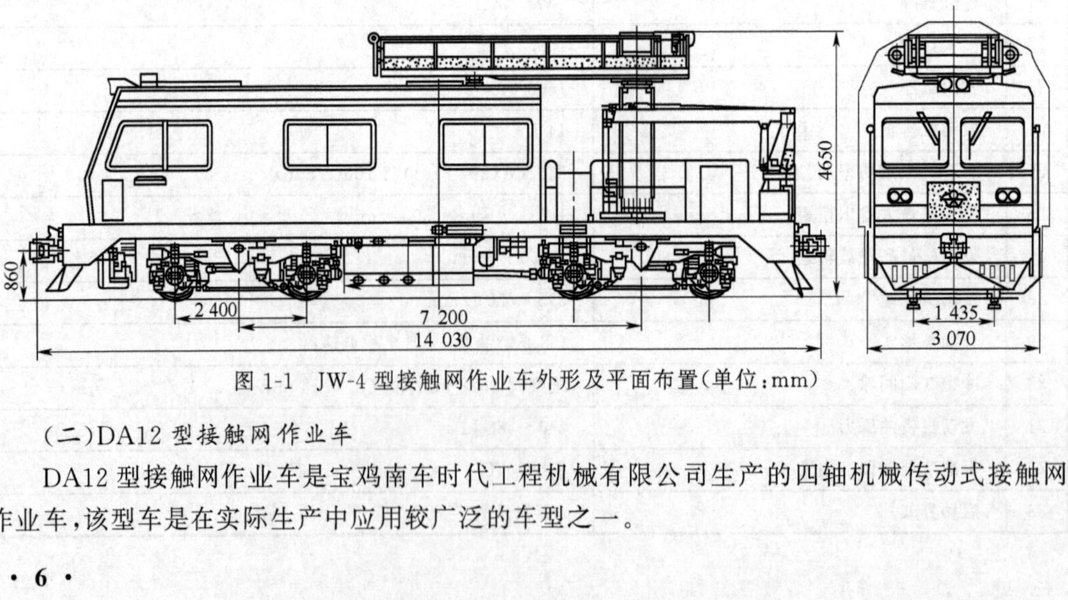

图 1-1 JW-4 型接触网作业车外形及平面布置(单位:mm)

(二)DA12 型接触网作业车

DA12 型接触网作业车是宝鸡南车时代工程机械有限公司生产的四轴机械传动式接触网作业车,该型车是在实际生产中应用较广泛的车型之一。

1. 车辆主要技术参数

DA12 型接触网作业车主要技术参数，见表 1-3。

表 1-3　DA12 型接触网作业车主要技术参数

序号	项　目	技　术　数　据
	车辆参数项目	
1	轨距	1 435 mm
2	轴列式	1A—A1
3	走行部形式	拉杆式二轴转向架
4	轴距	2 100 mm
5	定距	7 000 mm
6	整备质量	38×(1±4%) t
7	轮对直径	840 m
8	通过最小曲线半径	145 m
9	最高运行速度	110 km/h
10	传动方式	机械传动
11	制动机形式	JZ-7
12	车钩形式	13 号下作用式车钩
13	车钩距轨面高度	(880±10) mm
14	燃油箱容积	580 L
15	车载发电机功率	75 kW
16	车载发电机输出电源形式	交流电三相四线 380 V/220 V
17	外形尺寸	13 840 mm×3 260 mm×4 760 mm
	发动机技术参数项目	
18	柴油发动机型号	CumminsCNTC-290
19	柴油发动机形式	直列水冷、四冲程、废气涡轮增压
20	气缸数	6
21	气缸直径	139.7 mm
22	活塞行程	152.4 mm
23	发火次序	1—5—3—6—2—4
24	发动机排量	14 L
25	发动机额定功率/转速	216 kW(293 马力)/2 100(r/min)
26	发动机最大输出扭矩	1 261 N·m(1 400 r/min)
27	发动机最高空载转速	2 300 r/min
28	发动机怠速	625 r/min
29	燃油泵形式	PT 泵燃油系＋VS 全程调速器
30	启动方式	DC 24 V 电启动
31	充电发电机容量	DC 24 V,50 A
32	燃油消耗率	231 g/(kW·h)
33	润滑油容量	44 L

续上表

序号	项目	技术数据
34	发动机净重	1 250 kg
	变速器主要技术参数	
35	变速器型号	富勒 RTO－11509F
36	变速器形式	机械式、手操纵、副箱带惯性同步器
37	最大输入扭矩	1 490 N·m
38	最大输入转速	2 600 r/min
39	润滑油容量	14 L
40	变速器净重	260 kg
41	换挡方式	双 H 空气助动手动换挡
	离合器主要技术参数	
42	离合器型号	英国 LIPE 15 英寸/380－2LP
43	离合器形式	双片干式、拉式陶瓷摩擦片离合器
44	最大传递扭矩	3 100 N·m
	走行系统	
45	一系簧挠度	76 mm
46	二系簧挠度	32 mm
47	液压减振器一系垂向阻尼系数	4×50(N·s)/mm
48	液压减振器二系垂向阻尼系数	4×50(N·s)/mm
49	牵引杆距轨面高度	535 mm
50	制动倍率	8.2

2. 变速器各挡速比

变速器速比见表 1-4。

表 1-4 变速器速比表

	低挡区						高挡区			
挡位	倒	起步	1	2	3	4	5	6	7	8
速比	10.51	10.06	6.71	4.92	3.36	2.65	2.00	1.47	1.00	0.788

3. 车辆外形及平面布置

DA12 接触网作业车外形布置如图 1-2 所示。

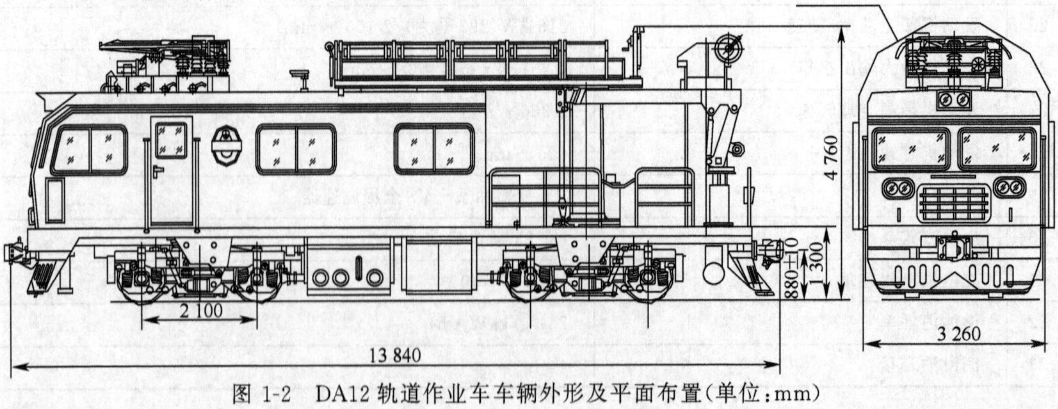

图 1-2 DA12 轨道作业车车辆外形及平面布置(单位:mm)

（三）GQ16-3C 型轨道起重车

GQ16-3C 轨道起重车是宝鸡南车时代工程机械有限公司生产的三轴机械传动式轨道作业车，它选用了重庆康明斯发动机有限公司生产（Cummins）N 系列柴油发动机、富勒双副轴 RTO－11509F 变速器和英国 LIPE 公司生产的陶瓷离合器，配置了由湖南中联重工生产的浦沅系列 16 t 臂式起重机，该起重机是应用较广泛的轨道起重机之一。

1. 车辆主要技术参数

GQ16-3C 型轨道起重车技术参数见表 1-5。

表 1-5　GQ16-3C 型轨道起重车技术参数

序号	项　　目	技　术　数　据
	工作环境	
1	工作类型	中级
2	允许工作风力	≤7 级
3	允许使用环境温度	0～＋45 ℃
4	最大海拔高度	2 500 m
5	回转支撑面倾斜度	≤0.5％
6	使用场合	室外
	车辆参数项目	
7	轨距	1 435 mm
8	轴距	2 100 mm
9	车钩距轨面高度	(880±10) mm
10	轮对直径	840 m
11	通过最小曲线半径	100 m
12	整备质量	33 t
13	传动方式	机械传动自行/吊重液压走行
14	制动机形式	H-6
15	车钩形式	13 号下作用式车钩
16	最高运行速度	95 km/h
17	最高吊重走行速度	4～8 km/h
18	最大起重量(打支腿固定作业)	16 t
19	最大起重量(不打支腿移动作业)	7 t
20	最大起重力矩(打支腿固定作业)	70 kN · m
21	最大起重力矩(不打支腿移动作业)	21 kN · m
22	工作幅度	3～18 m
23	吊重行驶最大爬坡度	25‰
24	支腿横向跨距	3 000～4 600 m
25	转台尾径	1 955 mm
26	最大起升高度	19.28 m
27	起升速度(7 倍率)	0～10.56 m/min
28	起升 7 倍率	7.5
29	回转速度	0～2.5 r/min
30	最短变幅时间(空载全程起)	≤50 s
31	最短变幅时间(空载全程落)	≤25 s
32	最短调臂伸缩时间(空载全程伸)	≤50 s

续上表

序号	项　　目	技 术 数 据
33	最短调臂伸缩时间(空载全程缩)	≤30 s
34	水平油缸最短伸缩时间(全程四缸同时伸)	≤15 s
35	水平油缸最短伸缩时间(全程四缸同时缩)	≤15 s
36	垂直油缸最短伸缩时间(全程四缸同时伸)	≤70 s
37	垂直油缸最短伸缩时间(全程四缸同时缩)	≤40 s
38	起重机调臂长度	7.97～18.81 m
39	起重机调臂仰角	−3°～75°
40	液压系统工作压力	21 MPa
41	制动距离(初始速度＝95 km/h)	≤400 m
42	外形尺寸	11 060 mm×3 120 mm×4 070 mm
	发动机技术参数项目	
43	柴油发动机型号	NT855-L290
44	柴油发动机形式	直列水冷、四冲程、废气涡轮增压
45	气缸数	6
46	气缸直径	139.7 mm
47	活塞行程	152.4 mm
48	发火次序	1—5—3—6—2—4
49	发动机排量	14 L
50	发动机额定功率/转速	216 kW(293 马力)/2 100(r/min)
51	发动机最大输出扭矩	1 227 N·m(1 400 r/min)
52	发动机最高空载转速	2 300 r/min
53	发动机怠速	600 r/min
54	燃油泵形式	PT 泵燃油系＋VS 全程调速器
55	启动方式	DC 24 V 电启动
56	充电发电机容量	DC 24 V,50 A
57	燃油消耗率	210 g/(kW·h)
58	润滑油容量	44 L
59	发动机净重	1 250 kg
	变速器主要技术参数	
60	变速器型号	RTO－11509F
61	变速器形式	机械式、手操纵、副箱带惯性同步器
62	最大输入扭矩	1 490 N·m
63	最大输出扭矩	169 360 N·m
64	最大输入转速	2 600 r/min
65	润滑油容量	14 L
66	变速器净重	260 kg
67	换挡方式	双 H 空气助动手动换挡
	离合器主要技术参数	
68	离合器型号	英国 LIPE　15 英寸/380－2LP
69	离合器形式	双片拉式陶瓷摩擦片离合器
70	最大传递扭矩	3 100 N·m

续上表

序号	项　　目	技　术　数　据
	液压系统	
71	液压泵形式	双联齿轮泵
72	液压泵型号	CBP63/50-HF
73	最大排量	(63+50) mL/r
74	额定转速	2 000 r/min
75	系统最大工作压力	20 MPa
76	液压油箱容积	540 L

2. 变速器各挡速比

变速器速比见表 1-6。

表 1-6　变速器速比表

	低　挡　区						高　挡　区			
挡　位	倒	起步	1	2	3	4	5	6	7	8
速　比	10.51	10.06	6.71	4.92	3.36	2.65	2.00	1.47	1.00	0.788

3. 车辆外形平面布置图

GQ16-3C 轨道起重车外形平面布置如图 1-3 所示。

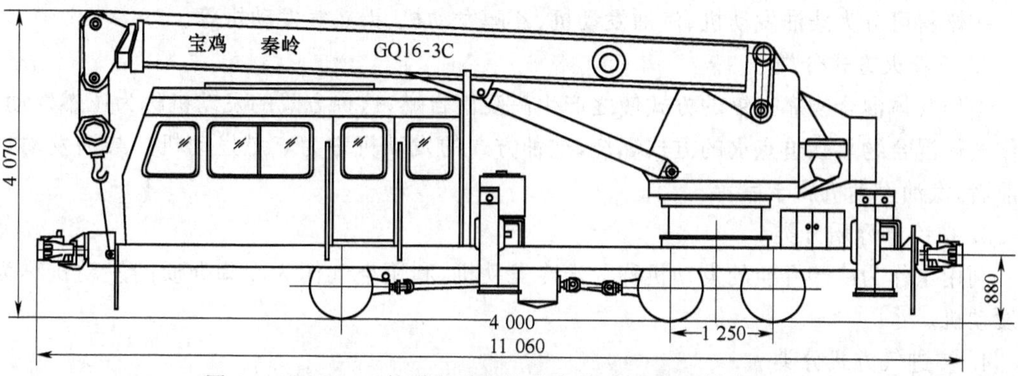

图 1-3　GQ16-3C 轨道起重车外形及平面布置图(单位:mm)

复习思考题

1. 接触网作业车按传动方式分为哪几种?
2. 接触网作业车车钩中心线距轨面高度是多少?
3. 接触网作业车排障器距轨面高度是多少?
4. JW-4 型接触网作业车使用的是哪种变速器?
5. 接触网作业车作业平台的承载能力是多少?
6. GCS220 型重型轨道车的代号含义是什么?

第二章 发 动 机

第一节 发动机的工作原理

一、一般概念

发动机是能量转换的机器设备，它将某一种形式的能转化为机械能。接触网作业车采用的是热力发动机（简称热机），它是将燃料燃烧产生的热能转化为机械能的发动机。由于燃料的燃烧是在发动机内部的气缸内完成，这种发动机也称为内燃发动机。

二、发动机的分类

发动机的分类多种多样，可按燃料、着火方式、冷却介质、进气方式、气缸排列方式、旋转方向、用途等分类。

1. 按燃料分类

按燃料可分为柴油发动机、汽油发动机、乙醇发动机、天然气发动机等。

2. 按着火方式分类

工作气体混合物靠压缩的方式使之产生高温而自燃，这种方式的发动机称为压燃发动机。工作气体混合物靠强迫点火的方式燃烧，这种方式的发动机称为点燃发动机。柴油发动机属于前者，汽油发动机属于后者。

3. 按冷却介质分类

利用水作为冷却介质的发动机称为水冷发动机，利用空气作为冷却介质的发动机称为风冷发动机。

4. 按进气方式分类

进入气缸的空气是靠活塞的自然吸入，其压力为空气大气压力，这种发动机为非增压式发动机（也称自吸式发动机）。进入气缸的空气是以强迫的方式压入，提高了气缸内的空气密度，使燃烧更充分，提高了发动机功率，这种靠增压器增加进气空气压力的发动机称为增压式发动机。

5. 按气缸的排列方式分类

发动机按气缸的排列顺序分类分为直列式、W 形、V 形等。

6. 按旋转方向分类

发动机按照曲轴的旋转方向可分为左旋发动机和右旋发动机（从输出端看），大部分发动机均属左旋发动机。

三、发动机的型号

目前接触网作业车发动机都为柴油发动机，常用的国产柴油发动机大致有三种，上海柴油发动机股份有限公司的 6135 系列柴油发动机、重庆康明斯柴油发动机有限公司生产的 N 系列柴油发动机、潍柴动力股份有限公司生产的 WD615 系列柴油发动机。

1. 上海柴油发动机股份有限公司的 6135 系列柴油发动机的型号含义

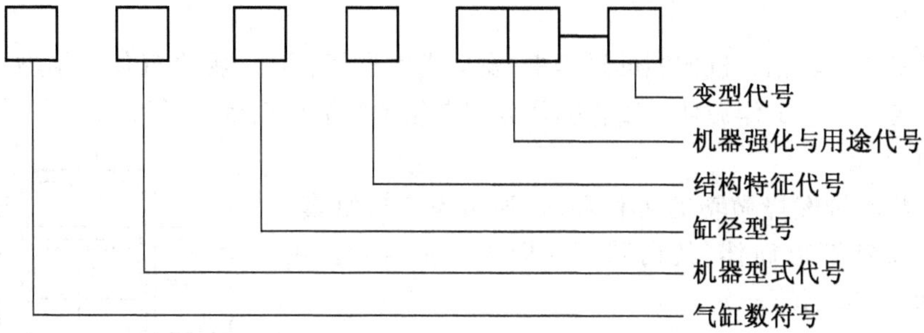

气缸数符号：1—单缸、4—4 缸、6—6 缸

机器型式代号：缺位时为直列、V—V 形

缸径型号：135

结构特征代号：缺位时为 140 行程、A—150 行程

机器强化与用途代号：

机器强化：缺位时为非增压、Z 或 JZ—增压、ZL—增压中冷

用途代号：G(缺位)—基本型、N—农用型、D—电站用、C_a—船用主机(左转)、C—船用主机(右转)、C_{af}—船用辅机、B—船用其他机型、K—工程机械用、Q—汽车用、J—机车用

变型代号：缺位时为标准设计、数字为第几次变型设计

2. 重庆康明斯柴油发动机有限公司 N 系列柴油发动机的型号含义

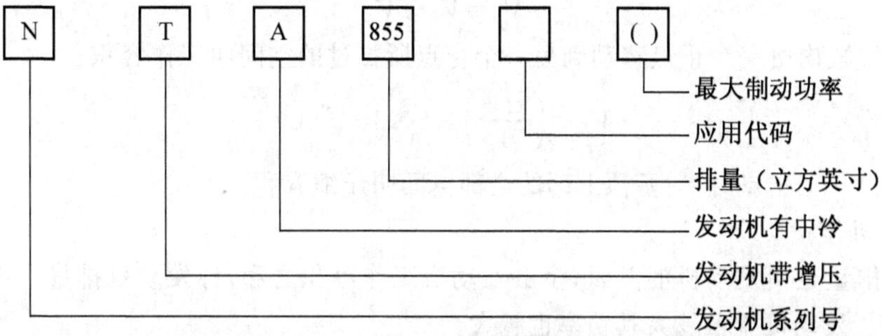

应用代码：A—农业、C—工程机械、D—发电机驱动机、F—消防泵、G—发电机组、L—内燃机车、M—船用、P—动力单元、R—轨道车、T—军事作战车

3. 潍柴动力股份有限公司 WD615 系列柴油发动机的型号含义

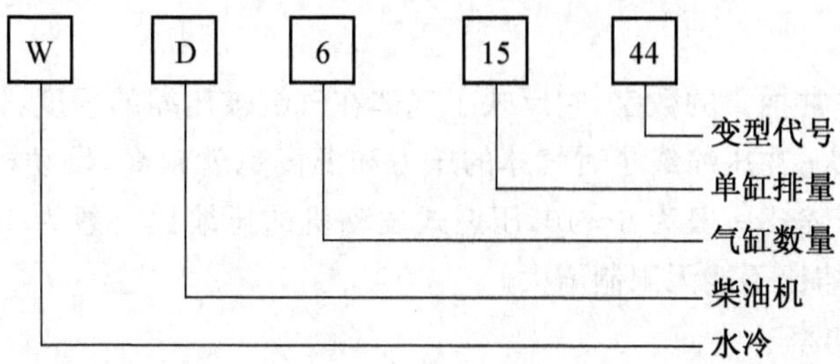

气缸数量：1—单缸、4—4 缸、6—6 缸等

单缸排量：15—1.5 L

四、发动机的关键名词解释

1. 工作循环

发动机将热能转化为机械能的过程中，发动机由进气、压缩、混合气体燃烧做功到排出废气的过程就成为一个工作循环。工作循环分别在每个气缸里进行，与气缸个数无关。

2. 气缸直径

气缸是发动机燃烧做功的工作场所，通常设有气缸套，气缸套为一铸铁圆形筒体，其内圆直径即为气缸直径。用“D”表示，单位：毫米(mm)。

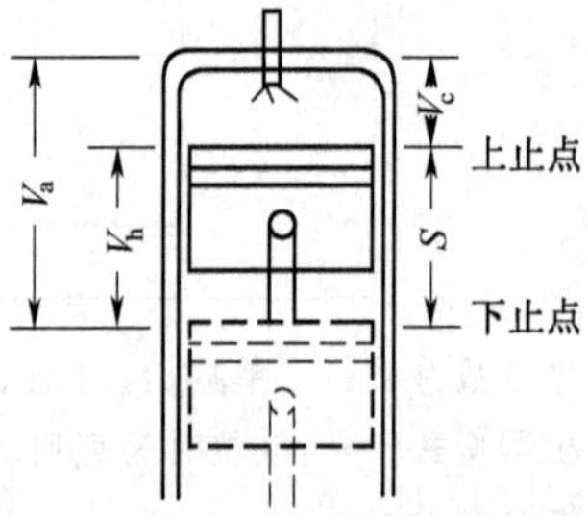

图 2-1　气缸工作容积与压缩容积

3. 止点

活塞在气缸内运动的极端位置，也称死点位置，就是止点；活塞顶在气缸的最上端位置叫上止点；活塞顶在气缸的最下端位置叫下止点(图 2-1)。

4. 活塞行程

活塞在气缸内由一个止点移动到另一个止点的距离叫活塞行程，一般以“S”表示。曲轴每旋转半周(180°)，相当于一次活塞行程，也叫完成一个冲程。

5. 气缸容积

气缸的容积包括两部分：工作容积和压缩容积，分别用 V_h、V_c 表示，其容积总和称气缸容积，用 V_a 表示。单位：升(L)。

$$V_a = V_h + V_c \tag{2-1}$$

活塞在气缸内由一个止点移动到另一个止点所扫过的空间叫工作容积。

$$V_h = \left(\frac{\pi D^2}{4}\right) \times S \times 10^{-6} \text{(L)} \tag{2-2}$$

当活塞位于上止点时，活塞顶上部的全部空间叫压缩容积。

6. 发动机排量

发动机排量也叫发动机的升量，多缸发动机工作容积之和，称发动机排量。用 V_H 表示，单位：升(L)。发动机排量越大其功率也越大。

7. 压缩比

气缸容积与压缩容积之比，就叫压缩比。用 ε 表示。

$$\varepsilon = \frac{V_a}{V_c} \tag{2-3}$$

压缩比是一个非常抽象的数字，它反映了气体在气缸被压缩的程度，也叫几何压缩比或名义压缩比，压缩比越大，在压缩终了时气体的压力和温度也就越高，发动机发出的功率也就越大。点燃式发动机压缩比一般为 6～10，压燃式发动机的压缩比一般为 12～22。但考虑到发动机的安全性能，压缩比不能无限制增大。

8. 发动机额定功率

发动机在额定转速下所输出的最大功率称额定功率。单位：千瓦(kW)(原来标准为马力，现在使用国际 SI 制标准)。

9. 配气相位

以曲轴的旋转角度来表示配气系统中进、排气门开启和关闭的时间称为配气相位。

10. 二冲程发动机和四冲程发动机

活塞每两个行程或曲轴每旋转一周(360°),完成一个工作循环的发动机,称为二冲程发动机。活塞每四个行程或曲轴每旋转两周(720°),完成一个工作循环的发动机,称为四冲程发动机。

五、四冲程柴油发动机的工作过程

四冲程柴油发动机的工作过程为进气、压缩、做功(燃烧和膨胀)、排气四个冲程,是在曲轴旋转两周,活塞在气缸内往复运动四次中完成的。

压燃式发动机工作过程如图 2-2 所示。

1. 进气行程

活塞自上止点向下止点运动,进气门开、排气门关闭,气缸容积不断扩大,空气被吸入气缸,如图 2-2(a)所示,曲轴由 0°转至 180°,此时气缸的压力约为 86～91 kPa,空气温度约为 60～80 ℃。

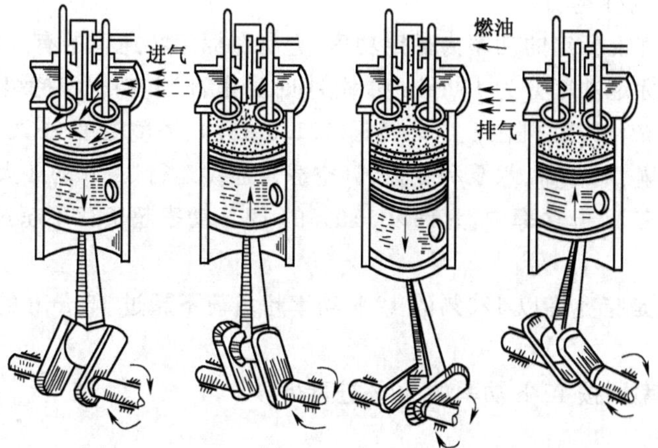

图 2-2　四行程压燃式发动机工作过程

2. 压缩行程

活塞自下止点向上止点运动,进气门、排气门均关闭,气缸容积不断减小,进入气缸内的空气被压缩,如图 2-2(b)所示,曲轴由 180°转至 360°,此时气缸的压力约为 3 000～5 065 kPa,混合空气温度可达 500～700 ℃。

3. 做功行程

当压缩终了,活塞接近上止点时,此时进气门、排气门仍在关闭,燃油泵将燃油的压力提高至 10 000～14 000 kPa,经喷油器雾化后喷射进入气缸中,在燃烧室内与高温空气接触而自燃(着火)。造成燃烧室的压力迅速增大和温度的急剧上升,从而推动活塞做功,如图 2-2(c)所示,曲轴由 360°转至 540°,此时气缸的压力约为 6 000～10 000 kPa,气缸内瞬时温度可达 1 700～2 000 ℃。

4. 排气行程

活塞自下止点向上止点运动,进气门关闭、排气门打开,废气通过打开的排气门排出,如图 2-2(d)所示,曲轴由 540°转至 720°,此时气缸的压力约为 108～122 kPa,气缸内温度降至600～700 ℃。

六、柴油发动机的主要技术指标

柴油发动机的动力性指标包括有效扭矩、有效功率、燃油消耗率、机械效率等。

1. 有效扭矩

柴油发动机通过曲轴对外输出的扭矩，称为有效扭矩。用 M_e 表示。

2. 有效功率

柴油发动机通过曲轴对外输出的功率，称为有效功率。用 N_e 表示。它等于有效扭矩与曲轴角速度的乘积。

$$N_e=M_e\times\left(\frac{2\pi n}{60}\right)\times10^{-3}=M_e\times\frac{n}{9\ 546}\quad(\mathrm{kW})\tag{2-4}$$

式中 N_e——有效功率，单位：千瓦(kW)；

M_e——有效扭矩，单位：牛·米(N·m)；

n——柴油发动机转速，单位：转/分钟(r/min)。

3. 柴油发动机的标定功率

柴油发动机铭牌上标定的功率为标定功率，它是在标定转速下的有效功率。

柴油发动机的标定功率分为 15 min 功率、小时功率、12 h 功率和持续功率。

12 h 功率是指柴油发动机在 1 个大气压(101.3 kPa)、环境温度 20 ℃、相对湿度 60%、带空气滤清器不带风扇、消音器、水泵和变速器(空载)，连续运行 12 h 的最大有效功率。

小时功率是指在 12 h 功率中，允许以 110%的 12 h 功率超负荷不超过 1 h 的短时间运行所测得的功率。

15 min 功率则是指允许以 120%的 12 h 功率超负荷不超过 15 min 的短时间运行所测得的功率。

标定的持续功率则按 12 h 功率的 90%进行折算。

4. 燃油消耗率

柴油发动机在单位时间、发出单位的有效功率所消耗的燃油质量，即柴油发动机在 1 h 内发出 1 kW 有效功率所消耗的燃油质量，称为燃油消耗率。用 g_e 表示，单位：g/(kW·h)。

$$g_e=\frac{G_T}{N_e}\tag{2-5}$$

式中 N_e——有效功率，单位：千瓦(kW)；

G_T——柴油发动机 1 h 消耗的燃油质量，单位：克(g)；

g_e——燃油消耗率，单位：克/千瓦时[g/(kW·h)]。

5. 机械效率

柴油发动机通过燃烧燃油实现能量形式转换，在转换过程中柴油发动机要克服机械摩擦，因此也就造成了部分能量的消耗。柴油发动机有效功率与指标功率之比，称为机械效率。摩擦损失的能量以机械发热的形式出现。机械效率按公式(2-6)计算。

$$\eta_e=\frac{N_e}{N_i}\times100\%\tag{2-6}$$

式中 η_e——机械效率；

N_e——有效功率，单位：千瓦(kW)；

N_i——指标功率，单位：千瓦(kW)。

七、柴油发动机气缸的编号顺序

国家标准 GB 726—1965 对柴油发动机的曲轴转向进行了规定：相对于功率输出端的另一端为柴油发动机的自由端，也就是风扇端。站在柴油发动机功率输出端向自由端看，输出端曲轴向顺时针方向旋转的称为“右转”，输出端曲轴逆时针方向旋转的称为“左转”。多轴式柴油发动机的转向以主输出轴的转向为准，如图 2-3 所示。

气缸的编号原则是：对多列气缸，从输出端看自由端，以垂直于输出轴中心线为基准，从该线右侧逆时针方向依次决定气缸列数为Ⅰ、Ⅱ等；气缸的标号由自由端开始，向后依次编号，一台发动机的气缸编号应连续。

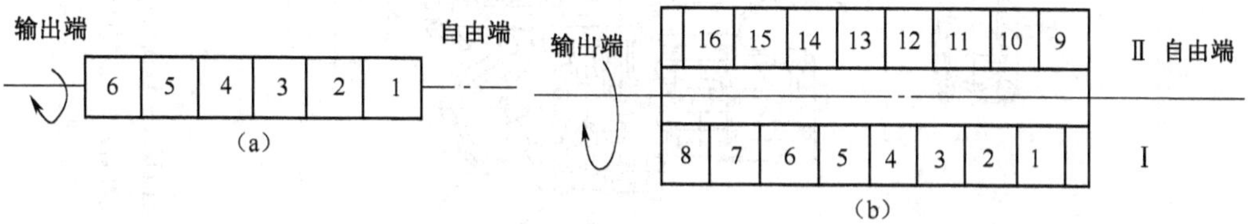

图 2-3 柴油发动机气缸编号

第二节 柴油发动机的构造

柴油发动机由曲柄连杆机构、配气机构、燃料系、冷却系、润滑系、电气系等部分组成。6135 型柴油发动机剖面图如图 2-4 所示。

1. 曲柄连杆机构

曲柄连杆机构主要由机体组、活塞连杆组和曲轴飞轮组组成。机体组属于固定机件，活塞连杆组和曲轴飞轮组属于运动机件。

机体组是柴油发动机的支架，包括机体、气缸盖、气缸衬垫、油底壳及主轴承盖等。

活塞连杆组是高速运动部件，包括活塞、连杆、活塞环、活塞销等。其作用就是燃料在气缸燃烧做功时，通过上述部件使曲轴旋转实现动力输出。

曲轴飞轮组主要就是实现动力传递，包括曲轴、飞轮、齿圈等。

2. 配气机构

配气机构包括气门、挺杆、推杆、摇杆、摇臂、凸轮轴、正时齿轮等，其作用就是按照发动机各气缸的着火顺序，使空气或可燃混合气体进入气缸并将燃烧后的废气排出。

3. 燃料系

柴油发动机的燃料系包括三部分：空气供给、燃油供给和废气排出。

空气供给部分包括空气滤清器和进气歧管。柴油供给部分包括油箱、输油泵、柴油滤清器、喷油泵、喷油器等组成。废气排出部分包括排气歧管和消音器。柴油发动机和汽油发动机的区别是在燃油供给上，汽油发动机则是由油箱、汽油滤清器、汽油泵、汽化器等组成，也就是没有喷油泵。

4. 冷却系

冷却系包括水泵、散热器、风扇、分水管、节温器、水套和气缸体放水阀组成。其作用就是将发动机燃料燃烧的多余热量，通过冷却液、散热器散出，防止出现机件温升过快，影响发动机正常工作。

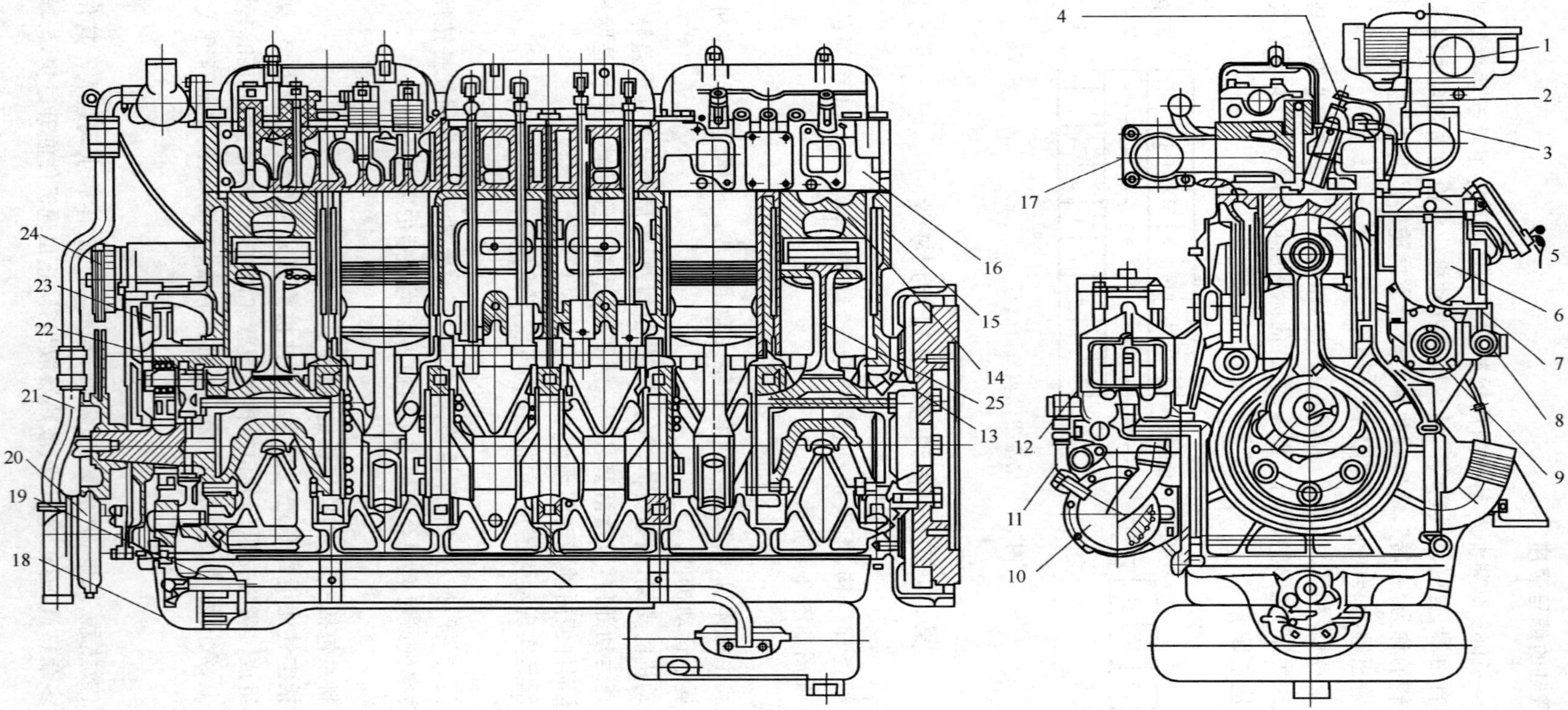

图 2-4　6135G 型柴油发动剖面图

1—空气滤清器；2—高压油管；3—进气歧管；4—喷油器；5—仪表盘；6—柴油滤清器；7—喷油泵；8—输油泵；9—调速器；10—散热器；11—机油管；12—机油滤清器；13—飞轮；14—活塞；15—机体；16—气缸盖；17—排气歧管；18—油底壳；19—机油泵；20—水泵；21—水管；22—凸轮轴；23—正时齿轮；24—发电机；25—连杆

5. 润滑系

润滑系包括机油泵、集滤器、机油滤清器、机油散热器、润滑油道及传感器、压力表等。其作用就是将润滑油不间断地输送到运动件的表面，以减少机件磨损，同时又具有密封、冷却、清洗的作用。

6. 电气系

电气系包括启动装置和系统电源。

启动装置的作用就是利用启动电机驱动齿轮与飞轮齿圈的相啮合，使静止的发动机启动并自行运转。

系统电源由硅整流发电机、蓄电池、调解器组成。其作用就是给启动装置、机器照明、仪表等提供电源。

第三节　柴油发动机机体

柴油发动机机体是由气缸体和曲轴箱组成的整体刚性构架，是曲柄连杆机构、配气机构及柴油发动机各系统零部件的装配基体，如图 2-5 所示。

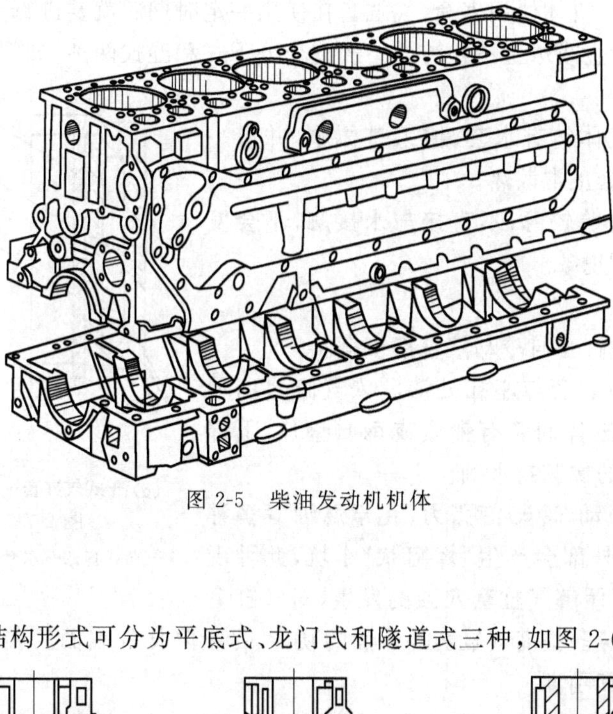

图 2-5　柴油发动机机体

一、机体的分类

机体按曲轴箱结构形式可分为平底式、龙门式和隧道式三种，如图 2-6 所示。

图 2-6　柴油发动机机体形式

1. 平底式机体

平底式机体的底平面与曲轴的轴线齐平，WD615 型柴油发动机机体就属此种类型。这种机体高度小、质量轻、加工工艺较简单，但刚度较差。

2. 龙门式机体

龙门式机体的底平面下沉到曲轴轴线以下，主轴承孔分为两半，一般在主轴承座内，另一半在轴承盖内，轴承盖固定在主轴承座上，曲轴悬挂在曲轴箱中。

3. 隧道式机体

隧道式机体指主轴承为非剖分式，曲轴上的各主轴承排成一狭长的"隧道"形。该种机体刚度较高，主轴承孔同轴度好，主轴承一般限定为滚动轴承，用于高速发动机。

发动机机体工作时要承受多种形式的机械负荷，同时还要承受高压、高温、腐蚀的影响，因此要有足够的强度和刚度。机体一般用灰口铸铁浇注而成，也有合金铸铁和铝合金机体。

二、气 缸 套

气缸套俗称缸筒，是柴油发动机燃烧做功的场所，柴油发动机工作时，对气缸套内壁会产生很大的压力，气体燃烧后形成的酸性腐蚀以及活塞在往复运动中的冲击磨损都比较严重。为减少维修成本，延长机体使用寿命，气缸套在使用一定时期后就要进行更新维修。

气缸套由低铬合金或球墨铸铁铸成。气缸套分干式和湿式两种，如图 2-7 所示。

1. 干式气缸套

这种气缸套的机体铸有水套，镶入基体中，并有一定过盈配合，确保缸套正常散热。

其特点就是缸套壁较薄，不直接与水接触，不会发生缸套外部的"穴蚀"现象。

2. 湿式气缸套

湿式气缸套就是缸套与冷却液直接接触。

为防止冷却液由缸套与座孔处渗漏入气缸及曲轴箱中，上端凸缘面与缸体间装有铜质或钢质垫片，下部槽内装有耐热、耐油的橡胶封水圈。

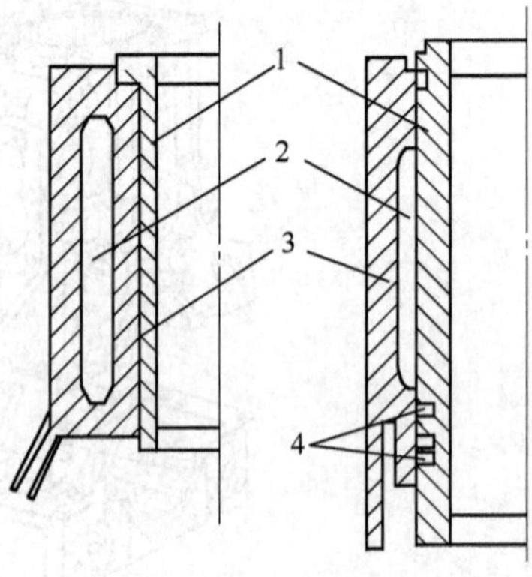

(a) 干式气缸套　　(b) 湿式气缸套

图 2-7　缸套的形式

1—气缸套；2—水套；3—气缸体；4—封水圈

气缸套由于受振动、冷却液张力、化学腐蚀等多种因素影响，在气缸体外部会产生"蜂窝状"小坑，此种现象称为"穴蚀"。为了缓解气缸套穴蚀的发生，对气缸套外部表面进行磷化处理、提高气缸套外表面的硬度、尽量降低外表面的表面粗糙度、选用合适的气缸套壁厚、增加其刚度。

三、气缸盖及衬垫

气缸盖及衬垫的主要作用是封闭气缸，并与气缸套壁、活塞顶共同组成燃烧室。

1. 气缸盖

气缸盖多用灰口铸铁铸成，有的也使用硅铝合金等。

由于气门装置的不同，气缸盖分为顺置式(又称侧置式)、倒置式(又称顶置式)，柴油发动机气缸盖上部安装有喷油器、水套及相关的配气机构零件等。

气缸盖燃烧室的形状可分为流线型、球型，由于流线型燃烧时在压缩终了时有涡流作用，能够加快燃烧速度和提升温度，所以被广泛使用。

气缸盖按照缸数可分为单缸缸盖、双缸缸盖、多缸缸盖。潍柴 WD615 机型缸盖属于单缸缸盖，上柴 6135 型缸盖是双缸缸盖，杭发 X6130 属于多缸缸盖。

2. 气缸衬垫

气缸衬垫又称气缸垫，其作用就是密封。气缸衬垫安装于气缸盖与其缸体之间，多用石棉外包铜皮制成，现在也有合成材料的气缸衬垫，其上部开孔与气缸盖开孔位置重合。

四、常用气缸盖紧固顺序

气缸盖与气缸体之间是靠螺栓连接，紧固螺栓时必须按顺序依次紧固。

1. 6135 型发动机

气缸盖固定螺栓紧固力矩为 39～49 N·m(4～5 kgf·m)。

在紧固气缸盖螺母时，要按顺序衡力紧固，不要一次紧固，也不要用力过猛，应逐遍紧固，最后紧固力矩为 245～265 N·m(25～27 kgf·m)。如图 2-8 所示。

必须注意的是两个气缸盖之间的共用螺母须在两个气缸盖的其他螺母均紧固之后，方可完全紧固。

对更换气缸盖的柴油发动机，在第一次走热后，还需对气缸盖的所有螺母，重新紧固一遍并达到规定力矩。

2. 康明斯发动机

紧固气缸盖螺栓时，应遵守交叉对称，由里向外，分次紧固的规则，如图 2-9 所示。第一次紧固到 34 N·m，第二次紧固到规定力矩 136 N·m，第三次力矩紧固到 413 N·m。

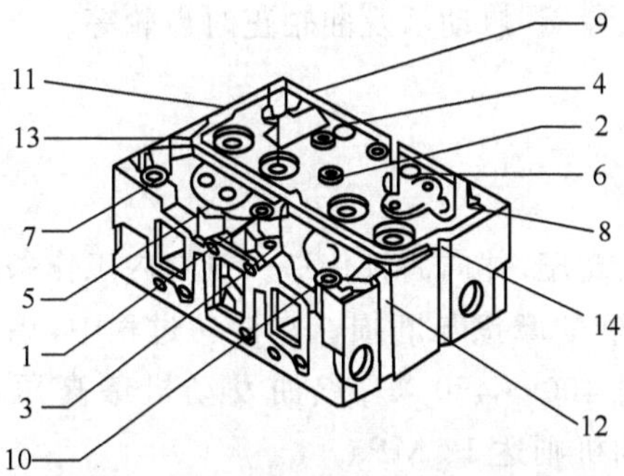

图 2-8 6135 型气缸盖螺母紧固顺序

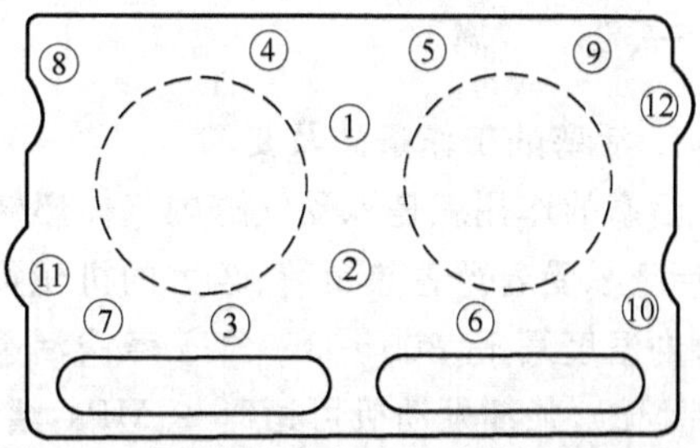

图 2-9 康明斯发动机气缸盖螺母紧固顺序

3. WD615 发动机

气缸盖主螺栓(M16)再紧固力矩为 200^{+10}_{0} N·m、扭转角度 2×(90°±5°)，紧固力矩达到 260～380 N·m，螺栓允许使用 3 次。

气缸盖副螺母(M12)再紧固力矩为 200^{+10}_{0} N·m、扭转角度 2×(90°±5°)，紧固力矩达到 120～160 N·m，螺母允许使用 2 次。紧固方法如图 2-10、图 2-11 所示。

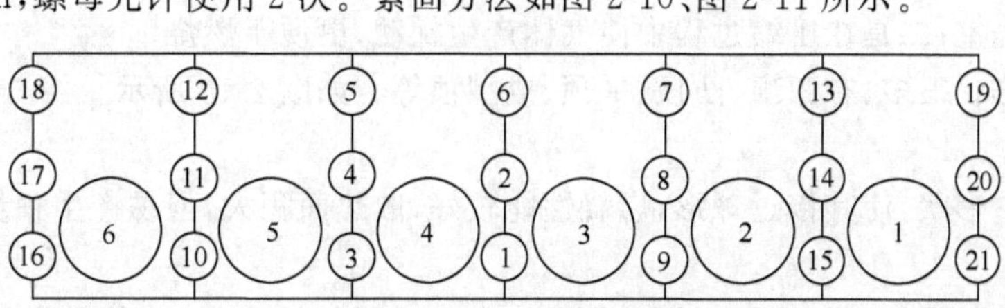

图 2-10 气缸盖副螺母紧固顺序

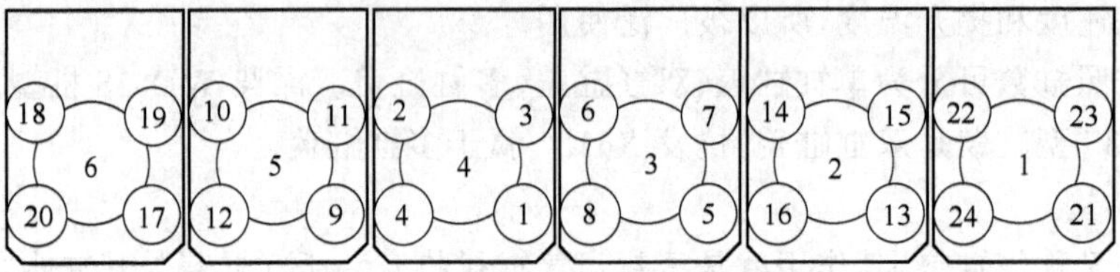

图 2-11 气缸盖主螺栓紧固顺序

紧固程序如下：

(1)将主螺栓、副螺母的螺纹及承压面加润滑油后紧固到 30^{+20}_{0} N·m。

(2)将主螺栓按图 2-11 要求紧固到 200^{+10}_{0} N·m。

(3)将副螺母按图 2-10 所示顺序使各螺栓再紧固到 90^{+10}_{0} N·m。

(4)将主螺栓按图 2-11 所示顺序使各螺栓再紧固 90°转角。

(5)将副螺母按图 2-10 所示顺序使各螺栓再紧固 90°转角。

(6)将主螺栓按图 2-11 所示顺序使各螺栓再紧固 90°转角。

(7)将副螺母按图 2-10 所示顺序使各螺栓再紧固 90°转角。

第四节 活塞、连杆及曲轴

活塞及连杆组件包括活塞、活塞环、活塞销和连杆总成等高速运动部件。其作用就是当柴油发动机做功时，气体压力通过活塞、连杆传递给曲轴，推动曲轴旋转而输出动力。在曲轴、飞轮的带动下完成进气、压缩、排气三个行程。

曲轴及飞轮组主要是传递动力，包括曲轴、飞轮、齿圈、启动爪及曲轴正时齿轮等。

一、活　塞

1. 活塞的工作条件及要求

活塞的作用就是承受气缸内气体燃烧产生高温、高压，并向曲轴传递。气缸内工作条件恶劣，活塞承受着严重热负荷、较大的机械负荷以及剧烈的摩擦与磨损。在做功过程中，铝合金活塞的温度可达 300～350 ℃，铸铁活塞温度可达 400～450 ℃；汽油发动机最高压力达 3～5 MPa，柴油发动机可达6～9 MPa，增压柴油发动机则达 12 MPa。

因此，活塞必须有足够的机械强度和良好的耐热性能、导热性，具有很好的耐磨性、耐腐蚀能力以及较小的质量、热膨胀系数。

2. 活塞的构造

活塞由活塞顶、活塞头、活塞裙组成，如图 2-12 所示。

(1)活塞顶

活塞顶与气缸盖共同形成燃烧室，活塞顶根据形状不同有多种。采用不同形状的目的：一是形成多种燃烧室；二是在压缩过程中使气体产生扰动，更便于燃烧。

活塞顶的形状很多，有凹顶、凸顶、平顶、成型顶等。如图 2-13 所示。

①凹顶

改善燃烧室形状，使其接近球形，燃烧性能较好，散热面积大，但易产生积炭。

②凸顶

活塞顶上面的燃油可以漏掉，减少了积炭，也可以增加活塞强度，但是燃烧室的形状不合

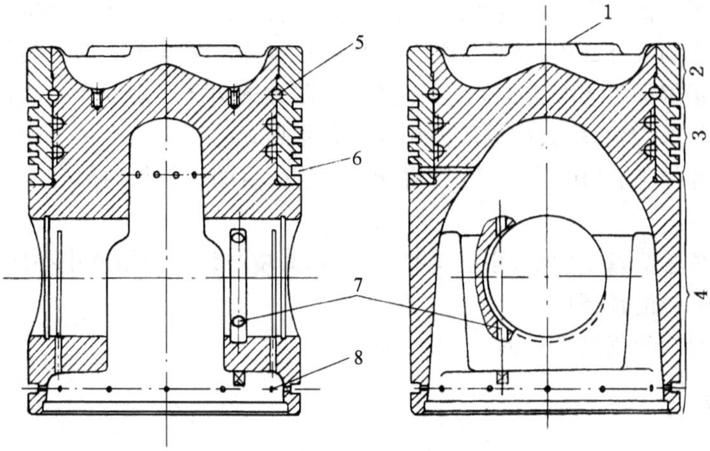

图 2-12　活塞剖面示意图

1—活塞顶；2—活塞头；3—环槽区；4—活塞裙；5—冷却油道；6—环槽；7—进油孔；8—泄油孔

理，顶部温度较高，很少采用。

③平顶

没有凹顶和凸顶的缺陷，加工方便，应用较普遍。

④成型顶

配合燃烧室的形状，使其得到最有利的燃烧和避免爆燃的发生，一般用于顶置式气门的压缩比较高的柴油发动机。6135 型柴油发动机采用 ω 型燃烧室。

活塞背里的支撑筋和散热筋为增加活塞刚度和扩大散热面积而设计。

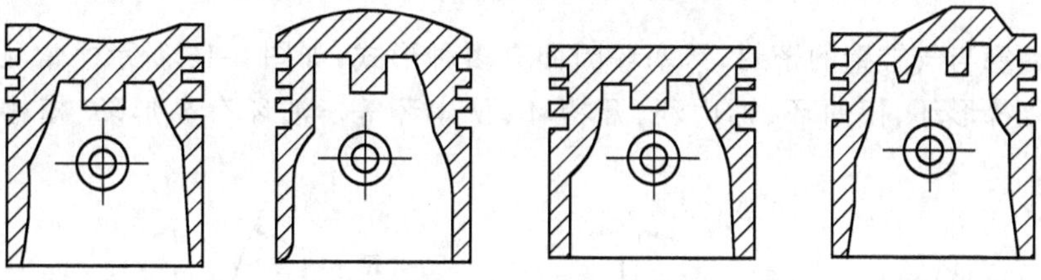

(a) 凹顶　(b) 凸顶　(c) 平顶　(d) 成型顶

图 2-13　活塞顶剖面示意图

(2)活塞头

由活塞顶至油环槽以上的部分称为活塞头。

在活塞头部加工有供安装活塞环用的环槽。活塞环分为油环和气环，环槽的设置汽油发动机一般为 3～4 道，柴油发动机为 4～5 道，上面 1～3 道装气环，下面 1～2 道装油环。在油环槽底部还加工有回油孔或横向切槽。

在环槽之上有一道绝热槽，宽度较环槽小，其作用就是防止将活塞顶部的高热传递给活塞环，减轻第一道活塞环的热负荷，改善其工作条件，防止活塞环黏结。

活塞头部要足够厚，从活塞顶到环槽区的断面变化过渡平滑，以减少热流阻力，便于将热量传递给气缸壁，使活塞顶部温度不致过高。

(3)活塞裙

活塞环槽以下的部分为活塞裙，它的作用就是导向和传递侧压力，减轻对缸壁的冲击。

活塞销座孔位于活塞裙部内。当裙部在工作状态下受热膨胀，活塞顶受燃烧气体压力作用使裙部下部张开。裙部左右两侧在向缸壁传递侧向力时，刚度较弱的部位被迫向内收缩，而刚度较大的销孔区则向外凸出，造成裙部变为椭圆形锥体。为改善裙部力的传递和导向，通常在冷态下将活塞裙部加工成椭圆锥体，活塞销座孔附近的裙部表面削低一些，以达到在工作状态下裙部接近圆筒形，具有较大的承压面积并均匀承压。

在活塞的裙部加工有"Π"形或"T"形槽，即膨胀槽，目的就是使裙部有一定伸缩性和隔热。

(4)活塞销座孔

活塞销座孔位于活塞裙中部，用于安装活塞销，其中心线应与活塞中心线垂直。活塞销座孔两端有固定活塞销的锁环槽。

活塞高度一般约为气缸直径的1～1.5倍。

二、活 塞 环

1. 活塞环的结构

活塞环是一个切口的圆环，活塞环分为气环和油环。

活塞环的切口形式有直切口、斜切口、搭切口等形式，如图2-14所示。直切口由于制造简单，被广泛采用。斜切口、搭切口在密封性能上与直口类似，很少采用。

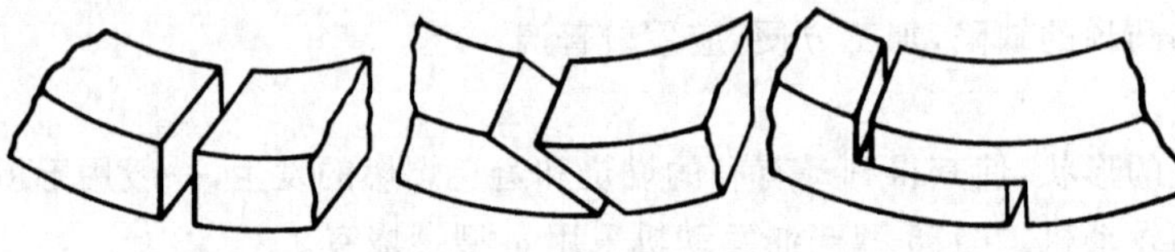

(a)直切口　(b)斜切口　(c)搭切口

图2-14　活塞环的开口

为保证活塞与气缸壁的密封，活塞环断面有多种形式，如图2-15所示。常见的气环有矩形环、锥面环、梯形环、扭曲环、桶面环、开槽环、顶岸环等。油环有鼻形环、横槽撑簧式组合环等。

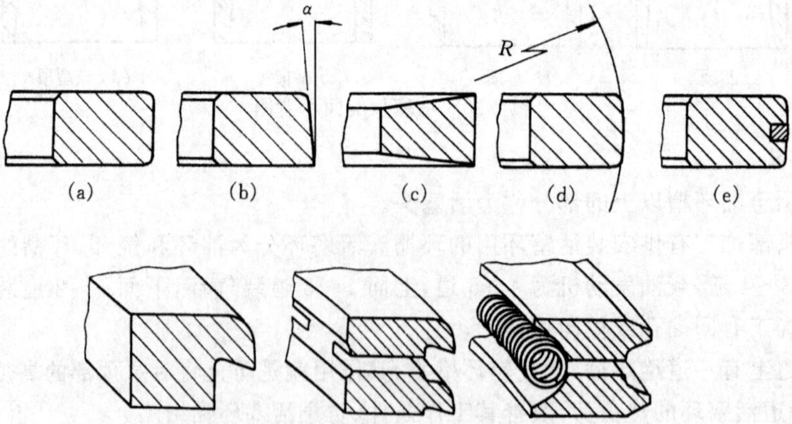

图2-15　活塞环断面

(a)矩形环；(b)锥面环；(c)梯形环；(d)桶面环；(e)开槽环油环；

(f)单鼻环；(g)双鼻环；(h)撑簧式组合环

活塞环由灰口铸铁或合金铸铁铸成，为提高活塞环的耐磨、易磨合等性能，对环的表面进行镀层处理、磷化处理、渗硫处理、喷涂处理等。

2. 气环

气环作用主要是密封和传热，一方面保证活塞与气缸壁之间的密封，防止气缸内的可燃性混合气体和高温气体漏入曲轴箱；另一方面将活塞头部的热量传递给气缸壁，避免活塞过热。

气环又叫压缩环，在自由状态下不是正圆形，其外轮廓尺寸比气缸直径要大。

当活塞环装入气缸后，在自身弹力的作用下环的外圆面与气缸壁贴紧形成第一密封面，气缸内的高压气体不可能通过第一密封面泄漏。高压气体可能通过活塞顶与气缸壁之间的间隙进入活塞环的侧向间隙和径向间隙中，进入侧隙中高压气体使环与环槽的下侧面贴紧形成第二密封面，高压气体也不可能通过第二密封面泄漏。进入径向间隙的高压气体只能使环的外圆面与缸壁更加贴紧。唯一可能漏气的通道就是活塞环的开口端隙，如果活塞环的开口相互错开，形成了迷宫式漏气通道，由于侧隙、径隙、端隙都很小，气体在漏气通道内的流动阻力很大，不会导致气缸气体压力迅速下降，漏入曲轴箱内的气体很少。

矩形环断面为矩形。结构简单，易加工，与气缸壁接触面积较大，导热性能好，但磨合性能差，在活塞运动时，在环槽内易上下窜动，把气缸壁上的油不断挤入燃烧室，燃烧室易产生积炭，机油消耗量大。

锥面环就是环的外圆面有锥角很小的锥面，磨合性好，增大了活塞与气缸壁的接触压力和壁形状的适应能力。当活塞向下运动时，环的锥面还会起到刮油的作用，但环的传热性差，不能作为第一道环。

梯形环的断面为梯形，其主要优点是抗粘连性好。当活塞头部温度很高时，窜入第一道环槽的机油容易结焦并将气环粘住，活塞摆动时在侧向力的作用下，环与环槽间隙发生变化，将环槽中的胶质物挤出。梯形环多用做热负荷较高的柴油发动机的第一道环。

扭曲环为不对称截面，在矩形截面的内上边缘和外下边缘各切去了一部分，在装入时由于弹性内力的作用使断面发生扭转，故称扭面环。其特点就是当活塞工作时，环与环槽的上、下面接触，防止“泵油”的作用、增加了密封性能。

桶面环的外形为外凸圆弧形，其密封性能、磨合性能和对气缸壁的适应性都较好，减轻了对缸壁的磨损，但加工工艺困难。

开槽环就是在外圆面上加工出环形槽，在槽内填充多孔性氧化铁、铜条、石墨、四氧化三铁等，其作用为吸附缸壁的机油、改善磨合、自润滑等。

3. 油环

油环又称刮油环，其作用就是阻止润滑油进入燃烧室、均匀分布缸壁油膜。

普通油环的结构与气环类似，不同的是在外圆中间加工有凹槽。

鼻形油环安装具有方向性，鼻形朝下，密封边不能有缺口和拉伤。

撑簧式组合环是在环的内圆安有螺旋弹簧，增加了环的密封压力、刮油能力和耐久性。

4. 活塞环与环槽间隙

为适应柴油发动机高热状态下工作，活塞环与活塞环槽必须有适当的间隙。

(1)端隙是指在冷状态下，活塞装入气缸套内，开口处的间隙。一般情况下气缸每100 mm直径端隙为 0.25～0.45 mm。6135 型柴油发动机为 0.4～0.8 mm。

(2)边隙又称侧隙。活塞装入气缸套内，活塞环在环槽内的上下方向的间隙。一般不超过 0.1 mm。6135 柴油发动机为 0.060～0.135 mm。

(3)背隙又称槽隙。活塞装入气缸套内，活塞环背面与环槽底之间的间隙。一般活塞环应低于岸边 0～0.35 mm。

三、活 塞 销

1. 活塞销的作用

活塞销用于连接活塞和连杆，并将活塞承受的力传递给连杆或将连杆的力传递给活塞。活塞销在高温条件下承受很大的冲击负荷，而且由于活塞销在销孔内的摆动角度很小，难以形成润滑油膜，润滑条件较差。为此，活塞销必须有足够的刚度、强度和耐磨性能，销与销孔要有适当的配合间隙和良好的表面质量。为减小活塞往复运动的惯性，质量尽量要小。

2. 活塞销的材质及构造

活塞销一般用低碳钢、低碳合金钢加工而成，如 12CrNi3A、20 号、20Mn、15Cr、20Cr、20MnV 等钢材。外圆表面渗碳、淬火热处理，再经过精磨、抛光等精加工，表面硬度可达 60HRC 以上，内表面保持韧性。

活塞销结构简单，基本上属于一个薄壁的空心圆柱体，按其内孔形状可分为圆柱形、两段截锥形、组合形，如图 2-16 所示。

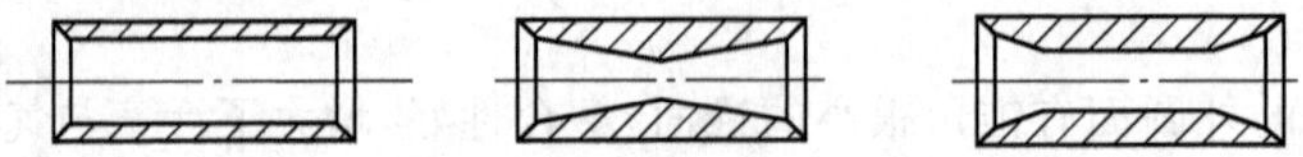

图 2-16 活塞销形式示意图

3. 活塞销的装配

活塞销与活塞和连杆相连，装配方式分为全浮式、半浮式和固定式三种。广泛采用的是全浮式。

全浮式就是活塞销能在活塞销座孔、连杆小端的衬套内自由转动。

半浮式又称摆动式，即活塞销固定在连杆小端上，活塞销在活塞销座孔内摆动。

固定式活塞销固定在销座孔中不能转动。

全浮式装配活塞销与活塞销座之间采用过盈配合，配合间隙为 0.01～0.02 mm；活塞销与连杆间采用间隙配合。

四、连 杆 组

连杆组由连杆体、连杆衬套、连杆轴瓦、连杆螺栓、螺母及附件组成。

连杆组的作用是传递活塞与曲轴间的作用力，将活塞的往复运动转换成为曲轴的旋转运动。连杆组的小头与活塞相连，大头与曲轴相连。

连杆组在工作中受力复杂，在一个平面内承受来自活塞传递的压力、曲轴带动大端旋转产生的拉伸力、惯性力，即压缩、拉伸、弯曲等交变负荷。

由于连杆组的受力复杂，要求连赶在不过分增加质量的前提下，要有足够的强度和刚度。连杆和连杆盖用优质中碳钢或中碳合金钢模锻、辊锻而成，如 45 号、40Cr、42CrMo 或 40MnB 等钢材。连杆螺栓用优质合金钢 40Cr、35CrMo 钢材制造。锻造后的连杆组件经过喷丸处理、高频淬火或渗碳，强度大大提高。随着科学技术的发展，其他材料的连杆也逐渐诞生。

1. 连杆体的构造

连杆体由小头、杆身及大头等组成，如图 2-17 所示。

连杆小头与活塞销相连接，与杆体为一体，内孔压入铜质衬套，外形呈圆形或椭圆形。

杆身连接小头与大头的杆体，杆身断面一般采用“工”字形，目的为了减轻质量、提高杆体抗弯强度，由小头至大头的断面的面积逐渐增大。

杆身与大、小头的连接处，为减少结合部应力集中问题，一般用大圆弧形过渡。

杆身中央或稍扁位置加工有油道。

连杆大头与曲轴的曲柄连接，为便于安装，连杆大头孔为剖分式，由大头与大头盖组成大头圆孔，孔内安装两块连杆轴瓦，用连杆螺栓将大头盖紧固。

2. 连杆大头的剖分形式

连杆大头的剖分形式有两种，即平切口和斜切口，如图 2-18 所示。

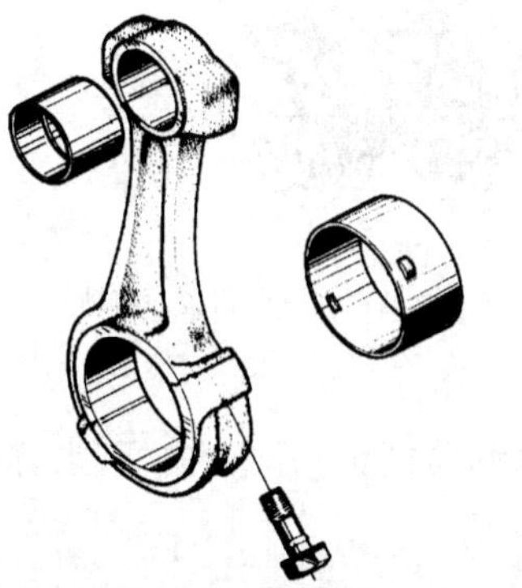

图 2-17　连杆组

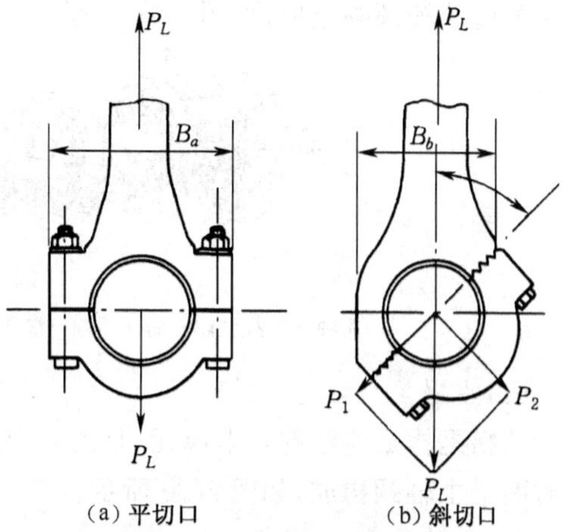

(a) 平切口　(b) 斜切口

图 2-18　连杆大头的剖分形式

剖分面垂直于连杆中心平面并处与大头直径平面上的为平切口。平切口加工简单，刚度较大，连接螺栓不受剪切力，但大头横向宽度大，一般用于小于气缸直径的连杆。

剖分面与连杆中心平面斜交叉的切口为斜切口。斜切角为 30°～60°，通常采用 45°。

连杆大头的装配有严格的定位要求，平切口利用连接螺栓定位；斜切口则要有良好的定位措施，分为销定位、止口定位、锯齿定位、套筒定位及螺栓中部圆柱体等定位方式。

3. 连杆螺栓

连杆螺栓承受复杂的交变负荷，一般采用高屈服极限和高冲击韧性的优质合金钢或优质碳素钢加工。连杆螺栓对称分布。连杆螺栓应分 2～3 次紧固，紧固扭矩应符合规定要求。

6135 系列柴油发动机的扭矩为 255～274 N·m；WD615 系列柴油发动机的扭矩为 170～250 N·m；康明斯 N 系列柴油发动机的扭矩为 203 N·m。

4. 连杆轴承

连杆轴承是镶入小头的衬套和大头的轴瓦。

连杆衬套与小头为过盈配合，内圆内设有油槽及进油孔，采用锡青铜、磷青铜材质。

连杆轴瓦安装在大头内，分为工作瓦和非工作瓦，工作瓦不开油槽，非工作瓦开有油槽，采用锡铝合金、铜铅合金、铅铜合金材质。同一台柴油发动机的各连杆轴瓦间隙差不超过 0.05 mm。

同一台柴油发动机的各连杆组质量不超过规定数值。6135 系列柴油发动机基本机型为 30 g，标定转速大于 1 500 r/min 的机型为 20 g；WD615 系列柴油发动机为 29 g。

五、曲　　轴

1. 曲轴的作用及工作条件

曲轴的作用就是把活塞的往复运动，转变为自身的旋转运动，通过连杆带动活塞完成进气、压缩、排气三个过程，并通过其他辅助装置，驱动传动系统，对内带动柴油发动机自身的一些附件运转。

曲轴在周期性的变化中，承受来自高压气体的压力、惯性力及其力矩的共同作用，承受着弯曲和扭转交变负荷的作用，应有足够的抗弯曲、抗扭转、抗疲劳的强度和刚度；轴颈应有足够的承压表面和耐磨性；曲轴的质量应尽量小；对各轴颈的润滑充分。

2. 曲轴的组成

曲轴是由主轴颈、连杆轴颈、曲柄、平衡块、安装飞轮的后端凸缘以及安装正时齿轮与风扇皮带的前端轴颈等组成，如图 2-19 所示。

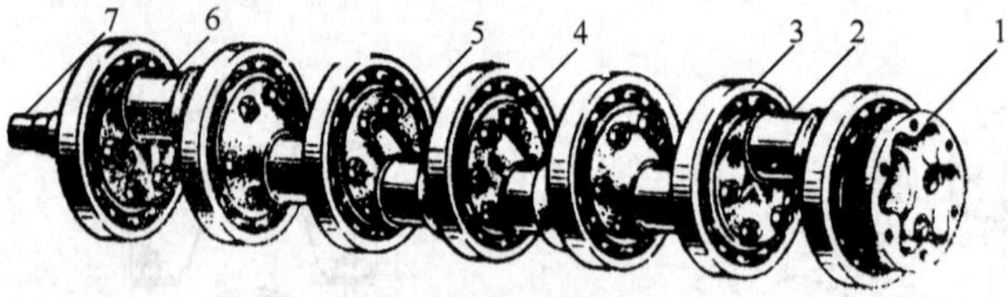

图 2-19 曲轴

1—曲轴飞轮法兰；2—曲柄销；3—滚珠轴承；4—主轴颈；5—曲柄臂；6—曲拐；7—前轴

(1)曲拐

曲拐是构成曲轴的基本单元，是由一个连杆轴颈(也称曲柄销)、两个曲柄(也称曲柄臂)及左右两个主轴颈构成，如图 2-20 所示。

(2)主轴颈

主轴颈也就是曲轴的支撑点，安装在曲轴箱的轴承中，主轴颈直径一般相等且同心。

(3)连杆轴颈

连杆轴颈也称曲柄销，与连杆的大头相连接。

(4)曲柄

曲柄也称曲柄臂，是连接主轴颈与连杆轴颈的部分。

(5)平衡块

平衡块位于曲柄的延长部分，用于平衡惯性力。

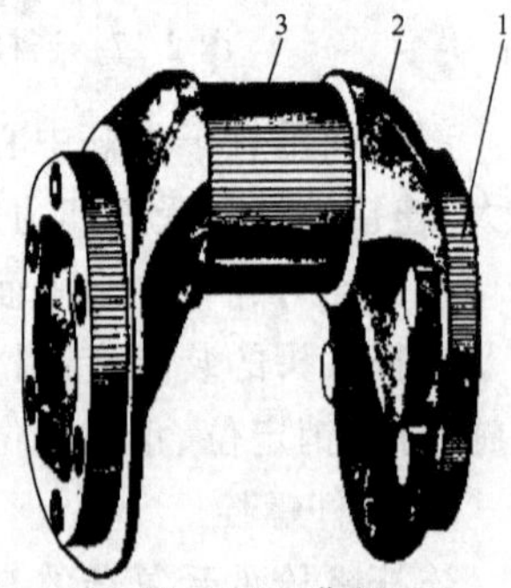

图 2-20 曲拐

1—主轴颈；2—曲柄；3—连杆轴颈(曲柄销)

3. 曲轴的支撑及定位

曲轴安装在曲轴箱的主轴承中。分为全支撑和半支撑两种。

曲轴为防止窜动，设计了轴向定位，轴向定位一般设置在曲轴输出端，少数在中央主轴承。轴向定位由轴向止推肩、止推轴承及机体上的止推轴承座组成。

4. 曲轴的平衡

曲轴的平衡分为静平衡和动平衡。为了减轻因曲轴和连杆质量不平衡而引起的曲轴的离心力和惯性力以及主轴颈、主轴承的磨损，对曲轴应做平衡试验。

静平衡在试验架上进行，在转动时不产生力臂即可。

动平衡则要在动平衡实验台上进行。

5. 曲轴扭转振动及减振器

曲轴的扭转振动是不可避免的，由于柴油发动机各缸间歇性的燃烧，使曲轴受周期性的强制扭转振动；运转时各曲柄连杆机构往复运动产生的惯性力引发的振动；被柴油发动机驱动的机械所吸收的扭矩有波动而产生的振动。

对扭转振动通常采取避开、抑制或削弱措施。一是尽快避开共振转速；二是调整轴系的自振频率；三是改变轴系的干扰因素，包括V形夹角、曲柄排列、发火顺序等；四是轴系内加装减振器。

常见的减振器有硅油减振器、硅油弹簧减振器、卷簧式减振器及盖斯林格式减振器等。扭转减振器多装在振幅最大的曲轴前端。

六、飞　轮

飞轮、齿圈及连接螺栓统称飞轮总成。

1. 飞轮的作用

(1)连接作用。飞轮安装于曲轴后端，将柴油发动机动力传递给离合器。

(2)储能作用。飞轮是一个质量较大的圆盘，在工作行程时储存一定的惯性能量，带动曲轴旋转并在完成其他三个行程时释放能量。

(3)平衡作用。曲轴的旋转是不稳定的，起到平衡配重作用。

(4)减振作用。减小在扭转中的振动。

(5)平稳启动。由于惯性的存在，克服机械死点，使发动机易于启动。

(6)平稳怠速。由于飞轮质量较大，惯性稳定，保证怠速时运行的平稳。

2. 对飞轮的要求

飞轮用灰口铸铁铸成，也有锻钢和铸钢件。

对飞轮有以下质量要求：

(1)飞轮须有精确的动平衡。防止旋转时产生离心力，加剧曲轴磨损。

(2)飞轮与离合器的摩擦片相接触，必须保证表面平滑。

(3)飞轮装于曲轴凸缘上，为保证安装正确，做成不对称状的错位设计。

(4)为了便于调整和检验点火正时角，在飞轮边沿刻有加工标记，用于指示第一缸活塞在上止点和开始点火的位置。

3. 齿圈

齿圈压装于飞轮边缘外周上，其作用就是在柴油发动机启动时，启动机的齿轮与齿圈啮合，将启动扭矩传给曲轴而带动曲轴旋转。

齿圈应有足够的强度和表面硬度，用中碳钢加工而成，并经热处理。

4. 飞轮螺栓及螺帽

飞轮的连接螺栓连接飞轮与曲轴凸缘，承受很大的剪切力，用中碳钢或合金钢制成。

6135型柴油发动机飞轮螺栓的紧固力矩为235～255 N·m。WD615型柴油发动机飞轮螺栓的紧固力矩为230～280 N·m。

七、附　件

1. 曲轴正时齿轮

曲轴正时齿轮的用途就是驱动凸轮轴正时齿轮，多数采用斜齿，用斜齿的目的是改善传递性能，减少噪声。一般用合金钢制成。

2. 挡油圈和油封

曲轴前端伸出正时齿轮盖外，为防止漏油，在正时齿轮盖上装有油封，油封由皮碗和弹簧组成；在曲轴正时齿轮盖的前端装有挡油圈。

3. 曲轴启动爪

启动爪的作用就是防止启动装置故障或调整柴油发动机时，通过人力转动柴油发动机。

4. 曲轴皮带轮

曲轴皮带轮具有带动发电机、散热器的冷却风扇、空气压缩机等作用，一般用灰口铸铁铸成。

5. 离合器壳

离合器壳的用途就是连接机体与变速器，保护离合器。上部加工有正时记号检查孔、离合器通风孔。

第五节 配气机构

一、配气机构的作用及构成

1. 配气机构的作用

配气机构的作用就是控制发动机的换气过程，按照规定的配气正时和气缸发火顺序等，准确地、正确地控制各气缸进、排气门的开启和关闭时间，保证换气过程的顺利进行。

2. 对配气机构的要求

由于配气机构的零部件是在急剧的变速运动中工作，有的还要受到高温的影响，承受着巨大的惯性力和热应力，而且在工作过程中，由于润滑条件较差，使零件磨损加剧，破坏配气机构的正常配气正时。为此要求配气机构的进、排气门的开闭严格按照配气正时和发火顺序，保证换气过程的准时进行；气门开度大小和气门开闭过程符合换气过程的要求；气门关闭时有良好的密封性；对机件的惯性冲击要小，振动、噪声要小；结构简单、工作可靠、便于调整和维修。

3. 配气机构的构成

配气机构的构成可分为气门组机件、气门驱动机构。

发动机的配气机构分为以下几种类型：

顺置式——气门装置安装在气缸体的一侧，位于气缸盖的下方，又称侧置式。

顶置式——气门装置安装在气缸的顶上，倒装在气缸盖上，又称倒置式。

混合式——进气门采用顶置式、排气门采用侧置式。

4. 配气机构的工作过程

曲轴旋转，通过正时齿轮和齿轮传动装置，驱动凸轮轴转动。挺柱滚轮贴紧于凸轮轴的凸轮型面，当挺柱由凸轮轴推动上升时，气门推杆及摇臂被顶上移，摇臂绕摇臂轴摆动，摇臂的另一端压气门向下，使气门弹簧压缩，气门下降逐渐打开。当挺柱滚轮与凸轮在型面顶端接触时，气门打开在最大位置。当凸轮顶面转过之后，气门挺柱及气门推杆逐渐下移，摇臂回摆，摇臂对气门弹簧的压力减小，在气门弹簧逐渐复原时，气门也逐渐关闭。当气门全关闭时，气门摇臂与气门脱离。

二、气门组机件

气门组机件包括气门、气门锁夹、气门弹簧座、气门弹簧、气门座圈、气门导管等，如图 2-21 所示，气门在气缸盖上的安装位置图。

1. 气门

(1)气门的分类

气门按用途分为进气门、排气门。进气门控制进气通道。排气门控制废气排出的通道。

气门按形状分为平顶、凸顶、凹顶三种，如图 2-22 所示。

①凸顶气门，如图 2-22(c)所示，中央加厚，目的就是为提高强度。

② 凹顶气门，如图 2-22(b)所示，外形具有较好的流线型，气流流动便利，可改善气缸的充气环境，受热面积较大，多用于进气门。

③ 平顶气门，如图 2-22(a)所示，制造简单，受热面较小，当顶部中央较厚，性能介于凹、凸气门之间。

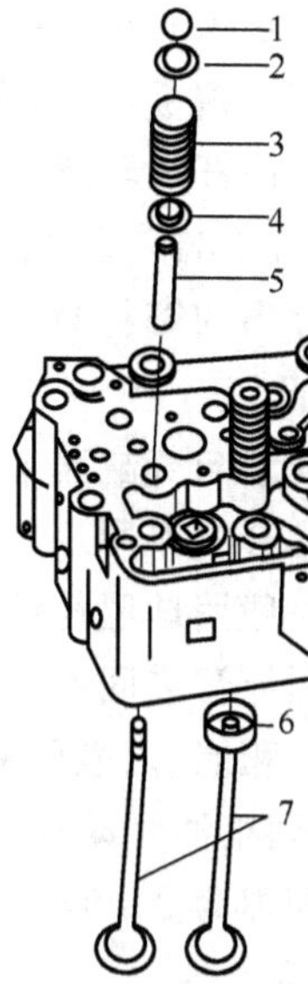

图 2-21 气门组机件安装位置

1—气门锁夹；2—气门弹簧上座；3—气门弹簧；4—气门弹簧下座；5—气门导管；6—气门座圈；7—气门

(2)对气门的要求

由于气门头部直接与高温气体接触，工作处于高温状态下，由于气门对气门导管、气门座的传热条件较差，排气门的温度可达 780～1 070 K，进气门达 570～670 K，因此要求气门的材质要有良好的耐磨性能和耐热性能；气门关闭时密封性能良好，结构刚度大、质量轻，开启时对气流阻力小。

气门一般用镍镉合金钢和硅铬合金钢锻造而成，表面经热处理，提高表面硬度和耐磨性能。

(3)气门锥角

为保证气门的密封性能，气门与气门座的接触采用锥面接触配合的方式。配合锥面的夹角一般有 15°、30°及 45°等几种，气门锥角与气门座的锥角并不相同，气门座的锥角要大 0.5°～1°。

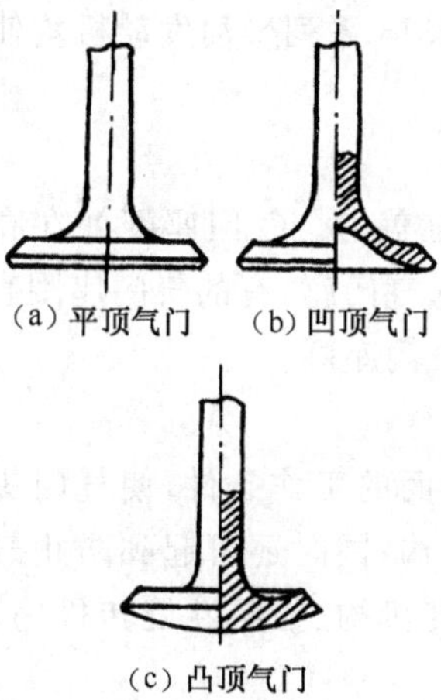

(a) 平顶气门　(b) 凹顶气门

(c) 凸顶气门

图 2-22 气门头部形状

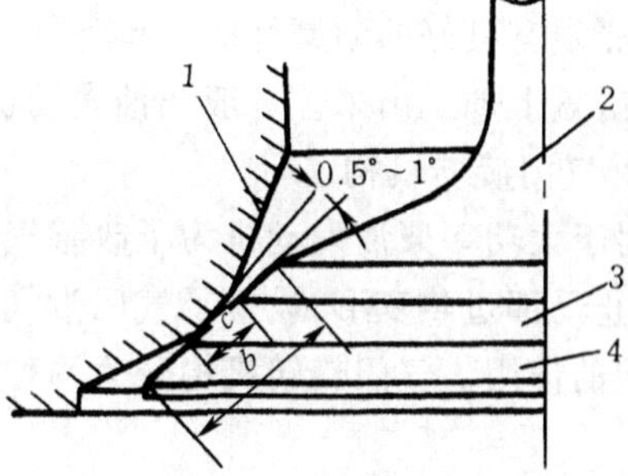

图 2-23 气门密封锥面

1—气门座；2—气门；3—接触环带；4—密封锥面

(4)气门杆与气门弹簧的固定方式

气门杆与气门弹簧的固定方式取决于气门杆端部的形状。

①气门杆端开有圆(或长方形)孔，在孔内安装有支持弹簧座圈的锁销，弹簧座边缘做成阶梯形，使锁销不至于落出。

②气门杆有锥形加粗部分

气门弹簧座加工有略大于杆身的切口，以其自身的锥度靠在加粗部分。

③气门杆端加工有环形槽

气门弹簧座用钢板压成，座上装有气门弹簧，锁夹外面与弹簧座的内锥面相接，而里面突出部分被夹在气门杆的环形槽内。

6135 系列、WD615 系列、康明斯 N 系列柴油发动机在气门导管与气门弹簧座之间均安装有防止润滑油溢出的密封圈。

2. 气门导管

气门导管安装与气缸盖上，其主要作用就对气门起导向和传热的作用，另外还有保证气门与气门座良好贴合的作用。

气门导管一般用球墨铸铁或粉末冶金加工制成。

气门与气门导管之间的间隙直接影响气门工作的可靠性，过小会因热膨胀而卡死，过大会出现窜气、漏油、积炭、内表面偏磨、传热不良以及气门变形等问题。

WD615 系列柴油发动机进气门与气门导管之间的间隙为 0.05～0.086 mm，排气门与气门导管之间的间隙为 0.03～0.066 mm。

3. 气门弹簧

气门弹簧的作用就是保证气门与气门座在关闭时的密封，防止气门启闭过程中因气门、推杆、挺柱等机件的惯性而产生彼此脱离及挺柱滚轮脱离凸轮的现象。

气门弹簧由弹性极强的弹簧钢或合金钢制成。为提高其抗疲劳强度，对钢丝表面采取抛光、喷丸或软氮化处理等。

气门弹簧为圆柱形弹簧，为防止共振采用不等螺距的弹簧；对于功率较大的发动机采用双层弹簧，内、外层弹簧绕向相反。

6135 系列柴油发动机、康明斯 N 系列柴油发动机、WD615 系列柴油发动机均使用双层气门弹簧。

4. 气门座圈

顺置式的气门座圈在缸体上，顶置式的气门座圈在气缸盖上。气门座圈处在高温的工作条件，必须有良好的耐磨性能。单件气门座圈过盈配合压入气门座，有的气门座圈直接在缸体上、气缸盖上加工出来。一般柴油发动机采用单件镶入式气门座圈。

5. 气门旋转机构

对于大功率柴油发动机为了改善气门与气门室座密封面的工作条件，使气门头部温度均匀，防止局部过热变形，设置了气门沿气门座缓慢旋转的机构，同时还可起到防止气门座密封面积炭的作用。气门旋转机构分为两种：低摩擦型自由旋转机构、强制性旋转机构，如图 2-24 所示。

6. 气门锁销及销夹

气门锁销及锁夹都是防止气门弹簧脱落的部件，气门锁销安装气门杆端部的圆(或长方形)孔内，气门锁夹为两个半圆锥体安装气门杆端部的凹槽内。

三、气门驱动机构

气门驱动机构是气门机构传动的机件，柴油发动机的曲轴通过气门驱动机构将作用传递给气门。

气门驱动机构包括凸轮轴、正时齿轮、凸轮轴轴承、气门挺柱、气门推杆、气门摇臂及摇臂轴等。

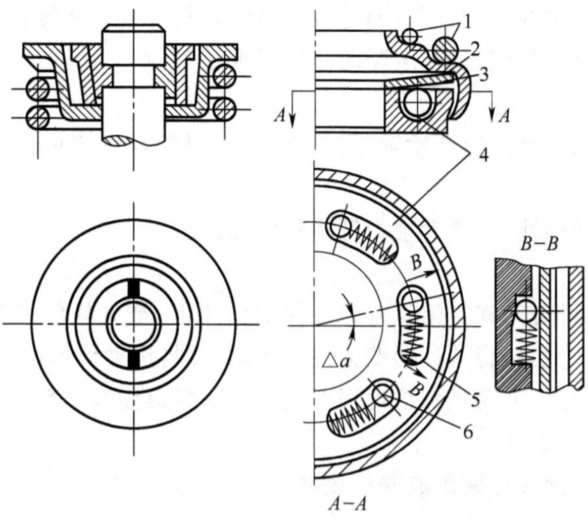

(a)低摩擦型自由旋转机构　　(b)强制性旋转机构

图 2-24　气门旋转机构

1—气门弹簧；2—支撑板；3—蝶形弹簧；4—壳体；5—回位弹簧；6—钢珠

1. 凸轮轴

凸轮轴的作用就是靠凸轮控制各气缸进、排气门的升降规律，配气相位及时开闭，如图2-25所示。

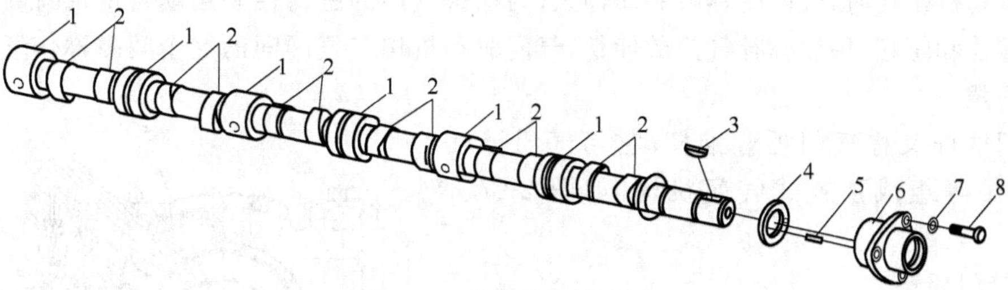

图 2-25　凸轮轴组示意图

1—凸轮轴径；2—凸轮；3—半圆键；4—隔圈；5—圆柱销；6—推力轴承；7—弹簧垫圈；8—六角螺栓

凸轮轴上加工有进气凸轮、排气凸轮、凸轮轴径等，一端装有正时齿轮。

凸轮轴工作时受到周期性的冲击载荷，因此凸轮轴要有足够的刚度和韧性，一般采用优质钢模锻而成。对凸轮表面进行热处理后精磨，以增加其耐磨性和减少摩擦。如图 2-26 所示。

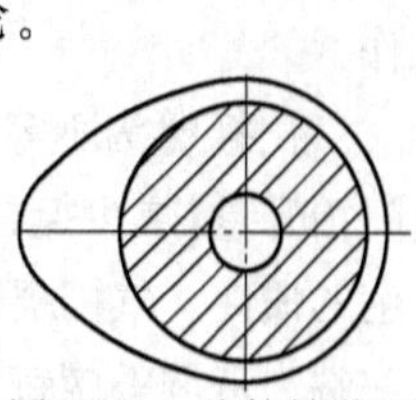

图 2-26　凸轮轴截面

凸轮的数目由气缸的多少而确定，凸轮的布置要求同一气缸的进、排气凸轮的相对角位应符合规定的配气相位，各缸的进、排气凸轮的相对角位应符合发动机各缸发火次序和间隔要求，对六缸发动机来讲角位相差 60°。

凸轮轴是通过曲轴带动齿轮驱动的。

2. 凸轮轴正时齿轮

凸轮正时齿轮又称时规齿轮，其作用就是利用曲轴齿轮传递的动力驱动凸轮轴。

凸轮轴正时齿轮采用斜齿，目的就是改善齿间啮合性能，减少噪声。

凸轮轴正时齿轮由加布胶木、铸铁或合金钢制成。

凸轮轴的转速为曲轴的一半，所以凸轮轴正时齿轮的齿数为曲轴正时齿轮齿数的一倍，而且凸轮轴正时齿轮为保证装配正确，装配时必须对准正时标记，保证发火的正确。

3. 凸轮轴轴承

凸轮轴轴承的作用就是支撑凸轮轴，用巴氏合金、厚壁钢背锡锑白合金、厚壁钢背锡青铜合金。

在凸轮轴第一挡轴颈处，安装有推力轴承和隔圈。

4. 气门挺柱

气门挺柱又称气门挺杆，其作用就是在凸轮的作用下，推动气门按时开闭，并承受凸轮轴旋转时的侧向力，将凸轮轴的旋转运动变为往复运动，并将运动传递给气门推杆。

气门挺柱分为滑动式、滚动式和滚轮摇臂式。为减轻挺柱和凸轮面的磨损，往往将根部制成球面状，将凸轮面做成锥状。

气门挺柱采用中碳钢或铬钢制成并经热处理。

5. 气门挺柱导管体

气门挺柱导管体的作用就是保持气门挺柱在导管体各座内沿轴线方向移动。气门挺柱导管体为铸铁件。

6. 气门推杆

气门推杆一般用无缝钢管做成，主要是把气门挺柱所受的力传递给摇臂。推杆两段一般做成凹球面或球头。

当发动机工作时，气门受热膨胀而伸长，为保持气门的密封性和运动自由，在推杆上方上安装有螺栓和螺帽，用以弥补气门的伸长，气门驱动机构与气门间的这个间隙称作气门间隙，也称热间隙。

气门推杆又称气门摇臂推杆，它与气门摇臂、摇臂轴等组成顶置式气门机构，如图 2-27 所示。

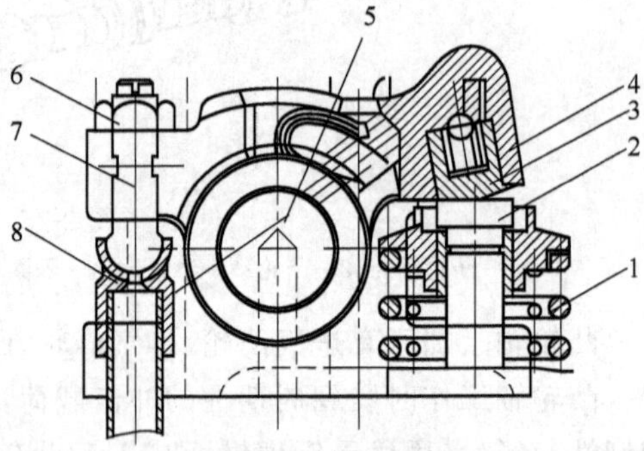

图 2-27　气门机构

1—气门弹簧；2—气门；3—摇臂工作面；4—摇臂；5—摇臂轴；6—调整锁母；7—调整螺钉；8—气门推杆

7. 气门摇臂

气门摇臂用于顶置式气门机构，它是将气门推杆的力改变方向后传递给气门杆，推动气门工作。

气门摇臂为不等长的机件，目的为获得较大的气门抬升量，减少挺杆、推杆的工作量，减少因此而产生的惯性。气门摇臂为铸件，一端为球形工作面，另一端为带调整螺钉的球头，中部为摇臂轴承。

8. 摇臂轴

摇臂轴的作用就是支撑摇臂，它是一根中空圆轴，安装在气缸盖上，轴的内孔用油管与主油道贯通，便于摇臂轴润滑。

四、配气相位

接触网作业车发动机均为工程或机车用柴油发动机，发动机转速较高，每完成一次活塞行程的时间 0.026～0.12 s，为使气缸中的混合气体尽可能充分的燃烧和排除废气，要求尽可能长的延长进气和排气过程的时间，所以进、排气最佳位置不是在活塞的上止点或下止点，常常采用提前开启进气门和推迟关闭排气门。

以曲轴的旋转角度来表示气门开启和关闭终了时刻，称为配气相位。如图 2-28 为 6135 型柴油发动机配气相位图，图(a)为 1 500 r/min 自然吸气及改进增压型，图(b)为 1 800 r/min 普通型。

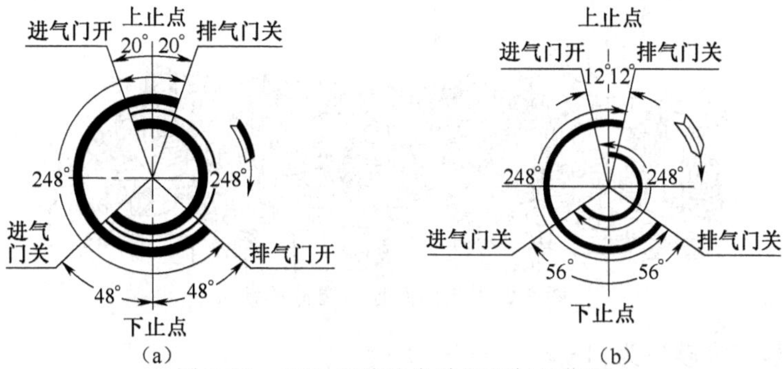

图 2-28　6135 型柴油发动机配气相位图

第一个行程——进气。活塞从上止点移动到下止点，理论曲轴旋转由 0°至 180°，实际为(20°+180°+48°)248°，如图 2-28(a)所示。

第二个行程——压缩。活塞由下止点移动到上止点，理论曲轴旋转由 180°至 360°，实际为(180°−20°−48°)112°，如图 2-28(a)所示。即在压缩开始时气体仍然进入气缸。

第三个行程——做功。活塞从上止点移动到下止点，理论曲轴旋转由 360°至 540°，实际是在活塞尚未到达上止点时，喷油器已喷油，而且压爆，到达上止点后大部分已经燃烧、膨胀、做了功。

第四个行程——排气。活塞由下止点移动到上止点，理论曲轴旋转由 540°至 720°，实际为(20°+180°+48°)248°，如图 2-28(a)所示。

五、气门间隙的调整

1. 6135 型柴油发动机气门间隙的调整

(1)盘转曲轴，使飞轮壳上检视窗口上的指针对准飞轮上的定时“0”刻度线。此时 1、6 缸均位于上止点。

(2)确定在上止点的气缸哪个处在膨胀冲程的始点。判断方法为：拆下喷油泵侧板，观察油泵柱塞弹簧是否在压缩状态；或轻微转动曲轴，观察进、排气门是否处于静止状态。当喷油泵弹簧处于压缩状态且转动曲轴时进、排气门均不动的气缸为膨胀冲程始点。

(3)调整气门间隙时，先用扳手和螺丝刀，松开摇臂上的锁紧螺母和调节螺钉，按规定间隙值选用厚薄规(又名千分片)插入摇臂与气门间，然后拧动调整螺钉进行调整。当摇臂和气门与厚薄规接触，尚能移动厚薄规时为止，拧紧锁母。如图 2-29 所示。

(4)重复移动厚薄规检查一次。

(5)6135 普通型柴油发动机的气门间隙：进气门冷态间隙 0.25～0.30 mm，排气门冷态间隙 0.30～0.35 mm；6135 增压型柴油发动机的气门间隙：进气门冷态间隙 0.30～0.35 mm，排气门冷态间隙 0.35～0.40 mm。

2. 康明斯 NT855 柴油发动机气门间隙的调整

(1)气门调整标记位于辅助皮带轮上，该标记与齿轮室盖上的指针要对齐。用辅助驱动轴

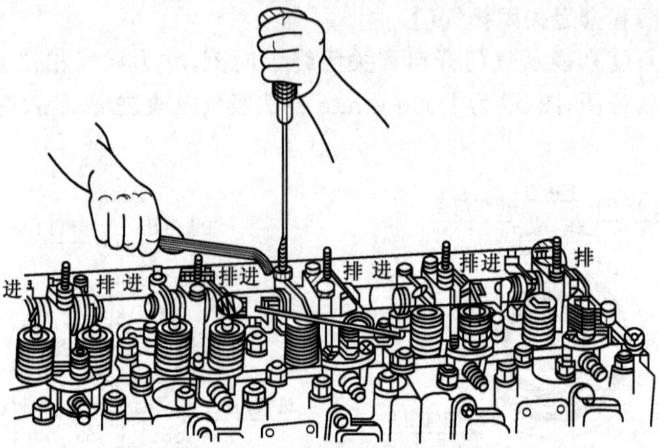

图 2-29　气门间隙的调整示意图

转动柴油发动机，点火顺序为：1—5—3—6—2—4。

(2)盘转柴油发动机，显示出辅助驱动皮带轮的气门标记 A、B、C，A 对应 2、5 缸，B 对应 3、4 缸，C 对应 1、6 缸。确定所调气门位置，例如标记为“A”，将 5、2 缸的气门摇臂上的调整螺钉紧固，螺母至最底部，观察螺钉外露长度，如果高度差不多说明进排气门均在关闭状态，该缸就是先调整的缸。

(3)选择与气门间隙相应尺寸的塞尺(又名千分片)，插入摇臂接触面与丁字压板的顶部之间。

(4)利用扭矩扳手，把螺钉紧固，紧固力矩 0.7 N·m；或紧固调整螺钉，通过手感觉塞尺有轻微阻力为止。

(5)康明斯 NT855 柴油发动机的气门间隙：进气门冷态间隙 0.41 mm，排气门冷态间隙 0.74 mm。

六、排气门制动装置

1. 排气门制动装置的作用

排气门制动装置的主要作用是在车辆制动时增加由柴油发动机产生的制动力矩，可以保证车辆在山区下坡路上行驶的安全性，同时降低了制动系统的使用频次，增加了驾乘舒适性，制动效率提高 55%以上。

2. 排气门制动装置的工作原理

“EVB”是英文 Exhaust Valve Brake 的字母缩写，译为“排气门制动”。

排气制动装置是采用蝶形阀开关关闭排气管通道的方法，使活塞在排气行程时受到气体的反压力，利用排气门的节流这一主要方法来损耗惯性拖动功率，阻止发动机运转而产生制动作用，达到控制车速的目的，如图 2-30 所示。

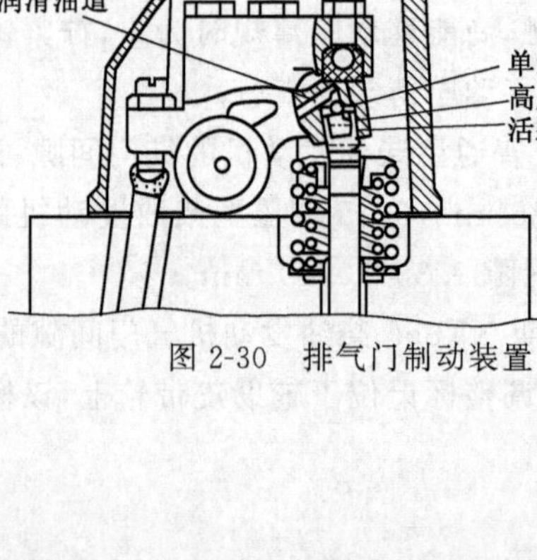

图 2-30　排气门制动装置

排气门制动装置建立在传统的蝶形阀制动装置之上。当蝶形节流阀关闭时，柴油发动机在车辆惯性力的拖动下类似于压缩机工作。排气管内的排气压力可增加到足以使处在进气冲程后活塞位于下止点附近那个气缸的排气阀被相邻气缸的活塞所推出的废气产生的压力波打开。排气阀制动装置(EVB)就是利用排气门在制动过程中被压力波自动打开的现象,通过使排气门在发动机制动过程中保持打开一个空隙来提高发动机的制动效率。当排气阀被压力波打开后,排气阀制动机构就阻止被打开的排气阀关闭(保持大约 1～2 mm 行程)。这样在压缩冲程中,压缩空气的一部分就从气缸中泄漏出来。甚至在活塞已到达上止点后,排气阀仍然开着。这样就使压缩空气通过排气阀间隙膨胀到排气管中,使膨胀冲程时向下运动的活塞的速度大大降低,避免压缩空气再次驱动发动机做功。在排气冲程开始时,通过摇臂的运动使排气阀全开,排气阀摇臂上的卸油孔打开,润滑油喷出,滑块组件在回位弹簧的作用下回位。上述过程循环往复进行,从而增加柴油发动机的制动功率。

WEVB 是潍柴动力排气门制动技术的简称:"W"代表"Weichai"。这项技术是潍柴动力引进国际先进的"EVB"技术并经改进创新,运用在潍柴动力的发动机产品上。

第六节 燃油供给系统

接触网作业车由于功率的增大、速度的提高,主要采用柴油发动机,因此对汽油发动机的燃油供给系统不再介绍。

一、柴油发动机燃油供给系统的组成

柴油发动机的燃油供给系统(简称燃油系或燃料系)由燃油供给、空气供给、废气排出等部分组成,如图 2-31 所示。

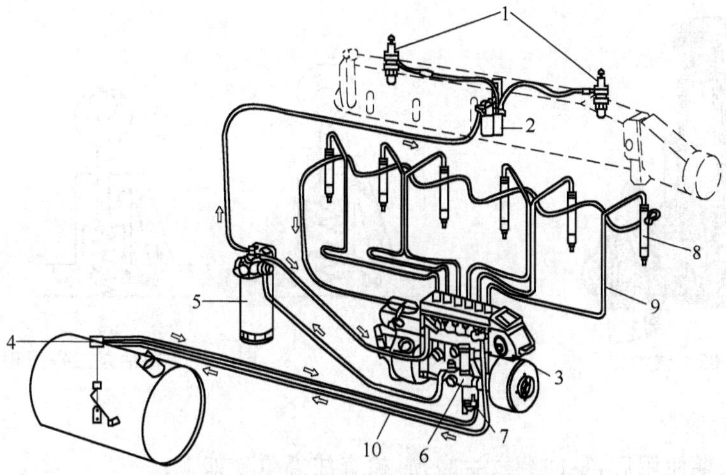

图 2-31 燃油供给系(高压油泵供油)示意图

1—加热塞;2—空气加浓装置;3—喷油泵;4—燃油箱;5—柴油滤清器;6—输油泵;7—低压油管;8—喷油器;9—高压油管;10—回油管

燃油供给装置包括燃油箱、输油泵、低压油管、柴油滤清器、喷油泵、高压油管、喷油器等组成。燃油由燃油箱经过输油泵吸入,再经过滤清器输送到高压油泵,通过高压油管到喷油器喷入燃烧室。多余燃油经回油管流回油箱。

由燃油箱到高压泵之间燃油压力在 0.15～0.3 MPa,常称为低压油路;由高压油泵到喷油

器，将燃油喷入燃烧室燃油压力在10～30 MPa，这段油路称为高压油路。

带有高压油泵的柴油发动机不能将低压油路的空气抽真空，否则会影响发动机正常工作，为便于排除油路中的空气，在燃油箱与喷油泵之间装有输油泵，输油泵上装有手动输油泵。

空气供给装置包括空气滤清器、进气歧管和气缸盖的气道组成。有废气涡轮增压器的发动机还包括涡轮增压器、中冷器等。

废气排出装置包括废气气道、排气歧管和消音器组成。

二、输 油 泵

输油泵是由燃油箱向喷油泵供油的装置。输油泵有柱塞式、膜片式、齿轮式和叶片式等，柱塞式由于工作可靠被广泛应用，6135系列、WD615系列输油泵均为柱塞式，如图2-32所示。

1. 输油泵的构成

输油泵本体由铝合金制成，由柱塞、弹簧、顶杆、进油阀、出油阀、滤油网、滚轮等组成，通过螺栓与喷油泵连接，由喷油泵驱动输油泵泵油。

2. 输油泵工作原理

当输油泵滚轮和顶杆处于喷油泵偏心轮的最低位置前，由于弹簧的作用推动活塞向上运动，活塞上腔燃油被排出，出油侧单向阀关闭，燃油被送至燃油滤清器，在活塞下部形成空间，进油侧的单向阀被打开，吸入燃油，如图2-33(a)所示。

喷油泵偏心轮继续转动，活塞开始向下运动，直至滚轮和顶杆与偏心轮的最高接触点，燃油被挤压打开出油侧的单向阀而进入活塞上空腔，如图2-33(b)所示。

当出油管路阻力与活塞两端的油压相等时，活塞不在随顶杆运动而维持平衡，输油泵停止工作，如图2-33(c)所示。

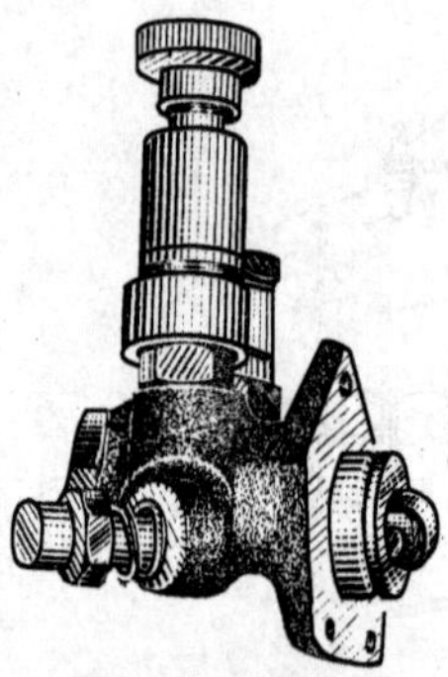

图2-32　输油泵

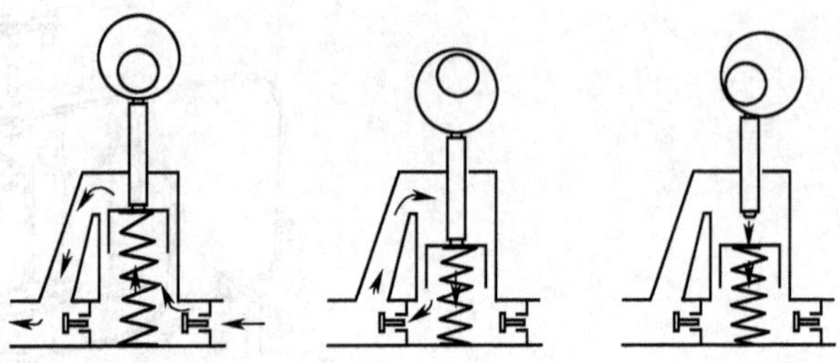

(a)　(b)　(c)

图2-33　输油泵工作原理

3. 输油泵的检查

输油泵经长期使用后，零件会发生磨损，检查注意事项如下：

(1)检查单向阀(也称止回阀)底面有无磨损、凹陷、麻点，如有应进行研磨。

(2)壳体上的单向阀座表面磨损严重或不平整，应进行更换。

(3)顶杆与顶杆套间隙增大，影响密封以致漏油，更换输油泵总成。

(4)进油管接头内装有粗滤网芯子(也称小滤网)，极易堵塞，应及时检查、清洗或更换。

(5)手油泵柱塞密封胶圈损坏时，应及时进行更换。

(6)安装输油泵之前应检查泵体的密封性能。

(7)使用手泵排气后应将拉帽旋好。

三、燃油滤清器

燃油滤清器的作用是过滤燃油中的杂质。

燃油滤清器由滤芯、外壳及滤清器座组成，如图 2-34 所示。

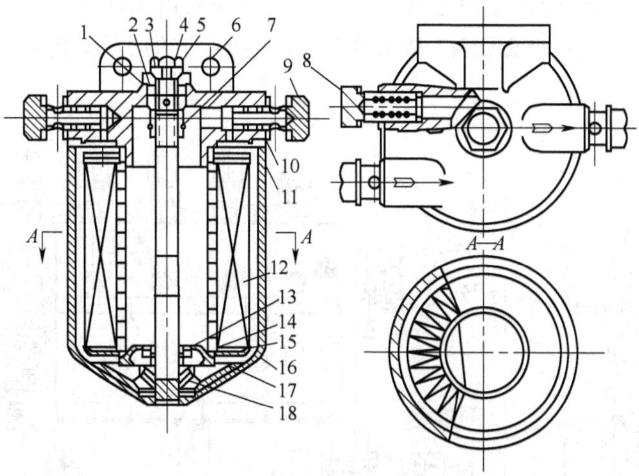

图 2-34　燃油滤清器剖面图

1、5、10、11、17—密封垫圈；2—拉杆螺母；3—拉杆；4—放气螺钉；6—安装底座；7—卡箍；8—溢流阀；9—出油接口；12—纸质滤芯；13—滤芯托盘；14—滤油筒；15—滤芯底壳；16—壳体；18—弹簧座

燃油经过输油泵送入燃油滤清器，过滤后进入滤油内腔，在经过滤清器的集油腔通向喷油泵。滤清器座上设有回油接头，内部装有溢流阀，当滤清器内部压力超过 78 kPa 时，多余的燃油由回油接头流回燃油箱。

燃油滤清器的油管安装有方向性，滤清器座上安有放气螺栓，供排除低压油路空气之用。

康明斯 NT855 型、NTC-290 型使用的是旋装柴油滤清器总成。

四、喷油泵总成

喷油泵又称高压油泵，它根据柴油发动机的不同工况，将输油泵送来的低压油提升压力，在预定的时间内将相应的油量按一定规律压送到喷油器。

1. 喷油泵的组成

喷油泵由喷油泵泵体、分泵、传动机构及油量控制机构组成，如图 2-35 所示。

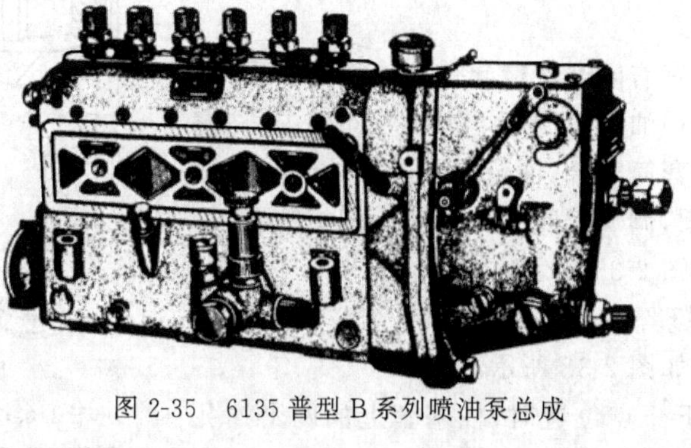

图 2-35　6135 普型 B 系列喷油泵总成

2. 喷油泵的分类

喷油泵主要分为柱塞式、喷油泵-喷油器式、转子分配式等几种。目前使用最广泛的是柱塞式。

3. 柱塞式喷油泵的构造

喷油泵总成是由几组喷油分泵组成的。每组喷油分泵由出油阀紧座、出油阀弹簧、出油阀偶件、柱塞偶件、弹簧上座、弹簧下座、柱塞弹簧、油量控制套筒、调节齿轮、滚轮体等部件组成,如图 2-36 所示。

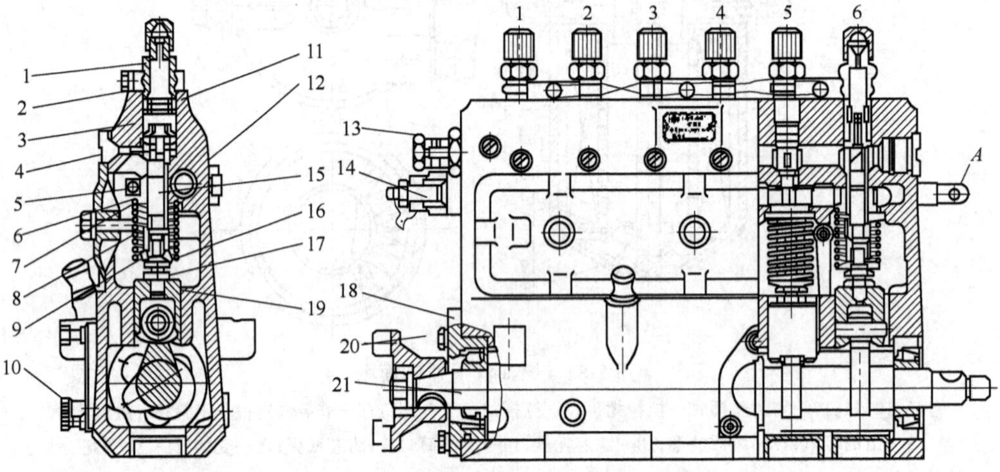

图 2-36　6135 基本型 B 系列喷油泵剖面图

1—出油阀紧座;2—出油阀弹簧;3—出油阀偶件;4—套筒定位钉;5—锁紧螺钉;6—油量控制套筒;7—弹簧上座;8—柱塞弹簧;9—弹簧下座;10—油面螺钉;11—油泵体;12—调节齿杆;13—放气螺钉;14—油量限制螺钉;15—柱塞偶件;16—定时调节螺钉;17—定时调节螺母;18—调整垫片;19—滚轮体;20—轴盖板;21—凸轮轴

4. 柱塞式喷油泵的工作原理

连接高压油泵的螺帽下用出油阀弹簧压紧出油阀,柱塞在弹簧和垫片的作用下,向下压紧在调节螺钉和滚轮体上,凸轮转动时,经过滚轮体、调节螺钉、推动柱塞向上运动;依靠弹簧的弹力,柱塞向下回落,将燃油经出油阀压出。供油量的大小取决于柱塞上油槽与柱塞套筒上进油、回油小孔的相对位置,由油量控制装置控制油量大小。

5. 油量控制装置

柱塞外圆上加工有右向螺旋槽起控制油量的作用,柱塞中段法兰凸块镶嵌在油量控制套下端的导向槽中,柱塞套小外圆与油量控制套筒配合,油量控制套筒外圆装有调节齿圈,并用螺钉紧固,调节齿圈又与调节齿杆相啮合,构成油量控制装置。如图 2-37 所示。

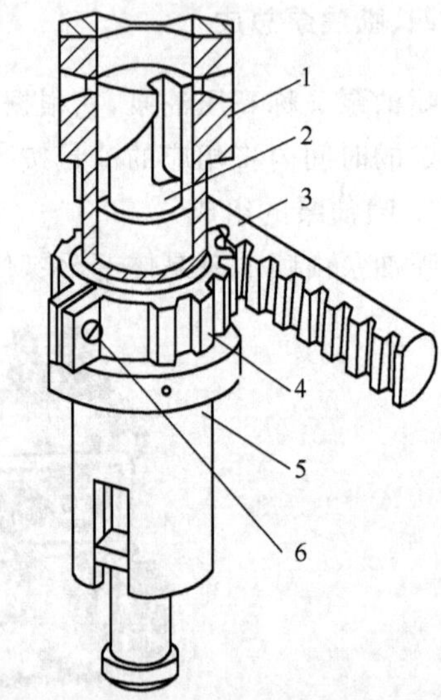

图 2-37　齿条式油量控制机构

1—柱塞套;2—柱塞;3—调节齿杆;4—调节齿圈;5—油量控制套筒;6—螺钉

6. 喷油泵供油原理

喷油泵供油原理如图 2-38 所示。

(1)当柱塞处于下止点位置时,柱塞套上的两个油孔开放,柱塞上部的空间与油泵体内的油道相通,柱塞套内腔内充满燃油，如图 2-38(a)所示。

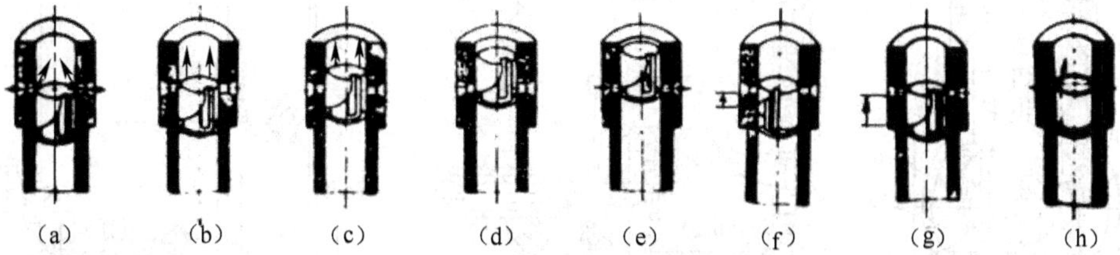

图 2-38　喷油泵柱塞供油原理

(2)当柱塞上移的初期，一部分燃油被挤压倒流入油道中，这一过程一直延续到柱塞的顶面越过油孔的上缘为止，如图 2-38(b)所示。

(3)活塞继续上移，内腔燃油压力急剧增高，出油阀随即开启，燃油经过出油阀底座而被压入高压油管中，由于柱塞继续上移，使高压油管及喷油器燃油压力增加，当压力超过喷油器开启压力时，喷油器针阀自行开启，高压燃油开始喷射到燃烧室中，如图 2-38(c)所示。

(4)柱塞供油一直延续到柱塞的螺旋形斜槽刃缘到达柱塞套油孔的下缘为止，如图 2-38(d)所示。

(5)当柱塞套的油孔打开以后，喷油器喷油即行停止。高压燃油经过柱塞的直槽和柱塞套上的油孔回流到油泵体低压油腔中，如图 2-38(e)所示。

上述过程完成，准备下一循环。

五、调 速 器

1. 调速器的作用

调速器是保证柴油发动机可靠运行和转速稳定性的机构。根据柴油发动机负荷的变化，调节供油量可保持所需的转速。调速器安装在喷油泵凸轮轴末端，由凸轮轴末端的调速齿轮驱动。

2. 调速器的分类

调速器一般分为两极调速器和全速(全程)调速器。两极调速器限制在低速或高速时对柴油发动机的调节，也称两极限制调速器，在中间速度范围内不起作用。全速调速器顾名思义是全程控制柴油发动机在允许的转速范围内任何转速下稳定工作。

①两速调速器

两速调速器适用于一般条件使用的柴油发动机，它只能自动稳定和限制柴油发动机的最低和最高转速，而在中间范围则人为控制。其构造如图 2-39 所示。

当柴油发动机在低速运转时，飞铁所产生的离心力，开始克服低速弹簧的压力，使球面顶块向右移动，直到被高速弹簧压紧力所限止。由于球面顶块向右移动，调整杠杆拉动齿杆向右移动，使供油量减小，发动机转速降低，限制在一定转速范围内运转。

当柴油发动机在转速超过怠速，飞铁所产生的离心力不足克服高速弹簧的压力时，球面顶块不会向右移动，此时的调速器不起作用，由驾驶员直接操纵摇臂，增减供油量改变输出功率大小。

如果转速增加至规定值，飞铁所产生的离心力能够克服高速弹簧的压力，球面顶块开始向右移动，使弹簧压缩，调整杠杆拉动齿杆使供油量开始减少，柴油发动机转速不再升高。

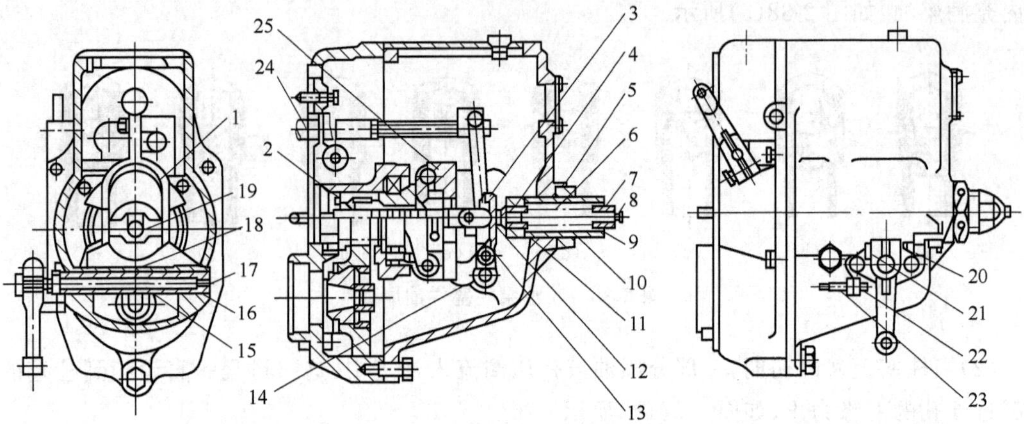

图 2-39　两极调速器剖面图

1—调速杠杆；2—伸缩轴；3—轴承；4—弹簧滑套；5—高速弹簧；6—低速弹簧；7—六角螺帽；8—调节螺钉；9—调节螺帽；10—弹簧外壳；11—球面顶块；12—轴承罩；13—开口销；14—定位销；15—偏心摇臂；16—操纵轴；17—衬套；18—圆柱销；19—卡块；20—操纵摇臂；21—六角螺栓；22—操纵板；23—限止螺钉；24—齿杆；25—飞铁

当转速最大时，球面顶块向右移动量最大，此时齿杆位于最小供油量位置，即达到柴油发动机最高空车转速。

②全速调速器

在发动机工作转速范围内，调整柄固定在任何一位置时，当外界负荷变化，发动机都能自动调节供油量，控制发动机在一定转速范围内转动。如图 2-40 所示为 6135 基本型柴油发动机全程机械离心式调速器。

3. 调速器的工作原理

当柴油发动机在某一稳定工况工作时，飞铁的离心力与调速弹簧拉力及整套运转机构的摩擦力相平衡，于是飞铁、调速杠杆及各机件间的相互位置保持不变，因此喷油泵的供油量保持不变，柴油发动机在某一转速下稳定运转。

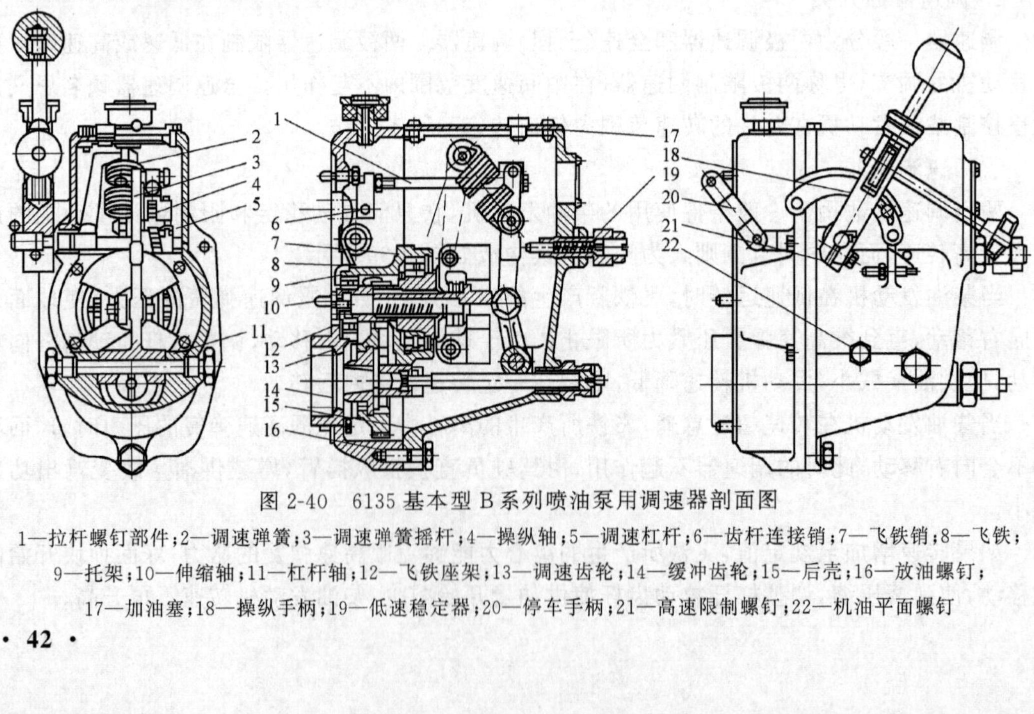

图 2-40　6135 基本型 B 系列喷油泵用调速器剖面图

1—拉杆螺钉部件；2—调速弹簧；3—调速弹簧摇杆；4—操纵轴；5—调速杠杆；6—齿杆连接销；7—飞铁销；8—飞铁；9—托架；10—伸缩轴；11—杠杆轴；12—飞铁座架；13—调速齿轮；14—缓冲齿轮；15—后壳；16—放油螺钉；17—加油塞；18—操纵手柄；19—低速稳定器；20—停车手柄；21—高速限制螺钉；22—机油平面螺钉

当柴油发动机负荷减少时，喷油泵的喷油量大于柴油发动机的需要量，于是柴油发动机转速增高，飞铁的离心力大于调速弹簧的拉力，平衡被破坏，飞铁向外张开，使伸缩轴向右移动，从而使调速杠杆绕杠杆轴向右摆动，调速弹簧被拉伸，喷油泵的调节齿杆向右移动，于是供油量减小，转速降低，直到飞铁的离心力与调速弹簧的拉力再次达到平衡，这时柴油发动机就稳定在比负荷减少前略高的某一转速下运转。

当柴油发动机负荷增大时，喷油泵的喷油量小于柴油发动机的需要量，于是引起柴油发动机转速降低，飞铁的离心力小于调速弹簧的拉力，平衡被破坏，调速弹簧收缩，调速杠杆使调节齿杆向左移动，供油量增大，转速升高，转速使飞铁的离心力与调速弹簧的拉力再次达到平衡为止，这时柴油发动机就稳定在比负荷增加前略低的某一转速下运转。

六、出 油 阀

出油阀装在喷油泵上部，阀门由弹簧压紧在阀座上，当燃油达到一定的压力时，推开出油阀进入到高压油管再到喷油器。

出油阀与出油阀座间接合为锥形密封。在关闭油路时，弹簧下落，防止燃油从高压油管返流，同时可使高压油管减压。出油阀及阀座均为精密偶件，检修时不能互换，紧固阀座的力矩为 39～68 N·m。

七、喷油泵的调整

1. 喷油泵供油时间的调整

喷油泵柱塞的运动由凸轮轴上的凸轮驱动，凸轮轴经联轴器及齿轮由柴油发动机的正时齿轮来驱动。

(1)面对接合器，按规定的转向(6135 型柴油发动机为顺时针)，慢慢转动凸轮轴，观察喷油泵第一缸相连接的标准喷油器的回油管孔口，当孔口的油液开始波动的瞬间即停止转动，记录刻度盘读数。

(2)以第一缸为基准，用同样的方法按供油的顺序测定其他各缸和第一缸开始供油时间相隔的角度，要求与规定的角度不差 30′，否则应调整滚轮体的高度。

(3)6 缸 B 系列和 B 系列强化泵开始供油角度，见表 2-1。

表 2-1　高压油泵供油角度表

喷油泵形式	气　缸　号						凸轮轴转向
6 缸 B 系列 B 系列强化	1/0°	5/60°	3/120°	6/180°	2/240°	4/360°	顺时针

2. 喷油泵供油量的调整

喷油泵的供油量与活塞行程有关，行程越大供油量也越大。喷油泵在标定转速和怠速时的供油量，应达到表 2-2 所规定的数值。

调整方法：将喷油泵调节齿杆向停止供油方向拉出，用螺丝刀松开调解齿轮上的锁紧螺钉，用一根细铁棒插入油量控制套筒的小孔中，轻轻敲击，改变调解齿轮与油量控制套筒的相对位置。如果分油泵供油过量，使之向左转(结合端)；反之向右转。

3. 喷油泵提前角的调整

(1)6135 基本型 B 系列及 B 系列强化喷油泵提前角的调整

6135 基本型柴油发动机的喷油泵提前角的调整方法有两种：

表 2-2　6135 基本机型喷油泵供油量

柴油发动机型号	标定工况		怠速工况		调速范围	
	转速 r/min	供油量 mL/200 次	转速 r/min	供油量 mL/200 次	供油量开始减少 r/min	停止供油转速 r/min
6135G	750	20±0.5	250	6～8	≥760	≤800
6135G-1	900	23±0.5		6～8	≥910	≤1 000
6135AG	750	25.5±0.5		7～10	≥760	≥800
6135JZ	750	32±0.5		6～8	≥760	≤800
6135AZG	750	35±0.5		7～10	≥760	≤800

①改变喷油泵凸轮轴与柴油发动机曲轴的相对角度位置。调整喷油泵联轴节或由供油提前角调节器来实现。

②改变滚轮传动部件的高度,如图 2-41 所示。增加调整垫块厚度,使柱塞上移,进油孔进油时间提前;减小垫块高度,使柱塞下移,进油孔进油时间滞后。

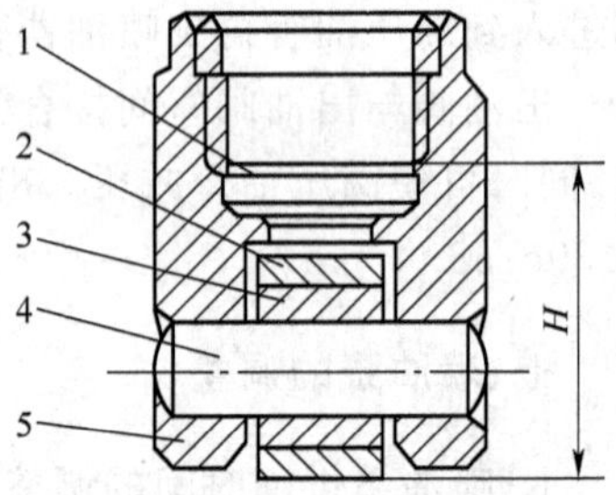

图 2-41　滚轮剖面示意图

1—调整垫块;2—滚轮;3—滚轮衬套;4—滚轮轴;5—滚轮架

(2)WD615 系列 P7100 喷油泵提前角的调整

利用断油法调整 P7100 喷油泵提前角。盘车使发动机第一缸处于压缩上止点位置,然后逆时针(从自由端看)转动曲轴 40°曲轴转角左右。松开第一缸喷油器端高压油管,然后把油门手柄拉到最大油量位置,用手压手油泵,同时顺时针(从自由端看)慢慢盘车,直到高压油管端柴油以每秒一滴左右滴油时为止。松开角度调节板拉紧螺栓,再盘车把需调的飞轮上的刻度值与飞轮壳上的记号对准,然后拧紧角度调节板拉紧螺栓。

八、PT 燃油泵

PT 泵是美国康明斯发动机公司独有的发动机供油技术,装机始于 1954 年。PT 是压力(Pressure)和时间(Time)的英文名称第一个字母的缩写。

PT 泵的工作原理基本与其他喷油泵相同,不同的是结构上和供油的控制上。

1. PT 泵的液压供油原理

利用液体流动流量通过某一截面与液体压力、允许通过时间和通过截面积成正比。

油量的大小取决于燃油压力、计量时间、计量孔的大小。

(1)燃油压力指发动机任何工况下的输出的燃油压力,它与发动机的转速和负荷成正向比例变动关系。

(2)计量时间就是柱塞打开计量孔到计量孔关闭的时间间隔,时间间隔长短与喷油器柱塞上下运动快慢有关,即取决于发动机转速。

(3)计量孔的大小取决于喷油器的类型。

2. PT 燃油泵的特点

(1)PT 燃油泵输出的燃油压力最大不超过 2.121 MPa(300PSI)。

(2)所有的喷油器共用一根供油管。

(3)即使有空气进入燃油系统也不会发生失速。

(4)PT 燃油泵不需要正时调整。

(5)有 80%左右的燃油用于冷却喷油器回到油箱,同时也可排除油路中的空气。

(6)喷射压力范围高达 71～142 MPa,确保雾化良好。

(7)油管连接处少量漏油对整个发动机输出功率无影响。

(8)发动机的停车是切断燃油的流动。

(9)油量受油泵和油嘴控制。

(10)通用性好。

3. PT 燃油泵的结构组成

PT 燃油泵由齿轮泵、磁性滤清器、脉冲膜片减振器、节流轴和电磁阀等组成,如图 2-42 所示。

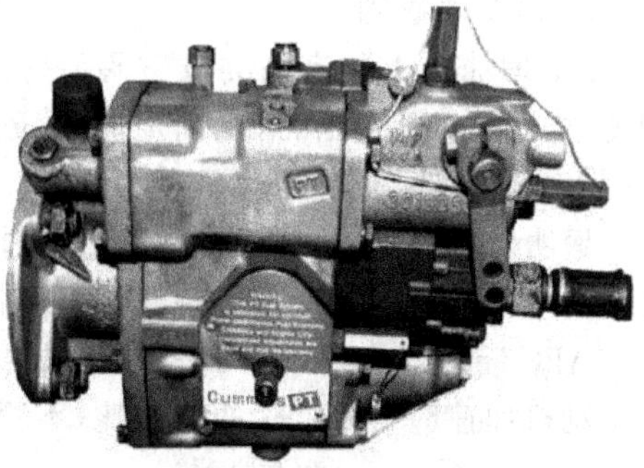

图 2-42 PT 泵外形图

(1)齿轮泵

齿轮泵由齿轮泵壳体、主动齿轮、从动小齿轮、衬垫等组成。当发动机驱动油泵时,齿轮泵随之转动,转速与发动机相同;齿轮泵旋转在吸油端产生真空并将燃油箱燃油吸出压入高压腔。齿轮泵出口压力比 PT 燃油泵出口压力大 4～5 倍。

(2)脉冲膜片减振器

由于发动机转速的不稳定,导致齿轮泵出口燃油压力波动较大,脉冲膜片减振器通过一个钻孔与齿轮泵高压腔相连通。当较高压力作用于金属膜片上时,膜片压缩背后的空气,部分压力波能量被吸收,压力波峰值降低,当较小的压力作用于金属膜片上时,膜片被背后的空气推出,给出部分能量,压力波峰值增大,从而使供油压力较平稳。

(3)磁性滤清器

磁性滤清器位于 PT 燃油泵顶端,在压力的作用下,燃油流入磁性滤清器内。其主要作用就是过滤齿轮泵出来燃油内的金属粉末杂质、铁屑。

4. PT 燃油泵调速器

(1)调速器结构

两极调速器主要由飞锤总成、调速柱塞套筒总成、怠速弹簧柱塞、怠速弹簧、高速弹簧、飞块辅助柱塞弹簧、扭矩弹簧、怠速调整螺钉等,如图 2-43 所示。

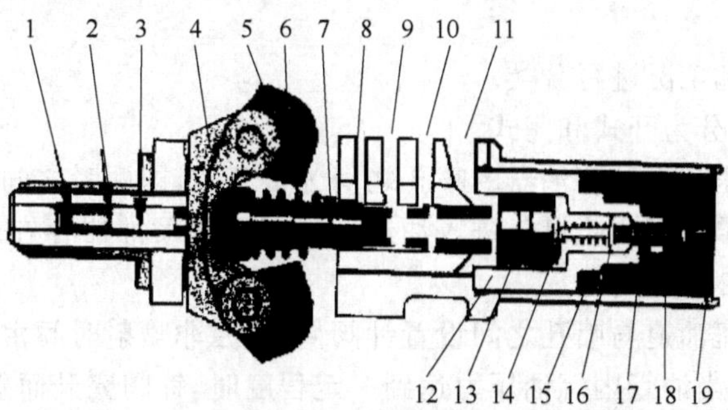

图 2-43 两极调速器

1—飞块辅助柱塞弹簧;2—飞块辅助柱塞调整垫;3—飞块辅助柱塞;4—飞块支座;5—飞块;6—高速扭矩校正弹簧;7—柱塞;8—怠速弹簧;9—主油道;10—进油道;11—旁通油道;12—怠速柱塞导套;13—怠速柱塞;14—柱塞弹簧;15—高速弹簧;16—平垫;17—怠速调整螺钉;18—怠速螺钉弹簧;19—调整垫

(2)两极调速器的作用

①控制低怠速。控制低怠速的关键在于调速器柱塞的台肩与怠速油道的相对位置。

②控制高怠速。控制高怠速的关键在于调速器柱塞的台肩与主油道的相对位置。

③压力调节。用于修正来自齿轮泵的燃油压力，为油泵提供基础油压。

5. 停车电磁阀

PT 燃油泵上装有两类电磁阀，一是标准电磁阀，二是快速启动电磁阀。当通电时，电磁阀得电，阀片被吸打开油路；断电时，电磁阀失电，阀片回位，油路关闭，停止供油，发动机停车。

6. 空气燃油控制器(AFC)

康明斯在增压柴油发动机的 PT 燃油泵上，采用了空气燃油控制器(Air Fuel Control)。它主要由气室、AFC 活塞组、AFC 弹簧、AFC 控制柱塞套筒、AFC 燃油道等组成，如图 2-44 所示。

AFC 装置仅在发动机加速时起作用，AFC 装置位于油门轴与电磁阀之间的油道上，保证在发动机加速时得到合适的空燃比，不冒黑烟。

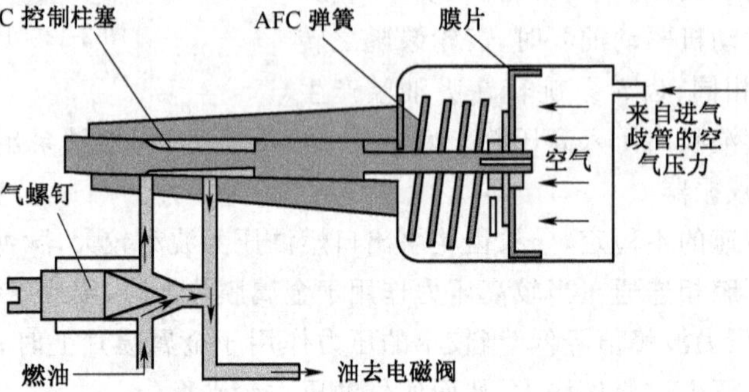

图 2-44　AFC 控制器

九、喷 油 器

1. 喷油器的作用

喷油器控制燃油的喷射及喷射质量，与喷油泵共同建立起高压条件，将一定数量的燃油通过喷射，雾化成细小雾粒散布到燃烧室，用以造就高质量的混合气体，有利于燃油的发火和燃烧。喷射压力为 18～20 MPa，并不得滴油。

2. 喷油器的分类

喷油器可按结构和工况进行分类。

(1)按结构分类可分为开式和闭式。

开式喷油器的高压油道与喷油器的喷孔之间为常开式，即两者之间无针阀偶件启闭油道，有的仅在喷孔前加装单向阀防止燃气进入油道。由于开式喷油器存在严重缺陷，目前柴油发动机很少采用。如图 2-45 所示。

闭式喷油器在高压油道与喷孔之间设置针阀偶件，在非喷射时间由针阀关闭油道，在喷油泵柱塞供油行程期间，当油管内燃油压力达到一定程度时，针阀突升而射油。如图 2-46 所示。

(2)按能量传递工况分类可分为空气喷射式和机械喷射式。

空气喷射式是以高压空气将燃油喷射到燃烧室，在喷射过程中附加了空气，对雾化和组成混合气体比较有利，但因结构复杂造成制造成本增加，采用较少。

机械喷射式是使燃料以一定的压力从细小的喷油孔中喷入燃烧室与空气组成混合气体，是目前广泛采用的喷油方式。

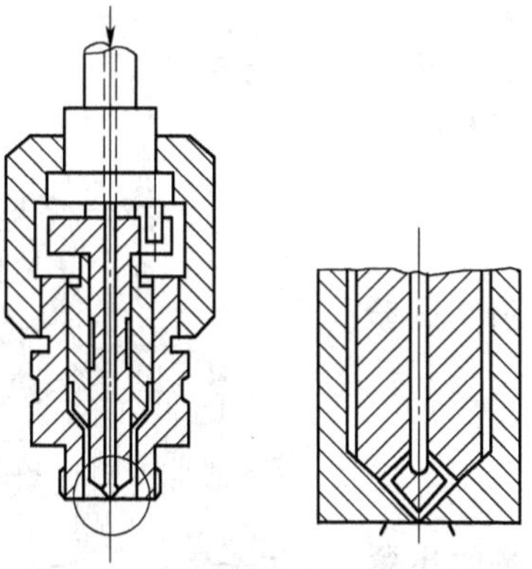

图 2-45　开式喷油器剖面示意图

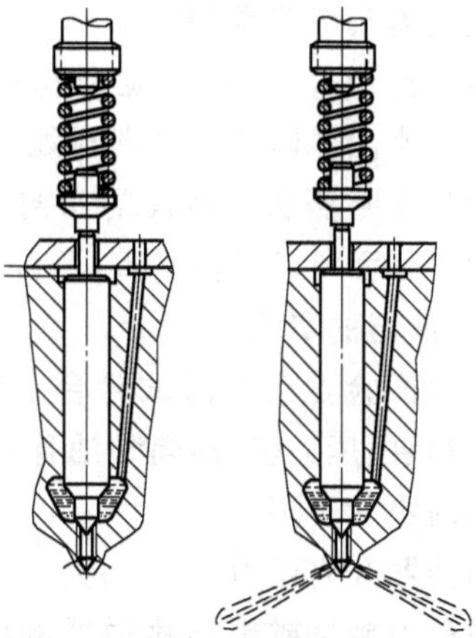

图 2-46　闭式喷油器剖面示意图

3. 6135 系列柴油发动机喷油器

(1)6135 系列柴油发动机喷油器的构造

6135 系列柴油发动机喷油器由喷油嘴偶件、喷油器体、喷油器紧帽、顶杆、调压弹簧、调压螺钉等部分组成，如图 2-47 所示。

喷油器安装在气缸盖，喷油嘴露出缸盖底面 2.5～3 mm，超出此范围时在铜锥体与喷油嘴间增加垫片或更换铜锥体来调整。

喷油嘴偶件为精密研磨件，不许单件更换，喷油嘴螺帽紧固力矩为 59～78 N·m。

进油管内装有滤油芯子，它与进油管的配合间隙为 0.025～0.055 mm，发现燃油不清洁时应立即更换。

(2)喷油器的工作过程

①调压弹簧通过顶杆使喷油嘴偶件压紧，将喷油孔关闭。

②喷油泵输出的高压燃油从进油管经过喷油器体到喷油嘴内。

③油压作用在喷油嘴针阀的承压锥面上，形成的轴向推力将克服调压弹簧的压力和喷油嘴针阀偶件的摩擦力上移，打开喷油嘴喷孔，高压燃油从喷油嘴针阀体下喷孔内喷出。

④当喷油泵停止供油，由于油压迅速下降，在调压弹簧的作用下及时回位将喷油孔关闭。喷油的起始压力取决于调压弹簧的预紧力，可通过调整调节螺钉调整起始喷油压力。

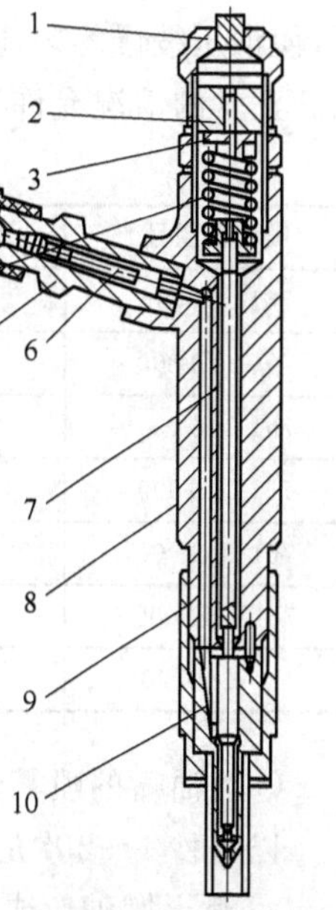

图 2-47　6135 系列喷油器剖面图
1—护帽；2—调节螺钉；3—弹簧上座；4—调压弹簧；5—进油管接头；6—滤油芯；7—顶杆；8—喷油器体；9—喷油器紧帽；10—喷油嘴偶件

(3)6135 系列柴油发动机喷油器和喷油嘴的技术参数(见表 2-3)

(4)喷油器的检查

对使用时间较长的喷油器，应在实验台上进行试验，发现以下问题时应进行检修或更换：

①喷油开启压力低于规定值；

②喷油出现雾化不良、切断不明显或有滴油现象；

③喷孔堵塞、4 个喷孔喷出油雾束不均匀、长短不一；

④喷油嘴头部严重积炭。

图 2-48 喷油器试验台

在喷油器检查、拆装中，必须保证零件的清洁，特别是喷油嘴偶件本身和喷油器体端面等密封处，即使细小杂物尘埃也会造成偶件的运动性阻滞和接触面的密封性不良。喷油器紧帽和喷油嘴接触的肩胛面要求光洁平整，不许留有积炭或毛刺。

(5)喷油器的实验

喷油器试验要在专门试验台上进行，如图 2-48 所示。试验台由手压油泵、压力表、油箱和油管等组成。

试验内容和步骤如下：

①喷油器开启压力

用螺丝刀旋进或旋出喷油器的调节螺钉以调整弹簧的压紧力，达到喷油器规定的开启压力，见表 2-3。

②喷油嘴座面密封试验

当试验台上压力表指示值比喷油器喷油开启压力低 2 MPa(20 kgf/cm^2)时，压动手压油泵，使油压缓慢均匀地上升。在压油的过程中，仔细检查喷油嘴喷孔周围表面被燃油附着的情况。正常的情况允许有轻微湿润但不得有油液积聚的现象。

表 2-3 6135 系列柴油发动机喷油器和喷油嘴的技术规格

喷油器图号	针阀偶件代号	针阀行程(mm)	喷孔数×孔径(mm)	喷射压力(MPa)	喷射夹角
761-28-000b	3127-10	0.45±0.05	4×0.35	17.2+0.98	
761-28D-000	3127D-10	$0.30^{+0.05}_{-0.03}$	4×0.37	20.6+0.98	
761-28E-000	3127D-10	$0.30^{+0.05}_{-0.03}$	4×0.37	18.6+0.98	
761-28F-000	3127D-10	$0.30^{+0.05}_{-0.03}$	4×0.37	17.2+0.98	150°
761-28G-000	3127E-10	$0.30^{+0.05}_{-0.03}$	4×0.35	17.2+0.98	
761-28H-000	3127E-10	$0.30^{+0.05}_{-0.03}$	4×0.35	20.6+0.98	
761-28I-000	3127E-10	$0.30^{+0.05}_{-0.03}$	4×0.35	18.6+0.98	

③喷油嘴的喷雾试验

以每秒 1～2 次的速度压动手压油泵，喷油嘴的喷雾应符合以下要求：

a. 喷出燃油应成雾状，分布均匀而且细密，不应有明显的飞溅油粒、连续的油珠或局部浓稀不均匀等现象。

b. 喷油开始和终了应明显，并且有特殊清脆的声音。

c. 喷孔口不许有滴油现象，但允许有湿润。

d. 雾束方向的锥角约为 15°～20°。

4. WD615 系列柴油发动机喷油器

喷油器喷嘴为四孔，其特点就是在喷油嘴头部装有不锈钢护套，可减少喷油嘴与燃气的直接接触，如图 2-49 所示。

喷油器的检验：

(1)调整喷油压力和检查喷雾状况

将装配好的喷油器安装在喷油器试验台上，试喷 2～3 次；清除喷孔处脏物，然后使喷射压力上升，以每分钟 60 次压动试验器杆，观察喷射时的燃油压力表指示是否落在(22.5+0.5) MPa，若不在此范围，应将喷油器调整螺柱护帽取入，通过旋入(压力升高)或旋松(压力降低)调整螺柱，直至达到喷油器所要求的喷射压力为止。与此同时，应检视喷油嘴的喷雾状况，如果喷雾状况良好，则可继续使用，否则应重新研磨和调整；若无法修理，则需要更换喷油嘴或喷油器总成。

(2)喷油器的密封性检查

①将喷油压力调到 29.4 MPa，压力从 27.5 MPa 降到 22.6 MPa 的时间应不少于 8 s。油温应保持在 18～22 ℃。

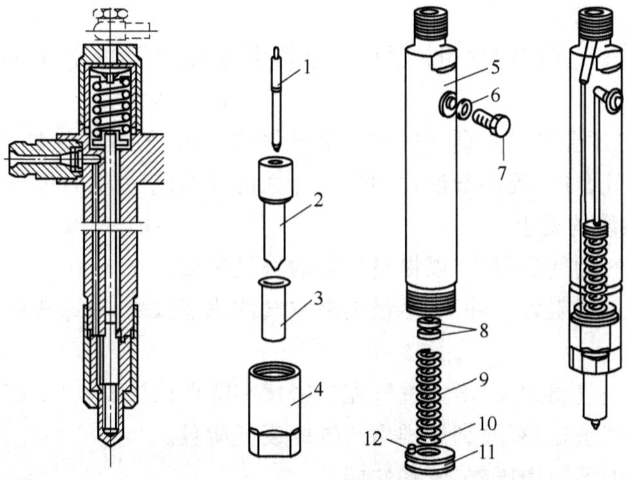

图 2-49　WD615 喷油器结构图

1—喷油嘴针阀；2—阀体；3—护帽；4—喷油嘴螺母；5—喷油器体；6—垫片；7—回油空心螺栓；8—调整垫片；9—调压弹簧；10—弹簧下座；11—夹板；12—定位销

②在进行密封性试验时，必须观察和拭抹喷嘴头处和喷嘴紧固螺母处有无渗漏或滴油情况。当测定时间少于 8 s，但嘴头处有滴油情况，说明针阀导行部分渗漏严重，必须更换喷油嘴。如喷油嘴头有滴漏情况，则必须进行研磨，研磨棒可由铸铁制造。研磨清洗后，仍应再次进行密封性试验，如修理不合乎标准，应更换喷油嘴。

5. PT 型喷油器

(1)PT 型喷油器的结构

PT 型喷油器结构与其他喷油器类似，如图 2-50 所示。

(2)PT 型喷油器的工作过程

①旁通阶段。喷油器处于停止供油状态，柱塞被压在最低位置，柱塞中部细的部位把喷油器内的进、回油道沟通，这时燃油对喷油器进行冷却，并排除油道中的气体。发动机在做功和排气冲程中喷油器柱塞一直处于这一状态。

②计量阶段。当凸轮继续运转至进气冲程后不久，柱塞在弹簧的作用下升起，将进、回油道切断，燃油旁通结束，燃油流至喷油器的油杯，此时由于压力低，喷孔直径较小，不会出现漏油。当柱塞上升到最高位置后，进气结束。柱塞缓慢下行，进入压缩冲程，当柱塞接近封闭计量孔，计量结束。

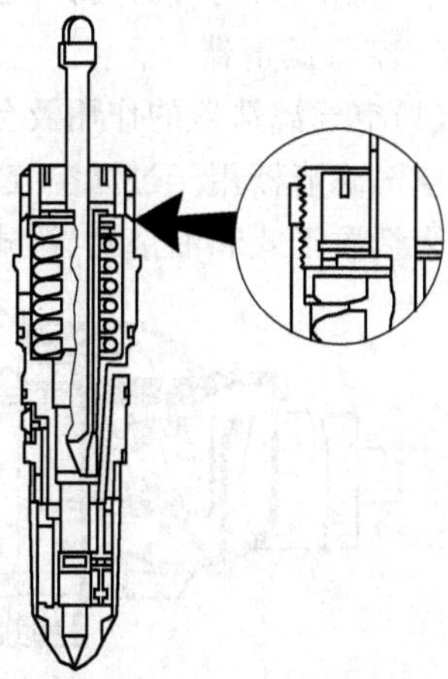

图 2-50　PT 型喷油器示意图

③ 准备喷射阶段。计量结束柱塞下行到一定位置，下部的油杯及油道产生了一定压力，

使止回球阀落到球座上，关闭了油道，柱塞继续下行把油道与油杯分开。由于发动机转速高、计时短，油杯不会被燃油充满，此阶段主要就是压缩和部分排除油杯中的空气，为喷射做准备。

④喷射阶段。在发动机压缩冲程接近终了时，柱塞快速下行，油杯内的燃油以 140 MPa 的高压，喷入燃烧室，在喷射的同时，柱塞中部细的部位又把喷油器内的进、回油道沟通，燃油开始旁通，柱塞回落到油杯，喷油结束。

十、进、排气系统

1. 进、排气系统的作用

柴油发动机进、排气系统的作用就是向气缸提供清洁、干燥的空气，排除发动机做功后的废气并带走多余热量。

增压柴油发动机还要进一步利用气缸排出废气的能量，使进入气缸的空气预先增压和冷却，达到增加气缸进气密度，提高柴油发动机动力性能和经济性的目的。

2. 对进、排气系统的要求

(1)尽量减小进气的气流阻力，以提高气缸的进气充量。

(2)在所允许的气流阻力条件下，尽量提高空气的滤清效果，以减少磨损，延长机件的工作寿命。

(3)降低气缸的进气温度，以增大进气充量密度和降低柴油发动机的热负荷。

(4)合理设置排气管道，有效利用排出气缸的废气能量。

(5)采用高效率的涡轮增压器，改善性能。

(6)注意环境保护，减少排气污染和降低噪声。

(7)布置紧凑，结构简单，便于维修。

3. 进气系统简介

(1)进气系统分类

按进气方式分为非增压、增压、增压中冷、双增压中冷。

(2)进气系统组成

进气系统由空气滤清器、进气歧管、气缸盖气道等，增压发动机还包括增压器、中冷器等。

4. 空气滤清器

(1)空气滤清器的作用及分类

空气滤清器用于过滤空气中的杂质、尘埃、水分，保证进入气缸的空气的清洁度；空气滤清器分为纸质干式和油浴式(湿式)，如图 2-51 所示。

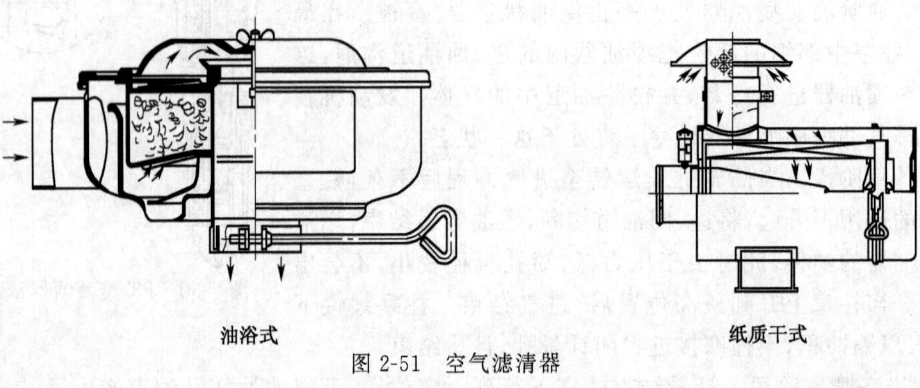

油浴式　　纸质干式

图 2-51　空气滤清器

(2)油浴式空气滤清器

油浴式空气滤清器由壳体、支柱架、滤网和上盖组成。当柴油发动机工作时，被吸入的空气由上盖和壳体之间的缝隙或气道进入壳内，沿壳体内壁与滤芯上的环形空间向下，与油池中的油面接触后向上流动，较大的尘粒落入油池内，细微的尘粒被黏在润滑油润湿的钢丝绒滤芯上。

使用时应经常保持清洁和适量添加润滑油。一般发动机每运转 100 h 左右应清洗一次。

原宝鸡工程机械厂生产的 DQ160 系列、DA4 之前的电气化安装车发动机空气滤清器为油浴式空气滤清器。

(3)干式纸质空气滤清器

纸质滤清器由纸质滤芯、壳体、防尘帽等组成。

纸质空气滤清器的保养方法：

①经常清除集尘盘内的尘土，检查连接是否可靠；

②纸质滤芯可用压力不大于 500 kPa 的压缩空气，由里向外吹，除掉滤芯外面的杂质；

③当拆除、装配滤清器滤芯时，要平直拉出，以免损坏滤芯；

④当滤芯表面粘有油污时，可用不起泡沫的家用洗涤剂和 49～60 ℃热水清洗，然后用压缩空气吹干；

⑤穿孔、端部密封松动、密封表面凹陷及其他形式的损坏，要立即更换滤芯。

5. 进气歧管

进气歧管由铁板、铸铁或铸铝制成，安装时要求与气缸盖密贴，不能进入任何杂物。

6. 进气阻力指示器

在增压器与空气滤清器之间装有进气阻力指示器，当空气滤清器阻力较大时，指示灯报警。增压式柴油发动机在满负荷状态下的空气阻力不得超过 635 mm 水柱或 46 mm 汞柱。

7. 增压器

(1)增压器作用

增压器的作用就是提高进气压力，增加进气量；优化空气燃油混合比，改善燃烧条件，提高发动机功率；保持在较高海拔高度使用时的发动机效率。

(2)废气涡轮增压器的结构

涡轮增压器由径流式涡轮、离心式压气机以及带有支承装置、密封装置、润滑和冷却装置的中间壳组成，如图 2-52 所示。

径流式涡轮由径流式涡轮转子轴、无叶蜗壳等组成；压气机部分包括压气机壳、压气机叶轮。

压气机叶轮用自锁螺母固定在涡轮转子轴上，转子轴由设在中间壳两端的浮动轴承支承。两叶轮产生的推力由设在中间壳压气机端的推力轴承承受。压气机壳、涡轮壳分别与发动机的进、排气管连接。中间壳内设有润滑和冷却浮动轴承及推力轴承的油路。润滑油来自润滑系统，经过滤进入中间壳体上的进油孔，通过增压器轴承，经中间壳的回油腔，流回发动机油底壳。

(3)废气涡轮增压器工作原理

涡轮增压器利用发动机排出的废气，经排气管进入涡轮增压器涡轮壳，涡轮壳的形状为截面积由大到小的螺旋涡壳，废气在涡轮壳中的流速迅速增加，并以一定的方向作用在废气叶轮上，使废气叶轮高速旋转，其转速随排气温度和压力增加而增加，排出的废气带动废气叶轮旋

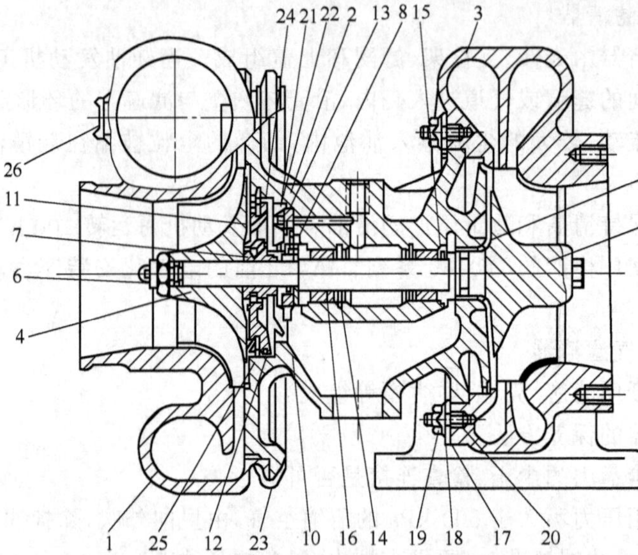

图 2-52　废气涡轮增压器组成结构剖面示意图

1—压气机壳；2—中间壳；3—无叶涡壳；4—压气机叶轮；5—涡轮转子轴；6—自锁螺母；7—轴封；8—推力片；9—弹力密封环；10—隔圈；11—气封板；12—挡油板；13—推力轴承；14—弹簧卡环；15—推力环；16—浮动轴承；17—涡轮端压板；18—止动垫片；19—螺母；20—双头螺栓；21 止动垫片；22—螺栓；23—V形加箍总成；24—O形橡胶密封圈；25—孔用弹性挡圈，26—铭牌

转后由排气口排出；由于压气机叶轮与废气叶轮同轴，高速旋转的压气机叶轮将来自空气滤清器的空气吸入压气机壳，而压气机壳形状为截面积由小到大的涡壳，空气的流速将降低，而压力和温度则升高，向发动机提供了较高的进气压力。

废气叶轮转速最高可达 1.1×10^5 r/min，进气温度 600～800 ℃。

(4)废气涡轮增压器的特点

①废气涡轮增压器可提高发动机功率。在结构不变的前提下加装增压器，可提高功率 30%～50%。

②实现高原功率补偿。如果在结构上做相应变动，输出功率可提高 100%～200%。

③使燃烧更充分，保护环境。由于燃气能量的进一步利用，使柴油发动机的经济性提高 5%～15%，燃油消耗单位功率下降 30%～35%。

(5)废气涡轮增压器的编号原则

①名义供气量表示增压器在低压时比在标准大气压下压气机接近最佳区工作时的供气量，以 100 m^3/h 为单位，余数四舍五入。

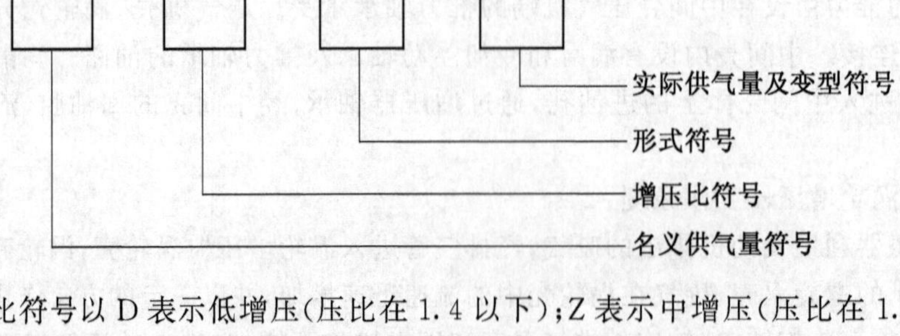

②增压比符号以 D 表示低增压(压比在 1.4 以下)；Z 表示中增压(压比在 1.4～2 之间)；

G 表示高增压(压比在 2 以上)。

③形式符号以 P 表示轴流式涡轮;J 表示径流式涡轮;S 表示多级式涡轮。

④实际供气量及变型符号前面表示在标准大气压下压气机在指定的压比下接近最佳区工作时的供气量,以 100 m^3/h 为单位,余数四舍五入;后部数字或代号表示产品的变型情况。

(6)废气涡轮增压器使用注意事项

①对于装有废气涡轮增压器的发动机在新机或存放半年后,使用前必须从进油口加入 50～60 ml 清洁的发动机润滑油。

②启动后应检查废气涡轮增压器进油口油管有无润滑油,否则停车加注润滑油;启动后先怠速运行 3～5 min,确保润滑良好。

③停机时应先怠速运行 3～5 min,使增压器带走多余热量,突然停机会因增压器过热造成轴承润滑不良烧死。潍柴的 WD615 系列要求怠速运行 5～10 min。

8. 中冷器

(1)中冷器的作用

中冷器安装在增压柴油发动机上,在发动机启动时,用于预热进气;在发动机正常工作后,降低增压后的进气温度,增加进气密度、提高进气质量。实践表明,增压空气每降低 10 ℃,柴油发动机的功率可提高 2%～3%,燃油消耗率可降低 1.5%;在典型工况不增加排量的前提下,提高发动机功率 30%。

(2)中冷器的构成

中冷器由壳体和中冷器芯构成,如图 2-53 所示。中冷器芯的管道与发动机的冷却系统相连,当发动机工作时,一部分冷却水流经中冷器芯与增压后的空气进行热交换,从而预热进气或降低进气温度。

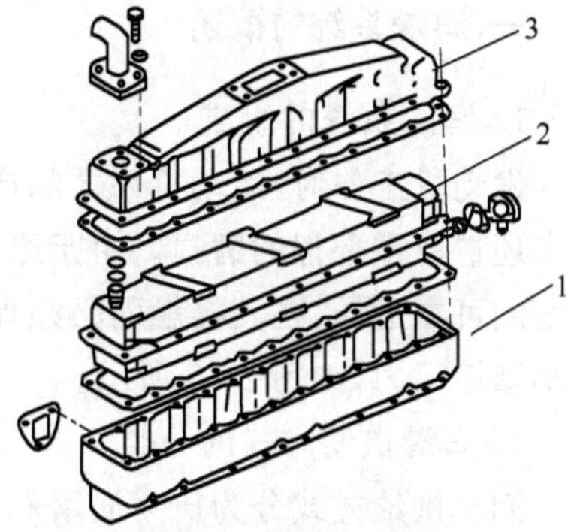

图 2-53　水—空中冷器

1—中冷器上壳体;2—中冷器芯;3—中冷器下壳体

(3)中冷器的冷却形式

中冷器按照热交换的方式分为空—空冷却器、水—空冷却器两种。

康明斯发动机采用的是水—空冷却器,潍柴动力 WD615 系列发动机采用的是空—空冷却器。

9. 排气系统图

(1)排气系统的主要部件

排气系统的主要部件就是排气歧管和消音器。排气歧管一般由铸铁铸成,非增压发动机共用一根排气管,增压发动机采用分支排气管,如图 2-54 所示。消音器主要为降低排气噪声。

(2)对排气系统的要求

①排气背压必须控制在规定范围内(不超过 10 kPa)。

②从发动机排气脉冲传出的噪声波必须在进入大气前被分散。

③排气管道及其所有附件必须保护气缸和排气系统零件,避免积水引起液力锁死和锈蚀坏。

④管道一定要支撑、定位,以保证所连接的进、排气系统零件不给密封、接头带来压力。

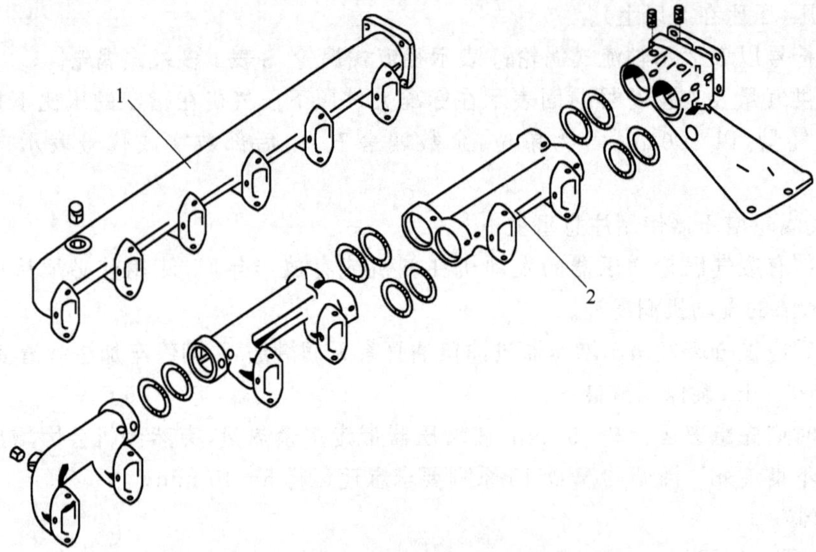

图 2-54　6135 增压与非增压柴油发动机排气歧管

1—非增压排气管;2—增压排气管

第七节　润滑系统

一、润滑系统的概述

1. 润滑系统的组成

发动机工作时,运动机件之间产生相对运动,运动副在高速、高温、高压下摩擦,不仅损耗功率还造成零部件的磨损。由于摩擦过热可导致接触面热熔,为保证发动机正常工作,各运动副之间可靠运转,在其接触面必须保证有良好的润滑条件,因此在摩擦副表面覆盖一层油膜,减小摩擦阻力,如图 2-55 所示。

2. 润滑供给方式的分类

润滑供给方式分为压力润滑和飞溅润滑。压力润滑的润滑油由机油泵提供,经粗滤和冷却后进入各运动件的摩擦副进行润滑。飞溅润滑是利用机件运动带动飞溅起来的润滑油滴或油雾润滑摩擦副表面。在润滑系统中存在既有压力润滑,又有飞溅润滑,称为综合润滑。

3. 润滑系统的作用

①润滑作用。在各运动件摩擦面间形成油膜,将摩擦面隔开,减小机件磨损和功率损失。

②清洗作用。循环的机油流可带走摩擦面的磨损颗粒及其他杂质,避免零件进一步磨损。

③冷却作用。循环的机油流可带走摩擦产生的热量,降低零件工作温度,保证正常的配合间隙,同时也可作为冷却介质传导热量。

④密封作用。发动机工作时,在活塞与活塞壁间的油膜,阻止气缸内气体泄入曲轴箱。

⑤防锈作用。在机件表面形成油膜,防止机件表面形成氧化层,起到防锈的作用。

4. 润滑系统油路流程

(1)6135 基本型非增压柴油发动机润滑系统流程

如图 2-56 所示,当柴油发动机工作时,机油泵经固定式机油粗滤器从机油盘中吸油,滤去较大的杂质,经主油道流向压力润滑油路;小部分经限压阀,通过机油精滤器滤去较细的杂质

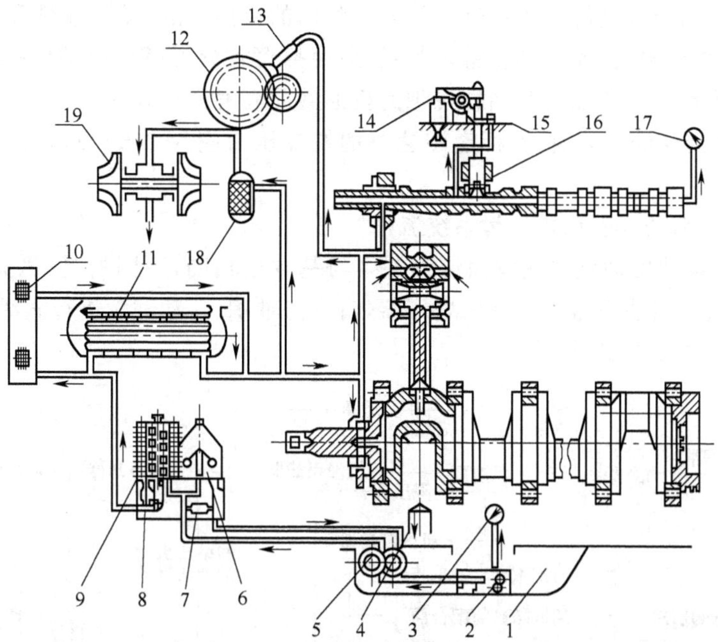

图 2-55 润滑系统油路组成示意图

1—油底壳；2—粗滤网；3—油温表；4—加油口；5—机油泵；6—离心式滤清器；7—调压阀；8—旁通阀；9—机油粗滤器；10—风冷式机油冷却器；11—水冷式机油冷却器；12—传动齿轮；13—喷油塞；14—摇臂；15—气缸盖；16—推杆套筒；17—油压表；18—网格式机油滤清器；19—涡轮增压器

和胶质后回流油底壳。机油粗、精滤清器是并联的。若机油泵出油压力低于 49 kPa，则限压阀不开启，机油全部进入主油道。

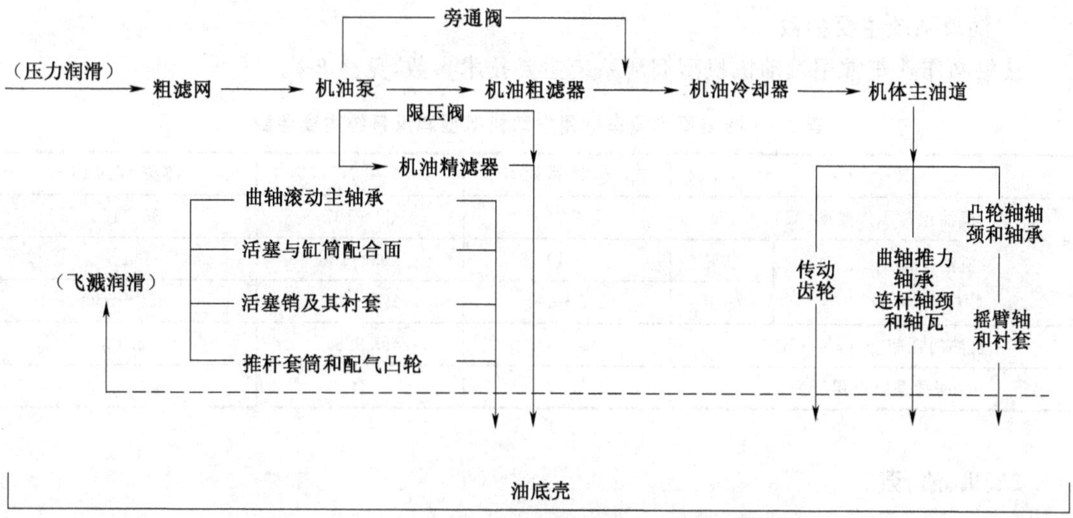

图 2-56 6135 基本型非增压柴油发动机润滑系统流程

如果机油粗滤器严重淤塞，主油路不通，当粗滤器进出油压达到 0.15～0.18 MPa 时，旁通阀被打开，机油直接流入主油道，以保证发动机正常润滑。

进入主油道的机油，通过油管进入曲轴前端至曲轴空腔，润滑推力轴承、连杆轴颈及轴瓦；通过油管进入凸轮轴空腔并由第二轴承引出油道润滑气门摇臂及衬套；曲轴前端的传动齿轮由主油道的另一分路的喷油形式润滑。

曲轴主轴承、活塞与气缸壁由曲轴在旋转时溅出的机油润滑；经飞溅到活塞与气缸壁的机油溅落在连杆小头的槽内，润滑活塞销及其衬套；由摇臂轴处溅落的机油经推杆套筒、推杆球头进入挺杆柱，由挺杆下部油孔和曲轴飞溅的机油共同润滑凸轮表面。

6135 基本系列柴油发动机，在标定转速时的机油压力应为 245～343 kPa，怠速在 500～600 r/min 时为不小于 49 kPa。

(2)6135 增压型柴油发动机润滑系统流程

6135 增压型柴油发动机的润滑油流程基本与基本型相同，不同的是，压力机油经机油散热器冷却后，通过网格滤清器进入涡轮增压器，对推力轴承、浮动轴承进行润滑后，经增压器出油口流回油底壳，如图 2-57 所示。

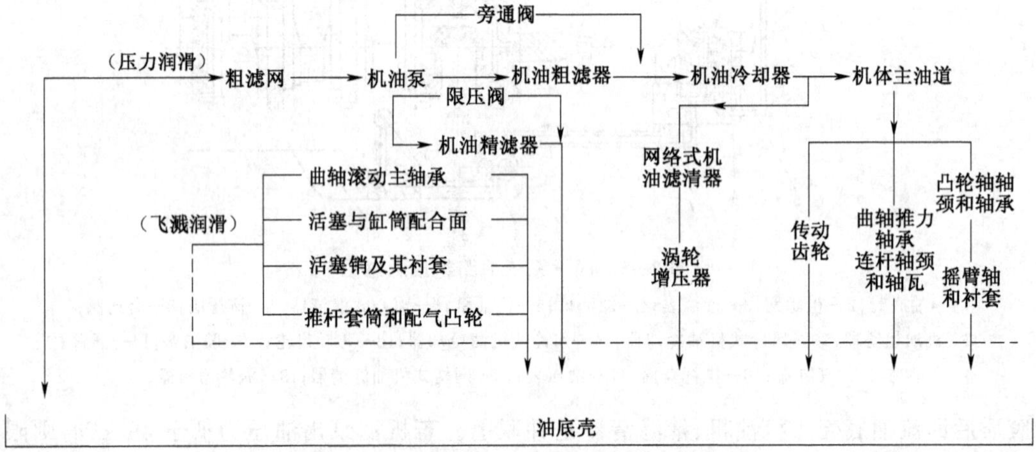

图 2-57　6135 增压型柴油发动机润滑系统流程

5. 润滑系统主要参数

接触网作业车常用发动机机型润滑系统主要技术参数，见表 2-4。

表 2-4　接触网作业车常用发动机机型润滑系统主要参数

项　　目		6135 系列	康明斯 NT855	潍柴 WD615
机油正常工作温度(℃)		≤95	82～107	85～105
机油正常工作压力(kPa)	怠速	≥49	103～138	≥100
	标定	245～343	276～517	350～550
机油消耗率[g/(kW·h)]		≤2.04	0.925	2.14
润滑系统容积(L)		25.2	34	23

二、机 油 泵

1. 机油泵的作用

机油泵的作用是将油底壳(机油盘)中机油，经过加压送至油道，润滑各摩擦副表面。

2. 机油泵结构

目前接触网作业车所采用的柴油发动机机油泵均为齿轮泵，它由泵体、泵盖、主动齿轮、从动齿轮、传动(驱动)齿轮等，如图 2-58 所示。

机油泵进油口与机油集滤器相接，出油口与机油粗滤器相接，由传动齿轮系带动。

3. 机油泵工作原理

发动机旋转带动传动系齿轮驱动机油泵齿轮，并通过中间轴或主动齿轮轴带动齿轮泵总成的主动齿轮旋转，主动齿轮啮合从动齿轮反方向旋转，机油被吸入油腔经过齿隙与泵壁送至出油腔，随着油量的积累，机油压力增大，机油被挤出进入油道，如图 2-59 所示。

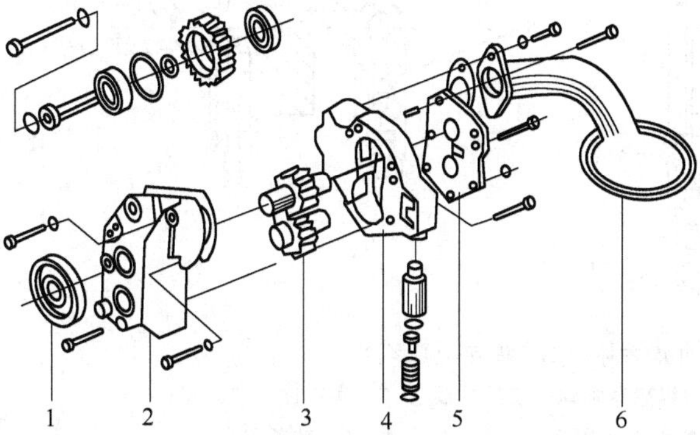

图 2-58 机油泵分解图

1—驱动齿轮；2—机油泵前盖；3—机油泵齿轮总成；4—壳体；5—机油泵后盖；6—集滤器

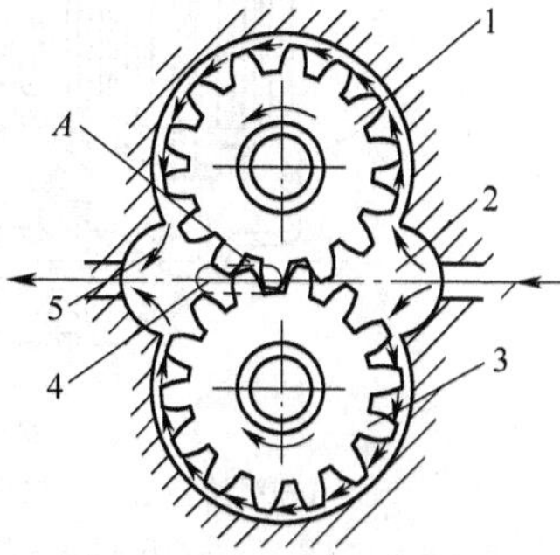

图 2-59 机油泵工作原理图

1—主动齿轮；2—吸油腔；3—从动齿轮；4—卸压槽；5—压油腔

三、机油集滤器

机油集滤器安装于机油泵进口前面，主要是防止较大颗粒杂质进入机油泵。集滤器一般采用浮式，由浮子、滤网、底盖及油管组成。浮子为薄钢片制成的空心状，浮在机油油面上。

四、机油滤清器

1. 机油滤清器的分类

机油滤清器安装于机油泵之后，用于过滤主油路中较细的微粒。

机油滤清器按功能作用分为粗滤器和精滤器。

粗滤器分为网式、刮片缝隙式和绕线式。它的滤清细度较低，只能滤去 0.05～0.1 mm 以上的杂质，但流通阻力较小，机油流量较大，串于主油路。

精滤器分为离心式、微孔滤纸式等，可滤去 0.005～0.03 mm 的杂质及部分胶状物质，其流通阻力较大，机油流量小，精滤器只能与主油道并联，精滤后的机油直接流回油底壳。

在粗滤器堵塞时，旁通阀被打开，机油直接流入主油道，不致供油中断。

2. 绕线式机油滤清器

(1)绕线式机油滤清器结构

如图 2-60 所示。滤芯上有两层用铜丝绕成的过滤网，其过滤间隙≤0.09 mm。

(2)绕线式机油滤清器使用注意事项

发动机每运转 200 h 后，应清洗滤芯；清洗时应使用煤油或柴油；清洗后使用压缩空气吹净；重装时注意内、外滤芯两端面需平整，以保证密封。清洗过程如图 2-61 所示。

3. 刮片式机油滤清器

(1)刮片式机油滤清器结构

如图 2-62 所示。筒形金属外壳中有矩形滤芯轴，轴上装有 0.35 mm 的 8 孔圆形薄钢片冲压而成的滤片，被 0.08 mm 的隔片相互隔开，清洗压紧之后组成滤芯。机油从筒壳通过滤

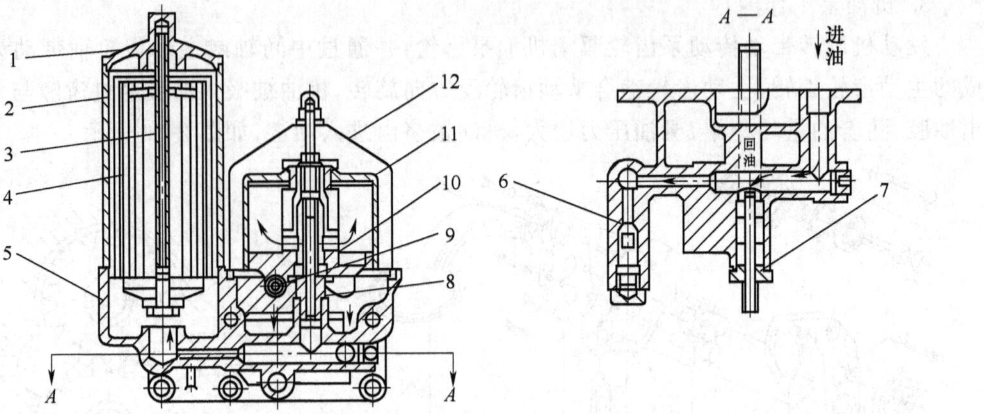

图 2-60　机油滤清器(粗滤器为绕线式)

1—粗滤器盖;2—粗滤器壳体;3—粗滤器轴;4—绕线式滤芯;5—底座;6—旁通阀;7—调压阀;8—转子轴;9—喷嘴;10—转子座;11—转子体;12—转子罩壳

片之间得 0.06～0.10 mm 的缝隙流入 8 个油腔中,通往出油管,在筒壳的另一端装有固定式刮片,压在定位轴上。

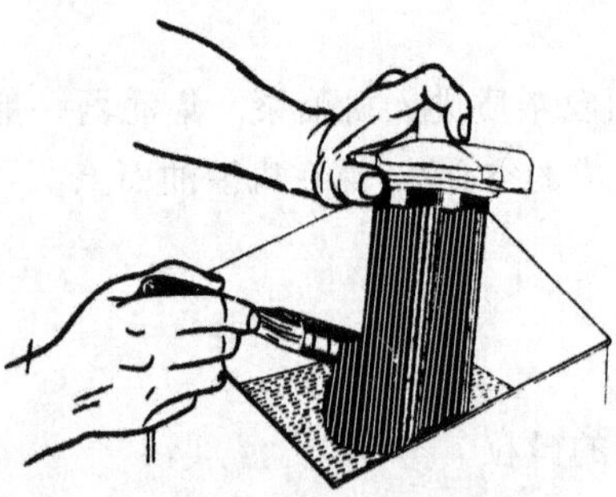

图 2-61　绕线式机油滤清器的清洗

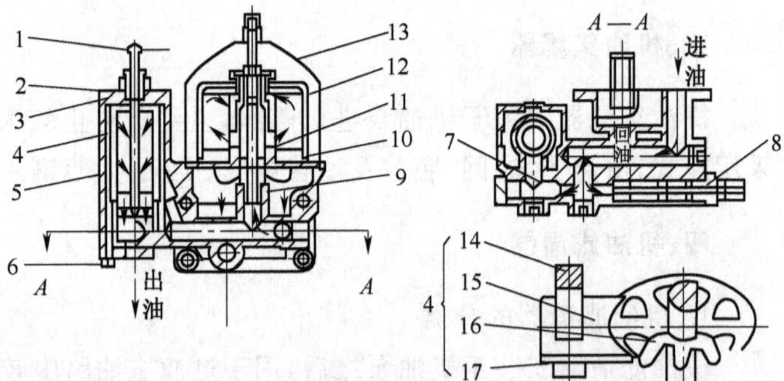

图 2-62　机油滤清器(粗滤器为刮片式)

1—手柄;2—转轴;3—粗滤器盖;4—刮片式滤芯;5—底座;6—放油螺钉;7—旁通阀;8—调压阀;9—转子轴;10—喷嘴;11—转子座;12—转子体;13—转子罩壳;14—定位轴;15—刮片;16—滤片垫;17—滤片

(2)刮片式机油滤清器使用注意事项

当发动机启动前或连续工作 4 h 后,应顺着滤清器盖上箭头所指的方向转动手柄 2～3 圈,安装于定位轴上的刮片即刮下滤片表面的污垢。

在发动机工作 200 h 后,应清洗滤芯;清洗时使用柴油。清洗方法如图 2-63 所示。

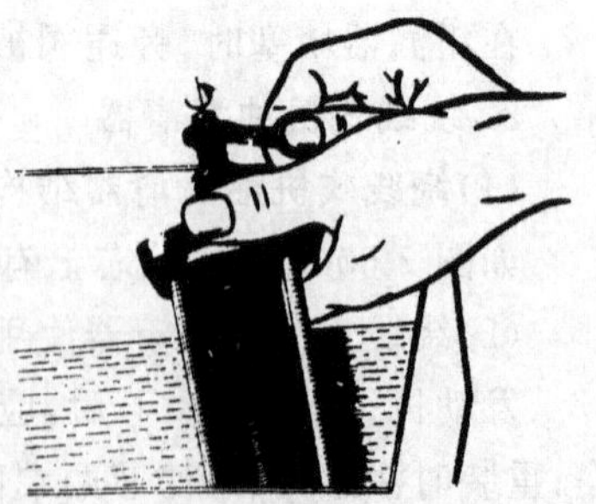

图 2-63　刮片式机油滤清器的清洗

4. 离心式机油滤清器

(1)离心式机油滤清器结构及工作原理

离心式机油滤清器又称机油精滤器,如图 2-61、图 2-62 所示左图右侧部分。由转子壳体、转子座、转子及喷嘴等组成。

当润滑油油温为 85 ℃、进油压力为 294 kPa 时,精滤器转子的转速应在 5 500 r/min

以上。

由于转子的高速旋转,使机油中的细小杂质颗粒因离心力的作用而分离,汇集到转子体内壁上,经过过滤的机油通过回油孔流回油底壳。

(2)离心式机油滤清器使用注意事项

发动机每运转 200 h 后,应清洗精滤器;清洗时应使用煤油或柴油用毛刷清除转子内的污物,如图 2-64 所示。

安装时注意:各零件清洗干净,喷嘴中的喷孔应畅通;转子上、下两个轴承的配合间隙为 0.045～0.049 mm;转子体与转子座应对准定位企口装配,如图 2-65 所示;紧固螺母时,用力要缓慢、均匀,密封圈平整;转子体在转子轴上旋转灵活。

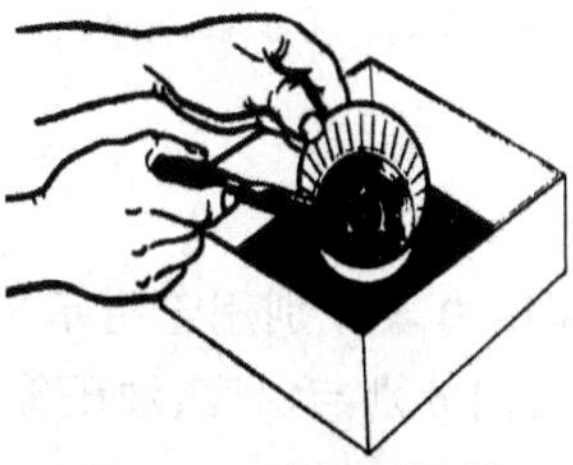

图 2-64　清洗精滤器

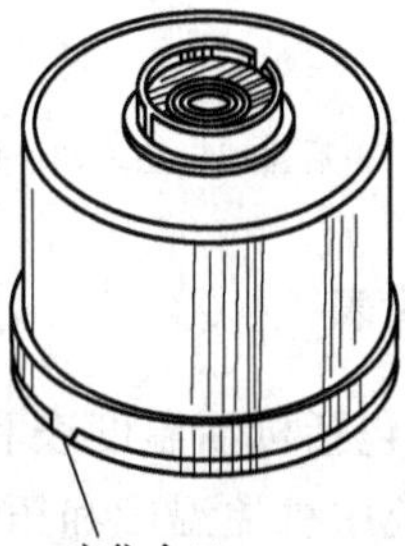

图 2-65　转子的装配

5. 增压器用机油滤清器

增压器型发动机的涡轮增压器是高转速部件,对其润滑要求较高,因此在机油冷却器后加接了一只网格式机油滤清器,单独作为增压器润滑油的滤清。

发动机每运转 200 h 后,应松开滤清器底壳的紧固螺母,放掉油污和沉淀物,拆下外壳和滤芯在煤油或柴油中清洗,清洗后使用压缩空气吹净。

6135 型柴油发动机使用的是粗滤器和精滤器一体的滤清器。WD615 系列柴油发动机使用的是并联旋装式滤芯。

康明斯发动机采用全流式机油滤清器。全流式滤清器有旋转罐式和筒式两种,NT855 系列柴油发动机选用旋装罐式滤清器,滤清能力为 20 μm。

6. 旁通阀

旁通阀的作用就是当机油粗滤器故障,机油可不经滤清直接进入主油道,以保证柴油发动机的正常工作,如图 2-66 所示。

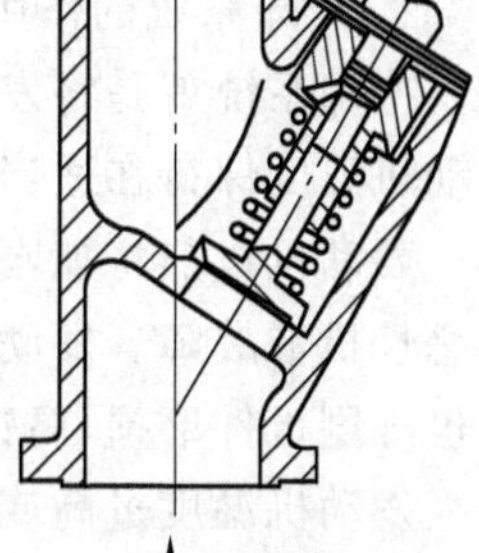

图 2-66　旁通阀剖面图

五、机油冷却器

1. 机油冷却器的作用及分类

机油冷却器又称机油散热器,其主要作用就是冷却机油。机油冷却器按冷却形式分为风冷式机油冷却器和水冷式机油冷却器。目前国产接触网作业车使用的 6135 机型系列、WD615 系列、康明斯 N 系列等柴油发动机均为水冷式冷却器,如图 2-67 所示。

2. 水冷式机油滤清器构成

水冷式冷却器为圆筒形铸铁件,内部装有黄铜管、散热片和隔片等组成的芯子。水在芯子的管内流动,机油在壳子和圆筒形外壳的夹层内流动,实现机油与水的热交换。

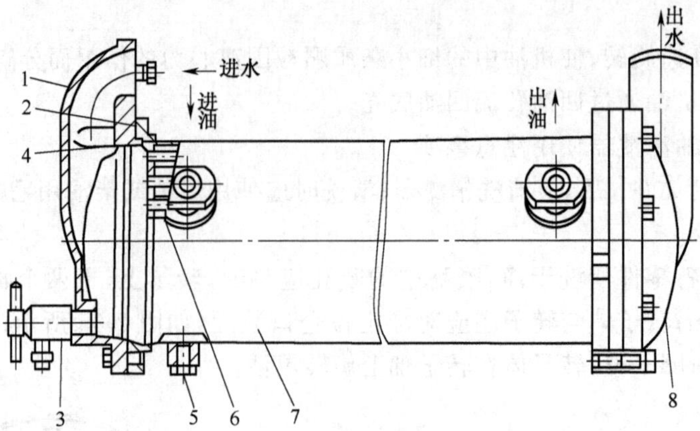

图 2-67　水冷式机油冷却器示意图

1—后盖；2—垫片；3—放水阀；4—封油圈；5—螺塞；6—冷却器芯子；7—外壳；8—前盖

六、机油仪表

机油仪表包括机油温度表和机油压力表，机油温度表和压力表分别用于指示发动机在工作时，润滑系统中机油温度和压力的大小。一般为电热式，它们分别与温度、油压传感器（又称感应塞）相连，实时监测发动机工作时的温度和压力。

七、量油尺与油底壳

量油尺用于测量油底壳内机油面的高低，它是一个带手柄的金属扁平尺，分别刻有"静满"、"动满"、"险"三种标记。

油底壳用于存放润滑油。如图 2-68 所示。

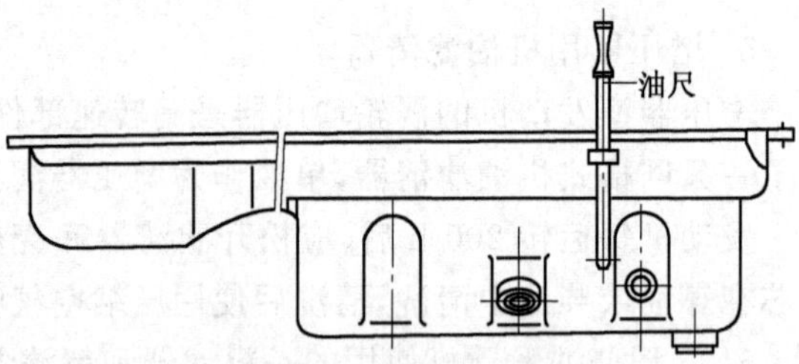

图 2-68　油底壳示意图

第八节　冷却系统

一、冷却系统的概述

1. 冷却系统的作用

冷却系统就是将发动机工作时，燃油燃烧和机件运动摩擦产生的热量及时地散出机外，使发动机温度保持在适当范围内，保证发动机正常运转。

发动机过热将加剧机件磨损，破坏机件配合间隙，降低发动机功率，降低润滑效能，甚至发生恶性机械故障。发动机过冷会引起燃烧不良，燃油消耗过大，润滑油黏度过大润滑不良，同样也加剧机件磨损、腐蚀程度。

发动机温度过高或过低，都会影响发动机的正常工作，正常的热标准是：气缸壁温度100～120 ℃；活塞顶的温度为 200～250 ℃；冷却水的温度为 80～90 ℃。

2. 冷却方式分类

发动机冷却方式按冷却介质不同分为水冷却和风冷却。水冷却方式又分为开式冷却循环系统和闭式循环冷却系统。

目前接触网作业车采用的是冷却水闭式压力循环式（也称强制水冷）。

3. 开式循环冷却系统

开式循环冷却系统即发动机的进出水口为开式，使用时用户自行接通水源，如图 2-69 所示。

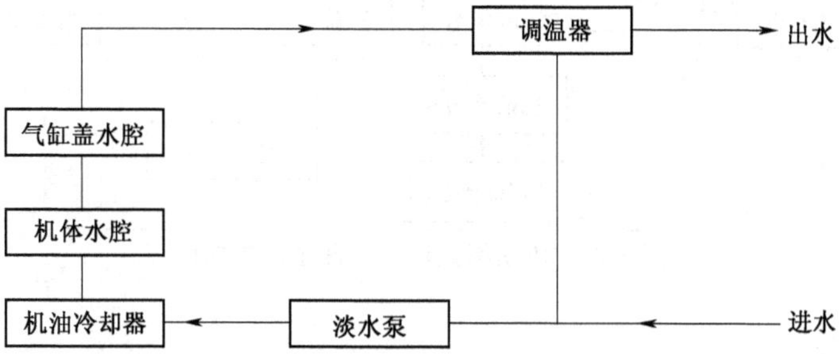

图 2-69　6 缸直列式发动机开式循环冷却液流向

发动机工作时要求进水温度不低于 60 ℃，因此对开式循环冷却系统的用水应采取适当措施以调节适宜的进水温度。

发动机工作时不允许出现气阻和断水，特别是当发动机长时间停放后极易产生水路气阻现象，由于气阻和断水会使发动机过热，甚至造成拉缸等恶性事故。如出现气阻，发动机的气缸盖出水管水量减少或完全不出水，水表读数急剧升高，这时千万不能紧急停车，而是适当降低发动机负荷，降低转速，迅速松开缸盖出水管端处的水温表感受器(感应塞)，放出水路中的空气，直到有冷却水流出，水温恢复正常。放气时应注意水路中的水蒸气，拆卸水温感受器时，周围用抹布盖住，防止压力水蒸气伤人。

4. 闭式循环冷却系统

陆用发动机的闭式循环冷却系统即从发动机出来的高温冷却液，通过水散热器靠风扇强力鼓风来冷却，冷却后的水再去冷却发动机。闭式循环冷却系统按照发动机机油冷却器的不同有所不同，如图 2-70 和图 2-71 所示。

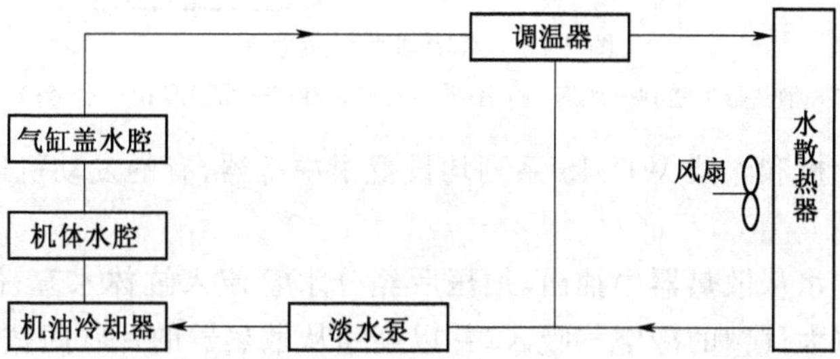

图 2-70　6 缸直列式发动机闭式循环冷却液流向(机油冷却器为水冷)

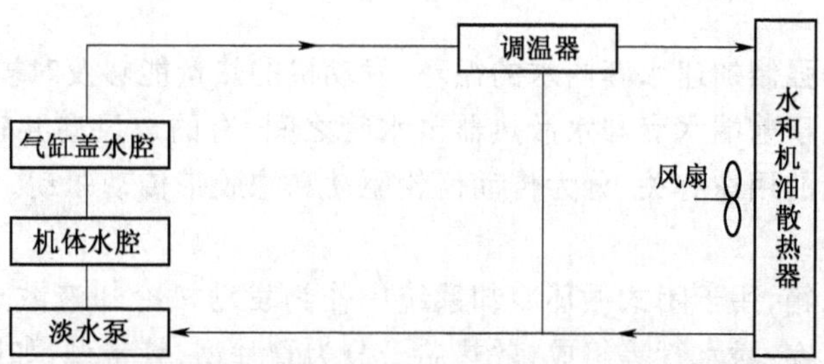

图 2-71　6 缸直列式发动机闭式循环冷却液流向(机油冷却器为风冷)

康明斯发动机冷却系统中设有水滤器和中冷器，其冷却液流向如图 2-72 所示。

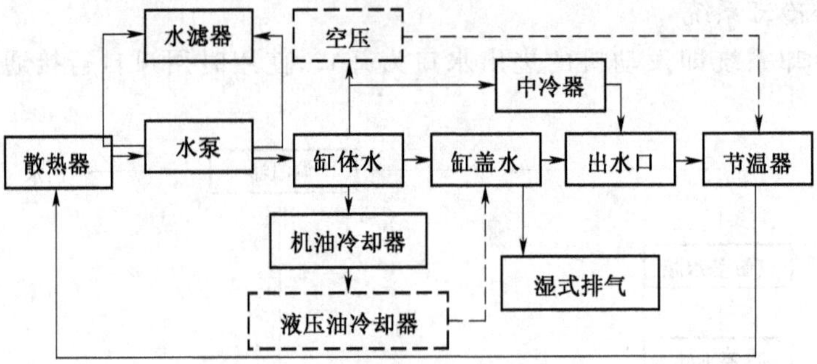

图 2-72　康明斯发动机冷却系统流向图

二、水冷却系统

1. 水冷却系统的组成

水冷却系统由水泵、水套、风扇、散热器、节温器、水管、水温表和传感器等组成，如图 2-73 所示。

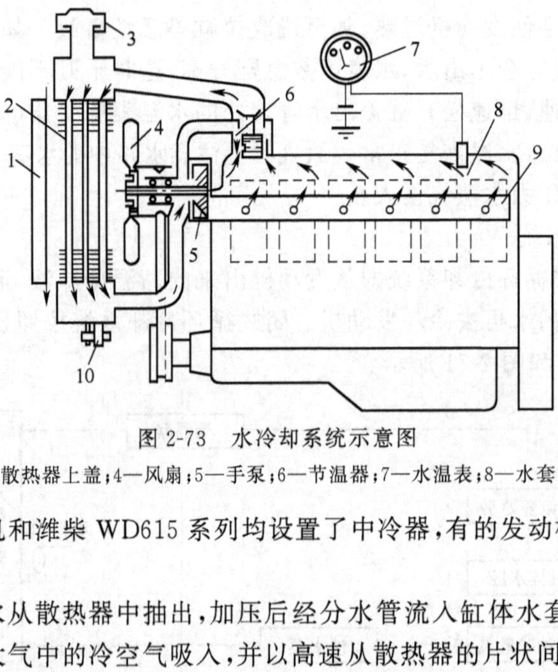

图 2-73　水冷却系统示意图

1—百叶窗；2—散热器；3—散热器上盖；4—风扇；5—手泵；6—节温器；7—水温表；8—水套；9—水分管；10—放水开关

康明斯系列发动机和潍柴 WD615 系列均设置了中冷器，有的发动机还装有膨胀水箱。

2. 水冷却过程

水泵将降温后的水从散热器中抽出，加压后经分水管流入缸体水套、缸盖水套，沿水管再流回散热器。风扇将大气中的冷空气吸入，并以高速从散热器的片状间隙中通过，实现水—空热交换。

3. 淡水泵

水泵的作用就是强制加速水套内水的循环，发动机的热量能够及时被传出，保证发动机的正常运行。水泵安装于前端水套与水散热器出水管之间，有的与风扇共轴，也有单独使用的。水泵的驱动与发动机的用途有关，分为传动齿轮驱动和橡胶带传动驱动。

4. 水散热器

水散热器俗称水箱，用于闭式循环冷却系统中作为发动机冷却液散热用。水散热器由散热芯子、上水室、下水室、溢水管等组成，散热芯子分为管片型、管带型，如图 2-74 所示。

水散热器为保证散热良好，水散热器需经常进行保养，保证冷却液与空气的热交换。水散热器一般用铜制成，散热芯子焊接在上、下水室之间，6135 型非增压柴油发动机的水散热器面

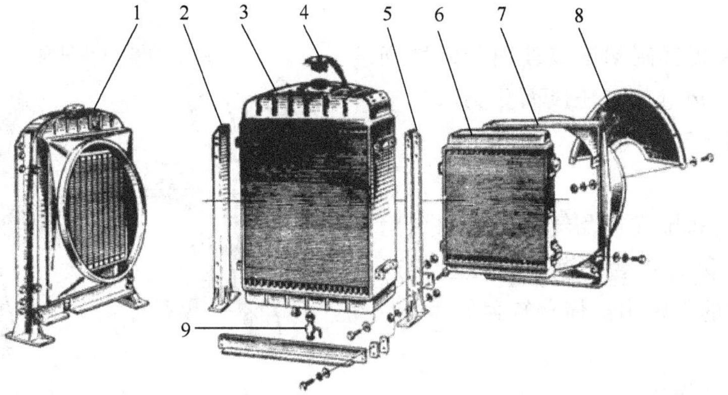

图 2-74　水散热器结合组(带风冷式机油散热器)

1—水散热器总成;2、5—支架;3—水散热器;4—压力盖;6—风冷机油散热器;7—导风罩;8—风扇防护罩;9—放水阀

积达 39.22 m^2,6135 增压型柴油发动机的水散热器面积达 46.14 m^2。一般每工作 500 h 左右,应对散热器外表和内部进行清理。清洗内部水垢及沉淀杂质时,可将散热器水放尽,然后用带有压力的自来水,通入散热器芯子,直至流出清水。如果散热器内水垢或污物过多,可用清洗液清洗。清洗液由水、苏打(碳酸钠 Na_2CO_3)和水玻璃(硅酸钠 Na_2SiO_3)配制而成,配比为每升水加入 40 g 苏打、10 g 水玻璃。清洗时把清洗液加入散热器中,开车运转到出水温度大于 60 ℃,继续运行 2 h 左右停车,然后放出清洗液。待发动机冷却后,用清洁的淡水冲洗两次,排尽后再加入冷却水开车运转,使出水温度达到 75 ℃,停车放掉污水,最后加入新的冷却水。

设在散热器加水口上的压力盖(也称水箱盖),可提高冷却系统的压力,即提高了冷却液的沸点。压力盖内设有蒸汽阀和空气阀,当散热器内的正压或负压压力超过一定值时,阀会自动打开,保证蒸汽排出和空气进入。蒸汽阀开启压力为 27.5～37.5 kPa,空气阀真空开启压力为 0.98～1.18 kPa。如图 2-75 所示。

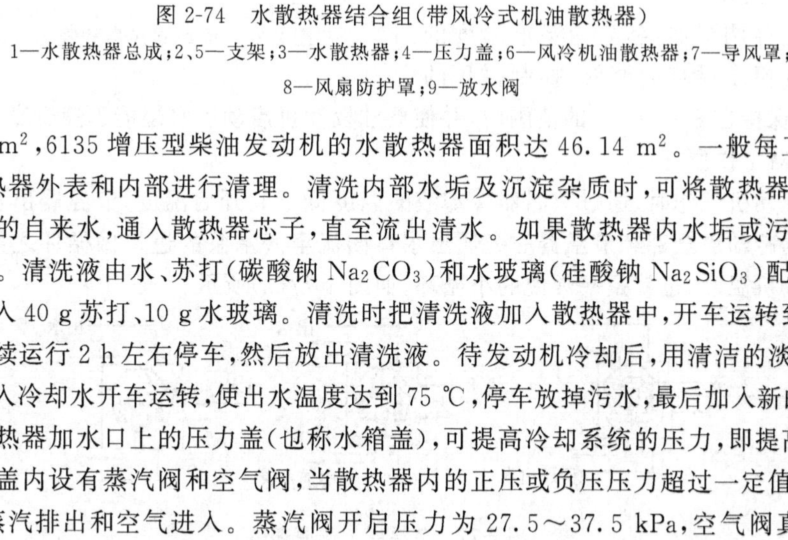

图 2-75　压力盖剖面图

1—蒸汽排出管;2—蒸汽阀;3—空气阀;4—散热器盖

柴油发动机工作时应关闭压力盖,启动前应检查散热器冷却液液面,必要时补充;当柴油发动机满负荷工作时,尽量避免打开压力盖,防止蒸汽伤人,必须打开时应将压力盖用抹布遮盖,缓慢打开压力盖,防止冷却液或蒸汽喷出。当柴油发动机运行中出现“开锅”时,应首先减小负荷,降低柴油发动机转速,逐渐降低冷却液温度。当出现散热器缺少冷却液时,如果发动机温度较高,应加入温度适宜的冷却液,不得直接加入冷水,防止出现气缸盖裂纹。

柴油发动机在低温环境下工作应有散热器保温措施或更换防冻液。

5. 风扇

风扇安装在发动机之前、散热器之后,有的发动机风扇与水泵同轴,有的不同轴。风扇的叶片与旋转面之间成 30°～60°倾角,当风扇旋转时,对空气产生吸引力,形成气流,加速散热器的冷却效果。

风扇采用钢板冲制铆接或玻璃纤维增强PA6压注成型。风扇按其压风面分为吹风式和吸风式，如图 2-76 所示。

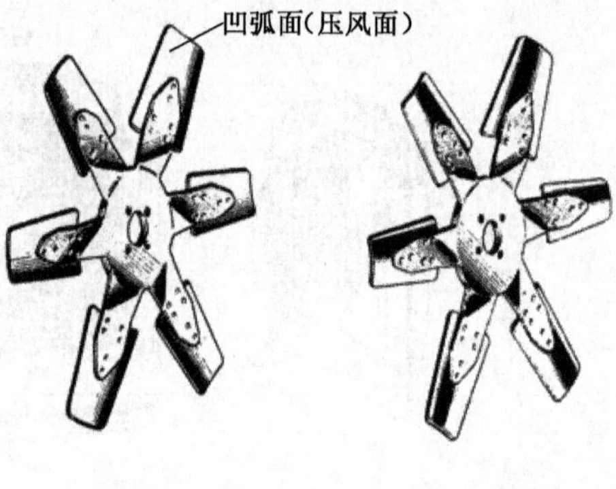

图 2-76　吹风式风扇和吸风式风扇

6. 水套

由气缸四周和排气门及气缸盖的双层壁所形成的空间，称为水套。燃烧时产生的热量，通过水套中的水带出缸体和缸盖。

7. 节温器

(1)节温器的作用

节温器也称调温器，随着冷却液温度的变化，控制、变更水循环的路线，控制循环的水量，使温度保持在 80～90 ℃的范围内，并使柴油发动机启动后水温能迅速升高。

(2)节温器工作原理

当柴油发动机工作时，通过节温器冷却液的温度低于其开启温度，节温器出水阀门关闭，柴油发动机的冷却液全部经节温器的旁通出水口回流至淡水泵的进口做循环之用，这样可以迅速提高发动机温度，也就是平常说的小循环，如图 2-77(a)所示。

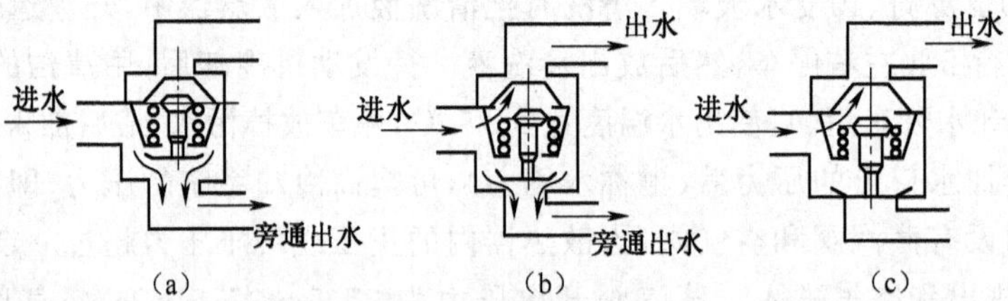

图 2-77　节温器工作原理

当通过节温器的冷却液温度达到 76 ℃左右，节温器的出水阀门开始开启，发动机的部分冷却液经出水阀门流至水散热器，其余部分仍经过旁通出水口回流至淡水泵的进口，如图 2-77(b)所示。

当通过节温器的冷却液温度达到 86 ℃左右，节温器的出水阀门完全打开，旁通出水口完全关闭，发动机的全部冷却液经出水阀门流至水散热器，也就是平常说的大循环，如图 2-77(c)所示。

节温器不能随便拆除，发现失灵立即更换，否则易使发动机冷却液温度失控，而影响其正常工作。

8. 水滤器

康明斯发动机冷却系统中安装有水滤器，由美国佛列伽(Fleetguard)国际公司研制，上海佛列伽生产的干式化学添加剂水滤清器(DCA)，其主要功能是缓冲冷却液酸碱性；抑制和防止水垢以及沉淀物的堆积；防止缸套被穴蚀和腐蚀；消除和防止冷却系统产生气泡。

随着发动机工作时间的延长，冷却液中的 DCA 浓度也发生变化，冷却液中 DCA 的浓度应为 0.32～0.79 单位/L 之间。

三、风冷却系统

风冷却系统就是利用空气作为冷却介质，利用气缸体或气缸盖上的散热片，实现空—空热交换。为此缸盖多采用铝合金，便于散热，并装有导流罩、分流板等。

风冷却结构简单，使用和维修方便，但对气温变化不敏感，冷却不够可靠，只在特种发动机上使用。

第九节　传动机构

传动机构是发动机的重要组成部分，发动机的配气机构、燃油系统、润滑系统、冷却系统等的工作均需要传动机构来完成由曲轴到各机构的动力传递，接触网作业车用柴油发动机的传动机构均设在柴油发动机的前端(自由端)，分为齿轮传动和皮带传动。

一、齿轮传动机构的组成

齿轮传动机构由传动机构盖板、推力板、曲轴主动齿轮、燃油泵传动齿轮、凸轮轴传动齿轮、定时惰齿轮以及机油泵、淡水泵传动齿轮等，如图 2-78 所示。

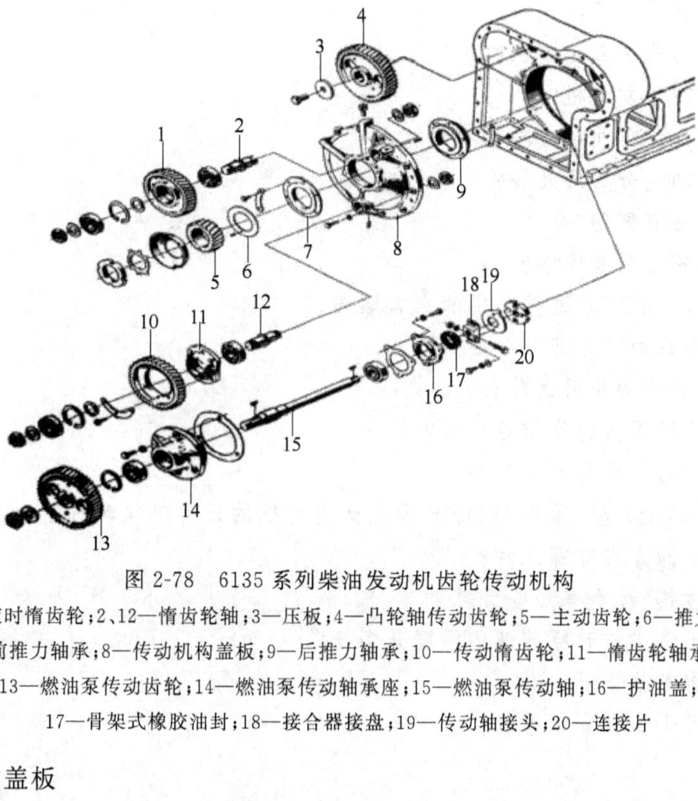

图 2-78　6135 系列柴油发动机齿轮传动机构

1—定时惰齿轮；2、12—惰齿轮轴；3—压板；4—凸轮轴传动齿轮；5—主动齿轮；6—推力板；7—前推力轴承；8—传动机构盖板；9—后推力轴承；10—传动惰齿轮；11—惰齿轮轴承座；13—燃油泵传动齿轮；14—燃油泵传动轴承座；15—燃油泵传动轴；16—护油盖；17—骨架式橡胶油封；18—接合器接盘；19—传动轴接头；20—连接片

1. 传动机构盖板

传动机构盖板也称惰齿轮架，由高强度灰口铸铁铸成，中间设有油道，由机油泵送来的润滑油经盖板分别通往曲轴的连杆轴颈、配气机构的凸轮轴、摇臂等部位去润滑。

2. 齿轮组

齿轮组包括主动齿轮、燃油泵传动齿轮、配气凸轮轴传动齿轮、惰齿轮等，在装配时要注意齿轮上的标记，相应的符号必须对准，以保证正确的供油和配气。

3. 喷油泵传动联轴节

喷油泵传动联轴节也称联轴器，柴油发动机的喷油泵是通过设在发动机前端的齿轮带动喷油泵传动轴转动，喷油泵传动轴后端与联轴节连接。

二、三角橡胶带的调整

柴油发动机工作时，三角橡胶带应保持一定的张力。正常情况下，在三角橡胶带两皮带轮的切线橡胶带中间部位施加一定的矢力，橡胶带应能产生一定的挠度，过紧将导致轴承磨损加剧，过松导致所驱动的附件达不到转速要求。由于发动机机型不同，三角橡胶带的调整参数也不尽相同，具体数据须参照相应发动机机型的用户手册。

调整皮带可通过调整支架位置、紧张轮位置、调整螺钉位置等进行。

更换三角橡胶带时应注意：新、旧胶带型号相同，长度相等，张力不均易造成胶带损坏；新、旧胶带避免同时使用。

复习思考题

1. 发动机按冷却介质分可分为哪几种？
2. 什么是发动机的压缩比？
3. 什么是发动机的额定功率？
4. 什么是四冲程发动机？
5. 柴油发动机由哪几部分机构组成？
6. 活塞环按功能分为哪几种？
7. 飞轮的作用有哪些？
8. 配气机构的作用有哪些？
9. 试述康明斯 NT855 型发动机的点火顺序。
10. 燃油供给系由哪几部分组成？
11. 进、排气系统的作用是什么？
12. 废气涡轮增压器的作用是什么？
13. 润滑系统的作用是什么？
14. 康明斯 NT855 型、潍柴 WD615 型柴油发动机的正常工作时机油压力是多少？
15. 润滑供给的方式有哪几种？
16. 发动机过热、过冷有哪些后果？
17. 发动机正常工作时冷却液的温度是多少？
18. 节温器有哪些作用？
19. 散热器用于哪种冷却系统？

第三章　传动系统

传动系统的作用就是将发动机输出的扭矩通过变速器放大，传递给轮对，驱动接触网作业车运行。

接触网作业车的传动形式分为机械传动、液力传动、电传动等形式。

接触网作业车机械传动系统由离合器、变速器、换向箱(分动箱)、传动轴、车轴齿轮箱等组成，如图 3-1 所示。

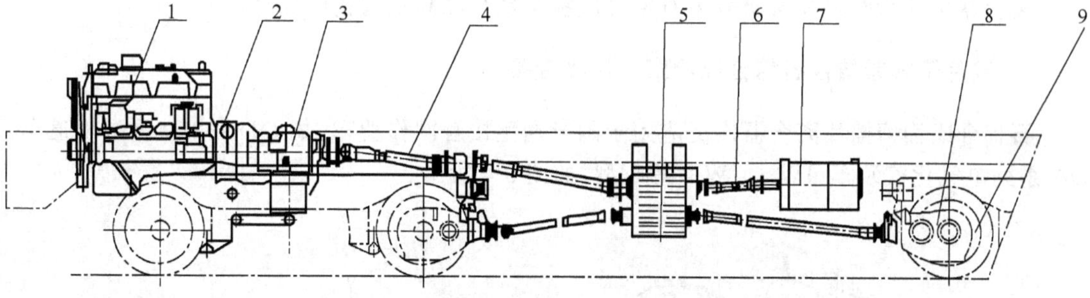

图 3-1　机械传动系统示意图

1—柴油发动机；2—离合器；3—变速器；4—传动轴；5—固定轴；6—换向箱；7—发电机；8—车轴齿轮箱；9—轮对

接触网作业车液力传动系统由液力变矩器(变扭器)、传动轴、车轴齿轮箱、轮对等组成，如图 3-2、图 3-3 所示。

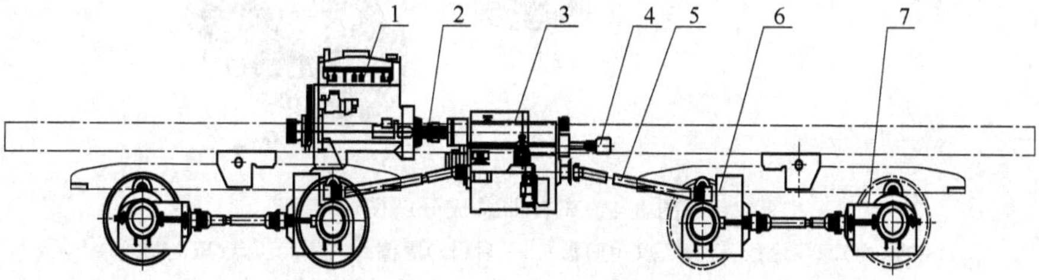

图 3-2　液力传动系统双驱动示意图

1—柴油发动机；2—中间传动轴；3—液力变矩器；4—液压油泵；5—固定轴；6—双级减速车轴齿轮箱；7—轮对

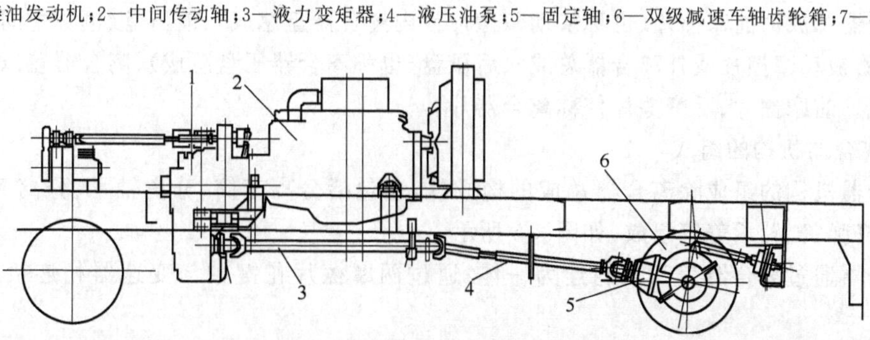

图 3-3　液力传动系统单驱动示意图

1—液力变矩器；2—柴油发动机；3—中间传动轴；4—中间传动轴；5—双级减速车轴齿轮箱；6—轮对

电传动接触网作业车应用较少，其传动系统主要由柴油发动机、发电机、整流堆装置、牵引电机、传动轴、车轴齿轮箱等组成，本次不作介绍。

第一节　离　合　器

离合器是设置在发动机与变速器之间的动力传递机构，其作用就是使发动机与变速器的动力得到可靠的结合或分离。

第一保证接触网作业车平稳起步；第二保证接触网作业车顺利地实现变速；第三防止接触网作业车超负荷传递动力而损坏发动机及传动部件。

目前接触网作业车采用的是常结合摩擦式离合器，分为单片式和双片式，由于接触网作业车传动扭矩较大，主要采用双片摩擦式离合器。

离合器从动盘摩擦片材质分为石棉合成物摩擦片和高铝陶瓷摩擦片。

一、双片干式常结合石棉合成物摩擦片离合器

石棉合成物摩擦片离合器广泛应用于国产老型接触网作业车，如 QD-160 型重型轨道车、DA 系列电气化安装车、JW-1、JW-2 等车型，如图 3-4 所示。

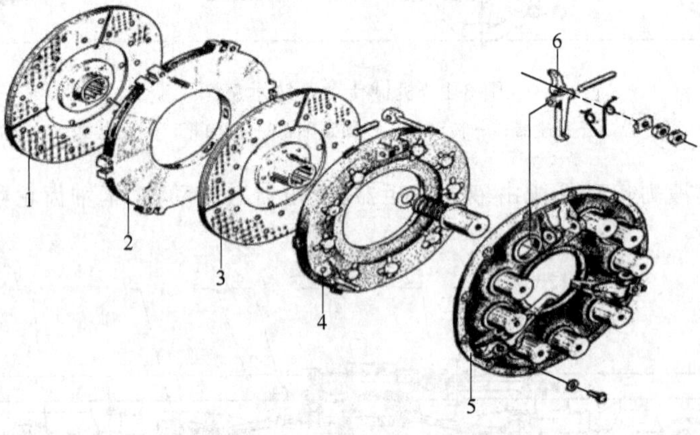

图 3-4　离合器总成分解图

1—前(内)摩擦片；2—前压盘(中间盘)；3—后(外)摩擦片；4—后压盘(压盘总成)；5—离合器盖(总成)；6—分离杠杆

离合器总成由前摩擦片(也称从动摩擦片或内离合器盘总成)、前压盘(也称中间板)、后摩擦片(也称被动摩擦片或外离合器总成)、后压盘(也称离合器压盘总成)、离合器盖以及分离杠杆等组成。前摩擦片、后摩擦片俗称离合器片。

1. 离合器机构的组成

离合器机构的组成除离合器总成的构成外，还包括分离套筒、分离轴承、分离叉、压盘弹簧、分离杆弹簧、轴承盖等组成，如图 3-5 所示。

离合器通过离合器盖和飞轮连为一体，通过两摩擦片花键轴与变速器相连接，如图 3-6 所示。

2. 离合器的工作过程

离合器盖固定在飞轮上，离合器机构与飞轮一体旋转，固定螺栓为 40Cr 专用螺栓，紧固力

矩为 200～230 N·m。从动摩擦片上加工有花键套，套装在变速器一的前端，并可在一轴上滑动，如图 3-7 所示。

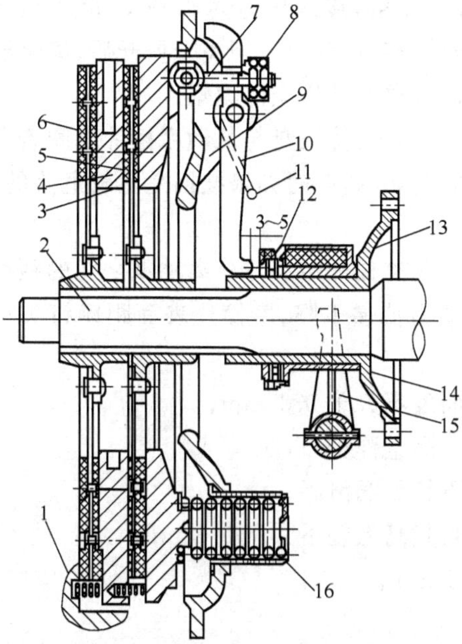

图 3-5　离合器机构组成剖面图

1—离合器前压盘弹簧；2—变速器一轴；3—离合器后压盘；4—前压盘；5—后摩擦片；6—前摩擦片；7—调整螺钉；8—调整螺母；9—离合器盖；10—分离杠杆；11—分离弹簧；12—分离轴承；13—分离套筒；14—轴承盖；15—分离叉；16—压盘弹簧

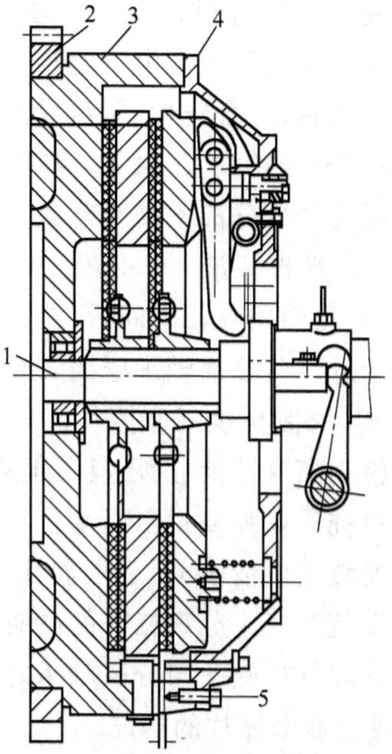

图 3-6　离合器固定示意图

1—变速器一轴；2—飞轮齿圈；3—飞轮；4—离合器盖；5—固定螺钉

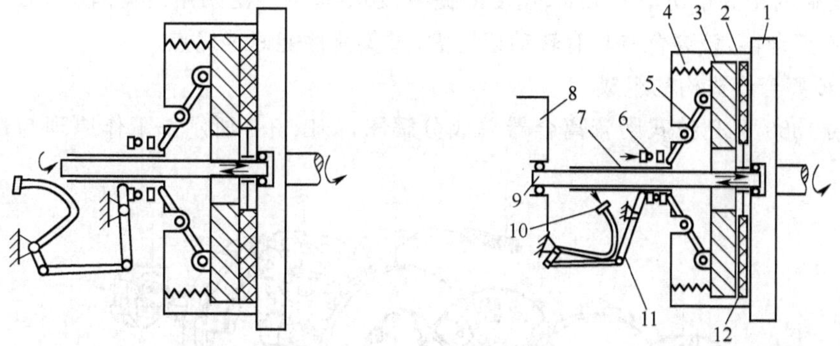

（a）**分离时状态**　　（b）**结合时状态**

图 3-7　离合器工作原理

1—飞轮；2—离合器盖；3—压盘；4—压盘弹簧；5—分离杠杆；6—分离轴承；7—变速器轴承盖；8—变速器壳；9—变速器一轴；10—离合器踏板；11—分离叉；12—摩擦片

（1）离合器分离：踏下离合器踏板，通过连杆使分离叉推动分离轴承前移，使压盘与从动摩擦片分离，隔断了飞轮与变速器之间的动力，此时可进行启动或换挡。

（2）松开离合器踏板，通过连杆使压盘弹簧推动分离轴承后移，使压盘与从动摩擦片压紧在飞轮端面上，传递飞轮与变速器之间的动力。此时不能进行换挡操纵。

由此看出从动摩擦片(也就是常说的离合器片)位于飞轮与压盘之间，作为传递动力的载体，当慢慢松开离合时，飞轮、离合器片、压盘也是慢慢接触，接触压力逐渐增大，最后趋于相等，因此在这个过程中会由于旋转不同步出现离合器片“打滑”现象。当完全松开后，离合器片完全结合，飞轮、离合器片、压盘成为一体转动，离合器传递发动机全部力矩。

当踏下离合器踏板，由于分离叉推动分离轴承位移不足，使压盘与从动摩擦片之间若即若离，即出现离合器分离不彻底现象，也就是动力没有完全切除，此时如果挂挡是比较危险的。

3. 离合器的保养

当离合器使用一段时间后，会发生摩擦片磨损，使分离杠杆端头与分离轴承之间的距离缩小，甚至会发生与分离轴承碰撞，磨损严重时会发生动力传递下降，摩擦片表面距铆钉头小于0.5 mm时，必须更换新摩擦片。

(1)检查离合器前、后压盘不能有烧伤、拉伤，平面度不大于0.1 mm；

(2)检查压盘弹簧自由高度应符合相应型号标准，测量弹簧力；

(3)安装前应清洗前、后压盘、摩擦片油污，更换飞轮处润滑脂；

(4)安装时三个分离杠杆的端头应在同一平面内，其高低差不大于0.2 mm；

(5)分离杠杆端头与分离轴承之间的间隙为3～5 mm。

4. 离合器摩擦片的构成

离合器摩擦片由花键套(称为离合器片毂)、弹簧钢片、钢片、摩擦片组成，被压紧在压盘与飞轮之间，利用其产生的摩擦力传递动力。

钢片与花键套之间为铆接，花键套与变速器一轴共同旋转，并可沿轴向前后移动，为防止离合器振动，在钢片上装有减振弹簧称为扭转减振器。

二、双片干式常结合陶瓷摩擦片离合器

随着接触网作业车功率的增大、速度的提高，新型车辆广泛采用由英国LIPE公司生产的15英寸拉式离合器，该离合器具有转动扭矩大、过负荷性能好等优点。

1. LIPE离合器机构的组成

15英寸/380-2LP拉式陶瓷离合器总成分解图，如图3-8所示。工作原理与普通离合器相同。

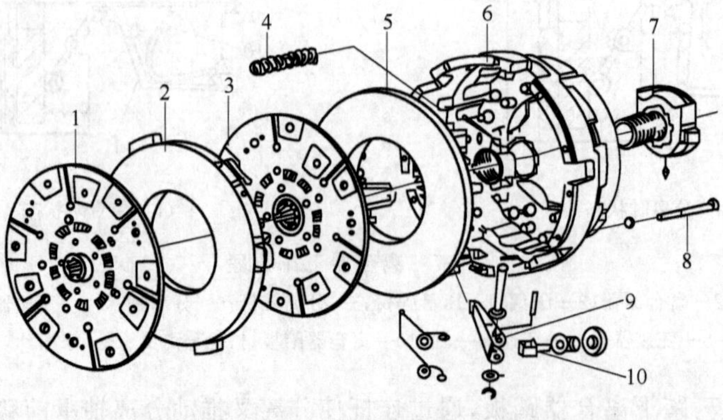

图3-8　LIPE拉式陶瓷离合器总成分解图

1—前摩擦片；2—中压盘(中间盘)；3—后摩擦片；4—压紧弹簧；5—后压盘；6—离合器盖；7—分离轴承总成；8—紧固螺栓；9—分离杠杆；10—调整螺杆

2. LIPE离合器的检查

(1)飞轮摩擦面应光洁、平整，无明显的热裂伤、擦伤及严重磨损；

(2)导向轴承转动灵活、润滑充分；

(3)离合器紧固螺栓无明显的擦伤、磨损及变形，长度符合规定；

(4)接圈与中压盘配合间隙每侧允许为0.08～0.18 mm；

(5)变速器一轴的花键部分无明显磨损、锈蚀及变形；

(6)分离拨叉的宽度应略大于分离轴承上与其配合部位的宽度，否则进行磨削；

(7)检查从动盘摩擦片如被油污染，应该用汽油清洗干净并晾干；摩擦片烧坏、有裂纹或其厚度因磨损而达到极限(摩擦片厚度为4 mm，磨损后允许最小尺寸为3 mm)应更换新片；摩擦片虽未达到磨损极限，但已接近或摩擦片铆钉头已快露出时(小于0.2 mm)也应更换新片；摩擦片是否有裂缝或翘曲，铆钉是否松动，减振弹簧是否折断。

3. LIPE离合器的安装

(1)离合器总成的拆卸

①拆下拨叉轴杠杆与连接叉的连接销轴，将变速器带离合器外壳一起从飞轮上拆下；

②将三条工艺螺栓拧入离合器盖上的三个装配工艺螺孔，旋转中间压盘和从动盘总成，拆下离合器盖；

③拧下工艺螺栓，分解离合器及后压盘总成。

(2)离合器总成的装配

①安装过程中注意环境清洁，无异物侵入；

②安装时注意离合器从动盘摩擦片的方向，标有“FW SIDE”所在面朝向飞轮方向安装，标有“PP SIDE”所在面朝向变速器方向安装；

③用二硫化钼锂基脂对有关花键轴、分离轴承及铜套进行合理地润滑；

④将接圈固定到飞轮上，将从动盘摩擦片、中间压盘套在工艺花键轴上，注意从动盘摩擦片方向；

⑤将工艺花键轴插入飞轮上变速器第一轴轴承孔，将压盘总成装在飞轮上并紧固，紧固时应交替均匀拧紧，扭矩为55～70 N·m(14英寸)、67～74 N·m(15英寸)；

⑥拆除压盘上的压紧螺栓，抽出工艺花键轴，安装其他附件。

4. LIPE离合器的调试

LIPE离合器分离轴承调整图，如图3-9所示。

离合器本身为不可调结构，通过可调分离套筒，补偿摩擦片的磨损，保持踏板的自由行程不变。

(1)调整锁母间的距离

所有LIPE双片拉式离合器分离轴承套筒上都有两个开花螺母，分别为调整螺母和锁紧螺母。

①LIPE 15英寸/380拉式离合器出厂时，其锁母与调整螺母间距离为8 mm，如图3-10(a)所示。

②半磨损状态时，其锁母与调整螺母间距离为25 mm，如图3-10(b)所示。

③全磨损状态时，其锁母与调整螺母间距离为41 mm，如图3-10(c)所示。

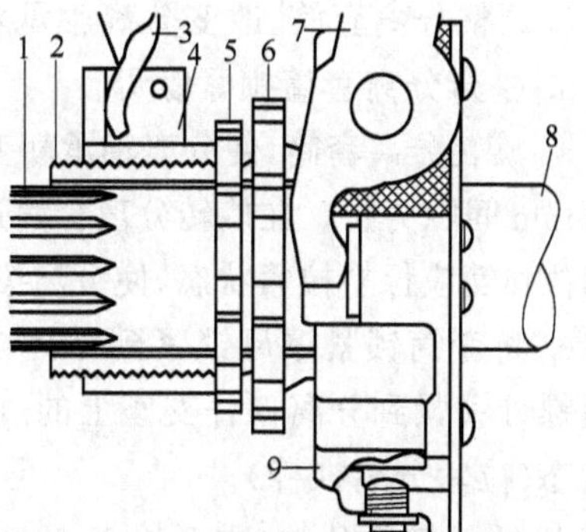

图3-9 LIPE离合器分离轴承调整示意图

1—变速器一轴花键轴；2—分离轴承套筒；3—分离杠杆；4—离合器盖；5—锁紧螺母；6—调整螺母；7—分离叉；8—变速器一轴；9—分离轴承

(a) (b) (c)

图 3-10 锁紧螺母与调整螺母的调整

(2)分离行程

分离行程直接关系到离合器的运行安全,LIPE 15 英寸/380 离合器正常的分离行程为 12.7 mm。分离行程过大,容易导致分离轴承与变速器一轴间干涉及将压盘弹簧压并,带来危险或造成离合器压盘损坏;分离行程太小,会导致离合器分离不彻底。如图 3-11 所示。

(3)自由行程

离合器处于结合状态时,分离拨叉作用面与分离轴承作用面之间的距离称自由行程,一般为 2~3 mm,即踏板自由行程一般为 30~45 mm,据车型而定。

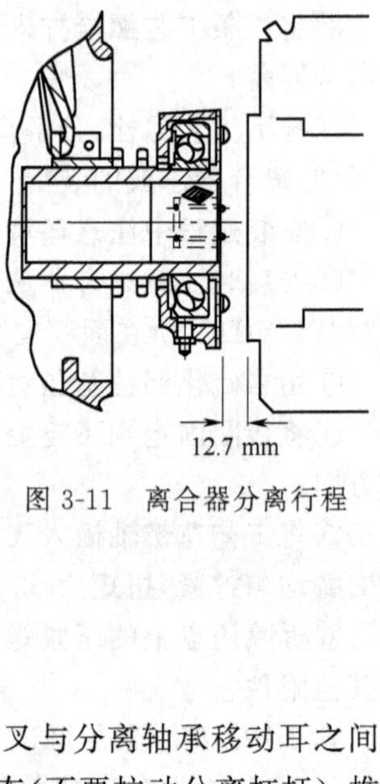

图 3-11 离合器分离行程

调整 LIPE 拉式离合器踏板的自由行程有两种方法。

①调整推叉杆的位置

a. 松开推叉杆的锁紧螺母。

b. 旋转推杆,将推杆叉朝后移动 1~2 mm,使分离拨叉与分离轴承移动耳之间的间隙为 3 mm。

c. 拧紧锁紧螺母。

d. 检查踏板的自由行程。

e. 必要时进行重复调整。

②调整分离套筒,改变分离轴承对分离拨叉的相对位置

a. 松开分离套筒锁紧螺母。

b. 旋转分离套筒,使分离轴承朝变速器方向移动,直至分离拨叉与分离轴承移动耳之间获得 3 mm 间隙为止。在旋转分离套筒过程中,离合器要保持结合状态(不要拉动分离杠杆),推杆叉回位弹簧应保持拉紧状态,使分离拨叉保持正确位置。

c. 将套筒锁紧螺母锁紧到分离杠杆支座上。在将套筒锁紧螺母锁紧到分离杠杆支座上的过程中,离合器要保持分离状态(拉紧分离杠杆)。

d. 踩下踏板几次,重新检查 3 mm 间隙。

5. LIPE 离合器摩擦片的构成

英国 LIPE 公司生产的 15 英寸/380 型 6 组陶瓷摩擦面离合器摩擦片,如图 3-12 所示,由钢片、花键套、陶瓷摩擦面、扭转减振器等铆接而成。陶瓷摩擦片耐热性能优良,过负荷性能好,广泛用于工程机械等功率输出大、扭矩输出大的工况。

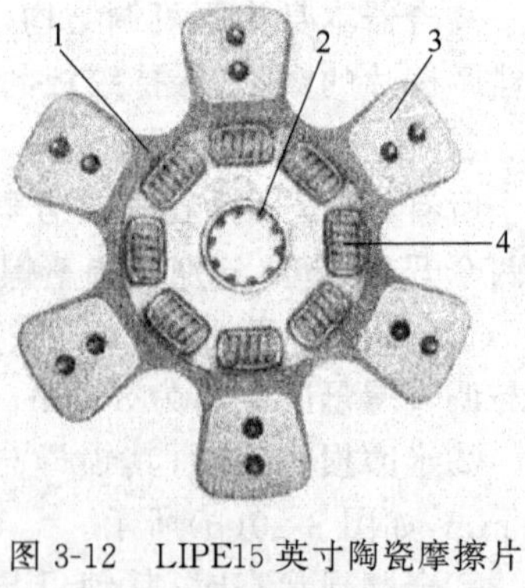

图 3-12 LIPE15 英寸陶瓷摩擦片

1—钢片;2—花键套;3—陶瓷摩擦片;4—扭转减振器

第二节　变　速　器

变速器俗称变速箱，变速器的作用就是在功率不变的情况下，获得不同的速度和牵引力，即通过变速器改变传动系统的传动比，改变车辆运行方向，在发动机不熄火、离合器分离时保证发动机空转。

具有多个传动比的变速器称为有级变速器，目前接触网作业车采用的有五挡变速器和九挡变速器。传动比在一定范围内连续变化的为无级变速器，接触网作业车采用的液力传动部件为液力变矩器。

一、齿轮变速器变速原理

齿轮变速器变速是通过齿轮传动实现的，一对啮合的齿轮，由于齿数的不同传动后齿轮的转数不同。设小齿轮的齿数为 $z_1=15$，大齿轮齿数 $z_2=30$，如果小齿轮为主动轮，那么小齿轮转动一圈，大齿轮转动半圈，大齿轮转速下降一半；如果大齿轮为主动轮，那么大齿轮转动一圈，小齿轮转动两圈，小齿轮转速提高一倍。

如果主动轮转速为 n_1，从动轮转速为 n_2，主动轮与从动轮转速之比称为传动比，也称速比，用 i_{12} 表示。

$$i_{12}=\frac{n_1}{n_2}=\frac{z_2}{z_1} \tag{3-1}$$

如果为多级齿轮传动，那么传动比为各级齿轮传动比连乘积：

$$i_{总}=\frac{\text{所有从动齿轮齿数连乘积}}{\text{所有主动齿轮齿数连乘积}}=\text{各级齿轮传动比连乘积} \tag{3-2}$$

在不计机械磨损、传动造成的功率损耗，变速器的输入功率等于输出功率，即：

$$P_{入}=P_{出} \tag{3-3}$$

$$P=\frac{Mz\pi n}{60} \tag{3-4}$$

$$M_{入}\ n_{入}=M_{出}\ n_{出} \tag{3-5}$$

$$i=\frac{n_{入}}{n_{出}}=\frac{M_{出}}{M_{入}}\Rightarrow M_{出}=iM_{入}$$

式中 P——功率(kW)；

M——扭矩(N·m)；

n——转速(r/min)；

z——齿轮齿数；

i——传动比。

由以上分析，传动比可为降速比，也可为增速比，通过改变变速器挡位，可获得不同的转速和扭矩，适应车辆在不同工况下运行的需要。

二、变速器的构造

QD-160 重型轨道车、DA8 型电气化安装车、GQ16-1 轨道起重车均使用的是同一种变速器，其构造如图 3-13 所示。

变速器前端与飞轮外壳相连，两侧各有一个支脚，通过橡胶块固定在车架纵梁上。

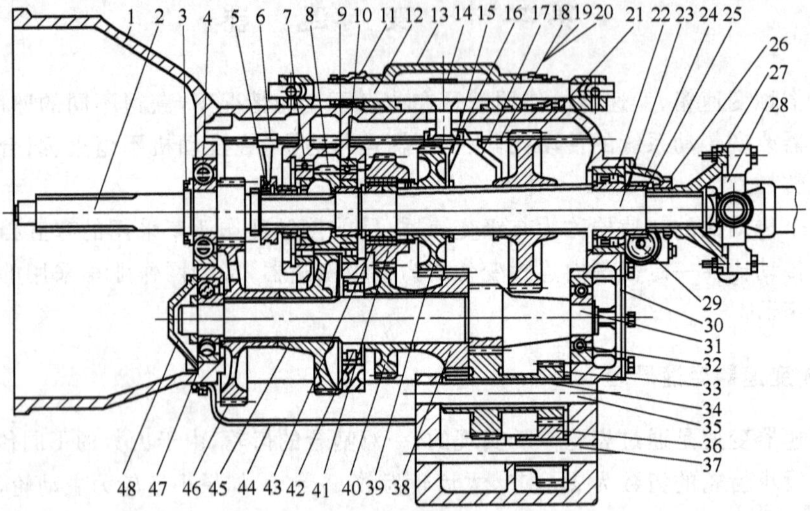

图 3-13　变速器组成

1—变速器壳；2—第一轴；3—锁紧帽；4、7、10—滚珠轴承；5—四、五挡齿轮；6—四、五挡拨叉；8—四挡被动齿轮；9—滚柱；11—护套；12—换挡轴；13—变速器盖；14—换挡头；15—二、三挡拨叉；16—四、五挡拨叉轴导块；17—起步、一挡拨叉；18—四、五挡拨叉轴；19—二、三挡拨叉轴；20—起步、一挡拨叉轴；21—起步、一挡滑动轮；22、32、42、43、47—轴承；23—第二轴；24、48—轴承盖；25—里程表主动轮；26—护油圈；27—第二轴凸缘；28—十字轴；29—里程表被动轮；30—轴承盖板；31—中间轴；33—起步齿轮；34—铜套；35—起步齿轮轴；36—过桥齿轮；37—过桥轴；38—二挡主动轮；39—二、三挡滑动轮；40—三挡主动轮；41—三挡被动轮；44—油底壳；45—四挡主动轮；46—中间轴传动轮

三、变速器的传动过程

一轴、二轴、中间轴均为花键轴。一轴上加工有齿轮，与中间轴传动齿轮啮合，也可与四、五挡齿轮相啮合；二轴上安装有四、五挡齿轮、四挡被动齿轮、三挡被动轮、二、三挡滑动轮、起步一挡滑动轮并与传动轴相连接，分别可与一轴齿轮、中间轴四挡主动轮、中间轴三挡主动轮、中间轴二挡主动轮、二轴三挡被动轮、中间轴相啮合；中间轴上安装有中间轴传动齿轮、四挡主动齿轮、三挡主动齿轮、二挡主动齿轮，端部加工有一挡齿轮，分别可与一轴齿轮、四挡被动齿轮、三挡被动轮、二、三挡滑动轮、起步一挡滑动轮等相啮合。

变速器传动示意图如图 3-14 所示，分别为起步挡、一挡、二挡、三挡、四挡、五挡的传动过程。

1. 起步挡

起步、一挡滑动轮(21)后移与过桥齿轮(36)啮合。

动力传递经一轴齿轮、中间轴传动轮(46)、起步齿轮(33)、过桥齿轮(36)、起步、一挡滑动轮(21)至二轴输出。

2. 一挡

起步、一挡滑动轮(21)前移与中间轴上的齿轮相啮合。

动力传递经一轴齿轮、中间轴传动轮(46)、起步、一挡滑动轮(21)至二轴输出。

3. 二挡

二、三挡滑动齿轮(39)后移与中间轴二挡主动轮(38)相啮合。

动力传递经一轴齿轮、中间轴传动轮(46)、中间轴二挡主动轮(38)、二、三挡滑动轮(39)至

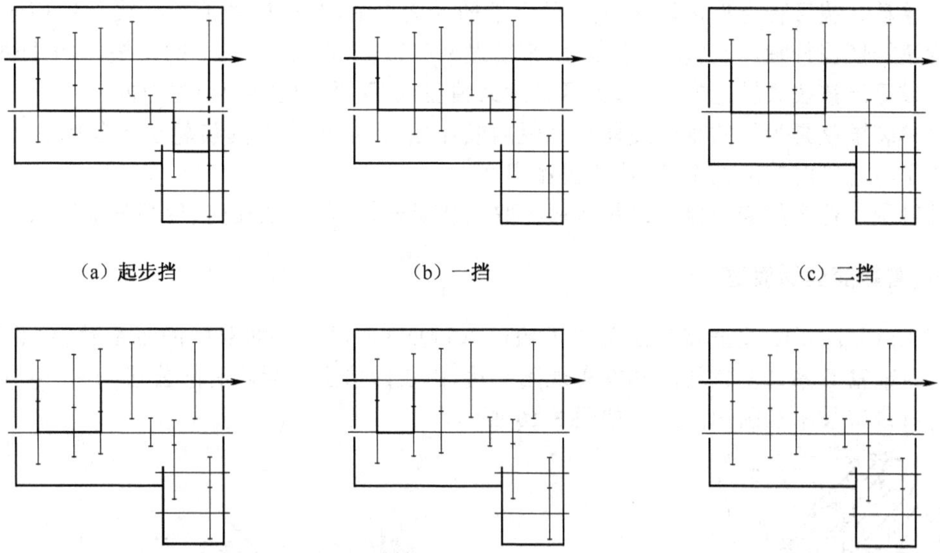

(a) 起步挡　(b) 一挡　(c) 二挡　(d) 三挡　(e) 四挡　(f) 五挡

图 3-14　变速器传动系统图

二轴输出。

4. 三挡

二、三挡滑动齿轮(39)前移与三挡被动轮(41)内齿圈套相啮合。

动力传递经一轴齿轮、中间轴传动轮(46)、中间轴三挡主动轮(40)、二、三挡滑动轮(39)至二轴输出。

5. 四挡

四、五挡齿轮(5)后移,其外齿圈与四挡被动齿轮(8)的内齿圈套相啮合。

动力传递经一轴齿轮、中间轴传动轮(46)、中间轴四挡主动轮(45)、四挡被动齿轮(8)、四、五挡齿轮(5)至二轴输出。

6. 五挡

四、五挡齿轮(5)前移,其内齿圈与一轴(2)端部齿轮的内齿圈套直接啮合。

动力由变速器一轴经四、五挡齿轮(5)直接输出给二轴,此时一轴、二轴转速相等。

各挡位传动比,见表 3-1。

表 3-1　各挡位传动比

挡位	起步挡	一挡	二挡	三挡	四挡	五挡
传动比	10.5	7.64	4.27	2.6	1.59	1

四、变速器的操纵机构

变速器的操纵机构主要作用就是控制、实现变速器顺利排挡。操纵机构应满足防止自动挂挡和自动脱挡,在挡位上应保证传动齿轮全齿长啮合;不能同时挂两个挡位。

接触网作业车变速器内有三个变速拨叉滑杆,由换挡装置、自锁装置和互锁装置组成,如图 3-15 所示。

换挡装置由变速杆、拨叉轴、拨叉、拨杆轴等机件组成。各齿轮在空挡及各挡的正确啮合位置通过拨叉来保持。拨叉固定在拨杆轴(2)上,拨叉轴(4)支撑于变速器盖的座孔中,并可在座孔中移动。拨叉轴上有拨块3，拨叉的下端插入拨块中，变速杆的下端与拨叉轴相连。通过操纵变速杆使拨杆轴(2)转动一定角度，带动拨叉(1)进入拨叉轴(4)上的拨块(3)的凹槽中，以便挂上或退出该拨叉轴上的挡位，也可是拨叉轴前、后移动，挂上需要的挡位。

自锁装置就是为了防止变速器自动脱挡或挂挡，保证挡位上的齿轮全齿长啮合。互锁装置是为了防止同时挂上两个挡，造成机械损坏。

接触网作业车的变速器操纵机构通过联动装置连接，可实现在前、后端分别操纵。

五、富勒变速器概述

富勒(FULLER)变速器是由美国伊顿(EATON)公司生产的双中间轴变速器(也称双中心轴)，目前富勒系列变速器已基本实现国产化，由陕西法士特齿轮有限公司1984年引进伊顿公司专有制造技术在国内生产。如图3-16所示。

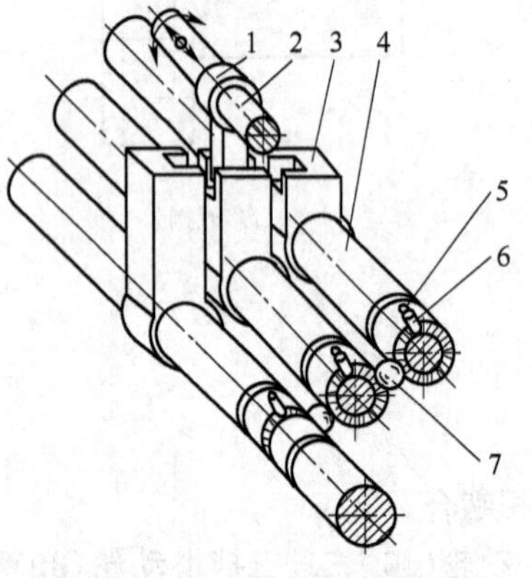

图3-15 操纵机构示意图

1—拨叉；2—拨杆轴；3—拨块；4—拨叉轴；
5—自锁弹簧；6—自锁定位销；7—互锁钢球

图3-16 富勒变速器

1. 富勒变速器的特点

(1)采用主副箱组合设计、双中间轴传动，使传动的功率更大；

(2)双H气动操纵机构，使操作更便捷、灵活；

(3)多挡位的机械式变速器使变速范围更广，扭矩储备大，适应性更强。

2. 富勒(FULLER)系列变速器编号规则

R T O(X) — 11 5 09 A

- A：速比代号
- 09：前进挡数
- 5：齿轮形式(5为粗齿、6为细齿)
- 11：扭矩代码(×100＝名义输入扭矩)
- O(X)：有超速挡
- T：双中间轴结构
- R：范围挡

9 J (D) S 100 (T) A

- A：速比代号
- (T)：全同步器
- 100：扭矩代码(×100＝名义输入扭矩)
- S：双中间轴结构
- (D)：单箱
- J：机械式
- 9：前进挡数

六、富勒变速器的传动过程

1. 富勒九挡变速器

富勒九挡变速器动力传递路线如图 3-17 所示。

富勒双副轴九挡变速器是由一个前置五挡变速器和一个两挡的副变速器组成。输入轴(一轴)和一轴齿轮通过花键相连接。中间轴(副轴)齿轮除倒挡和低挡齿轮与中间轴制成一体外，均以一定的过盈量与中间轴相配合并辅以月牙键或长键相连接。主轴齿轮由花键垫片支撑，在主轴上呈径向浮动状态，通过装在内孔上的止动环、主轴上的长六角键、花键垫和调整垫进行轴向定位。

发动机的动力通过离合器传递给变速器的输入轴和一轴齿轮。一轴齿轮与中间轴传动齿轮常啮合，驱动中间轴转动。中间轴齿轮与主轴齿轮常啮合，因为主轴齿轮在花键垫外圆上浮动支撑，此时主轴齿轮在主轴上空转。二轴上的滑套与主轴通过花键连接，当移动滑套，使滑套的接合齿(外花键)与主轴齿轮的内齿接合时，主轴就与主轴齿轮相连接并按一定的速比转动而输出动力。

当副变速器位于高挡区时，主箱主轴输出的动力通过副箱驱动齿轮和副箱同步器齿套传给输出轴直接输出；位于低挡区时，主箱主轴输出的动力通过副箱驱动齿轮传给副箱中间轴，驱动副箱减速齿轮和同步器齿套传给输出轴输出。

2. 富勒八挡变速器

富勒八挡变速器动力传递路线如图 3-18 所示。

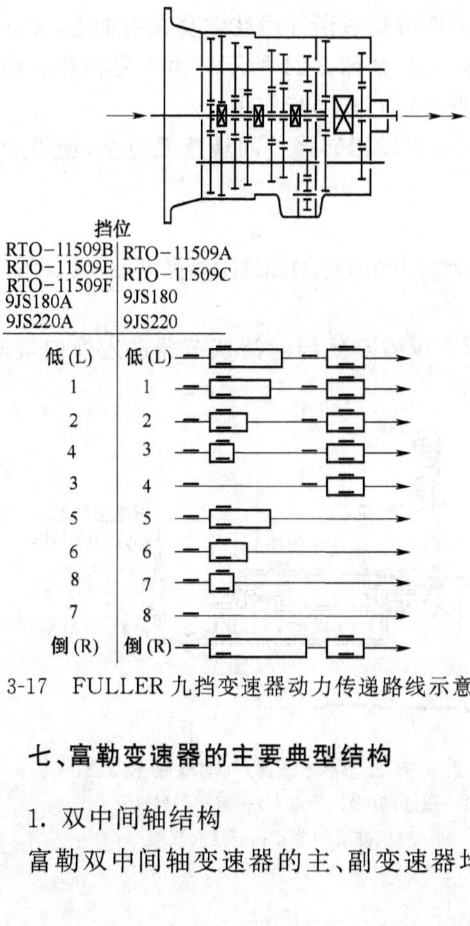

图 3-17 FULLER 九挡变速器动力传递路线示意图

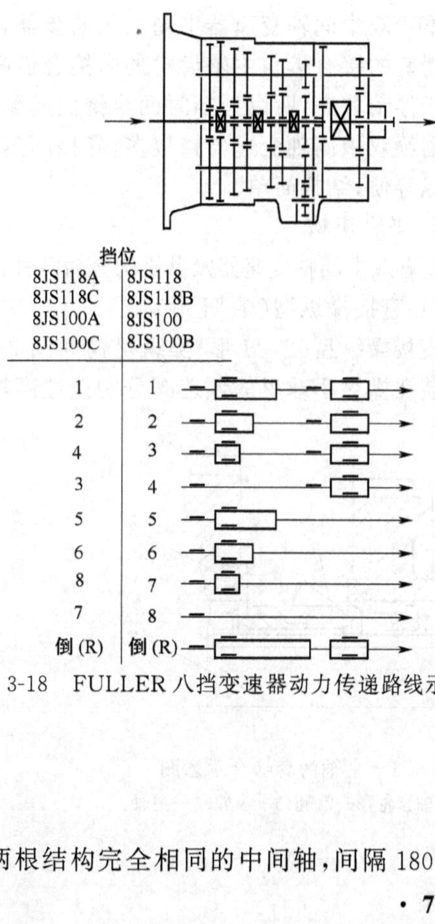

图 3-18 FULLER 八挡变速器动力传递路线示意图

七、富勒变速器的主要典型结构

1. 双中间轴结构

富勒双中间轴变速器的主、副变速器均采用两根结构完全相同的中间轴，间隔 180°。动力从输入轴输入后，分流到两根中间轴上，然后再汇集到主轴输出，副变速器也是如此。

每根中间轴理论上只传递 1/2 的扭矩，采用双中间轴后主轴上的各挡齿轮必须同时与两中间轴齿轮相啮合。为满足正确的啮合并使中间轴的载荷尽可能平均分配，主轴齿轮在主轴上呈径向浮动状态，主轴则采用铰接式浮动结构，如图 3-19 所示。

2. 对齿程序

为解决双中间轴齿轮与主轴齿轮的正确啮合，必须“对齿”。

所谓“对齿”就是组装变速器时，将两根中间轴传动齿轮上的印有标记的轮齿分别插入输入轴(一轴)齿轮上印有标记的两组轮齿(每组包括相邻两个牙齿)的齿槽中，如图 3-20 所示。

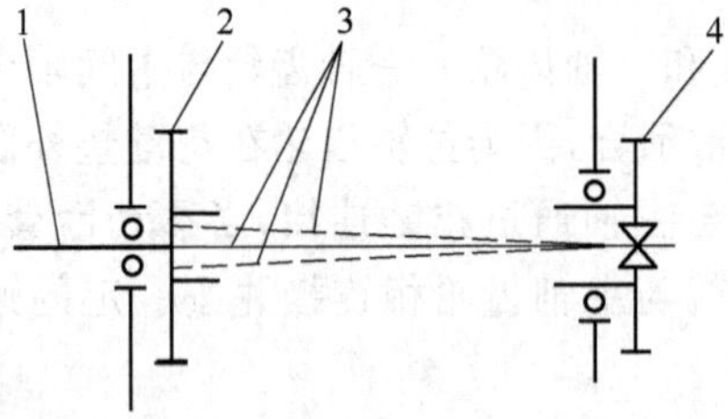

图 3-19 主轴浮动结构示意图

1—输入轴；2—输入轴齿轮；3—主轴；4—副箱驱动齿轮

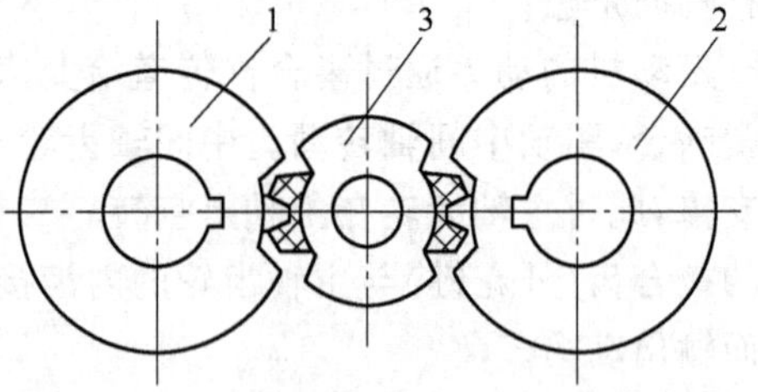

图 3-20 组装变速器对齿示意图

1—左中间轴传动轮；2—右中间轴传动齿轮；3—输入轴齿轮

副变速器也按上述方法“对齿”。

3. 换挡机构

富勒双中间轴变速器主箱内无同步器，主轴上的滑套通过渐开线花键套在主轴上，移动滑套使滑套的接合齿与主轴齿轮的内接合齿啮合传递动力，如图 3-21 所示。由于主轴和主轴齿轮处于浮动状态，所以挂挡时两个锥面起到一定的自动定心和同步作用。

富勒双中间轴变速器挡位多，各挡间速比极差小，所以相邻挡位间转速差也小，使得变速器操纵轻便，结构简单。

4. 操纵机构

富勒双中间轴变速器操纵机构分为两种，即直接操纵型(单 H 形)和远距离操纵型(双 H 形)。

(1)直接操纵型(单 H 形)

直接操纵型(单 H 形)操纵机构如图 3-22 所示。压缩空气经滤清调节器进入换向气阀，由安装在操纵手球里的预选阀分别接通高挡和低挡。

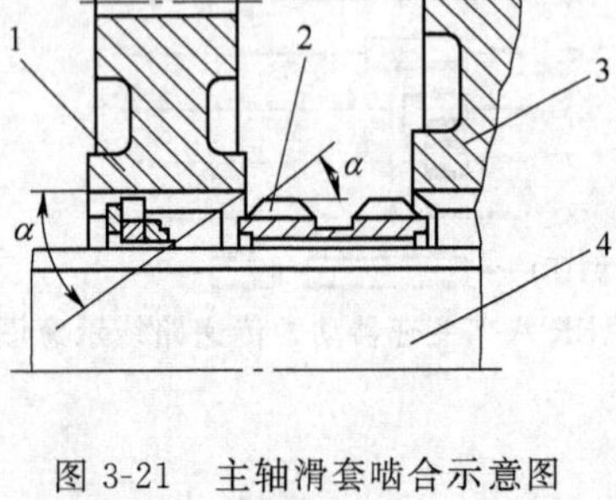

图 3-21 主轴滑套啮合示意图

1—主轴齿轮；2—滑套；3—齿轮；4—主轴

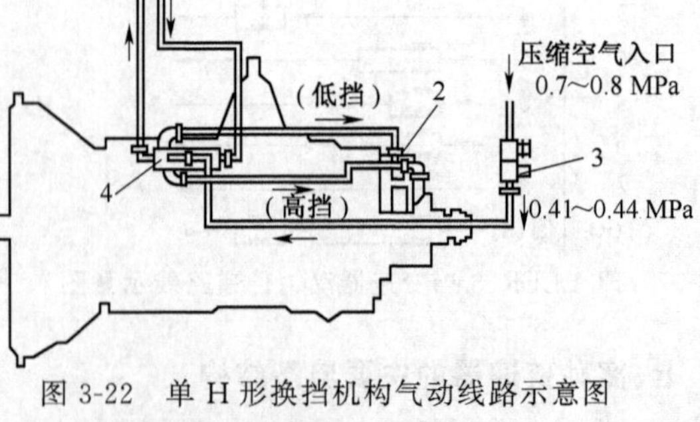

图 3-22 单 H 形换挡机构气动线路示意图

1—预选阀(操纵手球)；2—范围挡气缸；3—空气滤清调节器；4—换向气阀

(2)远距离操纵型(双 H 形)

远距离操纵型(双 H 形)操纵机构如图 3-23 所示。其中间位置有两个,一个在低挡区的 3～4挡的空挡位置,一个在高挡区的 5～6 挡的空挡区位置。

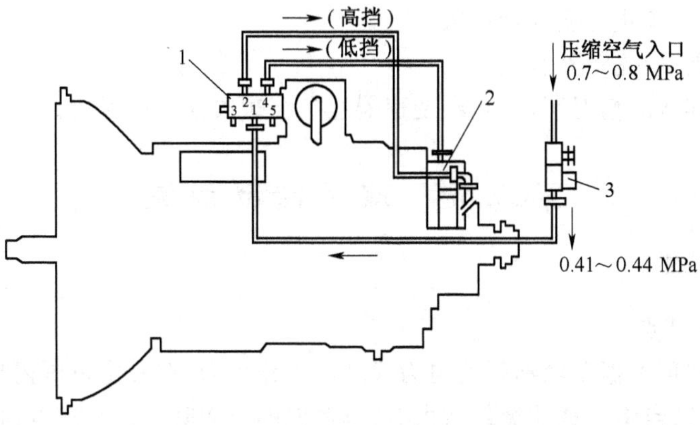

图 3-23 双 H 形换挡机构气动线路示意图

1—双 H 形气阀;2—范围挡气缸;3—空气滤清调节器

装在双 H 形操纵机构中横向拉杆上的拨头直接控制双 H 气阀,分别接通高挡区的气路或低挡区的气路,实现高挡区位与低挡区位的自动转换,双 H 气阀的孔口 2、4 为出气口,孔口 3、5 为排气口,孔口 1 为进气口。

主变速器换挡操纵机构为手动机械式,副变速器的换挡操纵机构为气动式,由主变速器的换挡机构机械控制自动完成,换挡气压为 0.41～0.44 MPa。

5. 同步器

在富勒双副轴变速器的副变速器内装有锁销式惯性同步器。它由副箱换挡气缸来操纵,仅在从高挡区换向低挡或由低挡区换向高挡区时才工作,其动作由横向换挡杆与双 H 气阀联动控制。

八、富勒变速器的使用要求

1. 富勒双中间轴变速器工作要求

(1)要保持油面与注油口平齐;

(2)变速器连续工作期间润滑油温度不得超过 120 ℃;

(3)每行驶 10 000 km 应检查润滑油的油面高度和泄漏情况,随时补充;每行驶 50 000 km 应更滑润滑油;

(4)变速器工作倾角不大于 12°,超过 12°应安装润滑油泵或冷却装置;

(5)变速器在工作过程中要求主变速器中间轴和主轴齿轮不停地转动,以便提供充分的润滑。

2. 富勒双中间轴变速器安全事项

(1)变速杆(也称排挡手柄)有高挡和低挡两个空挡位置。高挡区的空挡在 5～6 挡之间,低挡区的空挡位置在 3～4 挡之间。停车时,变速杆应置于低挡区的空挡位置。

(2)换挡时,离合器必须彻底分离,变速杆挂挡到位。

(3)车辆挂低挡(爬行挡)或倒挡时,应先停车再挂挡。

(4)由 4 挡换 5 挡应有意识的稍等片刻，以利于副变速器完成高低挡区的变换。

(5)当变速器从低挡区向高挡区(或反之)换挡时，不要跳挡操纵。

(6)禁止行驶换挡时，使用中间轴制动器。

(7)车辆下坡时，禁止变换高低挡区。

(8)车辆起步前，应先解除制动。

(9)在传动系连接的情况下，禁止在变速器挂空挡时被拖行或滑行。

第三节　液力传动装置

一、液力传动概述

1. 液力传动的特点

(1)液力变矩器可根据车辆运行的阻力或其他工作阻力，在一定范围内自动调节传动比和扭矩，速度无级变动，当牵引载荷突然增大时，车辆能够自动降低运行速度而增大扭矩，以克服增大的外载荷，防止发动机因超负荷而熄火，反之亦然。

(2)启动加速平稳，无级调速，减少了车辆冲击，提高车辆使用寿命。

(3)由于液力变矩器具有自动变速、变矩的特点，因此可以减少换挡次数，使操纵更简单，大大减轻司机劳动强度。

(4)液力传动的传动效率较机械传动低，而且结构复杂、制造成本高、经济性能差。

2. 液力传动的形式

液力传动装置形式通常有液力耦合器和液力变矩器两种，二者均属于液力传动，即通过液体的循环液动，利用液体动能的变化来传递动力。

二、液力耦合器

1. 液力耦合器的结构

液力耦合器以液体为工作介质的一种非刚性联轴器，又称液力联轴器。

液力耦合器的泵轮和涡轮组成一个可使液体循环流动的密闭工作腔，泵轮装在输入轴上，涡轮装在输出轴上。动力机构带动输入轴旋转时，液体被离心式泵轮甩出。这种高速液体进入涡轮后即推动涡轮旋转，将从泵轮获得的能量传递给输出轴。最后液体返回泵轮，形成周而复始的流动。液力耦合器靠液体与泵轮、涡轮的叶片相互作用产生动量矩的变化来传递扭矩。它的输出扭矩等于输入扭矩减去摩擦力矩，所以它的输出扭矩恒小于输入扭矩。在不考虑机械损失的情况下，输出力矩与输入力矩相等，如图 3-24 所示。

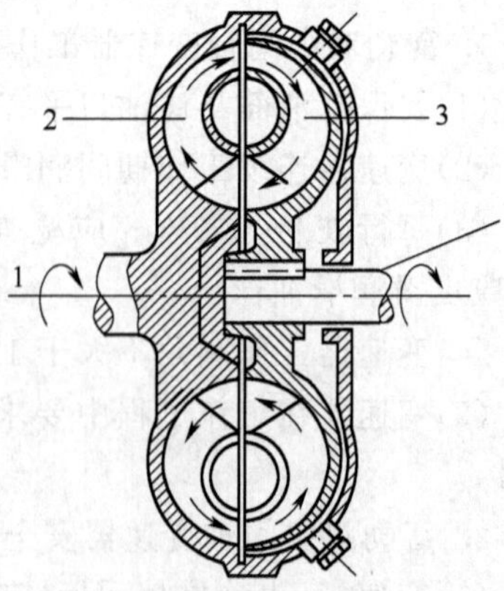

图 3-24　液力耦合器的基本构造

1—输入轴；2—泵轮叶轮；3—涡轮叶轮；4—轮出轴

液力耦合器的壳体安装在发动机飞轮上，泵轮与壳体焊接在一起，随发动机曲轴的转动而转动，是液力耦合器的主动部分；涡轮和输出轴连接在一起，是液力耦合器的从动部分。泵轮和涡轮相对安装，统称为工作轮。在泵轮和涡轮上有径向排列的平直叶片，泵轮和涡轮互不接触。两者之间有一定的间隙(约 3～4 mm)；泵轮与涡轮装合成一个整体后，其轴线断面一般为圆形，在其内腔中充满液力传动油。

2. 液力耦合器工作原理

当发动机运转时，曲轴带动液力耦合器的壳体和泵轮一同转动，泵轮叶片内的液力传动油在泵轮的带动下随之一同旋转，在离心力的作用下，液力传动油被甩向泵轮叶片外缘处，并在外缘处冲向涡轮叶片，使涡轮在液压冲击力的作用下旋转；冲向涡轮叶片的液力传动油沿涡轮叶片向内缘流动，返回到泵轮内缘的液压油，又被泵轮再次甩向外缘。液力传动油就这样从泵轮流向涡轮，又从涡轮返回到泵轮而形成循环的液流。

液力耦合器中的循环液力传动油，在从泵轮叶片内缘流向外缘的过程中，泵轮对其做功，其速度和动能逐渐增大；而在从涡轮叶片外缘流向内缘的过程中，液力传动油对涡轮做功，其速度和动能逐渐减小。液力耦合器要实现传动，必须在泵轮和涡轮之间有油液的循环流动。而油液循环流动的产生，是由于泵轮和涡轮之间存在着转速差，使两轮叶片外缘处产生压力差所致。如果泵轮和涡轮的转速相等，则液力耦合器不起传动作用。因此，液力耦合器工作时，发动机的动能通过泵轮传给液力传动油，液力传动油在循环流动的过程中又将动能传给涡轮输出。由于在液力耦合器内只有泵轮和涡轮两个工作轮，液压油在循环流动的过程中，除了受泵轮和涡轮之间的作用力之外，没有受到其他任何附加的外力。

3. 液力耦合器工作特点

(1)能消除冲击和振动。

(2)输出转速低于输入转速，两轴的转速差随载荷的增大而增加。

(3)过载保护性能和启动性能好，载荷过大而停转时输入轴仍可转动，不致造成动力机的损坏；当载荷减小时，输出轴转速增加直到接近于输入轴的转速，使传递扭矩趋于零。

(4)液力耦合器的传动效率等于输出轴转速与输入轴转速之比。一般液力耦合器正常工况的转速比在 0.95 以上时可获得较高的效率。根据作用力与反作用力相等的原理，即发动机传给泵轮的扭矩与涡轮上输出的扭矩相等。

三、液力变矩器

以液体为工作介质的一种非刚性扭矩变换器，是液力传动的形式之一。液力变矩器是液力传动的重要变速、变矩机构，也称液力变扭器。液力传动接触网作业车在一定范围内得到应用。

1. 液力变矩器的结构

液力变矩器的结构与液力耦合器相似，它有 3 个工作轮即泵轮、涡轮和导轮。泵轮和涡轮的构造与液力耦合器基本相同；导轮则位于泵轮和涡轮之间，并与泵轮和涡轮保持一定的轴向间隙，通过导轮固定套固定于变速器壳体上，如图 3-25 所示。

2. 液力变矩器工作原理

液力变矩器有一个密闭工作腔，液体在腔内循环流动，其中泵轮、涡轮和导轮分别与输入轴、输出轴和壳体相连。发动机运转时带动液力变矩器的壳体和泵轮与其一同旋转，泵轮内的液力传动油在离心力的作用下，由泵轮叶片外缘冲向涡轮，并沿涡轮叶片流向导轮，再经导轮叶片内缘，形成循环的液流，如图 3-26 所示。导轮的作用是改变涡轮上的输出扭矩。由于从涡轮叶片下缘流向导轮的液压油仍有相当大的冲击力，只要将泵轮、涡轮和导轮的叶片设计成一定的形状和角度，就可以利用上述冲击力来提高涡轮的输出扭矩。液力变矩器靠液体与叶片相互作用产生动量矩的变化来传递扭矩。液力变矩器不同于液力耦合器的主要特征是它具有固定的导轮。导轮对液体的导流作用使液力变矩器的输出扭矩可高于或低于输入扭矩，因而称为变矩器。输出扭矩与输入扭矩的比值称变矩系数，输出转速为零时的零速变矩系数通常约2～6。变矩系数随输出转速的上升而下降。液力变矩器在额定工况附近效率较高，最高效率为85%～92%。

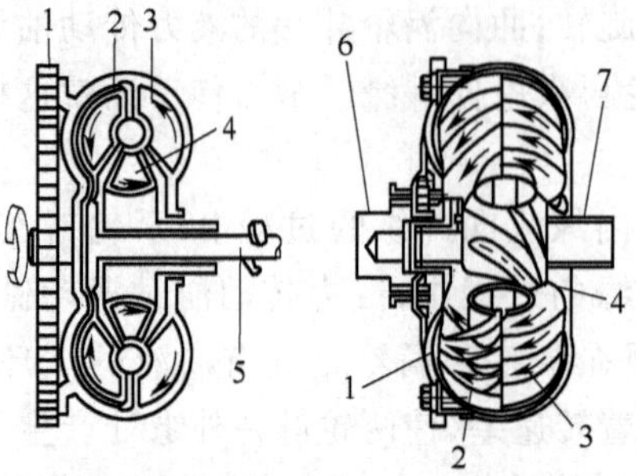

图 3-25 液力变矩器构造示意图

1—飞轮；2—涡轮；3—泵轮；4—导轮；5—变矩器输出轴；6—曲轴；7—导轮固定套

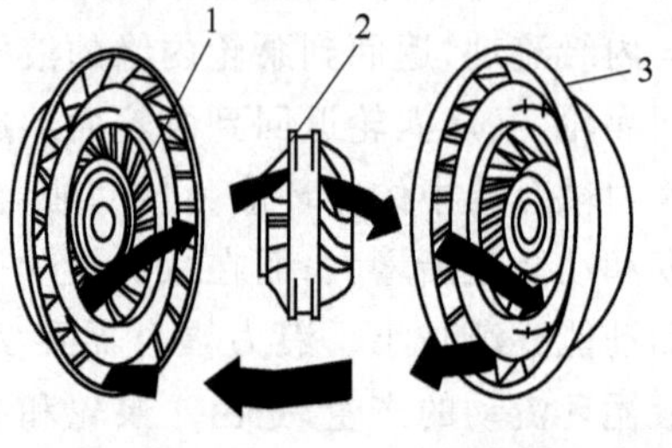

图 3-26 变矩器液力传动油的循环示意图

1—涡轮；2—导轮；3—泵轮

3. 液力变矩器的工作状态

(1)增矩状态。当泵轮的转速较高，而涡轮的转速较低时，工作油液在涡轮的环流速度小(因工作油液随涡轮绕轴线旋转而产生环流，涡轮转速低所以环流速度低)，而涡流速度大(泵轮转速较大于涡轮转速，因泵轮外缘处压力较大于涡轮外缘处压力，所以涡流速度大)，工作油液由涡轮叶片内缘流出后，合成液流的方向冲击导轮叶片的正面(凹面)，将使导轮逆时针旋转，因为单向离合器对导轮的逆时针旋转有锁止作为，即导轮不能相对于固定套管作逆时针的旋转，导轮给工作油液的反作用力矩再次作用于涡轮上，使涡轮的输出转矩增大，同时工作油液经导轮叶片导向后，朝着泵轮叶片旋转方向进入泵轮。所以，涡轮的输出转矩(简称涡轮转矩)等于泵轮通过涡流对涡轮的转矩(简称泵轮转矩)加上导轮对油液的反作用力再次对涡轮的转矩(简称导轮转矩)。随着涡轮转速的提高，涡轮内工作油液的环流速度的升高，合成液流的方向进一步向环流方向倾斜，导轮对油液的反作用力矩减小，涡轮的输出转矩降低，但输出转矩仍大于输入转矩。

(2)耦合状态。当涡轮转速是泵轮转速的85%时，合成液流的方向与导轮叶片相切，导轮不起增大转矩作用。涡轮的输出转矩和发动机输入转矩相同，此时称为耦合工作状态。

(3)导轮自由旋转状态。当涡轮转速与泵轮转速相接近时，涡轮内工作油液涡流速度小(因为涡轮外缘与泵轮外缘压力差小)，而环流速度大(因为涡轮转速大)，合成液流的方向冲击导轮的背面(凸面)，将使导轮顺时针旋转，因单向离合器对导轮的顺时针旋转无锁止作为，即导轮可以相对于固定套管作顺时针的旋转，导轮成为自由轮。涡轮的输出转矩和发动机输入转矩相同。

第四节 换 向 箱

换向箱的作用就是变换接触网作业车的运行方向，把变速器的动力通过传动轴传递到前、后车轴齿轮箱或发电机，被拖行时可切断与变速器的动力传递。如图 3-27 所示。

一、换向箱组成

换向箱也称换向分动箱，由于接触网作业车的功能不同，因此在换向箱的输出上有一定区别，有的带有液压马达、发电机以及低速走行驱动装置等。换向箱剖面示意图如图 3-28 所示。

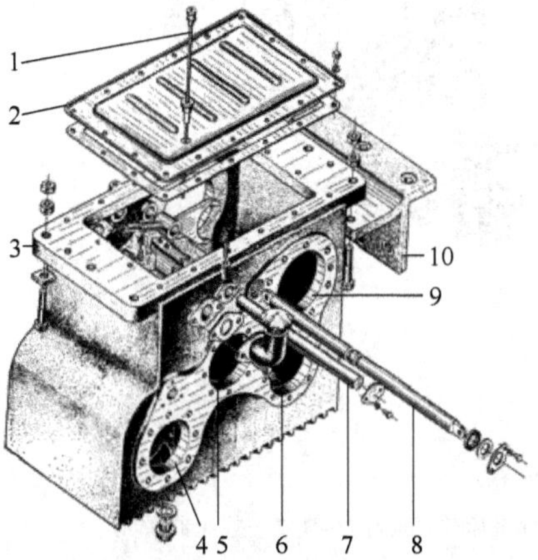

图 3-27 重型轨道车换向箱外形图

1—油尺；2—箱盖；3—箱体；4—前、后半轴孔位；5—三轴孔位；6—二轴孔位；7—拨叉杆；8—拨叉滑杆；9—一轴孔位；10—吊挂座

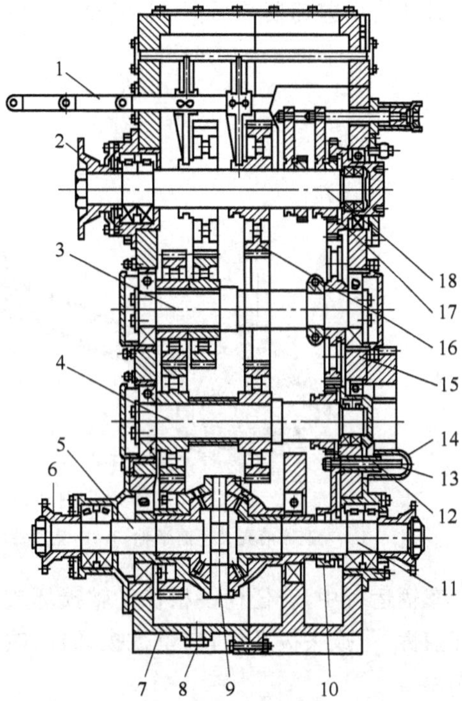

图 3-28 换向箱剖面示意图

1—换向杆；2—输入法兰；3—二轴；4—三轴；5—前半轴；6—输出法兰；7—箱体；8—油堵；9—差速器；10—游动齿轮；11—后半轴；12—拨叉销；13—拨叉杆；14—拨叉杆罩；15—甩油齿轮；16—滑动直齿轮；17—滑动齿轮；18—一轴

换向箱为整体壳式结构，由箱体、箱盖、四根轴、齿轮、拨叉、拨叉轴、差速器等组成。

一轴为花键轴，前端固定在箱体上，与变速器输出二轴相连接；后端为齿轮轴，可连接其他驱动设备；一轴上装有滑动齿轮，通过拨叉的控制，可分别与二轴的被动齿轮相啮合，实现前进、后退及空挡运行。二轴前后两端通过轴承安装在箱体上，轴前端装有并行的两个固定直齿轮，后端装有甩油齿轮。三轴装有两个固定的直齿轮。四轴为两个半轴，前半轴的前端安装在箱体上与前传动轴相连，后端装在差速器的大锥齿轮上；后半轴的前端装在差速器里，后端装在箱体上与后传动轴相连。

二、换向箱的驱动过程

当换向杆位于前进位时，一轴滑动齿轮与二轴并行的内侧齿轮啮合，带动二轴、二轴并行的外侧齿轮与三轴前端齿轮啮合、与四轴差速器齿轮啮合，将动力传至四轴的前后半轴。

当换向杆位于后退位时，一轴滑动齿轮与三轴后端齿轮啮合，带动三轴、三轴并前端齿轮与四轴差速器齿轮啮合，将动力传至四轴的前后半轴。

三、换向箱差速器

换向箱装有差速器装置，其作用就是保证两传动轴连接的轮对有可能以不同的速度旋转，利用差速器进行软连接。

差速器由差速器前后壳、十字轴、四个行星齿轮、差速大锥齿轮等组成，如图 3-29 所示。

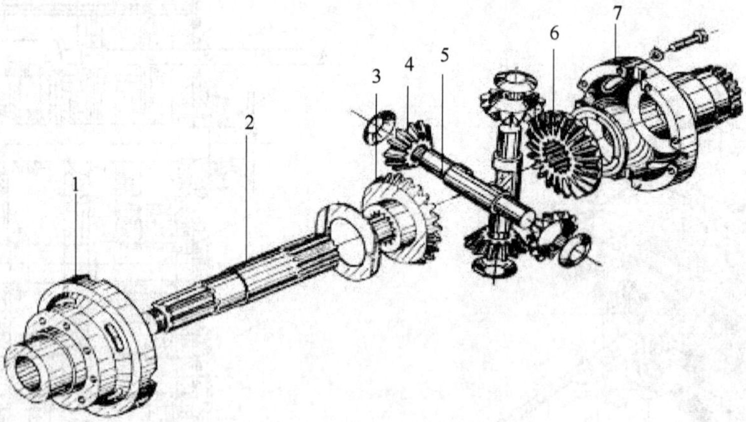

图 3-29　差速器分解图

1—差速器前壳；2—前半轴；3、6—差速器大锥齿轮；4—行星齿轮；5—十字轴；7—差速器后壳

车辆运行中，若任何一根传动轴损坏或车轴齿轮箱损坏，需临时变为单轴传动时，可将拨叉杆盖拆下，拔去拨叉销，向里推拨叉杆，然后再将拨叉销锁止，装好拨叉罩，此时差速器不再起作用。

当任何一根半轴的转速为零时，另一根半轴齿轮的转速即为差速器壳转速的两倍。如果接触网作业车的某根传动轴折断或损坏，那么它的半轴速度是差速器壳的两倍，另一根为零，使接触网作业车无法运行，所以应拆下传动轴。

四、换向箱的保养

1. 接触网作业车走合期满后及每行驶 8 000 km 后均应更换润滑油，换油时应在油温未降低时进行，在走合期满后，第一次换油应放出废油，打开上盖，先用柴油或煤油冲洗壳体及齿轮，放掉清洗油后再重新加入新齿轮油。

2. 接触网作业车在行驶 4 000 km 后取样检查油质发现变质或金属杂物过多要清洗更换新油。

3. 换向箱一、二、三轴组装后，两端面螺栓应拧紧。换向箱第四轴的差速器固定螺栓紧固力矩为 200～230 N・m，同时防松垫片必须折弯包住螺栓头。

4. 换向箱第一、四轴输入、输出端的压紧螺母必须拧紧，其紧固力矩为 650～700 N・m，拧紧后必须将螺母外端薄边压入轴上的凹槽内，起防松作用。

5. 换向拨叉组装时与第一轴齿轮定位槽两侧应保持 0.3～0.5 mm 间隙。调整后，拧紧固定螺栓并用钢丝锁住，同时，四轴小拨叉也同样处理。

6. 换向箱拨叉通过定位销、弹簧与定位杆相连。当定位销或定位杆磨损后可能会造成掉挡，所以发现磨损应更换定位销或在拨叉孔内加垫片，垫在弹簧下边进行调整。

7. 组装时各部分必须清洗干净，切忌加入润滑脂。换油后，先低速运转，使差速机构、输出轴前端先得到充分润滑。

第五节　传　动　轴

传动轴是传动系统的重要组成部分，用于连接变速器与换向箱、换向箱与车轴齿轮箱，实现发动机的动力传递。

一、传动轴的组成

接触网作业车的传动轴为管状、开式，带有花键轴及万向节，结构如图 3-30、图 3-31 所示。传动轴的中间部分是可伸缩的，可以补偿车辆在运行过程中的上下振动，伸缩部分靠近输入方向。

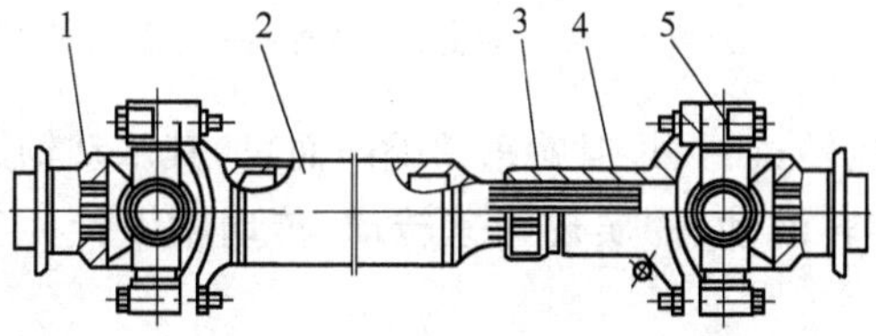

图 3-30　接轴凸缘的传动轴

1—轴凸缘；2—传动轴花键轴；3—油封盖；4—套管叉；5—万向节

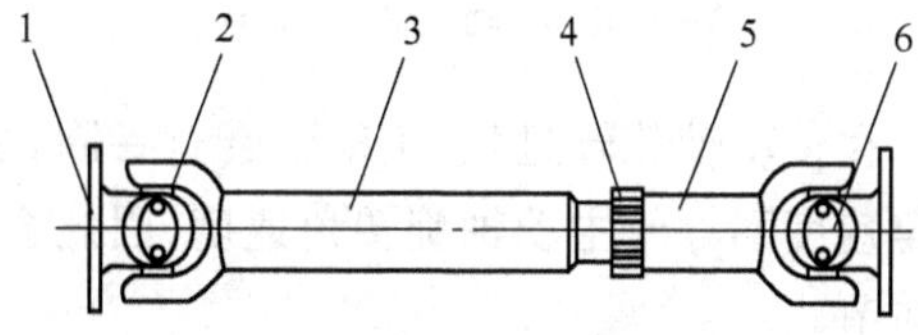

图 3-31　接法兰盘的传动轴

1—凸缘叉；2—万向节；3—传动轴花键轴；4—油封盖；5—套管叉；6—锁片

二、传动轴的保养

1. 传动轴经过精密的动平衡，允许不平衡度不得超过 10 g · mm，更换零件必须重新做动平衡。

2. 在使用过程中，应避免外力对传动轴的撞击而失去平衡，不允许用锤敲击传动轴。

3. 尽量不要拆散传动轴，如果必须拆散时，应对全部零件做好相应标记，以便装配时核对，传动轴两十字应在同一平面内。

4. 经常检查传动轴螺栓的紧固情况，发现异常及时处理。

5. 定期检查万向节十字轴的间隙，如发现十字轴磨损或滚针轴承损坏，应及时更换。

6. 定期检查花键是否磨损、扭曲变形，平衡片是否脱落等。

7. 车辆每行驶 1 500 km 应进行一次润滑脂补充，保证各摩擦副的润滑。

三、传动固定轴

在变速箱至换向箱的动力传递过程中，设有固定轴，其目的就是改善传动轴的受力，提高传动的安全性和可靠性，如图 3-32 所示。

固定轴由法兰、轴承、轴承座、密封环等组成。

在使用中应经常检查固定轴支架连接螺栓的紧固情况，运行中注意检查固定轴的温升情况，每周进行润滑脂补充。

四、万向节十字轴

万向节为一种机械刚性连接的传动装置，其构造如图 3-33 所示。万向节主要由分别装在两个轴上的万向节叉、十字轴组成,"十字轴"的四个轴颈分别装在四个万向节叉相应孔中,将两轴相连。

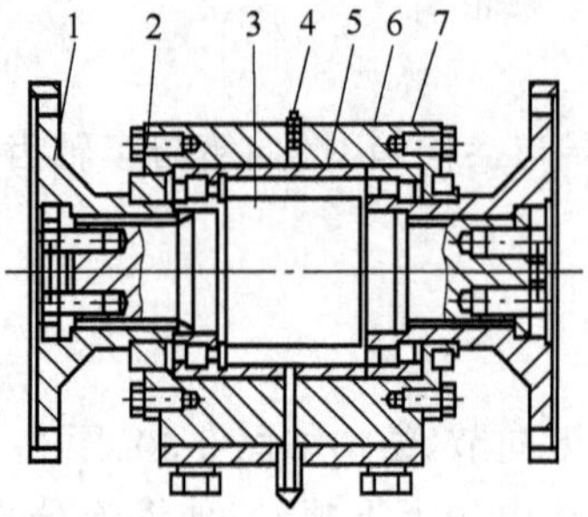

图 3-32 固定轴的组成

1—法兰;2—密封环;3—轴;4—油杯;
5—隔套;6—轴承座;7—轴承

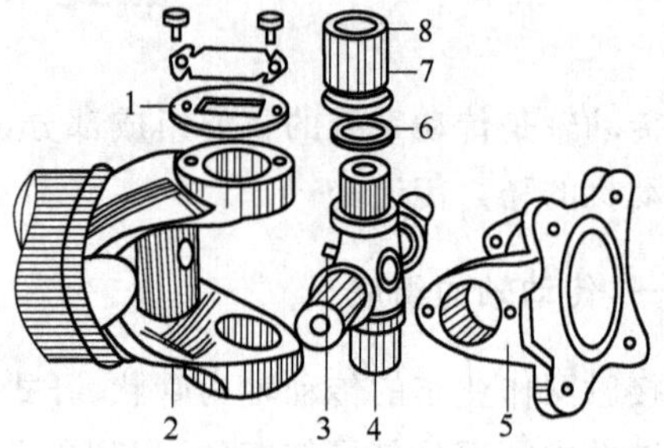

图 3-33 万向节的组成

1—轴承盖;2、5—万向节叉;3—油嘴;
4—十字轴;6—油封;7—滚针;8—套筒

在传动轴旋转过程,主动轴转过一圈,从动轴也转过一圈,但就每一瞬间而言,其从动轴旋转角速度不等于主动轴旋转角速度,因此会产生旋转波动,为实现等速转动,传动轴设计为双万向节。

第六节 车轴齿轮箱

接触网作业车车轴齿轮箱位于同一轴的两车轮之间,是传动系统的最后一个总成,其主要作用就是改变传动的旋转方向 90°,并将输入的扭矩放大,驱动轮对旋转,使接触网作业车正常运行。

一、车轴齿轮箱的分类

车轴齿轮箱俗称压包,分为双级齿轮式车轴齿轮箱和单级齿轮式车轴齿轮箱。双级齿轮式车轴齿轮箱主要由两对常啮合的齿轮组成,其中一对为圆锥齿轮、一对为直齿轮;单级齿轮式车轴齿轮箱主要由一对常啮合的圆锥齿轮组成。

二、双级齿轮式车轴齿轮箱

接触网作业车采用的为双级齿轮式车轴齿轮箱,前、后相同。

1. 双级齿轮式车轴齿轮箱的组成

双级齿轮式车轴齿轮箱由前箱体、上箱体、下箱体、齿轮油泵、圆锥齿轮、直齿轮等组成,如图 3-34 所示。

第一级减速用螺旋圆锥齿轮,第二级减速为直齿圆柱齿轮。

在第一级减速传动中,主动圆锥齿轮用三个轴承以悬臂的方式支撑在轴承座上,后轴承为短圆柱滚子轴承,主动圆锥齿轮依靠其前端串装的两个圆锥滚子轴承在轴承盖上定位。

在第二级减速传动中,圆柱直齿主动齿轮用花键与中间轴连接,与被动圆锥齿轮同步旋转。直齿圆柱主动齿轮的动力一方面传给被动直齿圆柱齿轮,另一方面传递给润滑油泵。被动直齿圆柱齿轮安装在轮对上,带动轮对旋转。

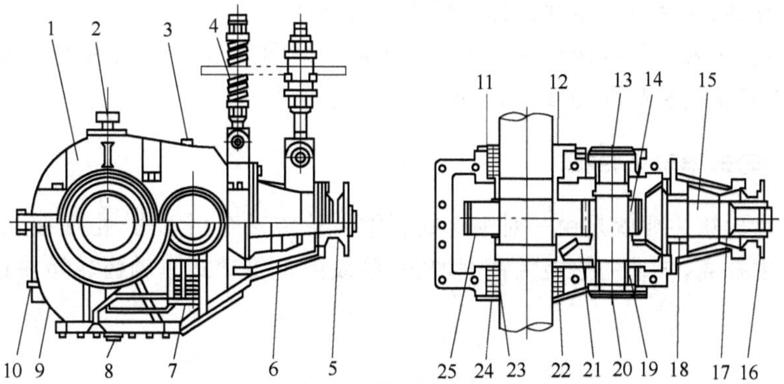

图 3-34　双级齿轮式车轴齿轮箱示意图

1—上箱体；2—透气孔；3—观察孔盖；4—悬挂装置；5—传动轴法兰；6—前箱体；7—齿轮油泵；
8—油堵；9—下箱体；10—油位螺栓；11—密封盖；12—甩油盘；13—端盖；14—主动圆柱齿轮；
15—主动圆锥齿轮；16—锁紧螺母；17、18、19—轴承；20—轴承挡板；21—被动圆锥齿轮；
22—挡油板；23—隔套；24—滚动轴承；25—被动圆柱齿轮

2. 车轴齿轮箱的吊装

车轴齿轮箱是通过两根悬挂杆悬挂在车辆底盘的大梁上，装有减振装置，拉臂应保证使齿轮箱处于水平状态，两悬挂杆安装于前箱体处，如图 3-35 所示。

3. 车轴齿轮箱润滑油泵

车轴齿轮箱润滑油泵的作用就是为车轴齿轮箱提高强迫润滑，其结构如图 3-36 所示，其工作原理与其他润滑泵相同。

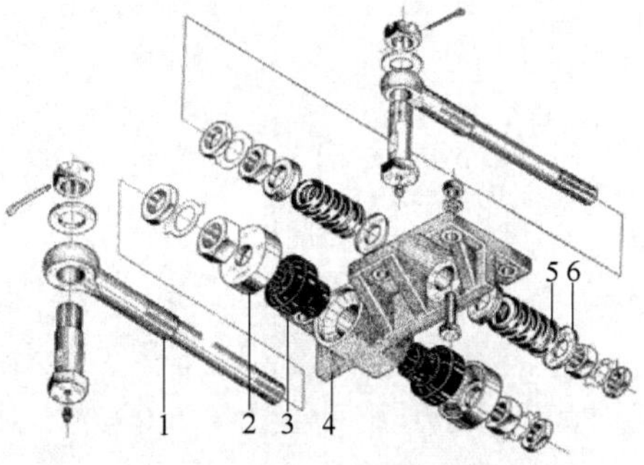

图 3-35　车轴齿轮箱吊装机构

1—悬挂吊杆；2—压盖；3—悬挂缓冲垫；
4—悬挂座；5—悬挂弹簧；6—弹簧座

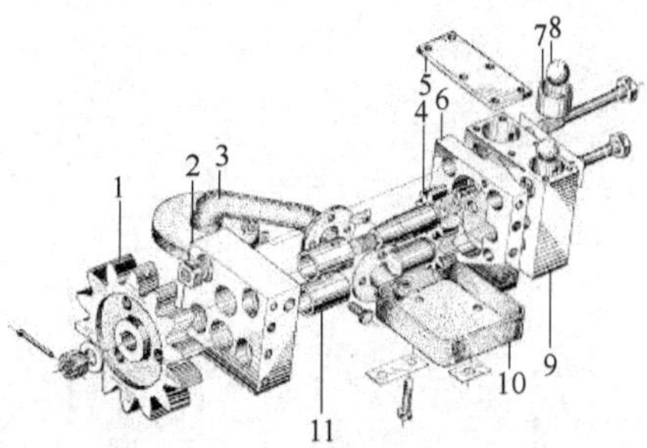

图 3-36　车轴齿轮箱润滑油泵分解图

1—油泵传动齿轮；2—油泵体；3—机油精滤器；
4—油泵齿轮；5—盖板；6—齿轮盒；7—球阀座；
8—阀球；9—球阀室；10—进油盘；11—铜套

4. 车轴齿轮箱的保养

(1)车轴齿轮箱的润滑采用油泵强迫润滑和齿轮飞溅润滑相结合的方式，前箱体和各轴承主要依靠油泵供油润滑。

(2)使用过程中应经常检查油量是否满足要求，油中杂质含量是否超标，必要时添加或更换润滑油。

(3)新车磨合期满后应换油一次，以后每运行 8 000 km 换油一次，应至少每半年换油一次。放油时应在油温未降低时进行，然后用柴油或者煤油冲洗壳体及齿轮，清洗油底壳，放掉清洗油后加入新油，加油时应过滤以保持润滑油的清洁。

(4)车轴齿轮箱悬挂拉臂内的关节轴承应每周加注润滑脂一次，加注至挤出为止。

(5)车轴齿轮箱抬头高度为 25～30 mm。

三、单级齿轮式车轴齿轮箱

单级车轴齿轮箱主要就是由一对啮合的圆锥齿轮传递牵引动力，由于接触网作业车功率的增大和速度的提高，传动的扭矩大幅度增加，单级齿轮传动式车轴齿轮箱将逐渐淘汰，本处不再赘述。

复习思考题

1. 接触网作业车机械传动系统由哪几部分组成？
2. LIPE 离合器分离行程和自由行程分别是多少？
3. 调整 LIPE 自由行程有哪些方法？
4. 富勒变速器的特点有哪些？
5. 富勒变速器使用安全注意事项有哪些？
6. 液力传动有哪些特点？
7. 车轴齿轮箱的润滑方式有哪些？
8. 车轴齿轮箱的安装抬头高度是多少？
9. 试述传动轴保养的内容。
10. 液力变矩器有几种工作状态？

第四章　车体、车架及走行系统

接触网作业车车架是安装各总成的载体。车体安装在车架上，具有防风雨侵袭的作用。有一定空间及配置的相关操纵装置和生活设施的车厢，也称车棚或驾驶室。走行系统承载车架，支撑接触网作业车的全部质量，是动力传递的最终装置。

第一节　车　　体

接触网作业车车体骨架采用型钢焊接结构，目的是提高车体的强度，外表面用薄钢板焊接或铆接在型钢骨架上，内面饰以多层胶合板或钢板，在内外夹层中填有泡沫海绵等隔温隔热材料。车顶外浇注有玻璃钢。

车体顶棚内装有室内照明灯具、空调设备、风扇、用电插座、通信设备，顶棚上开有发动机、变速器检修活动天窗，两侧及作业车的后端装有车门、车窗，两端装用夹胶的风挡玻璃，车体的外部装有作业照明设备、行车照明设备、接触网动态测试设备、警示灯、喇叭、防护灯、车辆扶手及雨刮器等。

车厢地板由木板、多层胶合板、耐油地板革组成，地板上设有变速器、换向箱等传动机构、操纵机构检修用的活动地板。车厢内还设有供乘务员休息的卧铺、行车装备控制柜、空调机、方便检修台、检测台、电源控制柜以及工具柜等。

接触网作业车除轨道起重车外均设有两端操纵台，在控制台的后方设有乘务员座椅。控制台上设有手动油门、启动电锁、水温表、油温表、油压表、蓄电池电流表、制动仪表、油箱表、液压电锁、取力万能开关、换向开关、平台互控开关、各种直流控制开关、保险、电控风笛、电笛按钮，装有制动机、列车运行监控器显示器、机车信号显示器、撒砂装置控制机构等等。在驾驶座椅的周围地板上装有排挡手柄、离合踏板、风笛开关踏板、手动换向机构、制动管截断塞门等。

第二节　车　　架

接触网作业车的车架包括车架、车钩、排障器，它承载着接触网作业车除走行部以外的所有质量，是接触网作业车的重要组成。

一、车　　架

车架采用型钢（“工”字钢、“H”形钢）铆焊而成，目前一般做成箱式结构，提高了车架的刚度、强度。

车架由主梁、侧梁、横梁、端梁和辅梁组成。

二、车　　钩

车钩用于接触网作业车辆之间的连接，由于传递接触网作业车的牵引力，目前接触网作业车采用的车钩为2号车钩和13号车钩，由于2号车钩不具减振装置，将逐渐被淘汰。

1.2号车钩的组成

2号车钩由钩体、钩舌、钩舌销、钩舌推铁、锁提销、钩锁、连接杆等组成，如图4-1所示。

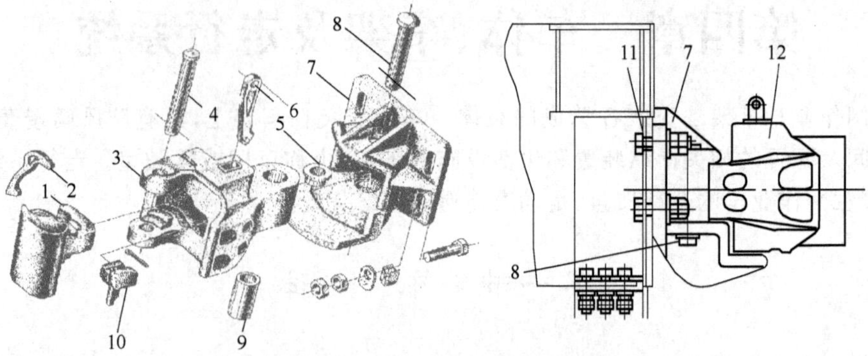

图4-1 2号车钩分解图及安装示意图

1—钩舌；2—钩舌推铁；3—钩体；4、8—钩舌销；5—套；6—钩锁销；7—钩座；9—尾销衬套；10—钩锁铁；11—连接螺栓；12—车钩总成

2.13号车钩的组成

13号车钩由车钩总成、提钩装置、车钩托架以及缓冲器等部件组成，如图4-2所示。分为上作用式车钩、下作用式车钩。

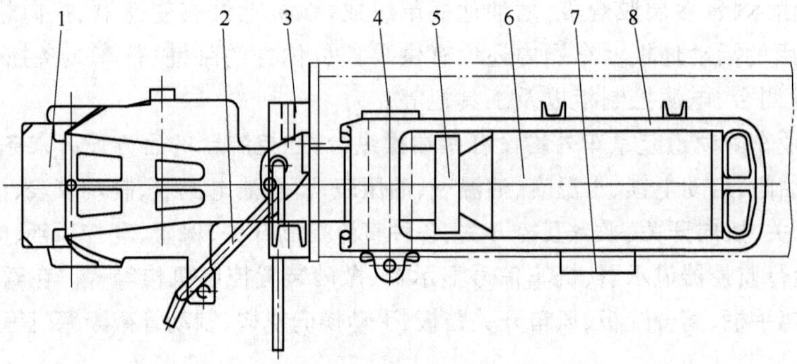

图4-2 13号车钩示意图

1—车钩总成；2—提钩装置；3—冲击座及车钩托架；4—钩尾销；5—前从板；6—缓冲器；7—钩尾框托板；8—钩尾框

3. 车钩的“三态”

所谓车钩“三态”是指车钩处于闭锁、开锁和全开锁的三种状态。

闭锁位是车钩完全处于连接的位置，此时车钩应具闭锁作用，保证列车运行时不会出现车钩分离。钩舌全部进入车钩头内部，两车钩舌相互抱合，钩锁铁以其自重落于钩舌尾与车钩内壁之间，同时锁销也滑入钩锁铁背的斜沟内，使锁销背面下方的突出部横落在车钩内后壁肩的突起部下端，起到锁止作用。

开锁位时，把车钩杆提起，锁销上升，钩锁铁也被提起，脱离止跳位置，钩锁铁的脚保持在车钩后壁的中部，此时即使松开提钩杆，钩锁铁也不会落下，此时即使车钩未伸开，实际车钩已是开锁位置。

全开锁位是用力提起提钩杆，钩锁铁的顶部推动钩舌推铁的一端，使钩舌推铁的另一端踢出钩舌尾部，使车钩完全放开。

4. 车钩的检查

(1)各部有无裂纹、弯曲及磨耗超限的情况。

(2)三态作用是否灵活、准确。

(3)车钩高度(880±10) mm，相邻车连挂后钩舌高度差是否在 75 mm 以内。

(4)车钩的开度是否符合：闭锁状态时最大为 130 mm，全开状态是为 250 mm。

(5)车钩在关锁状态时，钩提链的长度余量是否在 30～50 mm 范围内。

(6)车钩探伤部位：钩舌、钩舌销、钩尾销、钩尾框。

三、排 障 器

接触网作业车均设有排障器，其目的就是在列车运行时及时清除线路上的异物，防止脱轨事故的发生，保证列车运行安全。

排障器一般用钢板冲压与型钢拼焊而成、有一定角度的部件，上部型钢通过螺栓与车架相连，排障器距轨面的高度应为 90～130 mm，在排障器上位于钢轨的上方位置应装有扫石器，尺寸为 300 mm×200 mm，距轨面的高度应为 20 mm。

第三节 走 行 系 统

走行系统俗称走行部或走行系，根据车轴数的不同结构也不相同，由轮对、轴箱、减振弹簧等组成。

一、二轴接触网作业车走行系

二轴接触网作业车走行系有两种：一种是弓子板减振、轴箱倒框机构，一种是轴向拉杆定位机构。弓子板减振、轴箱倒框机构走行系统属淘汰车型已不再生产，因此不再讲述，只对轴向拉杆定位机构走行系二轴接触网作业车进行说明。

1. 轮对

轮对由车轮和轮轴组成，车轴与车轮间为过盈配合，过盈量为 0.18～0.25 mm，车轮为标准货车整体铸钢轮或碾钢轮，轮径为 840 mm，压入吨位数 607～1 070 kN；车轴材料为车轴钢。如图 4-3 所示。

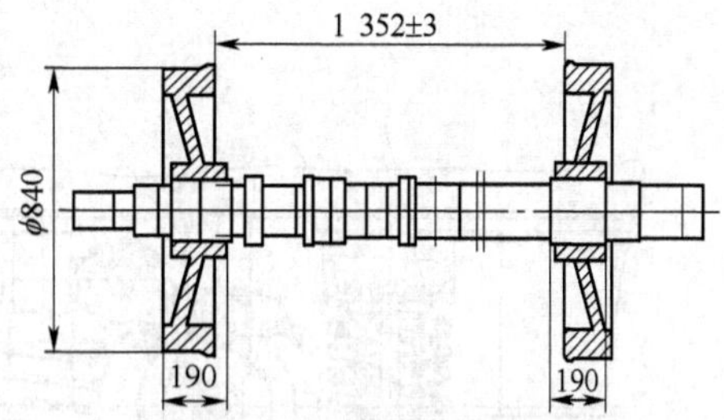

图 4-3 接触网作业车轮对剖面图(单位：mm)

接触网作业车的轮对有前后之分，不能互换。

(1)轮对的技术要求

①同一轴的车轮滚动圆直径差不大于 1 mm。

②同一台车前后轮对的滚动圆直径差不大于 2 mm。

③轮对内侧距离不超过(1 353±3) mm。

④轮缘内侧缺损：长度大于 30 mm，宽度大于 10 mm；踏面圆周磨耗深度大于 7 mm；踏面擦伤及局部凹陷大于 1 mm；踏面剥离长度 1 处大于 40 mm，两处其中一处大于 30 mm。

⑤车轮轮辋厚度不足 23 mm 或轮缘厚度不足 23 mm。

⑥车轴应无裂纹，定期对车轴进行探伤。

⑦轮对应标设迟缓线。

(2)车轮的各部位名称

车轮各部位的名称分别为踏面、轮缘、轮辋、辐板、轮毂,如图4-4所示。

(3)车轮标记

车轮出厂都在轮辋或轮毂上打有标记,如图4-5所示。

车轮标记上包括制造年月、冶炼年份、制造厂代号、车轮型号、熔炼炉罐号,标记可采用热压、冷打和铸造等方式生成,标识应在轮辋外侧面、轮毂内侧面和辐板内侧面,并应保证在磨耗时限内不被磨掉。

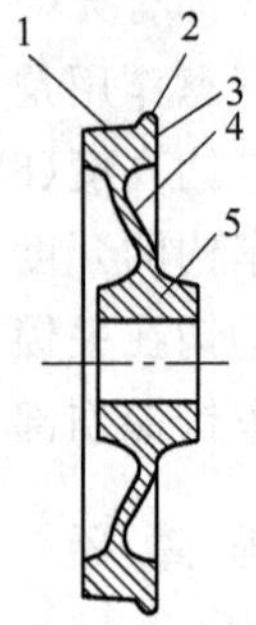

图4-4 车轮结构剖面图

1—踏面;2—轮缘;3—轮辋;4—辐板;5—轮毂

2. 车轴轴承箱

二轴接触网作业车装有四组结构基本相同的轴箱,轴箱采用拉杆式定位结构,减少了车辆运行时车轴的轴向窜动和横向窜动,改善了车辆的运行质量,在轴箱盖与车架之间装有液压减振器,减缓车辆的垂向振动,对车辆的横向摆动起缓冲作用,如图4-6所示。

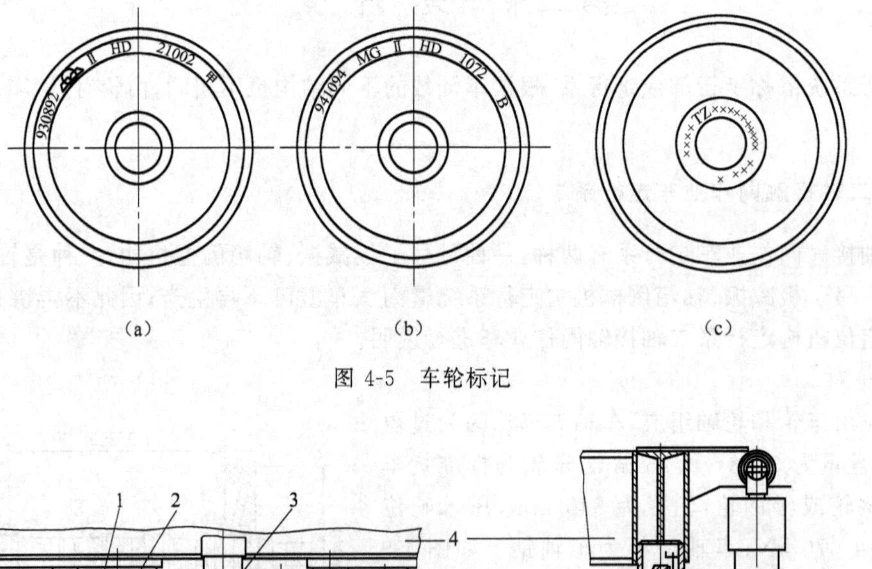

图4-5 车轮标记

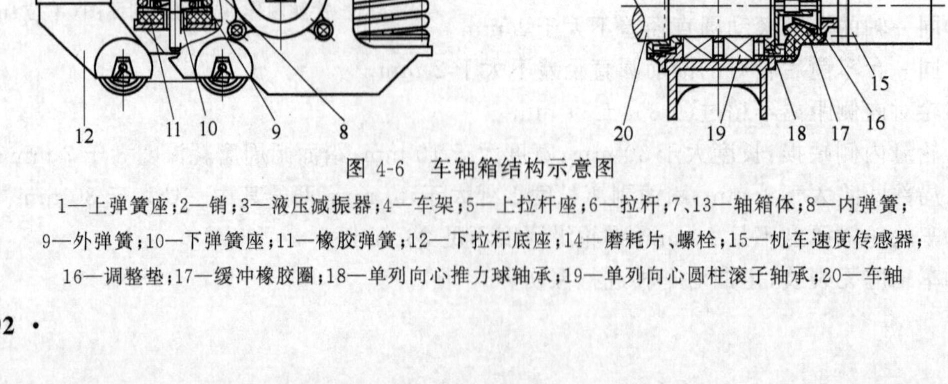

图4-6 车轴箱结构示意图

1—上弹簧座;2—销;3—液压减振器;4—车架;5—上拉杆座;6—拉杆;7、13—轴箱体;8—内弹簧;9—外弹簧;10—下弹簧座;11—橡胶弹簧;12—下拉杆底座;14—磨耗片、螺栓;15—机车速度传感器;16—调整垫;17—缓冲橡胶圈;18—单列向心推力球轴承;19—单列向心圆柱滚子轴承;20—车轴

拉杆定位是在轴箱体的前后两侧加工有高低不同的轴箱耳，通过橡胶合金关节拉杆与车架衍伸出的定位底座相连接，轴箱依靠连杆内的橡胶关节的径向、轴向以及扭转的弹性变形实现各方面的相对位移，形成轴箱与车架的弹性联系。如图 4-7 所示。

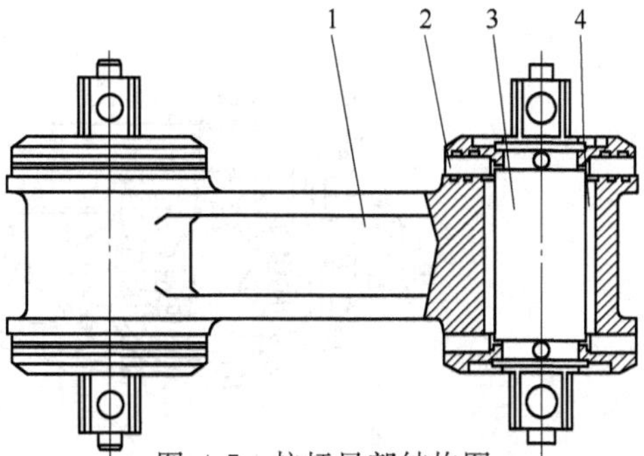

图 4-7　拉杆局部结构图

1—拉杆体；2—橡胶垫；3—芯轴；4—橡胶套

两个高低不平的轴箱拉杆称为双扭动式拉杆机构，它能够满足轴箱垂向位移的需要。

拉杆式轴箱具有以下优点：没有磨耗件、不需要润滑，减少了保养工作量；有一定横向刚度，减少了车辆运行时的摇晃和轮缘磨损；轴箱与车架的弹性联系，缓和了冲击，提高了运行的平稳性；不影响一系列弹簧的减振作用。

3. 弹簧装置

接触网作业车的整体质量通过圆柱弹簧传递到轴承箱上，这些弹簧保证接触网作业车的质量按一定比例分配给各车轮，当车轮失圆或线路不良时，分配的质量不会发生显著变化，以减轻车轮与钢轨的冲击，降低动载荷。

为减少弹簧的空间尺寸，弹簧装置采用双圆柱弹簧同心布置，为防止振动时内外层弹簧相互卡死，内外两层的弹簧旋转方向相反。

4. 液压减振器

液压减振器是为了迅速衰减振动而设置的，它将振动的冲击能量转化为阻尼热量而散发，从而使振动衰减，运行更加平稳。

(1)液压减振器的组成

液压减振器的主要组成部分有储油缸、进油阀体、缸筒、阀座、阀套、活塞杆、导向套、密封弹簧以及相关连接件等组成。

(2)液压减振器工作原理

液压减振器利用油液的黏滞性形成阻力，吸收振动冲击能量。液压减振器实际是一个密闭的、充满油液的工作油缸，油缸内的活塞把油缸分为上下两个油腔，活塞上设有泄油小孔，称为节流孔。把油缸杆的活塞和油缸分别固定在车架和轴箱上，在车辆运动时车架和轴箱相对运动，使活塞产生上下相对位移。原理如图 4-8 所示。

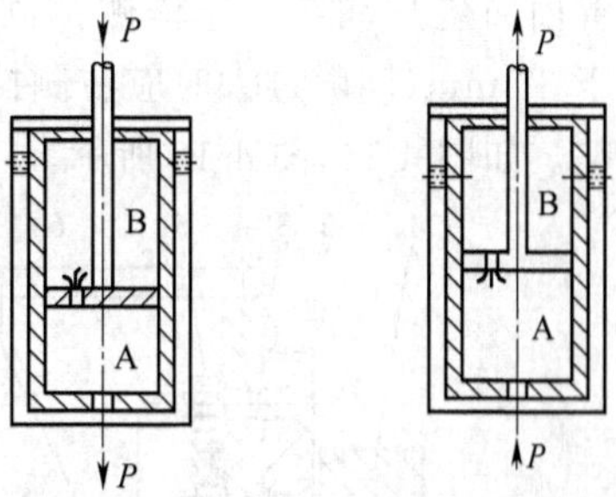

图 4-8　液压减振器原理示意图

二、四轴接触网作业车走行系

随着铁路提速的需要，二轴接触网作业车不能适应运行速度和牵引力的需要，四轴接触网作业车应用非常普遍，四轴接触网作业车除转向架外，其他走行系结构基本与二轴接触网作业车相同。为便于检查、检修、探伤等工作，对车轴进行特定规定：制动缸活塞杆伸出的方向为前方，所对的转向架为第一转向架，其前轴为第一轴，后轴为第二轴，另一转向架为第二转向架，其前轴为第三轴，后轴为第四轴。

四轴接触网作业车的走行系包括转向架构架、轮对、车轴轴承箱、车轴齿轮箱、弹性悬挂装置、牵引杆装置等。如图 4-9 所示。

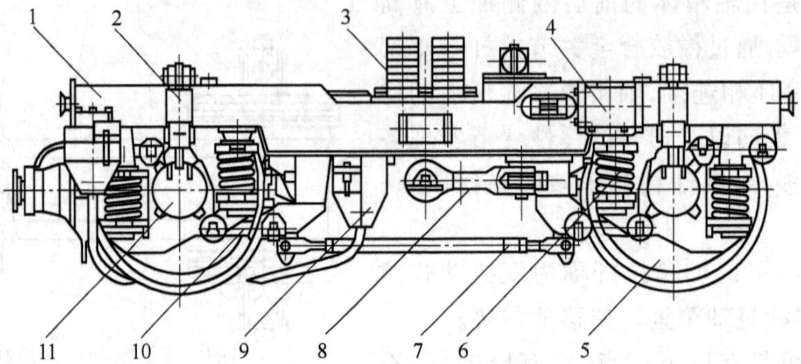

图 4-9 转向架的组成

1—转向架构架；2—液压减振器；3—旁承；4—制动缸；5—轮对；6—弹簧装置；7—制动梁连杆；8—牵引杆；9—撒砂箱及撒砂管；10—轴箱拉杆；11—轴箱

转向架承受着车架及以上的全部质量，与车架之间通过一对圆形心盘和一个中心销相连接，保证必要的轮轨黏着力，并把轮轨接触处产生的轮周牵引力传递给车架、车钩，牵引列车运行；缓和因线路不平对接触网作业车产生的冲击，保证车辆运行平稳；使车辆顺利通过半径较小的曲线线路，减少通过曲线时对车辆的阻力；转向架的使用增多了车辆轴数，使制动力得到放大，制动效果更好；可通过转向架便于安装多系减振，提高车辆运行速度。

1. 转向架构架

转向架构架将转向架的各部分连接起来，并保证他们之间的相互位置关系，如图 4-10 所示，它由端梁、横梁、侧梁、拉杆座、车体侧挡、轴箱侧挡等组成。

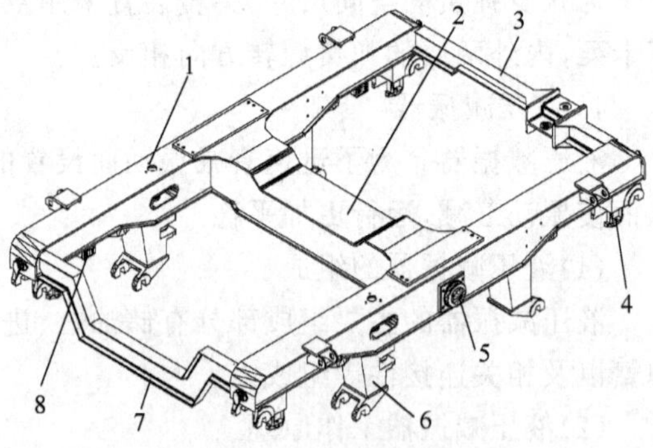

图 4-10 转向架构架

1—侧梁；2—横梁；3—前端梁；4—上拉杆座；5—车体侧挡；6—下拉杆座；7—后端梁；8—轴箱侧挡

转向架构架由型钢拼焊而成。轴承箱侧挡间隙之和为 4～7 mm，间隙过大时应在磨耗板背面加垫片调整。车体侧挡间隙两侧之和小于 32 mm，间隙过大时应在侧挡背面加垫片调整。如图 4-11、图 4-12 所示。

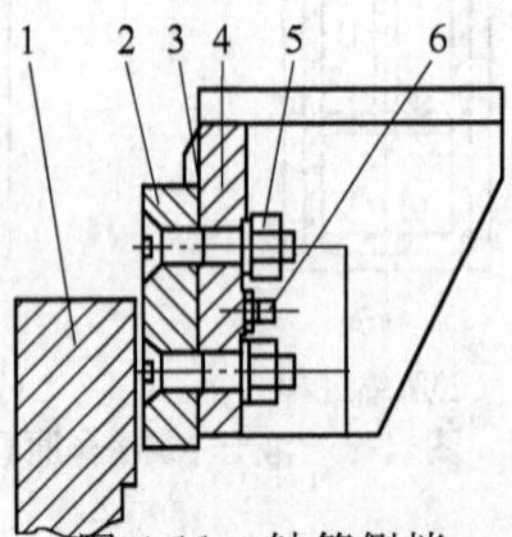

图 4-11 轴箱侧挡

1—轴箱体止挡；2—磨耗板；3—调整板；4—侧挡座；5—固定螺栓；6—油杯

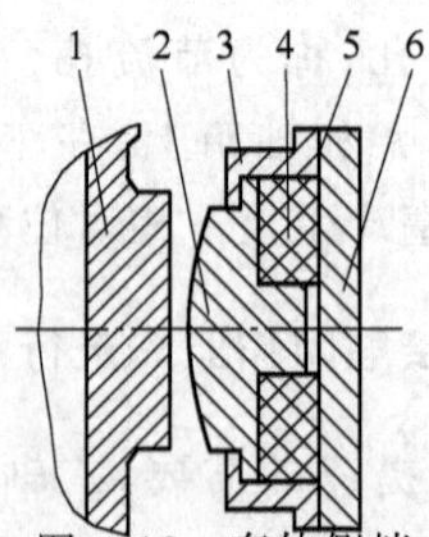

图 4-12 车体侧挡

1—牵引座；2—侧挡体；3—侧挡座；4—缓冲垫；5—调整垫；6—座板

2. 弹性悬挂装置

为缓和车辆运行时的振动、摆动，提高车辆运行的平稳性、舒适性，提高车辆运行速度，接触网作业车设置了弹性悬挂装置。在车辆构架与轴箱之间设置了静挠度较大的一系悬挂装置，在车体与转向架之间设置了挠度较小二系悬挂装置，设置两系悬挂装置改善接触网作业车垂向平稳性并减少运行时对线路的动作用力。

(1)一系弹性悬挂装置

弹簧装置用于缓和来自线路对车辆簧上质量的冲击，运行中要经常检查弹簧的状态，通过检车锤锤击的声音检查弹簧有无裂纹、安装虚实。

接触网作业车采用液压减振器作为一系垂向减振器，利用液压油的阻尼作用衰减、吸收振动能量，一系垂向阻尼系数 4×50 N·s/mm。液压减振器在使用中应有明显的温升。

(2)二系弹性悬挂装置

二系弹性悬挂装置采用常摩擦油浴式弹性旁承，如图 3-13 所示。在旁承中存在相对滑动的摩擦副，因此要保证良好的润滑。

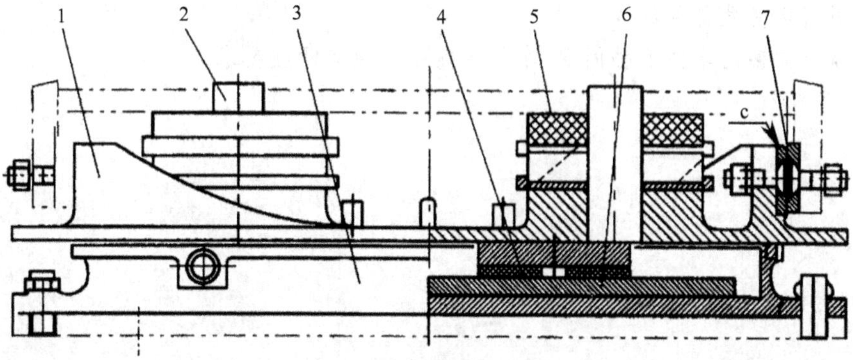

图 4-13　旁承示意图

1—上旁承体；2—轴；3—下旁承体；4—上摩擦板；5—橡胶垫；6—下摩擦板；7—磨耗板

在二系弹性悬挂装置中，有的也采用弹簧代替橡胶垫减振。

3. 牵引杆装置

牵引杆装置的作用就是传递转向架与车架之间的牵引力，使转向架相对于车架能够横动、其轮对能够转动。

牵引装置由牵引杆、拐臂、连接杆、球面关节轴承等组成，如图 4-14 所示。

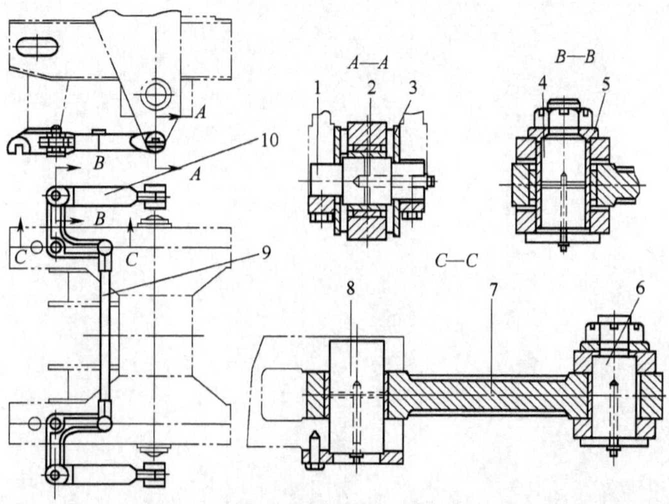

图 4-14　牵引杆装置

1—牵引杆销；2—关节轴承；3—橡胶垫；4—牵引销；5—轴套；6—连接杆销；7—拐臂；8—拐臂销；9—连接杆；10—牵引杆

为适应接触网作业车与转向架之间高度的变化，在牵引杆与拐臂和车架连接处，均采用球形关节轴承。各连接销均设有油杯，要定期加注润滑脂，保持销与关节轴承或铜套间的润滑。同时对各连接杆、销等进行检查。

复习思考题

1. 什么是车钩“三态”？各种状态的开度是多少？
2. 轮对有哪些技术要求？
3. 液压减振器的作用是什么？
4. 牵引杆装置的作用是什么？
5. 牵引杆由哪些部件组成？
6. 试述转向架对车体侧挡间隙、车轴箱侧挡间隙有哪些要求。

第五章　制 动 系 统

接触网作业车制动系统的作用就是降低接触网作业车运行的车速，停止车辆并使其保持在原位，准确的控制运行速度，保证行车安全。

接触网作业车的制动是空气制动和手制动合并，安装于基础制动之上，通过接触网作业车基础制动来完成。

制动系统由空气制动、手制动、基础制动、撒砂装置等组成。

第一节　空气制动的组成

空气制动系统是接触网作业车的重要组成部分，它通过制动系统空气压力的变化控制，实现对车辆制动的自动控制，使车辆产生制动、保压和缓解。

一、自动空气制动系统的组成

自动空气制动系统由空气压缩机、单向阀、油水分离器、储风缸、远心集尘器、减压阀、分配阀、制动机、制动管、副风缸、制动缸、基础制动装置等组成，如图 5-1 所示。

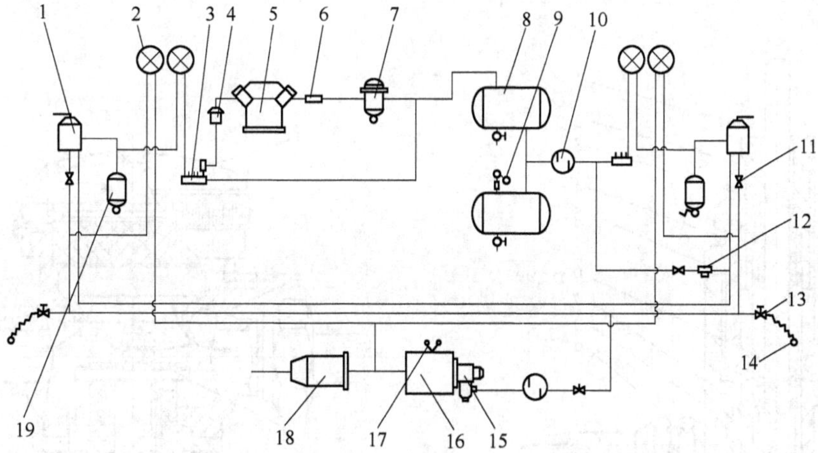

图 5-1　自动空气制动系统组成示意图

1—自动制动阀；2—双针压力表；3—分配器；4—空滤器；5—空气压缩机；6—单向阀；7—油水分离器；8—储风缸；9—安全阀；10—远心集尘器；11—截断塞门；12—减压阀；13—折角塞门；14—软管连接器；15—三通阀；16—副风缸；17—缓解阀；18—制动缸；19—均衡风缸

二、空气压缩机与储风缸

空气压缩机俗称风泵，用于产生压缩空气，供列车制动使用，其动力源为发动机或换向箱输出轴，通过 B 型皮带传动空气压缩机旋转。空气压缩机的种类很多，由于接触网作业车生产厂家的不同、接触网作业车车型的不同，空气压缩机的配置也不尽相同，有 2V-0.6/7 型、3W-0.8/7 型、3W-0.9/8 型、3W-1.05/7 型、3W-1.6/9 型等，但其结构是相同的，如图 5-2 所示。

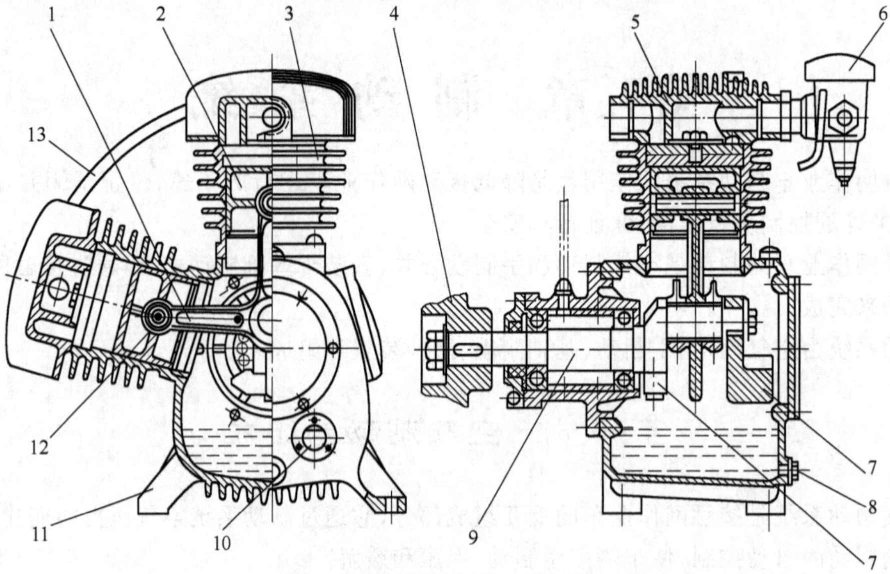

图 5-2　空气压缩机结构示意图

1—连杆；2—活塞；3—气缸；4—皮带风扇轮；5—气缸盖；6—减荷阀总成；7—平衡铁；8—放油孔塞；9—曲轴；10—油标视窗；11—机体；12—活塞销；13—排气管总成

接触网作业车所采用的空气压缩机均为单级、风冷、往复活塞式。

空气压缩机设有压力调节阀和减荷阀，如图 5-3、图 5-4 所示，保证空气压缩机在额定压力下工作。

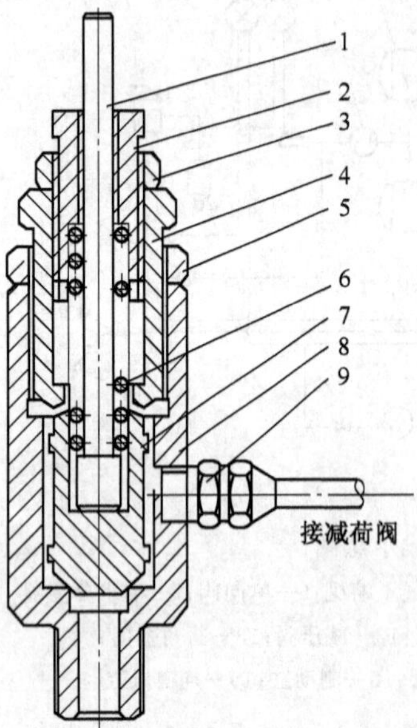

图 5-3　压力调节阀剖面图

1—导杆；2—调节螺栓；3—锁母；4—阀座；5—螺母；6—弹簧；7—阀体；8—阀芯；9—直接头

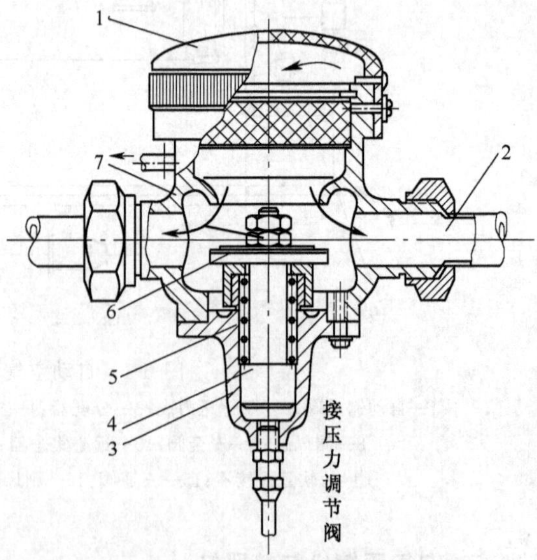

图 5-4　减荷阀剖面图

1—空滤器盖；2—进气铜管；3—阀座；4—阀芯；5—弹簧；6—胶垫；7—减荷阀体

当超压时，自动调节成空运转。在正常时(如图 5-3 所示)导杆在弹簧的作用下，使阀芯与阀座阀体锥孔密贴，当储风缸气压超过一定压力时，阀芯克服弹簧弹力向上升起，高压空气进入阀体，然后进入减荷阀(如图 5-4 所示)推动阀芯向上，使橡胶垫向上压紧阀体口，堵塞空气进入空压机的气缸，形成空压机空转，达到减荷、安全和降低动力消耗的目的。

当储风缸气压低于一定压力时，调节阀弹簧将阀芯复位，阻止储风缸高压空气进入阀体，减荷阀(如图 5-4 所示)阀芯在弹簧的作用下复位，使橡胶垫下移，阀体口被打开，空气通过滤清器进入空压机的气缸，空压机继续运转。

储风缸俗称主风缸、风包，存放空气压缩机产生的高压压缩空气，满足车辆制动的需要，储风缸的压力为 700～800 kPa。用钢板卷制、焊接而成，装车时必须经过耐压试验。

三、单向阀与分配器

单向阀的作用是保证压缩空气只向一个方向流动，而不能回流，其结构如图 5-5 所示。当高压气体进入管内后推动弹簧移动，打开梭阀，气体向下流动；当空气压缩机停转或压力下降时，弹簧回位，梭阀回位管路被关闭，气体不致回流。

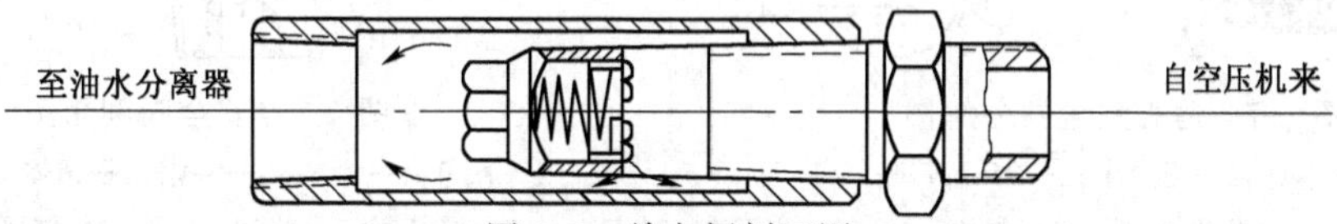

图 5-5　单向阀剖面图

分配器就是一个风路多路接头，把由储风缸来的压缩空气分别供给压力表、喇叭和其他用储风缸空气的装置。

四、油水分离器

用于过滤压缩空气中油、水等杂质，其结构如图 5-6 所示。油水分离器利用进入油水分离器压缩空气的气流喷于滤件上，另外高压气流在筒内形成涡流产生离心力，使油污、水附着于筒内壁上，积存后下落于分离器底部，经排污阀排出。

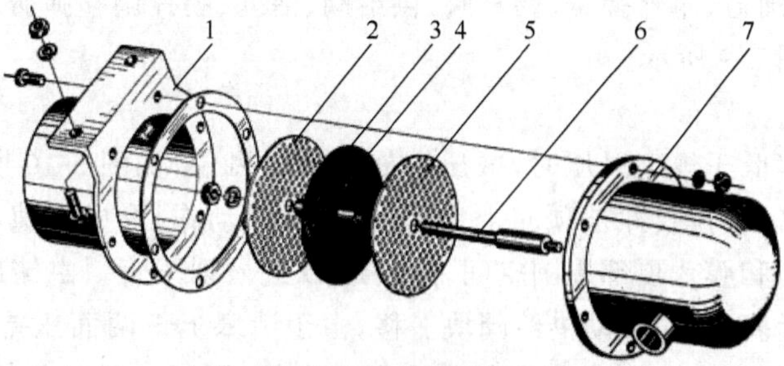

图 5-6　油水分离器分解示意图

1—下体；2、5—隔板；3—套；4—过滤网；6—螺杆；7—上体

五、远心集尘器

远心集尘器安装于列车制动管与分配阀之间，利用气体涡流，使灰尘、水及大颗粒杂物沉积到集尘盒内，以净化制动管路内的空气。

远心集尘器结构如图 5-7 所示，由本体和集尘盒组成。

六、安 全 阀

安全阀安装于储风缸上，当压力调节阀失灵，空气压缩机的运转失去控制，储风缸的压力达到或超过某一规定数值时，防止储风缸发生危险而设置的安全保护装置，此时安全阀动作，开启并排风，当储风缸压力低于某一规定数值时，安全阀关闭。安全阀结构如图 5-8 所示。

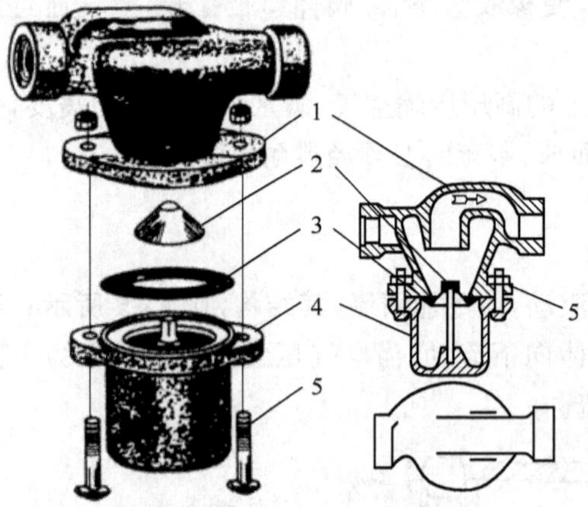

图 5-7　远心集尘器分解图

1—本体；2—止尘伞；3—密封胶垫；4—集尘盒；5—连接螺栓

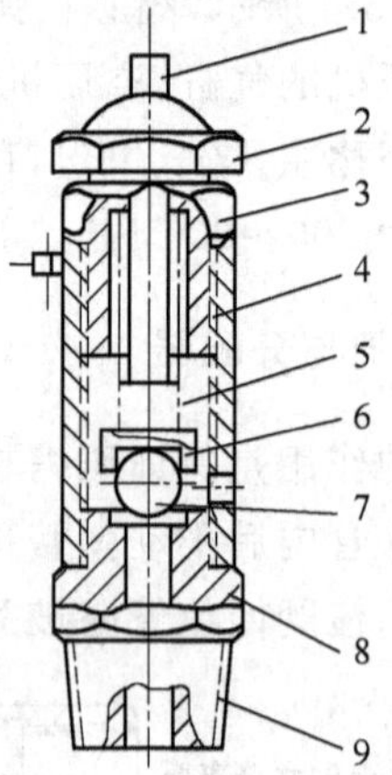

图 5-8　安全阀剖面图

1—阀杆；2—上盖；3—并帽；4—阀体；5—弹簧；6—弹簧座；7—球；8—阀座；9—储风缸接口

七、减 压 阀

减压阀位于储风缸与自动制动阀之间，其主要作用就是将储风缸压力调整至定压值 500 kPa(或 600 kPa)通过自动制动阀(制动机)送至列车管，并始终保持列车管为定压。

减压阀可根据列车管风压的高低，自动调节给风状态，分为半给风位、全给风位和停止给风位，所以减压阀又称给风阀，由于保持列车管为定压也称定压阀。

1. 减压阀的组成

减压阀由阀体、阀盖、内外弹簧、调整阀、供给阀、活塞、膜片调整弹簧、阀座、调整螺帽等组成。减压阀结构如图 5-9 所示。

2. 半给风位

当列车管风压稍低于规定风压时，减压阀处于半给风位，如图 5-10 所示。此时膜片上方的风压低于弹簧的作用力，膜片被顶向上突起，推动针阀动作，形成间隙，活塞上方 A 室的高压气体经过针阀间隙和膜片顶部周围空间，经通道 D 进入列车管。由储风缸进入活塞下方 B 室的高压气体推动活塞，从而带动供给阀块上移，由于活塞上下两面压差较小，供给阀块仅能开半个供给口，所以进入 B 室的高压空气也流向列车管，同时一部分气体经通道 E 进入活塞上方 A 室储存。

3. 全给风位

当列车管无风或风压很低时，减压阀处于全给风位，如图 5-11 所示。此时活塞上方 A 室压力小，下方压力大，由储风缸进入活塞下方 B 室的高压气体推动活塞上移，将组合弹簧全部压缩，阀块两个供给口全部打开，储风缸气体到列车管呈全给风位。由储风缸来的气体经通道 C 和缩口风堵与膜片周围空间经通道 D 流入列车管，A 室的高压空气也流向列车管。

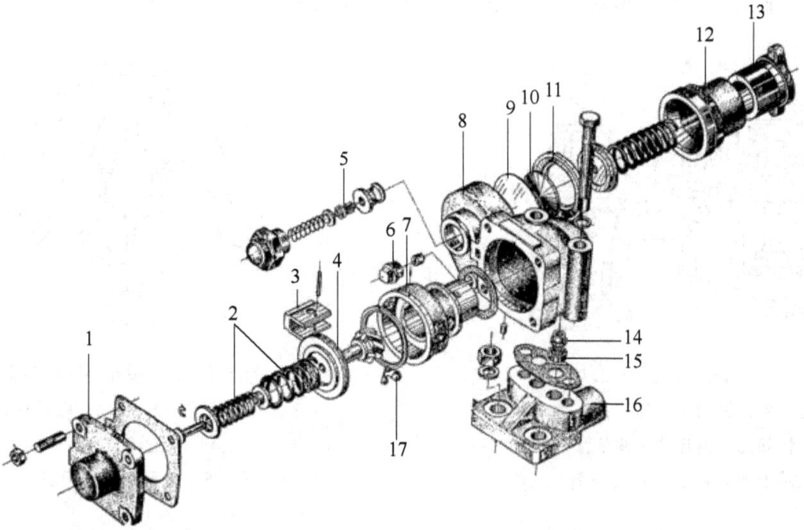

图 5-9　M-3A 型减压阀分解图

1—阀盖；2—内外弹簧；3—供给阀；4—活塞；5—调整阀；6—风堵盖；7—供给阀；
8—阀体；9—膜片；10—膜片压盖；11—膜片圈；12—调整弹簧盒；13—调整螺帽；
14—通风口套；15—通风口螺母；16—阀座；17—滑阀弹簧

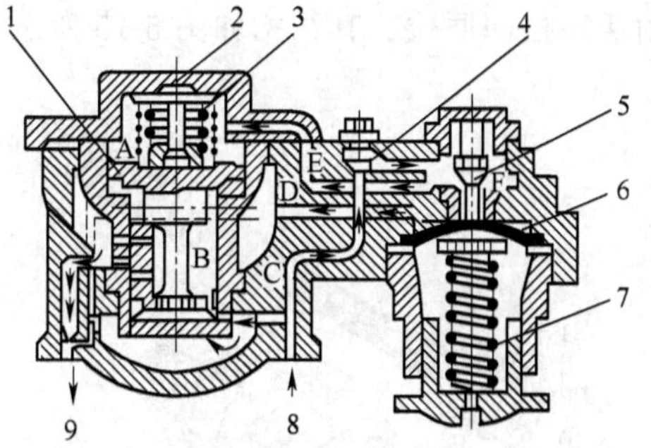

图 5-10　减压阀半给风位

1—活塞；2—外弹簧；3—内弹簧；4—缩口风堵；
5—针阀；6—膜片；7—调整弹簧；
8—接储风缸；9—接列车管

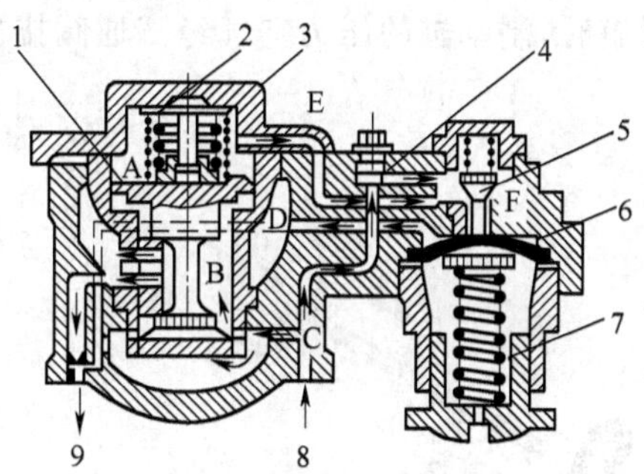

图 5-11　减压阀全给风位

1—活塞；2—外弹簧；3—内弹簧；4—缩口风堵；
5—针阀；6—膜片；7—调整弹簧；
8—接储风缸；9—接列车管

4. 停止给风位

当列车管风压达到规定风压时，减压阀处于停止给风位，如图 5-12 所示。此时气体从列车管经暗道口至膜片上方，克服调整弹簧推力将膜片压平，针阀回落封闭座口，堵塞经暗道口去列车管的通道，由储风缸来的气体，只能经通道 C 经缩口风堵至调压阀室 F，再经通道 E 进入 A 室，推动活塞下落，带动供给阀块下移封闭供给口。活塞上下两面的压强平衡。

当列车管风压发生变化，减压阀又会呈现半供给或全供给位。

八、缓 解 阀

缓解阀由阀上体、阀下体、缓解杆和阀组成，如图 5-13 所示。其作用就是解编后用于缓解车辆或因储风缸风压过低不足以使列车缓解，使用缓解阀排出副风缸的空气，将制动缸的压力空气由三通阀排出，实现列车缓解。缓解阀安装于副风缸上。

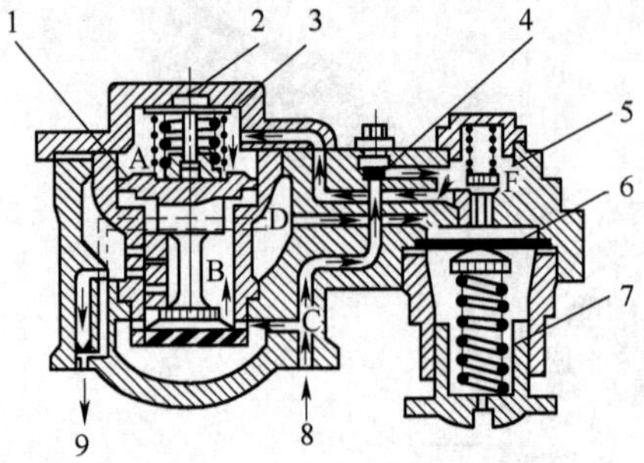

图 5-12　减压阀停止给风位

1—活塞；2—外弹簧；3—内弹簧；4—缩口风堵；5—针阀；6—膜片；7—调整弹簧；8—接储风缸；9—接列车管

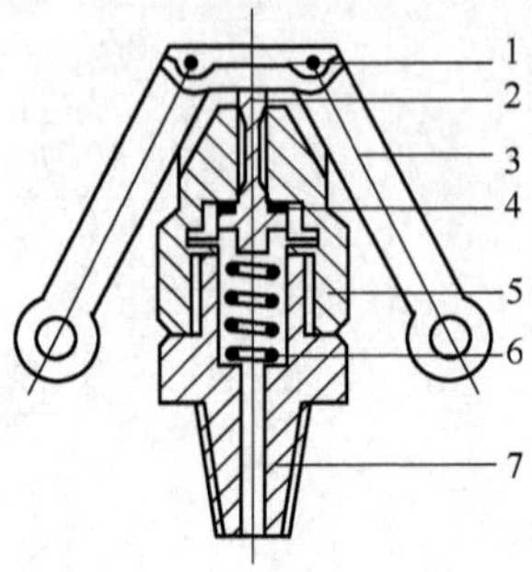

图 5-13　缓解阀剖面图

1—销子；2—阀；3—缓解杆；4—阀垫；5—阀上体；6—阀下体；7—弹簧

九、副风缸与制动缸

副风缸的作用是当列车管充风增压时，储存压力空气；当列车管减压时，把压力空气通过三通阀送入制动缸，再通过基础制动实施对轨道列车的制动，如图 5-14 所示。

制动缸的作用就是将副风缸送来的空气，推动制动活塞移动，带动基础制动产生制动力；当缓解时，制动缸的压力空气经三通阀排出，将制动活塞拉回原位。其结构如图 5-15 所示。

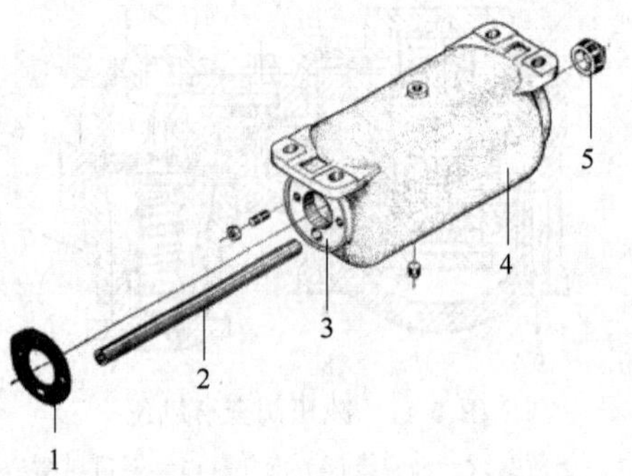

图 5-14　副风缸

1—橡胶垫；2—通风管；3—三通阀接口；4—缸体；5—螺堵

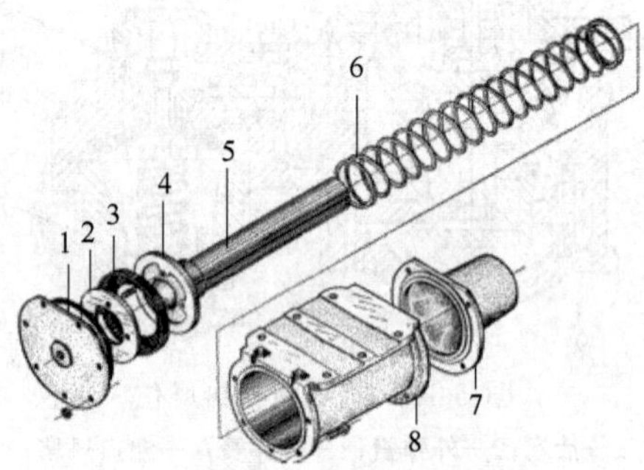

图 5-15　制动缸

1—后盖；2—压板；3—皮碗；4—活塞；5—活塞杆；6—缓解弹簧；7—前盖；8—缸体

十、折角塞门与截断塞门

折角塞门是用于车辆之间连接的风路开关，其水平端与列车管相连，弯曲端与制动软管相连，在折角塞门手柄、塞门体上设有锁定结构，防止出现制动失效。如图 5-16 所示。

截断塞门则连接在制动管路之间，控制某一车辆制动系统的开闭或用在自动制动阀端控制操纵系统的操作，保证车辆的运行安全。如图 5-17 所示。

十一、压 力 表

压力表又称“风表”，接触网作业车安装在前后驾驶台上，供司机观察、掌握列车管内空气压力，其结构如图 5-18 所示。

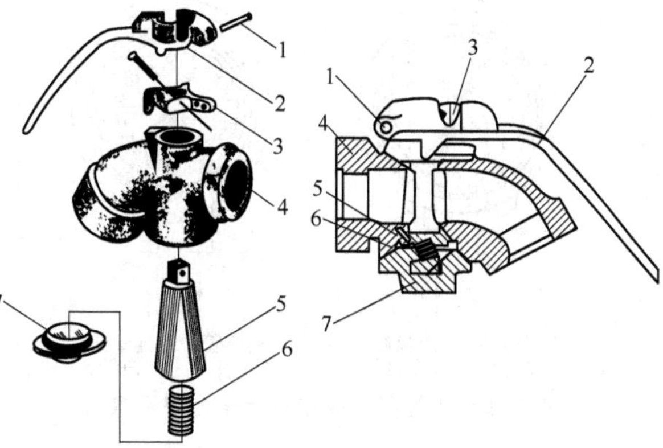

图 5-16　折角塞门剖面图

1—开口销；2—手柄；3—手柄套口；4—塞门体；5—阀芯；6—弹簧；7—弹簧托

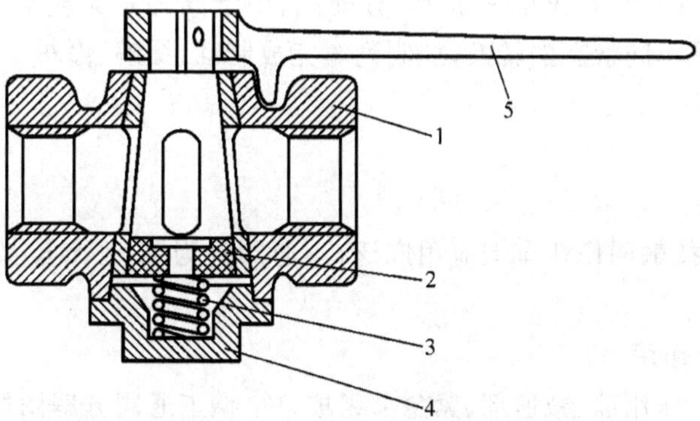

图 5-17　截断塞门剖面图

1—截门体；2—阀芯；3—弹簧；4—弹簧托；5—手柄

压力表是由扁铜风管、游丝、指针、扇形齿轮、连杆、杠杆、表框等组成。

压力空气进入扁铜风管后，引起风管变形，带动连杆、杠杆、扇形齿轮做逆时针转动，而与之啮合的小齿轮连同指针作顺时针旋转。风管压力越大，变形量越大，指针偏转的角度越大，表针指示即为空气压力值。

压力表分为单针压力表、双针压力表，接触网作业车在前后操作端均安装有双针压力表，显示主风缸、均衡风缸、列车管、制动缸压力，两指针独立工作互不关联。如图 5-19 所示。

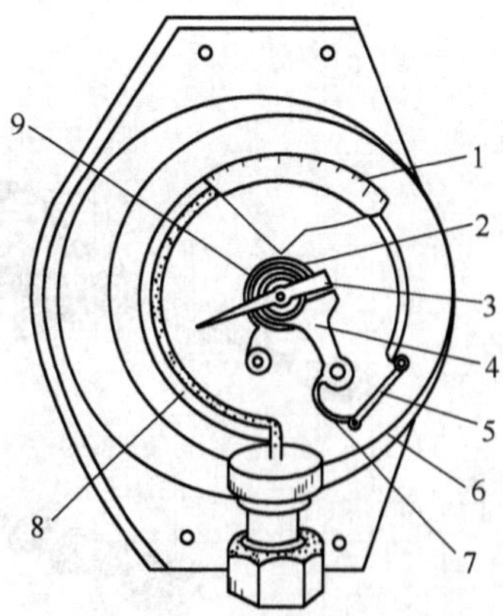

图 5-18　压力表结构示意图

1—表盘；2—游丝；3—指针；4—扇形齿轮；5—连杆；6—表盘；7—杠杆；8—扁铜风管；9—圆齿轮

十二、其他风路机件

风路还有其他机件，连接软管、喇叭、撒砂阀等。连接软管用于连接车辆间制动管，喇叭用于鸣示信号和警示信号，撒砂阀用于列车启动、雪冻天气、爬坡时提高轮轨黏着力。

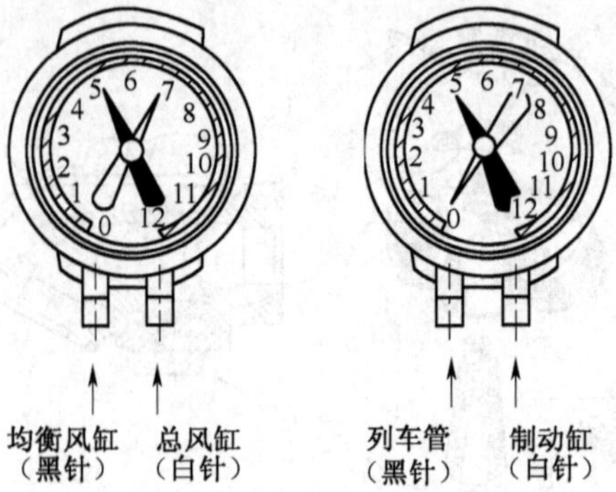

图 5-19　接触网作业车双针压力表示意图

第二节　空气制动控制阀

接触网作业车空气制动系统的三通阀、分配阀、中继阀等是完成空气制动过程的重要机构，实现空气制动系统不同状态的转换，控制列车完成制动、缓解、停车。

一、三 通 阀

1. 三通阀的分类

三通阀在早期的接触网作业车上应用广泛，三通阀分为 K 型、GK 型，K 型三通阀又分为 K_1 型阀、K_2 型阀。

2. 三通阀结构及作用

三通阀由递动部、作用部、减速部、紧急部组成，K_1 型三通阀分解图如图 5-20 所示。

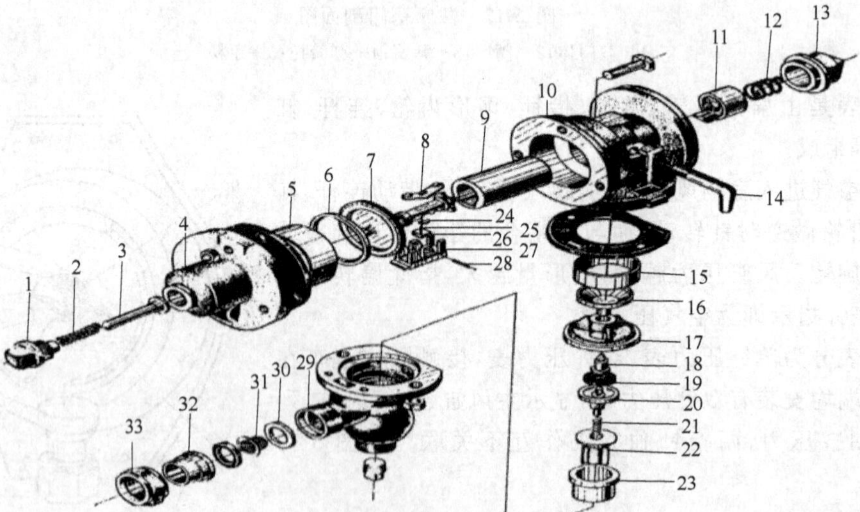

图 5-20　K_1 型三通阀分解图

1—递动杆螺栓；2—递动弹簧；3—递动杆；4—风筒盖；5—主活塞套；6—主活塞涨圈；7—主活塞；8—滑阀弹簧；9—滑阀套；10—阀体；11—减速弹簧杆；12—减速弹簧；13—减速弹簧盖；14—弯管；15—紧急活塞套；16—紧急活塞；17—紧急阀座；18—紧急阀螺母；19—紧急阀垫；20—紧急阀；21—止回阀弹簧；22—止回阀；23—止回阀套；24—节制阀弹簧；25、28—销钉；26—节制阀；27—滑阀；29—下体；30—网圈；31—滤尘网；32—活接口；33—活接口螺母

递动部由递动杆、递动弹簧及风筒盖组成。其作用就是根据列车管不同的减压速度，在主活塞两侧形成的压力差，限制主活塞、滑阀的停留位置，实现制动机不同的制动作用。

作用部由主活塞套、主活塞、阀体、滑阀、节制阀、滑阀弹簧、滑阀套、节制阀弹簧、滑阀弹簧销等组成。其作用就是根据列车管压力的不同，在主活塞两侧形成不同的压力差，主活塞带动节制阀、滑阀产生不同方向的移动，连通、切断相应的气路，实现制动机产生相应的作用。

减速部由减速弹簧套、减速弹簧和减速弹簧盖组成。其作用就是根据列车管不同的增压速度，在主活塞两侧形成的压力差，限制主活塞的停留到不同的充风缓解位置，连通相应的风路，实现制动机不同的充风缓解作用。

紧急部由紧急活塞、紧急活塞套、紧急活塞座、紧急活塞座垫、紧急阀、紧急阀座、紧急阀弹簧、弹簧托、止回阀、止回阀套、止回阀弹簧下体等组成。其作用就是在紧急制动时产生相应的动作，实现制动缸变速充风，同时部分列车管空气进入止回阀上方，从紧急活塞周围进入制动缸，使列车管产生局部减压作用，以加快列车管的减压速度，加速了紧急制动作用的传播。

3. 三通阀的工作原理

三通阀的结构类似，作用原理基本相同。三通阀与列车管、副风缸、制动缸相连，因此产生充风、制动、缓解与列车管、副风缸、制动缸相关联。

当三通阀处于充风位，列车管风压逐渐增高，高压空气经储风缸、减压阀、制动阀、列车管三通阀向副风缸充风，以备制动时使用；当充风风压达到规定压力时充风停止。如图 5-21(a)所示。

当三通阀处于制动位时，列车管减压，使副风缸高压空气经三通阀进入制动缸，推动制动缸活塞产生制动。如图 5-21(b)所示。

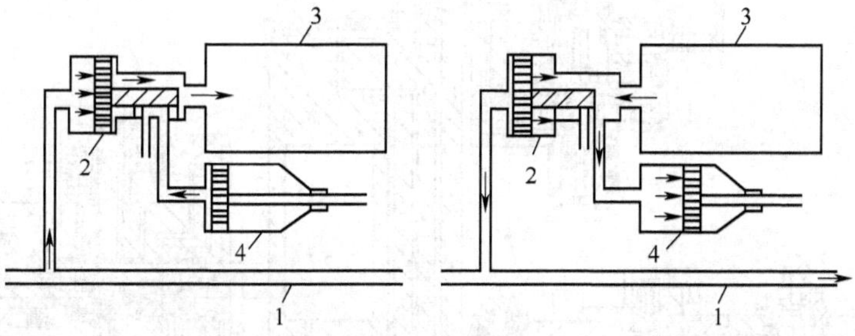

(a)　　　　(b)

图 5-21　三通阀工作原理示意图

1—列车管；2—三通阀；3—副风缸；4—制动缸

当三通阀处于缓解位时，列车管充风，高压空气经三通阀向副风缸补充风压，同时三通阀内滑阀动作，制动缸空气经滑阀排入大气。

三通阀共有六个作用位，分别为减速充风减速缓解位、全充风全缓解位、常用全制动作用位、常用急制动作用位、制动保压作用位、紧急制动作用位。

二、F-7 型机车分配阀

F-7 型机车分配阀是二、三压力机构的混合机构，既能一次缓解，又能阶段缓解。目前广泛应用于接触网作业车。

F-7 型机车分配阀由主阀部、副阀部和紧急部三部分组成，并用一个管座将三部分连成一体，如图 5-22、图 5-23 所示。

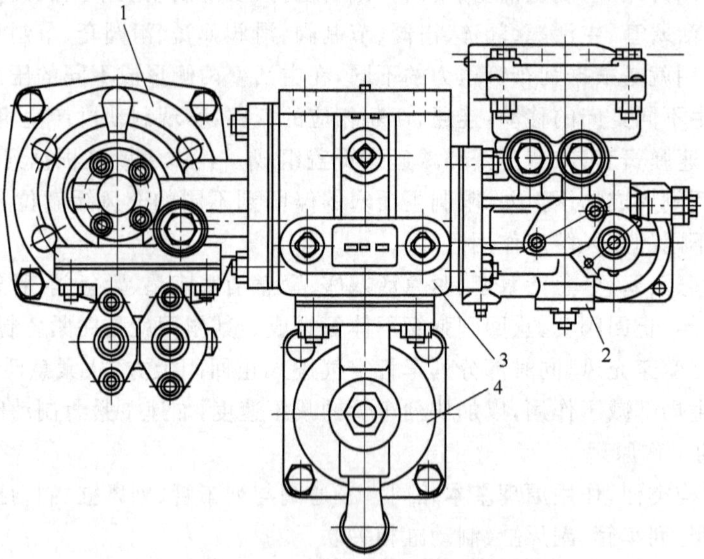

图 5-22　F-7 机车分配阀组成结构示意图

1—主阀部；2—副阀部；3—中间体；4—紧急部

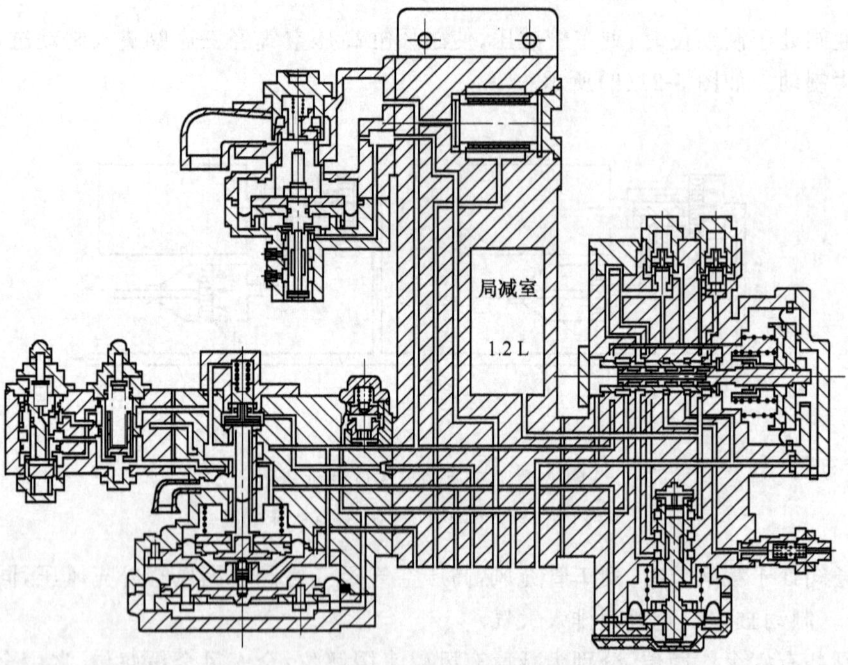

图 5-23　F-7 机车分配阀组成结构原理示意图(过充位)

1. 主阀部的构造及工作原理

F-7 型机车分配阀主阀部由主阀、常用限压阀、紧急限压阀、工作风缸、充气止回阀等组成。

(1)F-7 型机车分配阀主阀

F-7 型机车分配阀主阀由大膜板、小膜板、主阀空心阀杆和供气阀等组成，如图 5-24 所示。

主阀有三个作用位:缓解位、制动位、保压位。

缓解位系大膜板上侧列车管增压,促使膜板活塞带动主阀空心杆下移,开放排气口,将作用风缸的压力空气排至大气,使机车缓解。缓解的程度视列车管压力增加大小而异。

制动位是当列车管减压,大膜板活塞两侧产生压差,在工作风缸作用下,使大膜板活塞带动空心阀杆上移,顶开供气阀,总风缸经供气阀口、常用限压阀向作用风充气,起制动作用。

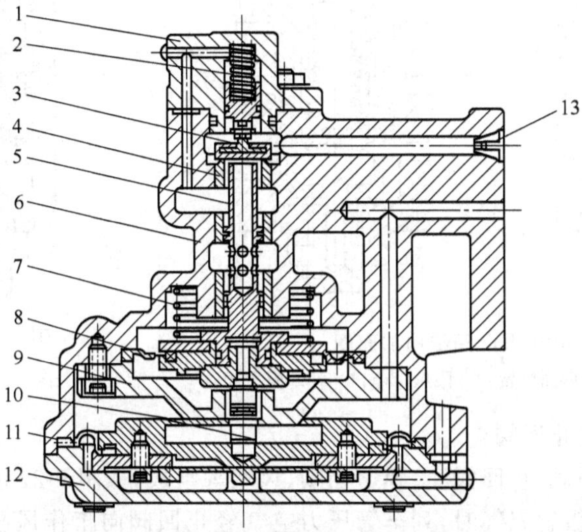

图 5-24　F-7 机车分配阀主阀结构剖面示意图

1—平衡阀盖;2—供气阀弹簧;3—供气阀;4—供气阀座;5—空心阀杆;6—主阀体;7—缓解弹簧;8—小膜板活塞;9—中盖;10—顶杆;11—大膜板活塞;12—下盖;13—限制堵

保压位是列车行施制动后,当作用风缸压力升至与列车管减压相适应时,大膜板活塞带动空心阀杆下移到使供气阀关闭的位置,但空心阀杆仍与供气阀接触,此时为制动后的保压状态。

(2)常用限压阀

常用限压位由调整螺钉常用限压弹簧、柱塞限压阀 O 形圈和阀套等组成,如图 5-25 所示。

在常用全制动时,由于作用风缸及柱塞限压阀底部的压力达到规定值,柱塞限压阀便克服弹簧之压力上移,切断总风缸与作用风缸的通路,起到了限压作用,限制的压力值可由调整螺钉调整。

(3)紧急限压阀

紧急限压阀为柱塞活塞止阀结构,它由调整螺钉、紧急限压弹簧、柱塞活塞、紧急限压阀套、止阀及 O 形圈等组成,如图 5-26 所示。

自阀施行紧急制动时,当柱塞活塞大直径下部的列车管压力迅速降至零,并在弹簧的作用下迅速下移,打开止阀,使总风缸压缩空气经紧急限压阀套下部的小孔向作用风缸充气。当作用风缸达到规定压力时,作用于柱塞活塞小直径下部,作用风缸压力克服弹簧的压力而上移,止回阀在弹簧的作用下上移时阀口关闭,使作用风缸的压力被限制在规定压力之内。

在紧急制动开始缓解时,作用风缸的压缩空气,首先经止回阀上部和主阀空心杆排入大气,当压力降至 340～360 kPa 以下,常用限压阀的柱塞阀下移复位,作用风缸的压缩空气经常用限压阀到主阀空心杆排至大气。

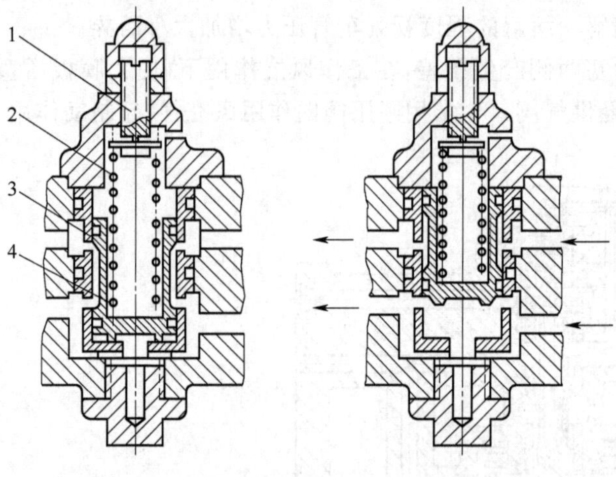

图 5-25 常用限压阀结构剖面图

1—调整螺钉；2—常用限压弹簧；3—限压阀套；4—柱塞限压阀

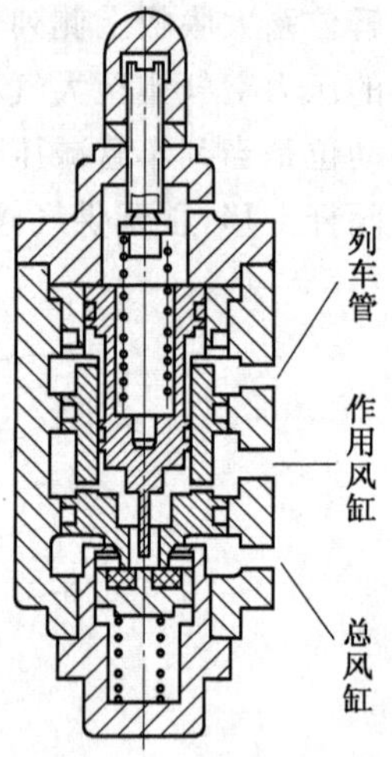

图 5-26 紧急阀剖面图

(4)工作风缸充气止回阀

该阀由弹簧、止回阀、止回阀座、弹簧挡圈、风堵等组成，如图 5-27 所示。

该阀的作用是在缓解充气时，列车管压力空气经止回阀向工作风缸充气。在列车管减压时，防止工作风缸的压力向列车管倒流。

2. 副阀部的构造及工作原理

副阀部由副阀、充气阀、保持阀、局减止回阀、一次缓解逆流止回阀及转换盖板组成。

副阀部有三个作用：一是消除工作风缸与降压风缸的过充压力；二是能加速主阀的缓解；三是使列车管起局减作用。

(1)副阀

副阀属二结构压力阀，由膜板、柱塞、弹簧、阀套及密封圈等组成，如图 5-28 所示。

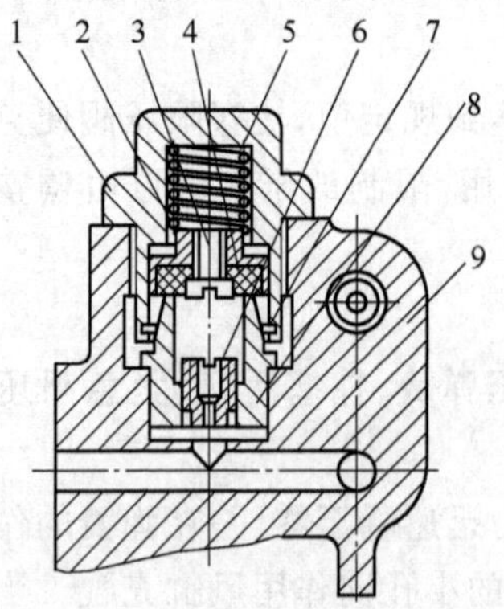

图 5-27 工作风缸充气止回阀

1—螺盖；2—止回阀；3—螺钉；
4—胶垫；5—弹簧；6—风堵；
7—弹簧挡圈；8—止回阀座；
9—主阀体

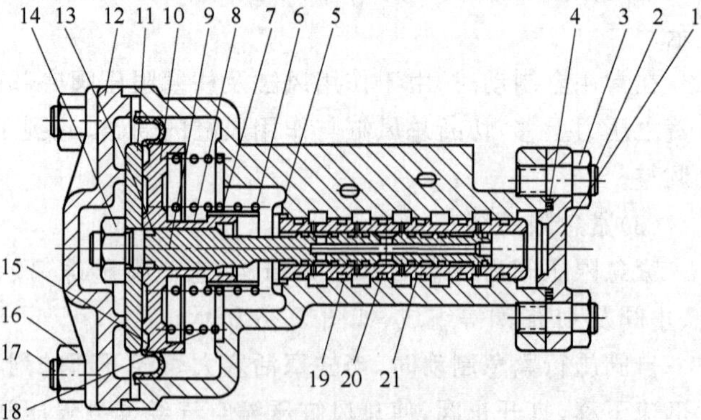

图 5-28 副阀结构剖面示意图

1—阀盖；2—双头螺栓；3—六角螺母；4、13、20、21—密封圈；
5—挡圈；6—弹簧托；7—稳定弹簧；8—套；9—副阀柱塞；
10—活塞；11—压板；12—阀盖；14、16—螺母；15—膜板；
17—双头螺栓；18—缓解弹簧；19—副阀套

副阀膜板活塞左侧连通列车管的压缩空气，右侧连通降压风缸的压缩空气。降压风缸的作用就是控制副阀活塞的制动、保压、缓解的作用位置。局部减压是由局减止回阀和充气阀配合完成的。

副阀的作用有四个：一是控制降压风缸的充气与排气；二是在初制动时，起局部减压作用；三是使工作风缸和降压风缸获得或消除过充压力；四是使分配阀实现一次缓解作用或阶段缓解作用。

(2)充气阀

充气阀主要由膜板、柱塞、阀套、弹簧、胶垫、挡圈等组成，如图 5-29 所示。充气阀有三个作用：一是在完全缓解时，列车管的风压经该阀向工作风缸和降压风缸充气，如列车管已有过充压力，其工作风缸和降压风缸的过充压力能经该阀而消除；二是产生列车管的局减作用；三是在阶段缓解时防止工作风缸和降压风缸的空气向列车管逆流。

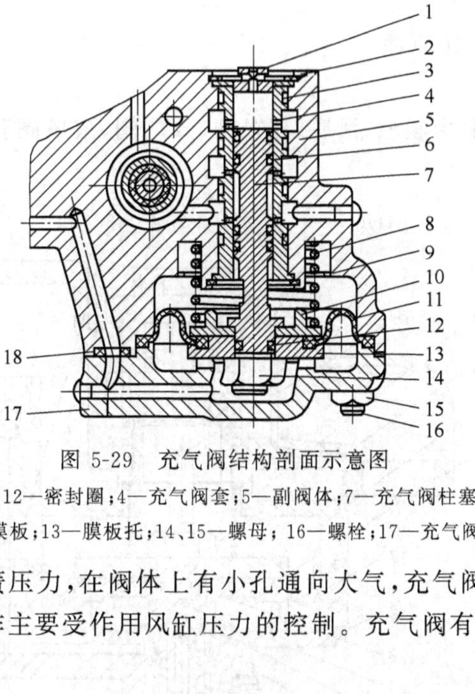

图 5-29　充气阀结构剖面示意图

1—挡板；2—挡圈；3、6、12—密封圈；4—充气阀套；5—副阀体；7—充气阀柱塞；8—弹簧；9—挡圈；10—压板；11—膜板；13—膜板托；14、15—螺母；16—螺栓；17—充气阀盖；18—胶垫

充气阀膜板上方为弹簧压力，在阀体上有小孔通向大气，充气阀模板下方与作用风缸相通。充气阀膜板活塞的动作主要受作用风缸压力的控制。充气阀有两个作用位置，即缓解位和作用位。

(3)保持阀

保持阀有两种结构形式，其结构、作用基本相同，如图 5-30 所示，由保持阀、阀体、弹簧、密封圈等组成。

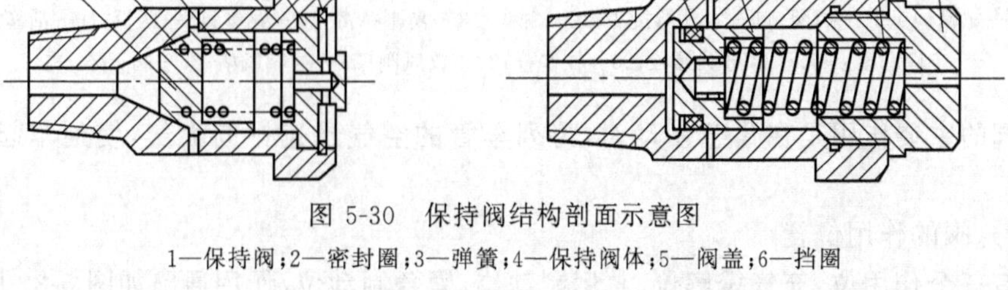

图 5-30　保持阀结构剖面示意图

1—保持阀；2—密封圈；3—弹簧；4—保持阀体；5—阀盖；6—挡圈

保持阀的作用是在常用全制动、过量减压或紧急减压后使降压风缸保持一定压力而设(一般控制在 300～340 kPa)。排出降压风缸的压缩空气,控制副阀活塞的作用位置。

(4)局部减压止回阀

局部减压止回阀与工作风缸充气止回阀基本相同,如图 5-27 所示,仅多一个限制螺堵。

局部减压止回阀简称局止阀,其作用就是在初制动时,使列车管压缩空气经局止阀进入局减室,并由充气阀柱塞上端排除部分压力,使列车管局部减压 25～35 kPa;在制动时,局减阀在局减室压力及弹簧的作用下关闭,防止局减室内的压缩空气向列车管逆流引起自然缓解。

(5)一次缓解逆流止回阀

一次缓解逆流止回阀与工作风缸充气止回阀基本相同,如图 5-27 所示,仅少一个止回阀弹簧。

一次缓解逆流止回阀简称一次阀,其作用就是和副阀、转换盖板一起完成分配阀一次缓解作用的控制。

3. 紧急部的构造及工作原理

(1)紧急部的构造

紧急部即紧急放风阀,由膜板、活塞、柱塞杆、放风阀、放风阀套、三个缩口风堵、弹簧及密封圈等组成,如图 5-31 所示。

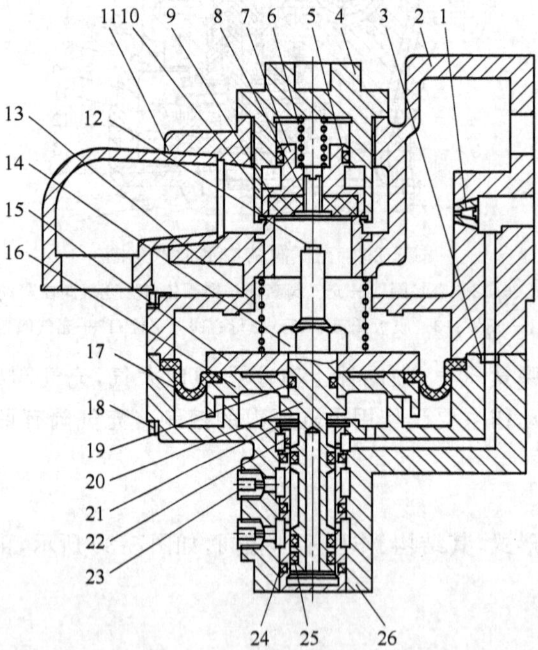

图 5-31　紧急放风阀剖面图

1—缩口风堵;2—阀上体;3、9—胶垫;4—螺盖;5、19、24、25—密封圈;6—放风阀弹簧;7—放风阀;8—螺帽;10、21—挡圈;11—内外弯接头;12—触头;13—复原弹簧;14—螺母;15—压板;16—活塞;17—膜板;18—螺母及螺栓;20—柱塞杆;22—放风阀;23—缩口风堵;26—阀下体

紧急阀的主要作用是在紧急制动时,将列车管的空气迅速排向大气,使列车起紧急制动作用。

(2)紧急阀的作用位置

该阀有三个作用位:充气缓解位、常用制动位、紧急制动位,作用通路如图 5-32 所示。

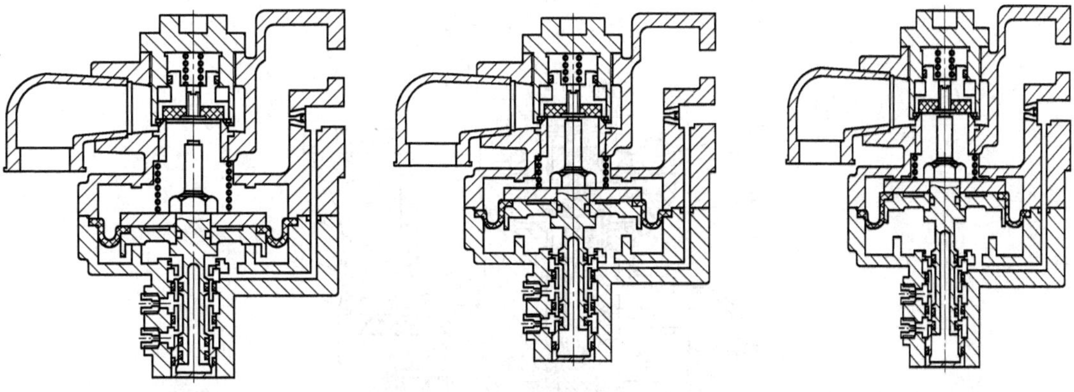

(a)充风缓解位　　(b)常用制动位　　(c)紧急制动位

图 5-32　紧急放风阀

①充风缓解位

由于列车管减压,膜板活塞处于下端位置,进入膜板上方的列车管压缩空气经阀上体的充气限制堵向紧急风缸充气,同时也向紧急活塞下方及柱塞杆下端充气,如图 5-32(a)所示。

②常用制动位

常用制动时列车管减压,膜板活塞产生了压力差,但活塞膜板所受到的压力差小,从而顶不开放风阀。膜板活塞上移后,膜板活塞下方的紧急风缸的压缩空气经柱塞杆凹槽、第一缩孔风堵排向大气,同时紧急风缸的压缩空气还经充气限制堵逆流到列车管一部分,由于紧急风缸压力下降速度与列车管常用制动时的排气速度几乎相等,因此放风阀处于安定状态,如图 5-32(b)所示。

③紧急制动位

列车紧急制动时,由于列车管急速减压,膜板活塞受到的压力差较大,膜板活塞上移到极端位置后,柱塞杆顶开放风阀,使列车管的压缩空气经放风阀阀口迅速排向大气。紧急风缸的压缩空气经柱塞杆凹槽、第一缩孔风堵排向大气,同时又经柱塞杆径向孔、中心孔、第二缩孔风堵排向大气,另一小部分则经充气限制堵逆流到列车管。当列车管的压缩空气排完,且紧急风缸的空气压力小于放风阀弹簧和复位弹簧力时,放风阀弹簧被压下关闭放风阀口,膜板活塞及柱塞阀杆也随之下移,关闭了紧急风缸排气的第一、二缩孔风堵,如图 5-32(c)所示。

三、作 用 阀

作用阀也称继动阀,是自动制动阀和单独制动阀的执行机构,根据作用管的压缩空气的压力变化,控制机车制动缸的充气和排气,实现列车的制动和缓解。

1. 作用阀的构造

作用阀采用空心阀杆止阀结构,膜板、作用活塞、空心阀杆、供气阀、缓解弹簧、阀体及管座等组成,如图 5-33 所示。

2. 作用阀的作用位置

该阀共有三个作用位:一是缓解位;二是制动位;三是保压位。各位置作用如图 5-34 所示。

到下端。空心阀杆离开供气阀底面，开启排气阀口，制动缸的压缩空气经空心阀杆的中心孔排向大气，机车呈缓解状态。当作用活塞下部压力为零时，机车呈完全缓解状态。如图 5-34(a)所示。

(2)制动位

作用活塞下方的压缩空气压力增高，活塞受到推力作用，带动空心阀杆上移，其上端与供

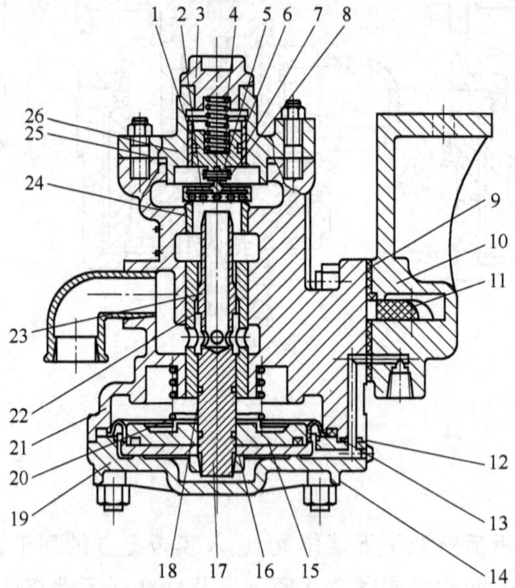

图 5-33　作用阀构造剖面示意图

1—平衡套；2—平衡阀；3—上堵；4、20—弹簧；5、8—销；6、18、23—密封圈；7—柱塞；9、12—垫；10—管座；11—滤尘网；13—膜板；14—压板；15—上压板；16—螺母；17—阀杆；19—下盖；21—阀体；22—套；24—阀口套；25—密封圈；26—上盖

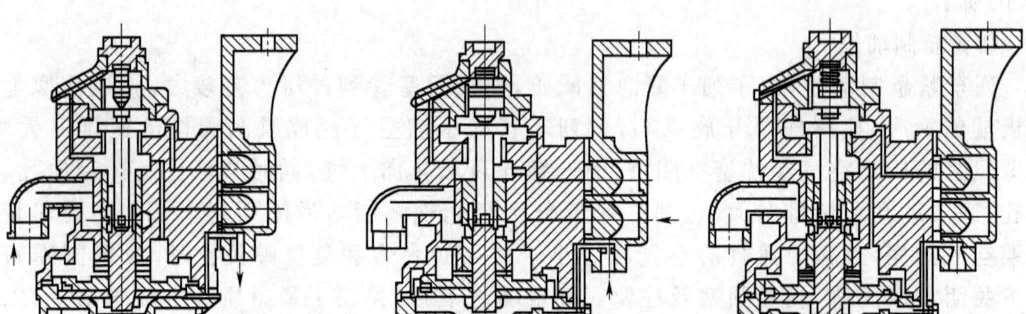

(a)缓解位　　(b)制动位　　(c)保压位

图 5-34　作用阀作用位置示意图

(1)缓解位

作用活塞下方压力下降，作用活塞在制动缸的压力和缓解弹簧的作用下，带动空心阀杆移到下端。空心阀杆离开供气阀底面，开启排气阀口，制动缸的压缩空气经空心阀杆的中心孔排向大气，机车呈缓解状态。当作用活塞下部压力为零时，机车呈完全缓解状态。如图 5-34(a)所示。

(2)制动位

作用活塞下方的压缩空气压力增高，活塞受到推力作用，带动空心阀杆上移，其上端与供

气阀底面密贴，使排气阀关闭，并克服供气阀柱塞上部弹簧力将供气阀打开，总风缸压缩空气经供气阀口、空心阀杆外侧空腔向制动缸充风，经缩口风堵向作用活塞上方充气。如图5-34(b)所示。

(3)保压位

在制动位时，由于制动缸压力不断上升，作用活塞上方的压缩空气的压力也随之不断增加，作用活塞在其上方压缩空气及供气阀弹簧和缓解弹簧的作用下逐渐下移，使供气阀的开口逐渐减小，当作用在活塞两侧的压力平衡时，供气阀口关闭，此时机车呈现保压状态。如图5-34(c)所示。

四、中 继 阀

中继阀是自动制动阀的执行机构，受自动制动阀操纵，根据均衡风缸压力的变化而动作，是直接控制列车管充气或排气的机构。

中继阀由双口式中继阀、总风遮断阀和管座组成，其外形如图5-35所示。

中继阀采用双阀口止阀结构，具有充、排气快、灵敏度高等特点。

当自动制动阀手柄在过充位时，中继阀能使列车管获得高于定压30～40 kPa的过充压力，以缩短列车初充气、再充气的时间。当自动制动阀手柄由过充位移至运转位时，列车管的过充压力还会慢慢消除，不会引起列车的自然制动。

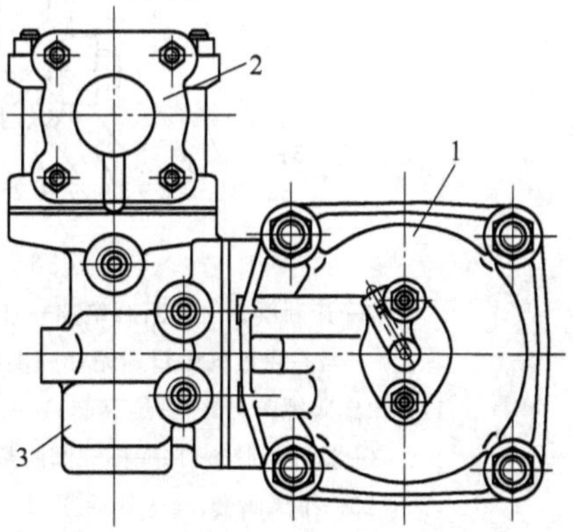

图5-35　中继阀外形分布示意图

1—中继阀；2—总风遮断阀；3—管座

1. 双口式中继阀的构造

双阀口式中继阀由主活塞、膜板、排气阀、供气阀、阀座、阀体、过充盖、过充柱塞、顶杆及各作用弹簧等组成，如图5-36所示。

双阀口式中继阀有四个作用位置：缓解充气位、缓解保压位、制动位、制动保压位。

2. 总风遮断阀的构造

总风遮断阀主要由阀体、遮断阀、阀座、阀套及弹簧等组成，如图5-37所示。

总风遮断阀受自阀的客、货车转换阀控制。当客、货车转换阀置“货车位”时，列车在制动时总风遮断阀处于关闭状态；而客、货车转换阀置“客车位”时，总风遮断阀总是开启的。

五、电动放风阀

电动放风阀是列车管紧急排气的执行部件。该阀是一个电空式气动阀门，它由紧急电空阀与放风阀两部分组成。

1. 电动放风阀的构造

紧急电空阀受电空制动控制器的紧急位电指令控制，同时还受自动停车装置、紧急制动按钮等电信号的控制，其结构与其他电空阀相同。

放风阀是电空阀的执行机构，由阀体、夹心阀、阀座、芯杆、弹簧以及盖板等组成，如图5-38所示。

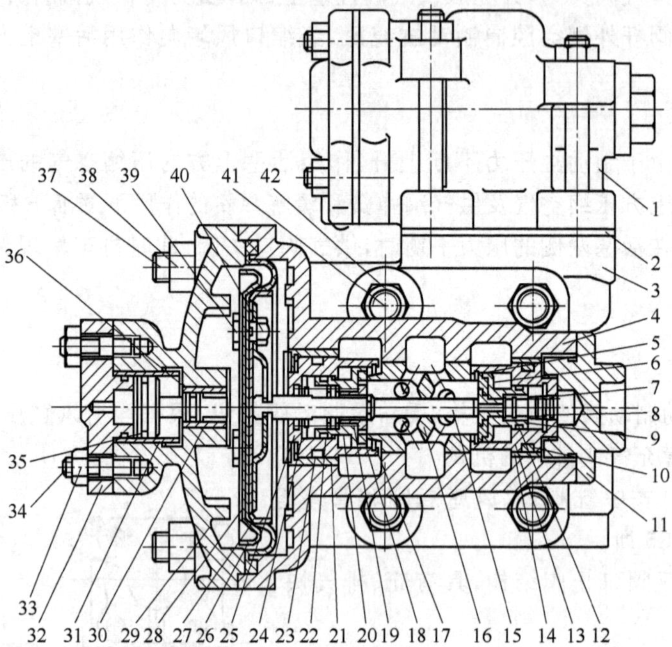

图 5-36 双阀口式中继阀结构示意图

1—遮断阀;2—遮断阀垫;3—管座;4—中继阀体;5—供给阀套挡圈;6—供给阀挡圈;7—供给阀胶垫螺帽;8—供给阀弹簧;9—供给阀;10、12、22、23、36—密封圈;11—中继阀螺盖;13—供给阀套;14—供给阀体套;15—顶杆;16—供排气阀座;17—排气阀挡圈;18—排气阀胶垫;19—排气阀胶垫螺帽;20—排风阀;21—排风阀体套;24—排风阀弹簧;25—排风阀套;26—外活塞;27—中继阀膜板;28—内活塞;29—中继阀盖;30—后套;31—前套;32—过充盖;33、34、37、38、41、42—螺杆及螺母;35—过充柱塞

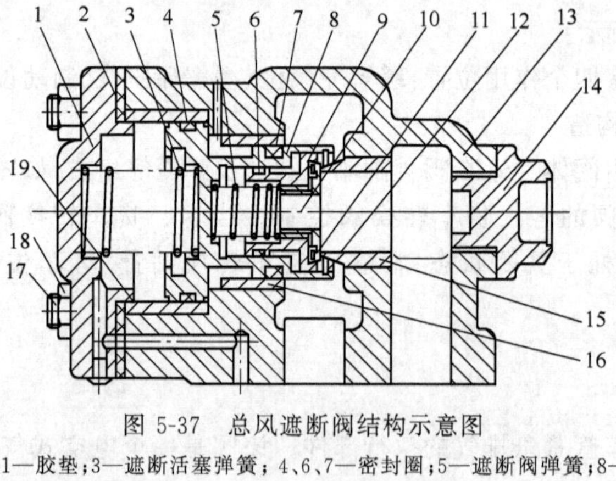

图 5-37 总风遮断阀结构示意图

1—阀盖;2、11—胶垫;3—遮断活塞弹簧;4、6、7—密封圈;5—遮断阀弹簧;8—遮断阀套;9—排风阀;10—胶垫螺帽;12—排风阀挡圈;13—遮断阀阀体;14—螺盖;15—遮断阀座;16—内套;17、18—螺栓组合;19—外套

放风阀右侧接列车管,左侧直通大气。

2. 电动放风阀的工作原理

当电空阀得电,总风缸压缩空气经电空阀下阀口,向橡皮膜下方气室 D 充风,将橡皮膜顶

起，带动芯杆克服弹簧弹力将夹心阀顶开，打开列车管至大气的通路，列车管紧急减压，全列车发生紧急制动。如图 5-39 所示。

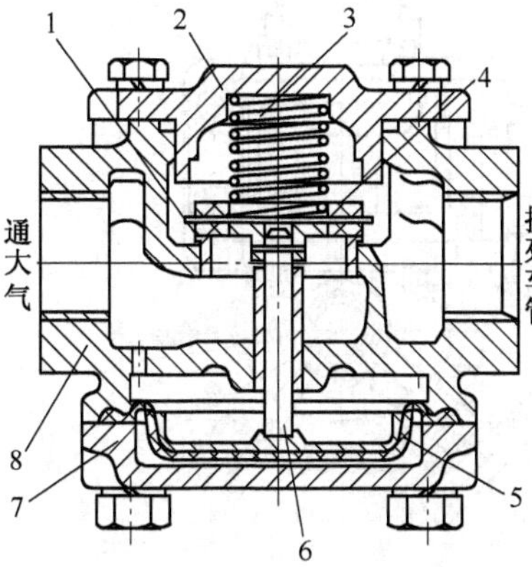

图 5-38　放风阀结构剖面示意图

1—阀座；2—上盖；3—弹簧；4—夹心阀；5—橡皮膜；6—芯杆；7—下盖；8—阀体

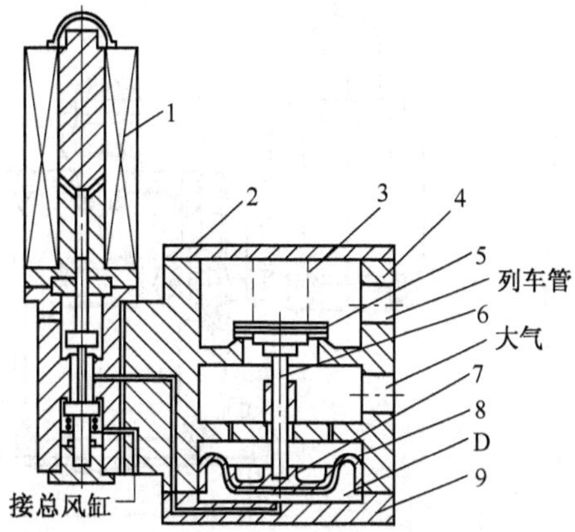

图 5-39　电空放风阀作用原理

1—电空阀；2—上盖；3—弹簧；4—阀体；5—夹心阀；6—芯杆；7—膜板；8—橡皮膜；9—下盖；D—气室

当电空阀失电，总风缸压缩空气至橡皮膜下方气室气路被切断，橡皮膜下方气室的压缩空气经电空阀上阀口排入大气，夹心阀在弹簧弹力作用下复位，关闭列车管至大气的通路。

六、其他控制阀

其他控制阀的种类很多，如 103 分配阀、104 分配阀、109 分配阀、120 分配阀，由于接触网作业车的生产厂不同也用于不同型号的接触网作业车上，某些结构有共同点，不再一一讲解。

第三节　空气制动阀

空气制动阀是接触网作业车的空气制动系统的重要控制机构，司机根据列车运行情况，通过对制动阀的操作，控制制动系统中的三通阀或分配阀、中继阀、作用阀等次序动作，实现列车的制动和缓解。

一、JZ-7 型制动阀

JZ-7 型制动阀是我国自行研制的自动空气制动阀，1978 年投产，广泛使用于我国的内燃和早期的电力机车上，目前 JZ-7 型制动阀由于其良好的性能，在接触网作业车上也得到广泛使用。

JZ-7 型制动阀分为自动制动阀和单独制动阀，自动制动阀用于全列车制动的控制，单独制动阀用于机车单机制动的控制。

1. 自动制动阀

自动制动阀俗称大闸或自阀，自动制动阀用于操纵全列车的制动和缓解，它通过控制均衡风缸压力的变化，经中继阀的作用来实现控制列车管的充、排气，实现列车的制动与缓解。自动制动阀和单独制动阀组装成一体，如图 5-40 所示。

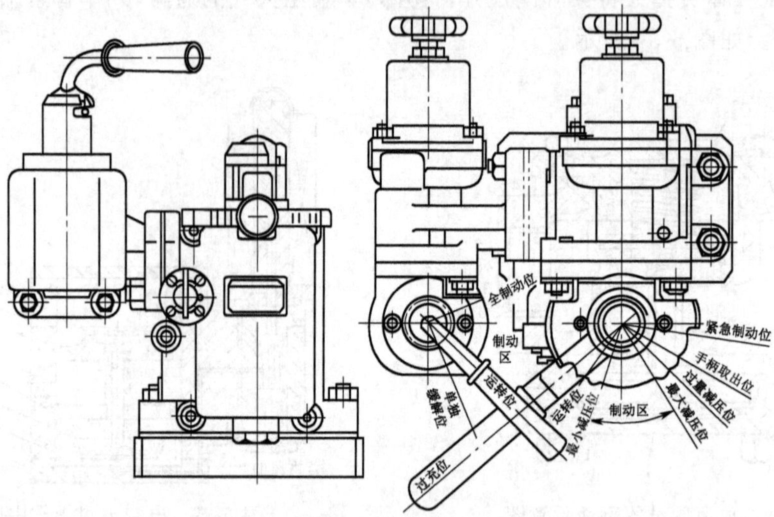

图 5-40　JZ-7 型制动阀外观布置示意图

自动制动阀属自动保压式，设有过充位、运转位、最小减压位及常用制动区、过量减压位、手把取出位及紧急制动位。如图 5-41 所示。

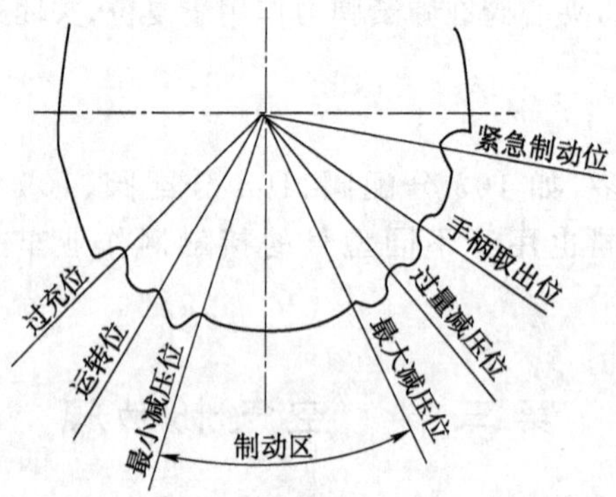

图 5-41　自动制动阀作用位置示意图

自动制动阀由调整阀、放风阀、重联柱塞阀、缓解柱塞阀、二位阀、阀体及管座等部分组成，如图 5-42 所示。

(1)管座

管座上设有九根管路，如图 5-43 所示。

单独缓解管 10 和单独作用管 11 是经自动制动阀阀体通往单独制动阀，与自动制动阀没有关系。

(2)调整阀

调整阀是用以控制均衡风缸的压力变化，经中继阀的作用来控制列车的充、排气，实现列车的制动与缓解。其结构上采用橡胶膜板密封和柱塞双向止阀结构，其作用稳定性和灵敏性较高，如图 5-44 所示。

(3)放风阀

放风阀由放风阀阀杆、阀座及阀弹簧组成，在紧急制动位时，放风阀开启，排出列车管压力，如图 5-45 所示。放风阀有效面积为 3.7 mm^2，阀的全开行程为 5 mm。

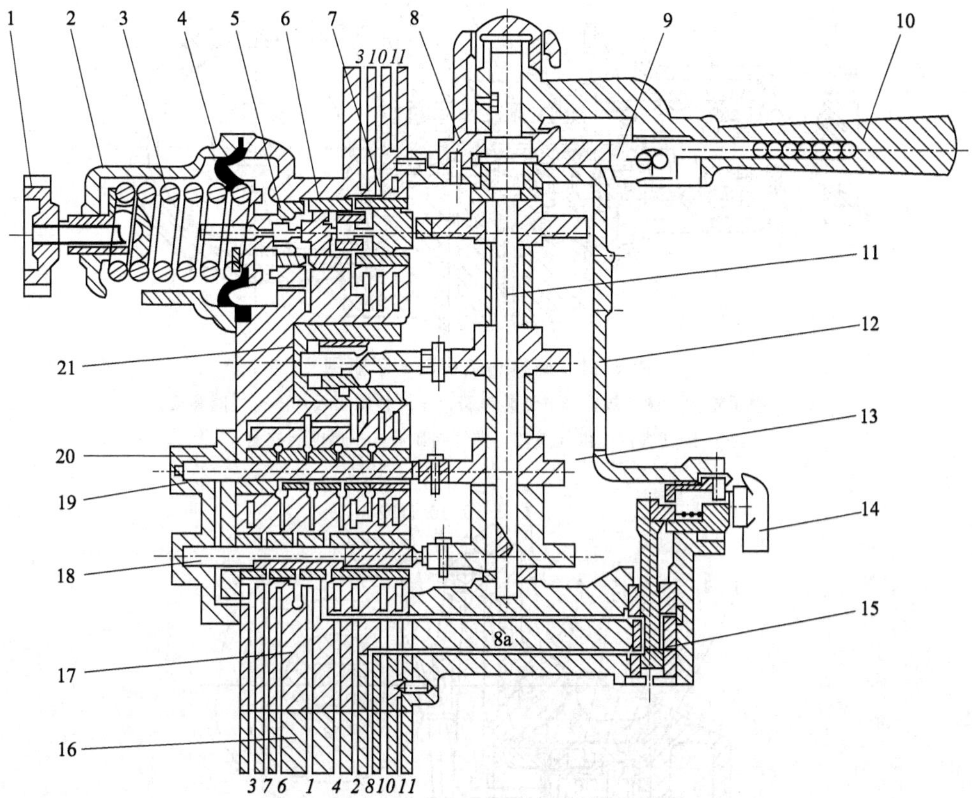

图 5-42　JZ-7 型自动制动阀结构示意图

1—调整手轮；2—调整阀盖；3—调整弹簧；4—调整阀模板；5—排气阀；6—供气阀；7—调整阀柱塞；8—盖；9—手柄定位卡块；10—制动阀手柄；11—凸轮轴；12—凸轮盒；13—凸轮；14—转换手柄；15—客、货转换阀；16—管座；17—阀体；18—缓解柱塞阀；19—重联柱塞阀；20—前盖；21—放风阀；管号：*1*—均衡风缸管；*2*—列车管；*3*—总风缸管；*4*—中均管(中继阀均衡风缸管)；*6*—撒砂管；*7*—过充管；*8*—总遮断阀风管；*10*—单独缓解管；*11*—单独作用管

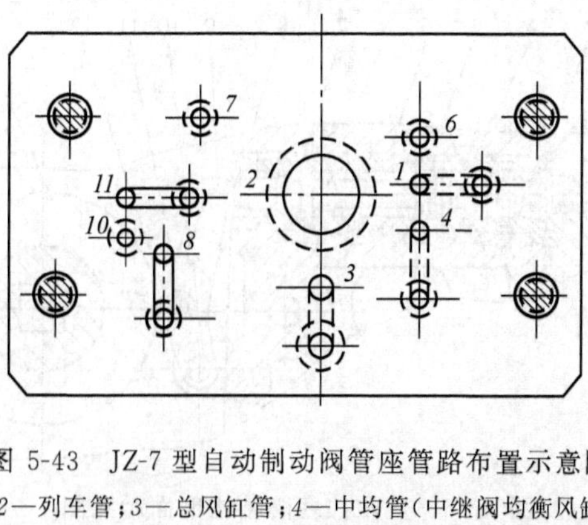

图 5-43　JZ-7 型自动制动阀管座管路布置示意图

1—均衡风缸管；*2*—列车管；*3*—总风缸管；*4*—中均管(中继阀均衡风缸管)；*6*—撒砂管；*7*—过充管；*8*—总遮断阀风管；*10*—单独缓解管；*11*—单独作用管

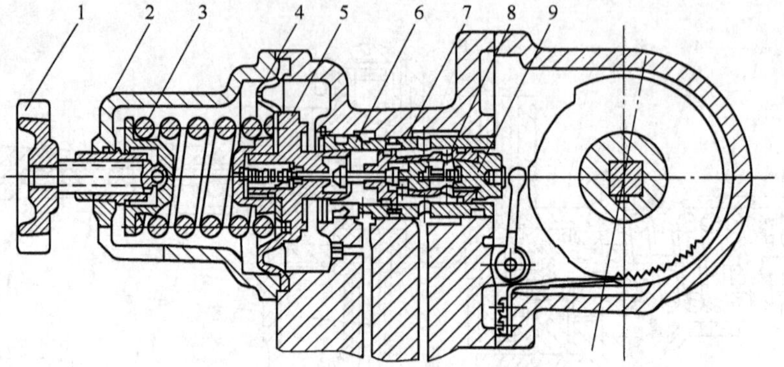

图 5-44　调整阀结构剖面示意图

1—调整手轮；2—调整阀盖；3—调整弹簧；4—调整阀膜板；5—排气阀弹簧；
6—排气阀；7—供气阀；8—供气阀弹簧；9—调整阀柱塞

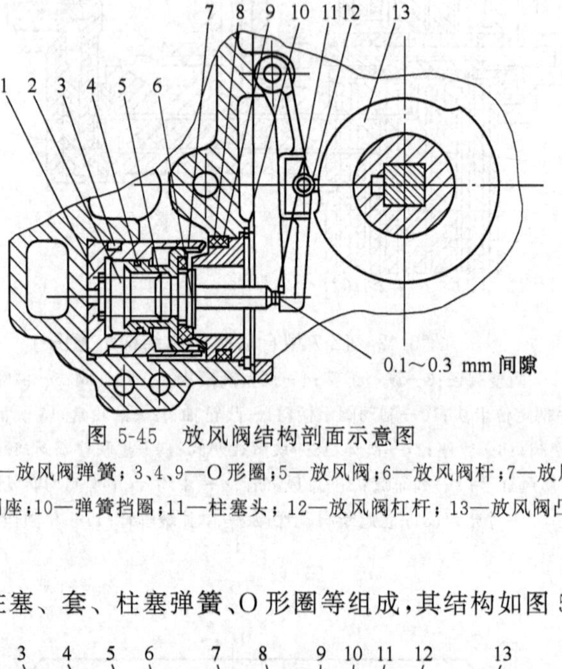

图 5-45　放风阀结构剖面示意图

1—放风阀套；2—放风阀弹簧；3、4、9—O 形圈；5—放风阀；6—放风阀杆；7—放风阀胶垫；
8—放风阀座；10—弹簧挡圈；11—柱塞头；12—放风阀杠杆；13—放风阀凸轮

(4)重联柱塞阀

重联柱塞阀主要由柱塞、套、柱塞弹簧、O 形圈等组成，其结构如图 5-46 所示。

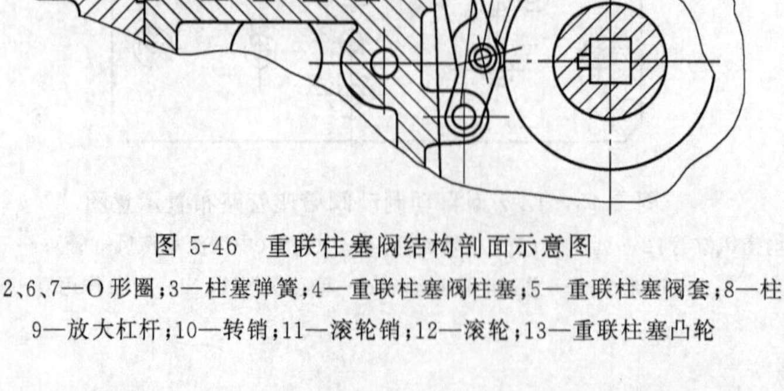

图 5-46　重联柱塞阀结构剖面示意图

1—前盖；2、6、7—O 形圈；3—柱塞弹簧；4—重联柱塞阀柱塞；5—重联柱塞阀套；8—柱塞头；
9—放大杠杆；10—转销；11—滚轮销；12—滚轮；13—重联柱塞凸轮

重联柱塞有三个作用位：

自动制动阀手柄在 1～5 位的任何位时，柱塞沟通均衡风缸管和中均管，由均衡风缸的压力变化来控制中继阀动作，此时列车管和撒砂管被关闭，如图 5-47(a)所示。

自动制动阀手柄置 6 位，柱塞将列车管和中均管沟通，中继阀锁闭，此时，均衡风缸管与撒砂管关闭，如图 5-47(b)所示。

自动制动阀手柄置 7 位，柱塞将总风与撒砂管沟通，其余通路与 6 位相同，如图 5-47(c)所示。

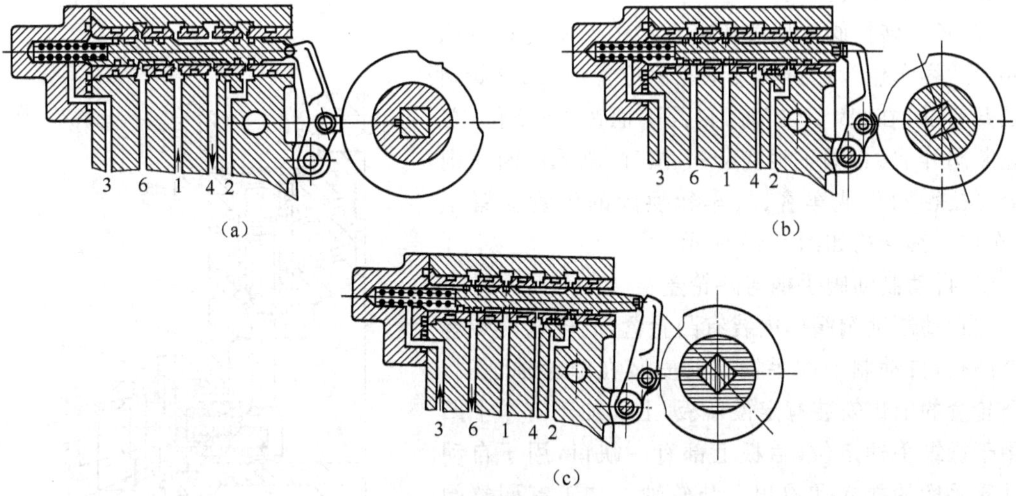

图 5-47　重联柱塞阀作用位置示意图

(5)缓解柱塞阀

缓解柱塞阀由柱塞、套、柱塞 O 形圈、弹簧等组成，其结构如图 5-48 所示。

缓解柱塞阀的作用就是在自动制动阀手柄置于过充位时，使得列车管压缩空气压力比规定高 30～50 kPa 的过充压力，列车管能够较快的充气，减少充气时间并迅速缓解。另外根据自动制动阀手柄的位置及客、货转换阀的位置，使中继阀的总遮断阀开启或关闭，控制总风缸压力经中继阀进入列车管的供气通路。

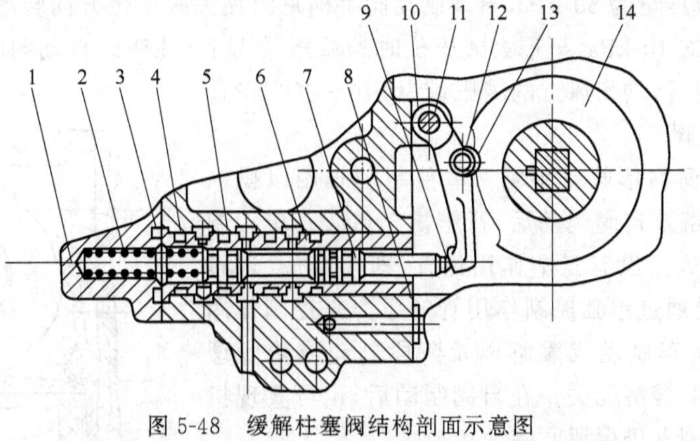

图 5-48　缓解柱塞阀结构剖面示意图

1—前盖；2—柱塞弹簧；3、4、5—O 形圈；6—缓解柱塞阀套；7—缓解柱塞阀柱塞；8—胶垫；9—柱塞头；10—放大杠杆；11—转销；12—滑轮销；13—滚轮；14—缓解柱塞阀凸轮

缓解柱塞阀有三个作用位：

自动制动阀手柄在1位(过充位)，柱塞将总风缸与过充管沟通，中继阀能使列车管得到比原规定压力高30～40 kPa的压力。同时将二位阀的遮断阀管与大气沟通。

自动制动阀手柄在2位(运转位)，总风缸至过充管的通路被柱塞切断，遮断阀管仍通大气。

自动制动阀手柄在3～7位间，柱塞将遮断阀管与总风缸连通，视客、货转换阀所在位置，控制总风遮断阀的开关，同时过充管通向大气。

(6)客、货车转换阀

客、货车转换阀用以关闭或开启中继阀的总风遮断阀，在“客车位”时，自阀无论在何位置，总风遮断阀总是开启的；在“货车位”时，自阀手柄在1～2位，总风遮断阀开启，自阀手柄在3～7位时，总风遮断阀则关闭。接触网作业车客、货车转换阀的位置应置于“货车位”，其结构如图5-49所示。

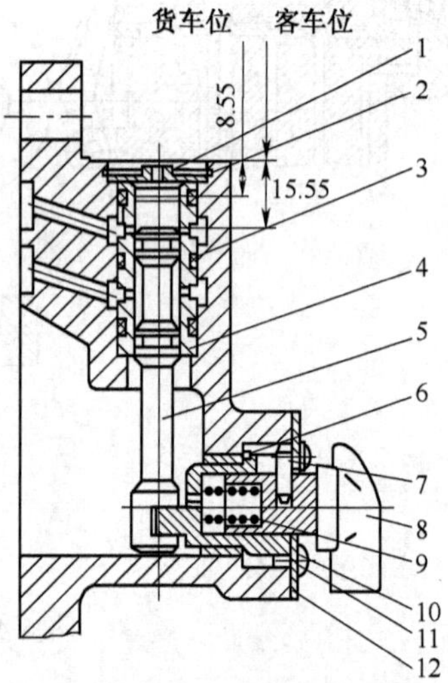

图 5-49　客、货车转换阀剖面示意图

1—挡盖；2—弹性挡圈；3—O形圈；4—柱塞套；5—二位阀柱塞；6—偏心杆套；7—销手柄套；8—转换按钮；9—手柄弹簧阀套；10—半沉头螺钉柱塞；11—偏心杆；12—指示牌

(7)自动制动阀手柄与凸轮盒

在自动制动阀阀体内装有凸轮盒，凸轮盒内装有四个凸轮，自动制动阀手柄直接安装在凸轮轴上端。在凸轮盒的上部安装有定位盖板，上部加工有6个凹槽用于操纵手柄定位，盖板上部有一缺口，用于自动制动阀手柄的放入和取出。凸轮轴上加工有调整阀凸轮、放风阀凸轮、重联柱塞阀凸轮和缓解柱塞阀凸轮，分别控制上述四阀动作。

自动制动阀的作用是通过移动手柄位置、转动凸轮轴，控制调整阀、放风阀、重联柱塞阀和缓解柱塞阀产生相应动作，实现列车的制动与缓解。

在调整阀凸轮的圆周上，对应的制动区域加工有12个齿槽，如图5-50所示。在制动区最小减压位置时，均衡风缸的减压量为50 kPa，自动制动阀手柄每向最大减压位方向转动一个齿槽，均衡风缸的减压量约增加10 kPa，至最大减压位时的减压量为170 kPa。自动制动阀手柄在过量减压位、手柄取出位时，均衡风缸的减压量为240～260 kPa。

2. 单独制动阀

单独制动阀简称单阀或小闸。单独制动阀用以操纵单机的制动和缓解及自阀制动后，行施机车单缓。单独制动阀为自动保压式。设有三个作用位置，即单缓位、运转位、制动区。它是通过单独控制作用管的压力来控制作用阀的动作，实现机车制动或缓解以及阶段制动或阶段缓解，与列车的制动、缓解无关。在自阀制动后，也可实现机车的单独缓解而列车仍保留原制动状态。

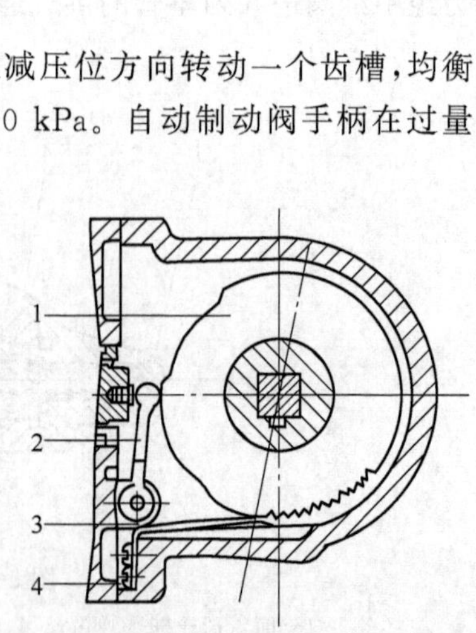

图 5-50　调整阀凸轮工作示意图

1—凸轮；2—支撑；3—定位卡；4—螺钉

单独制动阀主要由调整阀、单缓柱塞阀、定位柱塞、凸轮盒及手柄等组成，如图5-51所示。

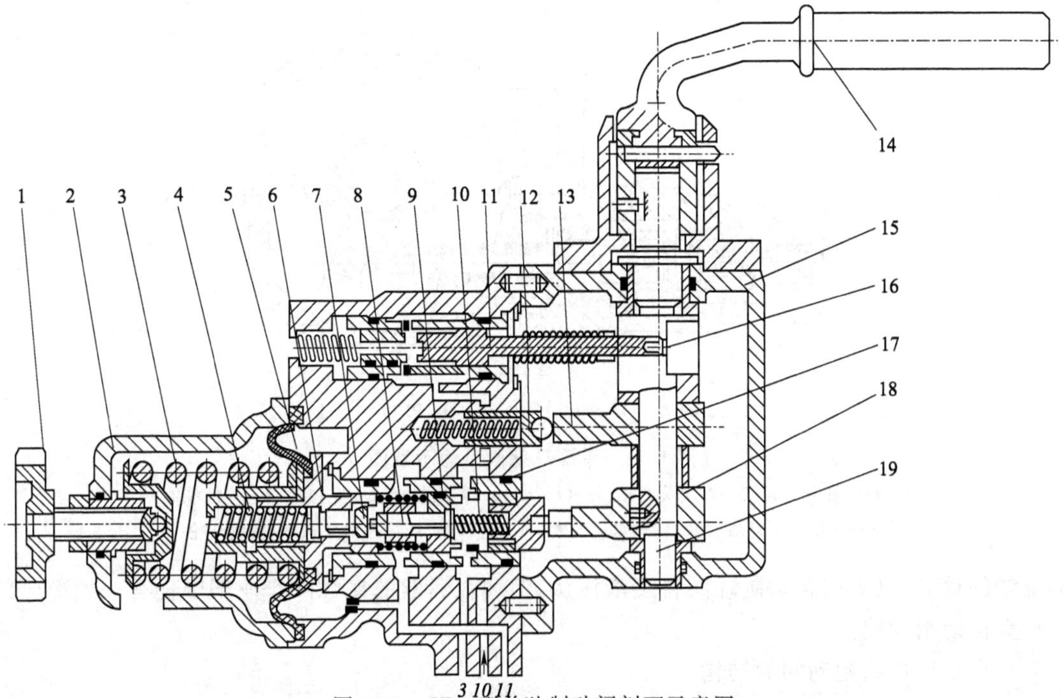

图 5-51　JZ-7 型单独制动阀剖面示意图

1—调整手柄；2—调整阀盖；3—调整弹簧；4—排气阀弹簧；5—调整阀膜板；6—调整阀座；7—排气阀；8—供气阀；9—调整阀柱塞；10—供气阀弹簧；11—单缓柱塞阀；12—定位柱塞；13—定位柱塞凸轮；14—制动手柄；15—凸轮盒；16—单缓柱塞凸轮；17—O 形圈；18—调整阀凸轮；19—手柄轴

(1)调整阀

调整阀的作用是直接控制单独作用管的充、排气，控制继动阀(作用阀)的作用，使机车制动与缓解，其结构与自动制动阀调整阀基本相同。调整阀凸轮如图 5-52所示。

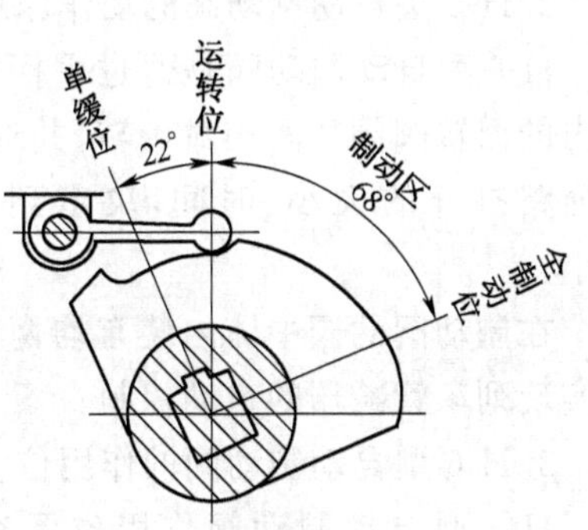

图 5-52　调整阀凸轮示意图

当单独制动阀手柄在制动区时，调整阀的供给阀开启，使总风缸压缩空气经作用管向继动阀(作用阀)充气，使机车发生制动作用。将手柄移回运转位，作用管内的空气经调整阀的排气阀排大气，使机车缓解。

(2)单缓柱塞阀

单缓柱塞阀的作用是在列车制动后，通过排出单独缓解管和工作风缸的压缩空气，实现单独缓解机车的制动作用。

单缓柱塞阀由单缓柱塞阀弹簧、单缓柱塞、定位片、挡圈及 O 形圈等组成，如图 5-53 所示。

当自阀手柄对列车实施制动后，单阀手柄移至单缓位，机车分配阀、工作风缸的压缩空气也经单缓管到单独缓解柱塞阀排入大气，使机车得以缓解。

二、H-6 型自动制动阀

H-6 型自动制动阀是接触网作业车早期的主要制动阀，随着接触网作业车车速、自重、牵

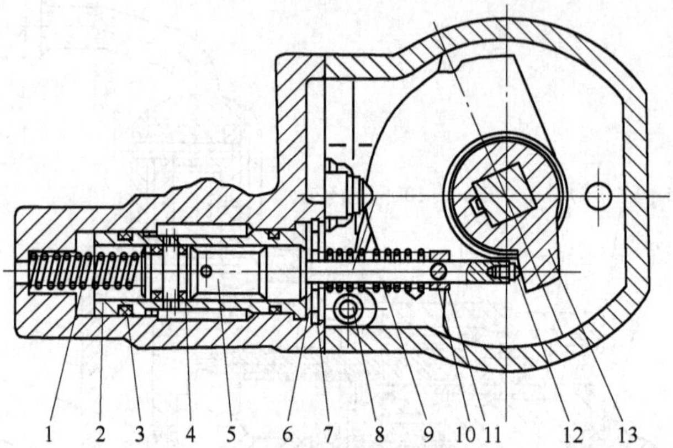

图 5-53　单缓柱塞阀剖面示意图

1—单缓柱塞弹簧；2—单缓阀套；3、4—O 形圈；5—单缓柱塞；6—定位片；7—弹性涨圈；8—转销；9—复原弹簧；10—弹簧挡圈；11—开口销；12—柱塞头；13—单缓凸轮

引重量的提高，H-6 型自动制动阀将逐渐淘汰，但现在运营的接触网作业车中仍有一大部分的 H-6 型自动制动阀。

1. H-6 型自动制动阀的结构

H-6 型自动制动阀由阀上体、阀座、阀中体和管座组成，如图 5-54 所示。

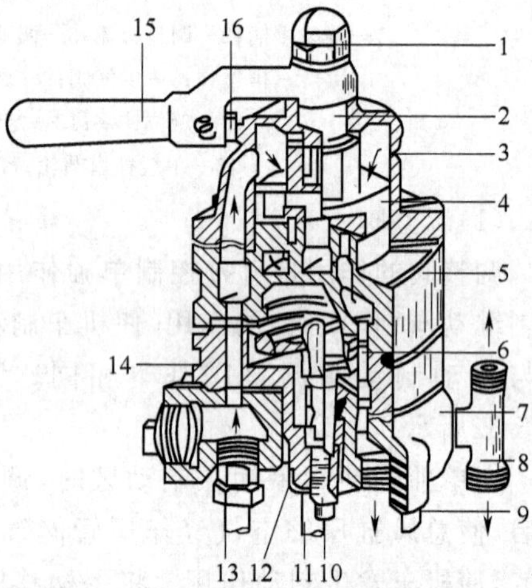

图 5-54　H-6 型自动制动阀结构示意图

1—手柄螺帽；2—回转阀键；3—阀上体；4—回转阀；5—阀座；6—均衡活塞；7—管座；8—均衡风缸接口；9—缓解管；10—作用筒管；11—排风口；12—排风阀；13—总风缸管；14—阀中体；15—制动手柄；16—手柄定位卡块

阀上体内装有回转阀，阀中体内装有均衡活塞，管座上接有通往总风缸（也称储风缸）、均衡风缸、列车管等管路。

2. H-6 型自动制动阀的动作原理

H-6 型自动制动阀是通过手柄旋转，控制阀上体内的回转阀阀片间相对旋转，并通过回转阀上气孔通路打开的大小、时间，决定列车管减压量的大小。

在制动阀的阀中体内装有均衡活塞，其作用就是实现列车管减压的自动控制。

3. H-6 型自动制动阀的作用位

H-6 型自动制动阀作用位置有四个，即缓解位、保持位、常用制动位、紧急制动位。

(1)缓解位

列车管充风，压缩空气由储风缸经减压阀、H-6 型自动制动阀阀片的气道，进入列车管，此时管座的三个通路相互贯通，实现列车缓解，如图 5-55(a)所示。

储风缸、减压阀、a 通道、b 通道、列车管风路连通，储风缸、减压阀、j 通道、g 通道、均衡风缸也连通。

(2)保持位

保持位时，列车即可保持全缓解位，又可使列车管保持制动定位。此时 H-6 型自动制动

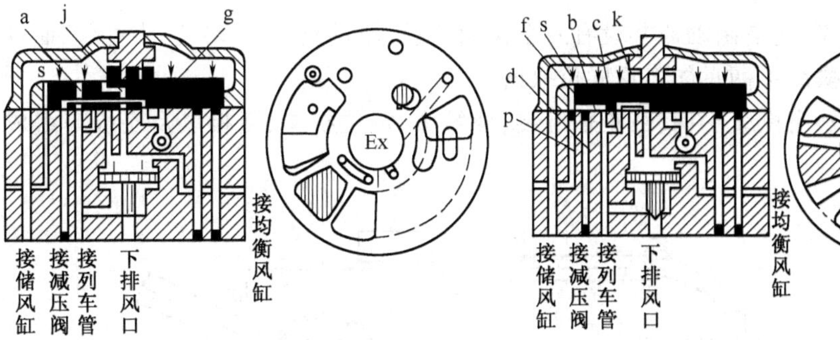

(a)缓解位　　(b)保持位

图 5-55　H-6 型自动制动阀作用位示意图

阀阀片将管座的三个通路全部关闭，保持在当前的制动阀工作状态，如图 5-55(b)所示。

减压阀、d 通道、f 通道、b 通道至列车管风路被关闭。

(3)常用制动位

H-6 型自动制动阀常用制动时，阀片将均衡风缸与侧风口连通，均衡活塞上移，列车管与下排风口连通，列车管减压，列车产生常用制动，如图 5-56(a)所示。

(4)紧急制动位

当列车实施紧急制动时，H-6 型自动制动阀的排风有两条通道，列车管的压缩空气经侧风口排出，同时均衡风缸的压缩空气也经侧风口排出，如图 5-56(b)所示。

此时列车管至 b 通道、c 通道、h 通道、o 通道、侧方排风口被连通，均衡风缸至 g 通道、t 通道、o 通道侧风口也被连通。

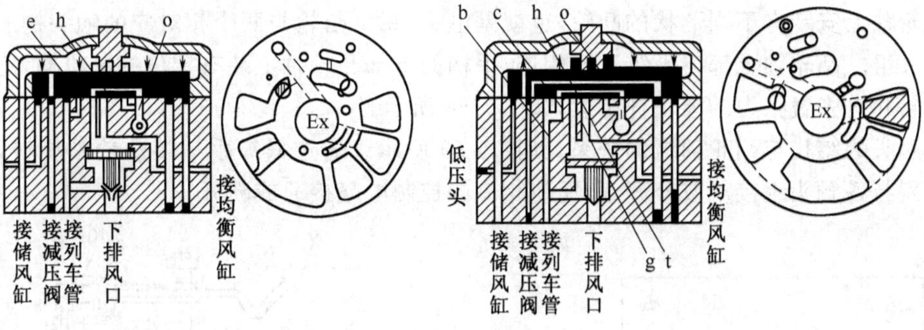

(a)常用制动位　　(b)紧急制动位

图 5-56　H-6 型自动制动阀作用位示意图

三、DK-1 型制动阀

DK-1 型制动阀由电空制动控制器和空气制动阀组成。电空制动器用于操纵全列车的制动和缓解，空气制动阀用于单独操纵机车的制动与缓解。

1. 电空制动控制器

电空制动控制器相当于自动制动阀的作用，电空制动控制器是通过电控制风的机构，实际就是一个组合的电器开关，通过制动器手柄的不同位置，接通不同的控制电路，实现对不同电空阀的控制，实现不同风路的开闭。

按照逆时针顺序，电空制动器共设有六个作用位置，即过充位、运转位、中立位、制动位、重联位以及紧急位。操纵手柄只能在重联位取出。

电空制动控制器由操纵手柄、凸轮轴组装、静触头、定位机构、面板以及底板等组成，如图5-57所示。

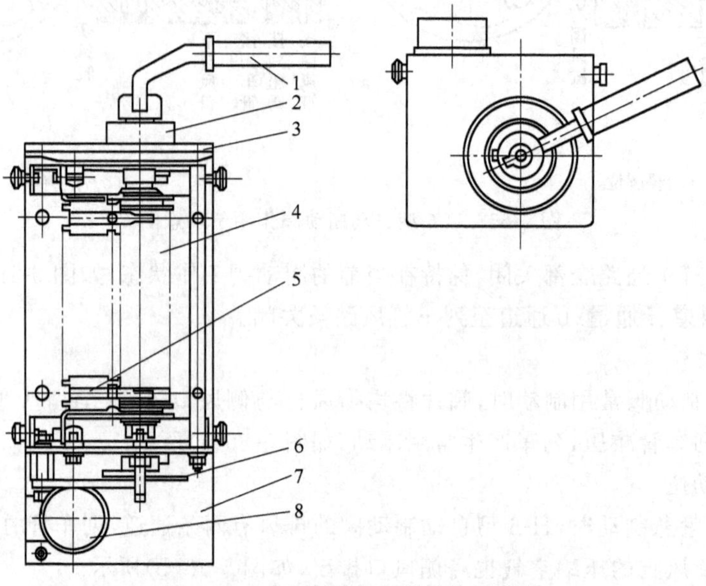

图 5-57　电空制动控制器结构示意图

1—操纵手柄；2—限位装置；3—安装面板；4—凸轮轴组装；5—静触头；
6—定位机构；7—底板；8—电控线缆插座

凸轮轴上安装有不同形状的凸轮，也就是触头，每个凸轮与两个相对应的触头构成相对独立的触头组。凸轮轴上部与操纵手柄相连，手柄的下部凸轮轴上装有定位控制机构，定位机构包括棘轮和有弹簧张力的滚轮杆组成，如图5-58所示。

静触头的结构与凸轮轴组的关系，如图5-59所示。通过操纵手柄使凸轮轴旋转，带动各凸轮分别与各触头组接触或分离，从而使相应的控制电路接通或断开。

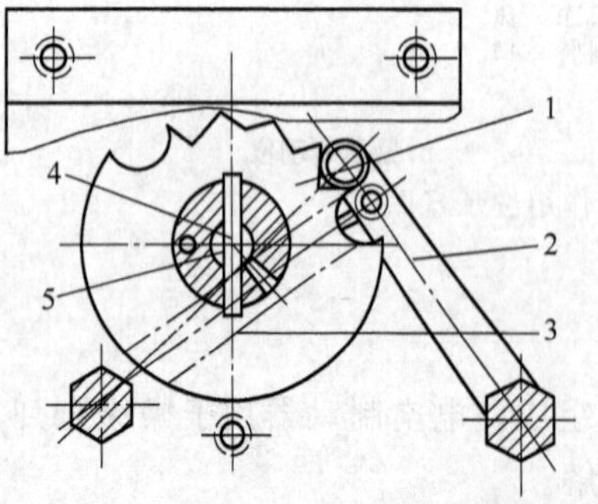

图 5-58　电空制动控制器定位机构

1—棘轮；2—滚轮杆；3—张力弹簧；
4—转轴；5—定位销

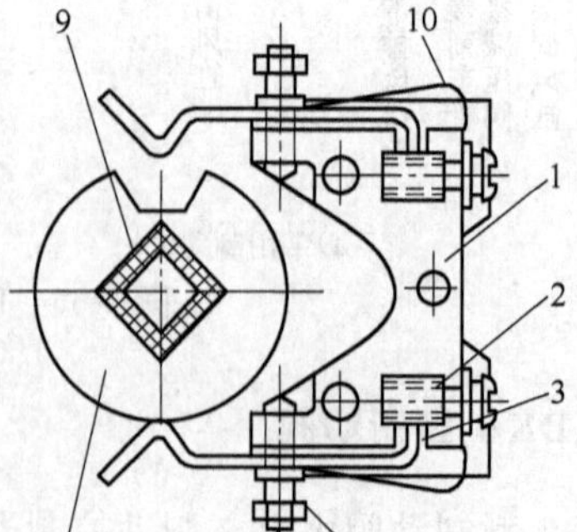

图 5-59　静触头与凸轮组的相互关系

1—触头座；2—出线座；3—触头；4—弹簧；5—弹簧座；
6—挡圈；7—销；8—凸轮；9—转轴；10—接片

电空制动控制器的六个作用位置在过充位时可使列车缓解充风，以提高列车管定压 30～40 kPa 的充气压力快速充风、缓解，机车处于保压状态；在运转位机车、车辆同时缓解；在中立位时机车、车辆全部保压；在制动位时机车、车辆全部制动；重联位时无控制作用，受本务机制动阀；紧急位时机车、车辆紧急制动。

2. 空气制动阀

空气制动阀的功能与单独制动阀相同，适用于单独控制机车的制动与缓解。但可通过电—空转换扳键转换后，空气制动阀也可实现控制全列车的制动和缓解，具有“大闸”的基本功能。

按照逆时针顺序，空气制动阀共设有四个作用位置，即缓解位、运转位、中立位和制动位。操纵手柄只能在运转位取出。

(1)空气制动阀的构造

空气制动阀由操纵手柄、转轴、定位凸轮、作用凸轮、作用柱塞、排风阀、联锁开关组、阀体、凸轮盒以及管座等组成，如图5-60所示。

①空气制动阀动作机构

操纵手柄、转轴及凸轮组成空气制动阀的动作机构，实现在不同位置时不同电路、气路的通断，保证制动动作的可靠性。

转轴为空心结构，上部与手柄相连，外周装有凸轮，中心装有顶杆；顶杆上顶手柄，下接排气阀。定位凸轮与定位柱塞组成定位机构，与联锁开关组组成电控系统。作用凸轮控制作用活塞的左右移动，实现气路通断。

②柱塞阀、开关座

空气制动阀有两个柱塞阀，上部转换柱塞用于电—空转换，通过转换扳键的扳动，使转换柱塞在套内前后移动，实现电空位和空气位，与手柄转动无关。下部作用活塞随转轴转动而动作，并随凸轮转动的位置而确定控制气路的通断。

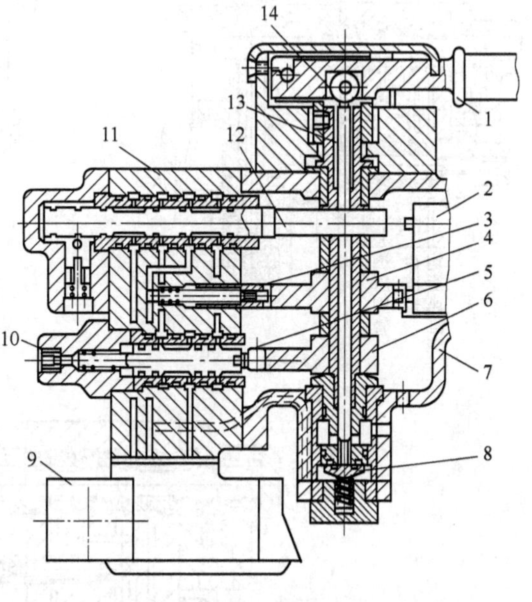

图 5-60　空气制动阀剖面示意图

1—操纵手柄；2—联锁开关组；3—定位柱塞；4—定位凸轮；5—作用柱塞；6—作用凸轮；7—凸轮盒；8—排风阀；9—管座；10—排气堵；11—阀体；12—转换柱塞；13—转轴；14—顶杆

制动阀上装有联锁开关组，有两个微动开关分别受转换柱塞和定位凸轮的控制，并通过接线端子与外电路相连。

③排风阀

排风阀是专门为单独缓解机车用的，也称手压单缓排风阀，排风阀受手柄下压顶杆而排风。

④阀体、凸轮盒与管座

阀体为各机件的安装体；凸轮盒与阀体连接，内装凸轮组件，侧面安装联锁开关组，下装排风阀，并与手柄、端盖相连接。管座用于连接各管路。

(2)空气制动阀的作用

空气制动阀分别具有“小闸”和“大闸”的功能。

①电空位

空气制动阀在电空位时属于正常工作位置，只能用于对机车本身的制动与缓解，此时的电空转换键应位于电空位，即转换柱塞处于左极端位置，并与微动开关脱离。均衡风缸在电空位时其管路与其他管路的通路被转换柱塞的O形密封圈所阻断，作用管经转换柱塞上凹槽与作用柱塞处管路连通。

处于电空位的空气制动阀有四个作用位置，分别是缓解位、制动位、运转位、中立位。

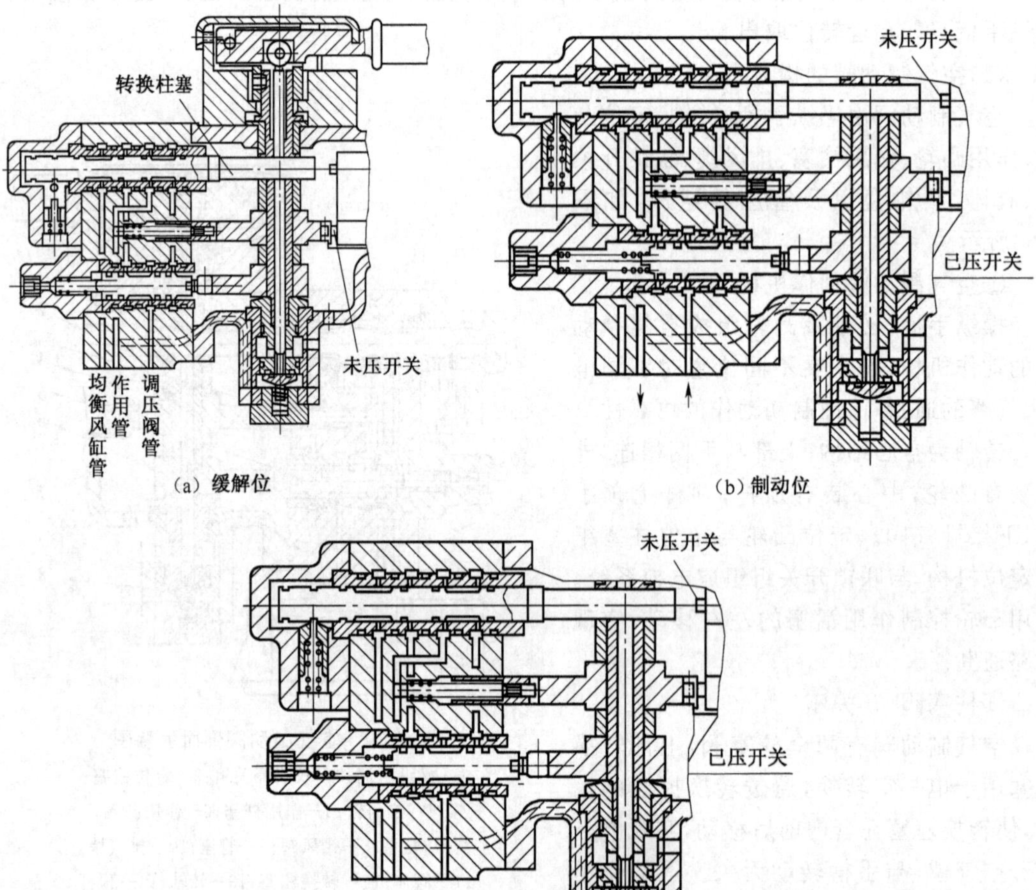

(a) 缓解位　　(b) 制动位

(c) 中立位

图 5-61　空气制动阀作用原理图(电空位)

缓解位时，作用凸轮在最大行程位，推动柱塞克服柱塞弹簧的弹力左移，此时经转换柱塞到作用柱塞的压缩空气经转换柱塞右侧的通道进入凸轮盒，与大气相通，如图 5-61(a)所示。同时定位凸轮有一个降程，使得右侧微动开关脱离，微动开关常闭联锁触点闭合，接通外电路。

制动位时，作用凸轮有一个最大降程，作用柱塞在弹簧弹力的作用下，向右移动至最右极端位置。调压阀管压缩空气经作用柱塞凹槽、转换柱塞凹槽进入作用管，使得作用管内空气压力上升，如图 5-61(b)所示。同时定位凸轮有一个升程，使得右侧微动开关接触，微动开关常闭联锁触点断开，切断了外电路。

中立位时，作用凸轮与制动位相比有较小的升程，作用活塞左移至中间的位置，此时不仅切断了制动位连通的调压阀管与作用管的通路，而且也切断了缓解位时的作用管与大气的通路，如图 5-61(c)所示。此时的微动开关常闭联锁触点断开，切断了外电路。

运转位时，作用凸轮的位置与中立位相同，气路与中立位相同，但电路微动开关的位置与缓解位相同，外电路是连通的。

②空气位

空气位状态是空气制动阀的非正常工作状态，此时可实现“大闸”的基本制动功能，用于全列的制度与缓解。电空转换键应位于空气位，即转换柱塞处于右极端位置，并与微动开关密贴接触。作用管在空气位时其管路与其他管路的通路被转换柱塞的 O 形密封圈所阻断，均衡风缸管路经转换柱塞上凹槽与作用柱塞处管路连通。

处在空气位的空气制动阀有三个作用位置，如图 5-62 所示，分别是缓解位、保持位、制动位。

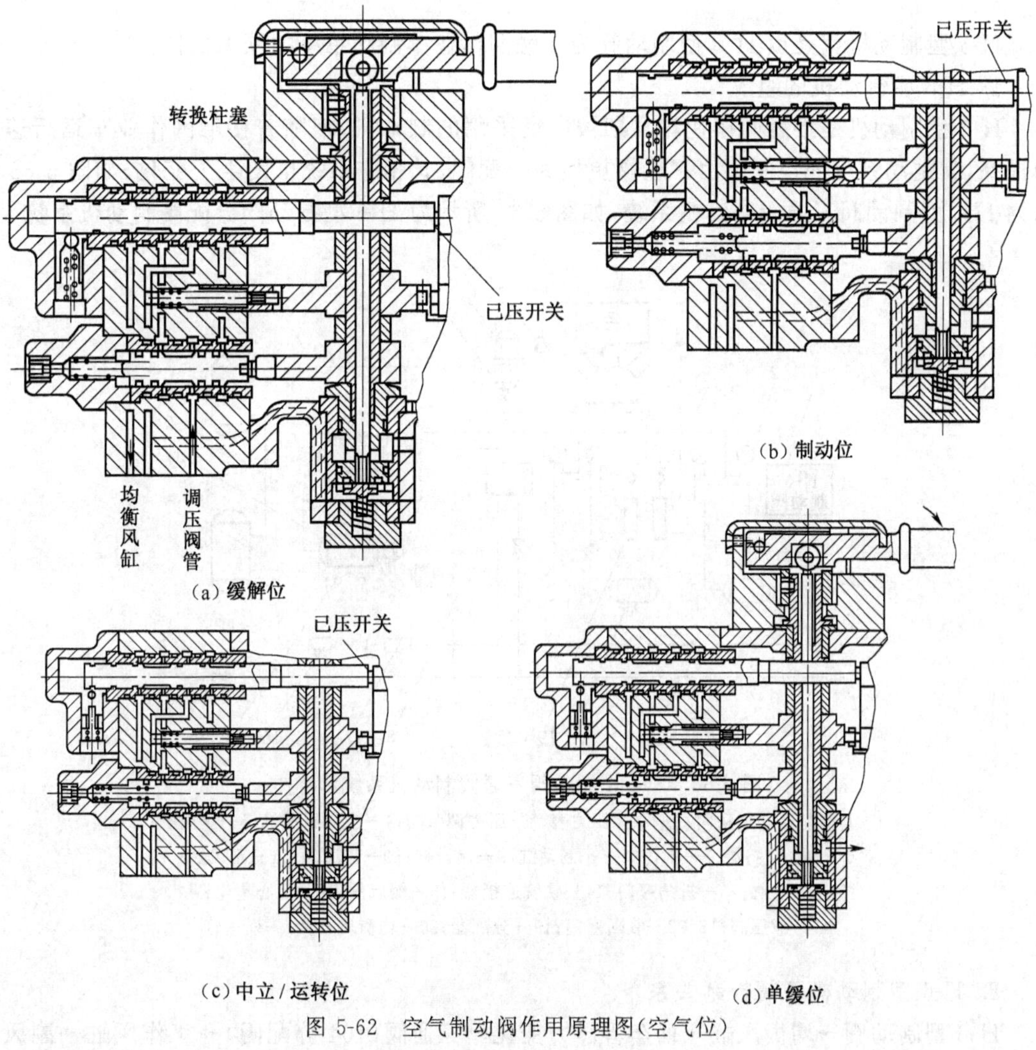

(a) 缓解位　(b) 制动位　(c) 中立/运转位　(d) 单缓位

图 5-62　空气制动阀作用原理图(空气位)

缓解位时，与电空位相同，处于左极端位置，调压阀压缩空气经作用柱塞凹槽，再经转换柱塞凹槽进入均衡风缸管，均衡风缸充气增压，如图 5-62(a)所示。此时定位凸轮与微动开关的位置关系与电空位相同，外电路连通(但无作用)。

制动位时，作用柱塞的位置与电空位相同，开放了均衡风缸管至大气的通路，均衡风缸压缩空气经转换柱塞凹槽、作用柱塞左侧通道、作用柱塞尾部排气缩堵排入大气。均衡风缸排气速度受排气缩堵控制，如图 5-62(b)所示。定位凸轮与微动开关的位置关系与电空位相同，即切断了外电路(但无作用)。

保持位时，此时保持位与中立位作用柱塞均在中间位置，调压阀管与均衡风缸管以及均衡风缸管与大气通路均被切断，而定位凸轮控制的微动开关也不起作用，两个位置作用相同，均实现保持作用，如图 5-62(c)所示。

在空气位时，通过下压制动阀手柄，打开排风阀，实现机车单缓作用，如图 5-62(d)所示。

第四节 空气制动机系统

一、H-6 型制动机

H-6 型制动机就是以 H-6 型制动阀为接触网作业车制动系统的操纵机构。

1. H-6 型制动机的组成

H-6 型制动机是接触网作业车早期被广泛采用的制动机，但随着接触网作业车运行速度的提高，其制动系统的控制阀由三通阀更换为分配阀，其相应系统也发生了变化，如图 5-63 所示为 H-6 型制动阀三通阀制动机系统，如图 5-64 所示为 H-6 型制动阀分配阀制动机系统。

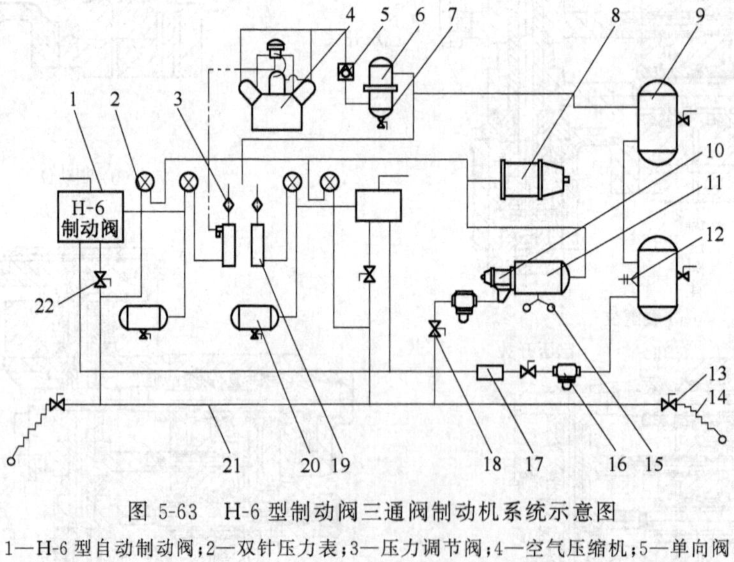

图 5-63 H-6 型制动阀三通阀制动机系统示意图

1—H-6 型自动制动阀；2—双针压力表；3—压力调节阀；4—空气压缩机；5—单向阀；6—油水分离器；7—排污阀；8—制动缸；9—储风缸；10—三通阀；11—副风缸；12—安全阀；13—折角塞门；14—软管连接器；15—缓解阀；16—远心集尘器；17—减压阀；18、22—截断塞门；19—分配器；20—均衡风缸；21—列车管

2. H-6 型制动机各阀控制关系

H-6 型制动阀→均衡风缸→列车管压力变化→三通阀(104 分配阀)→工作风缸→副风缸

→制动缸。

H-6 型制动机系统结构简单，维修方便，但易造成长大列车车辆缓解。

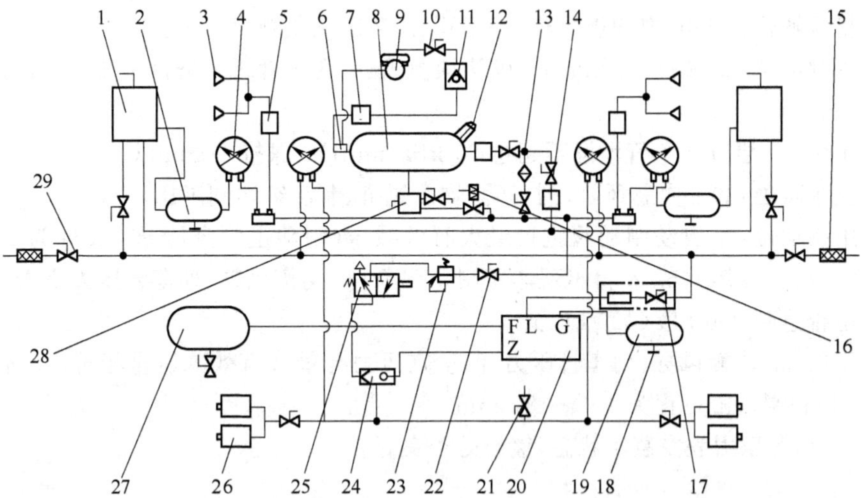

图 5-64　H-6 型制动阀分配阀制动机系统示意图

1—H-6 型自动制动阀；2—均衡风缸；3—喇叭；4—双针压力表；5—喇叭开关；6—压力调节阀；7—油水分离器；8—储风缸；9—空气压缩机；10、22—截断塞门；11—单向阀；12—安全阀；13—自动排水过滤器；14—减压阀(给风阀)；15—软管连接器；16—两位三通电控阀；17—集尘器；18—缓解阀；19—工作风缸；20—104 分配阀；21—安全阀；23—过滤减压阀；24—梭阀；25—电控阀；26—制动缸；27—副风缸；28—自动排水装置；29—折角塞门

3. H-6 型制动机的检查

(1)H-6 型制动机“三步闸”检验过程如图 5-65 所示。

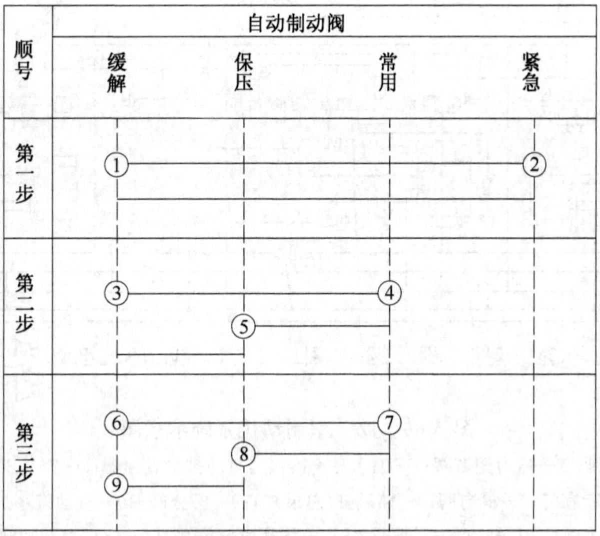

图 5-65　H-6 型制动机“三步闸”检验示意图

(2)H-6 型制动机“三步闸”检验项目及操作标准。

①缓解位：a. 列车管压力 500 kPa；b. 均衡风缸压力 500 kPa；c. 总风缸压力 700 kPa。

②紧急制动位：a. 列车管减压是否迅速，时间在 3 s 内列车管压力降为 0；b. 均衡风缸在 12 s 内压力降为 0；c. 制动位停留 15 s。

③恢复缓解位：1 min 内均衡风缸、列车管、总风缸恢复规定压力。

④常用制动位：a. 减压 50 kPa；b. 确认均衡风缸、列车管压力是否一致；c. 制动缸行程处于制动状态。

⑤保压位：a. 检查列车管泄漏不超过 20 kPa/min；b. 保持 1 min 以上。

⑥恢复缓减位：30 s 内总风缸、列车管、均衡风缸、制动缸达到定压。

⑦常用制动位：a. 自动制动阀施行最大有效减压（制动主管定压 500 kPa 为 140 kPa，定压 600 kPa 为 170 kPa）；b. 不得出现非常制动现象；c. 均衡风缸、列车管压力是否一致；d. 制动缸压力是否达到 350 kPa（420 kPa）。

⑧保压位：a. 均衡风缸、列车管压力、制动缸压力与最大有效减压量相符；b. 不得出现自缓现象；c. 检查制动缸行程为 100～180 mm。

⑨缓解位：各压力表恢复①状态，缓解是否良好。

二、JZ-7 型制动机

JZ-7 型制动机系统其制动系统制动阀为 JZ-7 型制动阀。

1. JZ-7 型制动机系统的组成

JZ-7 型制动机系统是接触网作业车主要制动机机型，具有制动可靠、动作灵敏等特点，适用于长大接触网作业列车，其制动机系统组成如图 5-66 所示。

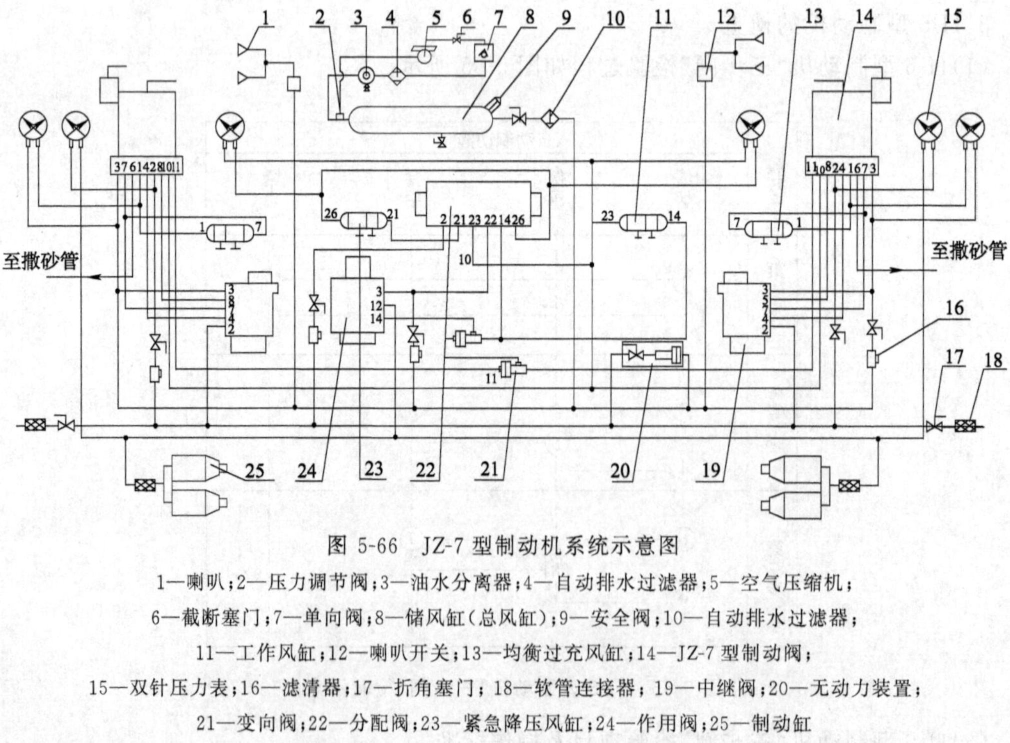

图 5-66 JZ-7 型制动机系统示意图

1—喇叭；2—压力调节阀；3—油水分离器；4—自动排水过滤器；5—空气压缩机；6—截断塞门；7—单向阀；8—储风缸（总风缸）；9—安全阀；10—自动排水过滤器；11—工作风缸；12—喇叭开关；13—均衡过充风缸；14—JZ-7 型制动阀；15—双针压力表；16—滤清器；17—折角塞门；18—软管连接器；19—中继阀；20—无动力装置；21—变向阀；22—分配阀；23—紧急降压风缸；24—作用阀；25—制动缸

2. JZ-7 型空气制动机中各阀的控制关系

(1)自动制动阀操纵时

自动制动阀→均衡风缸→中继阀→列车管压力变化→车辆制动机

↓

机车分配阀→作用阀→制动缸

(2)单独制动阀操纵时

单独制动阀→作用阀→制动缸

↘工作风缸→分配阀主阀部→作用阀→制动缸(实现机车的单独缓解)

3. JZ-7 型机车制动机的综合作用

(1)自动制动作用

自动制动作用是单阀手把在运转位,自阀手把在各位的综合作用。

①过充位:该位置是列车初充气和再充气缓解列车制动时所设的位置,该位的作用如下。

a. 自动制动阀:调整阀向均衡风缸、调整膜板右侧充气,充至定压后,自动保压,重联柱塞沟通均衡风缸和中均管,缓解柱塞将遮断阀管与大气连通,并将总风缸与过充管和过充风缸连通。

b. 中继阀:由于中均管压力升高,顶开供气阀,总风缸向列车管迅速充气,此外,过充压力的作用,使列车管的充气压力比规定压力高 30～40 kPa,而后,中继阀处于保压状态。

c. 分配阀:列车管向工作风缸、降压风缸、紧急风缸及各气室充气,最终均充至比规定压力高 30～40 kPa,同时作用风缸的风压排大气。

d. 作用阀:由于作用风缸的空气已排出,作用阀缓解,制动缸压力排大气,机车缓解。

②运转位:该位置是列车缓解再充气和运转时所设位置,该位的作用通路与过充位基本相同,不同的是以下几方面。

a. 自动制动阀:缓解柱塞将总风缸和过充管及过充风缸的通路切断,过充压力由过充风缸的小孔排掉。

b. 中继阀:过充柱塞的压力逐渐降低,中继阀膜板带动顶杆,打开排气阀,逐渐消除列车管内的过充压力。

c. 分配阀的工作风缸、降压风缸的过充压力经副阀逆流到列车管逐渐消失,紧急风缸的过充压力经紧急阀逆流到列车管逐渐消失。

③常用制动区:常用制动区,设有最小及最大减压位,自阀手把在制动区的不同位置,列车管的减压量则不同。

a. 自动制动阀:调整阀将均衡风缸、调整膜板右侧和中继阀的中均室的压力排大气,压力排出多少视手把停留的位置而异,其最小减压量为 50 kPa,缓解柱塞将总风缸与遮断阀管连通,从而关闭总风遮断阀。

b. 中继阀:由于膜板左侧中均室压力降低,排气阀开启,列车管压迅速排大气,直至列车管与中均室等压后便处于保压状态。

c. 分配阀:由于列车管压力降低,副阀活塞发生移动,首先将列车管和局减室连通,产生局减作用,同时切断了工作风缸与降压风缸的通路,连通了降压风缸经保持阀排大气的通路,待降压风缸降至与列车管等压时,活塞再移至保压位。主阀膜板活塞由于列车管的降压而迅速上移,待作用室、列车管和工作风缸三者压力平稳时,主阀便处于保压状态。充气阀在作用风缸压力达 24 kPa 时,活塞动作,关闭局减室排大气的通路。常用限压阀达规定压力时切断总风缸向作用风缸的充气之路。

d. 作用阀:由于作用风缸的压力,使作用活塞上移,空心阀杆顶开供气阀,总风向制动缸充气,使机车发生制动。

④过量减压位:该位置的作用与常用全制动区基本相同,区别是常用制动区的最大减压量为 170～190 kPa,而该位的减压量为 240～260 kPa。

⑤手把取出位:该位置是为重联机车、无动力回送机车及本务机车非操纵端而设置的位置。

a. 自动制动阀:均衡风缸的减压量为 250 kPa,重联柱塞阀将中均管和均衡风缸的通路切断,同时连通中均管与列车管之通路。

b. 中继阀:由于重联柱塞将中均管和列车管联通,中继阀于自锁状态,失去了对列车的控制能力。

⑥紧急制动位:该位置是操纵列车紧急停车所使用的位置,自阀手把在此位时单机列车管压力应在 3 s 内排零。

a. 自动制动阀:调整阀保持均衡风缸减压量为 250 kPa,重联柱塞将总风与撒砂管连通,中均管通列车管。

b. 中继阀与取把位相同,处于自锁状态。

c. 分配阀:由于列车管压力迅速下降,主、副阀膜活塞迅速移到制动位,副阀柱塞切断了工作风缸与降压风缸的通路,同时降压风缸经保持阀排大气,主阀空心杆顶开供气阀,总风先经常用限压阀,后经紧急限压阀向作用风缸充气,其最高压力为 420～450 kPa。

(2)单独制动作用

单独制动作用系自阀手把在运转位,单阀手把在制动区的作用及自阀手把在制动区,单阀手把在单缓位时的作用。

①自阀手把在运转位,单阀手把在制动区,此时单阀调整阀处于制动位,总风经调整阀向作用管充气,并经变向阀进入作用阀膜板下方,作用阀进入制动位,制动缸所得压力的高低,视单阀手把所在位置而定,其最高压力为 300 kPa。

单阀手把在制动区阶段右移,机车则阶段制动,阶段左移可得到阶段缓解。

②自阀手把在制动区,单阀手把在单独缓解位,此位置用于调节列车制动时的运行速度,车辆制动,机车缓解。

手把移至此位时,单缓柱塞将工作风缸的压力空气排大气,分配阀的主阀进入缓解位,作用风缸的压力空气排大气,同时作用阀也将制动缸的压力空气排大气,机车得以缓解的程度视单阀手把置单缓位的时间长短而异,自阀手把在常用制动区及紧急制动位时,机车制动缸的压力均可缓解到零。

4. JZ-7 型制动机的检查

(1)JZ-7 型制动机"五步闸"检验如图 5-67 所示。

(2)JZ-7 型制动机"五步阀"检验项目及操作标准:

①确认压力表指示规定压力:总风缸在 750～900 kPa 之间,工作风缸、均衡风缸及列车管为 500 kPa 或 600 kPa,制动缸为 0。

②列车管减压 50 kPa,制动缸压力为 125 kPa;装有切控阀的机车制动缸压力为 30～50 kPa;检查列车管漏泄量,其压力下降每分钟不超过 20 kPa。

③由②到③在制动区移动 3～4 次,观察阶段制动是否稳定,减压量与制动缸压力的比例

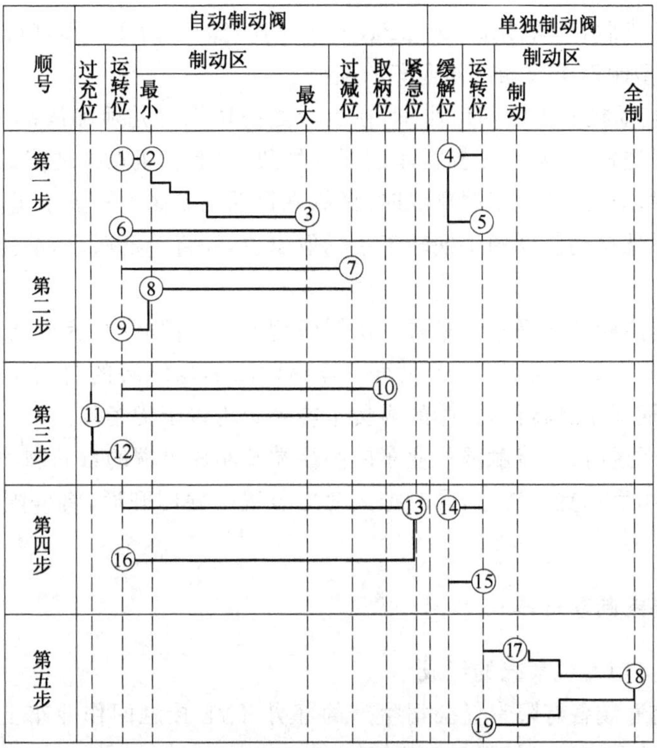

图 5-67　JZ-7 型制动机“五步阀”检验示意图

是否正确，至最大减压位，列车管减压量为 140 kPa 或 170 kPa，制动缸压力应为 350 kPa 或 420 kPa(装有切控阀的机车为 120～140 kPa 或 140～170 kPa)。

④单阀缓解良好，应能至 50 kPa 以下。

⑤复原弹簧是否良好。

⑥自阀缓解良好，工作风缸，均衡风缸及列车管是否恢复定压。

⑦均衡风缸及列车管减压 240 kPa (260 kPa)，制动缸压力为 350 kPa (420 kPa)，不应发生紧急制动。

⑧均衡风缸压力上升，而列车管压力保持不变，总风遮断阀作用良好(客货转换阀在货车位时)。

⑨缓解良好。

⑩均衡风缸减压力量为 240 kPa(260 kPa)，列车管不减压。

⑪过充作用良否，列车管比规定压力高 30～40 kPa，过充风缸排风孔排风。

⑫过充压力 120 s 自动消除，机车不应起自然制动。

⑬列车管压力 3 s 内降至 0，制动缸压力在 5～7 s 升到 450 kPa，均压风缸减压量为 240 kPa(260 kPa)，并自动撒砂。

⑭间隔 10～15 s 制动缸压力开始缓解，并逐渐到 0。

⑮复原良好。

⑯缓解良好。

⑰单阀制动良好。

⑱阶段制动作用是否稳定，制动缸压力应达到 300 kPa。

⑲阶段缓解作用良好。

五步闸试验完毕后，单阀制动 300 kPa，下车检查制动缸活塞行程，应符合规定。

5. 安装 JZ-7 型制动机接触网作业车的连挂

安装 JZ-7 型制动机的接触网作业车，在运行之前司机首先须确认机车作为本务机车、重联机车还是无火回送机车，然后根据机车运行的性质，对制动机做出适当的处理。

(1)作为本务机车时，若为双端操纵时，操纵端自动制动阀手柄置于运转位，单独制动阀置于运转位。非操纵端自动制动阀手柄转于手柄取出位，并将手柄取出，单独制动阀仍然置于运转位。

对于客货车转换阀接触网作业车属一次缓解型列车，将其设在货车位。

(2)作为重联机车时，在接触网作业车的操纵端及非操纵端的自阀手柄均置于手柄取出位，单独制动阀手柄置于运转位，二端的客货车转换阀均置于货车位。

(3)作为无火回送时，在接触网作业车的操纵端及非操纵端的自动制动阀手柄均置于手柄取出位，单独制动阀手柄置运转位，同时把无动力装置的塞门开通，将分配阀的常用限压阀调到 250 kPa。

三、DK-1 型电空制动机

1. DK-1 型电空制动机系统的组成

在太原轨道交通装备有限责任公司生产的部分 TY5 接触网作业车上采用了 DK-1 型电空制动机，其制动机系统组成如图 5-68 所示。

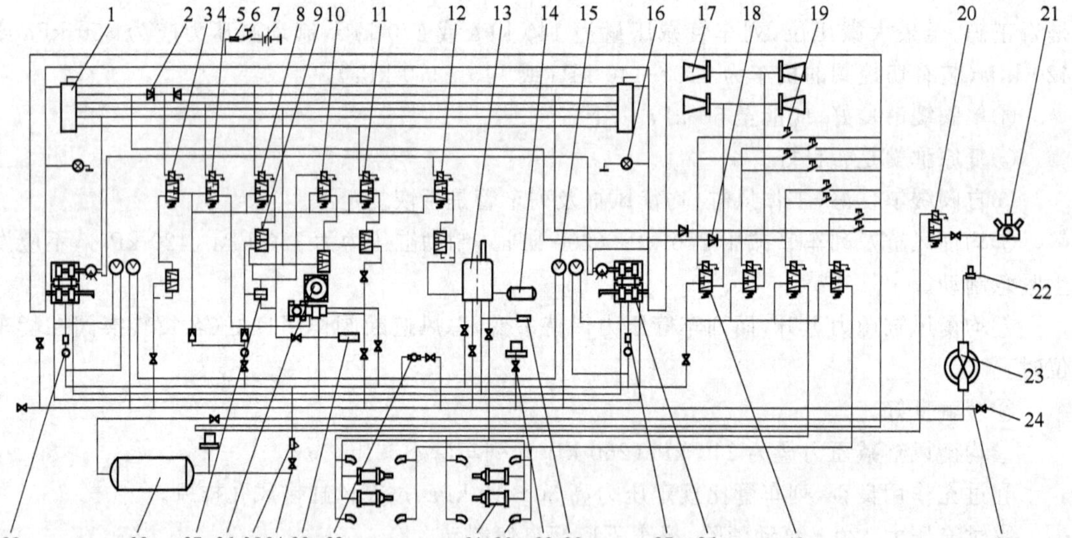

图 5-68　DK-1 型制动机系统示意图

1—电空制动控制器；2、18—二极管；3—紧急电磁先导阀；4—中立电磁先导阀；5—电源熔断器；6—电源开关；7—蓄电池；8—缓解电磁先导阀；9—气控截止阀；10—制动电磁先导阀；11—重联电磁先导阀；12—放风电磁阀；13—109 型机车分配阀；14—工作风缸；15—双针制动表；16—信号灯；17—喇叭；19—开关；20、40—电磁截止阀；21—空气压缩机；22—安全阀；23—油水分离器；24—软管连接器；25—折角塞门；26—DK 空气制动阀；27—减压阀；28—容积风缸；29—风压继电器；30—撒砂管；31—制动缸；32—滤尘止回阀；33—均衡风缸；34—截断塞门；35—滤尘器；36—中继阀；37—压力开关；38—主风缸；39—分水滤气器

2. DK-1 型电空制动机各主要部件的控制关系

该制动机的操作可分为电空位，即正常工作位置和故障位置后的空气位各部件间的相互控制关系如下。

(1)电空位

①控制全列车

电空制动控制器→电空阀→均衡风缸→中继阀→列车管变化→机车分配阀→制动缸
↘车辆制动机→车辆制动缸

②控制机车

空气制动阀→作用管→机车分配阀→机车制动缸

(2)空气位

①控制全列车

空气制动阀→均衡风缸→中继阀→列车管压力变化→机车分配阀→机车制动缸
↘车辆制动机→车辆制动缸

②控制机车

空气制动阀(下压手柄)→作用管→机车分配阀→机车制动缸

(3)控制关系

控制关系如图 5-69 所示。

3. DK-1 型机车制动机的综合作用

(1)空气制动阀在运转位，电空制动控制器在各位的操作，电空制动控制器接线编码如图 5-70 所示。

① 运转位

机车车辆缓解。它用于列车再充气及运转状态，该位置作用通路如下。

a. 电空制动控制器

在此位时，导线(803)、(813)、(809)得电，缓解电磁先导阀、中立电磁先导阀、重联电磁先导阀得电。导线(813)得电使重联电磁先导阀控制重联气控阀切断均衡风缸和列车管通路，从而取得对列车管压力的控制权。导线(803)得电，缓解电磁先导阀得电动作，使总风缸压缩空气进入气控截止阀控制口，气控截止阀动作，总风缸压缩空气通过调压阀、气控截止阀向均衡风缸充风，同时充入中继阀活塞左侧。导线(809)得电，中立电磁先导阀关闭，使遮断阀打开，总风缸压缩空气可向列车管充风。

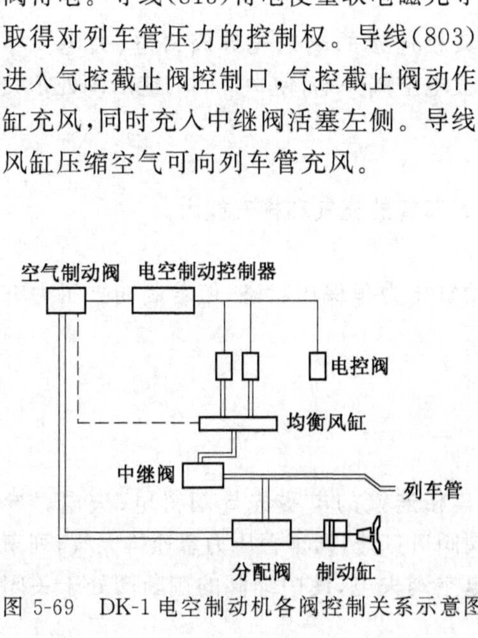

图 5-69 DK-1 电空制动机各阀控制关系示意图

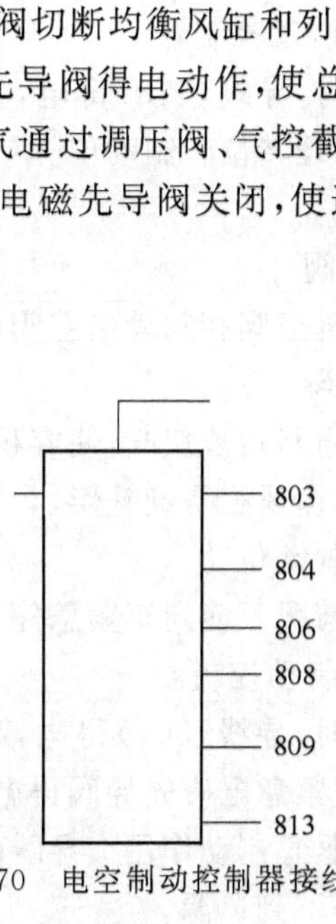

图 5-70 电空制动控制器接线编码

b. 中继阀

处于缓解充气位，由于中继阀活塞左侧的均衡风缸压力渐增加。使活塞右移，打开供气阀口，总风缸压缩空气经供气阀口直接向列车管充气，列车缓解。

c. 分配阀

处于缓解充气位，由于列车管升压，分配阀主活塞到充气缓解位，使得列车管压力充入工作风缸，直到压力均等为止。同时，容积风缸压力排向大气，而均衡活塞也处于缓解位，使得制动缸与大气相通，机车缓解。

② 制动位

当列车调速或停车时，使列车减压制动的位置。

a. 电空制动控制器

在此位时，导线(808)、(813)得电，导线(809)失电，重联电磁先导阀、压力开关得电，放风电磁阀失电。导线(813)作用同运转位。导线(809)失电、中立电磁先导阀得电，使中继阀的遮断阀处于关闭状态。导线(808)得电，通过压力开关使主制动电空阀得电，使均衡风缸通过主制动电空阀排风减压。随手柄在此位置停留时间的长短而决定减压量的大小。当达到最大减压量时，压力开关触点断开，停止减压。

b. 中继阀

随中继阀活塞左侧中均室压力渐降低，使活塞左移，排气阀口开启，列车管压力经排气阀口排向大气，列车管减压，列车制动。

c. 分配阀

由于列车管压力渐渐降低，使得分配阀由初制动位到制动位，沟通如下通路，列车制动。

(a) 列车管压力空气→局减室→缩孔排向大气；

(b) 总风管→均衡阀阀口→制动缸。

③ 中立位

中立位为制动前准备及制动后保压的位置。

a. 电空制动控制器

在此位时，导线(813)得电，导线(809)失电，其相连接的电磁先导阀得电、失电。导线(813)作用同运转位和制动位。导线(809)失电、中立电空阀失电，使中继阀的遮断阀处于关闭状态。

b. 中继阀

在中立电空阀和制动电空阀的控制下，失去对列车管的充气和排气能力。

c. 分配阀

各部之通路均被切断，使容积室压力不变，制动缸压力呈保压状态，但若制动缸压力有漏泄，则通过均衡风缸得到补偿。

④紧急制动位

在紧急情况下使列车紧急停车的位置。

a. 电空制动控制器

在此位时，导线(804)得电，导线(809)失电，其相连接的电磁先导阀得电、失电。导线(804)得电使紧急电磁先导阀得电，控制电动放风阀阀口打开，列车管压力急速排大气，列车各制动机产生紧急制动作用。导线(809)失电、中立电空阀失电，使中继阀的遮断阀处于关闭状态，列车管得不到风源。

b. 中继阀

由于均衡风缸连通列车管，失去对列车管的充气和排气能力。

c. 分配阀

此位置与制动位相同，只是由于紧急增压作用，使容积室产生 450 kPa 的压力。

⑤重联位

在紧急情况下使列车紧急停车的位置。

a. 电空制动控制器

在此位时，各导线均不得电。重联气控截止阀复位，均衡风缸与列车管相互沟通。

b. 中继阀

与紧急制动位所处的位置相同。

c. 分配阀

受本务机车控制：充气、缓解、制动、保压及紧急制动五个位置均有可能。

(2)电空制动控制器在运转位时空气制动阀在各位的作用如下。

①制动位

供本车单独制动。

a. 空气制动阀

作用柱塞在弹簧反力作用下移动，调压阀的压力空气直通作用管，使本车得到 300 kPa 的最大制动缸压力。同时由于作用柱塞凸轮使微动开关动作，使排风电空阀动作，控制气控截止阀关闭分配阀缓解排风口，使制动作用得以实现。

b. 分配阀

均衡部由于容积室产生压力，使均衡活塞上移，顶开均衡阀，总风管压力空气经均衡阀口送入制动缸，当制动缸压力与容积室压力相等时，均衡阀关闭。

②保压位

供本车制动前准备和制动后保压所使用的位置。

a. 空气制动阀

由作用柱塞凸轮使作用柱塞处于中间位置，切断调压阀与作用管通路，使本车得到 300 kPa 的最大制动缸压力。同时使排风电磁先导阀仍得电，控制气控截止阀关闭分配阀排风口，使本车保持一定制动力。

b. 分配阀

通过均衡部保持本车制动缸压力不变。

③运转位

a. 空气制动阀

气路与中立位相同，但微动开关断开，使排风电磁先导阀失电，气控截止阀复位，使分配阀排风口通大气。

b. 分配阀

由于容积室压力空气经分配阀排风口排大气，使均衡活塞下移，开放空心杆，使制动缸压力空气排大气。

④缓解位

a. 空气制动阀

电路与运转位相同，排风电磁先导阀失电，气控截止阀复位，使分配阀排风口通大气。同时作用柱塞移动，打开作用管与大气的通路，使分配阀得以较运转位稍快的缓解作用。

b. 分配阀

由于容积室压力空气排大气，使均衡活塞下移，开放空心杆，使制动缸压力空气排大气。

(3)电空控制器在中立位时空气制动阀在缓解位的作用

供本车单独缓解。

空气制动阀在缓解位时，作用管与大气沟通，使分配阀容积室压力空气排大气，从而使制动缸缓解。

4. DK-1 型电空制动机的检查

(1)DK-1 电空制动机“五步闸”检验过程

如图 5-71 所示。

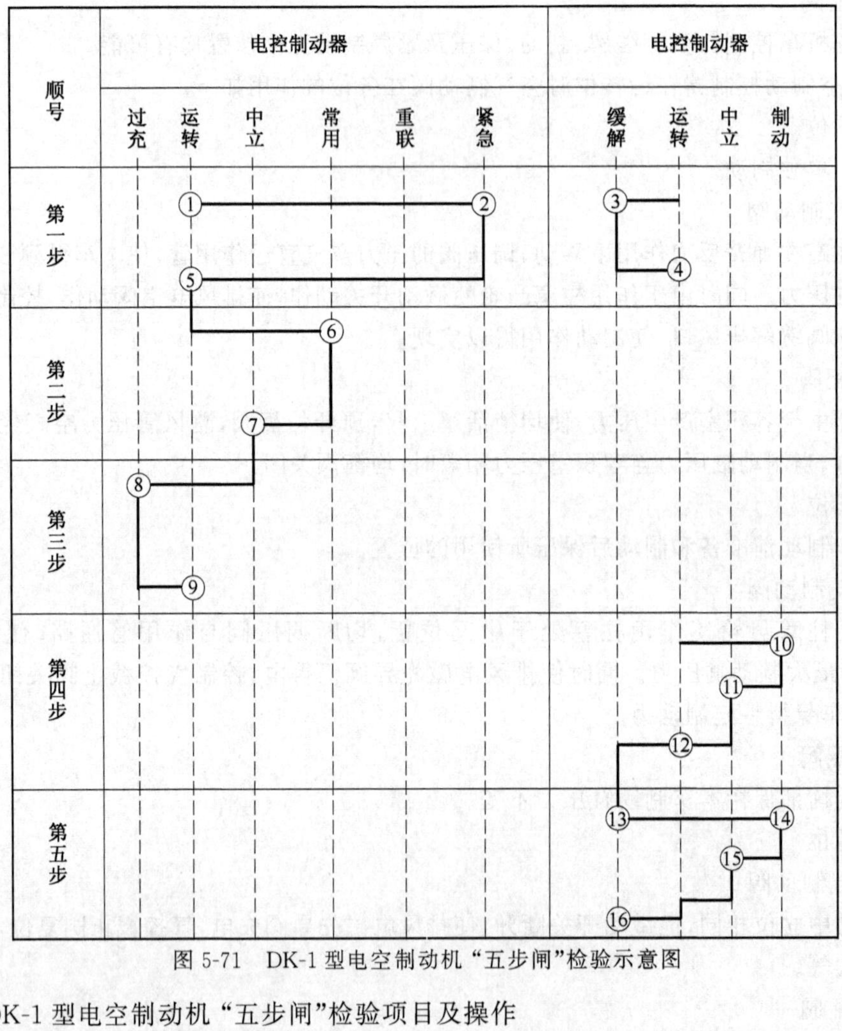

图 5-71　DK-1 型电空制动机“五步闸”检验示意图

(2)DK-1 型电空制动机“五步闸”检验项目及操作

①确认列车管、均衡风缸和总风缸皆为规定压力，制动缸压力为 0。

②列车管压力在 3 s 内下降至 0，制动缸压力在 5 s 内升至 400 kPa，最高压力为 450 kPa，并自动撒砂（有级位时切除主断路器）。

③空气制动阀手柄移至缓解位，同时下压手柄，制动缸压力应缓解到 0。

④制动缸压力不得回升。

⑤列车管压力在 9 s 内升至 480 kPa，均衡风缸在 10 s 内升至 500 kPa；手柄停留 50 s 以上。

⑥均衡风缸减 140 kPa 的时间为 5～7 s，制动缸压力 6～8 s 升至 360 kPa(装有切控阀的机车为 140 kPa)。

⑦均衡风缸、列车管因漏泄每分钟的压力下降分别不大于 5 kPa 和 10 kPa。

⑧均衡风缸定压、列车管超过规定压力 30～40 kPa，制动缸压力不变。

⑨120 s 左右过充压力消除，列车管恢复定压，制动缸压力缓解为 0。

⑩压力在 4 s 内升至 280 kPa，最高为 300 kPa。

⑪制动缸压力不变。

⑫制动缸压力在 5 s 内下降至 35 kPa。

⑬均衡风缸、列车管为规定压力。

⑭均衡风缸减压 140 kPa 的时间为 5～7 s。

⑮均衡风缸、列车管因漏泄每分钟的压力下降分别不大于 5 kPa 和 10 kPa。

⑯均衡风缸、列车管恢复规定的压力，制动缸压力为 0。

⑰13～16 系空气位操作，应按有关规定进行电空位与空气位的转换，检查试验完毕后恢复至电空位，将空气制动阀手柄移至运转位。

四、K 型三通阀车辆空气制动机

K 型车辆空气制动机就是以 K 型三通阀作为制动机的主要控制部件的制动机系统，其制动机系统组成如图 5-72 所示。

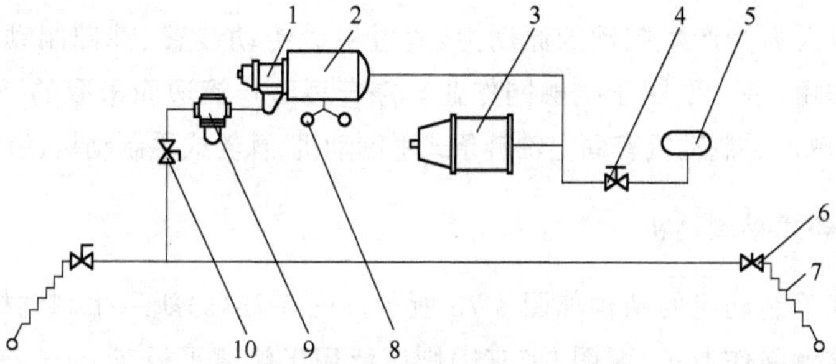

图 5-72 K 型三通阀空气制动机

1—K 型三通阀；2—副风缸；3—制动缸；4—空、重车调整阀；5—降压气室；6—折角塞门；7—软管连接器；8—缓解阀；9—远心集尘器；10—截断塞门

在制动系统中，降压气室与制动缸相连，用于扩大制动缸的容积。通过列车管压力变化控制三通阀动作，实现副风缸减压、充风，控制制动缸充风、缓解。

五、103 型分配阀车辆空气制动机

103 型车辆空气制动机就是以 103 分配阀作为制动机的主要控制部件的制动机系统，其制动机系统组成如图 5-73 所示。

在制动系统中，控制过程为列车管压力变化→103 分配阀动作→工作风缸减压、充风→副风缸减压、充风→制动缸制动、缓解。

六、120 型分配阀车辆空气制动机

120 型车辆空气制动机就是以 120 分配阀作为制动机的主要控制部件的制动机系统，其

制动机系统组成如图 5-74 所示。

在该系统中增加了加速缓解风缸、加速缓解阀，在列车缓解时加速列车缓解动作，制动机会产生局部增压作用，加快列车管的充气速度，从而提高列车缓解波速。控制过程与 103 型空气制动机类似。

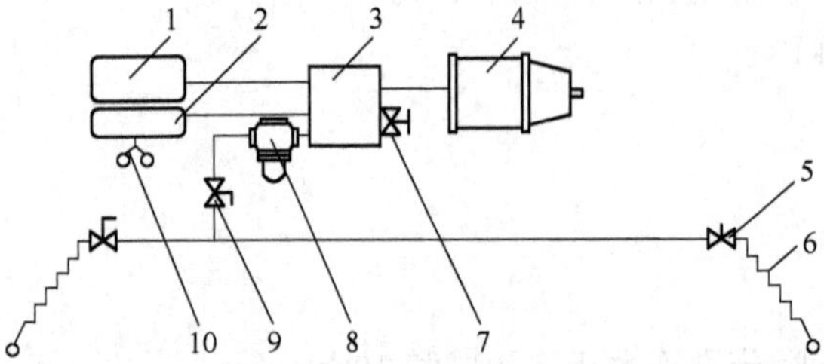

图 5-73 103 型分配阀空气制动机

1—副风缸；2—压力风缸；3—103 分配阀；4—制动缸；5—折角塞门；6—软管连接器；7—空、重车调整阀；8—远心集尘器；9—截断塞门；10—缓解阀

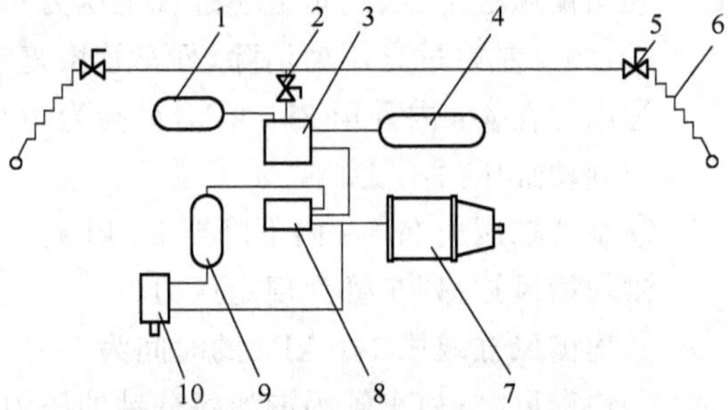

图 5-74 120 型分配阀空气制动机

1—加速缓解风缸；2—截断塞门与远心集尘器组合体；3—120 分配阀；4—副风缸；5—折角塞门；6—软管连接器；7—制动缸；8—比例阀；9—降压气室；10—空、重车调整阀

第五节 手制动机

手制动是指以人力为产生制动的原动力，通过机械传动装置、基础制动装置，在车辆轮对踏面上产生制动作用，是主要用于接触网作业车停车后防止溜逸而采取的一种制动方式。

接触网作业车辆的手制动机有固定轴链条式手制动机、棘轮式手制动机、齿轮式手制动机等。

一、固定轴链条式手制动机

固定轴链条式手制动机的结构如图 5-75 所示。图 5-75(a)所示手制动机用于早期宝鸡工程机械厂生产的接触网作业车，而图 5-75(b)则广泛用于轨道平板车。

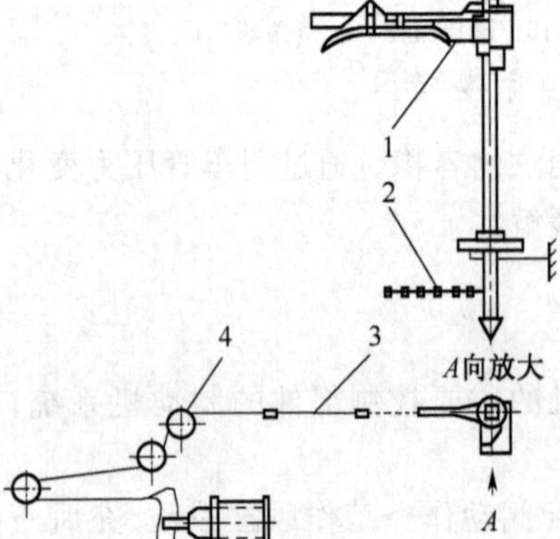

(a) 1—手制动手柄；2—链条；3—钢丝绳；4—滑轮

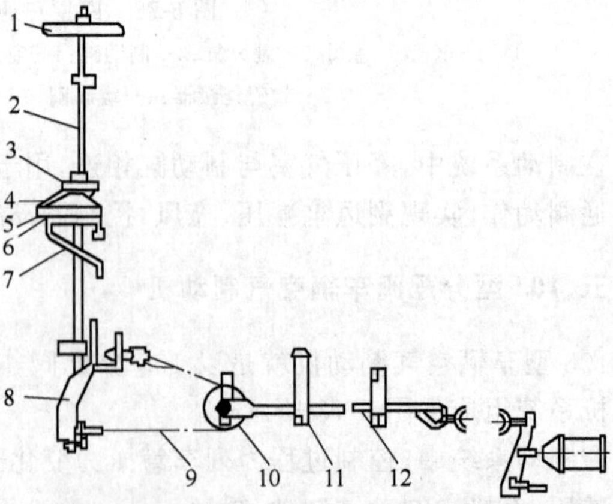

(b) 1—手制动手柄轮；2—手制动轴；3—棘轮；4—棘子锤及棘子；5—棘子托；6—制动踏板；7—踏板托；8—手制动轴托；9—链条；10—滑轮；11—手制动拉杆托；12—手制动拉杆

图 5-75 链条式手制动机结构示意图

链条式手制动机的作用原理就是通过转动手制动手柄或手柄轮，将链条缠绕在手制动轴上，缩短了链条长度，带动基础制动装置移动，使闸瓦抱紧车轮，实现手制动。为保证制动力，防止链条回转，手制动轴杆上安装有防止回转的棘轮及棘子。

缓解时，将棘子打翻或松脱，回转手柄即可。

二、棘轮棘爪式手制动机

棘轮棘爪式手制动机结构如图 5-76 所示，该手制动机早期用于襄樊金鹰轨道车辆有限公司生产的接触网作业车。

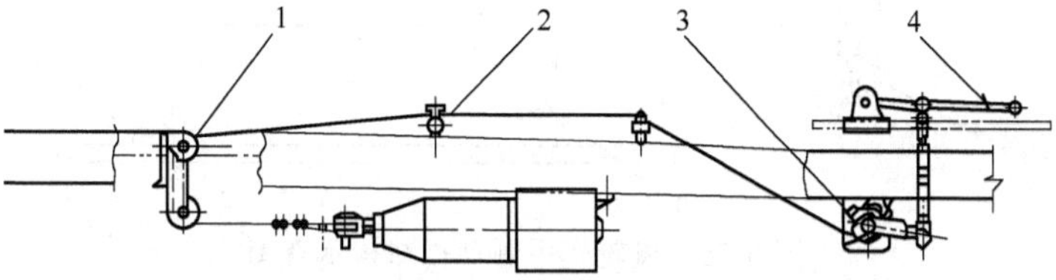

图 5-76　棘轮棘爪式手制动机结构示意图

1—大滑轮；2—小滑轮及托；3—棘轮棘爪；4—手制动手柄

棘轮棘爪式手制动机的作用原理基本与固定轴链条式手制动机相同，不同的就是通过手制动手柄扳动棘轮旋转，钢丝绳缠绕在棘轮轴上。缓解时，按下手制动手柄上的棘爪即可。

三、齿轮式手制动机

齿轮式手制动机结构如图 5-77 和图 5-78 所示，该手制动机在现在的接触网作业车已被广泛使用。

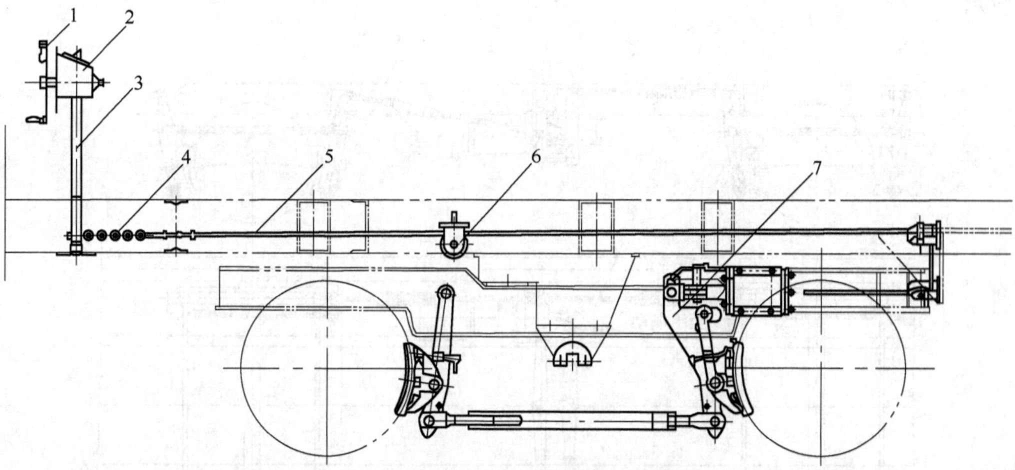

图 5-77　齿轮式手制动机结构示意图

1—手制动手柄；2—蜗轮蜗杆装置；3—立轴；4—链条；5—传动杆；6—小滑轮及架；7—闸瓦吊架

齿轮式手制动机由钢丝绳（链条）、滑轮、蜗轮、蜗杆、立轴、手柄轮等组成，由蜗轮蜗杆传动方式收紧手制动链而实现制动并自锁，它仅作用在第 2 位转向架轮对制动单元上。顺时针转动手轮，即可拉紧钢丝绳（链条），达到制动目的；逆时针转动手轮，即可缓解。

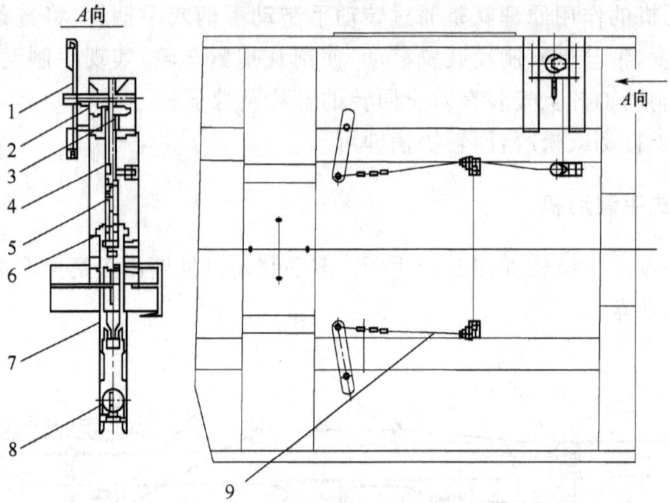

图 5-78　齿轮式手制动机结构示意图

1—手制动手柄；2—主动齿轮；3—被动齿轮；4—螺杆；5—滑杆；
6—制动螺母；7—连杆；8—滑轮；9—钢丝绳

第六节　基础制动装置

基础制动装置是由有关杆件系统组成的力的放大机构。制动缸活塞产生的制动力经基础制动装置的放大后，作用到车轮踏面上，产生一个摩擦力矩，也叫制动力矩，使作业车减速或停车。基础制动装置由制动缸、制动梁、制动连杆、制动活塞、闸瓦、闸瓦托以及制动梁吊挂件、闸瓦平衡弹簧组件等组成。

二轴接触网作业车基础制动结构如图 5-79 所示，四轴接触网作业车基础制动结构如图 5-80 所示。

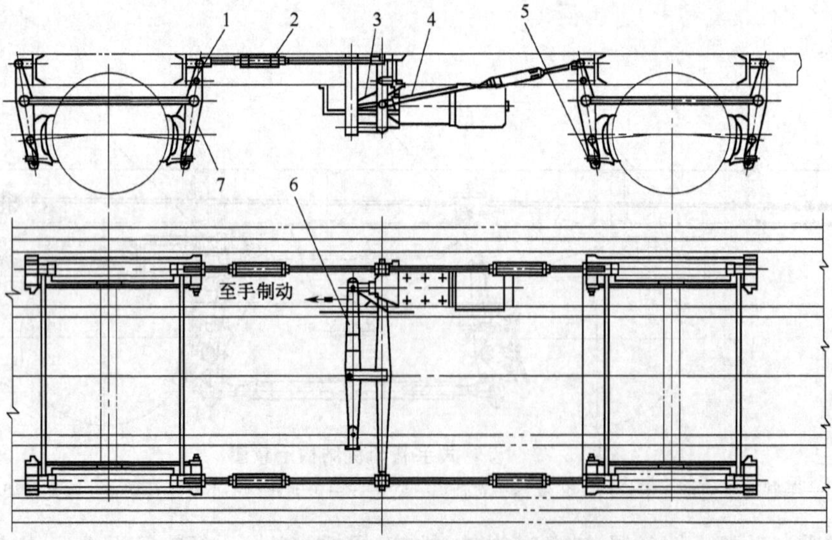

图 5-79　二轴接触网作业车基础制动结构示意图

1—闸瓦；2—闸瓦间隙调整杆；3—制动活塞杆复位弹簧；4—制动缸；
5—闸瓦平衡弹簧组件；6—制动梁；7—闸瓦吊架

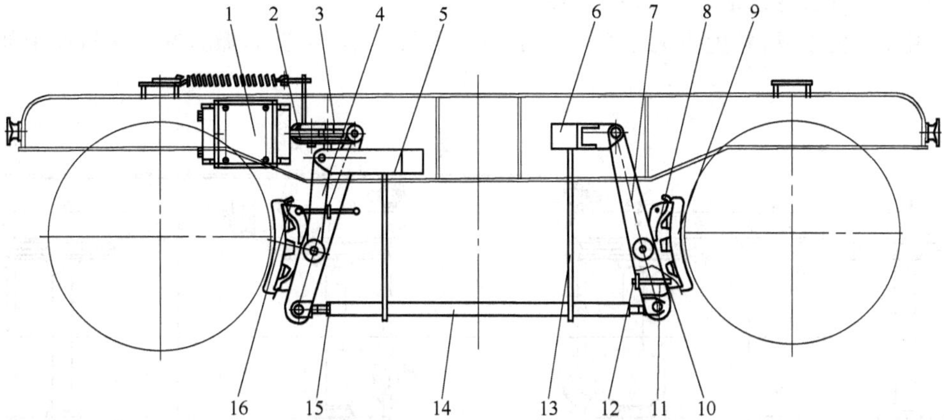

图 5-80　四轴接触网作业车基础制动结构示意图

1—制动缸；2—制动活塞；3—制动连杆；4—吊板；5—前座体；6—后座体；7—制动杠杆；8—闸瓦托；9—闸瓦；10—闸瓦平衡螺栓；11—闸瓦平衡弹簧；12—闸瓦平衡螺母；13—安全吊钩；14—调整套；15—调整锁母；16—闸瓦钎

闸瓦为货车用中磷闸瓦。由于闸瓦不断磨损，故需通过调整螺杆及螺母调节闸瓦与车轮踏面之间的间隙，使之保持在 5～10 mm 为宜，定期检查制动缸活塞的行程应保持在 152×203 型制动缸为 60～110 mm 或 203×305 型制动缸为 100～180 mm。闸瓦厚度不小于 17 mm，更换闸瓦时，同一转向架上的闸瓦应全部换掉。定期检查各杆件之间连接销子上的开口销有无断裂或脱落，以防止制动失效，影响行车安全及人身安全。

列车的制动是通过基础制动来实现的，同样手制动也是通过基础制动来实现的，图 5-81 为二轴接触网作业车手制动机与基础制动工作原理示意图。

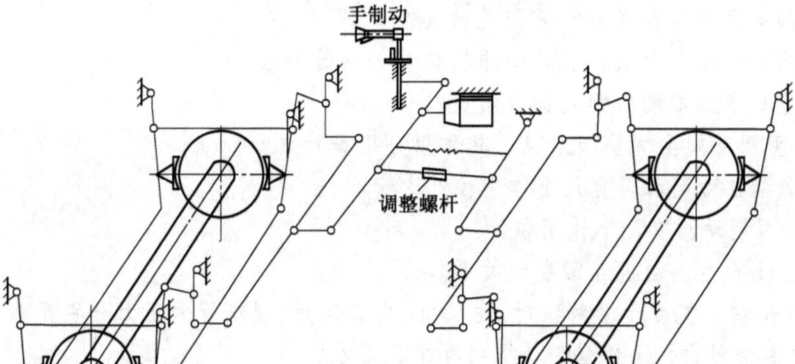

图 5-81　二轴接触网作业车手制动机与基础制动工作原理示意图

第七节　撒 砂 装 置

撒砂装置是为了提高接触网作业车轮对踏面黏着力而设置的，当列车启动、爬坡困难时使用，撒砂开关安装在前后司机驾驶位左侧，操作方式有手操纵和脚踏操纵两种，由撒砂开关、砂箱、撒砂器、撒砂管等组成,如图 5-82 所示。

使用砂子要干燥,粒度不大于 2.5 mm,石英含量不小于 75%,撒砂管位于轨面中部,距轨面高为 50 mm。

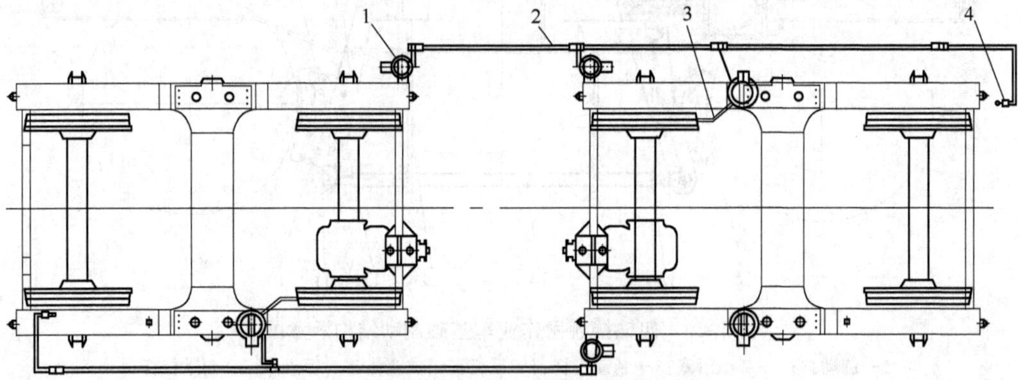

图 5-82　四轴接触网作业车撒砂装置布置示意图

1—砂箱;2—撒砂控制管路;3—撒砂管;4—撒砂开关

复习思考题

1. 简述接触网作业车制动系统的作用是什么。
2. 制动系统由哪几部分组成?
3. 单向阀有何作用?
4. 试述油水分离器的工作原理。
5. 减压阀的作用是什么?
6. 减压阀有几种工作状态?分别是什么?
7. 三通阀的作用是什么?有几个作用位?分别是什么?
8. F-7 型机车分配阀由哪几部分组成?
9. JZ-7 型制动阀由哪些阀组成?其作用分别是什么?
10. JZ-7 型自动制动阀有几个作用位?
11. H-6 型制动阀有几个作用位?
12. 简述 H-6 型制动机各阀控制关系。
13. H-6 型制动机处于缓解位时,主风缸、均衡风缸、列车管的压力分别是多少?
14. 紧急制动时,对 H-6 型制动机的要求是什么?
15. JZ-7 型制动机位于过充位时,列车管压力是多少?
16. JZ-7 型制动机自动制动阀的最小减压量是多少?
17. 安装 JZ-7 型制动机的接触网作业车作为重联机车时的连挂要求是什么?
18. DK-1 型制动机位于电空位时各部件之间的控制关系如何?
19. 基础制动由哪几部分组成?
20. 中磷铸铁闸瓦的闸瓦间隙是多少?
21. 152×203 型制动缸的制动活塞行程是多少?

第六章　液压系统与作业机构

液压系统是接触网作业车作业系统的动力来源，它为作业车的作业平台、随车吊机、紧线柱以及轨道吊车的起重系统等提供动力。

第一节　液压系统

接触网作业车的液压系统是由液压泵、溢流阀、油缸、单向阀、液压马达、电磁换向阀等组成，如图 6-1 所示。

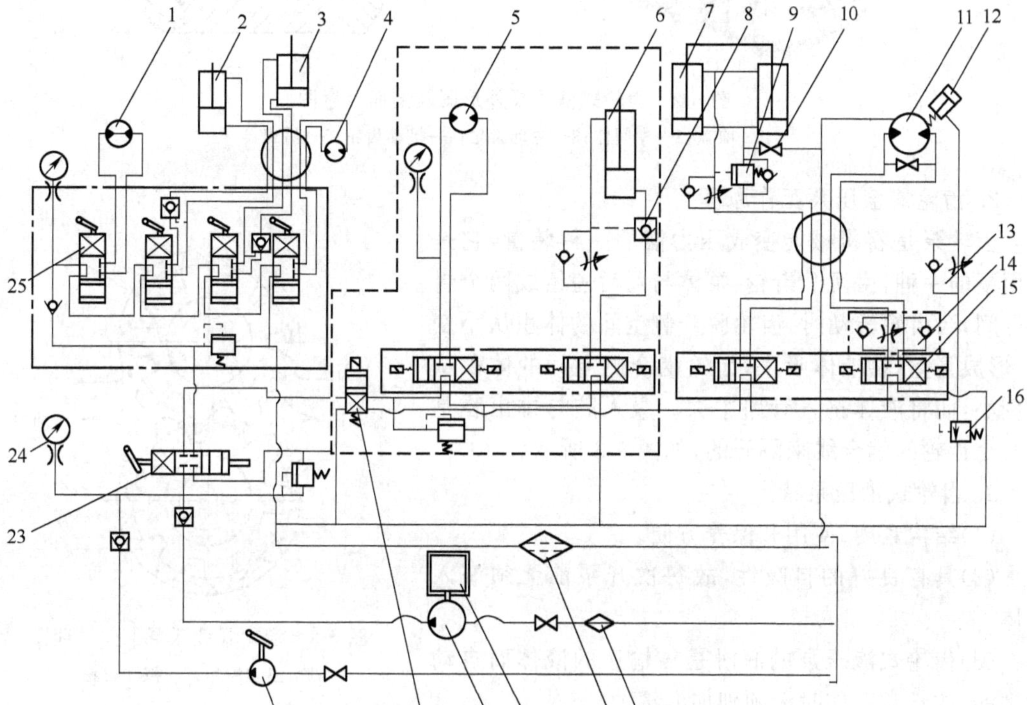

图 6-1　接触网作业车液压系统原理图

1—吊机回转马达；2—变幅油缸；3—吊臂伸缩油缸；4—卷扬马达；5—紧线马达；6—支撑臂油缸；7—平台升降油缸；8—液压单向阀；9—平衡阀；10—球阀；11—平台回转马达；12—制动器油缸；13—单向节流阀；14—双向节流阀；15—电磁换向阀；16—溢流阀；17—吸油滤清器；18—回油滤清器；19—油泵驱动；20—齿轮液压泵；21—电磁换向阀；22—手动油泵；23—手动换向阀；24—抗振压力表；25—吊机操纵滑阀

液压系统通过液压泵产生高压油流，通过液压阀控制各操纵结构的执行元件，完成机构的相关动作。

一、液压泵

液压泵是液压系统的动力之源，通过其他动力设备将液压泵驱动，产生高压油流。接触网作业车使用的液压油泵为齿轮式液压泵。

1. 齿轮式液压泵的构造

齿轮式油泵由齿轮作为油泵的核心部件，产生高压油流，如图 6-2 所示。由前盖、中间体、主动齿轮、被动齿轮、后盖及相应的密封件、挡圈组成。

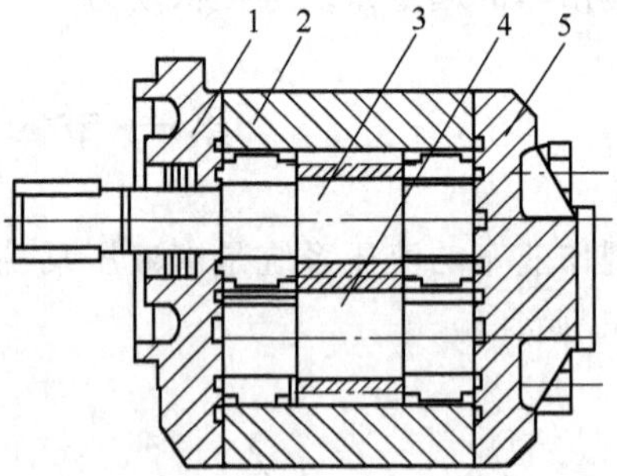

图 6-2　齿轮式液压泵外形图及剖面示意图

1—前盖；2—中间体；3—主动齿轮；4—被动齿轮；5—后盖

2. 齿轮式液压泵工作原理

齿轮泵是将机械能变成压力能的一种装置，它是容积泵的一种，由两个齿轮、泵体与前后盖组成两个封闭空间，当齿轮转动时，齿轮脱开侧空间的体积从小变大，形成真空，将液体吸入，齿轮啮合侧空间的体积从大变小，而将液体挤入管路中去。吸入腔与排出腔是靠两个齿轮的啮合线来隔开的，如图 6-3 所示。

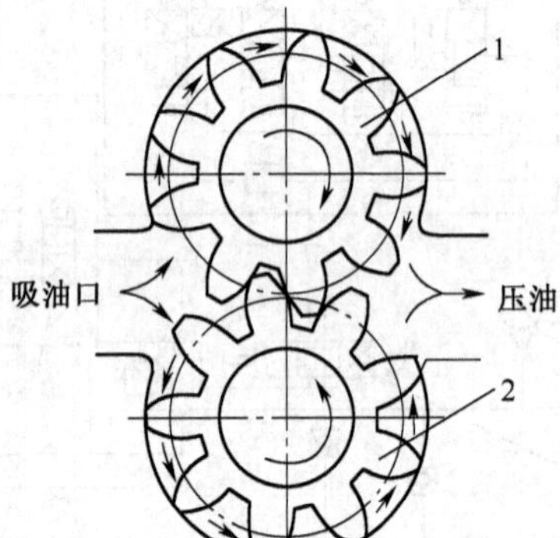

图 6-3　齿轮式液压泵工作原理图

1—主动齿轮；2—被动齿轮

3. 齿轮式液压泵特点

(1)结构紧凑，使用和保养方便。

(2)具有良好的自吸性，故每次开泵前无须灌入液体。

(3)齿轮式液压泵的润滑是靠输送的液体而自动达到的，故日常工作时无须别加润滑油。

齿轮式液压泵适用于输送不含固体颗粒和纤维，无腐蚀性、温度不高于 150 ℃、黏度为 5～1 500 cst的润滑油或性质类似润滑油的其他液体。

4. 接触网作业车液压油泵的驱动方式

接触网作业车液压油泵的驱动有发动机直接驱动、变速器驱动、换向分动箱驱动。原宝鸡工程机械厂生产的 DA4 型电气化安装车、DA7 型、DA8 型电气化作业车由发动机驱动，液压泵安装在 6135 型发动机的前端；宝鸡南车时代工程机械有限公司生产的 DA12 型、金鹰重工有限公司生产的 JW-2 型、JW-3 型、JW-4 型、北车集团太原轨道车辆装备制造有限责任公司生产的 TY_5 型接触网作业车个别则由变速器驱动，在变速器上安装取力器输出动力；轨道起重车则由换向分动箱驱动，在换向分动箱上专门设置了油泵输出驱动轴，驾驶室设有取力开关或手动手柄，扳动拨叉轴使一轴齿轮与液压输出轴传动齿轮相啮合，输出动力。

二、液压马达

从能量转换的观点来看，液压泵与液压马达是可逆工作的液压元件，向任何一种液压泵输入工作液体，都可使其变成液压马达工况；反之，当液压马达的主轴由外力矩驱动旋转时，也可变为液压泵工况。液压马达将液体的压力能转化为机械能，用于驱动机械设备工作。

由于液压马达和液压泵的工作条件不同，对它们的性能要求也不一样，所以同类型的液压马达和液压泵之间，仍存在许多差别。首先液压马达应能够正、反转，因而要求其内部结构对称；液压马达的转速范围需要足够大，特别对它的最低稳定转速有一定的要求。因此，它通常都采用滚动轴承或静压滑动轴承。其次液压马达由于在输入压力油条件下工作，因而不必具备自吸能力，但需要一定的初始密封性，才能提供必要的启动转矩。

由于存在着这些差别，使得液压马达和液压泵在结构上比较相似，但不能可逆工作。

1. 液压马达的分类

液压马达按其结构类型来分可以分为齿轮式、叶片式、柱塞式和其他形式。

按液压马达的额定转速分为高速和低速两大类。额定转速高于 500 r/min 的属于高速液压马达，额定转速低于 500 r/min 的属于低速液压马达。

2. 齿轮式液压马达

齿轮式液压马达的结构与齿轮式液压泵基本相同，齿轮式液压马达在结构上为了适应正反转要求，进出油口相等、具有对称性、有单独外泄油口将轴承部分的泄漏油引出壳体外；为了减少启动摩擦力矩，采用滚动轴承；为了减少转矩脉动，齿轮液压马达的齿数比泵的齿数要多。

齿轮马达具有体积小、质量轻、结构简单、工艺性好、对油液的污染不敏感、耐冲击和惯性小等优点。缺点有扭矩脉动较大、效率较低、启动扭矩较小（仅为额定扭矩的 60%～70%）和低速稳定性差等。

3. 叶片式液压马达

叶片式液压马达由叶片、单向球阀、阀座、壳体、输出轴等组成，如图 6-4 所示。

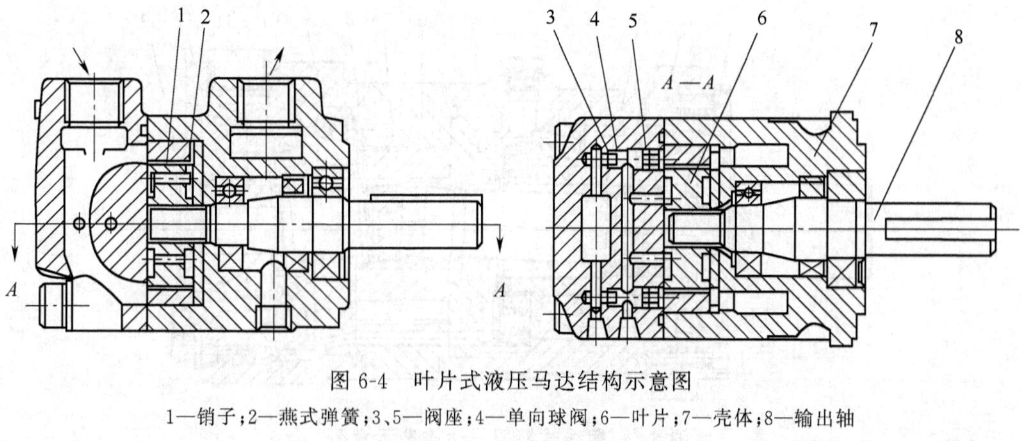

图 6-4　叶片式液压马达结构示意图

1—销子；2—燕式弹簧；3、5—阀座；4—单向球阀；6—叶片；7—壳体；8—输出轴

叶片式液压马达具有体积小、转动惯量小、动作灵敏、噪声低、寿命长等优点，可适用于换向频率较高的场合；但泄漏量较大、低速工作时不稳定。因此叶片式液压马达一般用于转速高、转矩小和动作要求灵敏的场合。其惯性比柱塞马达小，但抗污染能力比齿轮马达差，且转

速不能太高，一般在 200 r/min 以下工作。

4. 柱塞式液压马达

轴向柱塞泵和轴向柱塞马达是可逆的，轴向柱塞马达的工作原理为配油盘和斜盘固定不动，马达轴与缸体相连接一起旋转，如图 6-5 所示。当压力油经配油盘的窗口进入缸体的柱塞孔时，柱塞在压力油作用下外伸，紧贴斜盘，斜盘对柱塞产生一个法线方向反力，此力可分解为轴向分力和垂直分力。垂直分力与柱塞上液压力相平衡，而轴向分力则使柱塞对缸体中心产生一个转矩，带动马达轴逆时针方向旋转。轴向柱塞马达产生的瞬时总转矩是脉动的。若改变马达压力油输入方向，则马达轴按顺时针方向旋转。斜盘倾角的改变、即排量的变化，不仅影响马达的转矩，而且影响它的转速和转向。斜盘倾角越大，产生转矩越大，转速越低。

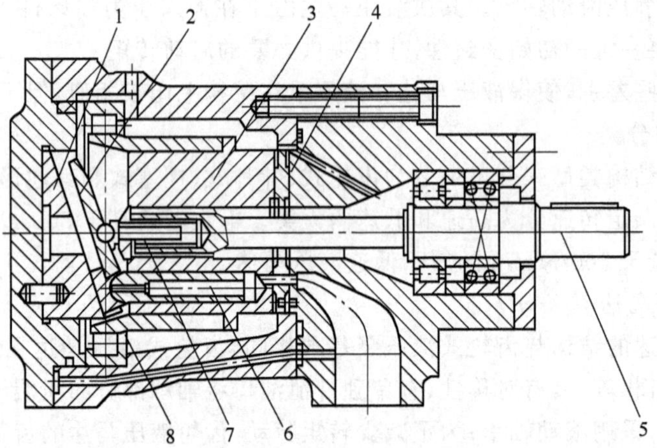

图 6-5　轴向柱塞泵构造示意图

1—斜盘；2—回程盘；3—缸体；4—配油盘；5—输出轴；6—柱塞；7—弹簧；8—滑靴

5. 摆线式液压马达

摆线马达由前盖、壳体、花键连接轴、输出轴、配流板、定子体、针轮、转子、花键配流连接轴、配流盘、支承盘等组成，如图 6-6 所示。

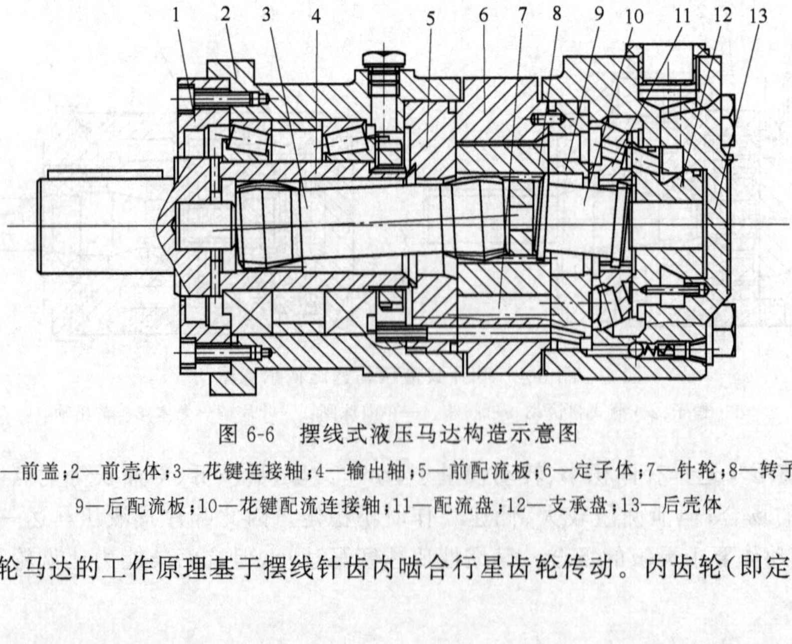

图 6-6　摆线式液压马达构造示意图

1—前盖；2—前壳体；3—花键连接轴；4—输出轴；5—前配流板；6—定子体；7—针轮；8—转子；9—后配流板；10—花键配流连接轴；11—配流盘；12—支承盘；13—后壳体

摆线齿轮马达的工作原理基于摆线针齿内啮合行星齿轮传动。内齿轮（即定子）的轮齿齿廓(即针齿)是由圆弧构成;小齿轮(即转子)的轮齿齿廓是圆弧的共轭曲线,即圆弧中心轨迹(整条的短幅外摆线)的等距曲线,转子和定子之间有偏心距,当两轮的齿数差为1时,两轮所有的轮齿都能啮合,且形成z2(定子针齿数)个独立的容积变化的密封腔。当作为马达时,这些密封腔容积变大的部分通过配流机构给以高压油,使马达转子旋转。另一些容积变小的密封腔通过配流机构排出低压油。如此循环,使液压马达连续工作。

三、溢流阀

溢流阀是液压系统不可缺少的元件,溢流阀是油路压力控制阀,其作用主要是防止系统过载,当通过此油路的油压超过所设定的压力时,就在压力的作用下开启回路排油卸压,保护油泵和油路系统的安全及保持油路系统的压力恒定。

1. 溢流阀的构造

溢流阀由阀体、阀芯、弹簧和调节螺钉等组成,如图6-7所示,其中(a)是球形阀,(b)是锥形阀。球形阀用在低压、小流量液压系统中;锥形阀用在较高压小流量液压系统中。锥形阀的阀芯密封效果好于球形阀。

2. 溢流阀的工作原理

溢流阀具有安全保护作用和调节液压回路压力作用,其功能如图6-8所示。

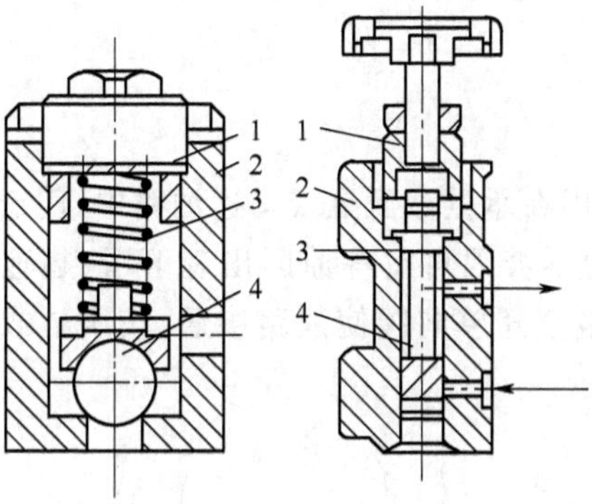

(a) 球形阀　　(b) 锥形阀

图6-7　溢流阀结构示意图

1—螺钉;2—阀体;3—弹簧;4—阀芯

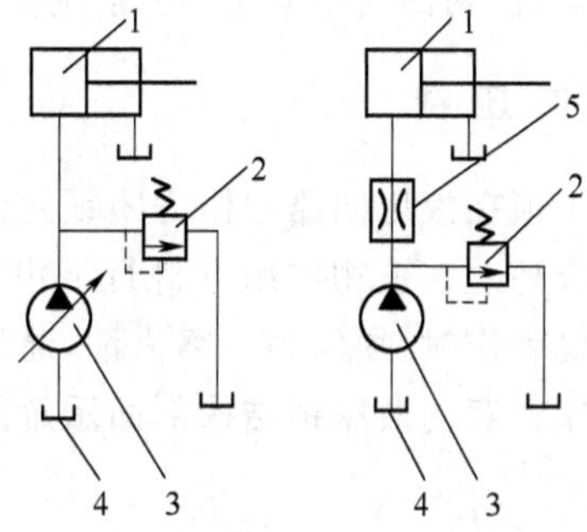

(a) 安全保护作用　　(b) 调节作用

图6-8　溢流阀的功能示意图

1—油缸;2—溢流阀;3—油泵;4—过滤网;5—节流阀

溢流阀工作时,是利用弹簧的压力来调节、控制液压油的压力大小。当液压油的压力小于工作需要压力时,阀芯被弹簧压在液压油的流入口,当液压油的压力超过其工作允许压力即大于弹簧压力时,阀芯被液压油顶起,液压油流入,从右侧口流出后回油箱,如图6-7所示。液压油的压力越大,阀芯被液压油顶起得越高,液压油经溢流阀流回油箱的流量越大。如果液压油的压力小于或等于弹簧压力,则阀芯落下,封住液压油进口。由于液压油泵输出的液压油压力固定,而工作油缸用液压油的压力总要比油泵输出的液压油压力小,所以正常工作时总会有一些液压油从溢流阀处流回油箱,以保持液压油缸的工作压力平衡、正常工作。由此可见,溢流阀的作用是能够防止液压系统中的液压油压力超出额定负荷,起安全保护作用。另外,溢流阀与节流阀配合,节流阀调节液压油的流量大小,可控制活塞的移动速度。

四、液压电磁阀

电磁阀是用来控制流体的自动化基础元件,属于执行器,用于控制液压流动方向。

1. 电磁阀的分类

电磁阀可分为直动式电磁阀、先导式电磁阀、分布直动式电磁阀。

直动式电磁阀：通电时，电磁线圈产生电磁力把关闭件从阀座上提起，阀门打开；断电时，电磁力消失，弹簧把关闭件压在阀座上，阀门关闭。

先导式电磁阀：通电时，电磁力把先导孔打开，上腔室压力迅速下降，在关闭件周围形成上低下高的压差，流体压力推动关闭件向上移动，阀门打开；断电时，弹簧力把先导孔关闭，入口压力通过旁通孔迅速在关闭阀件周围形成下低上高的压差，流体压力推动关闭件向下移动，关闭阀门。

分布直动式电磁阀：它是一种直动和先导式相结合的原理，当入口与出口没有压差时，通电后，电磁力直接把先导小阀和主阀关闭件依次向上提起，阀门打开。当入口与出口达到启动压差时，通电后，电磁力先导小阀，主阀下腔压力上升，上腔压力下降，从而利用压差把主阀向上推开；断电时，先导阀利用弹簧力或介质压力推动关闭件，向下移动，使阀门关闭。

2. 液压电磁阀构造

图 6-9 为接触网作业车常用的直动式液压电磁阀剖面示意图。

液压电磁阀主要由电磁铁、阀体、柱塞及复位弹簧等组成。

当一侧电磁铁得电，电磁铁磁力吸引阀内柱塞移动，连通相应侧油路，断电后在复位弹簧的作用下，柱塞回复中立位，切断油路。

五、液压锁

液压锁在液压回路中作为闭锁元件使用，通常使用在承重液压缸或马达油路中，用于防止液压缸或马达在重物作用下自行下滑，保证作业机构不会因自重等原因出现下滑、超速或窜动。需要动作时，须向另一路供油，通过内部控制油路打开单向阀使油路接通，液压缸或马达才能动作。双向液压锁结构剖面示意图如图 6-10 所示。

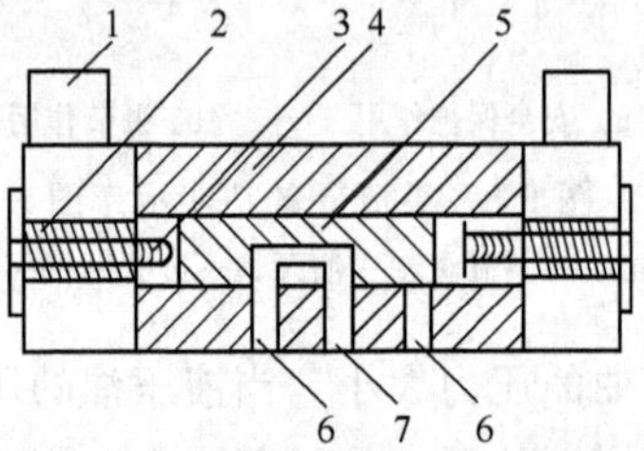

图 6-9　直动式液压电磁阀剖面示意图

1—接线盒；2—电磁铁；3—复位弹簧；4—阀体；5—柱塞；6—出油口；7—进油口

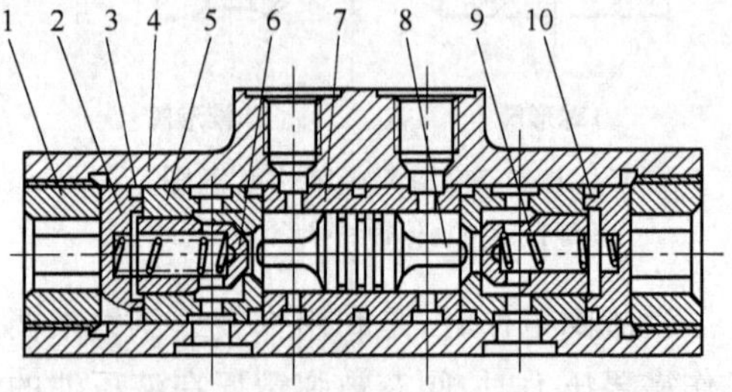

图 6-10　双向液压锁结构剖面示意图

1—螺堵；2—压盖；3、10—密封圈；4—阀体；5—阀座；6—滑阀；7—阀套；8—活塞；9—弹簧

液压锁的工作原理如图 6-11 所示。一般情况下可选用由两个并联液控单向阀及一个液压油缸组成系统。

当 1 供油：1 打开左路单向阀，经 3 向油缸有杆腔供油，同时 1 通过液控活塞推开右路单向阀，接通油缸回油路。

当 2 供油：2 打开右路单向阀，经 4 向油缸无杆腔供油，同时 2 通过液控活塞推开左路单向阀，接通油缸回油路。

当 1、2 停止供油时，油缸在单向阀复位弹簧力及油液压力的作用下截止回油，锁闭油缸，起到保压作用。

六、液压油缸

液压油缸是液压系统中的执行元件，它的作用是将液压能转换成机械能。液压缸的输入量是流体的流量和压力，输出的是直线运动速度和力，输出的直线位移是有限的。

单活塞杆式液压缸结构如图 6-12 所示。缸体和底盖焊接成一体，活塞靠支撑环、导向用密封圈密封，活塞与活塞杆用螺纹连接，活塞杆靠导向套导向，用 V 形密封圈密封。端盖和缸体用螺纹连接，螺母用来调整 V 形密封圈的松紧。缸底端盖和活塞杆头部都有耳环，便于铰接。

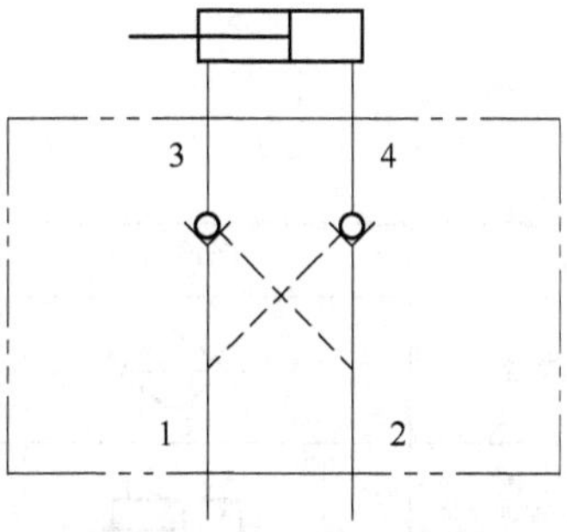

图 6-11　液压锁原理示意图

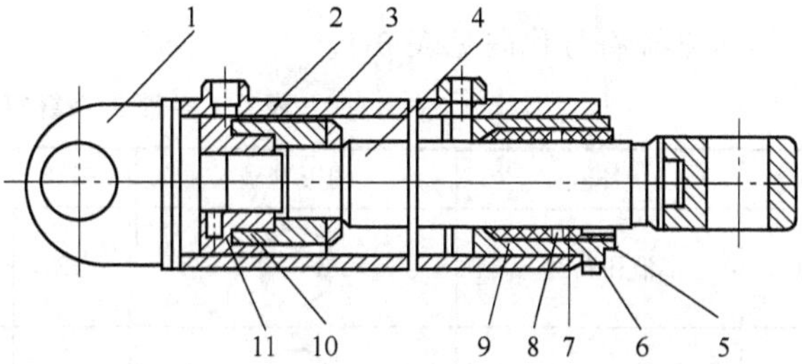

图 6-12　单活塞杆式液压缸结构剖面示意图

1—连接底座；2—缸体；3—活塞；4—活塞杆；5—螺母；6—端盖；7、9—导向套；8—V 形密封圈；10—Y 形密封圈；11—支撑环

七、液压系统的工作过程

被驱动的液压油泵产生高压油流，通过溢流阀限定系统的额定压力为 12 MPa（太原机车厂生产接触网作业车为 8.5 MPa）。全车除随车起重机由手动四联滑阀外，其他机构均为电磁阀操纵，通过操作电气开关，使各执行机构动作。当电气线路出现故障时，可通过按动电磁阀两端的故障按钮，使各执行机构动作。在系统油路中，装有辅助手摇高压油泵，以便在无动力时使各工作机构复位。另外，在升降柱升降油路中还设有下降应急开关，当打开此开关时，升降柱将自行下降。

八、液压系统的保养

由于地区差异，液压系统夏季使用 N36 号抗磨液压油，冬季使用 N32 号低凝抗磨液压油，当温度低于－40 ℃时应选用 15 号航空液压油。

1. 在工作中应经常检查液压油箱内的油量及油质。当油面低于油窗的可视范围时应立即补充。

2. 使用前应仔细检查各元件、附件的调节手轮是否在正确的位置，各管道连接处、阀安装面等部位有无漏油现象，检查所有紧固螺钉有无松动现象。

3. 使用过程中，应随时检查系统有无异常，如泵的噪声、温升、压力表的指示，如有问题应及时处理。

4. 液压系统应定期更换液压油，不同牌号的液压油不得混合使用。一般每连续工作 1 000 h（或间断工作半年）更换一次。第一次换油，时间减半。每次更换应将全部液压油放尽，并对整个油箱进行清洗，新加装的液压油应经过滤精度为 10 μm 的滤油布或 120 目铜丝布过滤后方可加入油箱。

5．在液压系统使用过程中，应随时检查吸油、回油滤油器的阻塞情况，滤油器阻塞应及时更换或清洗滤芯，换油和液压系统修理后也应清洗滤芯，保证系统正常运转。

6．液压系统元件出厂时已调好，不要轻易拆卸。

7．必须拆卸液压元件时，应将零件清洗后放在干净的地方，防止再装配时金属屑、棉纱等杂质落入元件中，禁止使用棉纱擦拭接头内表面及阀表面，可用干净的海绵擦洗。外露油口、油管口、应用干净塑料布扎紧，以免造成系统污染。

九、液压系统符号

液压系统符号代码见表 6-1。

表 6-1　液压系统符号代码

序号	名称	图形符号	序号	名称	图形符号
1	液压马达		12	吸油滤清器	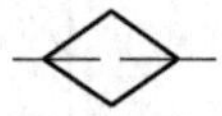
2	液压泵		13	油缸	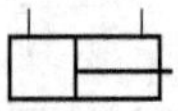
3	液压手泵		14	制动器油缸	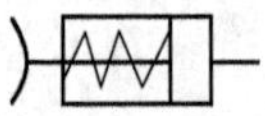
4	手动换向阀	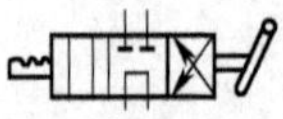	15	球阀	
5	双向电磁换向阀	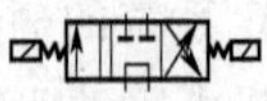	16	平衡阀	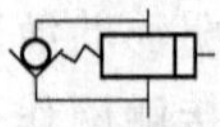
6	电磁换向阀	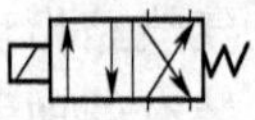	17	溢流阀	
7	手动换向阀	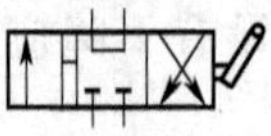	18	双向节流阀	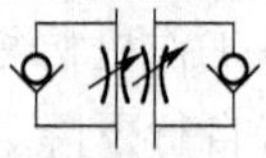
8	液控单向阀	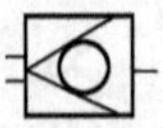	19	单向节流阀	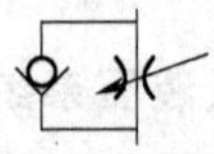
9	单向阀		20	抗振压力表	
10	回油滤清器		21	单向阻尼阀	
11	双向液压锁	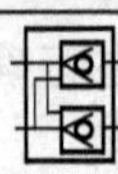	22	梭阀	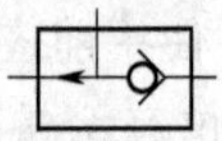

第二节　作业机构

接触网作业车的作业机构包括升降作业平台、随车吊机、紧线装置、高空作业斗以及平台调平装置等，是液压系统控制的部分，通过作业机构实现车辆的各种作业功能。

一、升降作业平台

接触网作业车升降作业平台是电气化铁路接触网悬挂安装调整的重要设备，为接触网悬挂的安装调整提供作业可升降高度的作业工作台面，由底座、升降立柱、作业平台、拨线装置、导线支撑装置、回转驱动装置等组成，如图 6-13 所示。

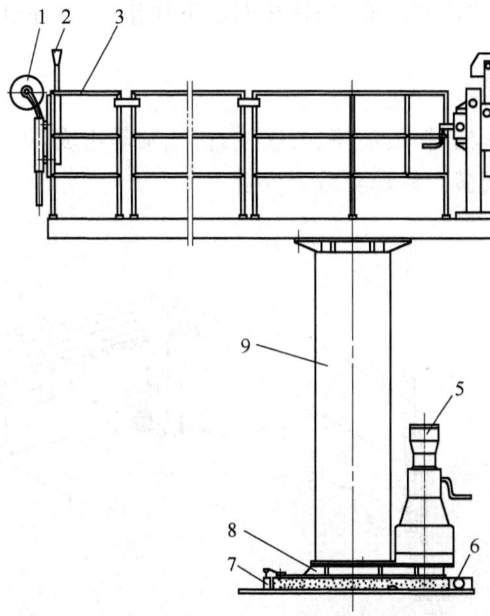

图 6-13　升降作业平台结构示意图

1—导线支撑装置；2—导线简易测量装置；3—作业平台栏杆；4—导线拨线装置；5—回转驱动装置；6—回转制动器；7—回转限制行程开关；8—回转台；9—升降立柱

1. 导线支撑装置

导线支撑装置用于接触网放线时支撑导线，由滚筒、支架、插销等组成，如图 6-14 所示。为防止导线摩擦损伤，滚筒表面镀有铜层或滚筒表面用铜制成。

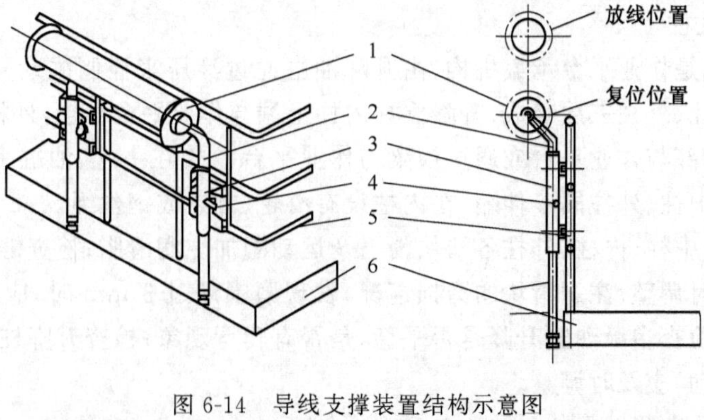

图 6-14　导线支撑装置结构示意图

1—滚筒；2—支架；3—支架导管；4—销钉；5—平台栏杆；6—作业平台

放线时，升起滚筒，并用销钉固定好，工作完毕后落下滚筒。

在使用过程中，应定期给滚筒两端轴承处加润滑脂，使该机构活动支架升降灵活。

2. 导线简易测量装置

导线简易测量弓架装置由测量弓托架、管架等组成，如图 6-15 所示。不用时倒置，使用时翻起。导线简易测量弓头表面为粉末冶金滑板，里侧面安装有简易标尺，能测量接触导线的之字值。导线简易测量弓头可在弹簧的作用下随导线的高低上下运动，并始终保持与接触网线接触。测量时接触网作业车速度应控制在 5 km/h 运行。

在测量弓托架导管内要加注润滑脂，保持托架上下动作灵活；注意检查弓头表面磨耗板状态，必要时进行打磨或更换。

3. 导线拨线装置

导线拨线装置由支架、丝杠、挡线滚筒、拨线柱、拨线架等组成，如图 6-16 所示。其主要作用就是支撑导线，并引导导线横向移动至适当位置。

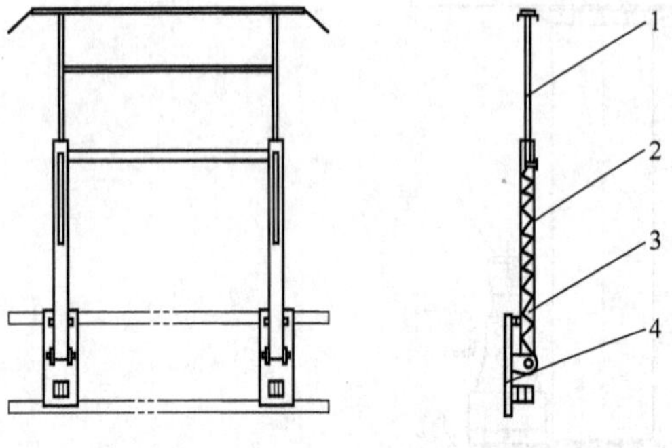

图 6-15　导线简易测量装置

1—测量弓托架；2—导管；3—弹簧；4—安装架

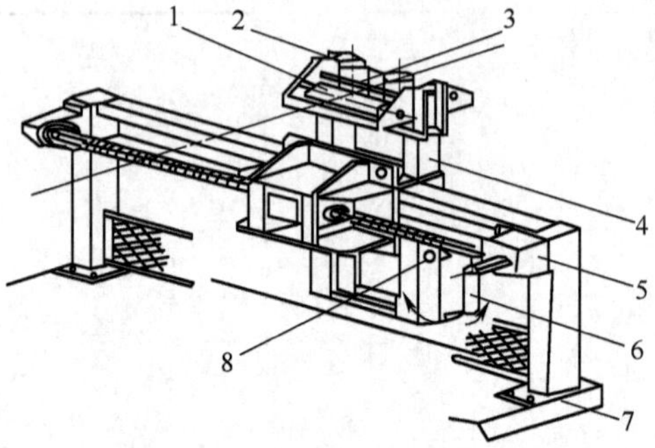

图 6-16　导线拨线装置

1—水平滚筒；2—垂直滚筒；3—挡线轴；4—拨线架；5—齿轮箱；6—手柄；7—平台；8—销钉

使用时，根据需要升起线槽架并固定好，打开挡线轴，把导线或承力索放于拨线柱之间扣好挡线轴，然后摇动手把，将导线或承力索拨到要求位置。使用完毕后，必须落下活动支架，并将线槽架摇至中间位置，以免侵入限界。

要经常检查各部的润滑，并涂润滑脂，保证其左、右移动灵活，丝杠表面无锈蚀；当拨线柱磨损后，应及时更换。

4. 导线升降立柱

导线升降立柱是作业平台承载机构，由升降油缸通过液压来控制推动升降伸缩。升降立柱一般由内柱、中柱、外柱三层组成，升降立柱内柱上端与作业平台相连，外柱下端与回转机构相连。升降油缸上部与作业平台或通过横梁与作业平台铰接在一起，油缸下部与回转机构连接。为保证内柱、中柱、外柱同步伸缩，在内柱设有滑轮、链条或钢丝绳。

使用中经常给中柱、内柱、外柱各滑块滑道及运动副加注润滑脂；检查链条的松紧程度，当发现松弛时，应及时调整；注意滑块的磨损情况，发现磨损超过 3 mm 时，应及时更换；检查螺栓连接是否牢固；检查多级油缸升降是否平稳，是否有爬行现象；检查升降柱上、下两端连接螺栓是否松动，若松动，应及时调整。

5. 作业平台回转驱动机构

回转机构由液压马达、联轴器、减速机、减速箱等组成，最终把动力传递给回转支承。由于回转支承内齿圈与车架是用螺栓固定的，因此由回转小齿轮绕齿圈做行星转动，带动回转台、升降柱及作业平台做整体回转。该回转支承除了液压马达能带动回转外，还增设手动回转机构，该机构由一对伞齿轮及手柄组成，设置在减速机的输入端。当液压系统主泵或电磁阀出现故障时(作业台回转失灵时)才用。使用时必须把回转马达旁边的压力表开关打开，同时松开制动带，方可使用(紧急情况可不松开制动带)。如图 6-17 所示。

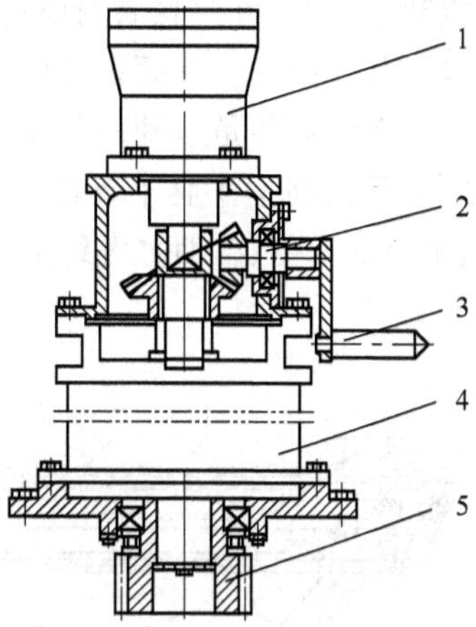

图 6-17 平台手动驱动装置

1—液压马达；2—手动装置；3—手柄；4—减速机；5—回转小齿轮

二、紧线装置

紧线装置由外柱、内柱、油缸、底座、卷筒、行星减速机、摆线马达等组成，如图 6-18 所示。卷扬马达通过减速机带动卷筒运转，并由钢丝绳把导线(或承力索)拉紧。导线起升高度可达 7 m(轨面至支撑臂顶端)，最大拉力可达 30 kN。紧线装置安装在支撑臂底座上，两者配合使用，是紧线的专用装置。

使用紧线装置时，应注意在紧线前应把支撑臂升至所需高度，禁止在紧线时，升降支撑臂；当操纵支撑臂或紧线作业时，不得操纵回转作业台，如果此时要操纵升降回转作业台则必须停止支撑臂或紧线作业，并关闭电源开关。

三、随车吊机

随车吊机是专门为作业平台上吊送各种质量较大工具、接触网零部件而设计的，该吊机为全液压伸缩臂式，安装在该车的后端左侧，具有减轻劳动强度、提高作业效率、操纵灵活省力、动作平稳、结构紧凑、外形美观、安全可靠、起重性能好等特点。

随机起重机主要由支座、立柱、吊臂、变幅油缸、伸缩油缸、起重钢索、回转机构、操作四联阀、换向阀等部分组成。支座是通过螺栓固定在车架的安装座上，如图 6-19 所示。

由于随车吊机的生产厂家不同，其结构技术参数也不尽相同。

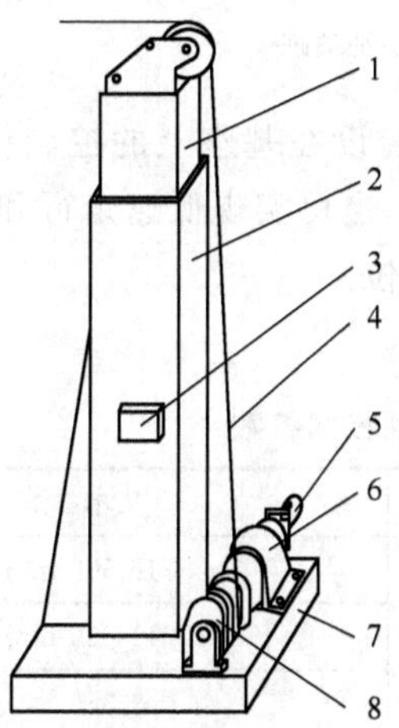

图 6-18 导线紧线装置图

1—内柱；2—外柱；3—操纵开关盒；4—钢丝绳；5—卷扬马达；6—卷扬减速机；7—底座；8—卷筒

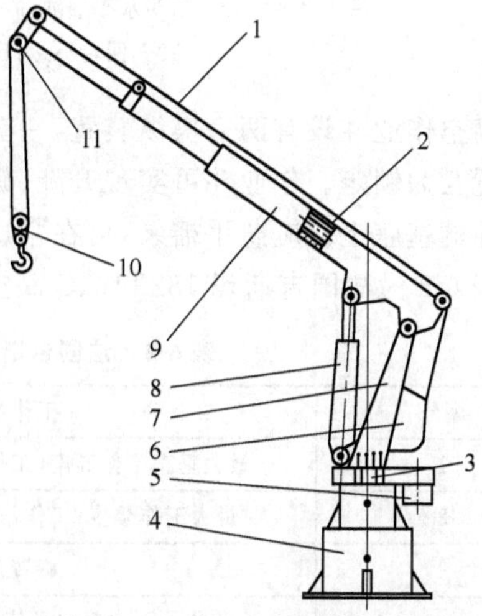

图 6-19 随车吊机结构示意图

1—起重钢丝绳；2—伸缩油缸；3—四联操纵阀；4—安装底座；5—回转马达；6—卷扬马达；7—立柱；8—变幅油缸；9—吊臂总成；10—吊钩；11—滑轮

四、高空作业斗

高空作业斗是为在超出正常作业平台作业范围作业的装置，具有较灵活的作业台面活动功能和适应性，可摆脱周围设备的限制。目前国产接触网作业车，配置较多的作业斗为法国吉斯玛公司的产品。下面以法国吉斯玛公司作业斗为例介绍作业斗的结构、操作使用。

高空作业斗是一种吊斗结构的起重设备，用于运送维修人员至高空进行检修作业，如图6-20所示。高空作业斗装置由作业吊斗、作业斗主臂、作业斗小臂、回转机构、基座、操纵机构、基座支承臂、各油缸等组成，如图6-20所示。高空作业斗装置整体安装在接触网作业车车架上。

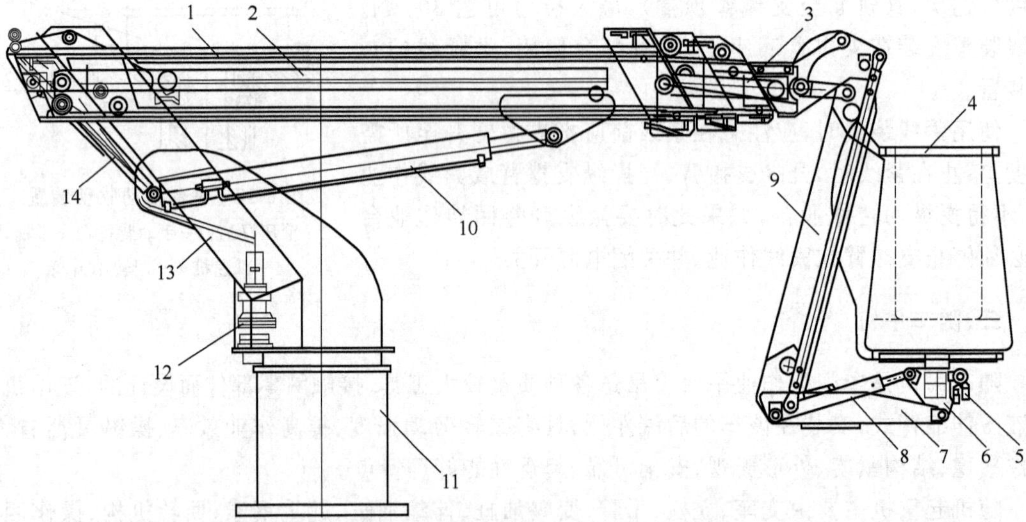

图 6-20 高空作业斗装置示意图

1—作业斗主臂；2—主臂伸缩油缸；3—小臂油缸；4—作业吊斗；5—吊斗旋转油缸；6—吊斗底座；7—吊斗水平臂；8—吊斗水平油缸；9—作业斗小臂；10—主臂变幅油缸；11—高空作业斗基座；12—回转马达；13—底座支撑臂；14—主臂水平油缸

高空作业斗设有两套操纵装置，一套设在吊斗内，另一套设在基座上的控制柜内，两套操作装置互为锁定。作业斗可实现升降、旋转、外伸、车架锁定，也可实现低速走行和制动。高空作业斗的基座上设应急手摇泵，可在紧急状态下将作业斗复位。

表6-2为法国吉斯玛182TBAC高空作业斗技术参数表。

表 6-2 法国吉斯玛 182TBAC 高空作业斗技术参数

序号	工作性能	技术参数
1	最大垂直工作高度(工作吊斗地板面距轨面)	16 500 mm
2	最大工作幅度(工作吊斗前端距回转中心)	11 000 mm
3	旋转角度	360°
4	工作吊斗自身水平旋转角度(左、右旋转)	±45°
5	工作吊斗承载能力	300 kg
6	工作吊斗外形尺寸(长×宽×高)	1 600 mm×1 200 mm×1 100 mm

五、作业平台调平装置

作业平台调平装置是为适应线路曲线外轨超高超过 125 mm 及以上设计的，作业平台调平作业车调平装置可根据外轨超高情况自动调整立柱，使作业平台处于水平状态作业。其目的就是便于进行接触网检修作业。目前金鹰重工有限公司生产具有作业平台调平装置的接触网作业车有两种，一种是作业平台调平作业车、另一种是车架调平作业车。

1. 作业平台调平装置的组成

平台调平装置的接触网作业车(JW-4G)其调平装置与立柱共用一个安装平台，自动调平装置的升降回转作业平台结构如图 6-21 所示。

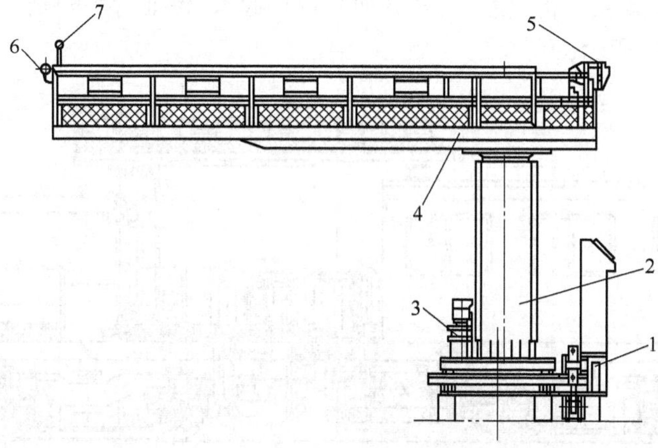

图 6-21　作业平台调平装置的升降回转结构图

1—调平装置；2—立柱及升降机构；3—回转驱动装置；4—作业平台；
5—拨线装置；6—导线支撑装置；7—导线测量装置

接触网作业车正常运行时要将作业平台与车架锁定，如图 6-22 所示。锁定机构位于控制柜两侧。

(a)锁止状态　　(b)打开状态

图 6-22　作业平台调平接触网作业车锁定装置示意图

车架调平作业平台接触网作业车(JW-4K)车架与转向架间有铰接旋转机构，可根据外轨超高情况自动调整车架举重油缸高度，使上车绕铰接轴偏转，作业平台处于水平状态作业。正常运行时车架与转向架锁为一体，如图 6-23 所示。

金鹰重工生产的 JW-4K 型车架调平作业车外形与其他 JW-4 型车类似，不同就是在车架

图 6-23　车架锁定油缸示意图

下面增加了车架调平铰接结构，使车架与转向架铰接起来，保证行车安全。车架调平接触网作业车外形图如图 6-24 所示。

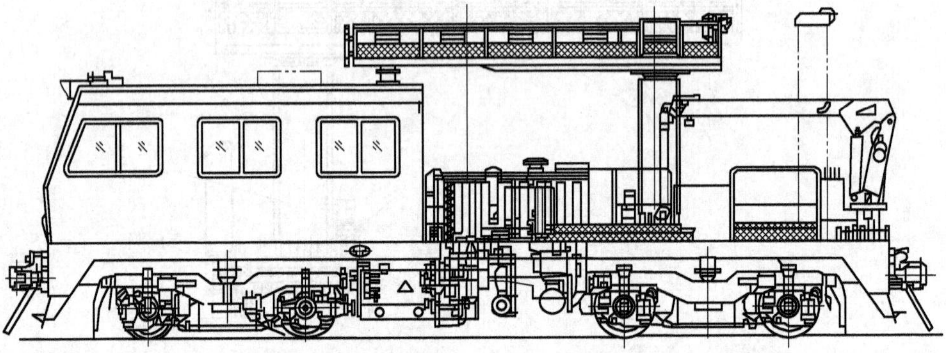

图 6-24　JW-4K 型车架调平作业平台接触网作业车外形图

2. 平台调平装置基本结构及控制

(1)平台调平装置的结构

平台调平装置包括调平机构、调平液压系统、调平电气控制系统、锁定机构等总成，整个机构安装在一个共用平台上，共用平台与主车架铰接，其结构组成如图 6-25 所示。

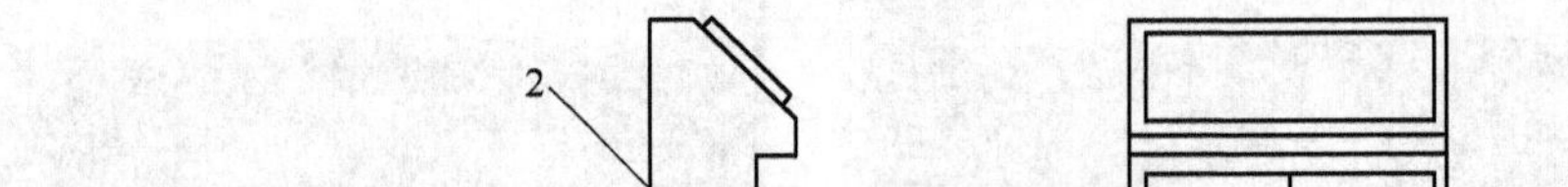

图 6-25　自动调平装置结构图

1—调平机构底座；2—调平机构控制柜；3—调平锁定油缸；4—铰接轴；5—调平油缸

调平装置与主车架铰接，与主车液压系统、电气系统连接后即可工作。该装置具有良好的微动性能和较高的安全系数,同时具有自动和手动调整功能,在电磁阀失效时还可通过手动进行复位操作。其锁定机构,可进行液压和机械双重锁定,具有足够的强度,同时满足调平油缸失效的情况下不调平作业的工况。调平油缸垂直安装于调平机构两侧,油缸为双作用油缸,调平动作是依靠压力油经调平油缸的换向阀进入平衡阀后,使调平油缸的活塞杆稳定处于某一位置。

(2)平台调平装置液压控制系统

平台调平液压控制系统主要由液压油泵、油缸、平衡阀、换向阀、液压锁等组成,液压油泵为齿轮油泵,安装在分动箱上,分动箱驱动液压油泵对控制系统进行压力油的供应,再由两个换向阀分别控制两个调平油缸和两个锁定油缸,进行调平、锁定作业。其控制原理如图 6-26 所示。

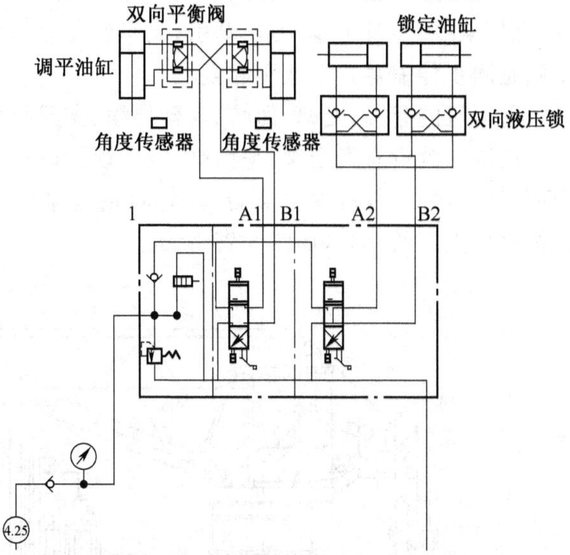

图 6-26　作业平台调平装置液压系统工作原理图

3. 车架调平装置工作原理

车架调平装置包括调平机构、调平液压系统、调平电气控制系统、车架锁定机构等总成,其工作原理与作业平台调平装置工作原理基本相同。其液压工作原理如图 6-27 所示。

六、抓 轨 器

抓轨器是一种安全保护装置,主要是在曲线外轨超高较大地段及风口地段上作业,为防止车辆倾覆而设置的,使用抓轨器时不得开车。抓轨器一般设置四个,焊接在车辆的车架底面上,使用时放下,卡子自动落下防止抓轨器松脱,使用结束收起挂到抓轨器支架上,其结构如图 6-28 所示。

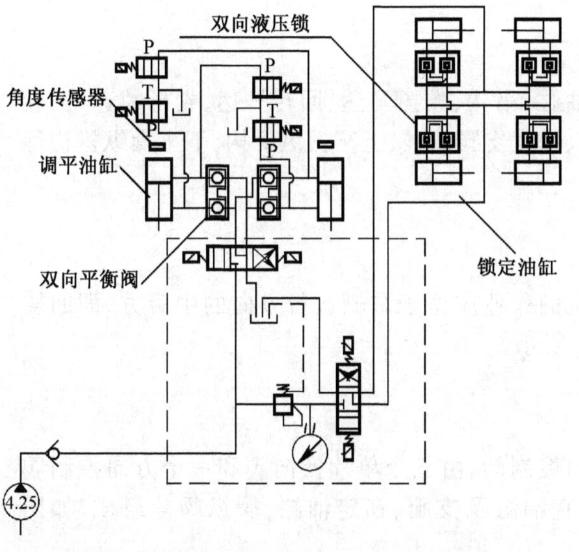

图 6-27　车架调平装置液压系统工作原理图

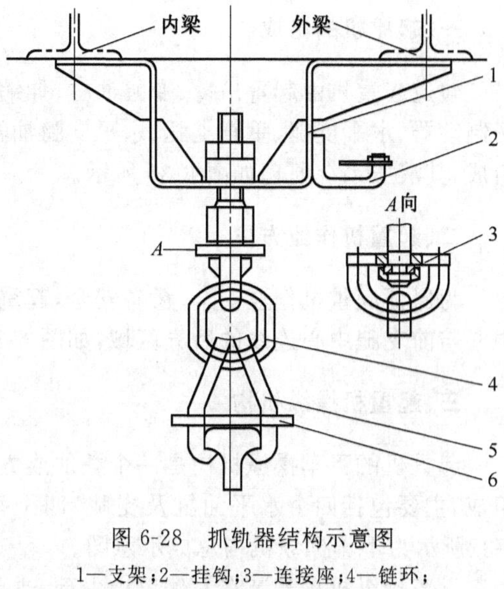

图 6-28　抓轨器结构示意图

1—支架;2—挂钩;3—连接座;4—链环;5—钢轨卡子;6—卡子锁环

第三节　轨道起重机

轨道起重机适用于有轨道的铁路专用线的工矿企业、港口的货物装卸、建筑安装、更换道岔、立杆架线、设备维修、运输牵引、调车作业等使用，其车架结构与其他接触网作业车类似，上车则是同步伸缩臂式全液压起重机。

起重机的起升、变幅、回转、吊臂伸缩、支腿收放、吊重走行等机构，均由液压系统驱动。

液压系统设有安全阀、平衡阀、液压锁、双向缓冲阀等安全装置，以防止油路过载或油管爆裂而引发意外事故的发生，GQ16-3C 轨道起重机为中铁宝工有限责任公司生产，配置浦沅工程机械厂生产的上车，如图 6-29 所示。

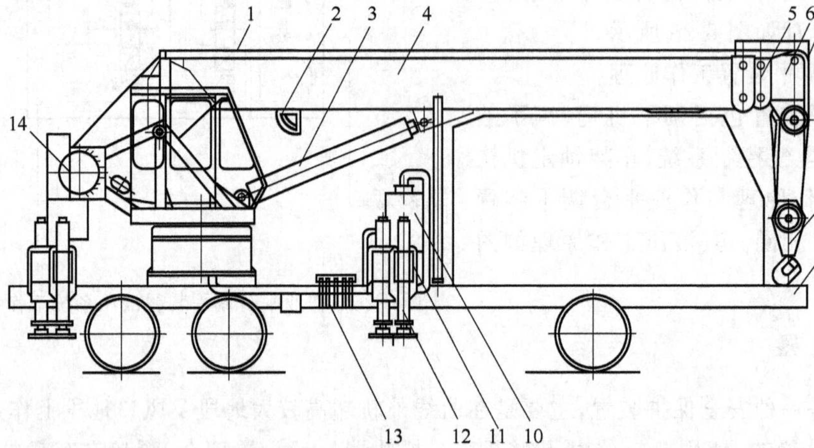

图 6-29　轨道起重机结构示意图

1—起重钢索；2—吊臂角度锤；3—变幅油缸；4—基本吊臂；5—吊臂二臂；6—吊臂三臂；7—滑轮；8—吊钩；9—车架；10—液压油箱；11—水平支腿；12—垂直支腿；13—下车操纵机构；14—卷扬机

一、起重机的组成

轨道起重机由起重吊臂、变幅油缸、伸缩油缸、吊钩、卷扬马达、回转马达、卷扬减速机、卷扬制动器、水平支腿、垂直支腿、水平支腿油缸、垂直支腿油缸、上车操纵机构、下车操纵机构等组成，其液压系统原理如图 6-30 所示。

二、起重机作业方位

为保证起重机作业安全、设备安全，起重机的作业应位于车辆运行方向的中后方，即回转中心与前支腿中心连线的后方区域，如图 6-31 所示。

三、起重机操纵机构

起重机的下车操纵机构是一个叠加或方向控制阀，由五个单片换向阀和一个方向控制阀组成，主要包括四个水平油缸及支腿、四个垂直油缸及支腿、锁定油缸、操纵阀等组成，如图 6-32所示为下车操纵机构总成示意图。

下车操纵机构安装在左侧梁上中部，主要控制四个支腿垂直油缸、水平油缸的伸缩，调整支腿的跨距、车架的水平以及吊重走行时的锁定油缸。

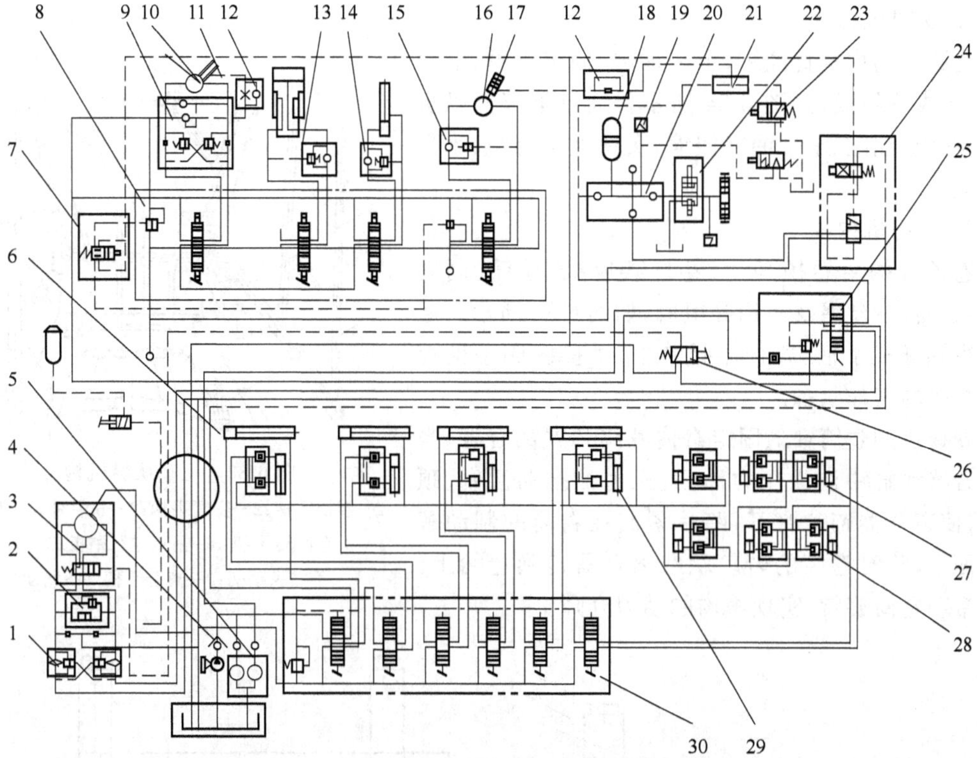

图 6-30　GQ16-3C 型轨道起重机液压系统原理示意图

1—平衡阀;2—过载阀;3—走行马达;4—单向阀;5—双联齿轮泵;6—水平支腿油缸;7—卸荷阀;
8—上车操纵阀;9—制动释放阀;10—起升马达;11—制动油缸;12—单向阻尼阀;13、14、15—平衡阀;
16—回转马达;17—离合油缸;18—蓄能器;19—压力继电器;20—组合阀;21—梭阀;
22—离合器操纵阀;23—脚制动阀;24—电液阀;25—手制动阀;26—手动操纵阀;27—双向液压锁;
28—锁定油缸;29—垂直支腿油缸;30—下部操纵阀

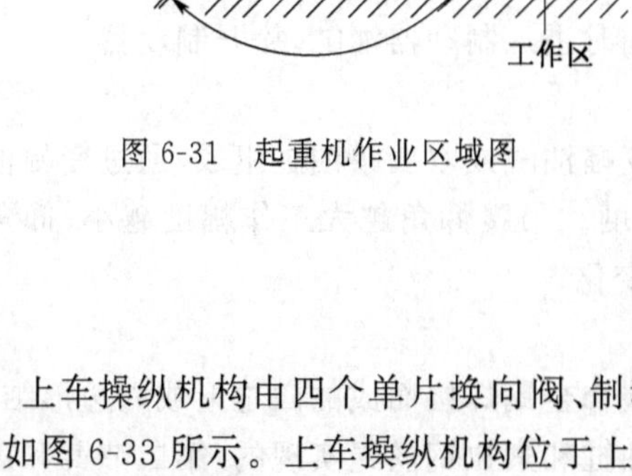

图 6-31　起重机作业区域图

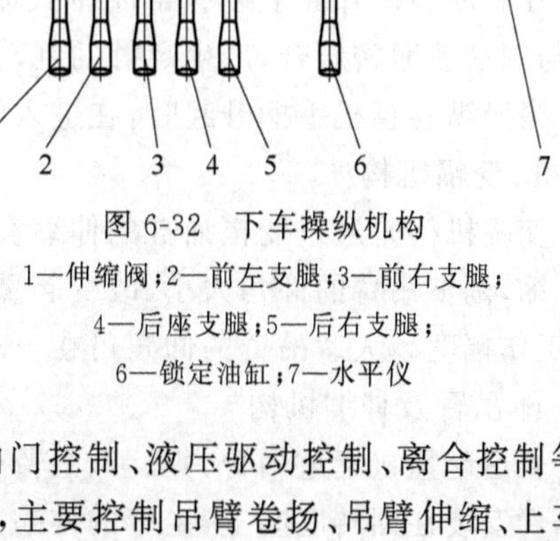

图 6-32　下车操纵机构

1—伸缩阀;2—前左支腿;3—前右支腿;
4—后座支腿;5—后右支腿;
6—锁定油缸;7—水平仪

上车操纵机构由四个单片换向阀、制动器控制、油门控制、液压驱动控制、离合控制等组成,如图 6-33 所示。上车操纵机构位于上车驾驶室内,主要控制吊臂卷扬、吊臂伸缩、上车回转、吊臂变幅机构动作。

1. 支腿机构

支腿机构由垂直油缸、水平油缸、固定支腿、活动支腿、支脚等组成，如图 6-34 所示。通过下车操纵机构控制垂直油缸、水平油缸伸缩，实现上车跨距、水平的改变。

2. 卷扬机构

卷扬机构由卷扬马达、卷扬减速机、卷筒、制动器、离合器、钢丝绳及吊钩等组成，如图 6-35 所示。通过操纵卷扬机手柄、离合器阀踏板、手操纵阀手柄控制卷扬机的工作状态。

卷扬机的卷筒轴上固定有内涨蹄片式离合器，当在离合器油缸中注入压力油后，压力油推动活塞、顶杆，迫使离合器蹄片张开，蹄片紧贴在卷筒的制动毂内圆面上，此时卷筒的转动就经离合器传到卷筒上，从而带动卷筒旋转，实现吊钩的动力升降。

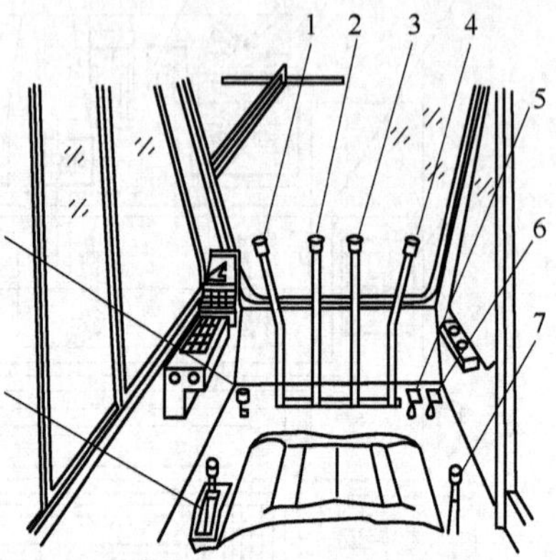

图 6-33　上车操纵机构

1—卷扬手柄；2—变幅手柄；3—吊臂伸缩手柄；4—上车回转手柄；5—吊重走行踏板；6—油门；7—手操纵手柄；8—离合手柄；9—制动器

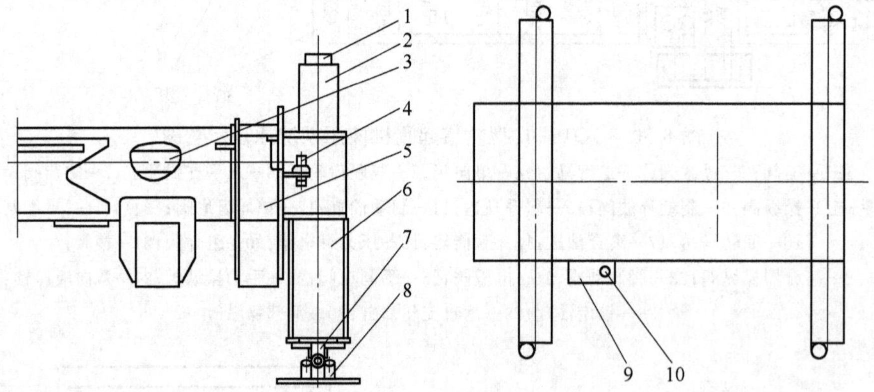

图 6-34　支腿机构组成示意图

1—液压锁；2—垂直油缸；3—水平油缸；4—支腿定位销；5—固定支腿；6—活动支腿；7—油缸定位销；8—支脚；9—水平仪；10—下车操纵机构

在制动毂的外面上装有常闭带式制动器，它被固定在转台墙板上，制动带在弹簧的作用下，与制动毂紧密压合，产生足够的制动力，从而获得可靠的制动。

当操纵卷扬机手柄升起时，在进入卷扬马达的同时进入制动器油缸，松开制动器。

3. 变幅机构

变幅机构是通过变幅油缸的伸缩实现的，有单变幅油缸或双变幅油缸组成，通过变幅油缸的伸缩，调整吊臂的仰角大小，改变起重机的工作幅度。吊臂仰角越大工作幅度越小，仰角越小，工作幅度越大。吊臂的仰角可在$-3°\sim75°$之间变化。

4. 吊臂及伸缩机构

轨道起重机起重吊臂为三节，主臂用高强度低碳合金钢焊接而成的四边形或六边形结构，基本臂安装在回转底座上，主臂的伸缩是通过伸缩油缸和索拉钢丝绳实现的，第二节臂和第三节臂同步伸缩。吊臂结构如图 6-36 所示。

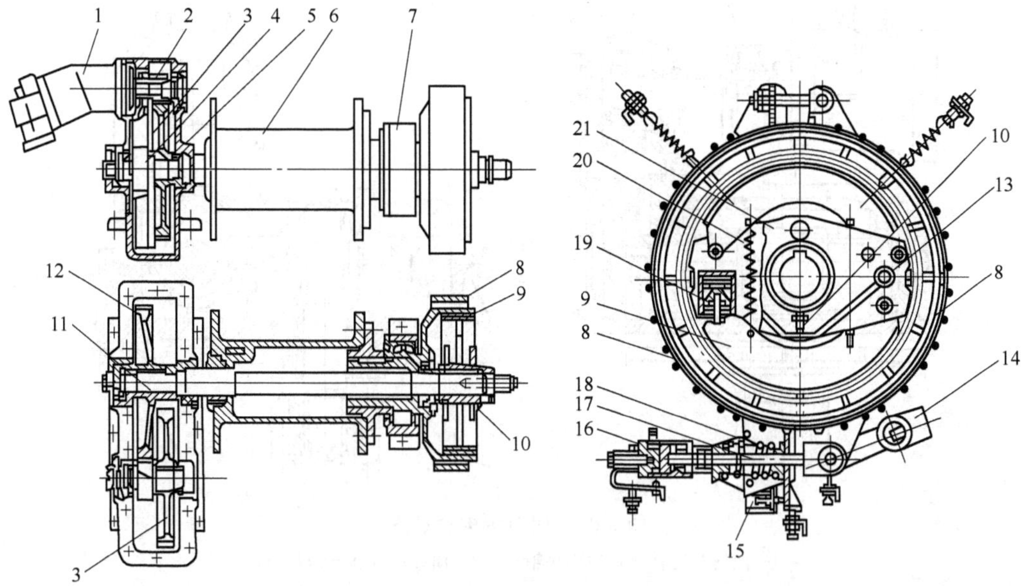

图 6-35　卷扬机构示意图

1—卷扬马达；2—齿轮套；3、12—减速齿轮；4—齿轮轴；5—减速箱；6—卷筒；7—轴承座；
8—制动毂；9—离合蹄；10—通油管；11—卷筒轴；13—接头；14、15—作用油缸支架；
16—作用油缸；17—叉头拉杆；18—制动弹簧；19—作用缸；20—拉簧；21—离合盘

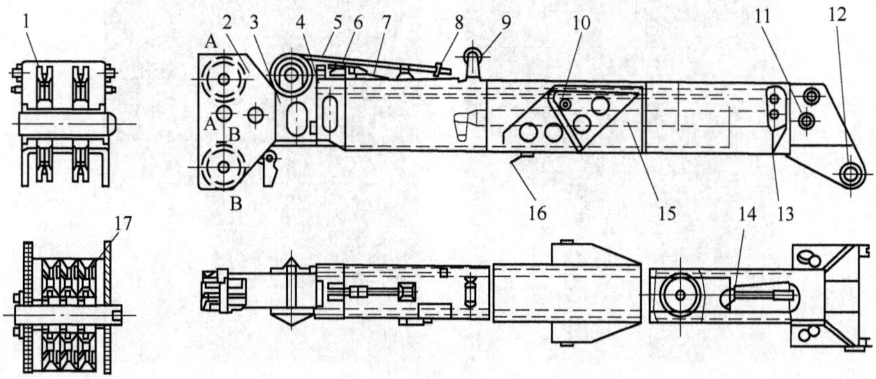

图 6-36　吊臂结构示意图

1—导向滑轮；2—三节臂；3—二节臂；4—一节臂(基本臂)；5—索拉钢丝绳；6—细拉索座；
7—细拉索；8—粗拉索座；9—托辊；10—变幅绞点；11—基本臂伸缩绞点；12—绞孔；
13—二节臂伸缩绞点；14—拉耳；15—伸缩油缸；16—限位行程开关；17—滑轮组

5. 回转机构

回转机构是上车的支撑，又是上车与车架的结合部，回转齿圈与转台连接。回转机构由回转马达、回转小齿轮、回转支承、带制动器的行星齿轮(或蜗轮)减速机等组成，如图 6-37 所示。

回转机构的制动器为常闭式制动器，当回转机构回转时，首先保证制动器打开。

6. 吊重走行机构

吊重走行机构由走行马达、传动轴及锁定油缸等组成，其作用就是通过伸出的锁定油缸释放轴箱弹簧的弹力，将车架与走行部变成刚性体，确保吊重走行时的运行平稳和运行安全。

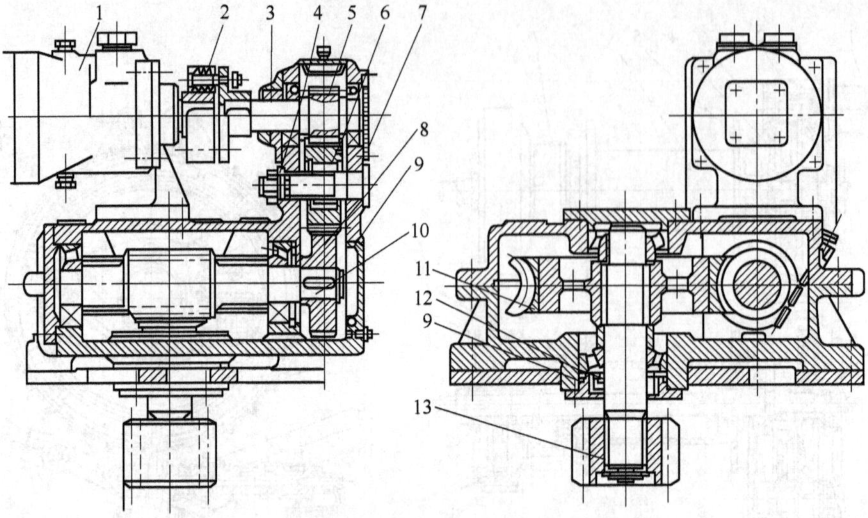

图 6-37　回转结构示意图

1—回转马达；2—弹性连接轴；3、12—油封；4、7、9—密封圈；

5—齿轮轴；6、8—齿轮；10—蜗杆；11—蜗轮；13—小齿轮

锁定油缸安装在车架上，轴箱的上方，如图 6-38 所示。

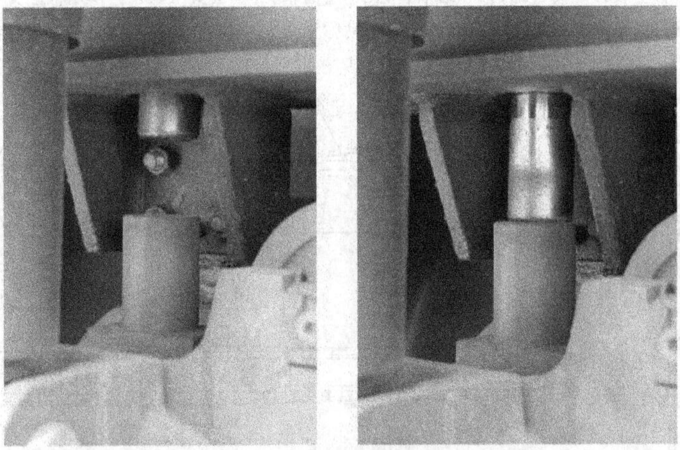

图 6-38　转向架轴箱锁定油缸示意图

7. 力矩限制器

起重力矩限制器是一种起重机安全操纵的辅助装置，当力矩限制器判定为超载时，它会发出自动停止的控制信号，并通过起重机本身的电器电路和液压控制机构，切断起重机向危险方向的动作。力矩限制器外形示意图如图 6-39 所示。

无论力矩限制器好与坏，操纵起重机时必须遵守相关安全操作规程，符合起重特性的相关要求。

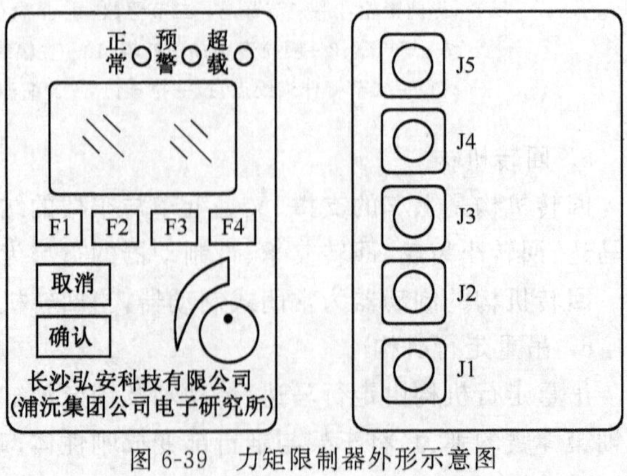

图 6-39　力矩限制器外形示意图

(1)力矩限制器的概述

力矩限制器是监控起重设备的安全保护装置，具有大屏幕液晶显示，可同时显示吊臂工作长度、角度、工作幅度、额定载荷、实际载荷等作业信息；具有良好的人机对话界面，能够发出预警信号、超载信号和超载控制信号；具有记录起重机起重作业数据的功能。

当力矩百分比为 90%时预警，力矩百分比为 100%时声光报警并发出切断信号。

图 6-39 中 J1 为航空插头接电源线，输入开关量检测，控制输出；J2 为航空插头接长度信号线；J3 为航空插头接角度信号线；J4 为航空插头接压力一信号线；J5 为航空插头接压力二信号线。

(2)控制界面

①操作功能表

主机正面控制键的控制功能如图 6-40 所示。

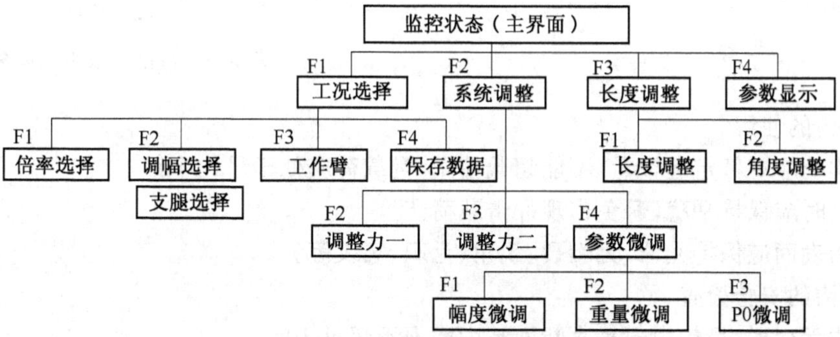

图 6-40　主机操作功能示意图

②控制界面

系统接通电源后，进入监控界面，如图 6-41 所示，显示屏上显示有回转状态、倍率、支腿选择状态、实际工况，下部有工况选择、系统调整、长度角度、参数显示等。

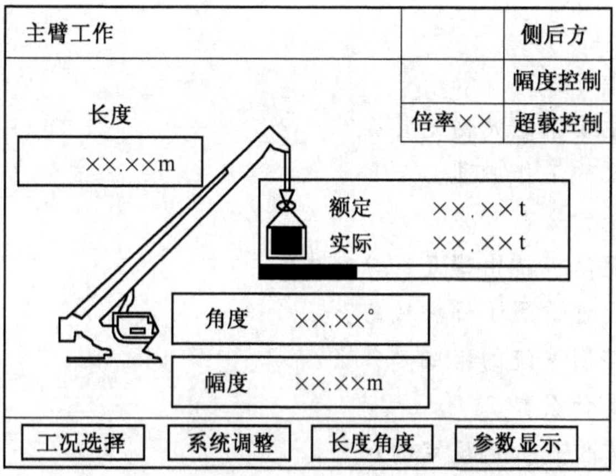

图 6-41　主臂工作监控界面示意图

8. 吊钩

吊钩是起重作业必备的工具之一，吊钩按外形结构分为单钩和双钩两种，如图 6-42 所示。单钩在我们实际工作中应用较多，如图 6-43 所示。

一般起重吊钩为锻造而成，也有叠片式吊钩。

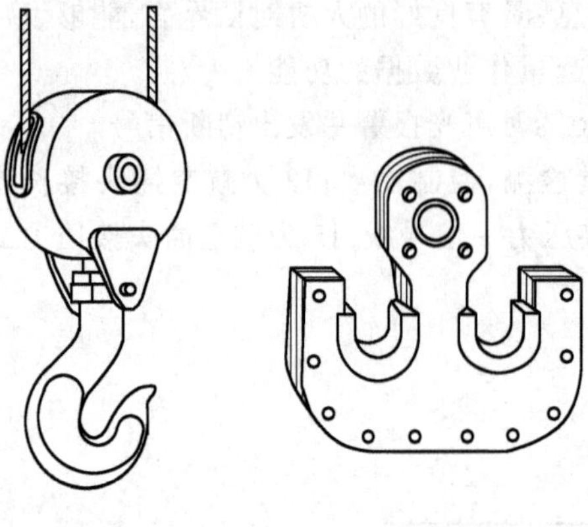

图 6-42　吊钩种类

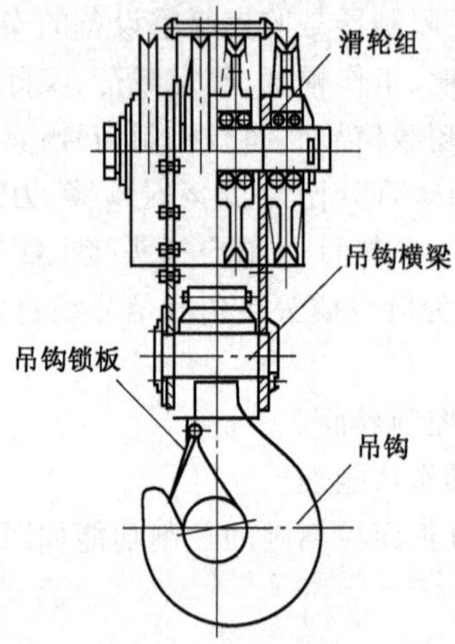

图 6-43　单吊钩结构示意图

(1)吊钩的使用

①吊钩上应有额定起重量，不能超载使用，且载荷应处于吊钩中部。

②起吊时应保持平稳，避免出现冲击载荷。

③吊钩表面应保持光洁，无剥裂、锐角、毛刺、裂纹等。

(2)吊钩的安全检查

①吊钩无变形，吊钩中部垂直断面高度磨损不超过 10%。

②吊钩防脱钩、防挤绳保险装置应齐全，且状态良好。

③吊钩滑轮转动灵活、润滑良好、无破损。

④吊钩旋转灵活、润滑良好。

复习思考题

1. 溢流阀的作用是什么？
2. 液压电磁阀的主要组成元件是什么？
3. 简述液压电磁阀的工作原理。
4. 液压锁的作用是什么？
5. 作业平台回转驱动机构由哪几部分组成？
6. 作业平台调平装置适用于哪种线路？
7. 平台调平液压控制系统的组成是什么？
8. 抓轨器的作用是什么？
9. 起重机的作业方位是如何规定的？
10. 简述吊重走行时锁定油缸的作用。
11. 起重机吊钩使用前检查包括哪些内容？
12. 力矩限制器有何作用？

第七章 电气系统

电气系统是接触网作业车的重要组成部分，接触网作业车的电气系统分为直流系统和交流系统。

直流系统的主要作用就是为发动机启动提供电能，同时保证车辆声、光、仪表以及辅助、控制设备的用电。

交流系统主要是为随车检测系统、电动工具、大功率照明、空调设备等提供用电。交流系统在接触网作业车的电气系统中属于辅助系统，主要包括交流发电机、开关、插座等，结构较简单。

直流系统由电源、启动装置、照明、仪表及辅助装置等组成。金鹰重工有限公司生产的JW-4 型接触网作业车电气原理图（主车部分）如图 7-1 所示，JW-4 型接触网作业车电气原理

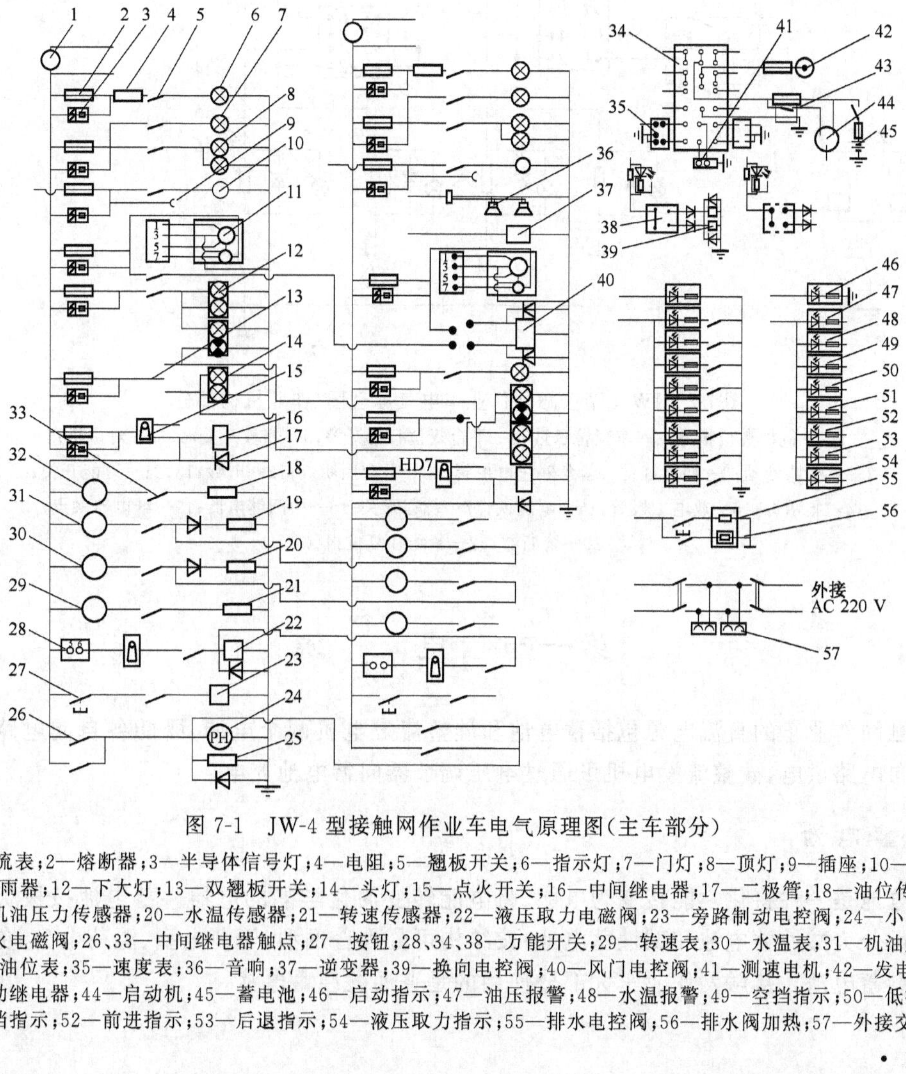

图 7-1 JW-4 型接触网作业车电气原理图（主车部分）

1—电流表；2—熔断器；3—半导体信号灯；4—电阻；5—翘板开关；6—指示灯；7—门灯；8—顶灯；9—插座；10—电扇；11—刮雨器；12—下大灯；13—双翘板开关；14—头灯；15—点火开关；16—中间继电器；17—二极管；18—油位传感器；19—机油压力传感器；20—水温传感器；21—转速传感器；22—液压取力电磁阀；23—旁路制动电控阀；24—小时计；25—熄火电磁阀；26、33—中间继电器触点；27—按钮；28、34、38—万能开关；29—转速表；30—水温表；31—机油压力表；32—油位表；35—速度表；36—音响；37—逆变器；39—换向电控阀；40—风门电控阀；41—测速电机；42—发电机；43—启动继电器；44—启动机；45—蓄电池；46—启动指示；47—油压报警；48—水温报警；49—空挡指示；50—低挡指示；51—倒挡指示；52—前进指示；53—后退指示；54—液压取力指示；55—排水电控阀；56—排水阀加热；57—外接交流插座

图(作业机构部分)如图 7-2 所示。

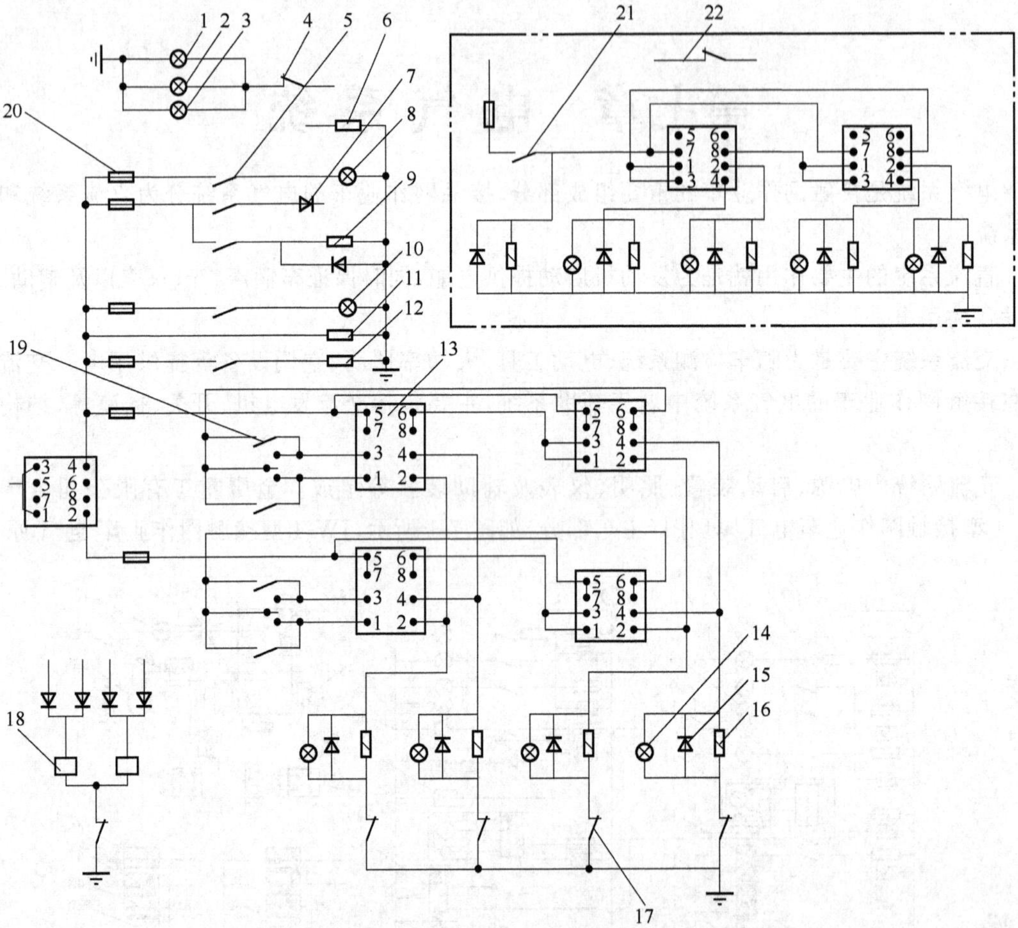

图 7-2　JW-4 型接触网作业车电气原理图(作业机构部分)

1、2—机构离位报警;3—车顶警示灯;4—平台复位行程开关;5—翘板开关;6、11—对讲机;7—接旁路制动;8—探照灯;9—紧急停止电控阀;10—平台照明灯;12—电铃;13、21—万能开关;14—指示灯;15—放电二极管;16—电磁铁;17—行程开关;18—中间继电器;19—继电器触点;20—熔断器;22—紧线柱复位报警

第一节　电　　源

接触网作业车的直流电源包括蓄电池和硅整流发电机两个电源,既能各自向电路供电又可同时向电路供电,硅整流发电机可通过电压调节器向蓄电池充电。

一、蓄 电 池

蓄电池是一种将化学能转变为电能、将电能转变为化学能的电器。蓄电池按极板材料和电解液可分为酸性蓄电池和碱性蓄电池;按结构可分为普通型、干荷电型、湿荷电型、免维护型和胶体型蓄电池。接触网作业车大部分使用的是普通酸性蓄电池。

1. 蓄电池的构造

蓄电池由极板、隔板、接线柱、连接板、外壳及电解液组成，如图 7-3 所示。

每块蓄电池由 6 个蓄电池单体（或叫单格）组成，正常情况下每个蓄电池单体放电时的端电压为 2.2 V。每个蓄电池单体由多片极板组组成，每片极板组由两片负极板和一片正极板组成，多片极板组并联焊接引出极板，构成一个蓄电池单体，蓄电池单体用连接板串联起来组成蓄电池。

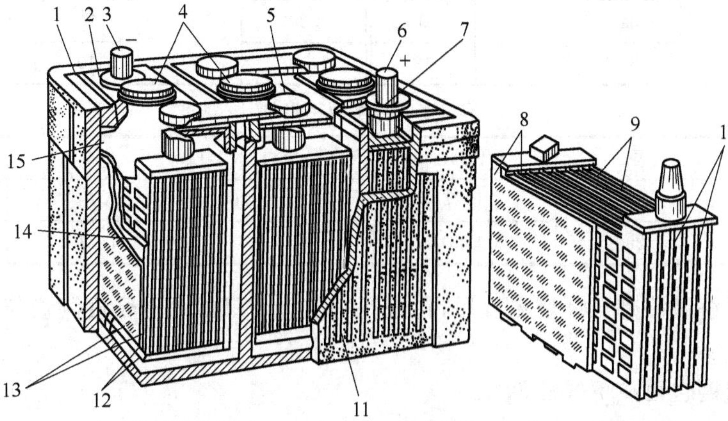

图 7-3　普通铅酸蓄电池结构示意图

1—密封料；2—单格电池盖；3—副极接线柱；4—加液孔盖；5—铅连接板；6—正极接线柱；7—密封环；8、13—负极板；9、14—隔板；10、12—正极板；11—外壳；15—栅格

极板是蓄电池的核心部分，蓄电池充、放电过程，电能和化学能的相互转换就是依靠极板上活性物质和电解液中硫酸的化学反应来实现的。

极板由栅架及活性物质组成，栅架由铅锑合金浇铸而成，活性物质就是极板上的工作物质。正极板上的活性物质为二氧化铅（PbO_2）、呈暗棕色；负极板上的活性物质为海绵状纯铅（Pb），呈深灰色。普通蓄电池正极板厚度一般为 2.2 mm，负极板厚度为 1.8 mm。

在极板之间装有隔板，隔板的作用是使正负极板尽量地靠近而不至于短路，缩小蓄电池的体积，防止极板变形和活性物质脱落。隔板用微孔塑料制成，具有多孔性，以利于电解液渗透，还具有良好的耐酸性和抗氧化性。

随着接触网作业车功率的提高和随车电气设备、控制设备的增多，对蓄电池容量提出更高的要求，由原来的两块蓄电池串联使用，增加为四块蓄电池两两串联、并联使用，提高了蓄电池电源总容量。

2. 电解液

电解液由蒸馏水和 15 ℃时相对密度为 1.83～1.84 的化学纯硫酸按一定体积或质量比配制而成，见表 7-1。其相对密度一般在 1.24～1.31，使用时应根据当地最低气温或制造厂的要求进行选择，见表 7-2。

配制电解液应使用耐酸、耐腐蚀的玻璃、陶瓷、硬橡胶或铅质容器、器具，搅拌棒、温度计、密度计等用具均应保持清洁干净；准备好 10% 的碳酸钠溶液，以备硫酸或电解液溅在人体时作中和处理用，以免操作人员身体和衣服腐蚀；操作者必须带防护眼镜、橡皮手套、塑料围裙、高筒胶鞋，以防烧伤。

配制时须先将蒸馏水放入容器，然后将硫酸缓慢地加入水中，并不断地用搅拌棒搅拌。**严禁将蒸馏水倒入浓硫酸中！**以免发生爆溅，伤害人体和腐蚀设备。

表 7-1　电解液配比表

电解液相对密度	体积比		质量比		电解液相对密度	体积比		质量比	
	浓硫酸	蒸馏水	浓硫酸	蒸馏水		浓硫酸	蒸馏水	浓硫酸	蒸馏水
1.220		41		23	1.270		31		18
1.230		38		22	1.280		28		17
1.240	1	36	1	21	1.290	1	27	1	16
1.250		34		20	1.300		26		15
1.260		32		19	1.400		19		10

表 7-2　电解液密度表

地区环境温度℃	冬季	夏季	地区环境温度(℃)	冬季	夏季
＜－40	1.31	1.27	－30～－20	1.28	1.25
－40～－30	1.29	1.25	0～20	1.27	1.24

配制后的电解液冷却至环境温度后，再进行一次电解液的相对密度测量与调整，温度低于35 ℃时使用。

电解液的密度也可按下式测算：

$$25℃密度＝实测密度＋0.000\,7×(电解液温度－25)$$

3. 铅蓄电池基本工作原理

铅蓄电池充放电反应原理如图 7-4 所示，当铅蓄电池接通外电路负载放电时，正极板上的 PbO_2 和负极板的 Pb 都变成了 $PbSO_4$，电解液的硫酸变成了水。充电时，正负极板上的 $PbSO_4$ 分别恢复原来的 PbO_2 和 Pb，电解液中的水变成了硫酸。

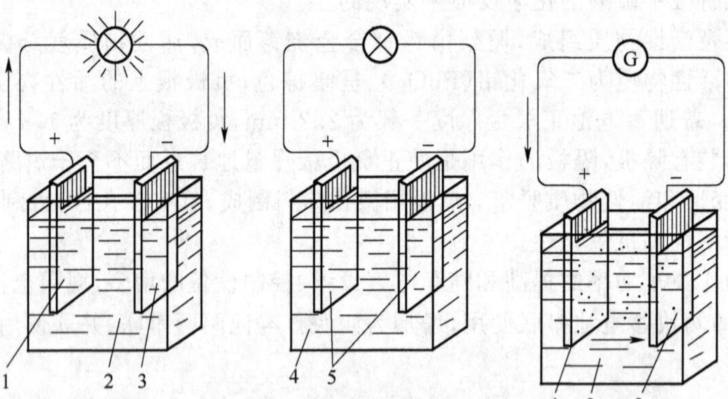

(a) 放电开始　(b) 放电结束　(c) 充电结束

图 7-4　铅酸蓄电池充放电示意图

1—二氧化铅；2—硫酸溶液；3—纯铅；4—淡硫酸；5—硫酸铅

充放电时的化学反应式为：

正极板　$$PbO_2+4H^++SO_4^{2-}+2e \underset{充电}{\overset{放电}{\rightleftharpoons}} PbSO_4+2H_2O \qquad (7\text{-}1)$$

负极板　$$Pb+SO_4^{2-} \underset{充电}{\overset{放电}{\rightleftharpoons}} PbSO_4+2e \qquad (7\text{-}2)$$

总反应式　$$PbO_2+2H_2SO_4+Pb \underset{充电}{\overset{放电}{\rightleftharpoons}} PbSO_4+2H_2O+PbSO_4 \qquad (7\text{-}3)$$

当蓄电池放电时，极板活性物质与硫酸反应迅速变为水，端电压下降到 1.75 V 时其极板表面已形成大量硫酸铅(其体积是海绵状铅的 2.68 倍，是二氧化铅的 1.86 倍)，堵塞了间隙，渗透能力下降；同时单位时间的渗透量小于极板内硫酸的消耗量，极板内电解液相对密度迅速下降，此时放电应停止，否则影响蓄电池寿命。

当蓄电池充电时，极板活性物质与水发生逆变反应变为硫酸，端电压逐渐上升至单格电压为 2.7 V，该过程中电解液中的水开始电解，正极板表面溢出氧气，负极板处溢出氢气，电解液中冒出气泡，出现所谓的电解液“沸腾”现象。

4. 蓄电池充电方法

蓄电池的充电方法有定流充电、定压充电和快速脉冲充电等方式。

(1)定流充电

在充电过程中，保持充电电流恒定的充电叫定流充电。硅整流充电机及晶闸管充电机可方便实现充电电流恒定的控制。采用定流充电可以将不同电压等级的蓄电池串在一起充电，串联充电时，充电电流应按照容量最小的电池来选择，当小容量蓄电池充足后，应及时取掉，然后继续给大容量蓄电池充电。

定流充电的特点：具有适应性广的优点，因此广泛用于初充电、补充充电。

(2)定压充电

在充电过程中，保持充电电压恒定的充电称定压充电。接触网作业车上的充电系采用电压调节器实现对充电电压恒定的控制。定压充电电压选择：一般每单格电池约需 2.5 V，即 6 V电池需要充电电压约为7.5 V，12 V 电池需要充电电压约为 15 V。

定压充电的特点：充电效率高，开始 4～5 h 内，就可获得 90%～95%的充电量，可大大缩短充电时间；定压充电电压选择合适时，电池充足后，充电电流会自动趋向于零。定压充电不能确保蓄电池完全充足电。

定压、定流充电完成一次初充电需 60～70 h，补充充电需 20 h 左右，由于充电时间太长，给使用带来不便，用单纯加大电流充电时温升过快，会产生大量气泡，造成活性物质脱落，缩短使用寿命。

(3)脉冲充电

快速脉冲充电，采用自动控制电路对电池进行正反向脉冲充电，可以提高充电效率，新电池初充电一般不超过 5 h，使用中的电池补充充电只需 0.5～1.5 h。

5. 蓄电池充电注意事项

(1)严格遵守各种充电方法中的充电规范。

(2)充电时，应先接好蓄电池线，注意正负极的选择，导线连接必须可靠，防止发生火花；停止充电时，应先切断充电交流电源。

(3)充电时要打开蓄电池加液孔盖，使氢气、氧气顺利溢出，并保持充电场所通风良好，以免发生事故。

(4)充电前应正确选择充电机充电挡位的电压和电流。

(5)充电过程中，要注意测量各个单格电池的温升，以免温度过高影响铅蓄电池的使用性能，也可采用风冷和水冷的方法来降温。初充电工作应连接进行，不可长时间中断。

(6)充电过程中，要经常测量各个单格电池的电压和相对密度，及时判断充电程度和技术状况。

(7)充电室要安装通风设备，严禁用明火取暖，充电机和蓄电池应隔室放置。

6. 蓄电池的保养

(1)从车上拆卸蓄电池时，应先拆搭铁电缆。拆卸时，若发现蓄电池接线柱螺栓锈蚀难以取出，切莫用锤或钳敲打，以避免极桩断裂、极板活性物质脱落。可用热水冲洗后，拧开螺栓。取下电池时应小心轻放，尽量用电池提把进行。

(2)往车上装蓄电池时，应确认正负极，保持负极搭铁。应先接正极启动机电缆，再接搭铁电缆，以防扳手搭铁引起强烈火花。

(3)安装电缆端子时，应先用细砂纸或专用清洁接线柱及电缆端子，连接接线柱夹头时，螺栓螺母的螺纹应先涂凡士林或润滑脂，以防氧化生锈，便于以后拆卸。

(4)及时清洁蓄电池外表的灰尘及泥土。疏通加液盖上的通气小孔，清除蓄电池接线柱和电缆端子的氧化物。

(5)定期检查蓄电池的电解液相对密度及液面高度。一般每行驶 1 000 km 或冬季行驶 10～15 天、夏季行驶 5～6 天后检查电液的液面高度。橡胶壳蓄电池电解液液面高度应高出极板10～15 mm，电解液不足时，应及时添加蒸馏水或“补充液”。若液面降低确系溅出倾倒造成，应补加相应相对密度的电解液并充电调整。经常检查蓄电池存电量，发现存电不足时，立即补充充电。

(6)蓄电池充电应在通风的环境下进行，严禁吸烟和使用明火，蓄电池车外充电后应静置 10 min 以上再安装，车辆连续行驶后也应静置 10 min 以上再拆卸，防止爆炸事故的发生。

(7)车辆停用时，应将电池取下或断开连接线。

(8)禁止通过短接极柱的办法检查蓄电池是否有电，严禁将金属物搭放在接线极柱附近。

(9)严禁用加注硫酸的方法提高电解液密度。

7. 蓄电池的型号

机械工业部 JB 2599—1985《铅蓄电池产品型号编制方法》标准规定，蓄电池的型号由三部分组成：

Ⅰ	Ⅱ	Ⅲ
□	□□	□□

第Ⅰ部分表示串联的单格电池数，用阿拉伯数字表示，蓄电池的标准电压是该数字的 2 倍。

第Ⅱ部分表示电池类型和特征，用两个汉语拼音字母表示。第一个字母为“Q”表示启动型铅蓄电池。第二个字母表示电池结构特征。如：干荷蓄电池用“A”表示；薄型极板用“B”表示；免(无)维护蓄电池用“W”表示。

第Ⅲ部分表示额定容量，指 20 h 额定容量，用阿拉伯数字表示，单位为 A·h(安时)，单位略去不写。在其后用一个字母表示特殊性能，如：高启动率用“G”表示；塑料槽用“S”表示；用“D”表示低温启动性好。

二、发电机及调节器

发电机是将机械能变为电能的装置，它将发动机通过皮带传动的机械能变为电能供随车电气设备使用，并将多余的电能对蓄电池浮动充电。

目前接触网作业车使用的为硅整流发电机，由转子、定子组成的发电部分和整流二极管组成的全波整流部分组成，各种硅整流发电机的，JF 型系列硅整流发电机结构示意图如图 7-5 所示，整体式硅整流发电机结构示意图如图 7-6 所示。

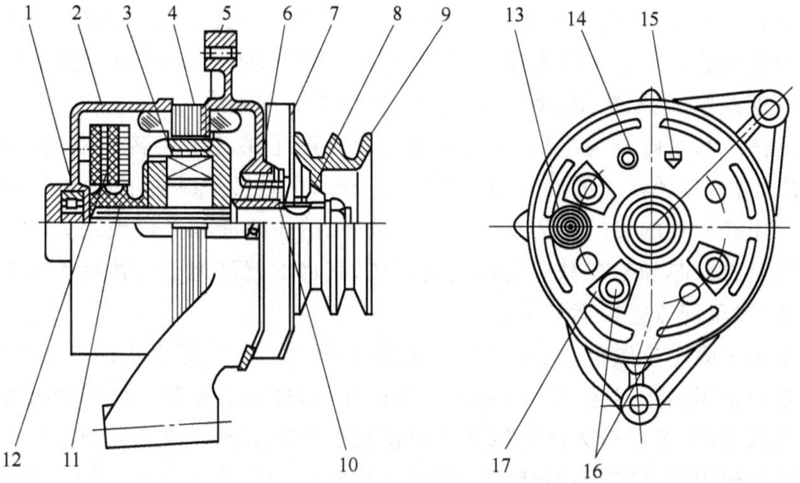

图 7-5　JF 系列硅整流发电机结构示意图

1—后轴承；2—后端盖；3—转子总成；4—定子绕组铁芯；5—前端盖；6—前轴承；7—风扇叶轮；8—半圆键；9—皮带轮；10—挡尘阀；11—滑环；12—电刷；13—电枢接线柱；14—磁场接线柱；15—搭铁接线柱；16—整流二极管；17—整流元件板

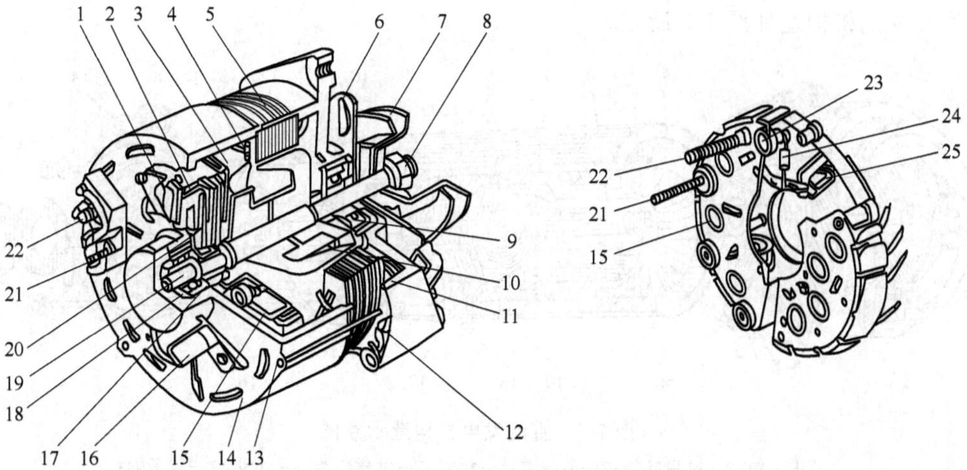

图 7-6　整体式硅整流发电机结构示意图

1—电压调节器；2—电刷架；3—磁极；4—定子绕组；5—定子铁芯；6—风扇叶轮；7—皮带轮；8—紧固螺母；9、18—全封闭轴承；10—励磁绕组；11—前端盖；12—定子槽楔子；13—连接螺栓；14—后端盖；15—散热板；16—防干扰电容；17—滑环；19—转子轴；20—电刷；21—励磁接线柱；22—输出接线柱；23—整流二极管；24—磁场整流二极管；25—电刷架压紧片

1. 发电机的构造

发电机是通过旋转的转子做切割“磁力线”运动，产生电动势，对外输出电流。

发电机分为直流发电机和交流发电机，发动机用发电机对外均输出直流电。不同的是直流发电机通过转子电枢的换向器输出波动直流电流，再通过稳压滤波供电器设备使用；而交流发电机输出的则为交流电流，再通过整流二极管进行整流滤波供电器设备使用。

(1)直流发电机

直流发电机一般由两个主要部分组成，一是静止部分也就是定子，主要用来产生磁场；二是转动部分也就是转子(即电枢),用来实现能量的转换,发电机由机械能转变为电能,电动机由电能转变为机械能。定子主要由主磁极、换向极、机座、端盖、轴承和电刷组件等部件组成;转子主要由电枢铁芯、电枢绕组、换向器、主轴、风扇等部件组成。

主磁极由铁芯和励磁绕组组成,其主要作用就是产生供转子旋转的磁场。铁芯由硅钢板冲片叠压而成,为了实现转子的旋转和磁场均匀分布,主磁极是成对出现的,而且 N 极和 S 极交叉排列。使用硅钢片的目的是为了改善磁场分布、减少磁滞和涡流损耗。

换向极也是由铁芯和套在铁芯上的绕组组成,其目的就是为了改善直流电机的换向,减少电刷换向火花,实现直流电机运转平稳。

基座就是用于固定主磁极、换向极和端盖等;另外也作为直流电机传导磁路的一部分。

电枢铁芯的作用是固定电枢绕组和传导主磁通,同样电枢铁芯是由硅钢板冲片叠压而成,为了电枢的通风冷却,容量较大的电机在电枢铁芯上开有通风孔或通风槽。

电枢绕组的作用就是实现能量转换,但发电机和电动机有所不同。发电机的电枢绕组就是感应电动势和通过电流;电动机的电枢绕组就是通过电流,产生用于转子磁场。

换向器的作用就是使电枢绕组中交变电动势变为电枢间的直流电动势。

电刷组件的作用就是引出或引入直流电压、电流。电刷组件包括电刷、刷握、刷杆、刷杆座和汇流条等。

直流发电机构造如图 7-7 所示。

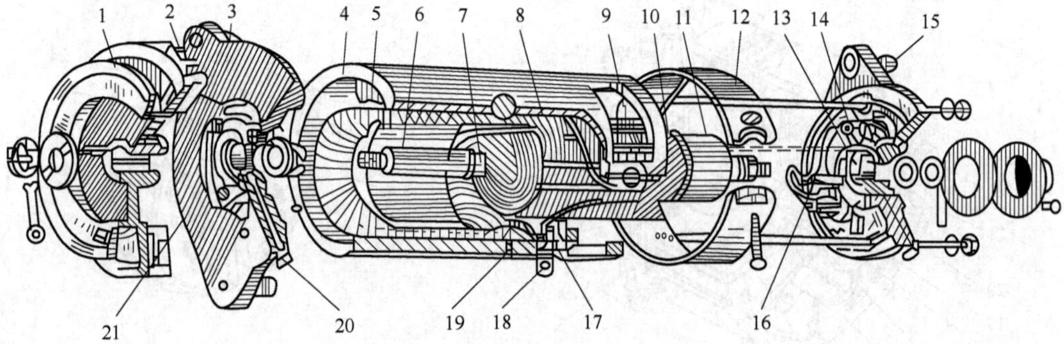

图 7-7　直流发电机构造示意图

1—皮带轮;2—风扇叶片;3—前端盖;4—机壳;5—励磁绕组;6—磁极;7—转子轴;
8—电枢(转子)铁芯;9—励磁绕组接地;10—电枢(转子)绕组;11—换向器;12—防尘箍;
13—负极电刷;14—负极电刷架;15—后端盖;16—正极电刷;17—正极电刷架;
18—励磁接线柱;19—接地螺钉;20—油嘴;21—通风孔

发电机励磁磁场可由定子绕组产生也可由转子绕组产生。

(2)硅整流发电机

硅整流发电机由磁路部分和整流部分两部分组成,磁路包括转子、定子、转子轴、滑环等;整流部分包括桥式整流电路、稳压管等。

转子是产生磁场部件,由励磁绕组、磁极、电刷等组成,如图 7-8 所示。绕组的引出线与滑环相连接,滑环与电刷结合引出发电机外部。转子轴上压装着两块爪极,两块爪极各有六个鸟嘴形磁极,爪极空腔内装有磁场绕组(转子线圈)和磁轭。集电环由两个彼此绝缘的铜环组成,集电环压装在转子轴上并与轴绝缘,两个集电环分别与磁场绕组的两端相连。当两集电环通入直流电时(通过电刷),磁场绕组中就有电流通过,并产生轴向磁通,使爪极一块磁化为 N

极，另一块被磁化为S极，从而形成六对相互交错的磁极。当转子转动时，就形成了旋转的磁场。

定子由铁芯及绕组组成，如图7-9所示。定子铁芯由内圈带槽的硅钢片叠成，定子绕组的导线就嵌放在铁芯的槽中。定子绕组有三相，三相绕组采用星形接法尾端连接在一起，首端与整流二极管相连。

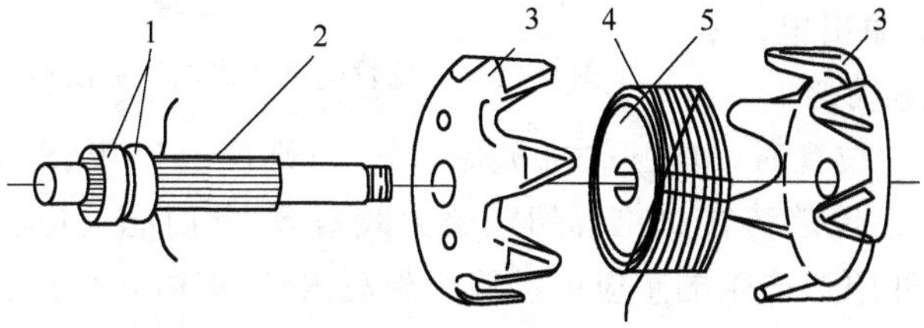

图7-8　硅整流发电机转子结构示意图

1—滑环；2—转子轴；3—鸟嘴型磁极；4—磁轭；5—励磁绕组

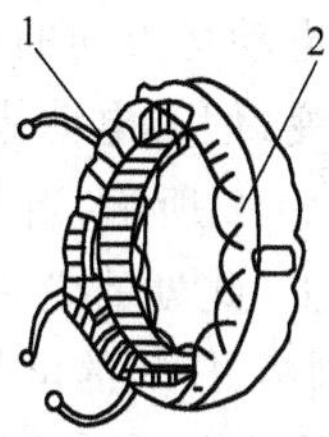

图7-9　定子结构示意图

1—定子绕组；2—铁芯

2. 发电机的工作原理

直流发电机实质上是交流发电机，所说的直流是针对换向器来说的，它是在电机的旋转中，通过换向器，将换向器中的直流改变为电枢绕组中的交流电。

(1)交流发电机工作原理

交流发电机是直流发电机的基础，通过交流发电机的工作原理来进一步了解直流发电机的工作原理。

我们大家知道“电”是通过线圈在磁场中切割磁力线的运动而形成的感应电动势，进而形成电流的，也就法拉第电磁感应定律。如图7-10所示，当发电机线圈处于a位置时，线圈的ab边、cd边处于两个磁极的中心线上，该处磁密度为零，其相对运动趋势在此位置没有切割磁力线，此处的感应电动势为零，电刷A、B间的电势为零；当电枢旋转90°，原边ab、原边cd分别位于N极、S极的中心轴线上，此处的磁密度最大，其相对运动趋势在此位置切割磁力线最多，此时感应电动势最大，电刷A、B间的电势最大。由于电枢的向右旋转，原边ab、原边cd在N极、S极两级间交替旋转，根据法拉第电磁感应定律，在N极处元边产生的感应电动势为外高内低，而S极处原边产生的感应电动势为外低内高，这样就在电枢内产生一个交变的电动势，如图7-11所示。

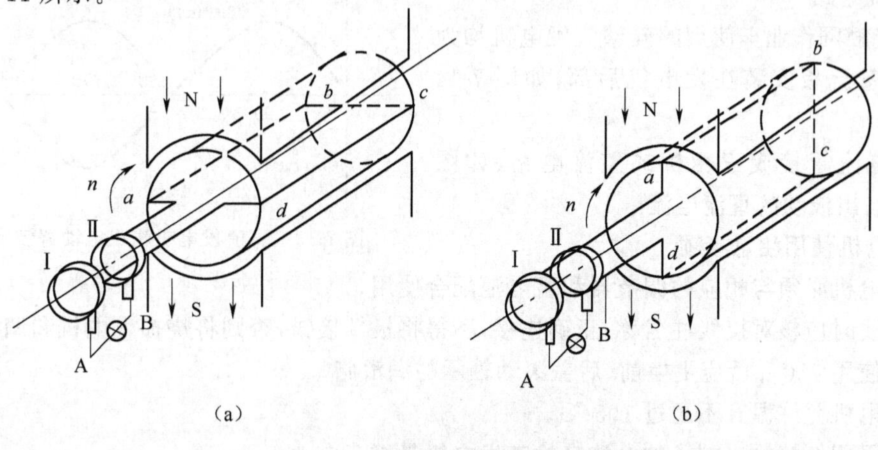

(a)　　(b)

图7-10　交流发电机工作原理示意图

A、B为电刷；N、S为磁极；线圈$abcd$为电枢；Ⅰ、Ⅱ为集电环在电刷 A、B 间的电动势随着时间变化而做周期性的正弦变化，这样便形成了交流电。

(2)直流发电机的工作原理

直流发电机与交流发电机的区别，就是将交流发电机的集电环变成与电枢原边相连的相互绝缘的换向片组成的换向器，并通过电刷输出电动势，保证电刷输出电动势方向的不变。虽然电刷输出电动势的方向不变，但其电动势的大小仍然是脉动的。

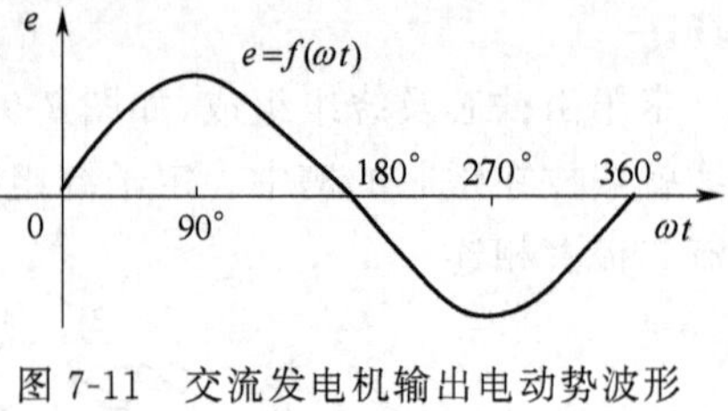

图 7-11　交流发电机输出电动势波形

如图 7-12 所示，当发电机线圈处于 a 位置时，电枢原边 ab、原边 cd 分别位于 N 极、S 极的中心轴线上，此处的磁密度最大，其相对运动趋势在此位置切割磁力线最多，此时感应电动势最大，电刷 A、B 间的电势最大，在 N 极处原边产生的感应电动势为外高内低，即由 a 至 b；而 S 极处原边产生的感应电动势为外低内高，即由 c 至 d。由于电枢的向右旋转 180°，元边 ab、原边 cd 在 S 极、N 极两极中心线上，在 N 极处原边产生的感应电动势为外高内低，即由 d 至 c；而 S 极处原边产生的感应电动势为外低内高，即由 b 至 a，这样就在电刷输出端产生一个波动的电动势，如图 7-13 所示。

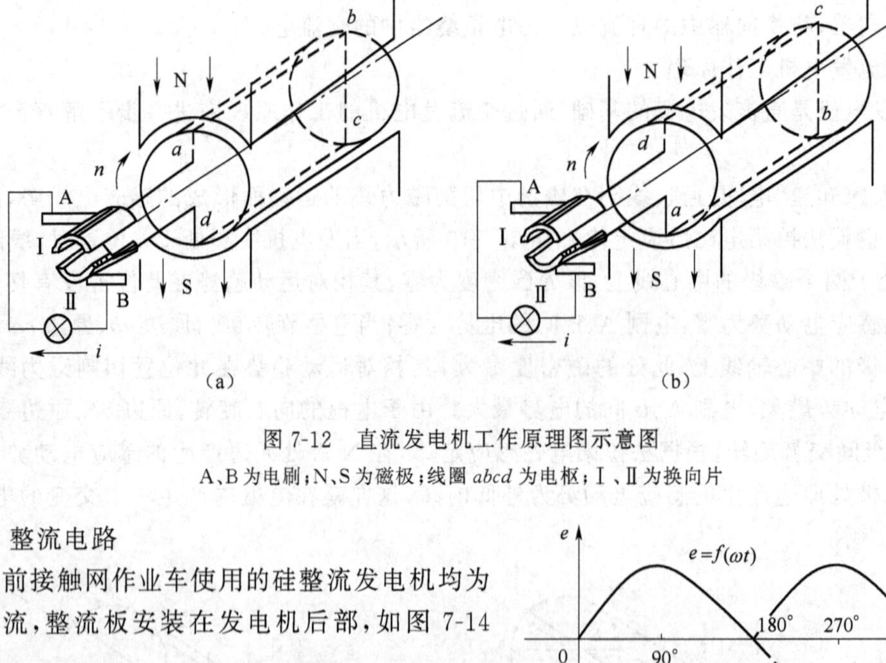

图 7-12　直流发电机工作原理图示意图

A、B 为电刷；N、S 为磁极；线圈 $abcd$ 为电枢；Ⅰ、Ⅱ为换向片

3. 整流电路

目前接触网作业车使用的硅整流发电机均为桥式整流，整流板安装在发电机后部，如图 7-14 所示。

六只整流管接成三相桥式整流电路，如图 7-15所示，输出波动的直流电流。

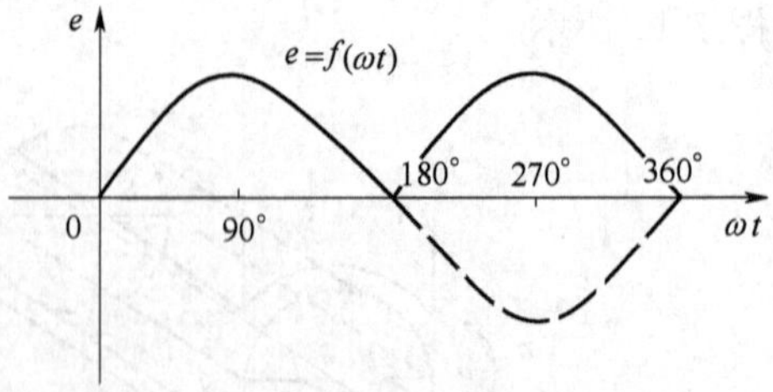

图 7-13　直流发电机输出电动势波形

4. 发电机使用注意事项

(1)发电机必须与相应的调节器和蓄电池配合使用。

(2)接线时应核对接线柱名称，正确连接，不得将极性接错，否则将烧损发电机和调节器。

(3)在使用 750 h 后应更换前、后盖滚动轴承的润滑脂。

(4)发电机允许温升不超过 105 ℃。

(5)不得用短接输出端子的办法来检查发电机是否有电。

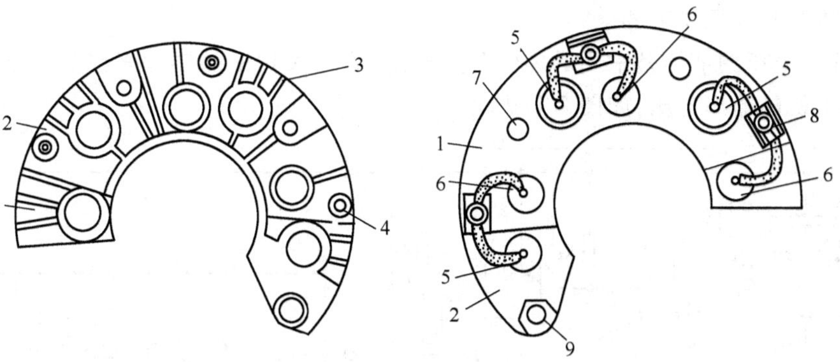

图 7-14　硅整流发电机整流板结构示意图

1—负整流板；2—正整流板；3—散热板；4—连接螺栓；5—正极管；6—负极管；
7—安装孔；8—绝缘垫；9—励磁绕组接线孔

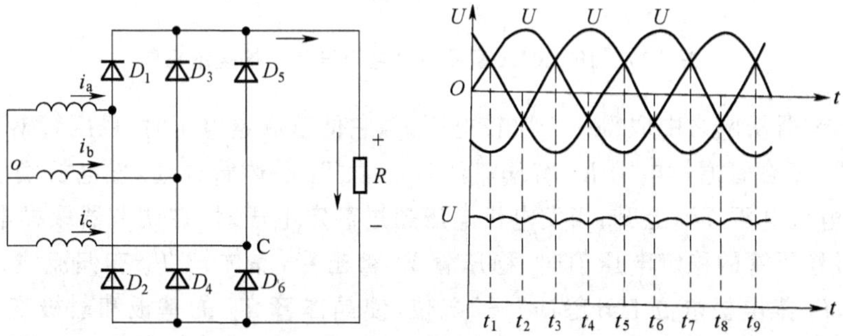

图 7-15　硅整流发电机整流电路及输出电压波形示意图

(6)测量整流二极管需用万用表，不得用兆欧表或超过 30 V 的电源来检测。

5. 发电机调节器

发电机调节器是调节发电机和蓄电池两个电源向发动机或其他用电设备供电的装置。当硅整流发电机电压高于蓄电池电压时，就向蓄电池充电；当蓄电池电压高于硅整流发电机电压时，二极管阻止反向电流流过。电压调节器是车辆直流系统中重要的部件之一。

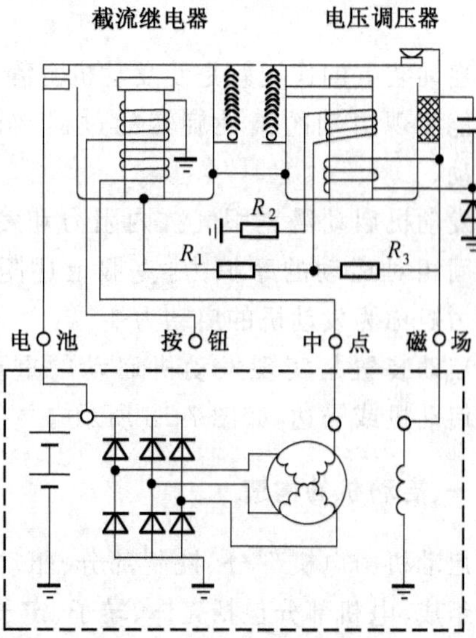

图 7-16　FT121 型电压调节器

发电机调节器分为机械式和晶体管式。

(1)机械式电压调节器

机械式电压调节器内部由两部分组成，即截流继电器和电压调节器，该调节器与带有中性点的发电机配合使用，其接线如图 7-16 所示。调节器能在环境温度为−40～+65 ℃间正常工作。

使用该调节器，须四个接线柱向下安装，如装在发动机机体上，需增加减振垫；发电机与蓄电池负极接地，接线正确可靠；继电器触点分开时，衔铁与铁芯间的间隙为 0.8 mm，触点间的间隙为 0.8 mm，电压调节器衔铁与芯铁间的间隙为 1.4～1.5 mm；电压调节器不要随意调节。

(2)晶体管式电压调节器

晶体管式电压调节器是采用晶体管开关电路，通过大功率晶体管来控制发电机的励磁电流，稳定发电机的输出电压，如图 7-17 所示。

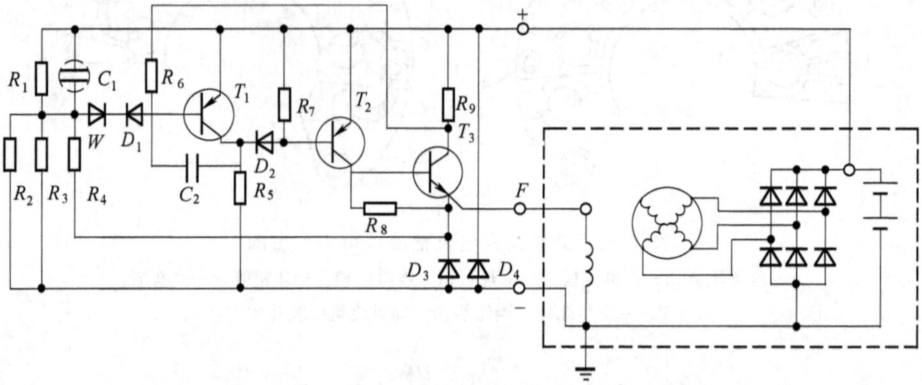

图 7-17　JFT207A 型晶体管电压调节器接线示意图

晶体管调节器从网络中取得一个比较电压，当它低于额定电压时，稳压管 W 和三极管 T_1 都截止，T_2、T_3 复合管通过电阻 R_5 有偏流注入，T_2、T_3 晶体管导通，发电机励磁绕组有电流通过，于是发电机电压逐渐上升；当发电机电压超过额定电压时，在调节器取样电路稳压管 W 两端电压超过稳压管的稳定电压值时，稳压管 W 被击穿，晶体管 T_1 有偏流注入，晶体管 T_1 导通，晶体管 T_1 集电极电位上升趋向“＋”电位，使晶体管 T_2 的基极和射极变成同电位，T_2 因偏流截止而截止，T_3 同样也被截止，发电机的励磁电流被隔断，发电机输出电压逐渐下降。

当电压低于额定电压时，继续重复上述过程。

第二节　启动装置

启动装置的作用就是使发动机由静止状态到惰性旋转状态的转变。曲轴在外力作用下旋转并能实现自动的惰性旋转的过程，叫发动机的启动。

发动机启动需克服气缸内阻力和发动机各附件间相对运动的摩擦力，克服上述阻力所需要的力矩称为发动机的启动力矩。

启动装置是实现发动机启动的重要设备，俗称启动机或马达，如图 7-18 所示 。

图 7-18　启动机外形图

一、启动机的构造

启动机由电机部分、控制部分、驱动部分三部分组成，电机部分包括壳体、转子、定子、碳刷等；控制部分即电磁开关(俗称吸力包)；驱动部分为驱动啮合器等，如图 7-19 所示。

二、直流电机

启动电机为四极四刷的短时间工作串励直流电动机，直流电动机是启动机的动力部分，其

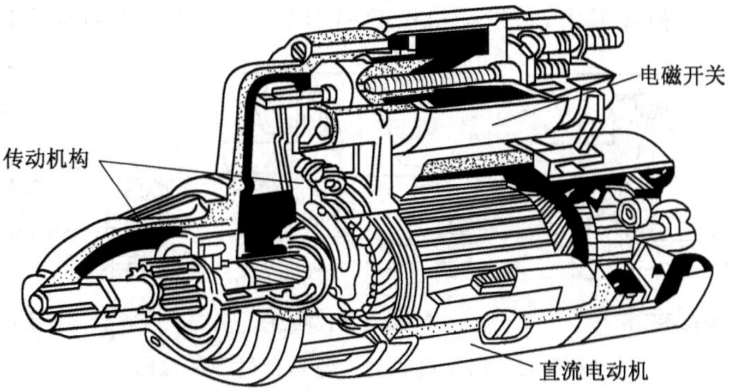

图 7-19　启动机结构示意图

结构如图 7-20 所示。当接通电机绕组电源,定子、转子同时得电,产生磁场,使得直流电机转动。

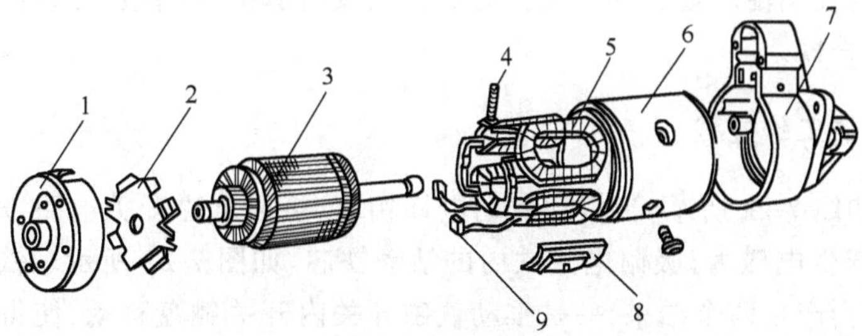

图 7-20　启动直流电机结构示意图

1—电刷端盖；2—电刷架；3—转子；4—接线柱；5—定子；
6—外壳；7—驱动端盖；8—定子铁芯；9—电刷

三、电磁开关

电磁开关是启动直流电机的控制机构,电磁开关主要由电磁铁机构和直流电机开关两部分组成,如图 7-21 所示。电磁铁机构由固定铁芯、活动铁芯、吸引线圈和保持线圈等组成。固定铁芯固定不动,活动铁芯可以在铜套里做轴向移动。活动铁芯前端固定有推杆,推杆前端安装有开关触盘,活动铁芯后段用调节螺钉和连接销与拨叉连接。

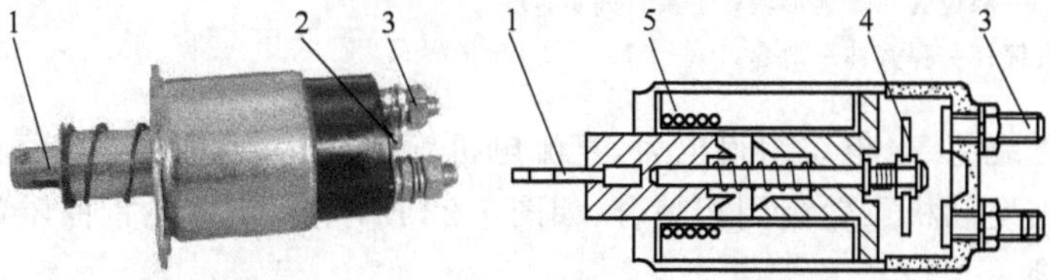

图 7-21　电磁开关外形及剖面示意图

1—推杆；2—电磁绕组接线柱；3—启动电机开关接线柱；4—开关触盘；5—电磁铁绕组

四、传动机构

传动机构包括拨叉、啮合器组成,启动机直流电机转子轴上加工有螺旋环槽,啮合器中滑块伸入螺旋环槽内,当直流电机旋转,电磁开关被吸合,拨叉拨动啮合齿轮在直流电机旋转离心力的作用下，沿转子轴被甩出，与发动机齿圈相啮合，驱动发动机曲轴旋转，如图 7-22 所示。

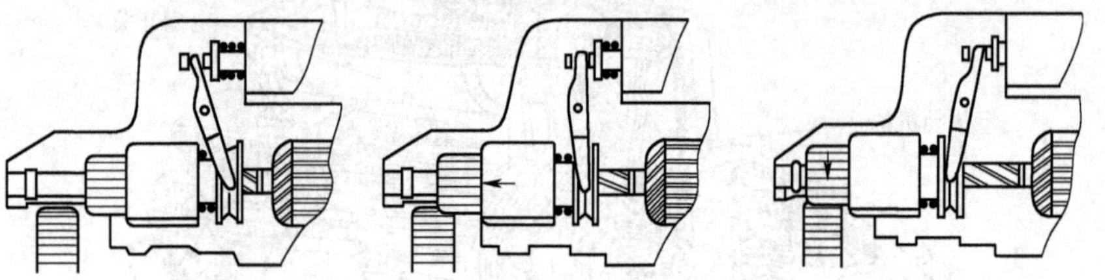

(a) 静止未工作　　(b) 开关通电推向啮合　　(c) 开关接通完全啮合

图 7-22　启动机驱动齿轮啮合过程示意图

与齿圈啮合的啮合器，又称离合装置。驱动齿轮的套圈在花键套筒的外圆面上，两个扇形滑块安装在齿轮相应缺口中并深入花键套环槽内，齿轮沿花键套筒环槽做轴向移动，其结构如图 7-23 所示。

由于啮合器的长期使用会引起弹簧弹力弱化以及滑套磨损超限，可在出现启动机啮合齿轮打滑时，更换啮合器。

五、启动装置的工作过程

启动机接线如图 7-24 所示，当扭动启动电锁钥匙，接通电磁开关电路，电磁开关得电，电磁开关的电磁铁产生电磁力，吸附电磁铁内的活动铁芯，如图 7-21 所示。铁芯 1 向电磁铁内移动，铁芯的移动会产生两个结果，一是推动铁磁开关内开关触盘移动，使得直流电机励磁绕组接线柱短接，励磁绕组、电枢绕组得电；二是铁芯拉动拨叉，拨动啮合器向外移动。

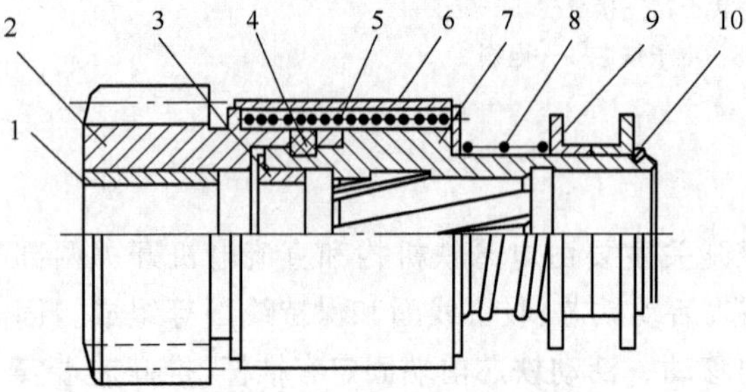

图 7-23　啮合器结构示意图

1—衬套；2—驱动齿轮；3—限位套；4—扇形块；5—离合弹簧；
6—护套；7—花键套筒；8—弹簧；9—滑套；10—卡环

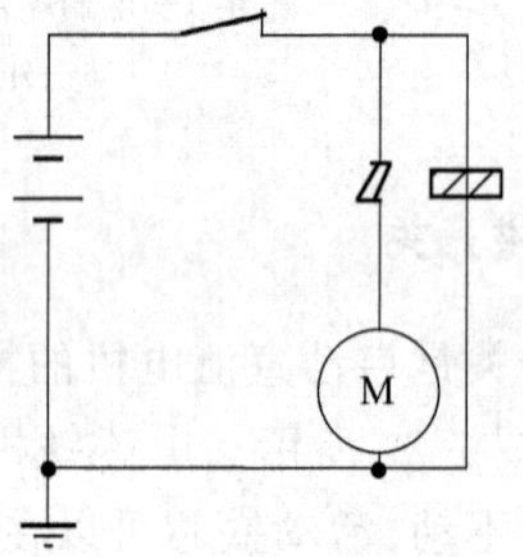

图 7-24　启动机接线图

直流电机励磁绕组、电枢绕组得电后，直流电机旋转，同时啮合器伴随直流电机的旋转，被推、甩出，啮合器与发动机飞轮齿圈相啮合，如图 7-23 所示，驱动飞轮带曲轴旋转，发动机随着转速加快而被驱动。

第三节　照明装置、仪表及辅助装置

一、接触网作业车的照明装置

接触网作业车的照明装置包括两端顶灯、两端前大灯、防护灯、顶棚灯、平台灯和仪表灯等。

随着科技的发展,照明灯具也开始多样化,由普通的照明灯发展到真空灯、荧光灯、LED灯,照明开关则多选用翘板开关。

对于照明要求,应满足距照灯 300 m,距钢轨垂直距离 0 m、1 m、1.5 m 处,照度值应大于等于 1.0 lx;接触网模拟检测受电弓处照度值应大于等于 40 lx;接触网悬挂处照度值应大于等于 10 lx。

二、仪表及辅助装置

接触网作业车的仪表包括电流表、车速表、里程表、燃油油位表、机油压力表、水温表、机油温度表等;辅助装置包括雨刮器、警示灯、交流逆变器等。

1. 电流表

电流表用于指示蓄电池充电电流或放电电流的电流强度。它串联在蓄电池与调节器之间,其结构如图 7-25 所示。

在铜片上装有方向一定的永久磁铁,指针转子(阻尼轮)和带有平衡块的铝质指针安装在磁铁和底座支架之间,可在支架的支撑孔上自由转动。当无电流通过时,磁分路片受永久磁铁作用,使磁路分片处于水平位置,指针指向"0"位。

当蓄电池放电时,电流通过阻尼轮在铜片周围形成磁场,其方向与永久磁场垂直,使指针则随转子转向另一方向"一",偏向一定角度,表示放电。

当蓄电池充电时,电流与放电时相反,通过阻尼轮在铜片周围形成磁场,其方向也与放电时相反但仍与永久磁场垂直,使指针则随转子转向另一方向"+",偏向一定角度,表示充电。

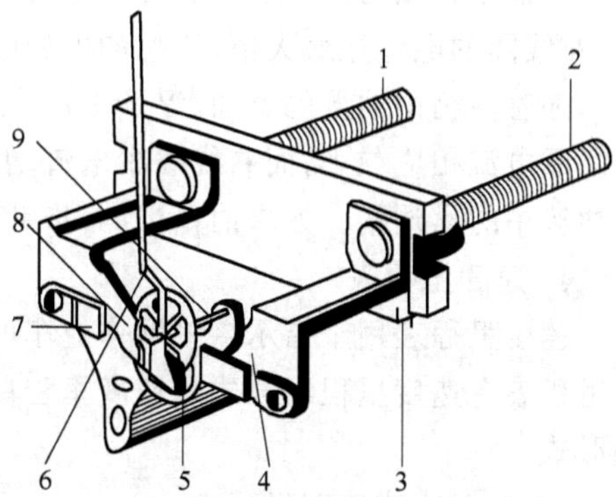

图 7-25 电流表结构示意图

1—接发电机调节器;2—接蓄电池;3—绝缘板;4—底座;5—指针转子;6—指针;7—永久磁铁;8—磁分路片;9—轴

电流表的计量单位是:安(A)。

2. 机油压力表

接触网作业车发动机使用的机油压力表一般为电磁式,电磁式机油压力表由表头和机油压力传感器组成。机油压力表内芯由定子绕组和转子绕组组成,定子绕组接蓄电池形成磁场,由压力传感器传导的引线与转子绕组串联接入蓄电池,随着传感器压力的变化形成可变的转子磁场,转子磁场在定子磁场的作用下发生偏转,偏转角度的大小与传感器传导电流成正比。机油压力表的表针及平衡块接在转子轴上,随着转子的偏转而偏转。

机油压力传感器由传感器座、膜片、信号放大机构、可变电阻等组成,如图 7-26 所示。机油经油道进入传感器,引起膜片变形,变形的膜片经信号放大机构放大,形成放大机构滑片的偏移,滑片的偏移引起可变电阻的变化,从而引起转子电流的变化。

3. 燃油表

燃油表用于指示燃油箱内燃油的储存量,接触网作业车常用的燃油表为电磁式燃油表,其与可变电阻式传感器组成燃油表的显示系统,如图 7-27 所示。

当点火开关置闭合位时,电流由蓄电池正极至点火开关通过燃油表接线柱进入左线圈、右线圈,通过搭铁线与蓄电池负极接通。同时电流由传感器接线柱与可变电阻、滑片相连,并通过搭铁线与蓄电池负极接通。左线圈与右线圈形成合成磁场,转子就在合成磁场的作用下

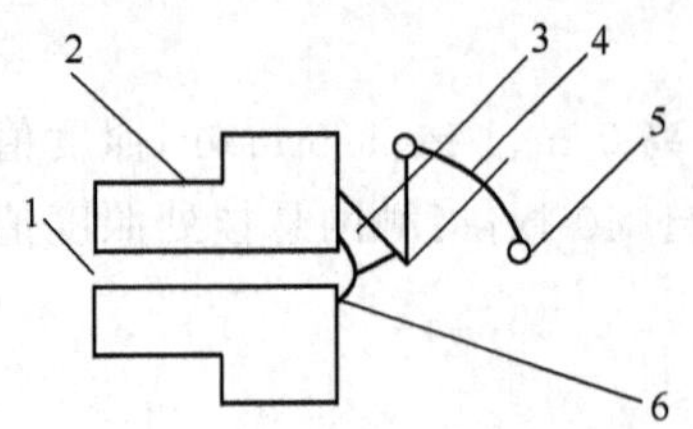

图 7-26　压力传感器结构示意图

1—油道；2—接口座；3—信号放大机构；4—可变电阻；5—接线柱；6—膜片

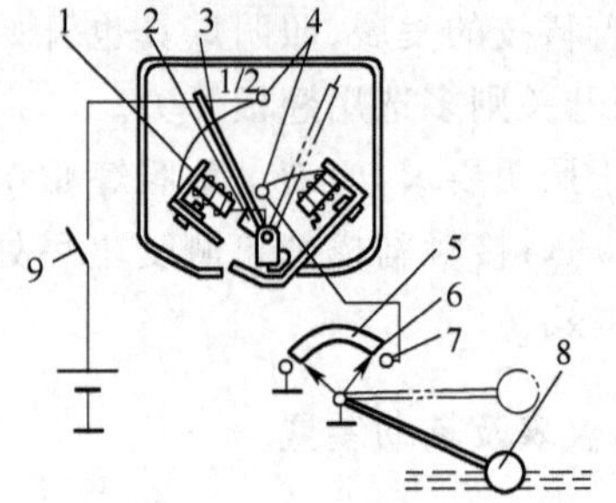

图 7-27　电磁式燃油表结构示意图

1—线圈；2—转子；3—指针；4—接线柱；5—可变电阻；6—滑片；7—传感器接线柱；8—浮子；9—点火开关

转动，使指针指在某一刻度上。

当油箱无油时，浮子下沉，可变电阻上的滑片移至最右端，可变电阻被短路，右线圈也被短路，左线圈的电流达最大值，产生的电磁吸力最强，吸引转子，使指针停在最左面的"0"位上。

随着油箱中油量的增加，浮子上浮，带动滑片沿可变电阻滑动。可变电阻部分接入电路，左线圈电流相应减小，而右线圈中电流增大。转子在合成磁场的作用下向右偏转，带动指针指示油箱中的燃油量。如果油箱半满，指针指在"1/2"位；当油箱全满时，指针指在"1"位。

4. 速度里程表

速度里程表用于指示接触网作业车的运行速度及累计运行里程的仪表。接触网作业车速度里程表有速度里程组合式和速度里程单立式两种，按结构可分为磁感应式、电磁式、数字式等形式。

(1)磁感应式速度里程表

磁感应式车速里程表由变速器内的蜗轮蜗杆经软轴驱动，其基本结构如图 7-28 所示。速度表是由与主动轴紧固在一起的永久磁铁、带有轴及指针的铝碗、磁屏和紧固在速度里程表外壳上的刻度盘等组成。里程表由蜗轮蜗杆机构和十进位数字轮组成。

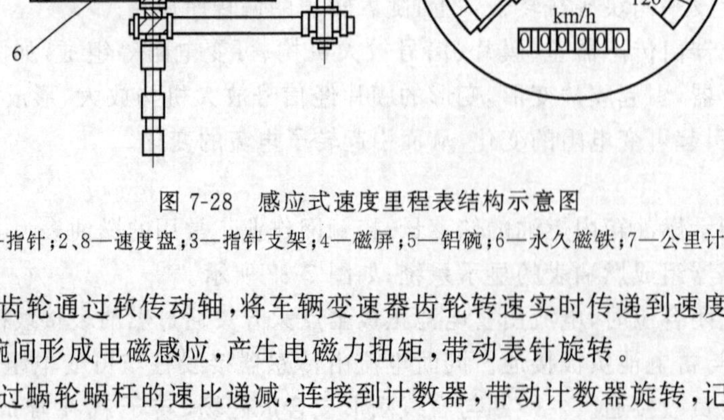

图 7-28　感应式速度里程表结构示意图

1—指针；2、8—速度盘；3—指针支架；4—磁屏；5—铝碗；6—永久磁铁；7—公里计数器

变速器传动齿轮通过软传动轴，将车辆变速器齿轮转速实时传递到速度表表头，带动永久磁铁旋转，与铝碗间形成电磁感应，产生电磁力扭矩，带动表针旋转。

软传动轴经过蜗轮蜗杆的速比递减，连接到计数器，带动计数器旋转，记录车辆运行里程。

(2)电磁式速度里程表

电磁式速度里程表主要由电磁速度传感器、传导电路、速度表和里程表。

电磁速度传感器为一个永磁单相测速发电机，相当于一只单相十六极测速发电机，传感器安装于车辆轮对轴头处，与轮对软性连接，随着轮对的转动，发电机输出脉冲电流，传至速度表。

速度传感器送来的电信号经整流、滤波等，输出一个电流大小与车速成正比的电流信号，输入速度表转子线圈，在表头永久磁场内发生偏转，记录速度大小。

在传感器内发电机外侧，装有二级减速蜗轮蜗杆装置，蜗轮上装有偏心轴，拨动微动行程开关触头板，行程开关的引线接入里程表。里程表的脉冲电机电源受行程开关控制，行程开关每闭合一次里程表计数器被拨动旋转一个数字。

(3)数字式速度里程表

数字式速度里程表由光电传感器、连接电缆、表头组成。

光电传感器由支承机构、转轴及万向联轴转动机构、光电转换电路三部分组成。光栅盘固定在转轴轴身端部，转轴由轴承及其弹簧补偿结构支承在底座上，转轴为万向联轴节的单叉节，万向联轴节输出端机械接口为弹性方榫。光电探头安装在光栅两侧并固定在底座上，电缆引出线固定在底座上并用耐油橡胶管防护。

光电传感器接上 DC 15 V 电源后，光源(发光二极管)经随车轮转动的光栅盘变为断续光，致使光断续器中的光敏三极管通、断运行，每转产生 200 个计数脉冲，再经电路的放大整形后，输出与转速成比例的方形波脉冲列。

表头由液晶显示屏、速度控制电路等组成，显示屏直观地显示运行速度和累计走行里程。由光电传感器传来的速度脉冲矩形波，经控制电路处理单片机计算，在液晶屏上显示速度结果。

里程表内设有加电可擦除存储器，当单片机内计数器计数满 1 km，存储器内的里程数增加 1 km，并将更新后的数据显示在显示屏上。

5. 温度表

接触网作业车机油温度表与水温表结构相同，温度表由表头与温度传感器组成，温度表的表头与机油压力表结构相同。

温度传感器由主要由温控可变电阻组成，如图 7-29所示，当温度升高时，温控电阻发生变形，电阻增大，回路电流减小。当温度表指针发生偏移过大，温度超过规定数值时，温控电阻变形导致前端触点断开，温控电路断开，温度表显示最大偏移值。温度表的偏移值与温度成正比，但与其温控电路的电阻成反比。

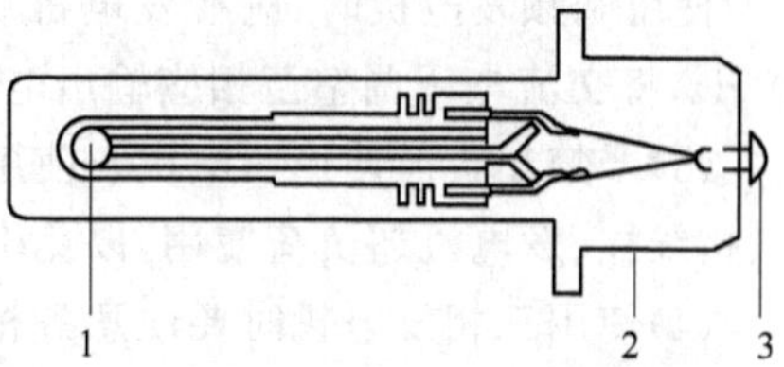

图 7-29　温度传感器结构示意图

1—温控可变电阻；2—外壳；3—接线柱

6. 雨刮器

雨刮器是接触网作业车不可缺少的行车安全装置，用于清除风挡玻璃上的雨、雪、尘土等，保证司机视线良好。

雨刮器由雨刮电机、蜗轮蜗杆、曲拐装置、刮架等组成。雨刮架通过曲拐装置安装在直流电机上，蜗轮蜗杆、曲拐装置使雨刮架在风挡玻璃上左右摆动。在刮架下安装有橡胶刮片，雨刮架摆动时通过橡胶刮片将雨、雪等刮下。

第四节　交流系统

随着接触网作业车功能的增加,现在交流系统基本成为接触网作业车的标准配置,交流系统主要包括车载发电机、空调器、电暖器等。

一、车载发电机

车载发电机是接触网作业车不可缺少的随车设备之一,它为接触网作业车生活、工作提供充足的交流电源,同时也为供电工区检修作业用电动检修工具提供动力来源。

1. 车载发电机的分类

就目前常用的发电机可按输出电压分为单相发电机、三相发电机;按冷却方式分为风冷发电机、水冷发电机;按燃料分为汽油发电机、柴油发电机等。

2. 发电机的使用与保养

发电机启动前要进行全面检查。启动前要对发电机的燃油、润滑油、冷却液进行全面检查,不足时应及时补充。检查启动电源连接线是否紧固,避免启动时烧损启动电源极柱或端子。

发电机要定期进行清洁保养,清除发电机污物;检查发电机电刷、滑环接触是否良好;检查启动蓄电池状态,清除极柱氧化物;根据季节变换、运行时间更换润滑油、燃油及其滤清器,水冷发电机还要更换冷却液;长期停用时应将旧润滑油放出更换新油,打开启动蓄电池引线,做好防尘、防水。

3. 发电机使用安全注意事项

(1)发电机严禁带负荷启动。启动发电机前要检查所有的交流负荷开关是否断开,防止启动时启动困难或造成发电机、用电设备烧损。如果两次启动未成功应检查启动电源是否亏电、供油系统是否通畅,否则应进行修理。

(2)发电机运转稳定后方可投入负荷。发电机运行不稳定时,其输出的电压、电流均不稳定,极易造成发电机、用电设备烧损。

使用调频发电机时,应在发电机启动后调整发电机的励磁系统,将交流输出频率调整至50 Hz,将交流电压调整至相应输出电压。

(3)严禁超负荷使用发电机。使用用电设备前应核对用电设备的功率、接入位置,严禁插座、接线柱、发电机超负荷使用,以免引起火灾以及发电机、用电设备损坏。

(4)使用三相发电机时要注意各相间电器功率的平衡,避免偏载烧损发电机。

(5)接触网作业车同时接有其他交流电源时,必须时刻注意禁止两路交流电源并联运行,防止意外发生。

二、车载空调器及电暖器

车载空调器及电暖器是为方便职工车上工作、休息而安装的,司机要注意空调器的检查,及时清洁过滤网,避免长时间运行,空调器、电暖器运行时禁止覆盖。当接触网作业车运行空调器作用不良时,应及时关闭空调器,防止空调器压缩机烧损。

复习思考题

1. 蓄电池由哪几部分组成？
2. 配制蓄电池电解液时应注意哪些问题？
3. 蓄电池有哪几种充电方法？
4. 蓄电池充电应注意哪些问题？
5. 直流发电机与交流发电机的区别在哪里？
6. 发电机调节器有几种？都是什么？
7. 启动机由几部分组成？
8. 简述启动机的工作过程。
9. 使用车载发电机应注意哪些安全问题？

第八章　接触网作业车的操纵

接触网作业车的操纵通过操纵机构来完成。接触网作业车的操纵机构包括变速操纵、离合器操纵、油门操纵和换向操纵。另外还包括作业平台的操纵、随车起重机的操纵、轨道起重车的操纵、车辆的出入库检查等。

接触网作业车司机正确操纵接触网作业车是确保接触网作业车安全运行的重要保障，是提高车辆运用质量、减少机械故障、延长车辆使用寿命的最直接的因素和最有效的手段，因此接触网作业车司机必须掌握接触网作业车辆的正确操纵方法。

第一节　操纵机构

一、油门操纵机构

接触网作业车的油门操纵由一系列连杆、摇臂、过桥轴组成。油门手柄带有自锁机构，可使柴油发动机稳定在其允许的任意一转速位，而且操纵轻便、可靠，维修方便。操纵油门时，油门手柄向回拉，供油量增加，反之供油量减少。DA8 系列油门操纵机构如图 8-1 所示。

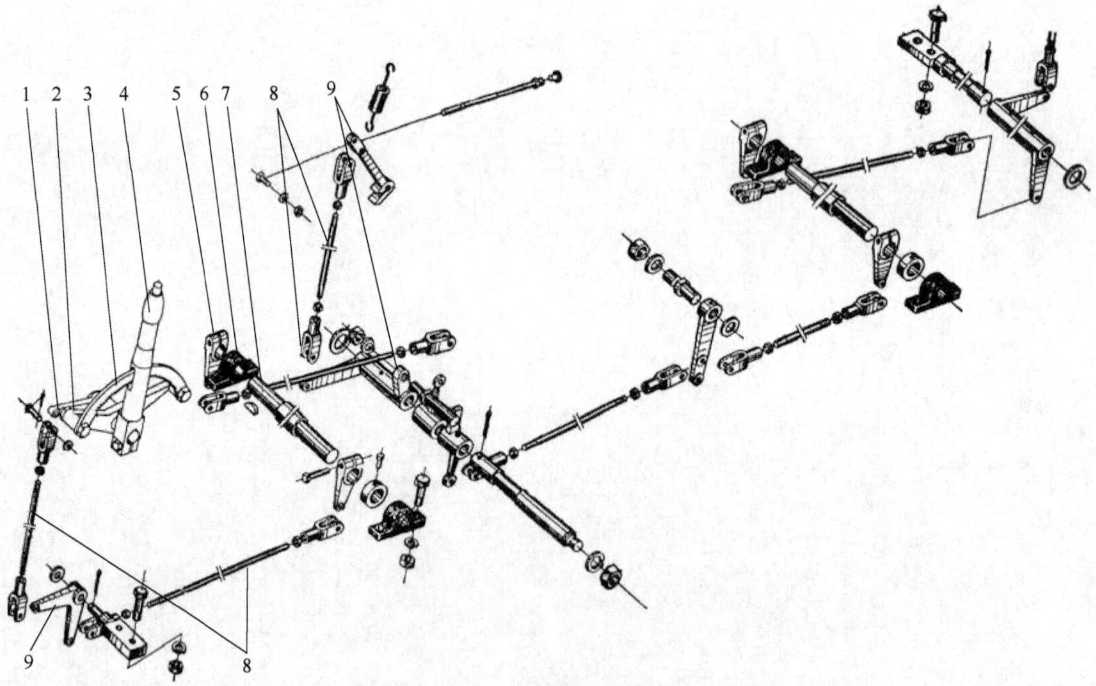

图 8-1　油门操纵机构示意图

1、5—油门拉杆摇臂；2—油门支架；3—手油门齿条；4—油门手柄；
6—轴座；7—过桥轴；8—油门拉杆；9—油门叉臂

在一端操纵油门时，另一端司机台上的油门手柄必须放到底，即供油量处于最小位置。油门操纵机构维修保养时，各支座处须加注润滑油，松动的紧固件必须紧固。

二、离合器操纵机构

离合器操纵为机械连杆式操纵，司机脚踏力通过一套连杆机构放大后传到离合器分离叉臂上，拉动叉臂转动，从而实现离合器的分离。踏下离合器踏板离合器分离；松开踏板离合器结合。操纵时，踏下要迅速果断，松开应放缓，在操纵过程中要注意油门与离合器的配合。离合操纵机构如图 8-2 所示。

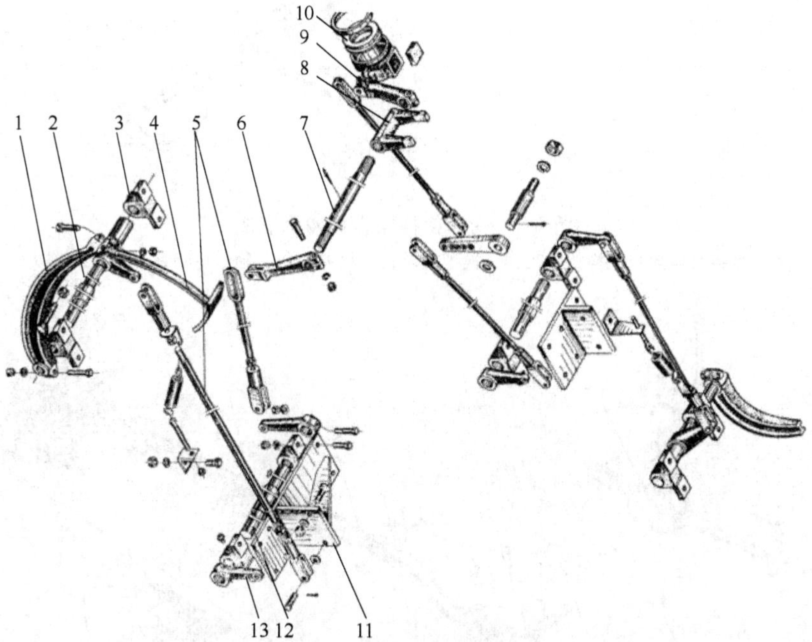

图 8-2　离合操纵机构示意图

1—离合器踏板传动臂；2—离合器踏板轴；3—踏板轴座；4—离合器踏板总成；5—拉杆；6、9—离合器叉臂；7—离合器分离叉轴；8—离合器分离叉；10—分离轴承套筒组件；11—离合器过桥支架；12—过桥轴；13—离合器踏板轴臂

三、变速操纵机构

变速器操纵采用一套连杆机构，在前、后司机位均可操纵，变速换挡操纵机构示意图如图 8-3 所示，变速器操纵机构如图 8-4 所示。

在操纵变速变换挡位时，一定要先使离合器分离彻底，然后将换挡杆推到位，不得强行挂挡，以免损坏变速器内齿轮和其他零部件。在坡道上严格禁止变换高低挡区，以免过早磨损同步器摩擦锥面。各支座处应保持润滑良好，使操纵既轻便又可靠。排挡手柄位置图如图 8-5 所示。

对于富勒变速器，增加了双 H 操纵机构，如图 8-6 所示。

双 H 操纵机构由壳体、外换挡臂、横向换挡杆、倒挡开关控制块、换挡拨头、平衡弹簧、定位环、定位柱塞、压缩弹簧、通气塞、指示灯开关、启动销等组成，其作用就是完成变速器的选挡和摘挂挡。

外换挡臂、倒挡开关控制块、换挡拨头、平衡弹簧、定位环安装在横向换挡杆上，通过操纵外换挡臂使横向换挡杆做横向移动和转动，进行选挡和摘挂挡。换挡拨头上有一部分设置为类似于扇形面，扇面的边缘设计成一个30°斜面，使横向换挡杆向高挡区移动时，双H气阀的球面滑柱能顺利的向后回缩，方便压缩空气接通高挡气路，闭合低挡气路。

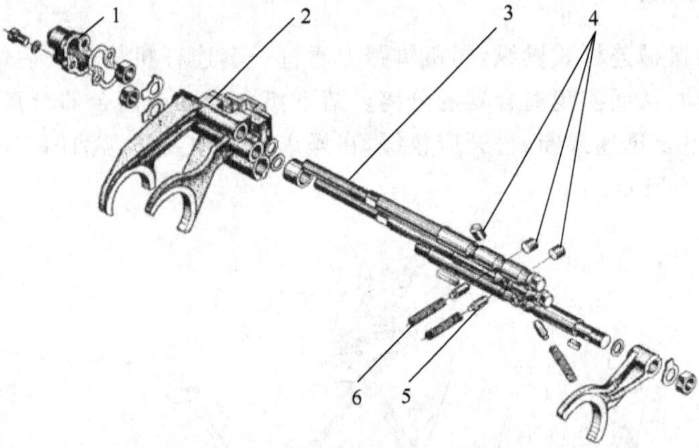

图 8-3　变速换挡操纵机构示意图

1—换挡叉尾盖；2—换挡拨叉；3—换挡叉轴；4—堵塞；5—叉轴定位销；6—定位销弹簧

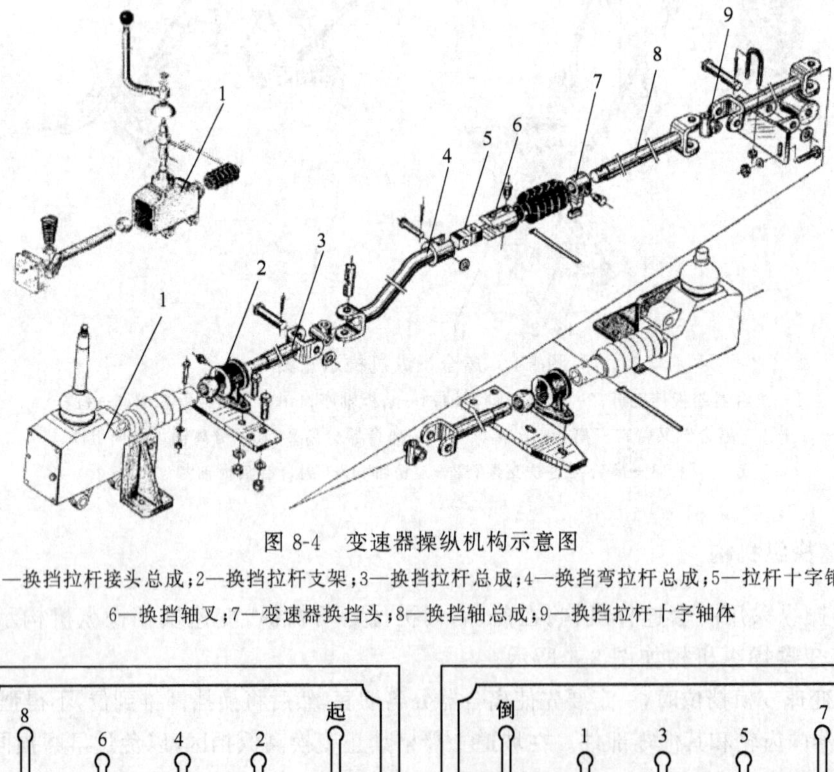

图 8-4　变速器操纵机构示意图

1—换挡拉杆接头总成；2—换挡拉杆支架；3—换挡拉杆总成；4—换挡弯拉杆总成；5—拉杆十字销；6—换挡轴叉；7—变速器换挡头；8—换挡轴总成；9—换挡拉杆十字轴体

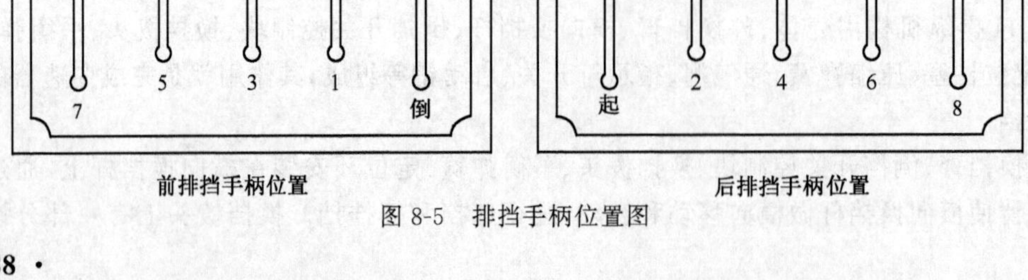

图 8-5　排挡手柄位置图

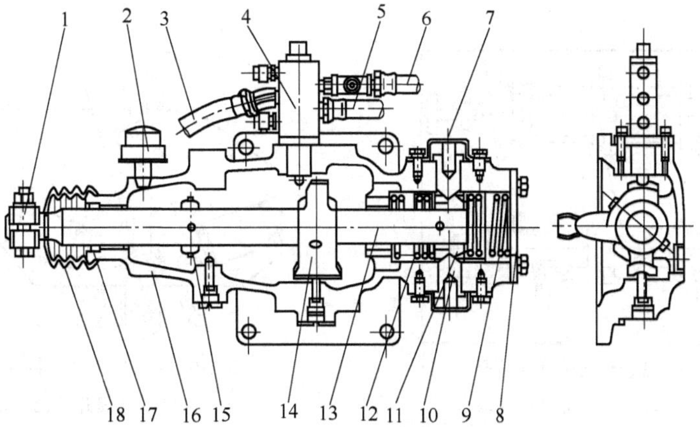

图 8-6　双 H 操纵装置示意图

1—外换挡臂；2—通气塞；3、5、6—气管；4—双 H 气阀；7—压缩弹簧；8—侧板；9、12—平衡弹簧；10—定位柱塞；11—定位环；13—横向换挡杆；14—换挡拨头；15—倒挡开关控制块；16—壳体；17—油封；18—防尘套

四、换向操纵机构

接触网作业车均可实现双向运行，因此必须设置换向机构。换向机构分为手动机械换向和气动换向机构。为防止气动换向机构故障后的正常换向，又设置了手动机构及锁定机构。手动机械换向机构是利用手动换向连杆机构，拨动换向箱拨叉实现换向，如图 8-7 所示为手动机械换向机构。

气动换向机构就是利用电磁阀控制主风缸压缩空气进入或排出工作气缸，推动气缸活塞动作，由活塞带动换向机构动作，实现换向，如图 8-8 所示。

当气动换向机构故障，可利用手动换向，打开相应方向的电磁阀开关，用手动换向杆扳动换向转臂，从而推动换向箱拨叉轴动作，如图 8-9 所示。扳动转臂后对转臂应进行锁定，防止接触网作业车在运行中转臂移位，脱开动力传递。

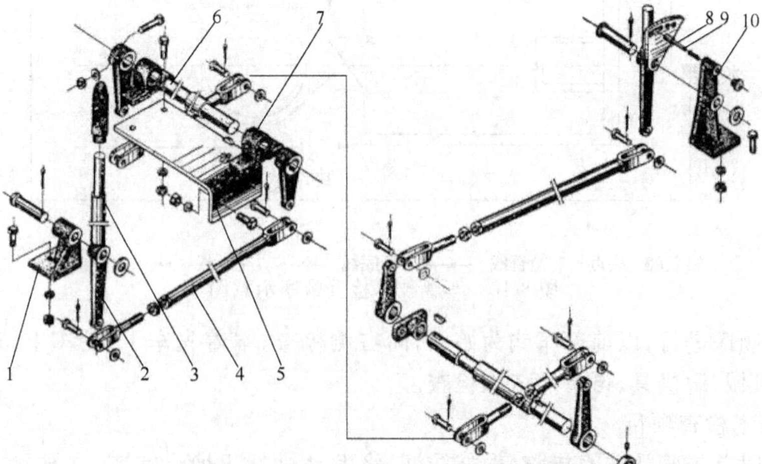

图 8-7　手动机械换向机构示意图

1—操纵座；2—换向操纵柄下节；3—换向手柄；4—换向拉杆总成；5—换向过桥轴支架；6—过桥轴；7—踏板轴承；8—控制扇形板；9—换向控制销；10—后操纵座

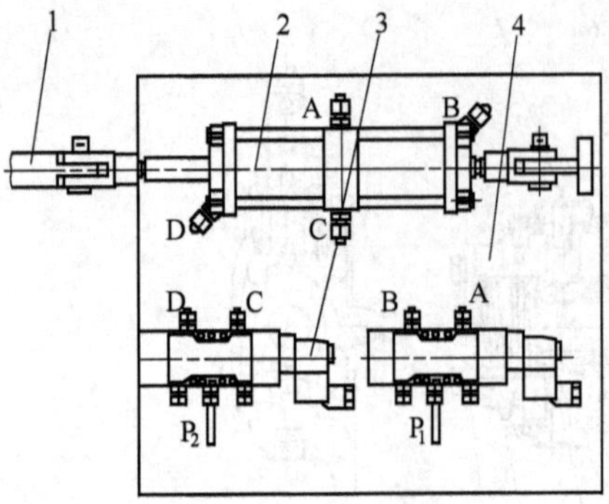

图 8-8　气动换向机构示意图

1—换向箱拨叉轴；2—换向气缸；

3—换向电磁阀；4—气缸支座

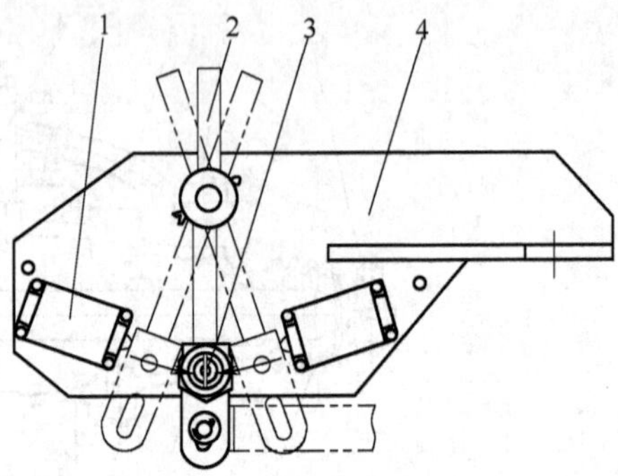

图 8-9　手动换向及锁定机构示意图

1—行程开关；2—转臂；

3—换向电磁阀；4—支撑板

第二节　出库、入库的检查

接触网作业车出库前的检查是发现接触网作业车辆隐患的重要手段，是防止接触网作业车辆“带病”行车的重要手段，铁道部有关自轮运转特种车辆的相关规定都明确要求：“禁止自轮运转特种车辆状态不良上线运行”。为此，接触网作业车辆出库前的检查十分重要。

一、接触网作业车的静态检查、保养

接触网作业车的静态检查就是在接触网作业车发动机启动前，对车辆进行的检查，检查的重点是发动机油、水 电、润滑；车辆走行部、制动部件；牵引连接部件等等。

1. 接触网作业车辆技术检查项目顺序

接触网作业车辆技术检查项目顺序路线图如图 8-10 所示。

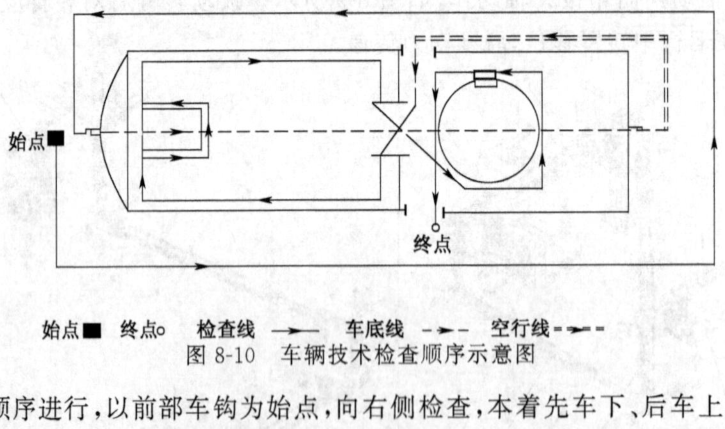

图 8-10　车辆技术检查顺序示意图

检查时应顺序进行，以前部车钩为始点，向右侧检查，本着先车下、后车上，车下先四周后地沟，车上先机械、后机具、再备品依次检查。

2. 车辆技术检查项目

车辆检查时首先确认防溜措施，做好防溜，将发动机处于熄火状态，在被检查车辆可能来车的方向设置行车防护措施。

检查的技术项目包括接触网作业车所有的组成部分，重点在走行部、制动部、吊装部、轮对状态、车钩状态等。按照一次乘务作业标准程序要求，逐项进行检查。

冬季检查时，还要注意各部位的防寒是否到位，有无损坏。

3. 静态保养

在进行静态检查同时，对润滑不良部位进行润滑，对超过车辆技术要求部位进行调整，排除各风缸、油水分离器积水、油污，对松动部件进行紧固，对反操纵端进行处理，对操纵端油门置于熄火位，关闭所有开关，制动机置于保持位。

二、接触网作业车的动态检查、保养

打开接触网作业车电源，启动发动机后对接触网作业车进行动态检查。

1. 发动机的启动

起车前的准备，对非操纵端进行处理。关闭 H-6 自动制动阀通向列车管的截断塞门，将自动制动阀手柄置于“保压”位，将自动制动阀限位罩卡止到位；JZ-7 制动机将单独制动阀和自动制动阀手柄取出；取出 DK-1 制动机电空制动控制器（大闸）和空气制动阀（小闸）手柄。

将油门手柄置于起始位。将操纵台面及仪表板上的所有开关置于零位。拔掉启动电锁钥匙，注意非操作人员不得进入非操纵端和扳动、操纵手柄及按钮。将换向手柄扳至行车方向。将排挡手柄置于空挡位。

发动机的启动分常温启动和低温启动。

(1)常温启动，启动时一次启动时间不大于 5 s，再次启动间隔时间不少于 10 s。如果 2～3 次未能启动，则应查明原因。

(2)低温启动可利用启动加浓装置、进气预热装置达到低温启动的目的。

启动时应踏下离合器踏板，以减轻启动阻力。启动后立即释放电锁开关钥匙或按钮，关闭预热器开关，将发动机转速控制在怠速位，上柴 6135 系列柴油发动机怠速为 600～700 r/min，重庆康明斯柴油发动机为 1 000 r/min，潍柴斯太尔 WD615 柴油发动机为（600±50）r/min，怠速运转一般不超过 5 min，避免突然加大油门，以免局部温升过快造成机械故障。

发动机在无冷却液时，不得启动。

2. 发动机启动后的检查

发动机启动后，要有预热过程，在此时间内必须进行下列各项的检查：

(1)必须注意机油压力表的读数。适时检查发动机润滑油动满位置。

(2)注意机油温度表及水温表的读数。

当机油温度高于 45 ℃时，水温高于 55 ℃时，发动机方可进入部分负荷运转状态，然后逐渐进入全负荷运转。当冷却水温度未高于 60 ℃时，严禁发动机剧烈加速或大负荷工作。机油面的检查高度以停机 5 min 后为准。

当水温偏高时，要注意检查散热器是否缺水、节温器工作是否正常；打开散热器压力盖时，注意要用破布盖住散热器盖口，人面部偏离散热器盖口，缓慢旋转打开，避免蒸汽喷出伤人。

(3)注意充电电流表、电压表的变化。当发电机充电时应在 28 V 左右；当不充电时，电压表则显示蓄电池的电压应为 24 V。

(4)检查接触网作业车照明系统工作是否正常，包括仪表灯、防护灯、鸣示电喇叭、检查雨刮器工作状态。

(5)注意空气压缩机工作状态，打风速度是否正常，风管路有无漏风，鸣示风喇叭。

(6)检查液压系统工作状态，试验平台工况及应急系统。

(7)打开“三项设备”主机，对机车信号进行发码试验，确认“三项设备”工作状态。

(8)进行库内简略制动试验、贯通制动试验。

(9)进行排风试验。

3. 发动机熄火

柴油发动机高速运转后不应该立即熄火，应怠速空运转 3～5 min，潍柴 WD615 型柴油发动机空转怠速时间为 5～10 min，待机体温度均匀下降后，再关闭发动机，带有废气涡轮增压器的发动机(突然停机可使增压器温升瞬间提高 560 ℃)尤为引起注意。

当该车或发动机遇到突发性情况时，使用紧急熄火。发生紧急熄火后的发动机均应进行检查。

三、接触网作业车入库的检查

接触网作业车作业结束返回段管线或在站停留时，均应按车列入库进行检查。检查标准执行"一次乘务作业标准"。

首先接触网作业车列要停留在警冲标以内，当必须越过时要对相关线路进行封锁。

做好车辆的防溜工作，拧紧车辆两端的手制动机，并使用铁鞋(或防溜枕木)防溜。随后对车辆进行全面检查，排除油水分离器、各风缸积水、油污，对发现问题及时处理或采取相应的措施，并向有关管理人员汇报。

配合有关人员对监控装置数据进行转储，做好相关的登记。将各开关、手柄等置于正确位，断开蓄电池刀闸。

做好车辆保养工作，补充燃油、关好门窗，做好防溜、防火、防盗工作。如果冬季没有更换防冻液，还应做好防寒工作，排除发动机的冷却水，防止发动机冻裂。

第三节　接触网作业车的操纵方法

接触网作业车的操纵指导思想是"启动稳、加速快、精心操纵、停车准确，防止列车冲撞和断钩"，车辆平稳运行、安全正点，完成各项任务和运输为目的。

一、接触网作业车的起步

接触网作业车准备妥当，人员、机具、材料齐全后，向车站申请出库调车。当车站调车信号开放，司机执行相关的调车作业规定后，进入车站待开。

1. 接触网作业车的起步

踏下离合器踏板，拉起油门操纵手柄，把发动机转速控制在 700 r/min(6135 机型)左右，将排挡手柄置于起步挡位置，然后将离合器踏板慢慢抬起，离合器接合，机车开始启动运行。油门操纵手柄要均匀拉起，实现速度与供油量相匹配。多机连挂起步时，要严格掌握挡位和速度，补机司机与本务司机密切配合适时换挡，以免造成机车间冲撞或拖后，造成发动机传动、连接部分受损，甚至酿成严重的机械故障，影响车辆正常运行。

2. 接触网作业车变速换挡

接触网作业车启动，换挡前必须先踏下离合器踏板，摘除运行挡位，然后迅速再次踏下离合器踏板，挂入高位挡。换挡前须降低发动机的转速，使得变速箱主动齿轮转速与被动齿轮转速相匹配；转速不匹配时，不得强行挂挡。挂挡时不得跳跃挡位，富勒变速器尤为注意，防止出现挂假挡。

根据列车运行速度和线路情况适时换挡，保证发动机在正常、合理牵引力下进行工作，应注意避免低速挡大油门或高速挡小油门情况下运行。

二、接触网作业列车的运行

接触网作业列车到达车站到发线后适时制动，将列车停于适合联系的地点，通过车站值班员与列车调度员联系，说明列车的到站、经由线路、中途是否停车、加点，取得行车命令。司机接到命令后要认真核对命令相关内容是否与申请的内容相符，正确后向所有司机进行达示。

按行车命令的内容，输入列车运行监控装置数据并复核确认，保证数据的正确性。

当车站值班员开放列车出站（进路）信号后，及时与车站值班员进行车机联控，等待回复正确后，本务机车司机、副司机二人共同确认行车凭证、车站值班员显示的发车手信号（有规定的除外）、出站（进路）信号、发车表示器、机车信号、道岔开通方向后，方可开动接触网作业列车。

三、行车过程中注意事项

接触网作业列车在行驶过程中，应密切注意运行前方线路状况和仪表的数值变化。

1. 时刻注意前方线路状况、地面信号机显示情况，不间断瞭望，遇有道口、沟堑、隧道、桥梁及时鸣笛，根据线路及信号机显示情况，即时对车列进行调速。

2. 正确使用列车运行监控装置，即时使用“功能键”对列车运行监控装置确认和做出数据调整。

3. 适时进行车机联控，提前对列车进站状态做出判断，调整列车运行速度。

4. 时刻注意各仪表数值的变化不应超过规定的数值。当机油温度或水温异常时，应停机检查；机油温度的突然升高或降低，如果不是负荷的增加引起，应停机检查。

5. 运行中要注意发动机工作情况的变化，发现异常声响要立即停机检查，注意发动机的排气烟色，持续冒黑烟是不允许的，应认真检查，确认原因；运行中应避免打开发动机机盖。

6. 在长大坡道上运行时，要采用“先闯后爬，闯爬结合”的方法运行，下坡运行严禁关闭发动机或空挡溜放。

7. 在施行制动的同时，应首先切断动力源，并将排挡手柄置于空挡位。

8. 在大坡度下坡道行驶时，要适时掌握好制动时机，按要求进行制动试验。对长大坡道实施制动时，应注意制动减压情况，防止出现因制动压力不足造成闸瓦过热，危及列车运行安全。

9. 行车中遇到特别情况可以直接使用非常制动，使用非常制动时，中途不得停留和缓解，直至停车后，方可缓解；实施非常制动后，应检查车辆各部是否有部件损坏及影响行车安全的地方，如有必要须立即处理，并做好行车记录。

10. 制动停车后，应使车辆缓解，使制动风表的红针回零后，方可起步。

11. 行车中遇列车发生监控装置动作，应及时将制动手柄回至中立位进行保压，缓解、确认后恢复运行。

12. 运行中不得打开接触网作业车上任何作业装置的电源开关、液压开关。

13. 任何情况下，尽可能避免发动机长时间的怠速运转，严禁超额定转速运转。

14. 在发动机长时间高速运转后，不得立即加注大量的冷却液。

15. 列车运行中应避免无关人员进入操纵台，多机连挂时补机司机与本务机密切保持通信联系，精神集中、动作敏捷，防止突发事件发生。

16. 列车在运行中司机应注意观察装载货物的稳定情况，有无发生移位、窜动，绑扎绳索崩断等问题。

17. 列车在站停车、入库应及时对轴温进行定位测量，并记录在相应的运行记事栏。

四、接触网作业列车的停车

接触网作业列车停车前首先将油门手柄放到起始位（发动机怠速位），将排挡手柄放在空挡位（又称摘挡）；将自动制阀手柄置于常用制动位、DK-1 制动机电空制动控制器手柄或空气制动阀置于制动位，适量减压（应不低于 50 kPa），后将手柄置于保压位；如果制动力不足，可再追加一次制动，但减压量应不超过初次减压量；视情况可再减压，并且保持至列车停车时止。但对于 H-6 型制动机和 K2 阀不得连续多次追加制动，防止出现制动失效。

列车停稳后，应使列车保持在制动保压状态；若关闭发动机，则各控制机构和系统必须处在"0"位置，并首先设好防溜，人员不得离开。

行车中遇到特别情况可以直接使用非常制动，使用非常制动时，中途不得停留和缓解，直至停车后，方可缓解；实施非常制动后，须检查车辆各部是否有部件损坏及影响行车安全的地方，如有必要须立即处理。

五、富勒变速器的操作注意事项

富勒变速器是双副轴变速器，润滑方式为飞溅润滑，为此在使用中应注意以下问题：

1. 润滑油面的检查。检查壳体侧面注油孔，油面注至孔处溢出即可。
2. 所加注的润滑油为专用重负荷齿轮油 85W/90GL-5。
3. 变速器连续工作期间最高工作温度不得超过 120 ℃。
4. 变速器严禁拖行或滑行，拖行或滑行会因主轴润滑不良会导致变速器严重损坏。
5. 操作换挡时，离合器必须保持分离彻底，不得使用"半脚"离合，使用两脚离合先摘后挂。
6. 挂起步挡或倒挡时，必须在停车时进行，不得在车辆运行时挂入起步挡或倒挡。
7. 变速器设有低速区和高速区，有两个空挡位，即低速区的 3 挡、4 挡空挡位、高速区的 5 挡、6 挡空挡位。高速运行时，不得将排挡手柄由高速区推入低速区。停车时，排挡手柄应置于低速区。
8. 由 4 挡换 5 挡（或由 5 挡换 4 挡）时，应稍做停留，以便完成变速器低、高速区的转换。
9. 变速器换挡时，应顺序进行，不得跳挡，防止出现挂假挡，损坏同步器。
10. 车辆下坡时，禁止空挡溜放，禁止变换高、低挡区。
11. 禁止行驶换挡时，来回扳动排挡手柄，使用中间轴制动器。
12. 变速器助动空气压力不足时，禁止强行挂挡。
13. 换挡气缸漏风时，应及时安排维修，避免继续使用损坏变速器。
14. 为防止车辆超速或拖行造成后果，可通过由高挡挂入低挡进行调速，但不得跳挡。

六、接触网作业车作业平台的操作

1. 作业平台的操作

接触网作业车作业平台是电气化铁路接触网的重要作业机具，为此应当时刻保证其状态良好，做好出车前对液压系统的检查，同时在操作过程中也要注意作业平台的安全使用。

(1)使用前的检查

出车前除对接触网作业车进行例行检查外，对液压系统应进行专项检查，检查升降立柱各滑块、滚轮与链轮轴承等传动的润滑情况，必要时加注润滑脂；对液压系统进行试验，检查作业平台、随车吊机动作是否灵活、可靠，两根链条松紧是否一致、缩拉钢丝绳是否调紧；对作业平台的旋转安全锁定系统装置进行检查和试验、全区位进行试验，除左、右半区开关故障外，正常情况下全区位开关不能使用，下操作开关只有在上操作失效的情况下方可使用。

(2)平台的操纵

①接通液压动力源，将发动机转速控制在 1 000～1 600 r/min，打开平台电源开关。

②接触网"V"停作业使用作业平台时，应根据作业平台旋转方向，必须将机械定位销锁定，并根据平台旋转方向确定左、右半区开关的选择位置。

③作业前要确认作业平台栏杆高度，对折式栏杆要打开并锁止，作业结束后必须及时复位并锁止；在紧线作业时，不得升降支撑臂；作业平台有人作业时，应关闭作业平台栅门。

④操作作业平台时，应先使作业平台升起离开车体，再操纵作业平台回转。

⑤在操作作业平台升降时，不得操作作业平台回转，只能单一顺序操作，且所有机构不得同时操作两个及以上。

⑥使用接触网作业车作业结束后，作业平台及吊机应回位，落下简易受电弓，切断平台电源或动力源，关闭作业平台栅门。对平台栏杆为折叠式的应折下栏杆，并销好。

2. 平台使用安全注意事项

(1)在操作作业平台升降时，作业人员不得攀登梯子。

(2)在操作作业平台平台下降时，前端定位必须对中方可下降，不得强行下降。

(3)在操作作业平台动作时，要注意起升高度(6 800 mm)及回转角度(120°)，听到报警铃响，须立即停车或反向操纵。

(4)作业时作业平台不得超载，回转中心不大于 1 000 kg，前端不大于 300 kg。

(5)为保证接触网作业车作业时的安全，防止车辆倾覆，以下情况作业时，应使用抓轨器：

①两侧钢轨高差 50 mm 及以上时。

②当作业平台与随车吊机同时转至车辆一侧作业时。

③当风速超过 14 m/s 时。

④当外轨超高超过 125 mm 时，禁止在曲线内侧同时进行平台和随车吊机作业。

(6)铁道部规定：当接触网作业车作业平台有人作业时，速度不超过 10 km/h，且不得急剧启、停车。

3. 作业平台的应急操作

(1)作业平台紧急停止控制装置

为了防止作业机构失控而造成事故，在液压系统中设置了一条紧急电控卸荷回路，"紧急停止"控制按钮设在平台的上、下控制面板上，如图 8-11 所示。

正常情况下，紧急卸荷回路处于断开状态，系统工作不受影响。若升降、回转开关打至中位后平台不能停止动作(升降回转)，请立即按下控制面板上的"紧急停止"按钮，平台即会停止运动。之后应及时将平台的升降、回转电磁换向阀开关置中立位，故障排除后，按照该按钮上箭头所示方向旋转该按钮即可使之复位。

紧急卸荷回路中电磁阀后设有一球阀(KHP-10)，其作用是在紧急卸荷电磁阀发生故障而使整个液压系统建立不起压力时，可关闭球阀切断紧急卸荷回路即可建立起压力。电磁阀故障排除后应立即打开该球阀。

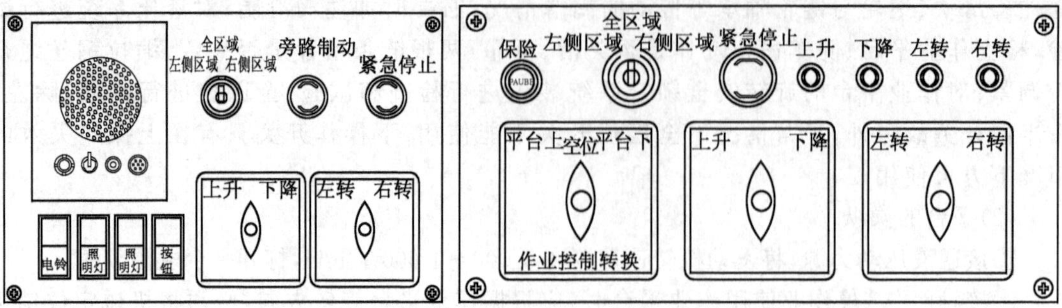

(a)上控制面板　　　　　　　　　　(b)下控制面板

图 8-11　作业平台操纵面板示意图

(2)无液压动力时,利用手摇油泵操作

①启动发动机,踏下离合器,接通取力器,将发动机转速控制在 1 000～1 600 r/min,如图 8-12 所示。

②平台需要上升时,操纵人员将开关打相应位置,如果旋转应首先上升离开平台限位底座后再旋转(无电时直接顶压所需电磁阀头部按钮),如图 8-13 所示。

图 8-12　取力器电锁

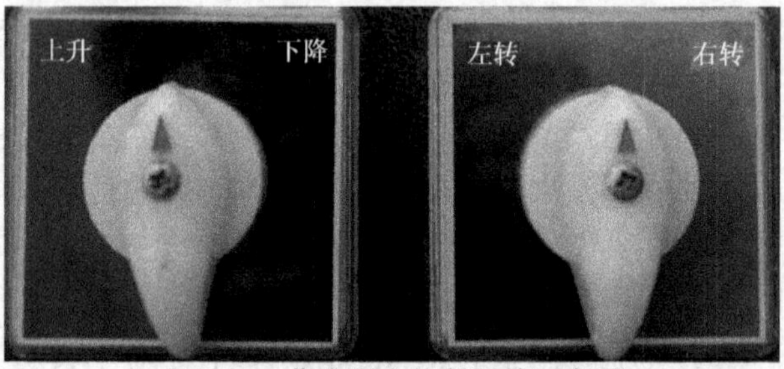

图 8-13　作业平台控制开关示意图

③将阀箱内下部手动换向阀推向箱里,接通作业平台液压回路,如图 8-14 所示。

④摇动手动液压泵,至所需位置,手动液压泵位于随机吊基座与阀件箱之间,如图 8-15 所示。

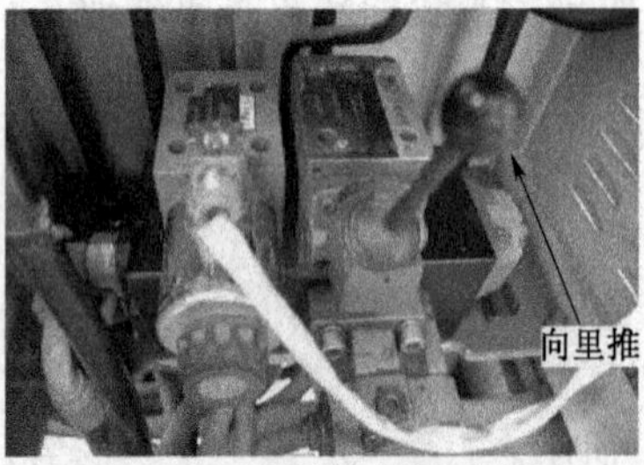

图 8-14　液压换向阀示意图

图 8-15　手动液压泵示意图

⑤平台需要下降时,操纵人员向下打开轴向柱塞油泵旁标"下降"的截止阀,使作业平台利用自身重力自然下降,至所需位置,关闭阀门,如图 8-16 所示。

⑥ 当作业平台需要旋转时,应先松开作业平台制动带制动油缸调整螺栓螺母,如图 8-17 所示;把轴向柱塞油泵手摇手柄插至手摇手柄孔内,如图 8-18 所示,根据所需方向摇动手柄。

⑦手动液压泵、柱塞泵使用完毕后,应将恢复原位。应及时使用手油泵,使作业机构复位。手油泵设在液压阀件柜侧面。

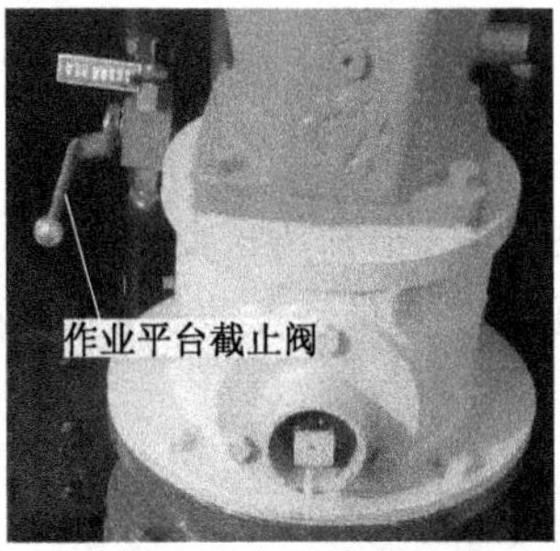

图 8-16　作业平台下降截止阀示意图

图 8-17　制动油缸调整螺栓示意图

(3)作业平台操纵开关故障手动直接操纵电磁阀

当电气系统出现故障不能向阀件柜内的电磁换向阀提供电源换向时,可通过 3 号或 4 号内六角扳手推动电磁换向阀两端的手动按钮使阀芯换向,也可以用圆棒推动按钮使阀芯移动换向,油液能通过电磁阀进入作业机构的油缸或马达,保证各机构能动作。

①打开液压电磁阀控制箱,控制电磁阀位于车架后部左侧下操纵控制柜下部,如图 8-19 所示。

图 8-18　柱塞油泵及手柄示意图

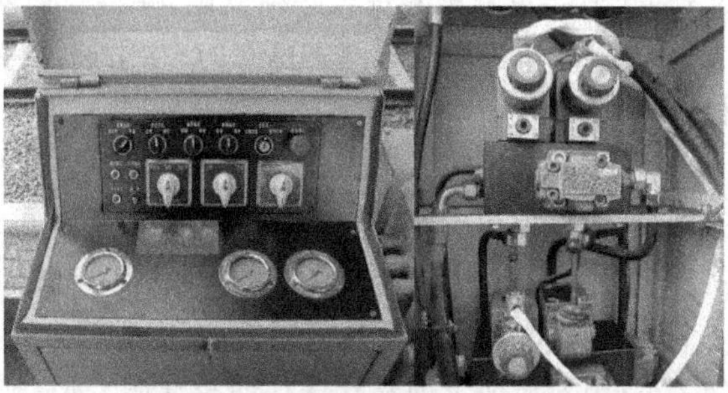

图 8-19　电磁阀设置位置示意图

②根据作业平台动作需要,派专人使用专用工具撬杆,顶压电磁阀头部按钮,使电磁阀接通,平台达到所需位置;如果平台需要旋转,应先升起后旋转,如图 8-20 所示。

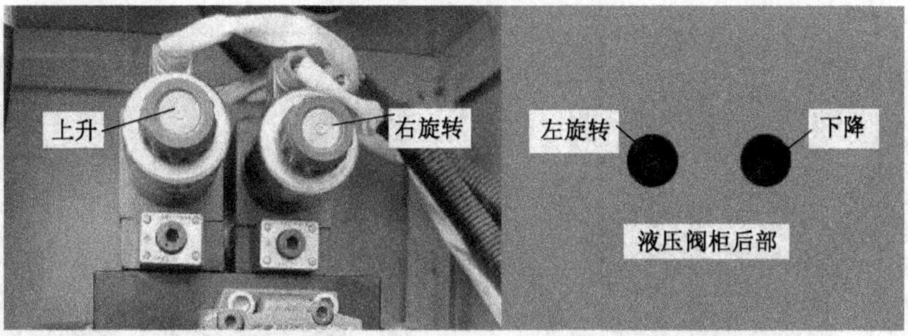

图 8-20　电磁阀控制位置示意图

七、接触网作业车随车起重机的操作

接触网作业车的随车起重机是专门为接触网施工而设置的,由于随车起重机的特殊性,也决定了它的不同,由于是安装在接触网作业车的车架上,仅有变幅、回转、伸缩臂、起降钩的操作,没有其他操作。但在作业中要注意在移动车辆之前起重机的大臂必须是缩回状态或锁定状态,防止侵入建筑限界和设备限界。

1. 随车起重机的操作

(1)使用随车起重机时,接通液压动力源,发动机应在怠速状态,接通后再加速至所需压力;油泵正常工作时,发动机转速控制在1 000～1 600 r/min。

(2)打开与作业平台共用的液压阀,使之接通在随车起重机的位置,根据所需要的工况,推动或收拉相应的变幅、伸缩、回转、起落钩手柄完成相应工作,并通过改变推动或收拉多路阀柱塞的行程以及改变上车油门的大小实现相应工况的速度调整。

2. 随车起重机安全注意事项

(1)必须先起钩后,方可操作回转手柄。

(2)随车起重机的吊钩位于车辆栏杆与作业平台之间,操作时要注意变幅角度,回转时必须注意作业平台工作状态,不能同时旋转吊臂、作业平台;收钩时要控制滚筒马达转速,防止起重钢丝绳"跑出"滚筒,造成损坏。

(3)操作中应严格执行起重机安全规程。严禁复合操作(同时操作两个及以上手柄);严禁猛拉猛放;认真执行试吊的规定;禁止吊重后伸缩吊臂;严格执行"十不吊";起重物及起重臂下严禁站人。

(4)严禁执行吊重曲线的要求,禁止超重作业。

(5)作业结束随车起重机必须复位,并将吊钩悬挂在固定位置。

(6)接触网作业车在电网下停车时,在未确认停电并已封接地线的情况下严禁操作随车起重机。

3. 随车起重机的应急操作

若随车吊臂使用过程中液压系统出现故障,可采取以下方式迅速复位。

(1)吊臂回转:用棘轮手柄直接摇动回转马达,使吊臂复位。如图8-21所示。

也可用手油泵复位。扳动阀件柜中的手动液压阀切换至"吊机"位(手柄向里推),如图8-22所示,用力摇动手油泵并操作回转控制手柄,使吊臂回转至行车位。

(2)吊臂缩回及下降:用手油泵复位,扳动阀件柜中的吊机切换阀至"进吊机"位,用力摇动手油泵并操作相对应的控制手柄,使吊臂回转至行车位。

(3)进行以上操作时,必须注意安全。

图8-21　手动液压回转马达

图8-22　手动液压换向阀

八、接触网作业车高空作业斗的操作

1. 高空作业斗的操作

高空作业斗的液压控制系统与作业平台的液压控制系统基本相似。当液压达到规定压力后，应首先对车辆走行机构进行锁止，使车辆形成刚性体，保证车架及工作机构稳定。须先将车架锁定开关扳到锁定位，确定锁定油缸锁定后，车架锁定开关回零位方可进行高空作业，如图 8-23 所示。当工作完毕后，应将此开关搬到解锁位，使车架恢复到原始状态，车架锁定开关回零位。操作人员进入作业斗内，关闭、锁止安全门，按照操作面板控制开关提示进行操作。

(1)选择基座机械锁定位置，根据作业吊斗的作业范围、旋转方向，打开相应机械锁销，锁定斗臂旋转范围为左半区、右半区或全区，如图 8-24 所示。

图 8-23　轴箱锁定装置示意图

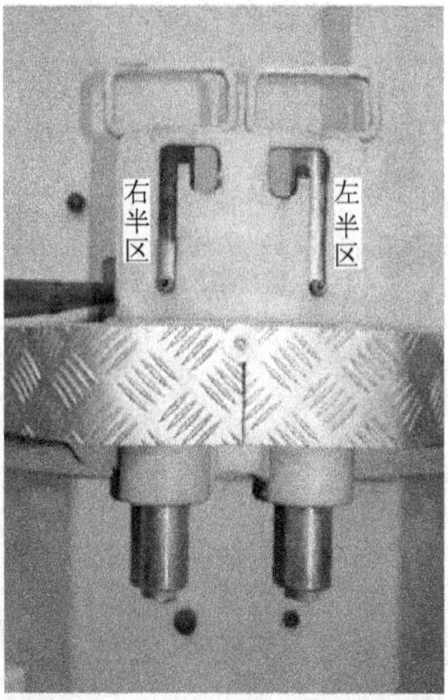

图 8-24　吊斗半区锁定装置示意图

(2)接通主控箱控制电源，选择操作控制方式，如图 8-25 所示。

(3)将主控电源钥匙取出，选择“基座/吊斗”操作控制转换开关，接通后相应的指示灯亮。如果作业吊斗上的“允许使用吊斗控制面板”绿色指示灯亮，表明为“基座/吊斗控制位”转换开关指向“吊斗”位置，吊斗上的安全门处于关闭状态。

(4)接通控制电源、液压源，对控制指示进行全面再检查，确认正常后进行操作。

基座控制面板、吊斗控制面板分别如图 8-26、图 8-27 所示。

(5)起升主臂，应首先使作业斗脱离定位装置及其他设备，再操作其他工况开关使作业斗靠近检修设备。

操作作业斗主臂、伸缩臂、小臂、吊斗时，不得同时操作两个及以上方向动作，不得急剧起、停。

(6)急剧起停会触发安全保护装置动作，此时应停顿数秒后再进行操作。

(7)当作业斗主臂、伸缩臂的主、小臂伸缩、吊斗旋转触发保护传感器时，应反方向操作，进行角度调整。

2. 作业斗安全操作注意事项

操作作业斗时，操作人员须精神集中并应严格遵守相关操作规程及要求：

(1)作业斗操作人员必须熟悉作业斗性能，掌握应急处理技能，经过严格培训，培训合格后方准操作。

(2)操作人员作业前要熟悉作业现场，确认作业斗工作范围。

(3)作业斗不能超载使用。操作人员不超过 2 人或质量不超过 300 kg，不得用作业斗装卸、运输料具。

(4)当风速超过 25 m/s 时,禁止使用作业斗。

(5)作业过程中作业斗应与其他设备要保持足够的安全距离,作业斗下面不得有人;作业斗作业时不能将其倚靠在障碍物上;动力源未切断前,操作人员不得离开操作位置;禁止在任意部件失灵时继续操作作业斗。

(6)作业结束后,作业斗控制开关均返回中立位、关闭位,作业斗及相关部件应锁止定位,动力源、控制电源均应切断。

3. 作业斗的应急操作

在液压泵故障时,可使用手动方式操控作业斗临时将作业斗复位,首先收回作业斗臂,小心进行其他操作。

(1)液压系统无压力时的操作

打开手动油泵开关,一人上下扳动紧急手动液压油泵,同时另一操作人员按下相应的吊斗动作指令按钮,直至作业吊斗复位。如图8-28所示。

(2)电气系统故障时的操作

当电气系统故障可通过直接操作液压电磁阀和手动油泵使作业斗复位。旋紧比例阀的旋钮,将控制作业斗相应动作的电磁阀的通路端帽拧开,再使用配置的专用工具顶压电磁阀的阀芯,使阀芯移动,打开液压油路直至作业吊斗复位。手动操作电磁阀位于基座上车反方向侧,如图 8-29 所示。

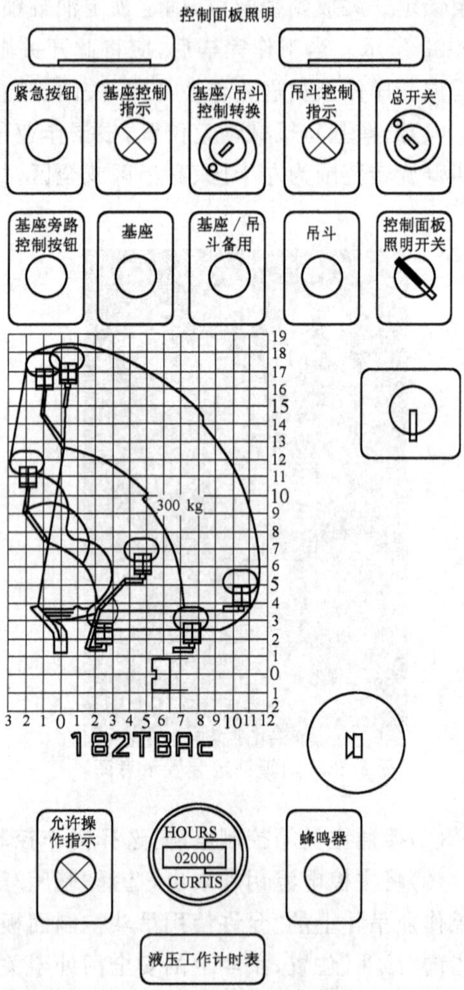

图 8-25　基座主控制箱示意图

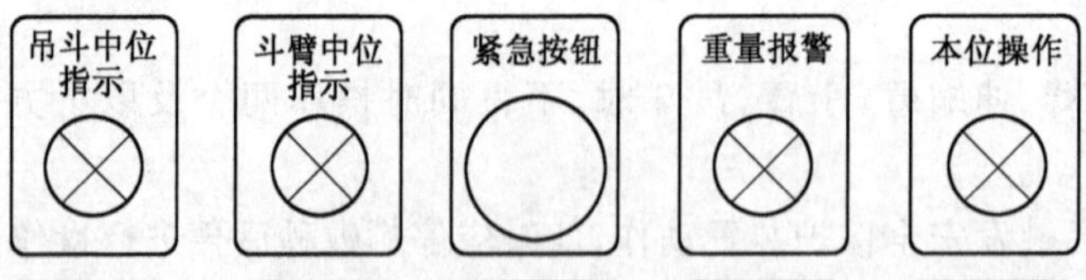

图 8-26　基座控制面板示意图

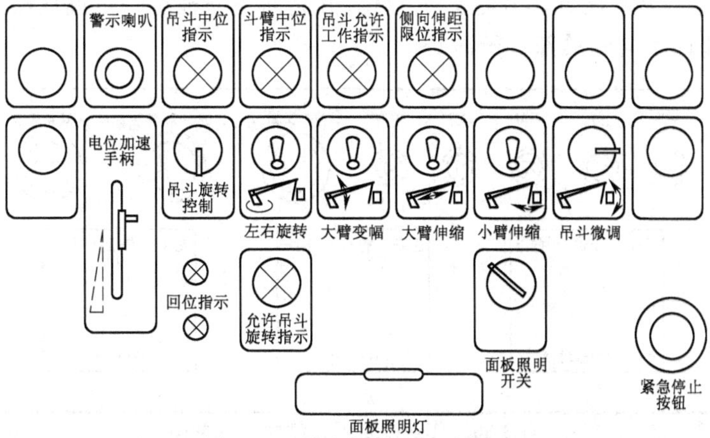

图 8-27　吊斗控制面板示意图

图 8-28　应急手油泵示意图

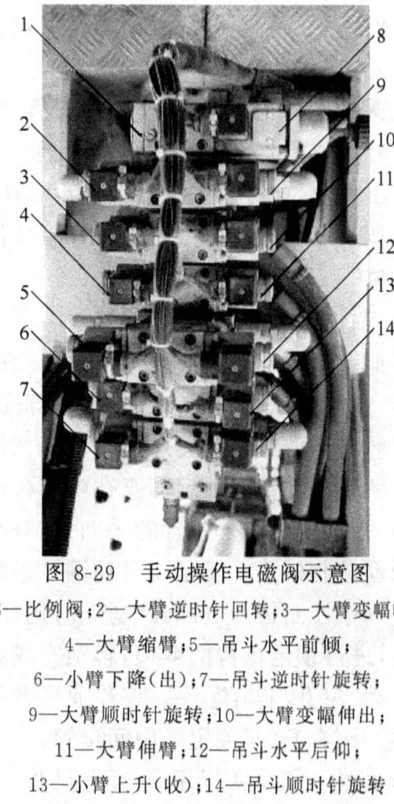

图 8-29　手动操作电磁阀示意图

1、8—比例阀；2—大臂逆时针回转；3—大臂变幅收缩；
4—大臂缩臂；5—吊斗水平前倾；
6—小臂下降(出)；7—吊斗逆时针旋转；
9—大臂顺时针旋转；10—大臂变幅伸出；
11—大臂伸臂；12—吊斗水平后仰；
13—小臂上升(收)；14—吊斗顺时针旋转

九、接触网作业车调平装置的操作

1. 作业平台调平装置的使用方法

作业平台调平装置具备自动解锁、自动调平、自动复位、自动锁定、手动复位、手动锁定等自动控制及手动控制功能。

作业平台调平装置调平动作的实现需要经由解锁、调平、复位、锁定四个环节。

(1)解锁

发动车辆后，首先将“调平/支腿”开关置支腿位，如图 8-30 所示，将轴箱锁定油缸进行锁定,如图 6-38 所示。然后将回转立柱处于中位,升起回转立柱至一定高度时才能进行调平作业(为了确保调平时不与相关部件干涉)。

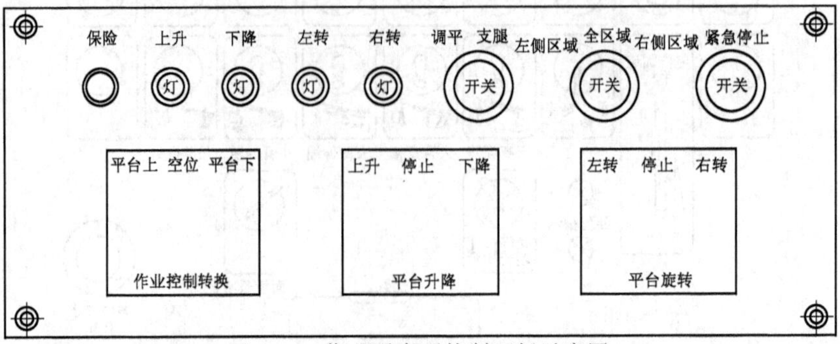

图 8-30 作业平台下控制面板示意图

自动控制模式:将调平控制柜内电源开关打开,然后选择"手动/自动"开关置于手动位,将"锁定/解锁"开关置于解锁位,进行锁定机构的解锁,如图 6-22、图 6-23 所示。

(2)调平

在调平作业工况下,将液压系统阀件柜控制面板上的"调平/支腿"钥匙开关置于调平位。

解锁完成后将"锁定/解锁"开关置于中间位置,"手动/自动"开关置于自动位,自动调平开关置于工作位,此时调平油缸开始自动调平。同时自动调平开关上方的指示灯亮,表示调平油缸处于调平工作状态,待调平指示灯灭时表明此时调平油缸已经完成调平动作,作业平台处于水平位置。

(3)复位及锁定

作业结束后,进行调平复位操作。首先将自动复位开关置于工作位,此时调平油缸开始复位动作,自动复位开关上方复位指示灯亮,表示调平油缸处于复位工作状态,待指示灯灭灯时表示此时调平油缸已经完成复位动作。锁定油缸在复位动作完成后自动进行锁定动作,待锁定油缸活塞杆伸出至锁定耳座孔内不再动作为止即完成调平装置锁定。

(4)作业平台调平装置的手动控制操作

手动控制模式一般是在自动调平系统发生故障时使用。

将调平控制柜内电源开关打开,选择"手动/自动"开关置于手动位,"锁定/解锁"开关置于解锁位,进行锁定机构的解锁,解锁完成后将"锁定/解锁"开关置于中间位置。根据实际情况控制手动"左升/右升"开关,将作业平台手动调至水平状态。当作业平台调置水平状态后,将手动"左升/右升"开关置于中间位置。

作业结束后,进行手动锁定操作。控制手动"左升/右升"开关,将作业平台调至和车体一致角度,将手动"锁定/解锁"开关置于锁定位,锁定油缸活塞杆伸出,此时注意观察锁定油缸活塞杆伸出方向是否在锁定耳座孔内,如活塞杆未对正锁定耳座孔,应该立即将"锁定/解锁"开关置于中间位,操作手动"左升/右升"开关直至锁定油缸活塞杆伸出方向与耳座孔中心相对,才能将手动"锁定/解锁"开关置于锁定位,使锁定油缸活塞杆伸出至锁定耳座孔内。

2. 调平装置的应急操作

(1)闭合电源总开关。

(2)将阀件柜中的应急换向阀手柄向前推(面对阀件柜的左边第一个阀),如图 8-31 所示。

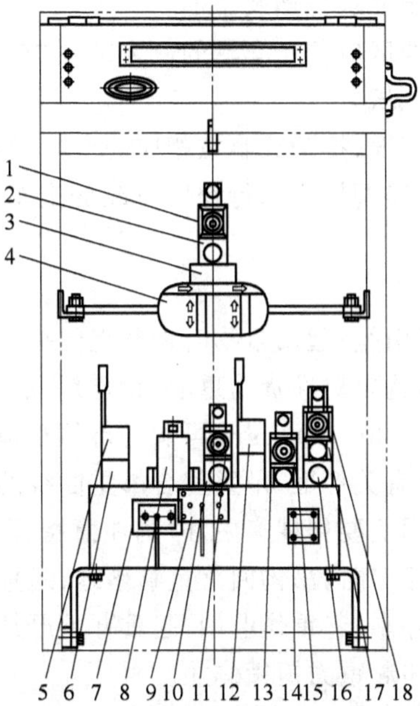

图 8-31　液压阀件柜示意图

1—支腿、调平装置转换电磁换向阀；2—调平装置溢流阀；3—支腿、调平装置回路测压接头；4—标牌；5—应急泵手动换向阀；6—应急泵手动单向阀；7—系统卸荷用球阀；8—系统卸荷电磁溢流阀；9—系统急停用球阀；10—作业系统溢流阀；11—平台急停换向阀；12—吊机与平台切换阀；13—双单向节流阀；14—单向节流阀；15—平台升降换向阀；16—制动器溢流阀；17—双单向节流阀；18—平台回转换向阀

(3)将下控箱“调平支腿钥匙”开关转到调平位，如图 8-30 所示。

(4)将调平控制箱电源关闭。一人操作调平控制柜内的调平换向阀手柄，另一人摇动手油泵对调平装置进行复位。

(5)一人操作调平控制柜内的锁定换向阀手柄，另一人摇动手油泵，则锁定油缸对调平装置进行机械锁定。

(6)将下控箱“调平支腿钥匙”开关转到支腿位。

(7)操作左侧支腿附近的多路阀手柄。摇动手油泵对左支腿进行复位。

(8)操作右侧支腿附近的多路阀手柄。摇动手油泵对右支腿进行复位。

十、轨道起重车的操作

轨道起重车是接触网作业车的一种，操纵轨道起重车上车的司机必须取得国家质量技术监督部门颁发的特种作业操纵证，否则禁止作业。

1. 作业前的检查

首先起重作业前司索人员，要认真检查起重用钢索状态，不得有死结、松散、麻芯挤出、受热，断股要符合规定标准。起重司机、司索及地面指挥人员，应检查起吊重物及现场，了解所起吊的物件。

起重司机必须检查回转平台是否有枕木头及其他杂物，防止上车回转时卡滞及损坏起重机部件。

2. 司机的操作

司机按作业要求选择停车位置，根据地形适当给予保压制动，做好防溜，将换向手柄(或取力器)首先打至液压位,并按规定要求挂挡及给油。

轨道起重车的安全起重作业区应位于车辆的侧方或后方(即前方垂直支腿油缸垂直中心线至上车回转中心连线的后方区域)。

起重作业时根据所需要的工况,推动或收拉相应的变幅、伸缩、回转、起落钩手柄完成相应工作,并通过改变推动或收拉多路阀柱塞的行程以及改变上车油门的大小实现相应工况的速度调整。

3. 起重作业安全注意事项

(1)当起吊长大物件应有牵引绳;起吊重物时钢丝绳间夹角不宜过大,锐角物件要加垫;散装货物要捆牢扎实;起吊重物吊钩要对准货物重心;钢丝绳受力后要停车对钢丝绳、吊装及整车受力情况进行检查;货物离地 200～500 mm 再次进行停车检查。

(2)起重用钢丝绳必须符合有关标准,吊重符合吊重曲线的要求。

(3)起重作业过程中,起重司机要精神集中,时刻注意指挥人员的手语,发现异常,立即停车,且不得离开操纵室;长时间停车时,吊钩回落重物落地;起重作业中,遇有紧急情况,无论任何人发出的停车信号均应立即停车;起重作业中,起重臂下严禁站人。

(4)起重作业时,应避免关闭起重力矩锁作业。

(5)严禁带载伸缩吊臂;吊臂外伸时要注意下放吊钩,吊臂回缩时要注意收回吊钩;吊臂伸缩、回转、变幅严禁复合操纵。

(6)操纵时严禁猛拉、猛推、猛松,一方未停稳严禁进行反向操纵;非重力下降时,严禁踩制动器踏板;重力下放仅限于空钩。

(7)起重作业中,严禁随意扳动离合器操纵杆。

(8)起重作业,风力不大于 6 级,环境温度为－10～＋35 ℃;连续工作时,应注意油温不超过 75 ℃。

(9)吊钩收回落位时,讯响器鸣响,应立即停止落臂。

(10)起重作业时,滚筒余留钢丝绳不得少于 3 圈。

(11)作业完毕,应将吊臂收回放于支架上,吊钩用钢丝绳挂牢。

(12)当起重作业结束撤除支腿时,要注意轮对下落情况,防止车辆脱线;起重作业结束,必须将支腿的所有安全锁链、锁销锁止好。

4. 起重作业“十不吊”的内容

(1)超重或埋藏地下物不吊。

(2)非信号人员指挥或信号不明不吊。

(3)重量不明不吊。

(4)吊钩未对准货物重心不吊(斜拉歪拽)。

(5)未试吊不吊。

(6)简化挂索,捆绑不牢不吊。

(7)6 m 以上长大物体无牵引绳不吊。

(8)物件上有人、有浮摆物或钩连其他物体不吊。

(9)吊索夹角过大不吊(超过 90°)。

(10)金属尖锐楞角物体吊索无衬垫不吊。

5. 移动作业

目前的轨道起重车均允许开展吊重移动作业,其工作原理是通过走行马达将动力传给传动轴后，带动轮对旋转。进行吊重作业时，必须将轴箱锁定油缸锁定，释放轴箱减振弹簧的弹力，使车辆成为刚性体，保证吊重行驶时的安全。

吊重走行时必须保证重物在车辆的正后方，而且必须保证锁定油缸处于锁定状态。

使用吊重走行时应将换向手柄置于相应位置(前进或后退)，打开低速走行控制开关，踏下或松开脚踏阀即可实现高速或低速走行。

6. 起重用钢丝绳保养检查及报废标准

(1)钢丝绳末端应牢固地绑扎或插好，其尾端缠扎长度不得少于直径的 5 倍；钢丝绳固定于起重机的部件时，应用板楔子、锥套等可靠的办法连接。

(2)起重用钢丝绳禁止打结、压扁、克伤、电弧打伤、滑动摩擦、化学介质侵蚀和长时间被水浸泡等。

(3)钢丝绳的绳套，应装有铁套环；用编结法结成绳套时，编结部分的长度不得小于钢丝绳直径的 15 倍，并且不得短于 300 mm；用卡子连接绳套时，卡子的数目不得少于 3 个，间距不应小于绳径的 6 倍，最后一个卡子距绳头不应小于 140～150 mm，卡子要一正一反且拧紧到把钢丝绳压扁三分之二左右。

(4)当起重用的钢丝绳出现外观有严重变形、结构破坏、纤维芯挤出或有明显的蜷缩、聚堆等现象时，不得再使用。

(5)起重用的钢丝绳应避免带电和接近热源，使用过程中不得承受冲击力。

(6)超载使用过的钢丝绳不得再使用；对未知超载的钢丝绳，可通过检查外观有无严重变形、结构破坏、纤维芯挤出或有无明显的蜷缩、聚堆等现象来判断。

(7)当起重用的钢丝绳表面钢丝出现直径磨损减小不超过 40%时，见表 8-1。

表 8-1　钢丝绳磨损检查标准

钢丝表面磨损或锈蚀量	10%	15%	20%	25%	30%～40%	>40%
折减系数%	85	75	70	60	50	报废

(8)长期使用的钢丝绳，至少每四个月进行一次涂油保护。短期使用不超过一年的，原则上在使用前涂油即可。

(9)起重用钢丝绳报废标准[钢丝绳断股检查标准(GB 1102—1974)]见表 8-2。

①钢丝绳断一股时。

②表面钢丝腐蚀、磨损达钢丝直径的 40%及以上时。

③钢丝绳直径减少 7%及以上时。

④钢丝绳发生扭结变形时。

⑤钢丝绳在一个捻距内的断丝数达到下列数值时。

表 8-2　钢丝绳断股检查标准(GB 1102—1974)

钢丝绳结构	6×19+1	6×37+1	6×61+1	18×19+1
根数	12	22	36	36

复习思考题

1. 发动机常温启动时应注意哪些问题?

2. 什么是接触网作业车的静态检查？

3. 接触网作业车静态检查的顺序是如何规定的？

4. 发动机熄火时有何要求？

5. 平台使用时应注意哪些安全问题？

6. 起重作业时滚筒余留的钢丝绳不得少于多少？

7. 简述起重作业“十不吊”的内容。

8. 操作起重作业机构时应注意哪些事项？

9. 起重作业前司机、司索工应做哪些检查？

10. 对起重用钢丝绳绳套有何要求？

11. 哪种情况下起重用钢丝绳必须报废？

第九章　接触网作业车行车安全装备

接触网作业车的行车安全装备是指列车运行监控装置、机车信号、列车无线调度电话机车台，简称“三项设备”，是接触网作业车上线运行必备的控制设备。

第一节　机车信号系统

机车信号是列车运行控制系统的基础，是列车运行监控装置的“信号源”。机车信号是一种能够正确反应地面信号机显示状态的行车装置。机车信号由信号接收线圈、机车信号主机、接线盒、八显示机车信号灯等组成。

轨道电路与机车信号共同构成信号系统。

一、轨道电路

1. 轨道电路简介

利用钢轨做导体，用以检查有无列车，传递列车占用信息以及其他信息的电路，称为轨道电路。常见的轨道电路由送电端、钢轨线路和受电端三部分组成。

送电端由轨道电源、限流器组成，限流器一般由电阻器或电抗器组成，其作用就是当列车驶过，轨道电路被机车车辆轮对分路时，防止电流过大烧损设备；并保证在列车占用该分区轨道时，轨道继电器可靠动作。

钢轨线路是由轨条、轨端接续线和钢轨绝缘组成。

受电端是由轨道继电器组成，用于接收轨道信号电流来反映轨道电路的工作状态。

2. 轨道电路的工作原理

正常时列车未进入轨道电路，即该分区空闲时，电流流过轨道继电器线圈，使继电器触点保持吸合状态，接通信号机的绿灯电路，允许列车进入轨道电路，如图 9-1(a)所示。

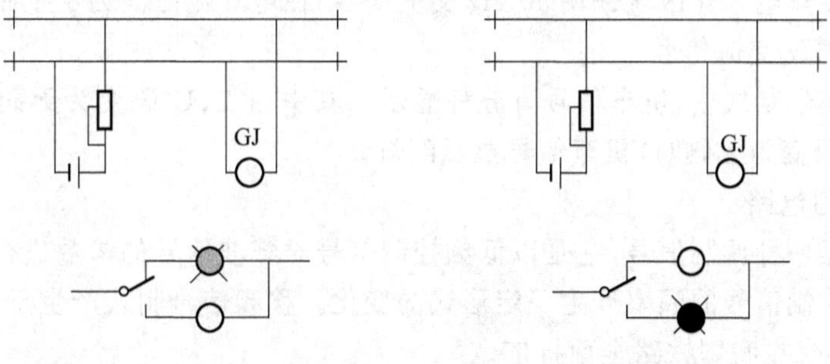

(a)线路空闲　　(b)线路占用

图 9-1　轨道电路工作过程示意图

当列车进入轨道电路区段内，即线路被占用时，电流同时流过机车车辆轮对和轨道继电器线圈，但由于轮对的电阻远小于轨道继电器线圈的电阻，轨道电流大部分流过轮对，使轨道继电器电流不足以维持绿灯电路触点的闭合，触点打开同时触点接通红灯电路，如图 9-1(b)所示。

二、轨道信号制式

轨道电路中所传递的信号有着不同的制式，随着科学技术的进步，信号制式越来越丰富。现阶段我国铁路采用的信号制式有交流计数轨道电路、微电子交流计数轨道电路、移频轨道电路、极频轨道电路、UM71 轨道电路、ZPW-2000 无绝缘轨道电路等。

1. 交流计数轨道电路

交流计数轨道电路技术是苏联 20 世纪 30 年代技术，我国为了解决与自动闭塞相配套的机车信号和得到较好的轨道电路传输特性，于 1958 年从苏联引进了交流电码轨道电路，1959 年开始在我国铁路上应用。

交流计数信号系统中地面发码设备有两种：一种发码周期为 1.6 s，另一种是 1.9 s，在相邻的轨道电路中使用不同类型的发码设备，可使相邻轨道电路中传输的电码脉冲周期不同，用以防止在发生绝缘故障时造成的错误接收。

每种发码设备可发出三种信息，交流计数电码信息与信号显示的关系见表 9-1。

表 9-1　交流计数电码信息与信号显示的关系

编码的给定值	电码名称	在轨道电路中传输的电码结构	地面信号机的显示	机车信号机的显示
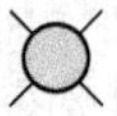	L 码	——	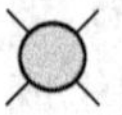	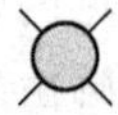
	U 码	——		
	U/H 码	——		
有车占用或无码	——	——		 或 

基频信号在非电气化区段采用 50 Hz 交流信号；在电气化区段为了抵制工频交流干扰，采用 25 Hz 或 75 Hz 交流信号。

交流计数信号制式中，机车信号有五种显示。其中由 L、U 码变为无码时，机车信号显示白灯；由 U/H 码变为无码时，机车信号显示红灯。

2. 移频轨道电路

移频信号是一种调制信号，它是以低频控制信号对载波信号的参数进行改变，使载波信号的频率随低频控制信号的频率产生一定形式的变化。移频信号制式产生于 60 年代，首先在成昆线试验，70 年代在我国铁路全面推广。

移频信号的变化规律是以载波信号 f_0 为中心，作高低频率偏移，在轨道电路中传送的移频信号。受低频控制信号 F_c 控制做交替变化的高端载频 f_2 和低端载频 f_1，二者交替变化一次叫做一个周期 T，而在每秒钟的变化次数与低频控制信号相同。在轨道电路中传输的移频信号是低端载频 f_1 和高端载频 f_2，它们做近似突变性的变化，好像频率在移动，因此叫移频信号，如图 9-2 所示。

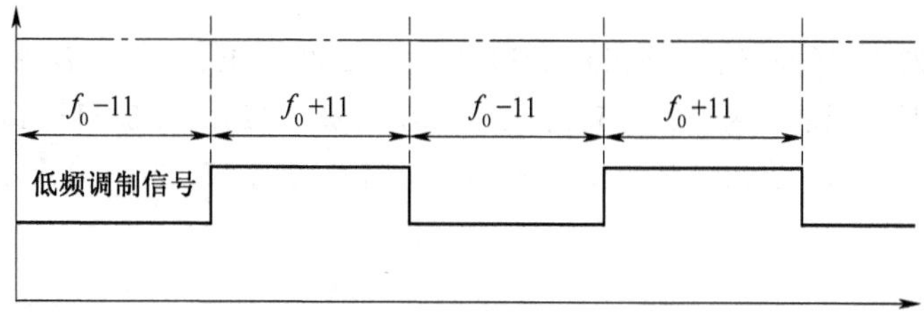

图 9-2　移频调制波形图

三显示移频信号的低频控制频率 F_c 共有四种，经过整形后的调制信号与信号显示的关系见表 9-2。

表 9-2　调制信号与信号显示的关系

产生的电码名称	信号频率(Hz)	地面信号机的显示	机车信号的显示
11 Hz 信号	11	绿灯	绿灯
15 Hz 信号	15	黄灯	黄灯
20 Hz 信号	20	双黄灯	双黄灯
26 Hz 信号	26	红灯	红/黄灯

移频制式轨道电路的自动闭塞区段，中心载频 f_0 也设计为四种，即上行线采用650 Hz 和 850 Hz 两种频率交替排列，下行线采用 550 Hz 和 750 Hz 两种频率交替排列，以防止同一线路相邻两闭塞分区之间，因钢轨绝缘破损造成的错误干扰，也防止双线上、下行线路之间的相互干扰。

3. UM71 无绝缘轨道电路

UM71 无绝缘轨道电路是法国 CESS 公司研制的 U 型(带调制)移频轨道电路。铁道部于 1989 年通过技贸结合方式引入中国，1998 年在京广线全线使用以后，2000 年又相继在京山线使用。

该轨道电路在区间采用 UM71 无绝缘轨道电路的四显示信号系统，其信息量除满足四显示自动闭塞本身的要求外，还满足区间和站内列车速度和等级的要求，四显示采用 L(绿)、L/U(绿黄)、U(黄)、H(红)四种色灯显示。

UM71 无绝缘轨道电路传送的是一种移频信号，由发送器产生低频信号 f_{tbf}，从 10.3 Hz 至 29 Hz 按 1.1 Hz 等差数列递增，共 18 个低频频率。即：

$$f_{tbf}=10.3+1.1n \quad n \text{ 取 } 0\sim17$$

发送器载频频率为四种，即 1 700 Hz、2 000 Hz、2 300 Hz、2 600 Hz，频偏±11 Hz。

四显示移频的 18 信息为：L、L/U、U、U2、U/U、U/H、B、H、速度等级 9 个、绝缘节信号 1 个。

4. ZPW2000 无绝缘轨道电路

ZPW2000 无绝缘轨道电路是在吸收了 UM71 无绝缘轨道电路技术后，在国产化的基础上进行的再开发。

ZPW-2000 移频自动闭塞有着诸多优点，它克服了 UM71 系统在传输安全性和传输长度上存在的问题，解决了轨道电路全程断轨检查，调谐区死区长度、调谐单元断线检查，拍频干扰防护等技术难题。延长了轨道电路长度。采用单片机和数字信号处理技术，提高了抗干扰能力。

ZPW-2000 系列无绝缘轨道电路采用标准载频为 1 700 Hz、2 000 Hz、2 300 Hz、2 600 Hz。传输的低频调制信号频率为 10.3 Hz、11.4 Hz、12.5 Hz、13.6 Hz、14.7 Hz、15.8 Hz、16.9 Hz、18 Hz、19.1 Hz、20.2 Hz、21.3 Hz、22.4 Hz、23.5 Hz、24.6 Hz、25.7 Hz、26.8 Hz、27.9 Hz、29 Hz。

三、接收线圈

接收线圈用于接收轨道电路的传输信号，是由感应线圈和铁芯所组成，线圈缠绕在铁芯上，外面有塑封的壳体，在壳体表面上有端子盘，线圈的引出线与端子盘相接，为调整线圈的电感量，在线圈的一端设有抽头并与端子盘上的端子相接，为提高电气性能铁芯采用高磁感晶粒取向硅钢片制作，如图 9-3 所示。

可接收电化、非电化移频信号、交流计数信号、UM71 信号等。

其两条钢轨接收线圈接线盒内的端子，1 号端子连接机车信号主机，2 号端子同端的两接收线圈闭环连接。

接收线圈安装高度为(155±5)mm。

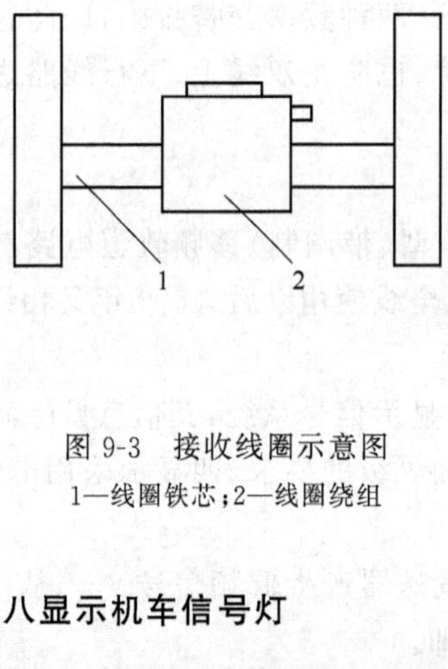

图 9-3　接收线圈示意图

1—线圈铁芯；2—线圈绕组

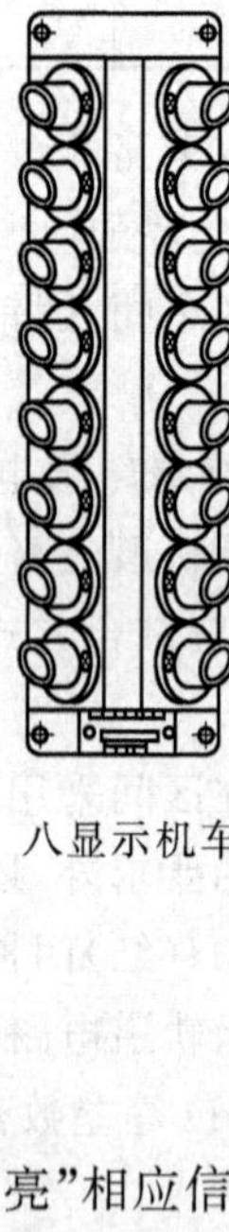

图 9-4　八显示机车信号灯

四、八显示机车信号灯

八显示机车信号灯接收通过机车信号主机译码后的信号，“点亮”相应信号灯，复示地面信号机灯光的显示情况，与列车所进入自动闭塞分区的前方地面信号机显示相同的信号定义内容，如图 9-4 所示。

五、机车信号主机

机车信号主机是机车信号系统的“心脏”，它自动接收机车接收线圈收到的轨道电路信息，并经主机识别后进行处理，将接收到的信息显示在相应的显示器上，还可提供列车超速防护装置、自动停车装置提供信息。

机车信号主机内含一块主机板及一块母板，主机板采用卧式安装。主机板电路包括输入部分、计算机部分、输出及反馈输入检测部分、电源部分等。主机外形如图 9-5 所示。

主机 X20、X21 为信号电缆航空插头，其接线有规定的定义。

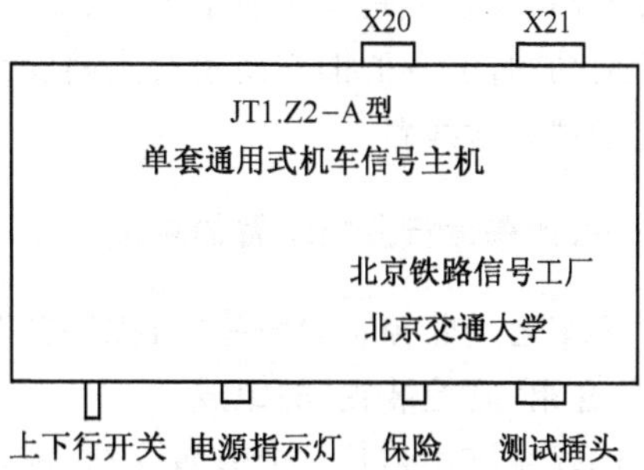

图 9-5　机车信号主机外形示意图

六、机车信号接线盒

机车信号接线盒的作用就是将接触网作业车上的 DC 24 V 电源逆变为 DC 50 V 供机车信号主机使用，并可作为接触网作业车机车信号系统间各电气设备的连接，其外形如图 9-6 所示。

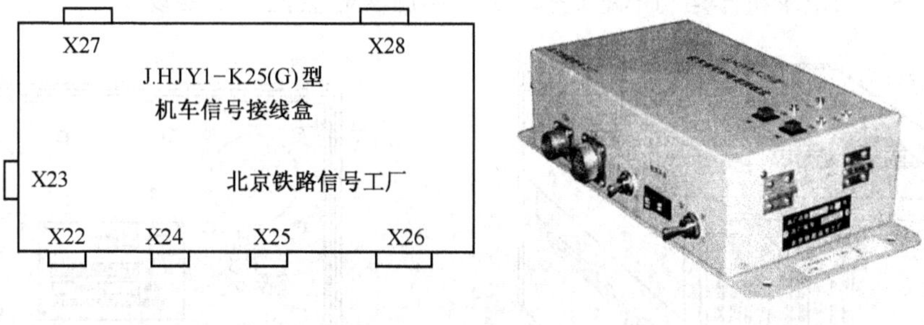

图 9-6　机车接线盒外形图

X22 接入超速防护设备主机；X23 接入自动停车装置；X24、X25 分别接入机车信号主机的 X20、X21 航空插头；X26 接入信号选择等；X27、X28 分别接入接触网作业车两端的八显示机车信号灯。上述插头均为信号电缆航空插头。

机车信号接线盒在实际中用于接收线圈信号Ⅰ、Ⅱ端控制的选择，在选择的控制上分为司机手柄控制和人工控制。

(1)司机手柄控制

将接线盒的测试/运行开关置运行位，可实现司机手柄控制Ⅰ、Ⅱ端的选择。司机在哪一端操纵，接线盒内的继电器选择Ⅰ端或Ⅱ端的机车信号接收线圈，当司机手柄回零位，该接线盒控制Ⅰ、Ⅱ端选择仍保持在原位置。

(2)人工控制Ⅰ、Ⅱ端的选择

将接线盒的测试/运行开关置测试位，可实现人工控制Ⅰ、Ⅱ端的选择。Ⅰ、Ⅱ端的控制操作通过按压接线盒的Ⅰ端或Ⅱ端的按钮，便可控制Ⅰ、Ⅱ端的选择。

第二节　列车运行监控装置

列车运行监控装置是通过机车信号的变化，实时对列车运行实施监视、记录、控制的行车安全装备，具有防冒、防超、防溜等多种控制功能。该装置在实现安全速度控制的同时，采集记录与列车安全运行有关的各种机车运行状态信息，促进了机车运行管理的自动化。

我国列车速度控制技术开发是从 20 世纪 90 年代初开始的，其中经历了 JK-2H 型和 LKJ-93 型监控装置两次发展过渡，目前在全路机车上安装使用的监控装置(LKJ-2000)为第三代产品，该装置是在吸取了第一、二代产品成功经验，并在此基础上由铁道部统一组织研制开发成功的，装置的推广使用对全路安全生产有序可控起到了巨大的推动作用，运行范围遍及所有国铁运营线路。

一、列车运行监控装置的组成

列车运行监控装置简称“监控装置”或“LKJ”，俗称“运器”。下面以 LKJ-93 型“监控装置”为例，介绍“监控装置”的组成。

LKJ 系统由监控记录装置主机、显示器、压力传感器、光电速度传感器、制动控制机构(包含常用制动及紧急放风阀)、逆变电源及相关的配件、电缆等组成。

1. LKJ-93AH 型主机

LKJ-93AH 型主机一般安装在电气间或配电控制柜内，如图 9-7 所示。其作用是用于存储线路数据，检测、记录机车运行状态，并对机车实施实时监控的主要设备。

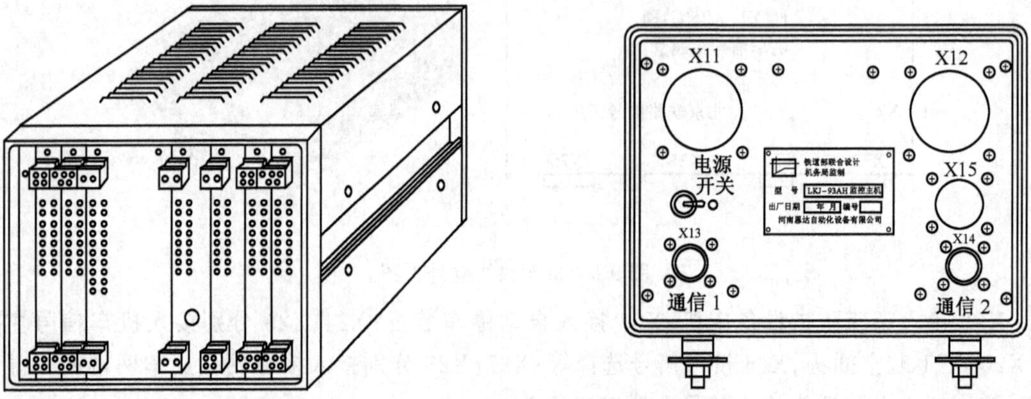

图 9-7　主机正面视图和背面视图

“监控装置”主机由七块插板组成，分别为信号调整板、绝缘节检测板、电源板、记录板、监控板、数字量输入板、数字量输出板，插板间连线通过机箱内母板联通。主机背面装有 5 个航空插座和一个电源开关。X13、X14 用于主机与显示器之间的连接；X11、X12、X15 用于连接监控主机与机车条件线(也就是信号线)；电源开关同时控制双针表驱动源的转换，打开电源开关，监控主机工作，双针表由监控装置驱动，切断电源时由外部数模盒驱动。

(1)信号调整板

信号调整插板的作用就是将速度传感器、压力传感器、柴油发动机转速传感器或电力机车的原边电流传感器的输出信息进行调整。

(2)绝缘节检测板

绝缘节检测插板的作用就是检测轨道电路绝缘节位置，校正距前方信号机的距离。由 8031 芯片组成的过绝缘节信号检测系统，可采集移频、UM71、交流计数、极频等轨道电路信号，并对信号技术参数进行分析后向监控板发出过绝缘节的信号。

(3)电源板

电源插板的作用就是输入 110 V，向“监控装置”提高多路可靠的独立电源，有 5 V、±12 V、15 V、24 V 多种电压。

(4)记录板

记录插板由 8031 芯片组成，其作用就是记录列车运行中产生的数据并对产生的文件进行管理、存储。

自检开始时，8 个指示灯全亮，然后自检通过一项相应指示灯熄灭，当自检全部通过时 4B 灯开始闪烁，表明记录板开始正常工工作。

(5)监控板

监控插板也叫主机插板，它是由 8097BH 芯片组成的系统，是“监控装置”的核心。其主要作用就是对外部输入的各种信息进行逻辑判断，并执行“运器”相关的各种监控控制功能。

(6)数字量输入板

数字量输入插板就是将外部的机车信号、机车工况信息进行电平转换和隔离，其中机车信号条件 12 路、机车工况信息条件 5 路。

(7)数字量输出板

数字量输出插板用于输出“运器”与机车的接点信息，执行动力连锁、紧急制动或常用制动、装置故障报警等功能。输出三路常用制动控制条件，输出紧急制动控制条件，实施紧急制动控制继电器状态检查，系统故障交权输出。

2. 显示器

显示器安装在两端司机操纵台上，是实现“人机对话”的重要设备，司机通过显示器完成对“监控装置”的设定、校正和控制。每辆机车一般分别设有一部主显示器和副显示器，两显示器同时显示机车运行数据。

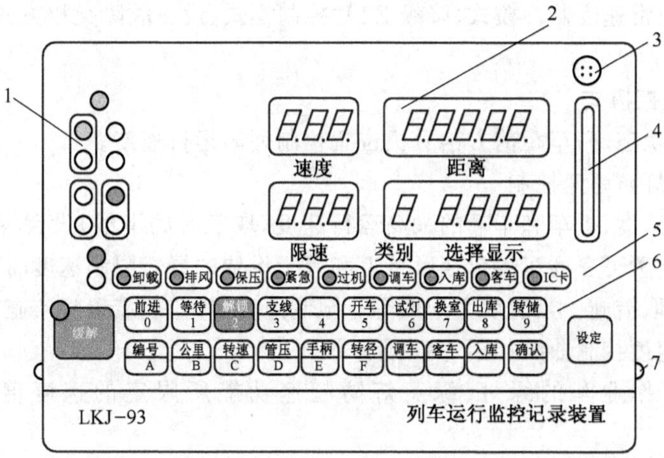

图 9-8　显示器面板示意图

1—机车信号复示区；2—数据显示区；3—转储接口；4—IC 卡插槽；

5—状态指示灯；6—功能键；7—安装螺钉

(1)显示器面板的构成

显示器面板上半部为显示区，设有复示机车信号的信号指示灯、反映监控装置工作状态的指示灯以及数据显示区；下半部分设有功能按键，通过对按键的单独或复合操作，实现对机车运行数据的设定、系统功能的检测以及运行中对机车的控制。显示器面板示意图如图 9-8 所示。

(2)显示器面板状态指示灯、数据显示、显示器功能键及组合键的功能显示器面板状态指示灯、数据显示、显示器功能键及组合键均表示特定功能，其定义按照《列车运行监控装置使用手册》所说明的含义确定。

3. 逆变电源

逆变电源是接触网作业车专用的设备，其作用就是将蓄电池 DC 24 V 电压转换成供监控主机使用的 DC 110 V 电压。

逆变电源由电池组、逆变器和控制电路等组成。其主要功能有：在接触网作业车蓄电池电压为 DC 24 V 时，通过逆变输出 DC 110 V 同时向机内电池组充电；当接触网作业车蓄电池电压异常时，可将机内电池的储能转换成 DC 110 V，维持对负载的正常供电；逆变器实现了蓄电池供电和机内电池供电的自动转换。

逆变器外形如图 9-9 所示。

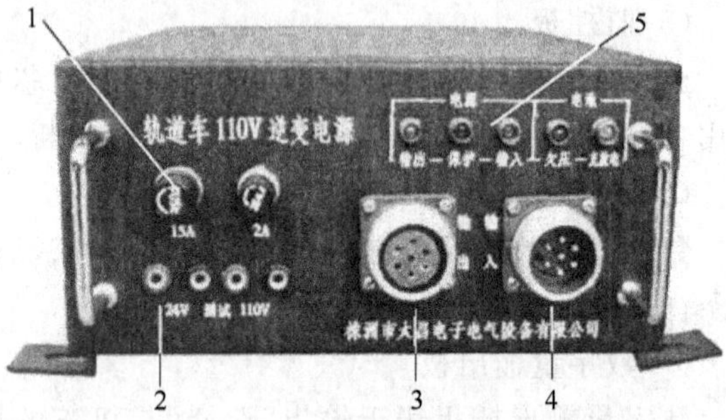

图 9-9　逆变电源外形图

1—保险；2—试验插孔；3—DC 24 V 输入；4—DC 110 V 输出；5—指示灯

二、列车运行监控装置的控制模式

LKJ-93AH 型监控装置采用线路参数内存储模式，运行中顺序调用的原理，根据机车信号显示情况、列车运行速度和列车距前方信号机的距离这三个参数的变化，采用全封闭速度监控模式，实时计算允许运行的速度（也就是限制速度），对列车运行进行安全监控。其控制模式分为五种，分别为正常速度监控模式、降级 ZTL 控制模式、设备故障交权方式、调车控制模式、补机记录方式。

1. 正常速度监控模式

根据机车信号状态、列车距前方信号机位置控制列车运行速度。

(1)绿灯、绿黄灯防超速控制

根据线路允许速度、机车和车辆的最高运行速度（取三者的下线）设置绿灯限速值。在绿灯信号分区，监控装置可在列车运行速度接近和等于设置的绿灯限制速度时，发出声、光报警，提示机车乘务员采取措施。当速度大于或等于限制速度时，监控装置将实施常用制动，强迫列车减速、停车。其速度控制曲线如图 9-10 所示。

现阶段接触网作业车的绿灯、绿黄灯防超速功能所限定的速度值相同，最高限速 82 km/h。

当常用模式限速值与实际速度值之差小于或等于 2 km/h 时，语音提示报警；当常用模式限速值与实际速度值之差小于或等于 0 km/h 时，实施常用制动控制，减压量为 110 kPa。

(2)黄灯防超速控制

接触网作业车黄灯限速为 67 km/h，当列车接近显示黄色灯光的信号机并且速度大于或等于设置的黄灯限值速度时，监控装置发出声、光报警，提示机车乘务员采取措施按规定速度通过黄色灯光的信号机。当速度大于或等于设置的限制速度时，监控装置将实施常用制动，强迫列车减速、停车。其速度控制曲线如图 9-11 所示。

列车在减速信号或减速地点前，常用制动距离计入空走距离，紧急制动距离不计入空走距离。

监控装置语音提示、常用制动的设置时机：

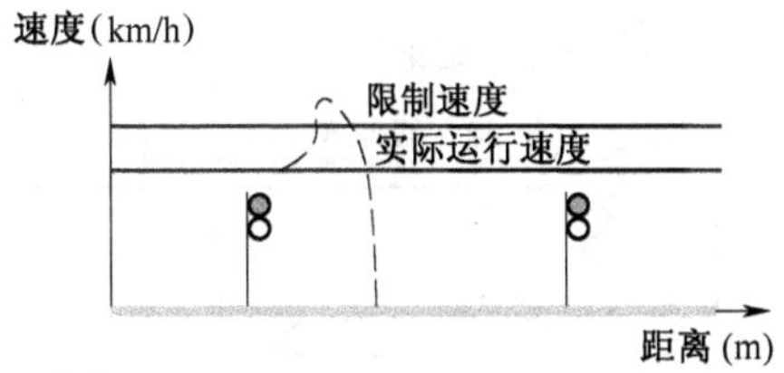

图 9-10　绿灯速度控制曲线

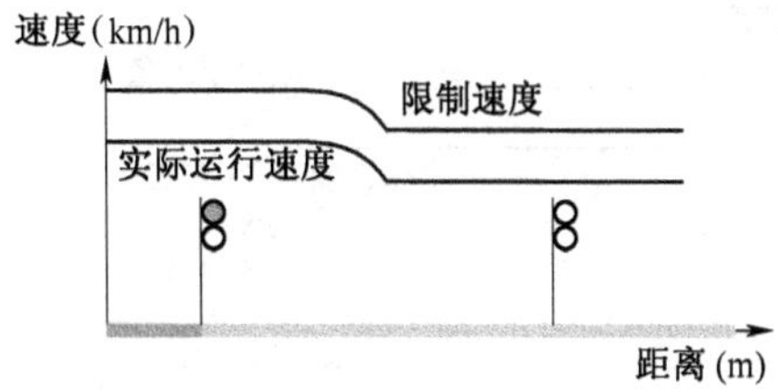

图 9-11　黄灯速度控制曲线

常用模式限速值与实际速度值之差小于或等于 5 km/h 时，语音提示报警；常用模式限速值与实际速度值之差小于或等于 0 km/h 时，实施常用制动控制。

黄灯突变问题：

当列车运行接近地面信号机位置时，机车信号由绿灯突变为黄灯、绿/黄灯、黄 2 灯，由于运行速度较高，不可能将运行速度降至黄灯规定的速度值，为此，监控装置增加黄灯突变。处理方法是：将相应的黄灯出口限速点延长至突变点前方 800 m 处，相当于把控制地点虚拟的向后移动 800 m。其速度控制曲线如图 9-12 所示。

为减少列车停车，对于黄灯突变防超控制，增加了空走时间，因此遇机车信号显示黄色灯光时，制动时机应适当提前。其速度控制曲线如图 9-13 所示。

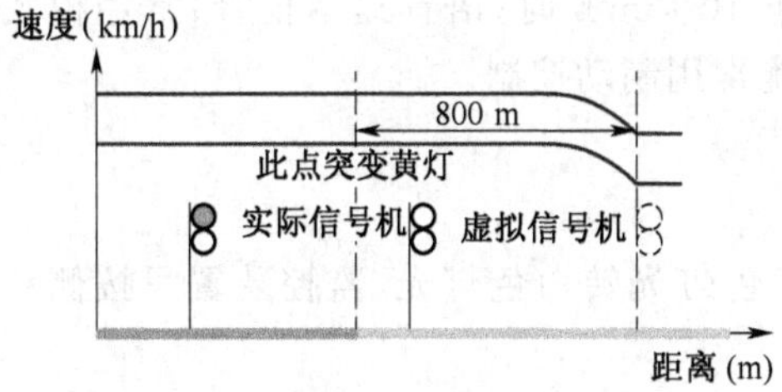

图 9-12　黄灯突变速度控制曲线

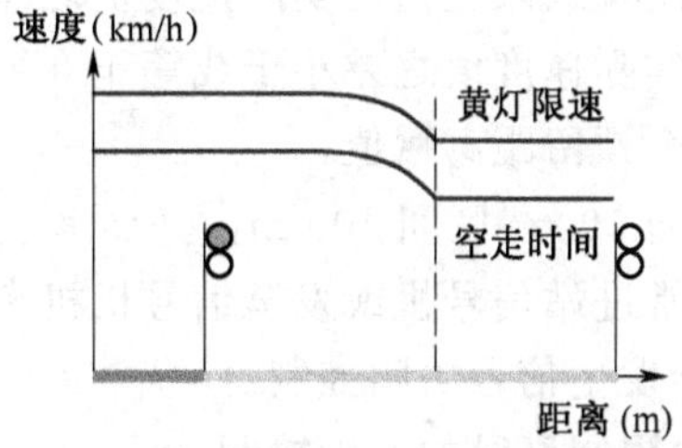

图 9-13　黄灯突变速度控制曲线

(3)侧线道岔控制

当进站信号机显示两个黄色灯光(移频、UM7I、ZPW2000 区段)时，监控装置按侧线控制速度，根据侧线道岔位置距离，决定越过显示两个黄色灯光信号机的速度。其速度控制曲线如图 9-14 所示。

实际运用中会出现越过地面信号后即发生侧线限速现象，因此作为司机应在越过信号机之前提前降至限制速度值以下，防止“自停”的发生。

当进站(或进路)信号机显示一个黄色灯光(交流计数区段)，进站后机车信号由黄灯转白灯时，如监控器地面数据中做有黄转白侧线时，监控装置将按侧线模式控制道岔限速。其速度控制曲线如图 9-15 所示。

(4)信号关闭时的控制

当机车信号显示红色灯光、半黄半红色灯光、黄色灯光转白色灯光、双半黄色灯光转白色灯光，监控装置立即调出停车模式，限速显示区显示当前最高允许速度，控制列车在关闭的信号机前停车。其速度控制曲线如图 9-16 所示。

列车在停车制动模式曲线下，制动距离均计入空走距离。

监控装置语音提示、制动的时机：

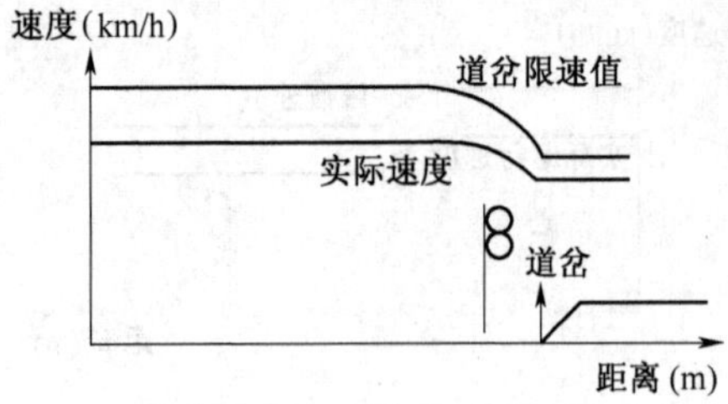

图 9-14　双黄灯速度控制曲线

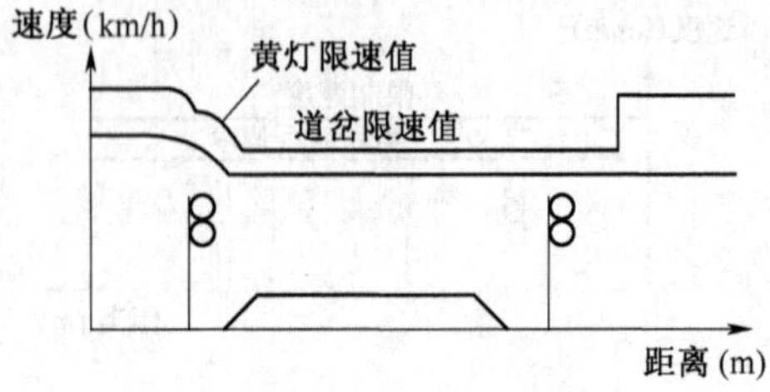

图 9-15　黄灯进站后掉白速度控制曲线

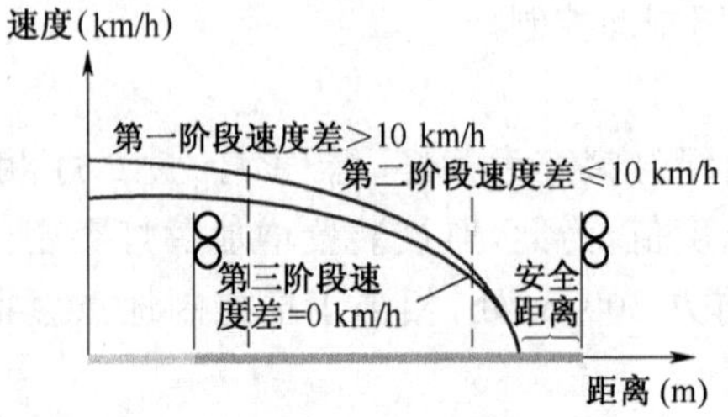

图 9-16　信号关闭速度控制曲线

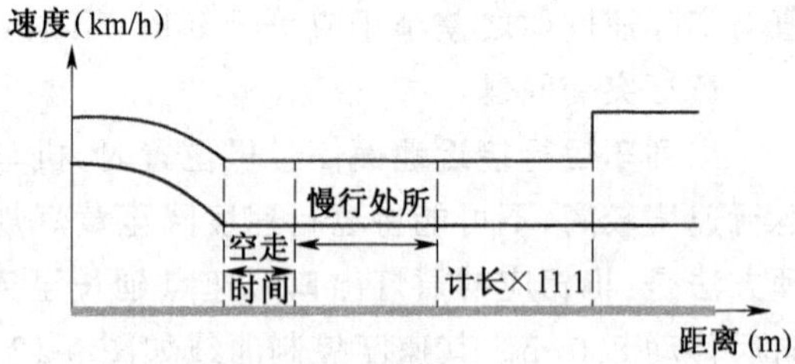

图 9-17　限速区段速度控制曲线

常用模式限速值与实际速度值之差小于或等于 10 km/h 时，语音提示报警；常用模式限速值与实际速度值之差小于或等于 0 km/h 时，实施常用制动控制。

安全预留距离赋值：

站内 50 m、区间 100 m。

正常进站信号机或发车信号机机车信号双半黄色灯光转白色灯光，监控装置只按侧线控制，不会发生信号关闭控制。

(5)限制区段的速度控制

对于固定限速区段的速度控制，为保证列车尾部不超速，司机应正确输入列车换长。其速度控制曲线如图 9-17 所示。

(6)常用制动的缓解

在固定限速下运行，实施“自停”常用制动控制的减压量为 110 kPa。

列车运行发生“自停”常用制动后，当满足缓解条件时，机车乘务员可根据实际情况一次按压控制盒的红色【复位】按钮或监控装置显示器的【缓解】键，完成缓解操作。

2. 降级 ZTL 控制模式

(1)降级运行进入时机

在下列情况下，监控装置进入降级运行控制模式。

①开机后(或关机时间超过 1 min，一般也就是 20 s 左右)自动进入降级状态；

②设定完成未按压【开车/5】键前；

③监控数据终止时；

④读监控数据错误(相当于微机死机现象)时；

⑤退出 20 km/h 限速模式时。

如何断定关机后是否进入降级模式？一是关机后显示器是否显示全“8”，没进入全“8”说明没有进入降级；二是关机后的公里标是否从“0”开始，如果从“0”开始说明进入降级模式。

(2)控制模式

①进行信号下的降级运行

运行中机车信号为进行信号时，模式按自降级点开始延迟 2 000 m 后限速 60 km/h，也就是在此距离内可以超过 60 km/h 运行，但监控装置周期性报警，报警方式为 4 s 间隔，7 s 连续报警，此时应按【解锁/2】键应答，否则监控装置实施自停。

2 000 m 延迟距离走完时，运行速度必须控制在 60 km/h 以下，否则监控装置实施自停。

②关闭信号时的降级运行

列车运行中机车信号显示限制信号、停车信号、关闭信号（含白灯），监控装置转入降级运行模式，模式按自降级点开始延迟 800 m 后限速 20 km/h，也就是在此距离内可以超过 20 km/h运行，但监控装置周期性报警，报警方式为 4 s 间隔，7 s 连续报警，此时应按【解锁/2】键应答，否则监控装置实施自停。

800 m 延迟距离走完时，运行速度必须控制在 20 km/h 以下，否则监控装置实施自停。

当机车信号由关闭信号转为进行信号时，降级状态下改为按自降级点开始延迟 2 000 m 后限速 60 km/h，如果又重新掉关闭信号，那么由重新改按自降级点开始延迟 800 m 后限速 20 km/h，二者可以循环监控。

当由调车后转开车时，无码时速度需降至 20 km/h 以下；正线有码时机车信号显示绿灯速度需降至 60 km/h 以下，否则监控装置排风。

如果在区间因某种原因需要进行监控数据设定，应根据机车信号显示情况及距离，将列车速度降至 20 km/h 或 60 km/h 以下，否则按【开车/5】键时监控装置实施自停。

③降级状态下的动车报警

降级状态（非调车）下，机车信号显示关闭信号，列车运行速度超过 5 km/h 时，监控装置实施周期报警，报警方式为 4 s 间隔，7 s 连续报警，司机在 7 s 内应按【解锁/2】键应答，否则监控装置实施“自停”。

3. 调车控制模式

(1)接触网作业车使用普通调车模式

按【调车】键，自动转入普通调车模式。

调车走行中，不能退出调车。

中途回转折返列车，为保证监控调车走行距离，折返的列车运行数据应在调车结束后输入。

(2)防溜控制模式

监控装置设有管压和手柄两种防溜控制模式，防溜模式在监控状态、调车和降级模式下均有效。

①列车停车时如列车减压量不足 80 kPa，5 s 后连续语音提示“注意防溜”。如未按【解锁/2】键应答或未追加减压量至 80 kPa，10 s 后监控装置会实施自停。

②手柄防溜

当机车未加载由停车状态动车，速度≥3 km/h 或者移动距离≥10 m 时，连续语音提示“注意防溜”，如未按【解锁/2】键应答或加载时，10 s 后监控装置会实施排风。

4. 非正常行车模式

(1)“走停走”控制模式

自动闭塞区段，在分区信号机前机车信号显示停车信号（模式曲线在信号机前限速为 0）时，列车在该信号机前停车 2 min 后监控装置自动解除停车控制模式。列车启动后，监控列车以最高不超过 20 km/h 的速度运行到次一架信号机，按其显示要求监控列车运行。

要想高于 20 km/h 速度运行，列车必须越过次一架信号机。

①“走停走”控制时，停车超过 2 min 后限速自停车位置处直接降到 20 km/h。根据接触网作业车的运行实际情况，当确认前方有列车运行时，由于配合接触网工区在区间装卸料具，当前方机车信号显示停车信号时，为防止监控装置误入“走停走”监控模式，应严格控制列车运行速度，在前方信号机未变灯之前，尽量避免停车，以免耽误列车整体运行时间。

②停车后机车信号在关闭信号之间相互变灯时，不重新计算停车时间。

③停车后机车信号由关闭信号变为进行信号又转为关闭信号时，重新计算停车时间。

④停车再开时，从当前停车位置开始限速，容许信号是在信号机处开始限速。

⑤对于出站后的第一离去信号机为固定无码（监控装置数据中未按白灯权限设置）时，遇出站前机车信号显示一个双半黄色灯光，机车乘务员未进行“绿灯确认”操作，越过出站信号机后，机车信号显示白灯（单红灯）时，监控装置将按“走停走” 模式控制。

(2)“路票”行车模式

列车运行至改电话闭塞法行车的起始车站的出站信号机或发车进路信号机前，列车运行速度低于 60 km/h 时，机车乘务员在确认行车凭证或核对电话记录后，在 5 s 内顺序按压【4】、【出库/8】、【解锁/2】键，监控装置解除对本站出站信号机或发车进路信号机和下一区间所有分区通过信号机的停车控制功能。运行至接车站进站信号机前，按其对应的机车信号显示要求监控列车运行。

①“路票”行车模式使用时机为出站信号机前、出站信号机后方 50 m 之内、始发站开车前。

②对于一站多场的发车进路信号机或总出站信号机停用时，使用“路票”行车确认越过第一架发车进路信号机后的关闭信号不用重新确认。

③始发站降级状态下使用“路票”行车控制后，在规定地点按压【开车/5】键前，列车按降级模式控制，降级 ZTL 报警功能保留不变。

④半自动闭塞区段同样具有“路票”行车功能，路票行车保留调车、入库功能。

⑤退出“路票行车”的时机，列车运行至前方站的进站信号机前，监控装置自动退出“路票行车”模式，按进站信号机显示进行控制。

⑥如果监控装置在运行中遇系统初始化（途中关机、开机）时将自动退出“路票行车”模式，必须重新设定，在降级状态下再次使用“路票”行车控制。

⑦对于站间线路所通过信号机使用“路票”模式行车时，在轧过信号机后 50 m 之内，在 5 s 内顺序按压【4】、【出库/8】、【解锁/2】键，监控装置解除对本架信号机的控制，否则的话要控制列车运行速度进行停车处理。

(3)“绿色许可证”行车模式

当出站信号机停用或故障，列车运行至改用“绿色许可证”的起始车站的出站信号机或发车进路信号机前，且列车运行速度低于 45 km/h 时，机车乘务员在确认行车凭证或核对电话记录后，在 5 s 内顺序按压【4】、【解锁/2】键，监控装置解除对本站出站信号机或发车进路信号机前的停车控制功能。监控列车以不超过 45 km/h 速度越过出站道岔。

①“绿色许可证”行车模式使用时机：

出站信号机前；出站信号机后方 50 m 之内；始发站开车前。

②遇一架以上出站（发车进路）信号机故障只发给一张“绿色许可证”时，列车越过办理“绿

色许可证"行车的信号机后，运行至前方故障信号机之前必须停车，需在 5 s 内再次顺序按压【4】、【解锁/2】键，解除对该故障信号机的控制。

③超长列车头部越过出站信号机后，使用"绿色许可证"行车，限速控制在 45km/h，列车尾部越过道岔后恢复限速，监控装置按关闭信号控制。

④"绿色许可证"模式的退出时机为机车信号变灯后，包括红灯、红/黄灯、白灯自动取消。

⑤如果监控装置在运行中遇系统初始化(途中关机、开机)时将自动退出"绿色许可证"模式，必须重新设定，在降级状态下再次使用"绿色许可证"行车控制。

(4)"引导"行车模式

①自动引导

在自动闭塞区段(标准移频、UM71、ZPW2000)进站(接车进路)信号机前，机车信号显示半黄半红闪灯信号时，如监控装置信号显示半黄半红色灯光，同时 SD1、SD2 指示灯闪烁，监控装置在进站(接车进路)信号机处自动限速 20 km/h，并且监控列车以不超过 20 km/h 的速度越过该信号机，机车乘务员不需要按压【解锁/2】键。列车进站后，按出站(进路)信号机的显示要求监控列车运行。

②普通引导

在进站(接车进路)信号机或四显示区段分割信号机前，机车信号显示半黄半红灯光、白色灯光、单红色灯光，列车速度低于 20 km/h 时，机车乘务员确认引导信号开放后，按压【解锁/2】键解除监控装置停车控制，监控列车以不超过 20 km/h 的速度越过该信号机。列车进站后，按出站(进路)信号机的显示要求监控列车运行。

使用时机为：进站信号机前，列车速度不超过 20 km/h，速度超过 20 km/h【解锁/2】键确认无效；在距进站信号机 100 m 之内【解锁/2】键确认无效，必须停车进行【解锁/2】键确认；机车信号在进站前出现变灯，必须重新进行"引导模式"设定。

③特定引导

特定引导的进站(接车进路)信号机前，列车速度低于 60 km/h 时，允许机车乘务员顺序按压【开车/5】、【解锁/2】键，解除监控装置停车控制，监控列车以不超过 60 km/h 的速度越过该信号机。

使用时机：进站信号机前，机车信号显示关闭信号且列车速度低于 60 km/h；在轧进站信号机前变灯，需进行重新"特定引导"设定。

(5)列车进、出站运行

①第一远离空闲确认

a. 出站(发车进路)信号机显示一个绿色灯光、一个绿色和黄色灯光，机车信号显示一个双半黄色灯光。

b. 当列车距出站(或发车进路)信号机 400 m 之内，机车司机、副司机必须同时确认地面信号机显示，并进行呼唤应答后，方可在 5 s 内顺序按压【4】、【解锁/2】键，解除列车在接近的信号机和次一架信号机前的"双半黄灯"转"白灯"的停车控制功能，变灯需要重新进行确认操作。

c. 第一远离闭塞分区空闲的确认操作必须在地面信号显示绿灯或绿黄灯，机车信号显示双黄灯的情况下进行。

d. 第一远离的确认地点须经段主管部门批准，未经批准严禁使用第一远离闭塞分区空闲的确认操作。

②“次一信号机白码”不控制

在某一特殊的出站或进路信号机前，机车信号显示一个双半黄色灯光或一个黄色灯光，其次一架信号机固定显示为进行信号的情况下，在监控数据中可以对次一架信号机设置为自动解除机车信号黄灯(或双黄灯)转白灯时的停车控制模式；机车信号接到次一信号机的显示时，按其显示要求监控列车运行。

如果对“次一架信号机”未设置为自动解除机车信号黄灯(或双黄灯)转白灯时的停车控制，应按规定进行确认。

③列车侧线进站

列车在进站信号机前，机车信号显示一个双半黄灯，监控装置控制列车以不超过道岔规定的速度通过道岔，并按次一架信号机的显示控制列车运行。

此时会发生在道岔无码区双半黄灯转白灯，监控装置不发生停车控制。

④列车在股道无码车站通过

列车由进站信号机前的机车信号显示双半黄色灯光(或交流计数区段的黄色灯光)，进站后转白灯时，机车乘务员确认地面信号开放后，列车距出站信号机距离小于 400 m 时，允许顺序按压【解锁/2】、【出库/8】键，解除监控装置站内停车控制模式，监控列车以不超过道岔规定的速度越过出站信号机；机车信号接收到次一架信号机显示时，按其显示要求监控列车运行。

⑤列车在股道无码车站的发车控制

列车在站内停车，机车信号显示白灯，机车乘务员确认地面信号开放后，允许顺序按压【解锁/2】、【出库/8】键，监控装置解除停车控制功能，监控列车以固定模式限速值越过出站信号机；机车信号接收到次一架信号机显示时，按其显示要求监控列车运行。

确认后发生机车信号变灯，应重新进行发车控制确认。

当机车信号显示单红灯，机车乘务员确认地面信号开放后，在列车停车的状态下，允许顺序按压【解锁/2】、【出库/8】键，监控装置解除停车控制功能，监控列车以固定模式限速值越过出站信号机。

(6)列车载重的输入

接触网作业车应按实际重量输入载重，避免输入 5100 t 及以上，输入的数据必须进行重复确认。防止因吨位输入错误导致在红灯时出现 20 km/h 的限速出口，发生冒进的严重后果。

(7)“20 km/h 限速模式”的控制

①“20 km/h 限速模式”的进入条件：

机车乘务员判定机车信号故障；机车处于停车状态；信号机类型为非出站信号机及无特殊标志的进、出站信号机。

②“20 km/h 限速模式”的进入时机

5 s 之内顺序按压显示器【4】、【出库/8】、【4】键。(调车状态、补机状态不能进入“20 km/h 限速模式”)

③“20 km/h 限速模式”的控制过程

a. 确认进入“20 km/h 限速模式”后，监控装置计时至 2 min，自动将限速升为 20 km/h。

b. 监控装置不按机车信号信息监控列车运行。

c. 列车最高限速为 20 km/h。

d. 取消监控装置的自动过机校正功能。

e. 取消侧线选择和靠标停车功能。

f. 监控列车运行至前方站的出站信号机(或发车进路信号机)前停车。

g. 20 km/h 限速模式禁止特殊揭示控制、普通揭示、区段限速控制。

h. 20 km/h 限速模式禁止进入调车、补机。

i. 20 km/h 限速模式禁止进行设定操作。

④退出“20 km/h 限速模式”

a. 机车乘务员判定机车信号恢复正常；

b. 机车处于停车状态；

c. 5 s 之内顺序按压显示器【4】、【出库/8】、【4】键。

d. 退出 20 km/h 限速模式后，监控装置立即进入降级 ZTL 模式。

三、列车运行监控装置的操作

1. 开机操作

打开监控装置主机电源开关，监控装置即进入自检状态，数码管和指示灯全部点亮，数秒后恢复正常。

没有速度和信号显示，监控装置语音提示“信号异常”、“降级运行”。

有信号显示时，监控装置语音提示相应信号灯、“降级运行”。

如果机车有运行速度且 $v>5$ km/h，机车信号显示“半红半黄灯”或“白灯”，监控装置直接进入“降级运行”控制状态。

2. 参数的设定操作

(1)操作目的

监控装置采用线路数据预存储方式，在运行中调用比对的控制方式，因此在运行前应将本次列车担当的车次、车站、交路代码等数据进行输入，通知监控装置调出拟运行线路的相关数据和模式曲线，使监控装置进入监控列车运行的准备状态。

车次、车站等参数的输入过程称为设定操作；车次确定列车的运行方向，车站决定列车运行的起始点，换长确定侧线道岔及区段限速的解除时机。数据设定错误将导致运行参数调用的顺序混乱，形成错误控制，影响列车正常运行。

(2)设定项代码的定义(表 9-3)

表 9-3 设定项代码定义

设定项	显示形式	内容	设定项	显示形式	内容
0	0-××××	月、日	5	5-××××	交路车站
1	1-××××	机车号	6	6-××××	总重
2	×××××	司机工号	E	E-××××	合计
3	×××××	副司机工号	F	F-××××	换长
4	×××××	车次			

注：“月、日”、“机车号”设定后不再修改，只能查询，其他参数每次运行前由机车乘务员输入。

(3)执行键的定义

【前进/0】—【转储/9】键：输入数字；

【编号/A】键:设定项代码－1;

【公里/B】键:设定项代码＋1;

【手柄/E】键:光标字位左移一位;

【轮径/F】键:光标字位右移一位;

【确认】键:设定修改有效且设定项目自动＋1。

(4)操纵方法

①按压【设定】键,选择显示区显示:月、日,当键响过 3 s 后"月、日"消失,进入司机编号设置,显示[×××××],语音提示:"请输入司机号",移动光标按压数字键,正确输入司机工号代码。

②司机代码输入后,按压【确认】键确认有效后自动进入下一项的输入,并伴有相应的语音提示;每输入一项均需要按压【确认】键后进入下一项。

③输入完成,按压【确认】键退出操作,如输入有效距离,显示区会显示本次设定的内容。

④进入设定操作 15 s 未按键,监控装置判定此次设定无效,自动退出设定状态。

⑤有效设定完成后,监控装置自动进入降级 ZTL 工作状态。

⑥设定在停车、运行时均可操作,因信号变化等原因启动监控模式时,监控装置自动退出设定状态而进入监控状态。降级 ZTL 状态、防溜启动或限速报警时操作无效。

⑦关机 60 s 以上时,所设定的参数将丢失,需重新设定。

⑧输入数据后,应进行核实确认,防止输入错误形成错控、误控。

3. 接触网作业车运行中的操作

(1)转换操作

接触网作业车始终处于货车位牵引状态,因此不存在货车、客车的牵引转换问题。

(2)开车操作

开车操作前完成出发对标,使监控器处于监控状态,启动列车运行至规定地点,按压【开车/5】键,各显示区进入正常显示。【开车/5】键按压地点一般为正线出站信号机处或规定的地点。开车操作的同时监控装置自动退出降级运行模式。

(3)相位防溜功能

当机车由停车状态移动,若机车运行速度大于等于 3 km/h 或移动距离大于等于 10 m 时,连续语音提示"注意防溜",当机车乘务员按【解锁 2】键应答,暂停语音提示;当机车运行速度大于等于 10 km/h,继续语音提示"注意防溜",当机车乘务员按【解锁 2】键应答,解除语音提示。否则,语音提示 10 s 后,监控装置实施自停。

(4)换室操作

换室操作也就是更换显示器的操作端,正常运行时应使监控器控制权与操纵端保持一致。换室分为交权操作和夺权操作,显示器交出控制权为交权操作,显示器夺回控制权为夺权操作。

按压【换室/7】键交出控制权;按压【开车/5】＋【换室/7】＋【转储/9】键夺回控制权。

交权操作时为按压 3 次,有速度时为 5 次【换室/7】键,交出控制权。

夺权操作应在速度为"0"时进行,在无操作权的显示器上按压【开车/5】＋【换室/7】＋【转储/9】键,2 s 后【设定】灯亮,显示器夺回控制权。

(5)过机误差的校正

列车运行中距离显示区是以递减的数据显示方式显示据下一架信号机的距离,机车越过信号机的瞬间与机车实际位置的误差称为“过机误差”。

过机误差分为“滞后”误差和“超前”误差两种。所谓“滞后”误差就是当机车越过信号机时“监控装置”显示器距离显示区尚有剩余数据；“超前”误差就是在机车越过信号机前，“监控装置”显示器距离显示区已经将数据“走”完，开始显示下一闭塞分区数据。

【前进】键用于消除“滞后”误差，【等待】键用于消除“超前”误差。自动闭塞区段人工调整车位误差应在第二接近通过信号机前进行，在进、出站信号机处进行调整车位无效。使用【前进】键、【等待】键后，必须核对地面公里标，避免因校正过机误差错误出现监控装置动作。

当误差大于 100 m 时，应进行人工校正。

【前进/0】键 3 s 之内不能连续按压。

【等待/1】键在越过信号机 300 m 之内按压有效。

当接触网作业车入厂大修后或做旋轮之后，应对“监控装置”轮径进行修正，防止出现“超前误差”。

(6)查询操作

【编号/A】键：查询前方信号机编号；

【公里/B】键：查询机车位置公里标；

【管压/D】键：查询列车管风管压力；

【手柄/E】键：查询机车工况，处于前进还是后退；

【轮径/F】键：查询机车主动轮轮径。

(7)侧线确认操作

机车越过预告信号机后或进路信号机之前，机车信号显示为双半黄色灯光(移频、UM71区段)、黄色灯光(交流计数区段)，监控装置进入侧线选择状态；当机车信号显示为白色灯光、单红色灯光时，则需人工按压【开车/5】键，进入侧线选择状态。

输入正确后监控装置提示输入有效。

在多侧线数据的车站，“监控装置”将按照机车司机输入的有效股道号进站控制停车。当进站前输入侧线代码时，要注意显示区光标闪动情况、注意股道号的确认，一旦输入错误应在进站前，按压【开车/5】键重新输入后进行设定确认。

(8)支线操作

列车运行中需进行支线操作时，应按要求在规定地点按压支线键，同时监控装置提示“支线有效”。

当有多条支线时，应在规定的转支线位置连续按压三次【支线/3】键，输入相应的支线代码，进行支线选择。

当监控模式启动后，按压【支线/3】键无效时，应在监控模式解除后，列车运行速度达到 3 km/h 以上时再按压【支线/3】键。

(9)出入库控制

当列车处于调车或降级运行状态时，按压【入库】键进入“出、入库状态”控制，限速 15 km/h。

(10)调车操作

需要调车作业时，应及时进入调车操作，否则会形成对机车的错误控制。

操作方法就是在停车状态下，按压三次【调车】键，在类别显示区显示按压次数，进入调车模式，“调车”指示灯点亮，此时“监控装置”自动开口限速 42 km/h，并在距离显示区显示调车作业的机车走行距离，向前增加、向后递减。

若退出调车模式，无论是停车或运行均可退出，连续按压三次【调车】键，指示灯熄灭，监控装置退出调车作业模式。

(11)显示器亮度调整操作

在机车运行状态下，连续按压【客车】键两次可调整显示其亮度数码管亮度一挡。数码管亮度共分 8 挡。

(12)"IC"卡的读写操作

①读取操作

a. 打开监控装置电源开关，待监控装置自检结束后将"IC"卡插入显示器插槽内，指示灯亮。

b. 按压三次【转储/9】键，语音提示"转储卡转储"。

c. 按压【编号/A】键一次，显示器显示"ALL"。

d. 再按压三次【转储/9】键，进行转储操作，待转储结束提示"转储成功"，拔出"IC"卡。

②"IC"卡的传输

a. 按要求连接好传输器电源与电话线，显示屏提示开机画面"监控数据采集传输装置"。

b. 将"IC"卡插入传输器插槽内，卡柄黑色箭头朝上。

c. 输入电话号码后，按"转储"键，若"IC"卡插入正确，系统开始拨号并显示"正在拨号……"的提示。

d. 拨号成功后，开始传输数据，显示屏同时提示"正在发送数据 已完成××%"。若传输中显示"通信中断，请重试"，应重新进行传输。

e. 数据传输结束，系统自动擦卡，显示屏提示"发送完成 正在擦卡"；若传输中显示"通信中断，请重试"，应重新进行传输、擦卡。

f. 擦卡结束后，系统挂机，显示屏提示"擦卡完成 正在挂机"；挂机完毕数据传输结束，显示屏提示"数据传输成功 擦卡成功"。

四、LKJ-2000 型列车运行监控装置简介

LKJ-2000 是在 JK-2H 型和 LKJ-93 型列车监控装置基础上发展、完善而来的，它吸收了上述两型监控装置的成熟技术、运营经验，在功能、科技含量、可靠性以及使用方面都有了很大程度的提高，具有很强的技术优势。

1. LKJ-2000 监控装置的特点

(1)车载预存线路参数。LKJ-2000 继承了各型监控装置的成熟技术，仍采用预存线路技术参数、顺序调用的方式。

(2)采用连续平滑的速度模式曲线控制。将线路各区段固定限速、闭塞指令限速等沿里程形成平滑的速度模式控制曲线，更便于司机人工操控，提高运输效率和通过能力。

(3)实时测控运行速度值。对每一速度控制值针对限速目标按照相应数学模型，经监控装置主机 CPU 处理器计算得出，并实现与限速目标的实时对比。

(4)监控装置的控制实现了计算机控制。采用了统一的计算机 CPU 处理芯片，提高了自动化处理数据的速度和便于规范管理。

(5)可靠性增强。LKJ-2000 监控装置处理模块采用热备冗余技术，当工作机发生故障后自动切换到热备机，当一个单元或通道发生故障会自动切换到备用单元或通道，使工作的可靠性大大增强。

(6)增强了安全性设计。对数据处理故障的判断和分析进行优化设计，使速度信号故障、绝缘节识别故障、通信故障的判断更准确。

(7)采用了图形化显示器。显示器可显示线路的断面参数、机车信号的复示、实时速度、实时限制速度、信号机分布、临时限制运行条件提醒等，并随列车的运行监控模式限速曲线滚动移动，使司机直观的清楚当前以及即将运行的情况和控制模式情况。

2. LKJ-2000 型监控装置的组成

LKJ-2000 型监控装置与 LKJ-93 型监控装置基本相同，不同的就是主机内部结构，LKJ-2000 型监控装置由主机、显示器、压力传感器、速度传感器、常用制动装置、紧急放风阀以及连接电缆等组成。

3. LKJ-2000 型主机

LKJ-2000 型主机由 A、B 两组完全相同的控制单元组成，每组有 8 个插件位置，其布局如图 9-18 所示。

4. LKJ-2000 型显示器

显示器由 10 英寸的 TFT 高亮度彩色显示屏、键盘、“IC”卡插口组成，其外形如图 9-19 所示。

A机								B机							
电源A	数字入出A	数字输入A	CAN通信A	模拟入出A	通信A	信息处理A	监控记录A	监控记录B	信息处理B	通信B	模拟入出B	CAN通信B	数字输入B	数字入出B	电源B

图 9-18　LJ-2000 型主机插件布局示意图

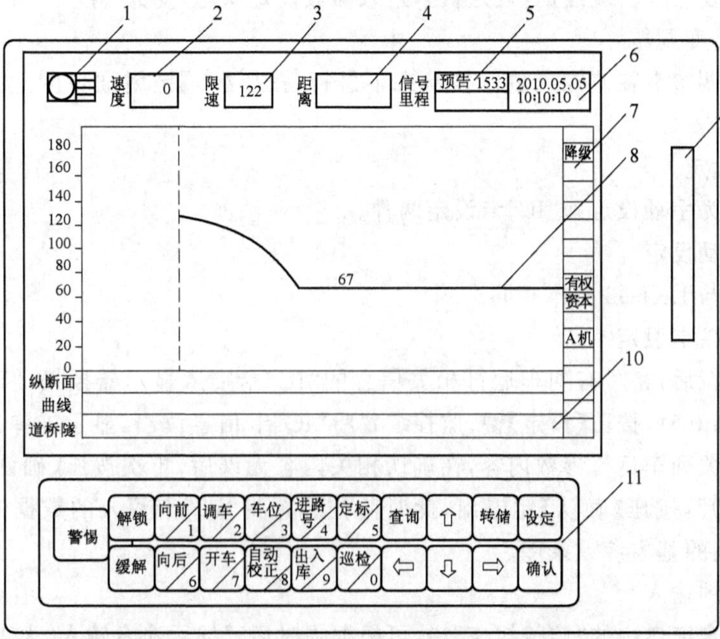

图 9-19　LKJ-2000 型显示器组成示意图

1—机车信号；2—实时速度；3—限制速度；4—距信号机距离；5—信号机号码及里程标；6—时钟；7—状态指示；8—图形显示区；9—“IC”卡插口；10—线路基础数据；11—键盘

(1)状态指示区

状态指示可显示十五种系统状态，状态指示区指示灯点亮分别表示该状态指示区处于工作状态。

(2)键盘的使用

按照《列车运行监控装置使用手册》说明操纵。

5. LKJ-2000 型监控装置的基本操作

(1)开机操作

当打开主机电源后，主机开始自检，自检结束后显示器进入降级显示状态。

①信号灯状态窗口：显示机车信号当前状态。

②当前速度状态窗口：显示机车当前运行速度。

③限制速度窗口：显示机车当前的限制速度值。

④时钟窗口：显示系统当前的日期及时间。

⑤系统状态窗口：显示【降级】或【调车】;【A 机】或【B 机】亮，一般为【A 机】亮。

⑥图形显示区：显示当前降级状态下机车的速度限制曲线。

(2)操作权的选择

①在降级或调车状态下机车两端均有操作权，两端显示屏均显示【有权】。

②操作监控器进入正常监控状态的一端，具有优先的操作权，称为"有权"端，另一端则为"无权"端，"无权"端仅能进行"查询"操作。

③需要改变两室操作权时应进行换室操作。操作方法为：在机车速度为 0 时，按压"有权"端【调车】键，先进入"调车"状态，然后在要得到操作权的显示器上按压【调车】键，退出"调车"状态即可得到操作权。

夺权操作可在"无权"端按压【设定】键，进入参数设定状态，变为"夺权"。

(3)显示屏亮度调整

显示屏亮度调整需在监控装置监控状态下进行，按压【↑】键增加亮度，按压【↓】键减小亮度。

(4)参数的设定

参数设定分为手动设定和"IC"卡设定两种。

①参数的手动设定

手动设定的与 LKJ-93 基本相同。

②参数的"IC"卡设定

监控装置运行后，将写有列车运行相关信息的"IC"卡插入显示器插槽，"IC"卡指示灯点亮，在机车速度为 0 时，按压【设定】键，监控装置将"IC"卡信息读出，显示屏弹出对话窗口，并显示"IC"卡内相关列车运行参数内容，在确认相关内容无误后，再次按压【确认】键，显示屏显示"发送揭示成功"，按压【确认】键退出，此时监控装置将"IC"卡写入的数据输入 CPU 处理器，作为各项控制的基本参数条件。

③监控限速的输入

在显示屏设定窗口中的"监控线速"栏，可根据临时运行揭示命令输入"人工特殊限速值"。在停车、无控制指令、无报警状态时进行。

其他操作与 LKJ-93 基本相同。不同的是 LKJ-2000 型【开车】键在降级状态下有效；进入

"调车"模式只需按压一次【调车】键，手动退出调车状态时机车速度必须为 0。

第三节　轨道车运行控制设备

轨道车运行控制设备简称 GYK，是铁道部 2009 年 9 月批准的用于轨道车行车运行控制的专用设备，由西北铁道电子有限公司、杭州创联电子技术有限公司等单位研制，目前正在轨道车上大面积安装使用，为轨道车运行控制设备的"主机"型。

一、GYK 的基本构成及原理

1. 轨道车运行控制系统的构成

轨道车运行控制系统（GYK）由监控主机、人机交互界面（DMI）、机车信号、接收线圈、速度传感器、压力传感器、制动装置（电磁阀）、熄火装置、故障隔离装置、警惕按钮、轴温监测装置等组成，其构成如图 9-20 所示。

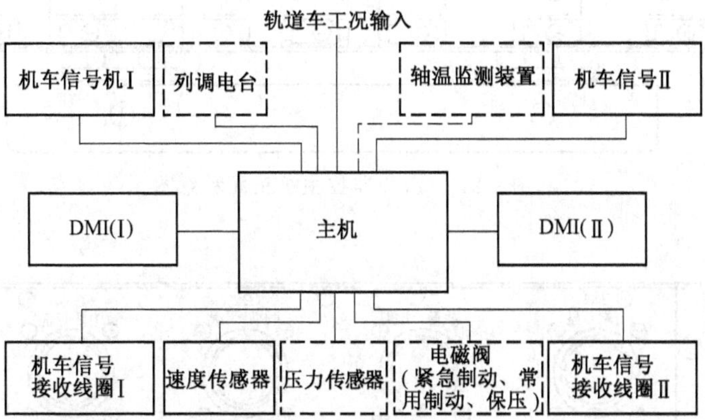

图 9-20　GYK 基本构成图

2. 轨道车运行控制系统的控制原理

根据轨道车运行和作业特点，GYK 具有五种监控模式：即正常监控模式、调车模式、目视行车模式、区间作业模式、非正常行车模式。

（1）轨道车在区间正常运行时采用速度分级控制：根据机车信号信息，以进入闭塞分区后 700 m 处为目标点，计算产生控制曲线，防止轨道车超速或越过关闭的信号机。

（2）轨道车在区间作业和限速区段采用速度连续控制：以轨道车计划停车地点或限速区段起点为目标点，计算产生连续的速度控制曲线，防止轨道车越过设定的停车点，防止超过限速区段的限制速度。

（3）当轨道车速度达到控制模式曲线时，GYK 对轨道车实施常用制动及紧急制动，防止轨道车超速。

3. GYK 监控主机

GYK 监控主机正面如图 9-21 所示、背板如图 9-22 所示。

监控主机由主控模块、记录模块、接口模块、语音记录模块、轨道电路信息读取器（TCR）以及电源模块等组成。主机插件的排列顺序为 USP 电源插件、电源插件、数字入出插件、机车信号（TCR）插件、模拟入出插件、主控记录插件、语音记录插件、备用插件。

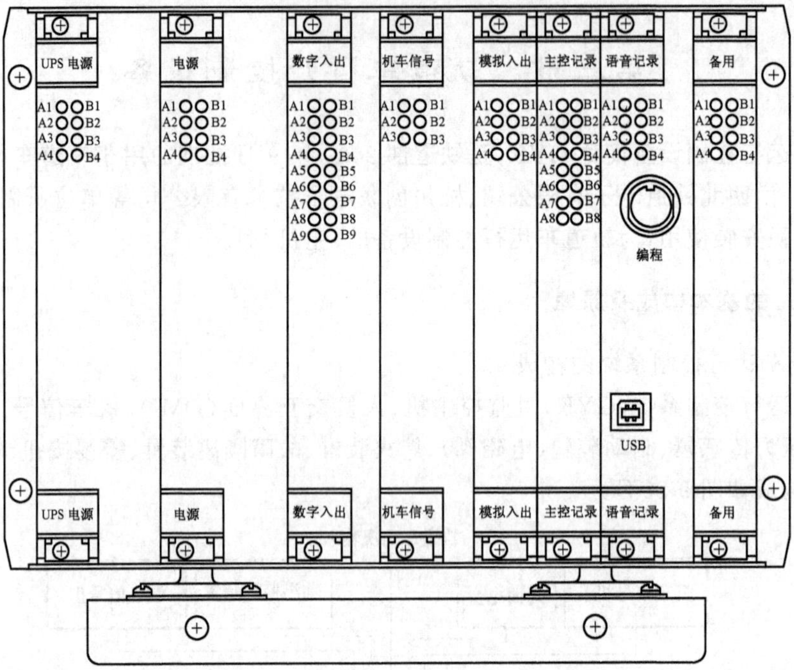

图 9-21　GYK 监控主机正面示意图

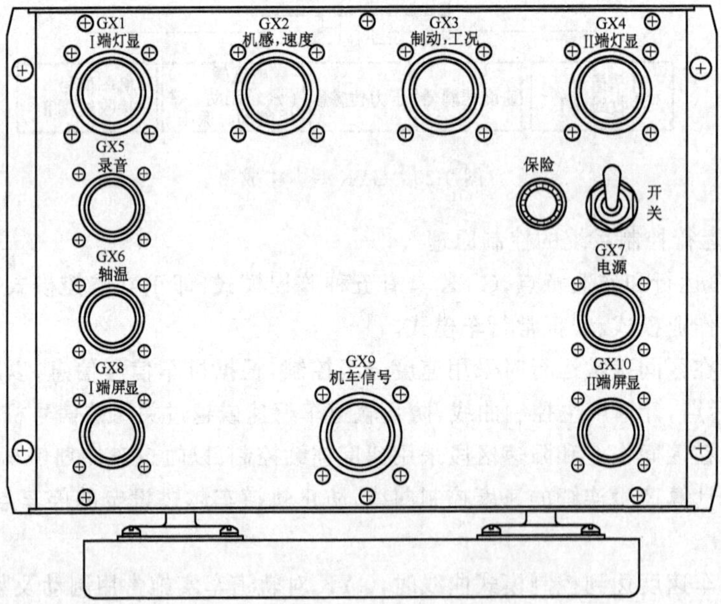

图 9-22　GYK 主机背板示意图

(1)电源插件

电源插件其作用就是提供主机及外部传感器的工作电源。采用了高可靠性能的开关电源模块，将 DC 24 V 输入电源转换成系统所需要的各种电源，所有输出电源与输入电源隔离。

输出电源包括主机箱各插件工作的 5 V、机车信号插件的 24 V、显示器的 24 V、速度传感器的 15 V、压力传感器的 15 V、轴温传感器的 15 V 电源等。

(2)UPS 电源插件

轨道车启动时需要大电流，导致蓄电池端子电压迅速下降，造成监控装置低压瞬间关机启动，UPS 插件上装有大容量镍氢电池，在轨道车启动时为监控主机提供稳定的电源环境。

(3)主控记录插件

主控记录插件是 GYK 的核心部件，相当于一个小型计算机，是处理轨道车运行数据的中枢，它采用了 LPC2468(32 位微处理器 ARM7 芯片)为 CPU，最高工作频率可达 72 MHz。

主控记录插件的作用就是完成轨道运行数据的调用、存储，运行状态数据的记录与控制模式曲线的计算、实时时钟的产生，通过双路 CAN 串行总线对其他模块的控制与管理。

带有 CPU 的其他模块可通过 CAN 总线与主机模块进行数据交换，其他模块则通过并行线与主机模块连接。

主控模块中设有数据存储器、FLASH 存储器、铁电 FRAM。

(4)机车信号插件

机车信号插件用于接收机车信号接收线圈的信号并输送至主控插件，同时向两端的八显机车信号显示器输出。该插件使用的是北京交通大学研制的 JT-C 型主体化机车信号模块，采用了先进的信号处理技术和超大规模集成电路，能够自动识别、接收国内各制式轨道电路信号。

(5)数据入出插件

数据入出插件用于轨道车运行工况、制动装置数字量的输入和输出。输出信号可直接驱动制动装置控制阀。

(6)模拟入出插件

模拟入出插件用于完成模拟量输入信号、频率输入信号的调整、隔离、模/数转换。包括压力信号、速度信号。

(7)语音记录插件

语音记录插件用于记录列车无线调度电话的通话录音。该插件采用超大规模语音处理器和半导体存储器，用数字记录的方式记录语音信号。

4. GYK 显示器

显示器用于实现人机对话、参数设定、数据转储，运行、控制曲线、信号、时钟等参数的显示。显示器由显示屏(DMI)、键盘、USB 插口等组成，如图 9-23 所示，背板如图 9-24 所示。

显示器采用 10.4 英寸 TFT 高亮度液晶显示屏，可实时显示轨道车运行状态和相关数据，与监控主机通过双路 CAN 电缆相连，其电缆连接有规定的定义。

二、GYK 的基本功能

1. GYK 的基本功能

(1)轨道电路信息接收功能

能够正确接收和现实交流计数电码信息、移频电化码信息、微电子交流计数信息、UM71(ZPW2000)、极频信息以及 UM2000、单轨条移频信息。

(2)监控功能

根据轨道车运行数据、机车信号信息和前方目标距离，自动生成目标距离模式曲线，采用

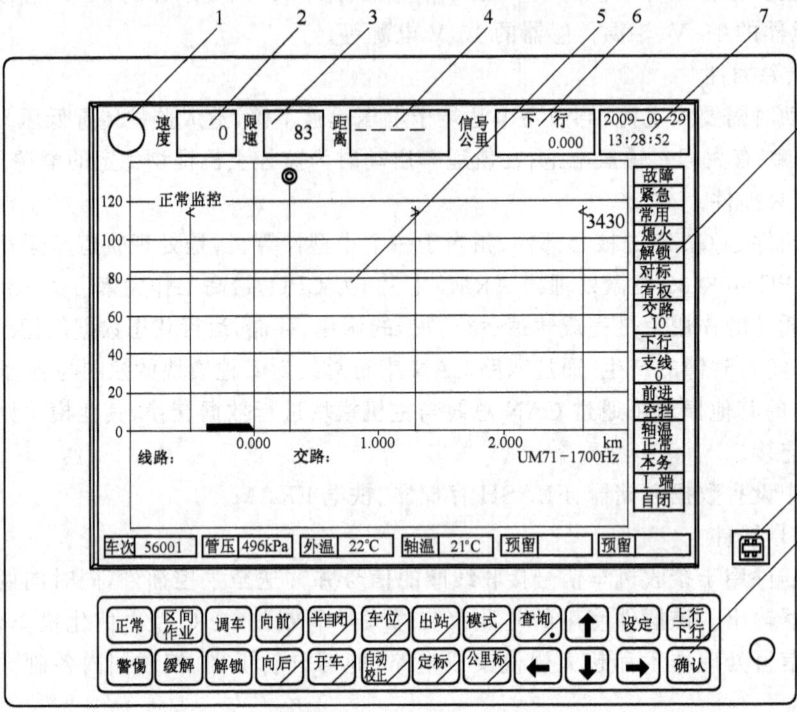

图 9-23　显示器面板示意图

1—机车信号复示；2—实时速度；3—实时限制速度；4—信号机距离；5—模式曲线显示区；6—公里标；7—日期及时钟；8—运行状态显示；9—USB 接口；10—键盘

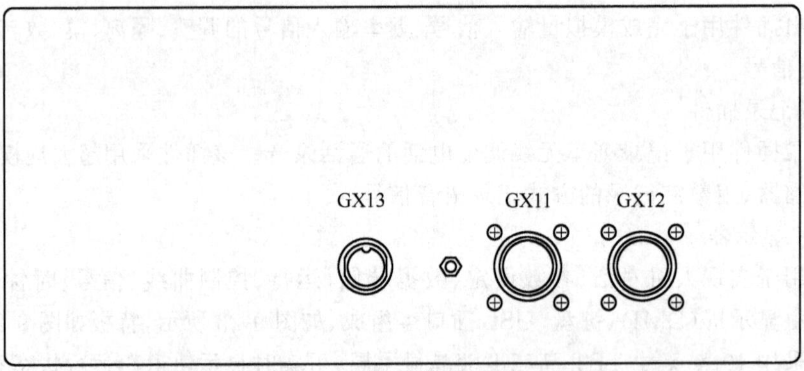

图 9-24　显示器背板示意图

分级速度控制方式，监控轨道车运行安全。

①对机车信号信息进行限速控制，防止轨道车超速或越过关闭的信号机；

②防止轨道车运行速度超过线路允许速度；

③防止轨道车运行速度超过该轨道车编组的最高构造速度；

④防止轨道车运行速度超过线路临时限制速度；

⑤防止轨道车高于规定的调车运行速度进行调车作业；

⑥防止轨道车高于规定的限制速度进行区间施工作业；

⑦防止轨道车溜逸；

⑧在关闭的通过信号机前停车后，允许轨道车以不超过规定的限制速度越过该信号机；

⑨遇特殊情况时，允许乘务人员按解锁键进行人工解锁；

⑩在站内侧线无码的状态下，防止轨道车越过关闭的出站信号机。

(3)警醒功能

在正常监控模式和区间作业模式，当轨道车速度大于 20 km/h 时，GYK 间隔 120 s 进行报警，要求司机按压手动按钮或脚踩踏板进行应答，否则实施紧急制动，以保障轨道车运行安全。

(4)数据记录功能

①GYK 具有运行数据记录功能，实时记录日期、时间、公里标、机车信号信息、轨道车工况、运行状态、检修人员/司机操作、系统自检、揭示信息等内容。

②特定条件下记录的项目：

开机记录：日期、时间、车次号、线路代码、名称、司机号、副司机号、轨道车车号、设备编号、轮径；关机记录：日期、时间；司乘人员输入的数据：司机号、副司机号、车次号、线路代码、计长、辆数、公里标、编组限速、本务/补机等；出入库自检记录：自检过程、自检结果、故障信息。

③运行过程中记录以下信息：

司机对 GYK 的操作信息；司机对参数的修改信息；设备制动过程记录；进入、退出调车作业的信息；进入、退出区间作业的信息；风压不足、溜逸、轴温报警信息。

④当满足下列条件之一时，产生一条记录：

运行速度变化 2 km/h，或速度下降到 0；GYK 限制速度变化 2 km/h；风压变化 20 kPa 或压力下降到 0；机车信号显示状态、绝缘节变化；轨道车运行工况(前进/后退、零位或空挡)变化；无上述条件发生时，运行 500 m 记录一次。

⑤数据记录时同时记录以下项目：

时间(时、分、秒)；地面公里标；轨道车运行速度；限制速度；机车信号显示状态；列车管风压；轨道车运行工况(前进/后退、零位或空挡)；车站站名。

⑥文件建立的条件。

更改车次；更改司机号；更改车号；日期变化后重新开机。

⑦记录的数据能够采用转储器转录到地面计算机系统，通过地面分析软件进行统计、分析及打印。

⑧地面分析软件功能：能够实现全程记录分析、多重查询、曲线回放、司机报单、统计分析和网络化管理，具体内容如下：

全程记录数据分析列表、安全因素报表、司机报单报表；全程运行曲线图形显示、回放；历史数据查询；按时间、车号、司机信息统计安全因素数据，提供日统计、旬统计、月统计、年统计以及任意时间范围内等多种统计方式；打印报表及曲线图形；建立数据库，提供网络化管理、服务。

(5)语音记录功能

①记录车机联控语音，并记录相应的日期、时间、公里标等信息；

②记录方式：采用固态电子存储媒介；存储卡应采用卡式插拔结构，便于信息的长久存储和提取；

③存储卡支持在电脑上直接播放；支持 U 盘转储，电脑直接播放；

④启动方式：声信号启动和电信号启动两种方式可选；

⑤安全管理：具备对不同用户设置操作权限和密码的功能；

⑥操作功能：具备在 DMI 上监听、放音、查询等功能，且不影响正常录音。

(6)人机交互功能(人机对话)

①输入信息：具备参数输入及揭示信息输入，输入方式为按键手动输入和转储器输入；输入的信息有司机号、副司机号、车次号、线路代码、编组信息、公里标及增减趋势、编组限速、上下行等；揭示信息有临时限速、绿色许可证、路票、区间作业调度命令、线路里程断链等信息。

②DMI 显示信息：日期和时间；机车信号信息；轨道车运行速度与限速；目标距离；轨道车所在位置的公里标；监控模式和轨道车制动状态；轨道车走过的不少于 1 km 以内的运行速度轨迹曲线；轨道车当前位置至前方不少于 3 km 以内的模式限制速度曲线；前进/后退指示、上行/下行指示；线路名称、机车信号制式；列车管风压；轴温显示。

(7)故障报警功能

GYK 在下列单元发生故障时，提示故障信息；输出紧急制动命令的报警；机车信号故障报警；速度信号故障报警。

三、GYK 的基本操作

1. 显示器键盘的定义

DMI 上的键盘如图 9-25 所示。

图 9-25 键盘操作模板示意图

按键为带背光按键，在光线变暗时，按键上的字可自动透光。按键共 24 个，0～9 及小数点共 11 个键为复合键，复合键在参数修改状态作数字键用，在其他状态作功能键用；其他为单功能键。

键盘操作、控制键的操作功能试验参照《GYK 用户手册》说明进行。

2. 开、关机操作

(1)开机

司机首先打开轨道车总电源开关，然后打开 GYK 主机电源开关，紧急放风阀自动关闭，30 s 后 GYK 进入系统界面，控制主机开始自检，自检通过后显示器 DMI 显示目视行车控制模式。

GYK 在每次开机过程中都会自动检测各个单元，如有故障会在进入系统后自动报警；如果一切正常，司机还需手动检测 GYK 的制动装置功能是否正常。

(2)关机

关断主机电源，UPS 延时约 15 s 后自动关机。关机后再开机，间隔时间必须大于 30 s，以保证设备正常工作。

GYK 关机时，紧急放风阀处于放风状态。打开 GYK 电源开关，紧急放风阀自动关闭。因此轨道车充风前应首先打开 GYK。

3. 换端操作

一般情况下，GYK 主机连接两个 DMI，其中一个 DMI 有操作权，另一个无操作权。

(1)有权端与无权端的区别

①有权端可进行正常的按键操作，无权端除换端操作外其他按键无效，无权端不发语音；

②无权端可进入屏幕保护：按【3. 车位】+【5. 切换屏保】，关闭无权端显示屏，再按【3. 车位】，退出屏幕保护重新点亮无权端屏幕；

③无权端按压【车位】+【定标/9】键，可弹出“控制设备状态查询”界面。

(2)换端操作

夺权操作：在无权端按【车位】+【7. 夺权】键，无权端变为有权端。

交权操作：在有权端按【车位】+【7. 交权】键，有权端变为无权端。

四、GYK 的控制模式

1. GYK 控制模式的分类

根据轨道车运行和作业特点，轨道车运行控制系统(GYK)设置了五种控制模式，分别为：正常监控模式；调车控制模式；目视行车控制模式；区间作业控制模式；非正常行车模式。控制模式选择界面如图 9-26 所示。

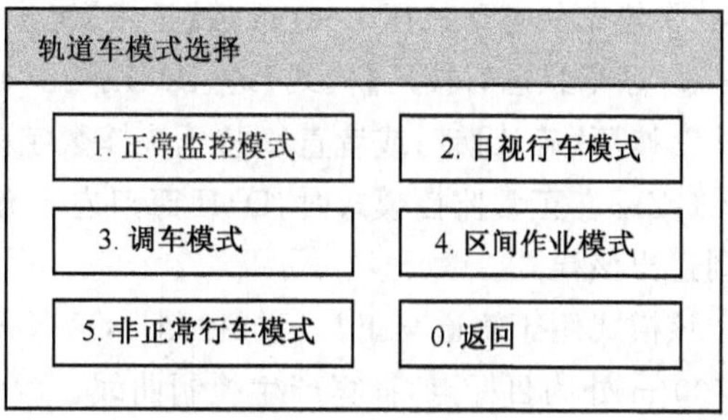

图 9-26　GYK 控制模式选择界面示意图

正常监控控制模式用于接触网作业车区间正常运行控制。

目视行车控制模式是司机控车的固定限速模式，限速值为 20 km/h。目视行车模式用于出入库作业，以及行车时遇停车信号时，通过司机操作转入目视行车，控制轨道车运行。

调车控制模式是轨道车进行调车作业的固定限速模式，限速值按牵引 40 km/h、推进 30 km/h、连挂 5 km/h 设置。

区间作业控制模式分为五种状态：区间作业进入、区间作业返回、区间作业防碰、区间作业编组、5 km/h 连挂。

(1)区间作业进入用于轨道车进入封锁区间进行区间作业的控车模式。到达终点停车后，可通过司机操作转入目视行车。

(2)区间作业返回用于轨道车区间作业完毕返回车站的控车模式。运行至进站信号机或反向进站信号机前，GYK 能接收到机车信号，则按机车信号控车进站；如果接收不到机车信号，停车后，可通过司机操作按目视行车控制进站。

(3)区间作业防碰用于轨道车在设定的作业起点和终点公里标范围内的控车模式。到达起点或终点停车后，可通过司机操作转入目视行车。

(4)区间作业编组用于轨道车区间作业完毕进行编组的控车模式。按 20 km/h 限速确定固定模式限速值。停车后，可通过司机操作转入目视行车。

(5)5 km/h 连挂用于轨道车进行车组连挂的控车模式。

非正常行车控制模式具有地面信号确认、路票行车、绿色许可证行车、引导进站四种控车状态，用于轨道车在特殊情况时的控制。

GYK 还具有补机状态，轨道车担当补机任务时使用。在补机状态下，GYK 只记录，不控制。

GYK 还具有防轨道车溜逸报警、警醒报警、轴温报警、风压报警功能。

上述各个控制模式之间相互独立，通过【模式】键进入“轨道车模式选择”菜单，如图 9-23 所示，可以进行模式切换，进入一种控制模式的同时退出上一种控制模式，即同一时间只有一种控制模式有效，DMI 左上角以文字形式显示该模式的名称。

DMI 面板设置【正常】【调车】【区间作业】快捷键，直接按压对应的键进入到相应的控制模式。在主界面下直接按压【↑】键进入到非正常行车模式。

2. 机车信号速度定义

铁道部运机信号〔2009〕635 号文件《轨道车运行控制设备技术规范 V1.0》对机车信号信息相对应的速度进行了明确规定，并规定了特殊情况“由铁路局规定”，对应的允许速度见表 9-4。

3. 控制模式间的转换

各控制模式间可实现相互转换，转换方式见表 9-5。

4. 正常监控控制模式

(1)正常监控控制模式的进入/退出

① 停车状态下按压 DMI 面板【正常】键进入正常监控模式；

② 停车状态时按压【模式】键，DMI 弹出“轨道车模式选择”界面，将光标移动到“正常监控模式”，按压【确认】键；或者直接按压快捷数字键，进入正常监控模式。

GYK 在正常监控模式时，DMI 窗口左上角显示“正常监控模式”。选择另外一种控制模式则退出该模式。

该模式用于轨道车正常运行控制。GYK 根据机车信号信息、速度信息，以进入闭塞分区后 700 m 处为目标点，计算产生控制曲线。

进入正常监控模式后，应进行数据设定，并确定“轨道车位置”，在显示器弹出“轨道车位置设定”界面，如图 9-27 所示，若数据正确，按【确定】键后调出基本数据，轨道车位置按对标公里标后方 500 m 定位，“对标”灯点亮。若对标公里标不符，司机可以重新输入对标公里标。

表 9-4　机车信号信息相对应的速度

机车信号显示	机车信号信息名称	允许速度(km/h)	机车信号显示	机车信号信息名称	允许速度(km/h)
L	L5 码	80	U2S	U2S 码	80
L	L4 码	80	U2	U2 码	60
L	L3 码	80	UU	UU 码	30
L	L2 码	80	UUS	UUS 码	60
L	L 码	80	HUS	HUS 码	20
LU	LU 码	80	HU，H	HU 码，H 码	0
U	LU2 码	60	B	无码	80
U	U 码	60			

注：表中的 B 灯无码允许速度只适用于半自动闭塞区间。

表 9-5　控制模式间转换表

	正常监控模式	调车控制模式	目视行车控制模式	区间作业控制模式	非正常行车控制模式
正常监控模式		人工	人工	人工	人工
调车模式	人工		人工	人工	
目视行车模式	人工	人工		人工	
区间作业模式	人工	人工	人工		
非正常行车模式	自动	人工	人工	人工	

开车时语音提示“注意对标”。到达对标点司机按【开车】键对标，语音提示“对标成功”。GYK 按设定的监控交路控制轨道车运行。

(2)模式限速值确定

模式限速值按以下要求确定：

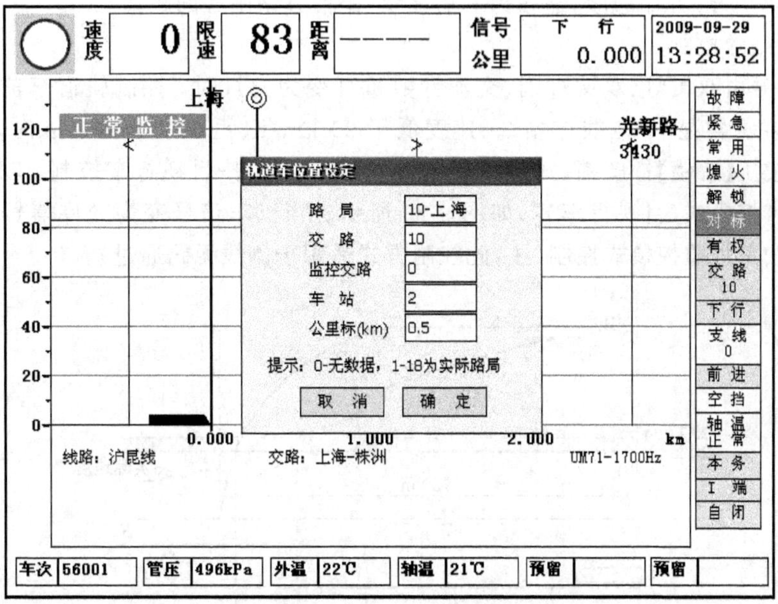

图 9-27　轨道车位置设定界面示意图

①模式限速值取编组限速、线路固定限速、机车信号限速和临时限速的最低值；

②正常监控模式采用速度分级控制方式。

(3)对机车信号的控制

①机车信号变为较限制信号

遇绿灯、绿黄灯、黄灯、黄 2 灯、双黄灯、双黄灯闪、红黄灯闪、半自闭白灯时，进行限速控制。

当机车信号变为较限制信号时，以进入闭塞分区后 700 m 为目标距离，按目标速度监控区(TSM)控制轨道车减速运行，显示剩余距离；当机车信号变为较允许信号时，按变灯后的限速曲线控制轨道车运行，如图 9-28 所示。

机车信号变为绿灯、绿黄灯时，控制轨道车不超过绿灯、绿黄灯的速度运行，距离窗口显示“距前方站中心的距离”。

机车信号变为黄灯时，控制轨道车700 m后降为黄灯的允许速度，距离窗口显示距离由700 m开始递减，递减为0后显示“距前方站中心的距离”。

机车信号变为黄2灯时，控制轨道车700 m后降为黄2灯的允许速度，距离窗口显示距离由700 m开始递减，递减为0后显示“距前方站中心的距离”。

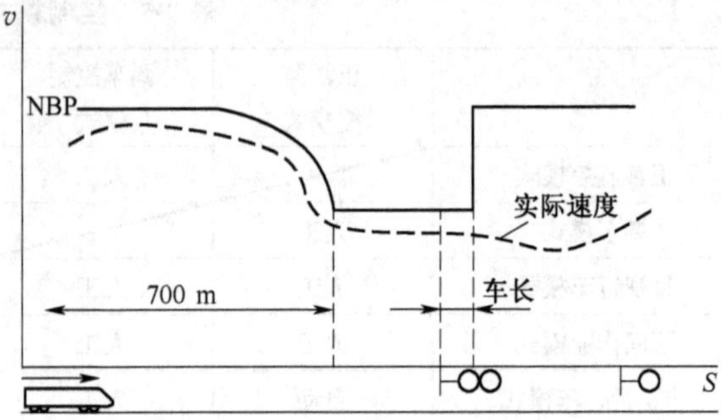

图9-28　机车信号为进行信号的控制曲线示意图

机车信号变为双黄灯时，控制轨道车运行700 m后降为双黄灯的允许速度，距离窗口显示距离由700 m开始递减，递减为0后显示“距前方站中心的距离”。

机车信号变为双黄灯闪时，控制轨道车运行700 m后降为双黄灯闪的允许速度，距离窗口显示距离由700 m开始递减，递减为0后显示“距前方站中心的距离”。

②侧线进站的控制

当机车信号由双黄灯、双黄灯闪、交流计数黄灯变为白灯时，控制轨道车前方700 m停车，DMI窗口左上角显示“侧线进站”。速度低于20 km/h、距离小于200 m时，提供解锁条件，允许司机按压【解锁】键解锁，司机按规定操作后，GYK按目视行车控制，DMI窗口左上角显示“正常监控模式(目视行车)”，如图9-29所示。当机车信号变为允许信号时，GYK退出目视行车，按正常监控模式控制(注：此控制方式适用于侧线无码通过)。

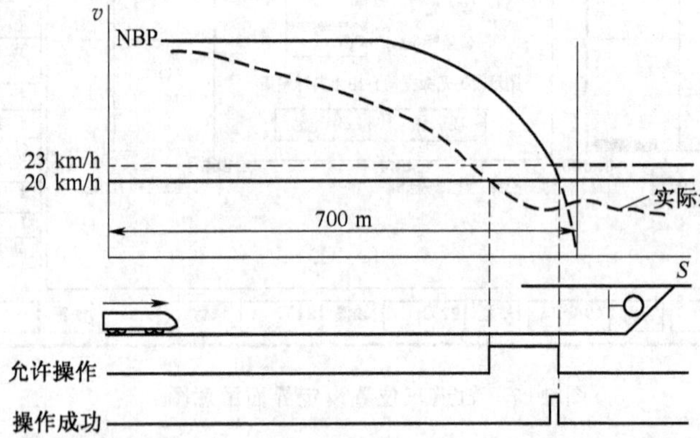

图9-29　双黄灯、双黄灯闪、交流计数黄灯转白灯停车控制曲线示意图

③出站控制

当机车信号变为双黄灯、双黄灯闪、交流计数黄灯时，速度低于20 km/h，GYK提供确认条件，允许司机按压【出站】键解锁，司机按规定操作后，DMI窗口左上角显示“侧线出站”，监控装置自动解除由双黄灯、双黄灯闪、交流计数黄灯变为白灯的停车控制，按道岔限速30 km/h控制运行，如图9-30所示。

当机车信号变为允许信号后，GYK按正常监控模式控制。

自闭区段：按道岔限速30 km/h出站，轨道车尾部过岔后收到机车信号，按模式限速控制。

半自闭区段和区间作业进入：按道岔限速30 km/h出站，运行速度低于道岔限速时，GYK

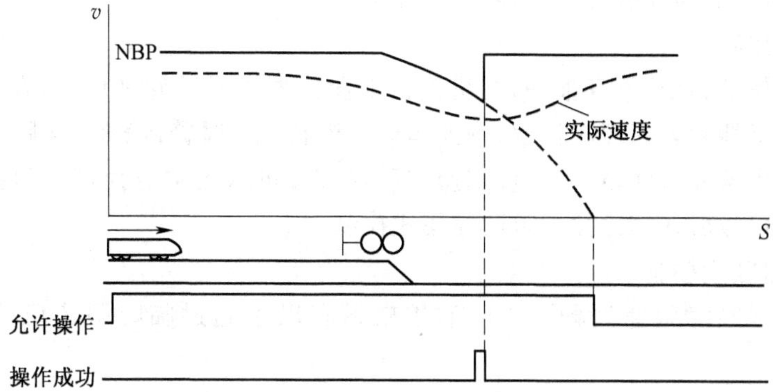

图 9-30　双黄灯、双黄灯闪、交流计数黄灯变白灯侧线出站控制曲线示意图

提供确认条件：允许司机按【解锁】键，解锁后道岔限速解除，按模式限速控制。

④关闭信号的控制

当机车信号变为红黄灯时，控制轨道车运行 500 m 后停车。距离窗口显示距离由 500 m 开始递减，递减为 0 后显示"——————"。停车后，允许司机按压【解锁】键解锁，GYK 进入正常监控模式(目视行车)。当机车信号变为允许信号后，GYK 按正常监控模式控制。

对闭塞分区间隔小于 500 m 的信号机变为红灯，机车信号显示为红黄灯时，控制轨道车在本架信号机前停车，并留有安全距离。GYK 数据中必须增加本架信号机公里标及闭塞分区距离。

当机车信号变为红灯时(或 HU 码转无码的红灯)，按信号关闭监控轨道车运行，GYK 输出紧急制动指令。停车后提供解锁条件，允许司机按压【解锁】键解锁，司机按规定操作后，GYK 进入正常监控模式(目视行车)。当机车信号变为允许信号后，GYK 按正常监控模式控制。

半自动闭塞区间，出站后机车信号变为白灯时，GYK 按白灯限速控制。

(4)机车信号变为白灯的控制

机车信号由绿灯、绿黄灯变为白灯，按前方信号机关闭监控轨道车运行，控制轨道车运行 1 400 m 后停车。机车信号由黄灯、黄 2、黄 2 灯闪变为白灯，控制轨道车运行 700 m 后停车。停车后提供解锁条件，允许司机按压【解锁】键解锁，司机按规定操作后，GYK 进入正常监控模式(目视行车)。当机车信号变为允许信号后，GYK 按正常监控模式控制。

(5)机车信号信息异常控制

机车信号由允许信号变为灭灯、多灯时，按停车信号监控轨道车运行，控制轨道车在 700 m 内停车。

机车信号异常时，司机应立即停车，使用列车无线调度通信设备报告车站值班员、列车调度员。接到继续运行至前方站内停车的调度命令后，将 GYK 转为目视行车模式，严格按地面信号机的显示要求，操纵轨道车以规定的速度运行至前方站停车处理。

机车信号由停车信号变为灭灯、多灯时，按原停车曲线控制。

(6)信号突变控制

①黄灯、双黄灯变为红黄灯，灯变化时 100 m 内无绝缘节信号，按信号突变控制；100 m 内有绝缘节信号，按停车信号控制。

②绿灯、绿黄灯变为红黄灯，按信号突变控制。

③信号突变控制

GYK 发出“信号突变”语音报警，司机确认地面信号机显示允许信号，在 7 s 内按【警惕】键解除信号突变报警和紧急停车控制，按停车信号控制；不按【警惕】键 7 s 后 GYK 紧急制动。

④停车后提供解锁条件，司机按规定操作后，GYK 进入正常监控模式(目视行车)。当机车信号变为允许信号后，GYK 按正常监控模式控制。

(7)临时限速区段控制

轨道车运行到临时限速区段，GYK 监控轨道车以不超过临时限速值的速度通过限速区段。

①临时限速输入

司机采用转储器或人工输入的方法输入临时限速揭示信息(线路名称、时间、起/终点公里标、限速值)。

②临时限速控制

在施工时段内，轨道车接近限速区段(临时限速比当前限速低时)，距施工点 1 000 m 时语音提示“距离限速区段 1 公里，减速运行”，按 TSM 区控制。

轨道车通过临时限速区段的控制方式如图 9-31 所示。

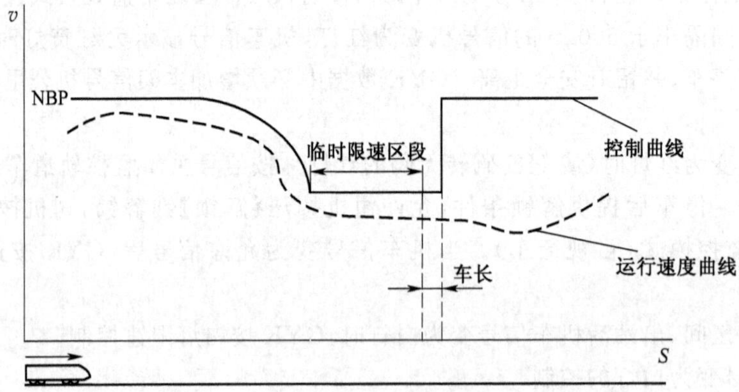

图 9-31　临时限速区段控制曲线示意图

5. 目视行车控制模式

(1)目视行车模式的使用时机

目视行车模式是司机控制行车的固定限速行车标模式。目视行车模式用于：

①出入库作业用目视行车模式控车；

②正常监控遇停车信号(红黄灯、红灯、白灯)或信号突变，停车后，根据需要，司机按【解锁】键转入正常监控模式(目视行车)；

③区间作业遇封闭的停车点，停车后司机按【解锁】键转入区间作业模式(目视行车)；

④机车信号故障时，停车后通过司机操作，转入目视行车模式。

(2)目视行车模式进入/退出

①GYK 加电开机时，自动进入该模式；

②在停车状态下，按压【模式】键，显示器弹出“轨道车模式选择”界面，将光标移动到“目视行车模式”，按压【确认】键，或者直接按压快捷数字键，进入目视行车模式；DMI 窗口左上角显

示“目视行车模式”，选择进入另外一种控制模式则退出该模式；

③遇停车信号或限速曲线为0，且运行速度小于20 km/h时，司机按规定进行人工解锁后，进入目视行车状态。DMI窗口左上角显示“××模式(目视行车)”。

进入目视行车模式轨道车按20 km/h限速值控制运行。

(3)目视行车模式的控制

①GYK按目视行车模式限速曲线控制轨道车运行。

②周期报警：当运行100 m或经过30 s时，GYK发出报警语音提示，司机应按【警惕】键，距离及时间计数清0，继续走行100 m或经过30 s后再次报警，司机应再次应答按【警惕】键。

③如果司机在轨道车运行150 m或40 s以内不按警惕按键，限速变为0 km/h，输出紧急制动指令，轨道车将被控停，停车后允许缓解，重新生成模式限速曲线。

④在正常监控模式下(目视行车)状态，机车信号变化时，GYK根据允许信号自动退出正常监控(目视行车)，恢复正常监控模式。目视行车模式下，机车信号变化GYK仅有语音提示，但不控制。

⑤防溜逸控制功能有效，警醒功能关闭。

6. 调车作业控制模式

(1)调车作业控制模式的使用时机

轨道车调车作业时进入调车作业控制模式(简称“调车模式”)，调车模式是轨道车进行调车作业的固定限速模式，限速值根据作业性质分别按牵引40 km/h、推进30 km/h、连挂5 km/h设置。

(2)调车作业控制模式进入/退出

①停车状态下按压DMI面板【调车】键，进入“调车状态选择”窗口，在调车状态下按压【调车】键2 s退出调车模式。

②停车状态下按压【模式】键，DMI弹出“轨道车模式选择”界面，将光标移动到“调车模式”位置，按压【确认】键，或者直接按压快捷数字键，即可进入“调车状态选择”窗口，如图9-32所示。

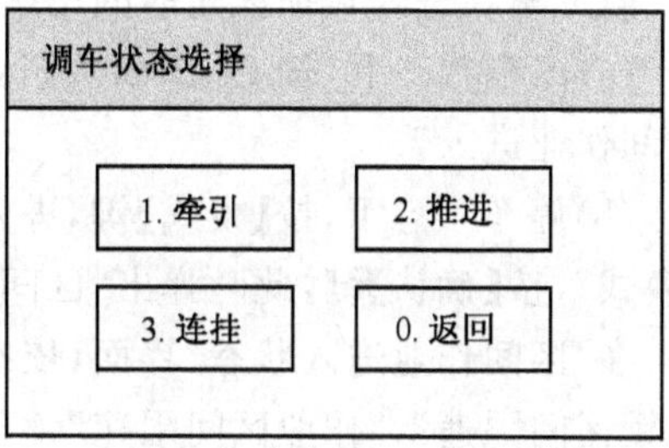

图9-32 调车作业状态选择界面

③调车作业模式分为三种情形：“牵引”状态、“推进”状态、“连挂”状态。

④司机按压方向键将光标移动到相应的调车状态，按DMI面板上的【确认】键，GYK进入相应的调车状态，语音提示“进入调车，注意限速”，DMI屏幕右侧状态栏中“调车”项显示红色。DMI窗口左上角显示“调车模式(牵引)”等。选择进入另外一种控制模式时则退出该模式。

进入调车模式轨道车分别按牵引40 km/h、推进30 km/h、连挂5 km/h确定模式限速值控制运行。

(3)调车模式控制

①GYK按模式限速曲线控制轨道车运行。

②防溜逸控制功能有效，警醒功能无效。

③机车信号变化时，GYK有语音提示，但不控制。

7. 补机行车控制模式

(1)补机行车模式进入/退出时机

在停车状态下，按压 DMI 面板【设定】键，出现“参数设定”窗口，选择“补机”，按压【确认】键，进入补机状态。

GYK 在补机状态时，DMI 窗口左上角，在控制模式名称提示下方显示“补机状态”。

需要退出补机状态时，在停车状态下按压 DMI 面板【设定】键，出现“参数设定”窗口。选择“本务”，按压【确认】键，即可退出补机状态。

(2)补机状态的控制

补机状态下 GYK 只记录，不控制。

8. 非正常行车控制模式

非正常行车包括调度命令行车、路票行车、绿色许可证行车、引导进站等四种非正常行车，GYK 系统将区间作业没有作为非正常行车，实际区间封闭作业就是调度命令行车，我们在此将区间作业也纳入非正常行车范围。

(1)区间作业控制模式

区间作业分为五种状态：区间作业进入、区间作业返回、区间作业防碰、区间作业编组、5 km/h 连挂，操作界面如图 9-33 所示。

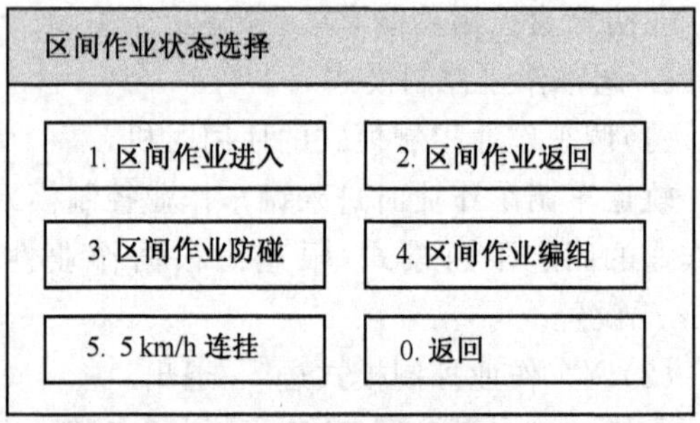

图 9-33　区间作业状态选择界面

①区间作业进入控制模式

a. 区间作业进入控制模式进入时机

当轨道车进入封锁区间进行区间作业时，使用区间作业控制模式。

b. 区间作业进入控制模式的进入/退出

轨道车在进入封锁区间前的车站内停车，司机选择区间作业进入状态。

(a)停车状态下，按 DMI 面板【区间作业】键，DMI 弹出“区间作业状态选择”窗口，选择“区间作业进入”。

(b)停车状态下，按【模式】键，进入“模式选择”窗口，移动方向键使光标到对应的“区间作业模式”，按【确认】键，此时弹出“区间作业状态选择”窗口，选择“区间作业进入”。

在“区间作业进入状态”界面，依次输入“调度命令号”、“车次”、“作业起点”、“作业终点”，“封锁区间限速”、“作业区间限速”，“出站信号机公里标”，按【确认】键确定，此时屏幕左上方显示“区间作业模式(进入)”。如图 9-34 所示。

(c)选择另外一种控制模式则退出该模式。

(d)在无 GYK 基本数据的线路时，线路号输入 0 号路局的相应线路号。

(e)转储器已输入揭示信息，若符合条件自动调出需要输入的参数。输入“对标公里标”，按【确认】键即可。

c. 区间作业进入模式的控制

(a)GYK 监控轨道车按道岔限速出站，在出站信号机处按【开车】键后对标；过道岔后按【解锁】键后按模式限速控制。如图 9-35 所示。

(b)运行至作业起点前 1 km 处语音提示，“距离限速区段 1 公里，减速运行”，防止轨道车作业区间超速。

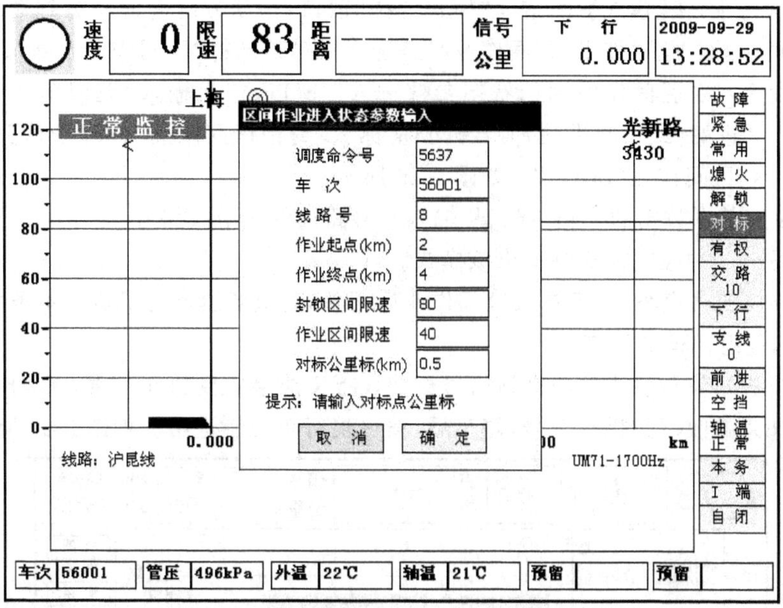

图 9-34 区间作业进入状态参数输入界面示意图

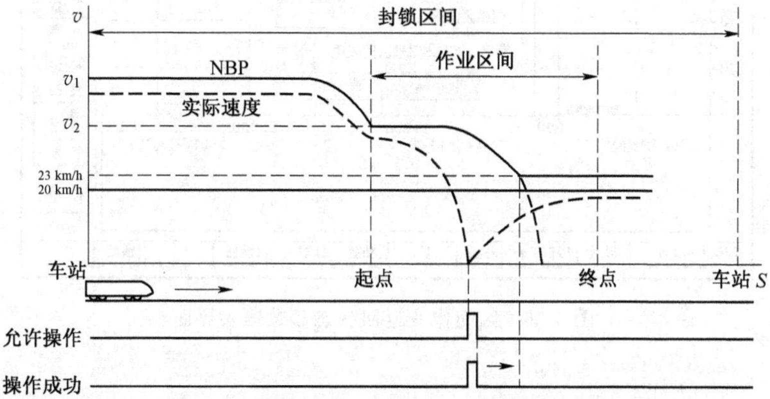

图 9-35 区间作业进入限速控制曲线示意图

(c)运行至作业终点前停车，留有安全距离。

(d)停车后控制：根据需要，轨道车继续前行作业时，可以按压【解锁】键，解除停车控制，GYK 进入区间作业(目视行车)。

(e)防溜逸控制功能、警醒功能有效。

(f)机车信号变化时，GYK 有语音提示，但不控制。

②区间作业返回控制模式

a. 区间作业返回控制模式进入时机

区间作业返回用于轨道车区间作业完毕返回车站的控车模式。

(a)在停车状态下，按压 DMI 面板【区间作业】键，DMI 弹出“区间作业状态选择”窗口，选择“区间作业返回”。

(b)停车状态下,按【模式】键,进入"模式选择"窗口,移动方向键使光标到对应的"区间作业模式",按【确认】键,此时弹出"区间作业状态选择"窗口,选择"区间作业返回"。

(c)参数设定:在"区间作业返回状态参数输入"窗口,司机输入"返回车次"、"线路号"、"对标公里标"、"进站(或反向进站)信号机公里标"、"封锁区间限速",按【确认】键确定,此时屏幕左上角显示"区间作业(返回)"。如图 9-36 所示。

(d)无 GYK 基本数据的线路,线路号输入 0 号路局的相应线路号。

(e)选择另外一种控制模式则退出该模式。

(f)作为补机的轨道车,若已进入区间作业返回状态,只要退出补机进入本务状态即可。

b. 区间作业返回模式控制:

(a)运行至进站信号机或反向进站信号机前,GYK 能接收到机车信号,GYK 则按机车信号控制行车;如果接收不到机车信号,停车后,按目视行车控制进站。如图 9-37 所示。

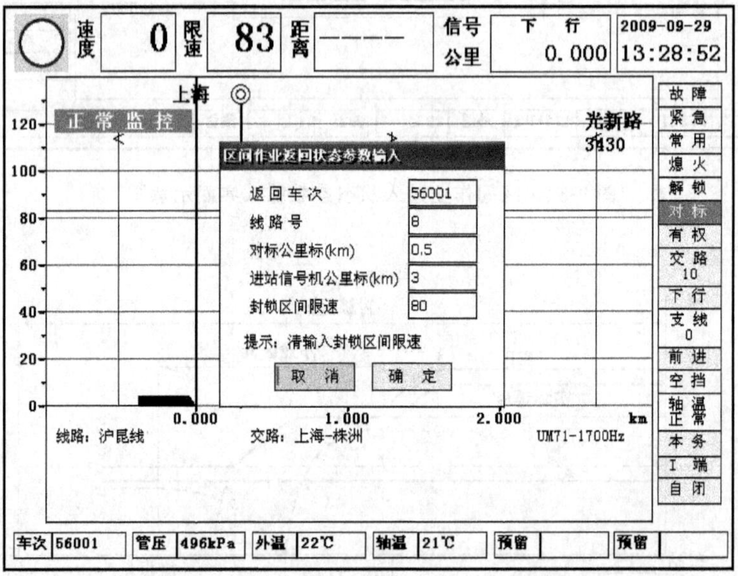

图 9-36 区间作业返回状态参数输入界面

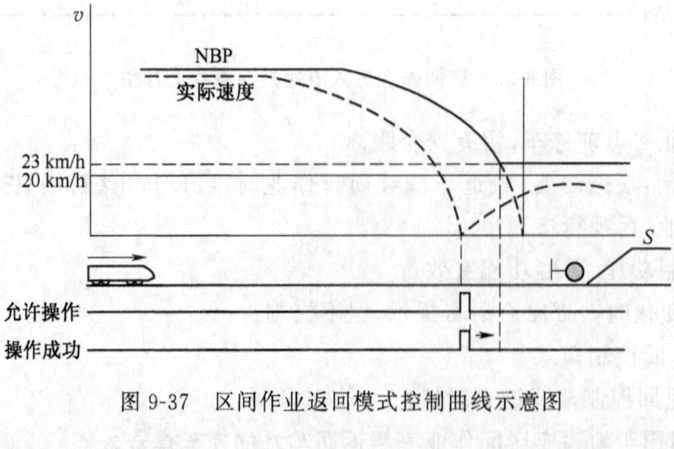

图 9-37 区间作业返回模式控制曲线示意图

(b)防溜逸控制功能、警醒功能有效。

(c)机车信号变化时,GYK 有语音提示,但不控制。

③区间作业防碰控制模式

a. 区间作业防碰控制模式进入时机

用于轨道车在设定的作业起点和终点公里标范围内的控车模式。

(a)按DMI面板【区间作业】键,DMI弹出“区间作业状态选择”窗口,选择“区间作业防碰”。

(b)停车状态下,按【模式】键,进入“模式选择”窗口,移动方向键使光标到对应的“区间作业模式”,按【确认】键,此时弹出“区间作业状态选择”窗口,选择“区间作业防碰”。

(c)参数设定:在“区间作业防碰状态参数输入”窗口,依次输入“调度命令号”、“线路号”、“对标公里标”、“起点公里标”、“终点公里标”、“区间作业限速”,按【确认】键确定,此时屏幕左上方显示“区间作业(防碰)”。如图9-38所示。

(d)无GYK基本数据的线路,线路号输入0号路局的相应线路号。

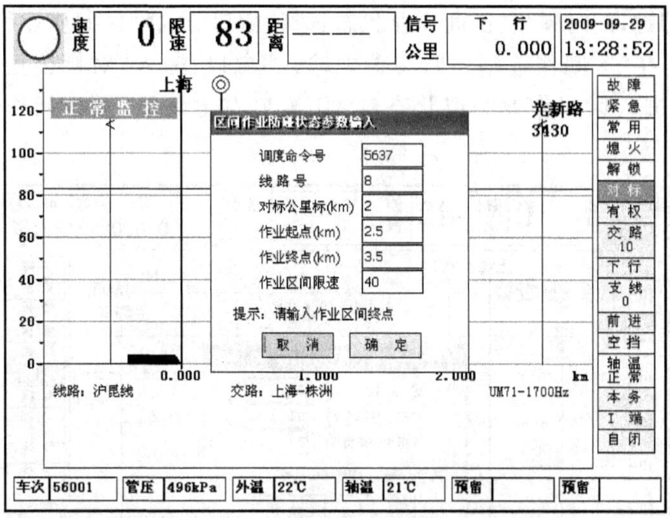

图9-38　区间作业防碰状态参数输入界面示意图

(e)取消区间作业防碰,则在“区间作业防碰状态参数输入”窗口中将“调度命令号”改为0即可。

(f)选择另外一种控制模式则退出该模式。

b. 区间作业防碰模式的控制:

(a)按区间作业限制速度控制运行,在作业区间起点、终点前停车,留有安全距离。如图9-39所示。

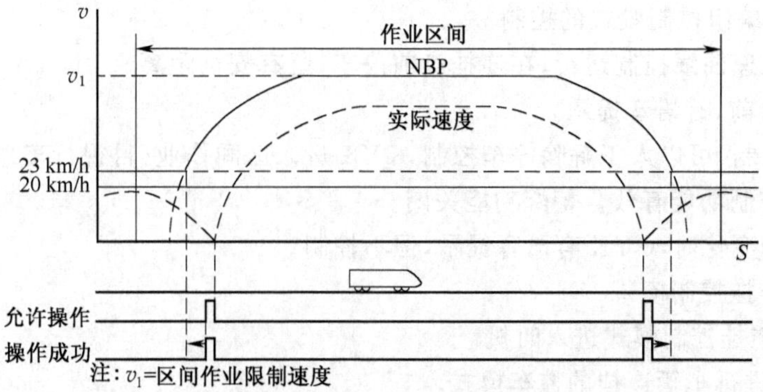

图9-39　区间作业防碰控制曲线示意图

(b)到达起点或终点前,有语音提示;

(c)停车后控制:可以人工解除停车控制,按区间作业(目视行车)控制。

(d)防溜逸控制功能有效。警醒功能无效。

(e)机车信号变化时,GYK 有语音提示,但不控制。

④区间作业编组控制模式

a. 区间作业编组控制模式进入时机

区间作业编组用于轨道车区间作业完毕,进行车辆编组的控车模式。

(a)按 DMI 面板【区间作业】键,DMI 弹出“区间作业状态选择”窗口,选择“区间作业编组”。

(b)停车状态下,按【模式】键,进入“模式选择”窗口,移动方向键使光标到对应的“区间作业模式”,按【确认】键,此时弹出“区间作业状态选择”窗口,选择“区间作业编组”。

(c)参数设定:在“区间作业编组状态参数输入”窗口,输入“对标公里标”、“连挂点公里标”,按【确认】键,进入区间作业编组状态,DMI 窗口左上角显示“区间作业(编组)”。如图 9-40所示。

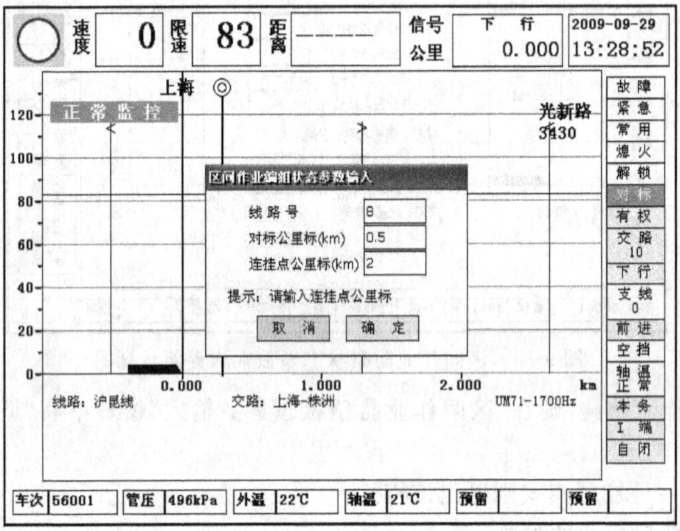

图 9-40　区间作业编组状态参数输入界面

(d)选择另外一种控制模式则退出该模式。

b. 区间作业编组控制模式的控制:

(a)按编组限速曲线控制运行,在连挂点前停车,留有安全距离。

(b)到达终点前,有语音提示。

(c)停车后控制:可以人工解除停车控制,GYK 进入区间作业(目视行车)。

(d)防溜逸控制功能有效。警醒功能关闭。

(e)机车信号变化时,GYK 有语音提示,但不控制。

⑤5 km/h 连挂控制模式

a. 5 km/h 连挂控制模式进入时机

用于轨道车进行车辆连挂的控车模式。

(a)按 DMI 面板【区间作业】键,DMI 弹出“区间作业状态选择”窗口,选择“5 km/h 连挂”。

(b)停车状态下，按【模式】键，进入“模式选择”窗口，移动方向键使光标到对应的“区间作业模式”，按【确认】键，此时弹出“区间作业状态选择”窗口，选择“5 km/h 连挂”。按【确认】键，进入连挂状态，DMI 窗口左上角显示“5 km/h 连挂”。选择另外一种控制模式则退出该模式。

b. 5 km/h 连挂模式的控制：

(a)按限速模式曲线控制轨道车运行。

(b)防溜逸控制功能有效。警醒功能关闭。

(c)机车信号变化时，GYK 有语音提示，但不控制。

(2)地面信号确认控制模式

地面信号确认控制模式也就是相当于无码股道发车，当地面出站信号机开放后，机车信号不收码，机车信号显示为白灯、红灯，速度为 0 发车，按停车信号控制。在自动闭塞区段，GYK 提供确认条件，持续按压【↑】键 2 s，显示【非正常行车确认】窗口，选择【地面信号确认】选项，按压【确认】键进行确认，GYK 解除停车控制，按道岔限速 30 km/h控制运行。如图 9-41 所示。

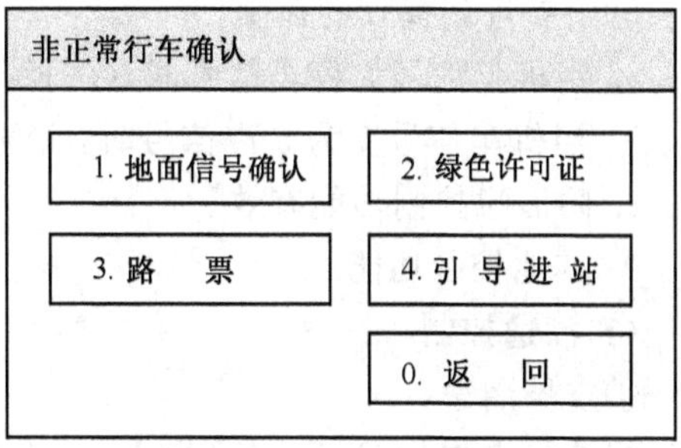

图 9-41　非正常行车选择界面

当信号变更为允许信号后按正常监控模式控制。

(3)绿色许可证行车控制模式

①绿色许可证行车控制模式进入时机

轨道车在出站(或发车进路)信号机前停车后，持续按压【↑】键 2 s，GYK 显示器显示“非正常行车确认”窗口，选择“绿色许可证”选项，输入调度命令号、绿色许可证编号，按压【解锁】+【确认】键，装置解除本架信号机的停车控制，按道岔限速 30 km/h 运行。

当信号变更为允许信号后按正常监控模式控制，解除“绿色许可证”。

②绿色许可证行车控制模式的退出

若要手动解除“绿色许可证”，则在停车后，按压【↑】键 2 s，进入“绿色许可证输入”窗口，在“调度命令号”一栏中输入为 0，再按【确认】即可。

(4)路票行车控制模式

①路票行车控制模式进入时机

轨道车在车站出站(或发车进路)信号机前停车后，持续按压【↑】键 2 s，显示“非正常行车确认”窗口，选择“路票”选项，进入“路票输入”窗口，输入调度命令号、路票电话记录号、前方站进站信号机公里标，并按压【解锁】+【确认】键，GYK 解除对轨道车所在车站的出站(或发车进路)信号机以及至下一站间所有通过信号机的停车控制。

屏幕 DMI 左上角显示“路票行车”。

②路票行车模式的控制

GYK 允许轨道车以低于道岔限速出站，并解除出站信号机和下一站间的所有区间信号机的停车控制，运行至下一站进站信号机前时自动解除“路票”行车，按进站信号机的显示控制轨道车运行。

③解除路票行车

若需手动解除路票行车，则在停车后，按压【↑】键 2 s，进入“路票输入”窗口，在“调度命令号”一栏中输入 0，再按【确认】即可。

(5)引导进站控制模式

①自动引导进站时，轨道车进站时机车信号显示红黄灯闪，按引导进站停车。

②手动引导进站控制模式进入时机

轨道车进站时机车信号显示红黄灯、白灯、单红灯或灭灯，在停车或运行速度低于 20 km/h 时，司机确认地面信号机显示引导进站信号或引导手信号正确后，按压【↑】键 2 s，DMI 弹出“引导进站”窗口，司机按压【确认】键后，GYK 转入“引导进站”，显示屏显示“非正常行车模式(引导)”。

③引导进站模式的控制

a. 当机车信号为停车信号时，GYK 按停车信号控制。

b. 当机车信号变为允许信号时，GYK 进入正常监控模式。

c. 防溜逸控制功能有效。

9. 其他控制功能

(1)溜逸控制

①空挡溜逸

当轨道车未加载(即工况为空挡)由停车状态移动时，速度≥3 km/h 或车辆移动距离≥10 m时，产生防溜报警语音提示“注意手柄防溜”，在 10 s 内按压【警惕】可解除语音报警，否则输出紧急制动。

②相位溜逸

a. 当轨道车由停车状态移动，若轨道车速度传感器两通道相位与轨道车运行方向相反，轨道车运行速度≥3 km/h 或车辆移动距离≥10 m 时，产生防溜报警，语音提示“注意相位防溜”，在 10 s 内按压【警惕】可解除语音报警，否则输出紧急制动。

b. 当轨道车运行速度≥10 km/h，继续产生防溜报警，语音提示“注意相位防溜”，在 10 s 内按压【警惕】可解除语音报警，否则输出紧急制动。

③管压溜逸

轨道车速度从≥3 km/h 降为 0，停车后的列车管压值与运行时最高管压相比较，管压下降<80 kPa(一次减压不足 80 kPa)，产生防溜报警语音提示“注意管压防溜”，在 5 s 内追加减压≥80 kPa，或者按压【警惕】键可解除语音报警，否则输出紧急制动。

紧急制动输出只能在停车后缓解，司机根据“允许缓解”提示，按压【缓解】按钮后，紧急制动缓解，语音提示：“缓解成功”。

(2)警醒功能

当轨道车达到一定速度后，速度大于 20 km/h 时，运行 2 min 以后，采用司机每间隔固定时间去手动按压按钮或脚踩应答踏板两种方式，来控制司机保持清醒状态；一旦司机未按间隔时间操纵时，即进行报警进而紧急停车，以保障轨道车运行安全。

①警醒功能控制模式

a. 工作速度区域

速度>v_1 时启动控制，速度≤v_1 时停止控制。v_1 值允许调整设定，初始值设置为 $v_1=$ 20 km/h。

b. 周期警惕报警

启动控制后每达到报警间隔时间 T_1 开始声光报警，报警时间为 T_2，其中 T_2 的前期时段 T_3 DMI 显示红灯标志，后期时段 T_4 增加警报声音，如图 9-42 所示。T_1、T_2、T_3、T_4 值均允许调整设定，初始值设置为 $T_1=120$ s、$T_2=13$ s、$T_3=3$ s、$T_4=10$ s。

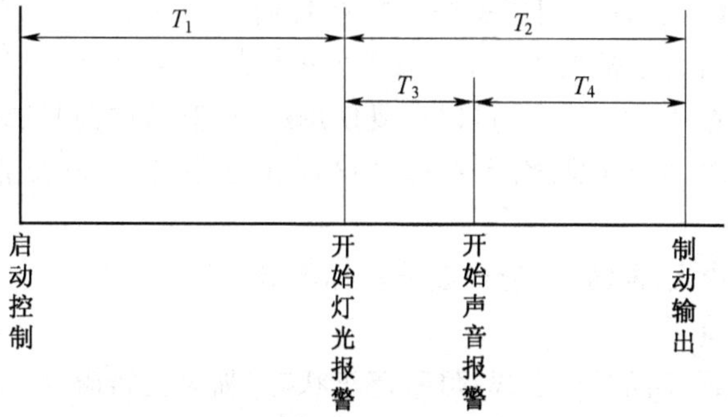

图 9-42　警醒功能控制模式示意图

②操作应答

在报警时间 T_2 内，司机按压手动按钮或踩踏应答踏板，GYK 停止报警，并按报警间隔时间 T_1 重置报警计时器；持续按压手动按钮或踩踏应答踏板不重置报警计时器。应答操作仅对轨道车操纵端有效，非操纵端无效。

③发出制动指令

在报警时间 T_2 内未得到应答信息，时间达到 T_2 设定值时 GYK 发出制动指令。制动指令发出后须在停车后解除。

在报警时间 T_2 内，当有如下情况之一时也停止报警并重置报警计时器：

a. 工况手柄位变化。

b. 列车管压力 6 s 内变化超过 50 kPa。

c. GYK 有按键输入。

五、GYK 的司机运行操作

1. 对标操作

轨道车在运行中，由于空转、轮滑、轮径等原因造成轨道车位置与实际公里标产生误差，为使轨道车位置与实际公里标保持一致，必须进行人工对标操作。

人工对标的方法有：

(1)开车对标：进入正常监控或区间作业模式，状态栏的"对标"灯亮，提示对标。轨道车动车时，语音提示"注意对标"，当轨道车车头与输入的对标点并齐，且轨道车位置与对标公里标误差在正负 500 m 以内，按下【开车】键，轨道车位置自动调整到对标公里标处，状态栏的"对标"灯灭。

(2)误差修正：运行过程中，轨道车位置与实际公里标存在误差，且误差在正负 500 m 以内时，可以在下一个公里标处按压【自动校正】键对标，消除误差(四舍五入，公里标取整)。

(3)途中对标：当轨道车在区间运行 10 km 后，GYK 自动发出语音提示指令"注意对标"，当轨道车位置与实际公里标误差在正负 500 m 以内时，可以在下一个公里标处按压【自动校正】键对标，消除误差。

2. 车位调整操作

当轨道车在运行中，轨道车位置与实际公里标误差大于 500 m 时，按如下【车位】组合键消除误差。

(1)按压【车位】+【向前】键:则根据公里标趋势向前加 1 km。如车位公里标为 35.345,公里标趋势为增,操作后公里标变为 36.345;若公里标趋势为减,则公里标变为 34.345。

(2)按压【车位】+【向后】键:则根据公里标趋势向后减 1 km。如车位公里标为 35.345,公里标趋势为增,操作后公里标变为 34.345;若公里标趋势为减,则变为 36.345。

(3)公里标误差超过 1 000 m 时,可以反复使用【车位】+【向前】键或【车位】+【向后】键进行车位调整。或者按【公里标】键:输入对标公里标和趋势,在对标点按【开车】键,执行对标操作。

已经调用 GYK 基本数据时,不能修改公里标趋势。

(4)车位调整注意事项:

①在机车信号显示关闭信号、模式报警、停车状态、临时慢行限速区段不得调整车位。

②车位调整操作必须在实际公里标处完成。

③组合键操作时,必须在 5 s 内完成。

3. 修改公里标趋势

在无 GYK 基本数据的线路运行时,若显示的公里标与线路公里标趋势相反,则通过输入对标公里标和趋势可以改变。

修改方法:按【公里标】键,输入对标公里标和趋势,在对标点按【开车】键,执行对标操作。

已经调用 GYK 基本数据时,不能修改公里标趋势。

4. 修改上下行

在无 GYK 基本数据的线路运行时,若信号上下行与线路不符,则通过 DMI 面板按键可以改变。

修改方法:按【上行/下行】键 2 s,进行接收信号载频切换操作。有三种状态:强制上行/强制下行/自动。"自动状态"时按 GYK 基本数据设定接收。

5. 支线转移操作

运行过程中,可通过支线转移或交路转移实现跨区段运行。

在设置支线转移的区间及前一区间,根据当前交路及车机联控信息,确定是否输入支线号。

当状态栏的"支线"显示有效时,屏幕下方将显示前方区间所有支线号。按压【车位】+【2. 选择支线】键弹出支线号窗口,如图 9-43 所示,输入支线号后按压【确认】键。输入成功后右侧状态栏显示输入的支线号,实现跨区段运行。

6. 制动后的操作

(1)GYK 实施常用制动后,当语音提示"允许缓解"时,可按压【缓解】键撤除常用制动指令。

(2)GYK 紧急制动后,将自阀手柄放到制动区,速度降为零后,熄火指令自动撤除;当语音提示"允许缓解"时,可按压【缓解】键撤除紧急制动指令。

如发生紧急和常用制动,停车后按压【缓解】键,紧急和常用制动同时撤除。

7. 防溜控制功能确认

当防溜控制功能启动后,连续语音提示"注意(管压、手柄、相位)防溜",确认是正常动车后,可按压【警惕】键解除防溜控制;若发生溜逸立即采取措施停车;确认是停车未保压或减压量不足 80 kPa,可追加减压量至规定值,解除防溜控制。

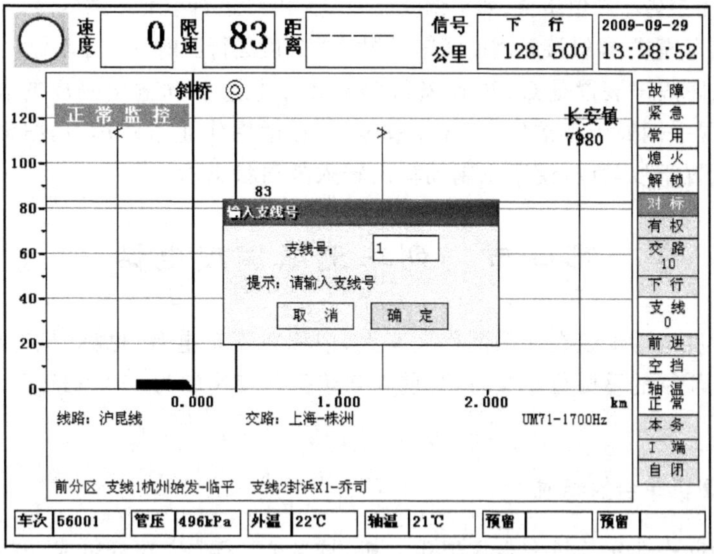

图 9-43 支线号输入界面示意图

发生紧急制动后语音提示"(管压、手柄、相位)防溜动作",当语音提示"允许缓解"时,可按压【缓解】键撤除紧急制动指令。

8. 司机警醒操作

在正常监控模式和区间作业模式时,当轨道车速度大于 20 km/h 时,GYK 启动警醒控制。开始声光报警时,司机应按压按钮或踩踏踏板,停止报警。

9. 司机警惕操作

(1)当 GYK 显示屏弹出提示窗口进入秒倒计数时,乘务员须按压一次警惕按钮(按下并松开)。

(2)当发生信号突变报警时,按压警惕按钮解除停车报警,同时注意瞭望。

(3)当轴温超过报警值,发出轴温异常报警,按压警惕按钮解除报警。

(4)当 GYK 产生防溜报警时,在规定的时间内,按压警惕按钮解除报警。

(5)在目视行车模式下,当运行 100 m 或经过 30 s 时,GYK 发出报警,按压警惕键解除报警,距离及时间清零。继续走行 100 m 或经过 30 s 后再次报警。

10. 司机解锁操作

【解锁】键的使用条件如下。

(1)无码股道发车:机车信号显示白灯、单红灯,按停车控制时,轨道车停车时,司机按压【解锁】+【确认】键解除停车控制功能,控制轨道车以不超过道岔允许速度出站。

(2)进入路票行车、绿色许可证行车模式时,在站内设置相关参数后,按压【解锁】+【确认】键解锁,GYK 解除接触网作业车在该信号机前的停车控制,控制接触网作业车以不超过出站道岔的限速出站。

(3)在区间作业模式工作时,特定情况下可以按压【解锁】键进入"××(目视)"行车模式。

(4)其他停车情况下,按压【解锁】键进入"××(目视)"行车模式。

11. 故障处理

(1)遇机车信号或速度传感器故障时,发出告警语音,接触网作业车司机应立即停车,使用列车无线调度通信设备报告车站值班员、列车调度员。接到继续运行至前方站内停车的调度命令后，将GYK转为目视行车模式，操纵接触网作业车以规定的速度运行至前方站停车处理。

(2)GYK故障隔离装置是GYK设备故障时用于紧急制动输出隔离的开关。GYK工作正常时，隔离装置手柄处于正常位。GYK故障时，接触网作业车停车后，根据调度命令，司机将隔离装置手柄置于故障位，使紧急制动输出转入隔离状态。

第四节　列车无线调度电话

列车无线调度电话安装在接触网作业车上，俗称轨道车电台，也称“机车台”，是用于和车站进行行车信息联络的重要行车装备，目前在普速区段使用的为450 MHz系列C制式无线列车调度系统。

一、无线列调机车台的组成

安装于接触网作业车的机车台主要由主机、控制盒、天线三部分组成，安装组成如图9-44所示。

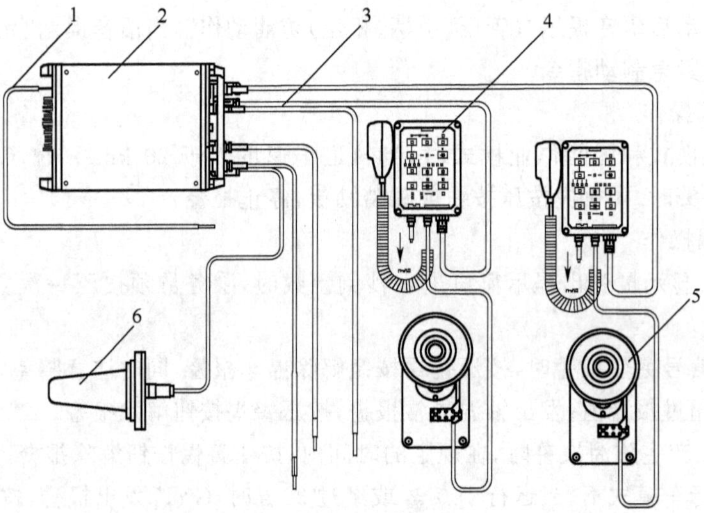

图9-44　机车台设备接线示意图

1—接地线；2—主机；3—连接电缆；4—控制盒；5—扬声器；6—天线

1. 主机

机车台主机由收发信机主机、控制板、电源模块等组成。具有抗干扰性强、设计紧凑、维修方便等优点；设有两个控制盒接口及录音输出接口；输入电源为DC 24 V。

2. 控制盒

控制盒是实现机车司机与车站通信联络的控制装置，分别设置在接触网作业车驾驶台两端，可分别实现对主机的使用权控制，其外形如图9-45所示。

控制盒分别与主机、呼叫器、扬声器相连。

控制盒面板设有主用、复位、频组、音量增加、音量减少、调度、平原司机、隧道司机、平原车站、隧道车站等触摸键及相应的LED指示灯，实现各种控制功能的操作和机车电台运行状态的显示。

面板上设有四个频组指示灯，接触网作业车司机可根据接触网作业车运行交路正确选择频点或适时改变频点，保证“车机联控”信息畅通。

二、机车台的使用

出库前，司机对机车台要进行认真检查，发现问题及时处理。

1. 开机

打开机车台主机电源，机车台进入自检。

由于电台的型号不同，控制盒也不尽相同，有的控制盒仍带有电源开关，也就是控制盒的工作电源，此电源由主机提供。

自检正常后主用控制盒“主用”指示灯点亮，另一端控制盒“主用”指示灯闪亮。一般机车台记忆上一次关机时控制盒的工作状态，“主用”按上一次状态确定，但也有的要进行手动选择，按压控制面板的“主用”键 2 s，控制盒“主用”指示灯点亮，控制盒进入“工作权”状态。

2. 控制盒的切换操作

当接触网作业车进行换端操作时，要进行机车台控制盒换端操作，在机车台待机时，按住另一端控制盒控制面板的“主用”键 2 s，控制盒“主用”指示灯点亮，控制盒进入“工作权”状态。则原端控制盒“主用”指示灯闪亮，进入“非工作权”状态。

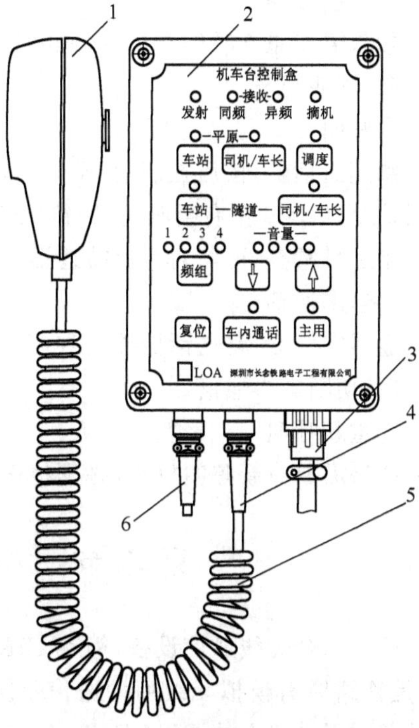

图 9-45 控制和结构示意图

1—送话器；2—控制面板；3—控制电缆；4—扬声电缆；5—送话电缆；6—列尾电缆

3. 更换频组

当接触网作业车经过的车站需要更换频组时，需在通过双频组的车站后，进行更换。更换方法为：在机车台工作端、待机时、送话器挂机，按压“频组”按键，频组 LED 指示灯循环变化，待至所需频组时松开按键即可。

4. 呼叫功能

(1)车内呼叫

在挂机守候的情况下，按下“车内通话”键 2 s 以上，“车内通话”指示灯点亮，机车台进入本车控制盒之间的通话，按压主控制盒、副控制盒均可。此时送话时需按下送话器 PTT 键。

退出“车内通话”时，可按压“车内通话”键 2 s 以上，“车内通话”指示灯熄灭，表示已退出“车内通话”；也可按下“呼叫”键呼叫或接收到呼叫。

(2)呼叫车站

①呼叫

拿起送话器，按压控制盒“平原车站”或“隧道车站”，其相应指示灯闪亮，机车台此时发出呼叫信令，约 4 s 左右会听到“回铃”的声音，按下送话器 PTT 键呼叫对方。呼叫信令发出后，相应指示灯常亮，可与对方保持通话。

②退出通话

通话完毕后，将送话器挂至控制盒即可中断通话；摘下送话器待机 1 min 未进行收发信令，自动切断本次通信。

③重新呼叫

如果需要重新呼叫车站，必须将送话器挂机，再拿起送话器后按下呼叫键，进行再次通信。

(3)呼叫机车

①呼叫

拿起送话器，按压控制盒“平原司机”或“隧道司机”，其相应指示灯闪亮，机车台此时发出呼叫信令，约 4 s 左右会听到“回铃”的声音，按下送话器 PTT 键呼叫对方。呼叫信令发出后，相应指示灯常亮，可与对方保持通话。

②退出通话

通话完毕后，将送话器挂至控制盒即可中断通话；摘下送话器待机 1 min 未进行收发信令，自动切断本次通信。

③重新呼叫

如果需要重新呼叫机车，必须将送话器挂机，再拿起送话器后按下呼叫键，进行再次通信。

第五节　机车综合无线通信设备

机车综合无线通信设备，简称 CIR，是中国铁路的新一代铁路无线通信系统中的机车设备，是铁路原有模拟无线列调通信系统机车台的升级换代设备，安装在机车上，供司机使用。该设备用于铁路上的 GSM-R 和 450 MHz 无线列调系统，为机车和地面之间提供语音和数据的传输通道。具有功能强大、标准化程度高、操作灵活的特点。CIR 具有 GSM-R 和 450 MHz 两种工作模式，在两种模式下均能完成列车调度通信、车次号传送、调度命令传送、列尾风压信息传送等功能。在 GSM-R 模式下，可利用预留的数据接口传送机车将来可能扩展的数据传送功能，具有极强的功能扩展性。

一、CIR 的特点

1. 集成化程度高，结构坚固，满足机车的使用环境要求。

2. 采用 GSM-R 调度通信模块和数据模块，可用 GPRS 或 CSD 方式传输数据，传输可靠，话音质量高，误码率小。

3. 采用可视化的操作终端，屏幕为 5.7 寸的真彩液晶。界面友好，便于操作。

4. 具有出入库检测功能。

5. 具有车次号接口。

6. 具有列车尾部风压检测功能。

7. 具有自动和手动转换工作模式的功能。

8. 具有录音接口。

9. 具有预留扩展数据接口，用于机车上以后的扩展业务使用。

10. 具有软关机功能，在关机时，由机车综合无线通信设备内部的电池供电完成各类信息的存储、机车功能号和车次功能号的注销后才进行关机。

二、CIR 的组成

CIR 由主机(包括 A、B 子架及机柜)、MMI(操作显示终端)、送受话器、打印机、扬声器、天线及各种连接电缆等组成，如图 9-46 所示。

CIR 主机由电源单元、电池单元、高速数据单元、GSM-R 语音单元、GSM-R 数据单元、GPS 单元、记录单元、主控单元、450 MHz 机车电台单元、800 MHz 车载电台单元、数据接口单元组成，如图 9-47 所示。

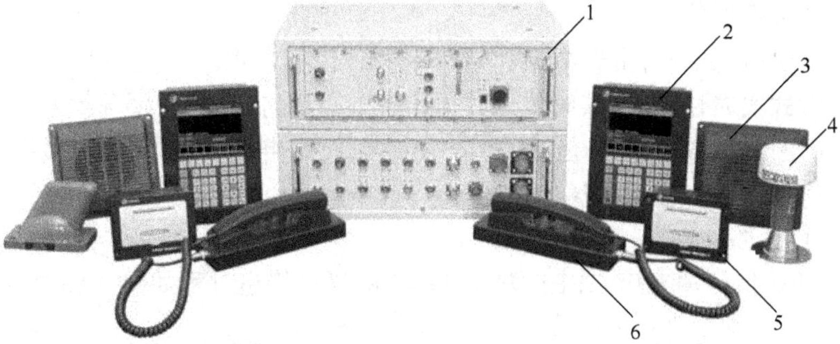

图 9-46　CIR 组成设备示意图

1—主机；2—显示器；3—扬声器；4—天线；5—打印机；6—送受话器

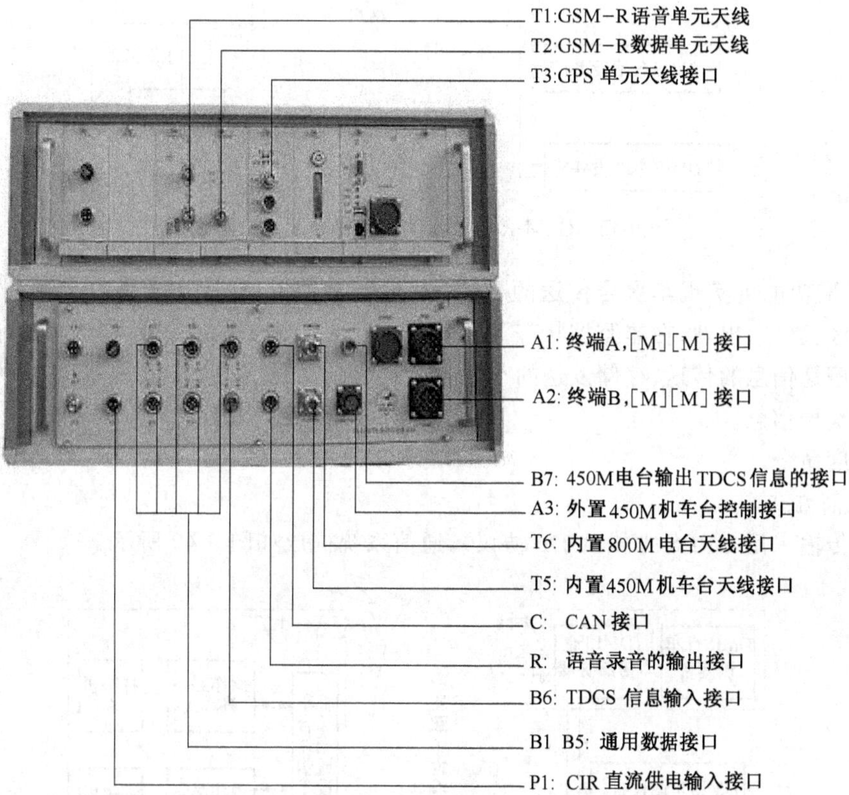

图 9-47　主机示意图

三、CIR 的基本功能

1. 调度通信功能

(1)GSM-R 调度通信

GSM-R 调度通信可实现个呼、组呼(VGCS)、广播(VBS)、注册与注销。

(2)450 M 调度通信

450 M 调度通信可实现主呼、被呼。

2. 数据通信

(1)GSM-R 数据通信

GSM-R 的数据业务分为电路数据和 GPRS 两种传输方式。

电路数据方式实时性强,可实时传送数据信息,缺点是占用网络资源较大。

GPRS 方式占用网络资源少,但是 GPRS 方式延时比电路数据方式大,对实时性要求比较高的业务不适于用 GPRS 方式传输。

①无线车次号

a. 通信方式数据传输采用 GPRS 方式(UDP 协议),传递过程如图 9-48 所示。

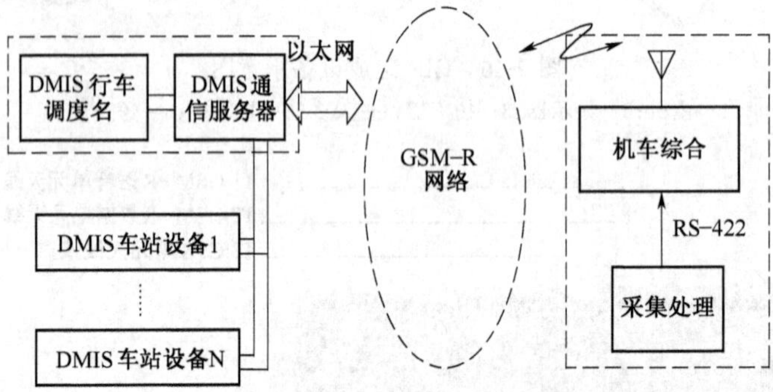

图 9-48　GSM-R 模式无线车次号系统构成示意图

b. 系统功能可实现车次号传送的目的、IP 地址自动更新、车次号信息传送(列车进入新的闭塞分区、进站、出站,在非监控状态下速度由 0 变为 5 km/h,司机操作运行记录器开车键时)、列车停稳信息的传送、存储发送的车次号信息、列车停稳信息、DMIS/CTC 向采集处理装置查询车次号信息。

②调度命令

a. 通信方式

数据传输采用 GPRS 方式(UDP 协议),通信系统构成如图 9-49 所示。

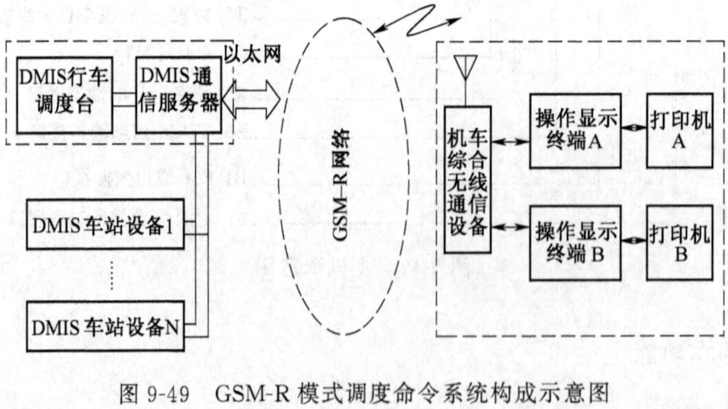

图 9-49　GSM-R 模式调度命令系统构成示意图

b. 系统功能

调度命令系统可实现调度员向辖区内的运行列车发送调度命令等信息,在 CTC 区段并能发送行车凭证、调车作业通知单等信息；车站值班员向辖区内的运行列车发送行车凭证、调车作业通知单等信息；自动向辖区内的运行列车发送列车接车进路预告信息；机车设备向车站发送调车请求信息；机车设备能向发送人终端发送自动确认和签收信息；TDCS 设备和机车设备能存储调度命令并记录操作过程；系统中各终端具有文字提示功能，机车设备还具有语音提示功能。

③尾部风压

a. 通信方式数据传输采用 GPRS 方式(UDP 协议)，如图 9-50 所示。

b. 系统功能

尾部风压系统可实现与列尾主机之间建立和拆除唯一对应关系；提供司机查询尾部风压的功能；能接收并显示列尾主机发送的尾部风压数值；风压数值在规定时间内没有更新时，机车综合通信设备告警；具有控制列尾主机排风制动的功能；能接收列尾主机发送的电池欠压、主风管风压不正常告警信息，并进行声光告警；具有语音和数字显示的提示功能。

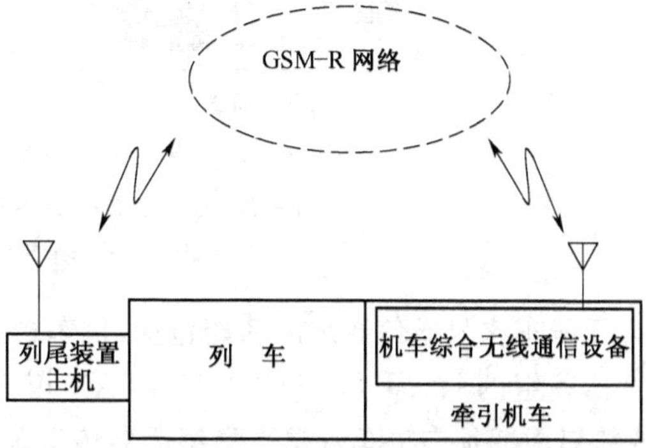

图 9-50　GSM-R 模式尾部风压系统构成示意图

④调车监控信息传送

a. 通信方式采用点对点电路连接，如图 9-51 所示。

b. 系统功能

调车监控信息传送可实现提供调车机车信号和监控信息传输通道；实现地面设备和多台车载设备间的数据传输；存储进入和退出调车模式的有关信息；多台调机同时作业时，地面设备使用连选功能，与每台车载设备分别建立电路连接。

(2)450M 数据通信

450M 数据通信包括调度所与车站之间利用 TDCS 通道，车站至机车方向利用无线列调通道(结合具体情况由设计确定采用同频或异频)的通信；机车至车站方向采用 TDCS 无线车次号工作频点的通信。

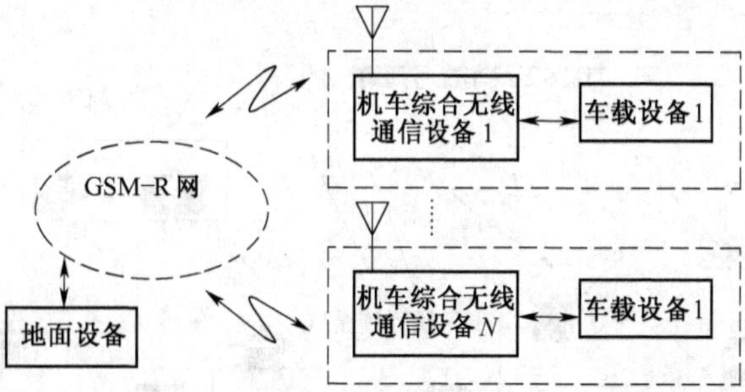

图 9-51　GSM-R 模式调车机车信号和监控信息传送系统构成示意图

①无线车次号

无线车次号的通信系统结构如图 9-52 所示。

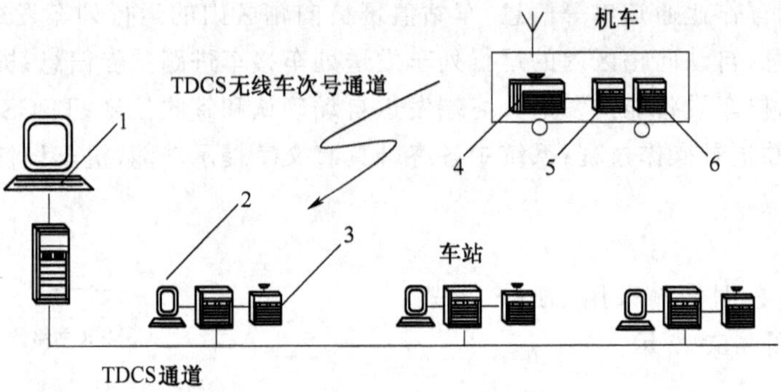

图 9-52　450M 模式无线车次号系统构成示意图

1—TDCS 总机；2—TDCS 车站设备；3—车次号解码器；
4—CIR；5—数据采集编码器；6—运行监控装置

无线车次号通信系统的功能包括：机车台发射频率和车站数据接收解码器的接收频率为第 2 四频组的 f4，即 457.550 MHz；TAX 箱为无线车次号校核系统提供信息来源，通过 RS-485 接口周期地向机车数据采集编码器传送车次号信息。

机车数据采集编码器发送无线车次号信息的条件：

(a)在沿线运行，机车经过进站和出站信号机两个位置均连续单向发送 2 次；

(b)在非监控状态下，机车速度从 0 变化至 5 km/h 时，单向发送 3 次，时间间隔为 3 s；

(c)在始发站机车对标点时，单向发送 3 次，时间间隔为 3 s。

②调度命令

a. 系统功能

450 M 模式调度命令无线传送系统构成如图 9-53 所示。

调度命令无线传送系统的功能包括：调度员向辖区内的运行列车发送调度命令等信息，在 CTC 区段并能发送行车凭证、调车作业通知单等信息；车站值班员向辖区内的运行列车发送行车凭证、调车作业通知单等信息；自动向辖区内的运行列车发送列车接车进路预告信息；机车设备向车站发送调车请求信息；机车设备能向发送人终端发送自动确认和签收信息；TDCS 设备和机车设备能存储调度命令并记录操作过程；系统中各终端具有文字提示功能，机车设备还具有语音提示功能。

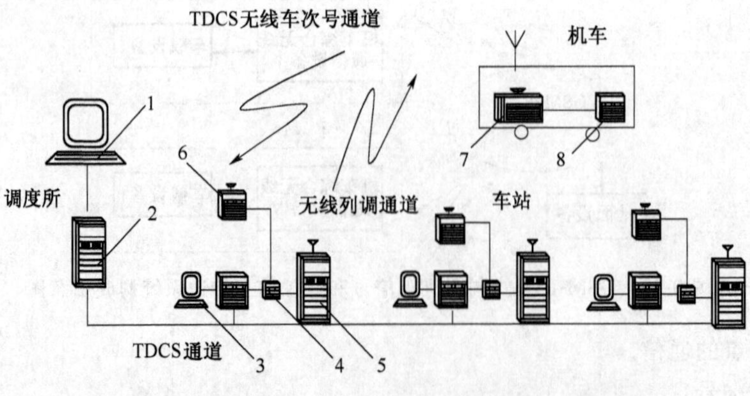

图 9-53　450M 模式调度命令无线传送系统构成示意图

1—行车调度台；2—TDCS 总机；3—TDCS 车站设备；4—车站转接器；
5—无线列调车站台；6—车次号解码器；7—CIR；8—监控装置

b. 调度命令传递主要工作过程

(a)接收到发给本次列车的调度命令后，向发送终端回送自动确认信息。在 MMI 上显示调度命令并发出阅读提示音。

(b)当接收调度命令后(不含接车进路预告信息)，按“签收”键向地面回送签收信息并停止语音提示。在区间发送的签收信息在前方站进站信号机处进行自动重发。

(c)当接收到接车进路预告信息后，按“签收”键停止语音提示，该签收信息进行记录，不向地面发送。

(d)显示和打印调度命令并具有状态提示。

(e)按“打印” 键打印调度命令。

(f)记录接收、操作等信息。对调度命令、行车凭证、调车作业单、进路预告分类存储，进路预告存储容量各不小于 1 000 条，其余存储容量不小于 100 条。

(g)在未收到监控装置的有效机车号和车次号信息时，则接收显示命令信息中机车号与机车设备记录的机车号相同的命令信息。

(h)接收到命令信息中无机车号时只判车次号；无车次号时只判机车号。

(i)可进行机车担当角色(本务机或补机)的设置。

(j)机车设备工作在补机状态时，显示、记录所有接收到的调度命令，记录签收、打印等操作过程。补机状态时不向地面发送自动确认和签收信息。

(k)机车设备在补机状态时接收到有效无线车次号信息，则退出补机状态。

(l)机车设备在机车号、车次号、工作方式发生变化时进行记录。

(m)可利用专用设备读出储存的调度命令和操作记录。

c. 接收调度命令显示界面

当接收调度命令时，显示器显示如图 9-54 所示界面。

③尾部风压

a. 尾部风压传递的通信方式采用 FFSK 通信方式，如图 9-55 所示。

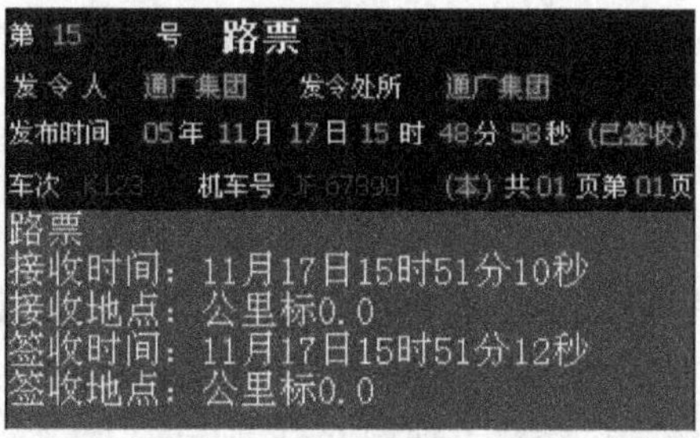

图 9-54 接收调度命令界面

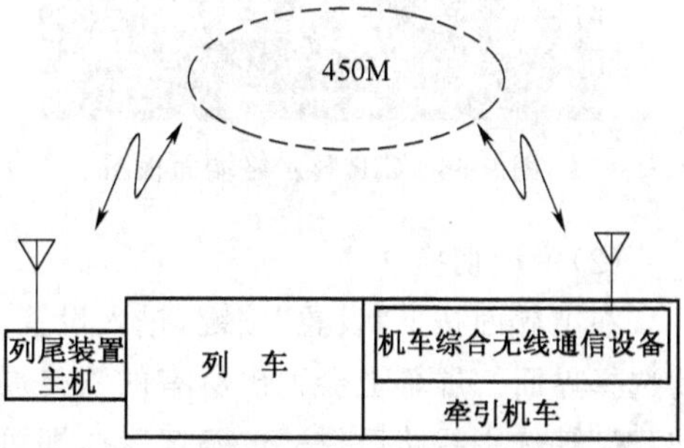

图 9-55 450M 模式尾部风压系统示意图

b. 系统功能

尾部风压系统可实现与列尾主机之间建立和拆除唯一对应关系；提供司机查询尾部风压的功能；能接收并显示列尾主机发送的尾部风压数值；风压数值在规定时间内没有更新时，机车综合通信设备告警；具有控制列尾主机排风制动的功能；能接收列尾主机发送的电池欠压、主风管风压不正常告警信息，并进行声光告警；具有语音和数字显示的提示功能。

四、CIR 的操纵

1. 开机

打开主机控制电源，此时两个操作显示终端均为副控状态。按下任一操作显示终端上的“主控”按键 3 s，则此操作显示终端为主操作端，可进行操作。如图 9-56 为 CIR 显示终端面板图。

“主控”键位于面板左下角。

2. 工作模式切换

(1)自动切换

通过在操作显示终端的设置界面内的运行区段中选择自动模式(GPS)来确定 CIR 工作在自动切换模式下。该模式下线路将自动转换。如图 9-57 所示。

图 9-56　CIR 显示终端面板图

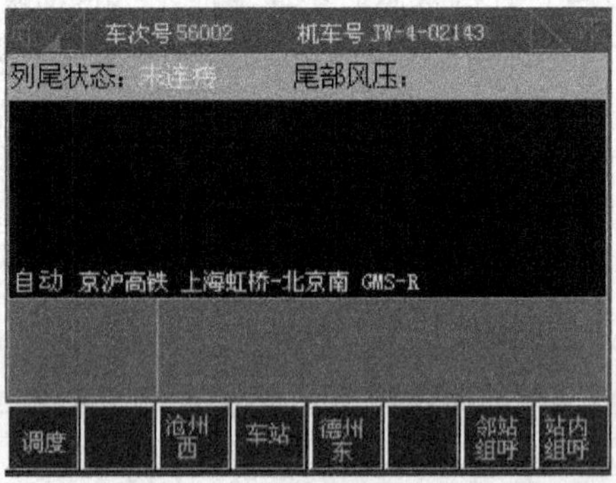

图 9-57　自动模式界面

(2)手动切换

在主界面按下“设置”按键，进入设置界面，选择“区段选择”按“确定”键，进入工作线路手动选择界面。屏幕上会列出所有的铁路局。选择铁路局，进入工作线路选择界面。通过“▲”和“▼”键选中线路后，按下“确定”键，即可转到相应的工作线路。如图 9-58 所示。

3. 通话

(1)450M 工作模式

司机摘机并分别按下屏幕“调度”、“隧道司机”、“隧道车站”、“平原司机”、“平原车站”键进行相应的呼叫，听到回铃音后，按 PTT 进行通话，通话完毕后挂机。如图 9-59 所示。

被呼时，7 s 内可听到对方话音，摘机进入通话状态。若未摘机，则通话将被自动挂断。如图 9-60 所示。

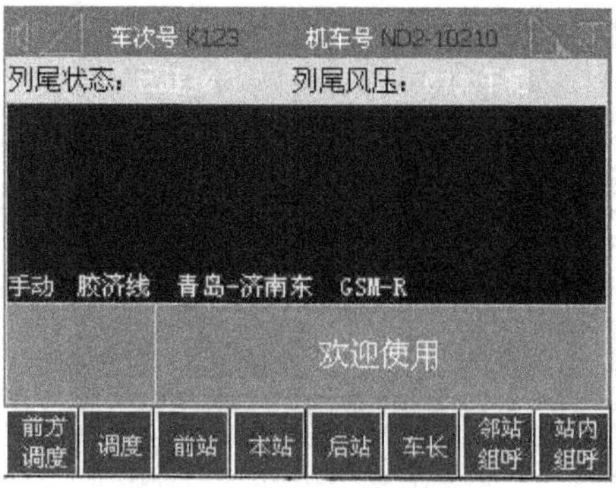

图 9-58 手动选择模式界面

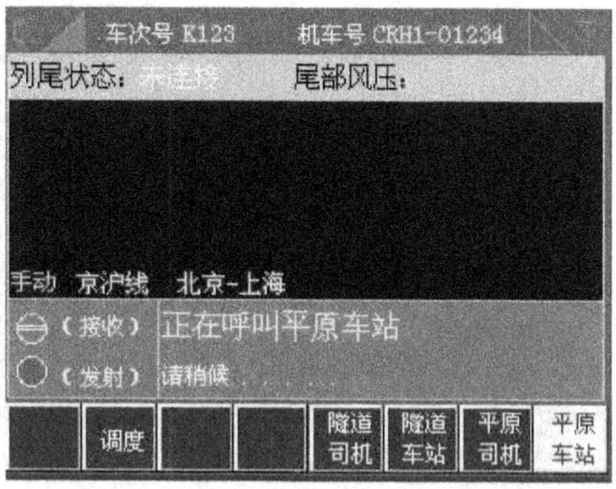

图 9-59 450M 工作模式司机呼叫界面

通话中的注意问题：

接收指示灯；发射指示灯(按 PTT 后，等发射指示灯亮，才能开始讲话；发射车次号等信息时，发射指示灯亮，此时通话中断)；区段信息必须正确；送受话器上面有呼叫按键；挂机或按“挂断”按键，结束通话。

(2)GSM-R 工作模式：

①几种发起呼叫方式

a. 按键呼叫：摘机并分别按下屏幕显示的站名和调度等键呼叫，按 PTT 进行通话。

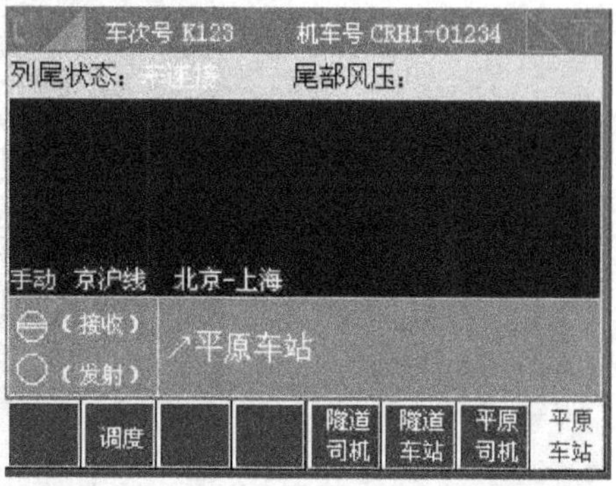

图 9-60 450M 工作模式司机通话界面

b. 拨号呼叫：

(a)按数字键直呼移动终端，如拨号 14987120035；

(b)按数字键呼叫路电固定电话，方法是：901＋路电区号＋电话号码，如拨路电 90107122036；

(c)车次号呼叫：按“呼叫”键，再按“切换”键，屏幕显示“车次号”时，输入相应的车次号呼叫对应车次司机，如呼叫 K123，按“呼叫”键，再按“切换”键，屏幕显示“车次号”时，输入 K123，按“呼叫”键。

c. 短号码呼叫：拨“1200”呼叫对应线路的调度，拨“1300”呼叫前方车站。

②接听话音

当通话状态显示区显示“×××呼入”，并听到振铃时，摘机，按 PTT 说话。

③区段选择

区段选择的步骤如图 9-61 界面所示。

④区段选择注意事项

a. 注意守候界面的显示：自动、手动。

b. 自动模式下：区段可以自动变化，到切换点自动切换工作模式。

c. GPS 故障时给出提示，此时需要手动选择工作模式。

d. GPS 恢复时给出提示，此时转换回自动模式。

4. 调度命令

(1)接收调度命令

CIR 接收调度命令后，在 MMI 上显示接收到的调度命令，同时发出阅读提示音，司机阅

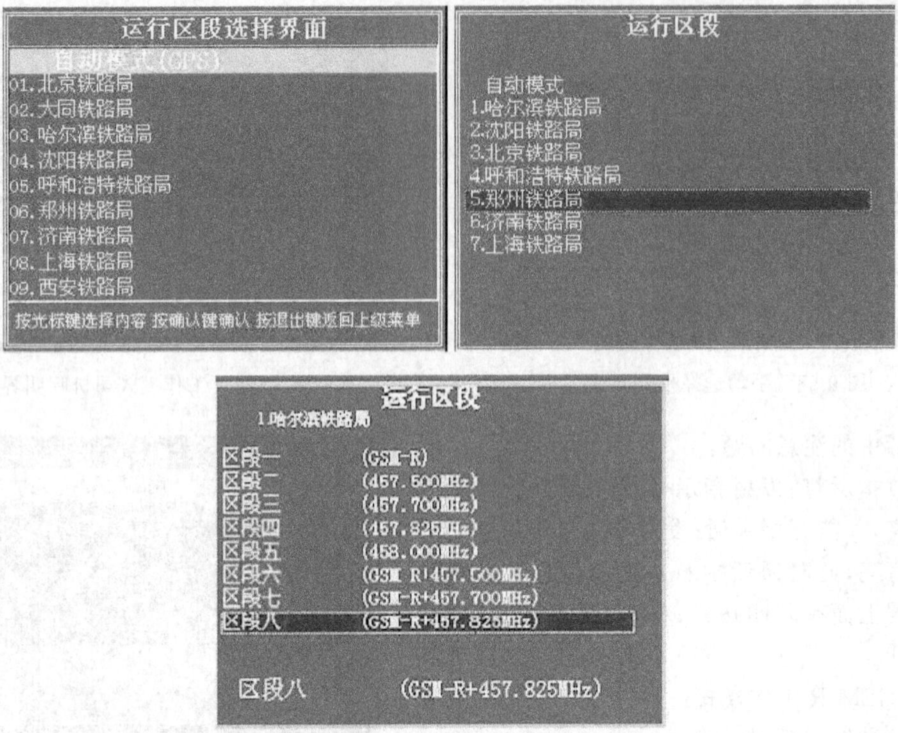

图 9-61　区段选择界面

读调度命令后按“确认”键停止播放提示音(如果分多页显示,必须阅读完最后一页才能按“确认”键,否则会语音提示“请阅读完再签收”)。如图 9-62 调度命令接收界面、签收操作。

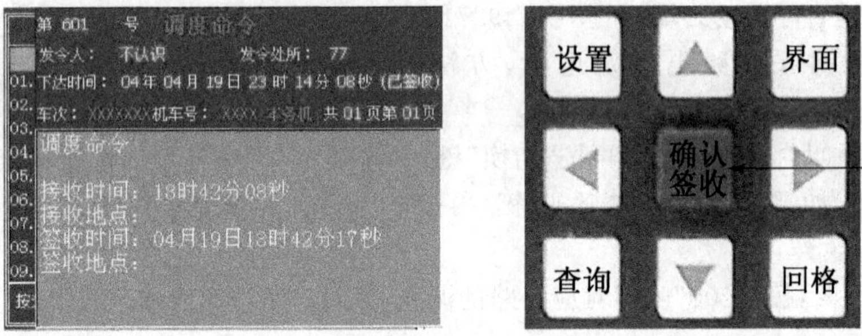

图 9-62　调度命令接收界面、签收操作示意图

(2)查询调度命令

操作人员按“查询”键,MMI 显示查询类型选择界面,或者按“界面”键显示最近收到的那条调度命令。如图 9-63、图 9-64 所示。

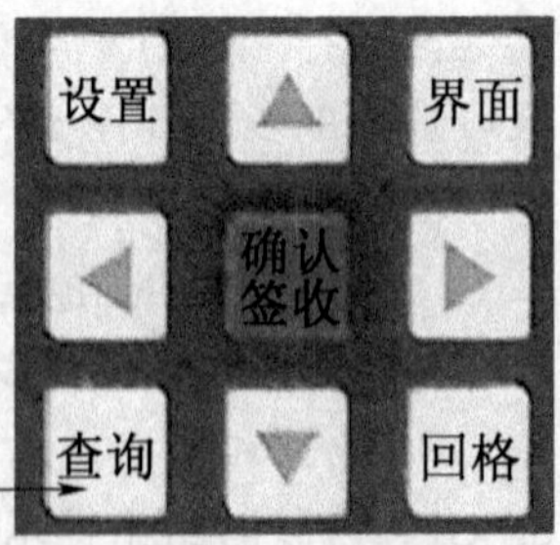

图 9-63　调度命令查收操作示意图

查询调度命令注意事项:

a. 未签收的调度命令还有语音提示,此时按“签收”按键停止语音提示。

b. 多页时,按左右键进行翻页,上下键选择。

(3)打印调度命令

阅读完调度命令后可以按“打印”键,打印终端打印当前显示的调度命令(注:未签收的调

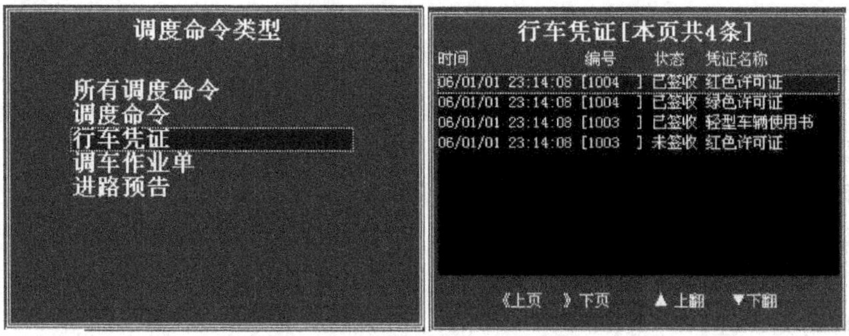

图 9-64 调度命令查询操作界面示意图

度命令不能进行打印)。

司机查询调度命令后也可以按"打印"键打印当前显示的调度命令。

5. 手动车次号注册

如机车不能通过 TAX 箱自动进行车次功能号注册,则需要司机手动注册车次号。

按"设置"键,选择"车次功能号注册",输入车次号后,按"确认"键,选择"本务机"或"补机 x",并按下"确认"键,开始进行车次功能号注册,界面文字和语音提示"车次功能号注册成功"。如图 9-65 所示为注册界面。

6. 设置及复位

按下"设置"键,即可进入设置界面,司机可以进行扬声器和耳机的音量调整、查询通信录、运行区段的手动选择、车次号注册/注销、本务机/补机的设置、状态查询等操作。

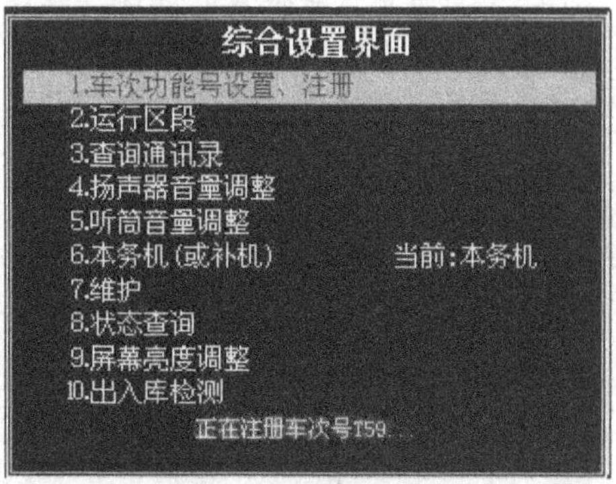

图 9-65 车次号注册界面示意图

调节音量:在设置界面中,选择"扬声器音量调整"并确认,通过"←""→"键可调节扬声器的音量;或者在待机界面下,通过"←""→"键可调节扬声器的音量。如图 9-66 所示。

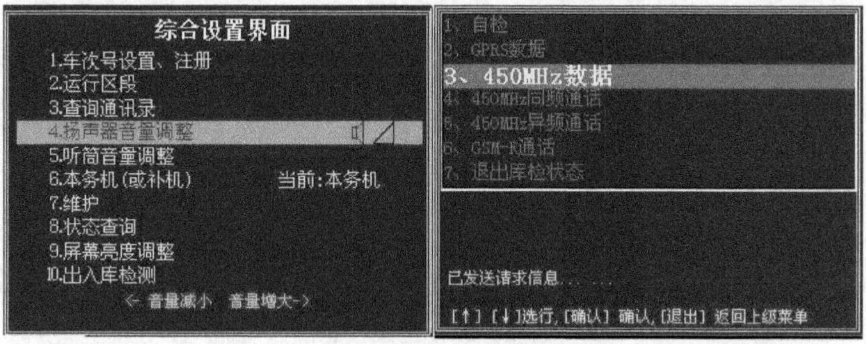

图 9-66 设置界面示意图

复习思考题

1. 机车信号接收线圈的安装高度是多少?

2. LKJ-93 型列车运行监控装置有几种控制模式?

3. LKJ-93 型列车运行监控装置信号关闭是如何控制的？

4. LKJ-93 型列车运行监控装置车站、区间的安全预留距离值是多少？

5. LKJ-93 型列车运行监控装置在哪种情况下进入降级运行控制模式？

6. LKJ-93 型列车运行监控装置“路票”行车模式的使用时机为何时？如何解锁？

7. LKJ-93 型列车运行监控装置“绿色许可证”行车模式的使用时机为何时？如何解锁？

8. LKJ-93 型列车运行监控装置“20 km/h 限速模式”的使用条件是什么？时机为何时？如何解锁？

9. GYK 有几种控制模式？

10. GYK 有几种基本功能？

11. GYK 如何进行换端操作？

12. GYK 如何实施侧线进站的控制？

13. GYK 信号关闭是如何控制的？

14. 简述目视行车模式的使用时机。

15. 简述目视行车模式的控制过程。

16. 区间作业分为哪几种状态？

17. 信号突变语音报警的“警惕”时间多长？

18. GYK 车位调整注意哪些问题？

19. CIR 具有哪些功能？

20. CIR 的数据通信功能都包括哪些内容？

21. 如何进行 CIR 手动车次注册？

第十章　接触网作业车的常见故障

接触网作业车的故障因车型的不同、使用工况的不同而不同，并且故障受外界因素、乘务人员素质的影响，故障现象多种多样，本章节仅就一些常见故障作以说明。

第一节　排除故障的基本方法

排除故障的关键就是根据故障的现象判断故障发生的部位、发生的原因，并尽可能地在最短时间内排除故障。排除故障应掌握正确的判定方法，做到有的放矢，不扩大故障范围。

一、掌握接触网作业车的结构和工作原理

掌握接触网作业车的结构和工作原理是判断故障的基础，只有熟知接触网作业车的结构、了解车辆的性能，才能通过故障现象判断故障的发生处所，进而分析出发生故障的原因以及应采取的预防性措施。

二、了解设备的缺陷

设备的缺陷包括设备的设计、制造缺陷和故障缺陷，了解设备缺陷便于更准确地判断设备故障。

三、熟悉接触网作业车的工作环境

在进行故障判断时要充分考虑设备受工作环境的影响，恶劣的工作环境可直接影响设备的工作状态，甚至直接导致设备故障。

四、正确评价人的因素

分析人在接触网作业车故障中所占有的比例，由于操作人员操纵不当、疏忽大意以及违章作业使设备非正常工作，造成人为故障；或者说设备未按规定进行保养、检修，使其工作状态恶化导致故障发生。人为机械设备故障在案例中屡见不鲜。

五、掌握故障判断的检查顺序

判断故障必须遵循先简后繁、先易后难、先小后大、由表及里的思路进行，根据设备的基本结构、工作原理，按相应顺序依次进行。

六、通过现象判断故障

判断故障可通过“看、听、摸、嗅”等方法进行。

“看”就是观察各仪表的显示变化、排气颜色的变化、油水颜色的变化以及金属外部过热颜色的变化等；“听”就是用细长的金属棒或木柄螺丝刀作为“听诊器”触及设备表面“听诊”运动机件发出的声音及其变化或直接细心听设备运转声音与正常时声音的不同；“摸”就是凭借手

指触摸设备,感知设备振动情况、工作状态以及温升变化;“嗅”就是通过嗅觉器官,嗅出设备发出的不正常异味。

第二节　柴油发动机故障的判断及排除

一、柴油发动机不能启动

柴油发动机不能启动可由以下原因导致:一是燃油系统故障,柴油发动机被启动机驱动后不发火,回油管无回油;二是电启动系统故障;三是气缸内压力不足,高压油泵喷油正常但不发火,排气管内有油;四是喷油提前角不正确;五是配气相位不正确;六是环境温度较低。

1. 燃油系统故障

(1)造成燃油系统故障的原因

①燃油系统有空气;

②燃油管路阻塞;

③燃油滤清器阻塞;

④输油泵不供油或断续供油;

⑤喷油少、不喷油或喷出的油雾化不良;

⑥喷油泵调速器操纵手柄位置不正确。

(2)排除方法

①检查燃油管路接头是否松动,排除燃油系统中的空气。

首先旋开高压油泵和燃油滤清器上的放气螺钉,用手油泵泵油,直至所排出的燃油中无气泡后再旋紧放气螺钉。再泵油,至回油管有回油时,再将手油泵旋紧。

松开高压油管在喷油器一端的螺帽,撬高高压油泵柱塞弹簧座,当管口流出的燃油无气泡后旋紧螺帽。逐缸进行,使各喷油器均充满燃油。

②检查油管路是否畅通。在手油泵作用良好的情况下,利用手油泵从油箱的进油管开始,分段检查各段油路排油是否顺畅。

③清洗滤清器或更换滤芯,解决燃油滤清器阻塞问题,冬季时应注意检查燃油是否因标号不足引起“起蜡”或“结冰”。

④检查进油管是否漏气,漏气时排出的燃油中会有气泡产生,检查进油管接头上的滤网是否堵塞,如排除后仍不供油时,应检查进油管和输油泵。

⑤当检查喷油器时,应将喷油器拆出,接在高压油泵上,撬动喷油泵柱塞弹簧,观察喷雾情况,如喷雾不良,必要时要进行拆洗、校验或更换喷油器偶件。

⑥当喷油泵调速器手柄位置不对时,启动时应将手柄推到空载,转速在700～900 r/min的位置。

2. 电启动系统故障

(1)电启动系统故障的现象及原因

造成发动机电启动系统故障分为线路原因、电源原因和启动机原因。线路原因主要是接线错误或接触不良,电磁开关吸合不良;电源原因主要是蓄电池电力不足,亏电;启动机原因则表现在电机电刷与换向器没有接触、接触不良或啮合齿轮老化。

(2)排除方法

① 检查线路连接是否正确和牢靠,如果连接正确考虑是否启动电磁开关吸合不良,如果

吸合不良会导致启动机无电。

②用蓄电池表检查蓄电池电压及放电电流，如果系蓄电池亏电，应更换蓄电池或增加并连蓄电池。

③当启动电机电刷不良时，应检查、调整或更换电刷，保证电刷与换向器接触良好；如果启动机旋转，但类似于空转时，应检查启动机啮合齿轮总成是否老化、锁簧失效，更换啮合齿轮总成。

3. 气缸内压力不足

(1)造成气缸内压力不足的原因

高压油泵喷油正常，排气管内有燃油现象，此时应考虑是以下原因引起的：一是活塞环老化或缸筒磨损超限；二是气门漏气；三是存气间隙或燃烧室容积过大。

(2)排除方法

①检视柴油发动机活塞及缸套，更换老化活塞环及磨损超限的缸套。

②检查气门间隙、气门弹簧、气门导管及气门座的密封性，调整气门间隙，对密封性能下降的气门必要时进行修理、研磨。

③检查活塞形状是否符合该柴油发动机机型，必要时测量存气间隙或燃烧室容积。

4. 喷油提前角不正确

高压油泵喷油提前角不正确，过早或过迟，甚至相差 180°都会出现柴油发动机喷油不发火或发火后又随即停车，导致柴油发动机启动困难，此时应检查高压油泵传动轴接合盘上的刻度线是否正确或松动，不符合要求时应进行调整。

5. 配气相位不正确

当配气相位不正确时，柴油发动机也不能正常启动，应按照配气系统配气相位的检查、调整方法对配气相位进行确认。

6. 环境温度过低

当环境温度过低时，柴油发动机启动时间较长且柴油发动机不发火，主要是由于润滑油黏度较大增大了曲轴阻力、雾化混合空气不能立即达到自燃的温度。应根据季节变化，当环境温度较低时应对柴油发动机采取保温措施、更换柴油发动机润滑油。

冬季启动时对柴油发动机或采取低温启动措施，但应注意启动后不要剧烈加大柴油发动机油门，以免因柴油发动机气缸床的急剧金属塑性变形造成气缸床裂纹。

二、柴油发动机功率不足

1. 燃油系统故障

(1)燃油系统故障的现象及原因

燃油系统故障后，柴油发动机加大油门后功率或转速仍然不能提高。

①燃油管路、燃油滤清器进入空气或堵塞。

②高压油泵供油不足。

③喷油器雾化不良或喷油压力低。

(2)排除方法

① 按油路排除的方法排除燃油管路、燃油滤清器内的空气或更换燃油滤清器。

②检查、更换高压油泵部件。

③检查喷油器雾化情况，必要时校验喷油器或更换喷油器偶件。

2. 进、排气系统故障

(1)进、排气系统故障的现象及原因

此时排气歧管比正常情况下排温较高、烟色较差。

①空气滤清器阻塞。

②排气管墙塞或接管过长、转弯半径太小、弯头太多。

(2)排除方法

①清除空气滤清器芯子或清除纸质滤芯上的灰尘,必要时应更换。清洗湿式滤清器时应检查机油平面是否正常;清除纸质滤清器芯子灰尘时应利用压缩空气吹尘,避免局部受力过大引起芯子变形。

②清除排气管内积炭;重新安装排气接管,弯头不能多于3个,并保证有足够大的排气截面。

3. 喷油提前角或进、排气相位变动

(1)喷油提前角或进、排气相位变动,使柴油发动机性能变差

(2)排除方法:检查喷油泵传动轴连接螺钉是否松动,并应校正喷油提前角后紧固,必要时进行配气相位和气门间隙检查与调整。

4. 柴油发动机过热、环境温度过高

(1)柴油发动机过热、环境温度过高使柴油发动机机油、冷却水温度过高,排气温度也大大提高。

(2)排除方法:检查机油冷却器和散热器,清除水垢;检查有关管路是否管径过小;检查接触网作业车风斗与车辆运行方向是否一致;检查节温器工作状态。如环境温度过高应改善通风,临时加强冷却措施。

5. 气缸床组件故障

(1)气缸床组件故障的现象及原因

气缸床组件故障时不但功率不足、性能下降,而且有漏气,排气冒黑烟,有不正常的敲击声等现象。

①气缸床与机体结合面漏气,当变速变换油门时有一股气流从衬垫处冲出。气缸床紧固螺栓螺帽松动或衬垫损坏。

②进、排气门漏气。

③气门弹簧损坏。

④气门间隙不正确。

⑤喷油器孔漏气或铜垫圈损坏;活塞环卡住、气门杆咬住引起气缸压缩压力不足。

(2)排除方法

①气缸床与机体结合面结合不紧密按规定扭矩拧紧紧固螺柱螺母或更换气缸床衬垫,必要时修刮结合面。

②拆检进、排气门,修磨气门与气门座配合面。

③更换已损坏的气门弹簧。

④重新调整、校验气门间隙。

⑤拆修喷油器,检修、清理并更换已损坏的零件。

6. 连杆轴瓦与曲轴连杆表面磨损

(1)连杆轴瓦与曲轴连杆表面现象

连杆轴瓦与曲轴连杆表面咬毛。有不正常声音,并伴有机油压力下降等现象。

(2)排除方法

打开柴油发动机侧盖板,检查连杆大头的侧向间隙,检视连杆大头是否能前后移动,如不能移动则表示咬毛,应修磨曲轴轴颈和更换连杆轴瓦。

7. 涡轮增压器故障

(1)涡轮增压器故障的现象及原因

涡轮增压器故障后会出现转速下降、进气压力降低、漏气或不正常的声音等。

①涡轮增压器轴承磨损,转子有碰擦现象。

②涡轮增压器的压气机、涡轮的进气管路沾污、堵塞或漏气。

(2)排除方法

①检修或更换轴承。

②清洗进气道、外壳、揩净叶轮;拧紧结合面螺母,夹箍等。

三、柴油发动机运转有不正常杂音

1. 喷油时间过早

当喷油时间过早时,气缸内发出有节奏的清脆金属敲击声,此时应按照调整喷油提前角的方法进行调整。

2. 喷油时间过迟

当喷油时间过迟时,气缸内发出低沉不清晰的敲击声,此时也应按照调整喷油提前角的方法进行调整。

3. 活塞销与连杆小头衬套孔配合间隙较大

活塞销与连杆小头衬套孔配合间隙太松,运转时有轻微而尖锐的响声,此种声音在惰速运转时尤其清晰。更换连杆小头衬套使之在规定的配合间隙范围内。

4. 活塞与气缸套间隙过大

活塞与气缸套间隙过大,运转时在气缸体外壁听到撞击声,并随着转速升高撞击声加剧。此时应考虑更换活塞或视磨损情况更换气缸套。

5. 连杆轴瓦磨损使配合间隙过大

连杆轴瓦磨损使配合间隙过大,运转时在曲轴箱内听到机件撞击声,突然降低转速时可以听到沉重而有力的撞击声。拆检轴瓦,必要时应更换。

6. 曲轴滚动主轴承径向配合间隙不当

曲轴滚动主轴承径向间隙过小,在运转中会发出特别尖锐而刺耳的声音,加大油门时此声响更为清晰;曲轴滚动主轴承径向间隙过大,在运转中发出“霍霍”声。应对有响动的滚动主轴承进行检查,必要时予以更换。

7. 曲轴前后游动

曲轴前、后推力轴承磨损,轴向间隙过大,导致曲轴前后游动,柴油发动机惰转时,听到曲轴前后游动的碰撞声。检查曲轴轴承径向间隙和推力轴承的磨损程度,必要时应更换。

8. 气门弹簧折断,挺杆弯曲,推杆套筒磨损

气门弹簧折断,挺杆弯曲,推杆套筒磨损,发动机运行时在气缸盖处发出有节奏的轻微敲击声。更换损坏的气门零件,并重新调整气门间隙。

9. 气门碰活塞

在柴油发动机运转中气缸床处发出沉重而均匀、有节奏的敲击声,用手指轻轻捏住气缸床

罩壳的螺帽有碰撞感觉。拆下气缸床罩壳，检查相碰原因，调整气门间隙。必要时检查活塞型号是否与机型相符。如有碰撞，可适当挖深气门凹坑或增加一张厚为0.20mm或0.40mm，且形状与气缸床底面相同的紫铜皮垫片。

10. 传动齿轮磨损

传动齿轮磨损、齿隙过大，在前盖板处发出不正常声音，当突然降速时可听到撞击声。调整齿轮间隙，视磨损情况更换传动齿轮。

11. 摇臂调节螺钉与推杆的球面座之间无机油

摇臂调节螺钉与推杆的球面座之间无机油，在气缸床处听到干摩擦发出的“吱吱”声。拆下气缸床罩壳，添注机油检查摇臂油供给系统，供给泵是否工作正常，管路、摇臂内部注油孔、摇臂轴承等处是否堵塞。

12. 进、排气门间隙过大

进、排气门间隙过大，在气缸床处听到较大的有节奏的声音。重新校验、调整气门间隙。

13. 涡轮增压器运转时有不正常的碰撞声

涡轮增压器运转时有不正常的碰撞声，拆检轴承是否有磨损，叶轮叶片是否有弯曲。同时测量主要间隙并作调整和更换已损坏的零件，但影响动平衡部件更换后必须重新校验动平衡。清洗增压器的机油滤清器和进出油管路，保证润滑油路畅通。

四、柴油发动机排气烟色不正常

柴油发动机正常工作时排烟为棕褐色，其他烟色均为柴油发动机不正常的烟色，均应对柴油发动机的相关系统做出调整或检修。

1. 柴油发动机排气冒黑烟

(1)柴油发动机排气冒黑烟的故障现象及原因

①柴油发动机负荷超过规定的工作负荷。

②各缸供油量不均匀。

③气门间隙不正确、气门密封不良，导致气门漏气，燃烧恶化。

④喷油提前角太小，喷油太迟使部分燃油在排气管中燃烧。

⑤空气滤清器或进气歧管堵塞，涡轮增压器压气机壳过脏使柴油发动机进气量不足。

⑥涡轮增压器弹力气封环烧损或磨损，涡轮各结合面漏气等。

(2)排除方法

针对上述问题，对柴油发动机下列方面进行检查或调整。

①降低柴油发动机的工作负荷，使之在规定的范围内。

②调整高压油泵各缸供油量。

③调整气门间隙，检查密封气门锥面，并消除缺陷。

④调整高压油泵喷油提前角。

⑤清洗和清除空气滤清器内芯子尘埃、污物，必要时更换滤芯。

⑥检查或更换涡轮增压器气封环，拧紧结合面螺钉。

2. 柴油发动机排气冒白烟

(1)柴油发动机排气冒白烟的故障现象及原因

①喷油器喷油雾化不良，有滴油现象，喷油压力过低。

②柴油发动机刚启动时，个别气缸内不燃烧(特别是冬天)。

(2)排除方法

①当出现喷油器雾化不良时，应检查喷油嘴偶件，进行修磨或更换。重新校验喷油压力至规定范围。

②当柴油发动机刚启动冒白烟时，应适当提高转速及负荷，多运转一些时间。

3. 柴油发动机排气冒蓝烟

(1)柴油发动机排气冒堵蓝烟的故障现象及原因

①空气滤清器堵塞，进气不畅或其机油盘内机油过多(湿式空滤器)。

②活塞环卡住或磨损过多，弹性不足，安装时活塞环倒角方向装反，使机油进入燃烧室。

③长期低负荷(标定功率的40%以下)运转，活塞与缸套之间间隙较大，使机油易窜入燃烧室。

④油底壳内机油加入过多。

(2)排除方法

①拆检和清洁空气滤清器，对湿式空气滤清器减少机油至规定平面。

②拆检活塞环磨损状态，必要时更换。

③对于长期低负荷运转的柴油发动机，应适当提高柴油发动机工作负荷；配套时选用功率适当的柴油发动机。

④由于润滑油加注较多引起的冒蓝烟，应按机油标尺刻线调整润滑油油量。

4. 排气中有水分凝结现象

当排气中有水分凝结现象时，应考虑气缸床裂缝，使冷却液进入气缸。更换气缸床。

五、柴油发动机机油温度过高、耗量过大

柴油发动机的润滑机油在柴油发动机工作时会发生正常消耗，它与柴油发动机的输出功率、连续工作时间、机体温度有着直接的关系，但如果柴油发动机突然间机油温度过高或消耗量过大，应立即对柴油发动机进行检查，避免柴油发动机故障的发生。

1. 机油温度表读数超过规定值，加强冷却后仍然高，同时排气冒黑烟

(1)机油温度表读数超过规定数值，加强冷却后仍然高，同时发现排气冒黑烟的柴油发动机故障现象

①柴油发动机负荷过重。

②机油冷却器或散热器阻塞。

③冷却水量或风扇风量不足。

④机油油量不足。

⑤温度表表示不准确。

(2)排除方法

①降低柴油发动机工作负荷。

②清洗冷却器或散热器油路。

③注意使冷却水畅通和调整三角橡胶带张力使水泵和风扇达到规定转速。

④补充加注机油至规定平面。

⑤校验或更换机油温度表。

2. 油底壳机油平面下降较快，油色较黑，通气管加油口冒白烟，排气冒蓝烟

(1)油底壳机油平面下降较快，油色较黑，通气管加油口冒白烟，排气冒蓝烟的故障现象及

原因

①使用的柴油发动机润滑机油牌号不正确。

②活塞环磨损被黏住或磨损严重、气缸套磨损严重使机油窜入燃烧室，燃气进入曲轴箱。

③活塞上油环回油孔被积炭阻塞。

④增压柴油发动机涡轮增压器弹力密封装置失效。

⑤柴油发动机长期低负荷运转。

(2)排除方法

①按照柴油发动机的品牌正确选择润滑机油的牌号。

②更换磨损超限的活塞环或磨损超限的缸套。

③清理上油环的积炭或更换油环。

④拆检涡轮增压器弹力气封环是否失效，必要时更换。

⑤适当提高柴油发动机的工作负荷。

六、柴油发动机机油压力不正常

柴油发动机的机油压力与柴油发动机的结构有着直接关系，目前接触网作业车常用的柴油发动机有上海柴油发动机股份公司生产的6135型系列柴油发动机、康明斯柴油发动机有限公司N系列柴油发动机、潍柴动力股份有限公司生产的WD615系列柴油发动机，它们柴油发动机正常工作的机油压力是不同的，应根据所采用的机型，确定机油压力的正常工作范围。

1. 机油压力下降，调压阀再调整也不正常，同时压力表读数波动

(1)机油压力下降，调压阀再调整也不正常，同时压力表读数波动的故障现象及原因

①机油管路漏油。

②机油泵进空气，油底壳中机油不足。

③曲轴推力轴承、曲轴输出法兰端油封处，凸轮轴轴承和连杆轴瓦处漏油严重。

④摇臂轴之间的连接油管断裂，润滑传动齿轮的喷油嘴漏装或脱落。

⑤机油冷却器或机油滤清器堵塞，冷却器油管破裂等，机油密封垫处漏油。

(2)排除方法

①检修机油管路，紧固接口螺母。

②如果为油底壳缺油，应按要求加注同标号机油至规定平面。

③检修漏油处所，磨损值超过规定范围时应更换。

④检修、检视摇臂轴油管及相关部件，必要时更换。

⑤及时清理，焊补或调换机油滤清器芯子，如离心式机油精滤器中有铝屑即表示连杆轴瓦合金层剥落，应及时拆检连杆轴瓦，损坏的应更换；及时检查和更换密封垫片。

2. 无机油压力，压力表指针不动

(1)无机油压力，压力表指针不动机的故障现象

①油压力表损坏。

②油道堵塞。

③机油泵严重损坏或装配不当卡住。

④机油压力传感器损坏。

(2)排除方法

①当为机油压力表损坏或机油压力传感器损坏时，更换损坏仪表及传感器。

②对润滑油路进行疏通、清理、吹净。

③拆检机油泵，并对机油泵进行性能实验。

七、柴油发动机油底壳机油平面升高

当柴油发动机油底壳机油平面升高时，机油返黄色泡沫，通气管滤芯表面有水蒸气凝结现象。

1. 油底壳机油平面升高的故障原因

(1)气缸套封水圈损坏而漏水。

(2)气缸套与机体结合面漏水。

(3)气缸套因穴蚀穿孔而漏水。

(4)气缸床衬垫损坏而漏水

(5)水冷式机油冷却器芯子损坏，使冷却水和机油相混。

(6)水泵水封损坏，冷却水漏入油底壳。

(7) 机体水腔壁穴蚀而漏水(特别是靠推杆侧气缸壁)

2. 排除方法

(1)更换气缸套与机体间封水圈。

(2)检查气缸套肩胛与机体之间的结合面是否平整，紫铜圈损坏时应更换。

(3)如果气缸套穴蚀严重，更换新的气缸套。

(4)当气缸床衬垫损坏时，更换衬垫。

(5)检视机油冷却器，拆检机油冷却器芯子或更换。

(6)检查冷却水泵工作状态，如水封、封水圈漏水，应及时更换。

(7)对穴蚀小孔可仔细焊补，但不能损伤配合面和变形，如腐蚀严重应更换机体。

八、柴油发动机出水温度过高

柴油发动机正常工作温度是保证柴油发动机安全运行的重要条件，一般在全负荷的状态下，闭式循环冷却系统柴油发动机应该工作在 75～90 ℃之间，最高不能超过 95 ℃，过高时会造成柴油发动机工作异常，甚至会出现拉缸、气缸床损坏、配气系统损坏等恶性机械故障。

1. 柴油发动机水管中有气

(1)柴油发动机水管中有气的故障现象

柴油发动机水管中有气时，柴油发动机启动后出水管不出水或水量很少，水温不断上升。

(2)排除方法

松开出水管上的温度表接头，放尽空气到出水畅通为止，拧紧水管中各接头。

2. 循环水量不足

(1)柴油发动机循环水量不足的故障现象及原因

柴油发动机运行时，在高负荷下，出水温度过高，机油温度也升高。

①水泵或风扇转速达不到。

②水泵叶轮损坏。

③水泵叶轮与壳体间隙过大。

④开式冷却循环中，水源水位过低，水泵不能吸水或吸水量不足。

⑤闭式冷却循环中，散热器冷却液不足。

⑥水管路堵塞。

(2)排除方法

①调整水泵循环皮带张力。

②更换水泵损坏的叶轮。

③调整叶轮与壳体间隙。

④开始冷却循环中，补充水箱水量，提高水源水位至足量位置。

⑤闭式冷却循环中，补充散热器冷却液。

⑥清洗管路。

3. 风斗未打开

由于接触网作业车为双方向运行，在列车运行前要根据运行方向，检查确认冷却风斗是否应该开启，开启和关闭还应结合环境温度。当环境温度较高时，应将运行方向的风斗打开，关闭反方向风斗。

4. 散热器水垢较多

当散热器内存有较多的水垢时，将影响散热器的散热效果，此时应该对散热器内部进行清洗，对同时对外部表面附着的尘污、杂物进行清洗。

5. 节温器失灵

节温器也叫调温器，当水温较高时，应对节温器进行检查。用手摸水箱下部的出水管(自水箱而出)和水箱上部的进水管(向水箱流入)温度是否有较大温差。如果上部进水管非常烫，而下部出水管水温接近常温，就说明大循环没有建立，那么就说明节温器没有工作，需要检修或更换。

6. 水温表或水温传感器损坏

接触网作业车有前、后两块水温表，首先检查表头显示是否相同，如果显示不同应根据情况判断是哪块损坏；如果显示数据相同，应根据机油温度和用手触摸判断是否属于温度传感器损坏。

7. 气缸盖裂纹

当气缸盖在肩胛处裂纹时，高温气体进入冷却液，导致水温升高，在冷却液中会有翻泡现象，此时应更换气缸床。

九、柴油发动机出水温度过低

当柴油发动机运行时，温度过低时会加剧发动机的磨损。

1. 柴油发动机出水温度过低的故障现象

(1)开式循环中，水源直接通入柴油发动机。

(2)节温器开闭不灵活或损坏。

(3)环境温度低，工作负荷较小。

(4)水温表显示不正确。

2. 排除方法

(1)水源中增设混水桶。

(2)检修、更换损坏的节温器。

(3)对柴油发动机采取保温措施或提高柴油发动机负荷。

(4)检修或更换水温表。

十、柴油发动机冷却液中有机油

当发现水冷式柴油发动机冷却液中有机油现象时，应立即对机油散热器进行检查，检查冷却芯子是否损坏，特别是在冬季时尤为注意，如有损坏应更换机油散热器。

十一、柴油发动机电启动系统故障

当柴油发动机电启动系统故障时，启动电机不能正常驱动曲轴旋转，同样不能启动柴油发动机运转。

1. 启动电机不转动

启动电机不旋转分为无电、有电有点两种情况。无电时一般是启动电机电路出现断路、接触不良引起的；有电时一般是由启动电机电源引起的。

(1)启动电机不转动的故障原因

①启动电磁开关(俗名吸力包)连接线接触不良。

②启动电机电刷接触不良。

③启动电锁损坏。

④蓄电池充电不足或容量太小。

⑤启动电机绕组损坏。

(2)排除方法

① 紧固各接线柱，线路接头有无断线，清洁接线表面氧化层，检查启动电磁开关触头，必要时打磨或更换。

②清洁换向器表面或更换电刷。

③检查电锁连接情况，检查开关触点并用砂皮磨光，必要时更换电锁。

④检查测量蓄电池，有无酸化、亏电、"缺格"现象。如酸化应对极板进行清洗；如亏电应进行充电；如"缺格"应更换新蓄电池。

⑤检查启动电机绕组有断路、烧损等现象，如有绕组烧损应更换新启动机。

2. 启动电机空转、无启动动力

(1)启动电机空转、无启动动力的故障原因

①磁场绕组或电枢绕组局部短路。

②电刷、接线头接触不良或脱掉。

③电机轴承套磨损严重。

④电磁开关的触板烧毛，接触电阻增大，接触不良。

⑤蓄电池容量不足、容量太小以及启动电机的线路压降太大。

⑥启动机驱动啮合齿轮老化，启动机通电后旋转，啮合齿轮不与齿圈啮合。

⑦柴油发动机飞轮齿圈老化，齿圈齿长期使用磨损严重，在曲轴阻力的作用下，将驱动啮合齿轮退出。

(2)排除方法

①找出短路部位，解决匝间短路并进行绝缘修理。

②清洁启动电机换向器表面，检查电刷引线，损坏的焊牢或更换。

③更换新的电机轴承。

④检查电磁开关的触板，必要时打磨或更换。

⑤对蓄电池充电或更新，增大导线截面或缩短长度。

⑥更换启动机啮合齿轮。

⑦更换柴油发动机飞轮齿圈。

3. 启动电机齿轮与飞轮齿圈顶齿或启动电机齿轮退不出

(1)启动电机驱动齿轮与飞轮齿圈顶齿或启动电机齿轮退不出的故障原因

当打开柴油发动机电锁开关，接通启动电机电源，启动电机驱动齿轮与飞轮齿圈顶齿或启动电机齿轮退不出。

①启动机与飞轮齿圈中心不平行。

②电磁开关触点与短接触板烧在一起。

(2)排除方法

①重新安装启动机，消除不平行现象。

②检查电磁开关触点及短接触板，并打磨触点、触板烧毛不平处。

4. 启动电锁脱开，启动电机继续运转

(1)启动电机启动电锁脱开，启动电机继续运转的故障原因

如果启动电锁脱开，启动电机继续运转，其原因一是电磁开关动触头与连接螺钉触头烧牢、粘连；二是启动电机调节螺钉未调整好。

(2)排除方法

对触头、触板粘连问题，检查电磁开关触点及短接触板，并打磨触点、触板烧毛不平处，烧损严重时要更换开关；如是螺钉原因应对螺钉进行调整。

5. 充电发电机不发电或电流很小

(1)充电发电机不发电或电流很小的故障原因

正常柴油发动机运转时，发电机应处于发电状态，以补充蓄电池的亏电或供车辆照明使用，当出现充电发电机不发电或电流很小，一般由下列原因引起的：

①硅二极管、整流堆、磁场线圈、转子线圈短路或断路。

②调节器调节电压低于蓄电池电压。

③三角橡胶带磨损或张力不足。

④充电电流表损坏。

⑤发电机线路接错。

(2)排除方法

①检测硅整流二极管、整流堆，参数异常时应予更换；检查绕组线圈，修复相应部位。

②调节调节器调节电压至规定值。

③调整发电机三角皮带，对磨损超限的予以更换。

④如为电流表损坏应更换新的电流表。

⑤对连接的线路进行检查，注意核对线缆标识。

6. 充电电流不稳定

发电机充电电流不稳定时，应检查碳刷脏污、磨损或接触情况，当表面脏污时应进行清洁，松脱时应焊牢或更换，磨损超限时也应进行更换。应检查硅二极管、硅堆的安装情况，如有松动应紧固固定螺栓，一体件时与散热器组件一起更换。应对调节器内部元件脱落或触头接触不良情况进行检查，对脱落的部件重焊或用砂纸磨光触头。检查三角橡皮带张力，松动或张紧力不当均应调整。检查各线路接线头，松动的要拧紧。

7. 充电电流过大、电压过高、发电机发热

(1)充电电流过大、电压过高、发电机发热的故障原因

当出现发电机充电电流过大、电压过高、发电机发热，一般是由以下原因引起的：

①励磁绕组接线短路或绕组线圈匝间短路。

②转子线圈短路，与定子碰擦。

③调节器设定调节电压过高。

④晶体管调节器末级功率管发射极和集电极短路。

⑤振动式电压调节器中的磁化线圈短路或断路及附加电阻烧坏等。

(2)排除方法

①对励磁绕组接线、绕组线圈检查、处理。

②用锉刀清理发生碰撞的部位，注意不要使铁粉进入绕组中，要吹干净。

③调整调节器电压值到规定值。

④如晶体管调节器晶体管损坏，应更换晶体管。

⑤如振动式电压调节器中的磁化线圈或附加电阻损坏，应进行检修或更换。

8. 发电机有杂音

当发电机有杂音时一般是因转子轴承松动、碎裂引起的或转子与定子相碰引起的。如是因轴承问题引起的应更换轴承；如为转子与定子相碰原因，根据实际状况进行修理、调整。

9. 蓄电池充不能充电

当蓄电池长期充电不足、长期小电流放电、过量放电或放电后未及时充电，电解液密度过高，正负极板上形成不可逆硫酸铅盐化组成一层白色粗粒结晶的硫酸铅，称为蓄电池的酸化。此时不能进行正常电充，不能输出大电流且压降很大。

出现蓄电池酸化后，将蓄电池以每小时 1/10 容量的电流(10 h 放电率)放电至终止电压；然后将电解液倒出，加注蒸馏水至规定高度，经过 1 h 置放后按 5～7 A 的电流进行连续充电，待电解液密度升至 1.150 g/cm^3 左右时，按照上述的放电方法放电至终止电压；再继续以原来的充电电流进行过量充电，直至电解液的密度不再上升，调整电解液的密度至 1.280 g/cm^3，再按照上述放电过程进行放电；当放电容量能达到额定容量的 80%时，表示处理工作基本完成。

10. 蓄电池充电时温度过高、电压低、相对密度低

当蓄电池充电时温度过高、电压低、相对密度低，充电末期气泡较小或发生气泡太晚，说明蓄电池内部短路。

如因蓄电池底部沉淀物过多造成短路时，可以将蓄电池放电，倒出电解液，用蒸馏水反复清洗后再充电。如因其他原因应拆开或更换隔板，或送有关厂修理。

十二、柴油发动机高压油泵故障

高压油泵是柴油发动机重要的组成机构，直接影响柴油发动机工作状态，高压油泵的常见故障有高压油泵不喷油、供油不均匀、出油量不足。

1. 高压油泵不喷油

(1)高压油泵不喷油的故障原因

①燃油箱中无柴油。

②燃油系统中进入空气，形成气泡阻滞。

③燃油滤清器或油管堵塞。

④输油泵故障不供油。

⑤柱塞偶件咬死。

⑥出油阀座与柱塞套结合面密封不良。

(2)排除方法

①当燃油箱没有柴油时应及时补加柴油。

②当燃油系统油路进入空气后,松开高压油泵等放油螺钉,用手油泵泵油,直至排除空气为止。

③燃油系统油路滤清器或油管堵塞,应检查、清洗滤清器,疏通油管;冬季应检查油的标号是否满足季节要求、燃油滤清器是否积水。

④按照输油泵的故障排除方法检查输油泵状态并排除存在的问题。

⑤校验高压油泵,更换磨损的柱塞,研磨、更换出油阀座。

2. 高压油泵供油不均匀

(1)柴油发动机高压油泵供油不均匀的原因

当出现高压油泵各缸供油不均匀时,应对高压油路进行检查。

①燃油管路中有空气,断续供油。

②出油阀弹簧断裂。

③柱塞弹簧断裂。

④出油阀座面磨损。

⑤柱塞阻滞。

⑥进油压力太小。

⑦调节齿圈松动。

(2)排除方法

①当燃油系统油路进入空气后,用手油泵泵油,直至排除空气为止。

②当出油阀弹簧、柱塞弹簧断裂时,应进行更换。

③当出油阀座面磨损时应研磨、修复座面,必要时更换。

④当因燃油内杂质使柱塞阻滞时,应对管路、柱塞清洗。

⑤如果进油压力较小,应检查输油泵进油滤网和燃油滤清器是否堵塞,必要时清洗或更换。

⑥当调节齿圈松动,应按照出场的标记对准、拧紧。

3. 出油量不足

当柴油发动机高压油泵供油量不足时,一般由以下原因引起:一是出油阀偶件漏油,应对偶件进行研磨修复或更换;二是输油泵进油接头滤网或燃油滤清器堵塞,此时应检查输油泵进油滤网和燃油滤清器是否堵塞,必要时清洗或更换滤网或芯子;三是柱塞偶件磨损超限,更换新的柱塞偶件并进行校验;四是油管接头漏油,紧固油管接头螺母或更换油管、密封垫。

十三、柴油发动机调速器故障

1. 转速不稳定(游车)

柴油发动机转速不稳定指在油门在某一位置时,曲轴旋转速度忽高忽低,机体抖动,声音变化明显,称为“游车”或“喘气”。

(1)柴油发动机转速不稳的原因

①各缸分泵供油不均匀。

②喷油嘴喷孔结碳和滴油。

③齿轮连接销松动。

④凸轮轴轴向间隙太大。

⑤柱塞弹簧或出油阀弹簧断裂。

⑥飞铁销孔磨损松动。

⑦调节齿杆与调节齿轮配合间隙太大或之间有毛刺。

⑧调节齿杆或油门拉杆移动不灵活。

⑨燃油系统中有空气。

⑩飞铁张开或飞铁座张开不灵活。

⑪低转速调整不当。

(2)排除方法

①校验高压油泵,调整各缸分泵供油量,使供油量均匀。

②校验喷油嘴,清除喷孔结炭,确保柴油雾化良好,必要时更换喷油嘴偶件。

③修理或更换齿轮连接销。

④调整凸轮轴轴向间隙到规定的间隙值。

⑤更换断裂的柱塞弹簧或出油阀弹簧。

⑥飞铁销孔磨损超限时,更换飞铁销和轴套。

⑦重新调整调节齿杆与调节齿轮配合间隙,或更换备件。

⑧修理或重新装配调节齿杆或油门拉杆,保证移动灵活。

⑨利用手泵排除燃油系统中空气。

⑩对飞铁进行修理或调整,必要时更换飞铁。

⑪重新调整低速稳定器或低速限制螺钉。

2. 达不到标定转速

在柴油发动机运行时,即使油门最大也不能达到标定转速,其由下列原因造成:一是调速弹簧永久变形,应对变形弹簧进行更换;二是高压油泵供油量不足,应重新对高压油泵进行调整或校验;三是操纵手柄未操纵到位,检查并调整操纵手柄机构。

3. 达不到最低怠速

当柴油发动机油门置于最小时,柴油发动机仍未在怠速状态下旋转,首先要检查操纵手柄是否操纵到位,检查并调整油门操纵手柄机构;其次检查调节齿杆与调节齿圈有无卡滞,调整、检修直至灵活为止;检查低速稳定器或低速限制螺钉,是否旋入太多,必要时重新调整。

4. 飞车

通常意义上讲的飞车就是柴油发动机转速失控,转速越来越快,超过标定转速的110%以上,严重的可导致柴油发动机报废,机械运转失控,连杆断裂、机体打碎,甚至产生类似“爆炸”的严重后果。

(1)造成柴油发动机“飞车”的原因

造成柴油发动机“飞车”的原因基本有两种:一是喷油泵调速器本身的故障,调速器失灵或卡死在高速位置,使其丧失了正常的调整特性;二是气缸中进入了其他燃料,特别是在同时又进行了柴油发动机启动、换挡或去除负荷等操作时,就会造成柴油发动机飞车故障。

①调节齿杆或油门拉杆卡死在高位。

②调节齿杆和拉杆连接销脱落。

③拉杆螺钉脱落。

④调节弹簧断裂。

⑤气缸中进入其他燃料。

(2)排除方法

柴油发动机发生“飞车”后,必须立即采取紧急措施,如堵塞进气管、将减压手柄拉到减压位置、使用排气制动或迅速松开各缸高压油管停止供油等方法,迫使柴油发动机首先熄火停车。

对柴油发动机调速器等相关部位进行拆解维修。检查各部分,拆开高速限制螺钉铅封重新调整后铅封;对调节齿条或油门拉杆检查有无卡滞;检查有关销钉锁止情况;检查调速弹簧是否断裂。

十四、输油泵常见故障

输油泵是实现柴油发动机自动供油的重要组成机件,输油泵故障直接影响柴油发动机工作状态,甚至不能正常启动或工作。

1. 输油量不足

(1)造成输油泵输油不足的原因

输油泵应能将油从低于输油泵 1 m 处吸上来,否则可视为供油不足。

①输油泵止回阀磨损或断裂。

②油泵活塞磨损。

③油管接头漏油。

④进油接头处滤网堵塞。

(2)排除方法

输油泵故障后,其排除方法比较简单。

①首先检查止回阀。观察其工作表面有无磨损或裂纹,若其密封不良,进行研磨;止回阀的回位弹簧弹力减弱或折断时,均应更换新件。

②检查输油泵活塞工作状态,或其表面裂损、划痕、磨损过限,应更换新活塞;将手油泵下压数次,然后轻轻按下手柄,观察手油泵上升情况,若不动则说明活塞磨损较小;若慢慢上升,说明活塞磨损比较严重。

③检查油管接头处,如漏油应予紧固或更换密封垫。

④用手油泵泵油,在油箱确认有足够的柴油,可先拧下输油泵进油管接头。若从油管内很流畅地流出柴油,为输油泵至油箱段技术状态正常;若无柴油流出或流出很少,应检查输油泵进油管接头滤网被异物堵塞等,或更换滤网。

2. 顶杆漏油

检查活塞推杆与壳体孔的磨损情况。当输油泵工作时观察泵壳前侧泄油孔处的滴油量,每分钟滴量不应超过 6 滴;否则说明磨损严重,应进行检修、更换顶杆。

3. 活塞卡死断油

如果活塞卡死不能活动,应将活塞拆修、研磨或更换输油泵。

4. 手油泵漏气

检查手油泵。用手掌堵住手油泵接头孔,上拉下压手油泵拉扭,如果掌心感到较大吸力时，表明手油泵密封性良好，工作状态正常，可继续使用，否则应拆解检修，更换磨损过甚的零部件，予以修复。

十五、喷油器常见的故障

喷油器是柴油发动机重要的供油部件，喷油器的工作状态直接影响柴油发动机的燃烧效果，在使用过程中要保持喷油器偶件的高度清洁和密封。检查喷油器故障时先让柴油发动机怠速运转，分别松开各缸高压油管，使各喷油器轮换停止供油，同时观察排气烟色的变化，当有故障的喷油器工作时，烟色会发生明显的变化。

1. 喷油很少或喷不出油的原因及处理

当喷油器喷油量很少或喷不出油，应检查燃油系统油路有空气，排除高压或低压油管中的空气；检查喷油嘴偶件是否咬死，如咬死应对喷油嘴修磨或更换；当喷油泵供油不正常时应排除喷油泵故障；若高压油管漏油，应拧紧接口螺母或更换损坏的油管；喷油嘴偶件磨损超限时，对喷油嘴进行更换。

2. 喷油压力低的原因及处理

检查喷油器调压螺钉是否松动，重新校验喷油器至规定压力，并拧紧锁紧螺母；检查调压弹簧有无变形，根据实际情况进行调整或更换；检查喷油嘴针阀，清洗积炭或研磨；如果是弹簧座、顶杆等零件磨损严重，应按规定修理或更换。

3. 喷油压力太高的原因及处理

调压弹簧弹力较高，按规定重新调整喷油器弹簧至规定压力，并进行校验后拧紧锁紧螺母；检查喷油嘴针阀，清洗积炭或研磨；喷孔堵塞，清理喷孔或更换喷油嘴。

4. 喷油器漏油的原因及处理

当出现喷油器漏油时，首先检查调压弹簧是否断裂，断裂后要更换新弹簧；检查针阀体研磨面；检查喷油嘴偶件是否咬死，如咬死应对喷油嘴修磨或更换；紧帽变形，应予更换；喷油器体平面磨损，应进行修磨或更换。

处理完毕后安装喷油器前，均应对喷油器喷油情况进行校验。

5. 喷油雾化不良的原因及处理

喷油雾化不良的原因就是在喷油嘴上，一是喷油压力低，二是喷油嘴座面损坏或烧坏，三是喷油嘴偶件配合面有积炭；调整喷油嘴至规定压力，修磨喷油嘴座面或更换喷油嘴，清理、清洗喷油嘴喷孔周围积炭。

处理完毕后安装喷油器前，均应对喷油器喷油情况进行校验。

6. 喷油成线的原因及处理

出现喷油嘴喷油成线的原因是喷孔堵塞、针阀体座面过度磨损以及针阀咬死等情况。应用直径为 0.2～0.3 mm 的钢丝疏通喷孔，如为针阀体座面过度磨损应更换新的阀体，如咬死应对喷油嘴修磨或更换。

7. 针阀表面烧坏或呈蓝黑色(柴油发动机过热)的原因及处理

针阀表面烧坏或呈蓝黑色(柴油发动机过热)，是否是长期过负荷引起的，应检查柴油发动机冷却系统的循环情况，并注意更换喷油嘴。

十六、废气涡轮增压器常见的故障

废气涡轮增压器是提高柴油发动机功率的重要机构，增压器故障将影响柴油发动机进气系统的进气压力，改变柴油发动机的输出功率、恶化柴油发动机燃烧效果，甚至造成增压器烧损等后果。

1. 柴油发动机发不出标定功率的原因及处理

当柴油发动机不能发出标定的功率时，应对涡轮增压器的轴承、压气机叶轮及涡壳通道进行仔细检查。轴承损坏时应及时更换轴承，若压气机叶轮及其涡壳流道沾污应进行清洗，当涡轮进气壳漏气，涡轮、压气机叶轮背部及密封环积炭过多，要检查密封情况，消除漏气现象。

2. 柴油发动机排气冒黑烟的原因及处理

如果柴油发动机排气冒黑烟(空气进气量不足)是由涡轮增压器引起的，要检查压气机部分通道沾污及密封状况，消除漏气，清洗压气叶轮。

3. 排气冒蓝烟的原因及处理

当由于涡轮增压器引起的柴油发动机排气烟色发蓝时，检查弹力气封环有无弹性或过度磨损，必要时更换；检查中间壳回油通道，有无堵塞或管道变形，必要时清洗调整变形处。

4. 涡轮增压器异常声响及振动的原因及处理

当涡轮增压器发出异常声响及振动，应对压气机通道、进气管及涡轮出口通道、涡轮叶轮、压气机叶轮、涡轮壳等处进行检查，判断有无异常。如压气机喘振，增压器振动时有较大振幅，应对压气机通道、进气管及涡轮出口通道沾污物进行清洗；涡轮增压器装配不当，没有进行动平衡校验或旋转件与固定件碰擦，应重新拆卸、装配或校验动平衡；当涡轮叶轮或压气机叶轮的叶片被其他异物损坏时，要检查柴油发动机的进排气系统，确定异物来源并维修；若涡轮壳变形产生碰擦，要查明变形原因，并予以消除。

5. 涡轮压气机转动不灵活的原因及处理

涡轮增压器压气机转子不能转动或转动不灵活，一般由于涡轮、压气机背部及弹力密封环座处积炭严重所致，清洗积炭处所，检查积炭原因并予以消除。

6. 轴承烧损及转子碰擦原因及处理

带有涡轮增压器的柴油发动机在启动后应避免高速运转，应先怠速运行几分钟，使得润滑油能够进入涡轮增压器并形成润滑，对新制柴油发动机在运行前应拆下进油管，加注 50～60 ml润滑油，在正常情况下柴油发动机停车前也应先怠速运行 2～3 min，便于通过气流带走多余热量。

涡轮增压器轴承烧损一般由以下原因引起的：

一是润滑油过脏、油压太低或油路堵塞，影响轴承的润滑、散热，要按规程检查润滑系统并清洁滤清器；

二是进油温度过高，应查明润滑油油温高的具体原因，使油温降低；

三是涡轮、压气机转子动平衡破坏或组装不当，应重新拆卸、检查复校动平衡，必要时更换转子组件；

四是排气温度过高及增压器超转速，此时应检查柴油发动机及排气管是否有严重漏气、变形、堵塞等现象，并根据具体情况予以解决；

如果出现转子碰擦现象，要检查涡轮壳有无变形，查明产生变形原因，并予以清除。

十七、PT 泵故障后常见的故障现象

PT 泵是康明斯柴油发动机专用燃油泵，PT 泵发生故障后会产生下列现象；

1. 柴油发动机启动困难或不能启动

柴油发动机不能启动时，除按上述情况进行检查外，还要检查 PT 泵驱动轴有无断裂；拆

检齿轮泵，有无刮伤、齿轮磨损；真空控制器阀门能否关闭。检查蓄电池电压是否低于 7 V。

2. 柴油发动机冒黑烟

真空控制器调整不当，应按照要求进行调整。

3. 柴油发动机不熄火

当出现柴油发动机不能正常停车时，应对 PT 泵手动调节装置是否被打开，确认手动调节螺钉处于最大行程；检查 PT 泵燃油电磁切断阀的工作情况，阀片是否粘连。

4. 柴油发动机功率小或无功率输出

拆检 PT 泵的齿轮泵，有无刮伤、齿轮磨损；真空控制器调整不当，应按照要求进行调整；PT 泵供油失调。

5. 柴油发动机意外停机

检查 PT 泵燃油电磁切断阀的工作情况，是否无电、卡滞被关闭；检查 PT 泵驱动轴有无断裂。

6. 不能达到标定转速

真空控制器调整不当，应按照要求进行调整。

十八、中冷器故障后常见的故障现象

潍柴系列柴油发动机装有中冷器，冷却柴油发动机进气温度，当中冷器发生故障，将影响到空气的进气温度，恶化燃烧效果。中冷器故障后进气温度升高，会造成柴油发动机输出功率不足和燃油消耗的增加，排气烟色会冒黑烟。

第三节　离合器故障的判断及排除

一、离合器发抖

接触网作业车离合器发抖一般发生在挂起步挡或一挡，在松开离合器踏板时全车的抖动。

1. 离合器发抖的原因

(1)分离杠杆扭曲、高度不同不在同一平面上或分离不彻底。

(2)分离杠杆座三凸耳不在同一平面上。

(3)压紧弹簧弹力不均匀或断裂。

(4)扭转减振弹簧断裂。

(5)从动盘总成上的铆钉松动。

(6)从动盘扭曲变形。

2. 故障的排除

对于因分离杠杆、从动盘原因引起的故障，可进行维修、调整或更换，如果是弹簧问题引起的故障，必须更换弹簧。

以上原因都是由于离合器本身引发的离合器发抖，还有两种类似于离合器发抖的车辆抖动现象，容易与离合器发抖混淆。一是由于车轴齿轮箱安装角度不合适引起的传动轴抖动；二是由于机车牵引负载较大使车轮空转引起的车辆抖动。

二、离合器打滑

接触网作业车挂挡后动力不足，不能随柴油发动机转速的提高使车速随之提高。严重打

滑时,会从离合器内发出烧焦的味道,是从动盘摩擦引起的接触介质过热的味道,甚至会烧损从动盘。

1. 离合器打滑的原因

(1)摩擦衬片表面被油污染。

(2)摩擦片磨损严重。

(3)飞轮表面烧坏或严重磨损。

(4)压紧弹簧压力不够或断裂。

(5)踏板自由行程过小。

(6)离合器前、后压盘磨损严重。

2. 故障的排除

当从动盘摩擦片受到油污染时,应用汽油进行清洗;如果摩擦片、压盘磨损严重或出现严重烧损,应及时更换新件;若是飞轮的原因,应对飞轮进行修正,严重时要更换飞轮;如果是弹簧的问题,应更换弹簧;如果因踏板行程过小造成的打滑,应调整踏板行程至规定大小。

三、离合器分离不清

当柴油发动机在怠速运行时,踏下离合器踏板,感觉到挂挡困难,且挂挡时变速器有齿轮碰撞的声音,挂挡后未抬离合就动车或柴油发动机被迫熄火。

1. 离合器分离不清的原因

(1)踏板自由行程过大。行程过大时,踏下离合器踏板不能使分离轴承分离,也就不能切断从动盘与飞轮的动力传递。

(2)分离杠杆扭曲或不在同一平面上。分离杠杆扭曲时,离合器前压盘分离杠杆受力不均。

(3)从动盘变形破裂。

2. 故障的排除

当离合器分离不清时,应根据具体情况做出判断,踏板行程过大时应调整踏板行程至规定大小;如果是分离杠杆的原因应调整分离杠杆至同一平面;如果从动盘损坏应更换从动盘。

第四节　变速器故障的判断及排除

目前接触网作业车主要采用黄河变速器和富勒变速器两大系列,随着接触网作业车牵引功率的提高、速比的增大,黄河变速器将逐渐被淘汰。

一、黄河变速器的故障及排除

1. 变速器漏油

(1)造成变速器漏油的原因

①变速器各连接螺栓松动或衬垫密封不严、损坏。

②变速器油封老化或凸缘磨损严重。

(2)排除方法

清洁变速器壳体，找出具体漏油部位，如为轴承端盖、底壳或连接部漏油，应紧固连接螺栓，否则要更换密封垫；更换时要注意将旧垫刮净，在壳体及接口机件上涂抹密封胶后再加装密封垫。油封损坏时要更换油封。凸缘磨损时要进行修复。

2. 变速器有杂音

(1)造成变速器异响的原因

①轴承或花键磨损严重。

②齿轮磨损严重或配合间隙过大。

③各轴的锁紧螺母松动。

④换挡拨叉变形或齿轮槽磨损超限。

(2)排除方法

对磨损超限或损坏的部件，应予修复或更换；未锁紧的螺母进行紧固并锁止。

3. 挂不上挡及脱挡

(1)造成不能挂挡及脱挡的原因

①啮合齿轮严重磨损。

②换挡拨叉轴锁紧螺母松动。

③拨叉轴定位销弹簧失效。

④换挡拨叉轴凹槽严重磨损。

⑤换挡拨叉折断或变形。

⑥中间轴与一轴、二轴不平行。

(2)排除方法

对磨损超限、变形或损坏的部件，应予更换；变形的拨叉进行修复；未锁紧的螺母进行紧固并锁止。

4. 换挡困难或乱挡

(1)造成变速器换挡困难的原因

①离合器分离不彻底。

②换挡拨叉轴或拨叉变形。

③操纵机构机件变形。

④拨叉轴定位锁弹簧弹力不适。

⑤换挡拨叉轴凹槽严重磨损。

(2)排除方法

由于离合器分离不彻底造成的问题，需要对离合器进行调整；对磨损超限、变形或损坏的部件，应予更换；变形的拨叉进行修复；未锁紧的螺母进行紧固并锁止。

二、富勒变速器的故障及排除

1. 副变速器高低挡位段脱挡

(1)造成变速器副箱脱挡的原因

①调压阀有缺陷。

②软管或接头松动。

③气管或接头被夹扁。

④齿轮受轴扭曲影响，离开对齿位置。

⑤接合齿有锥度。

(2)排除方法

①更换损坏的调压阀零部件。

②紧固接口螺栓。

③恢复被夹扁的气管或接头,损坏的要更换。

④更换扭曲花键轴,并解决引起损坏的原因。

⑤更换损坏结合齿轮。

2. 主变速器跳挡或脱挡

(1)造成变速器主箱跳挡或脱挡的原因

①拨叉磨损。

②锁止弹簧变弱或漏装。

③齿轮受轴扭曲影响,离开对齿位置。

④接合齿有锥度。

⑤滑套叉槽磨损。

⑥连杆运动障碍。

⑦连杆调整不当。

⑧发动机支承损坏。

⑨发动机与变速器不对中。

(2)排除方法

①更换损坏的拨叉。

②更换或补装锁止弹簧。

③更换扭曲花键轴,并解决引起损坏的原因。

④更换损坏结合齿轮。

⑤更换滑套。

⑥排除连杆运动受阻原因。

⑦按规定对连杆重新调整。

⑧更换发动机支撑底座。

⑨更换变速器一轴(输入轴)或对一轴进行调整。

3. 高低挡位段换挡滞缓或不能换挡

(1)造成换挡迟缓或不能换挡的原因

①调压阀有缺陷。

②软管或接头松动。

③软管被夹扁。

④双 H 气阀柱塞卡住。

⑤换挡气缸 O 形圈损坏。

⑥气缸活塞螺母松动。

⑦气缸活塞破裂。

⑧同步器弹簧损坏。

⑨同步器损坏。

⑩气缸 O 形圈无润滑剂。

⑪气缸O形圈润滑剂太多。

(2)排除方法

①更换调压阀。

②紧固接口螺栓。

③恢复被夹扁的气管或接头,损坏的要更换。

④清洗双H阀柱塞,并在柱塞上涂一薄层硅油润滑剂。

⑤更换O形圈,清洗双H阀柱塞,并在柱塞上涂一薄层硅油润滑剂。

⑥清洗气缸活塞,紧固活塞螺母。

⑦更换气缸活塞,并在活塞上涂一薄层硅油润滑剂。

⑧更换同步器弹簧,并排除引起它损坏的原因。

⑨同步损坏应进行更换。

⑩在O形圈涂一薄层硅油润滑剂。

⑪清除多余的润滑剂。

4. 主变速器换挡困难或不能换挡

(1)造成换挡困难或不能换挡的原因

①拨叉轴弯曲。

②拨叉轴有毛刺。

③锁止弹簧过硬。

④换挡机构壳破裂。

⑤齿轮受轴扭曲影响,离开对齿位置。

⑥主轴扭曲。

⑦没有使用离合器。

⑧连杆运动障碍。

⑨离合器调整不当。

⑩发动机支承损坏。

(2)排除方法

①更换损坏的拨叉,松开锁紧螺钉对拨叉进行重新调整。

②当拨叉有毛刺时,用砂纸打磨光滑即可。

③更换锁止弹簧。

④更换换挡机构外壳。

⑤更换扭曲花键轴,并解决引起损坏的原因。

⑥更换主轴。

⑦指导司机采用正确的操纵方法,排除损坏的处所。

⑧排除连杆运动受阻原因。

⑨按离合器调整规范要求调整离合器。

⑩更换发动机支撑底座。

5. 不能互锁

(1)造成不能互锁的原因

①漏装互锁钢球。

②漏装互锁销。

(2)排除方法

检查互锁装置,补装漏装的钢球或锁销。

6. 开始扳动排挡手柄时有嘎嘎声

(1)造成异响的原因

①换挡拨叉磨损。

②齿轮受轴扭曲影响,离开对齿位置。

③换挡机构连杆运动障碍。

④换挡机构连杆调整不当。

⑤换挡机构壳体内衬套磨损。

⑥离合器调整不当。

(2)排除方法

根据故障现象,判断故障处所,对于磨损超限的换挡拨叉、花键轴、齿轮以及衬套等进行更换;换挡机构连杆受阻时,应进行调整、排除故障处所;因离合器导致的问题应对离合器进行相关部位调整。

7. 不能摘挡

(1)造成不能摘挡的原因

①二轴扭曲,二轴滑套咬在轴上。

②换挡连杆运动障碍。

③换挡连杆调整不当。

(2)排除方法

更换变形的二轴;换挡机构连杆受阻时,应进行调整、排除故障处所。

8. 变速器噪声大

(1)造成变速器噪声大的原因

①齿轮受轴扭曲影响,离开对齿位置。

②齿轮有裂纹或齿部有毛刺。

③二轴齿轮公差过大。

④副箱中间轴前轴承内圈脱落。

⑤轴承损坏。

⑥油面太低。

⑦润滑油质量低劣。

⑧换油不及时。

⑨不同油料混用。

(2)排除方法

根据噪声来源,确定故障处所。属于二轴变形扭曲、齿轮、轴承损坏等引起的问题,应更换损坏部件;由于齿轮齿部毛刺引起的,进行修正打磨;因配合间隙导致的噪声应按规定调整配合间隙;如果是润滑油引起的问题,应检查油面高度、油质,不合规定应进行补加或更换新油至规定标准。

9. 空转时齿轮异响

(1)造成空转时异响的原因

①二轴齿轮公差过大。

②发动机运转不平稳。

(2)排除方法

调整齿轮配合间隙至规定标准;因柴油发动机导致的问题,根据实际情况做出相应的判断和调整。

10. 变速器振动大

(1)造成振动的原因

①柴油发动机支撑损坏。

②输出轴螺母拧紧力矩不够。

③传动轴安装不当。

④悬架磨损。

(2)排除方法

更换柴油发动机减振橡胶块或更换支撑底座;调整输出轴螺母扭矩;对传动轴的安装方向、动平衡进行调整;更换损坏的悬吊底座或进行调整。

11. 主轴垫圈烧损

(1)造成主轴垫圈烧损的原因

①油面太低。

②车辆拖行或滑行方法不当。

(2)排除方法

根据损坏的部件,判断故障原因并处理。补充不足润滑油;更换损坏部件并对司机加强操纵安全教育。

12. 输入轴花键磨损或烧损

(1)造成输入轴损坏的原因

输入轴也就是一轴,造成输入轴花键磨损或烧损的原因是:

①以太高的挡位起步。

②受到冲击负荷的冲击。

③离合器故障。

④柴油发动机与变速器不对中。

⑤传动轴安装不当。

(2)排除方法

①加强司机安全教育,正确操纵变速器,注意掌握离合器松开时机及速度、排挡时机,减少因离合器踏板松开过快导致的冲击负荷。

②若为离合器故障引起的输入轴花键损坏,应及时对离合器进行调整。

③当柴油发动机曲轴中心与变速器一轴中心不重合时,应对二者进行调整。

④对传动轴的安装方向、动平衡进行调整。

⑤更换损坏的部件。

13. 离合器壳损坏

导致离合器壳损坏的原因:一是柴油发动机支撑损坏;二是柴油发动机曲轴中心与变速器一轴中心不重合;三是未安装变速器辅助轴承。

为此应根据故障现象分析、判断故障处所,如果是柴油发动机支撑底座损坏应予更换;如果为柴油发动机曲轴中心与变速器一轴中心不重合,应进行调整或更换离合器壳;如果是轴承漏装应补装漏装轴承。

14. 同步器损坏

(1)造成换同步器损坏的原因

同步器由变速器副箱的换挡气缸来操纵,仅在高、低挡变换时才使用,因此发生故障也都是与此方面的操纵或机件有关。

①调压阀有缺陷。

②拨叉装反。

③同步器弹簧损坏。

④润滑油质量低劣。

⑤不同油料混用。

⑥操作使用方法不当。

(2)排除方法

对于因减压阀、拨叉引起的同步器故障,应更换、修理、调整相关机件;当同步器弹簧损坏时应及时更换弹簧;如果是润滑引起的故障,应检查油质、油量是否符合规定,必要时添加或更换;另外要加强司机教育,按照规程要求操纵车辆,在运行中应禁止将手放在排挡手柄上,来回扳动手柄。

15. 变速器过热

(1)造成过热的原因

过热的原因无外乎两种原因:一是润滑原因,另外就是机件损坏的磨损。

①齿轮受轴扭曲影响,离开对齿位置。

②轴承损坏。

③副箱副轴前轴承内圈脱落。

④油面太低。

⑤油面太高。

⑥润滑油质量低劣。

⑦变速器工作倾斜角太大。

⑧换油不及时。

⑨不同油料混用。

(2)排除方法

首先检查变速器润滑油油质、油量,如果不符合规定,应予更换;检查变速器安装角度,如果角度过大则应进行调整,调整不了的要根据实际情况对变速器的相关部位进行更换;否则拆解变速器,检查轴承、垫圈是否损坏、磨损超限,齿轮啮合情况,并根据情况作出处理。

16. 主轴扭曲

变速器主轴即变速器二轴,为调质花键轴,一般情况下不会轻易发生扭曲问题,造成主轴扭曲的原因为:一是以较高的挡位起步,二是冲击负荷过大。高挡位起步就是在离合器结合时,由于车辆是停止的变速器二轴会产生瞬间较大的输出扭矩,但受到车辆停止的阻滞;如果突然给变速器加入冲击负荷,使二轴在运行中突然受到反向扭矩的冲击,造成弯曲。

主轴弯曲首先要更换弯曲的主轴,另外加强司机安全驾驶教育,按章操纵车辆,特别是作为接触网作业车成列运行时,尤为注意。

17. 挡位重叠

双"H"气阀气管连接错误会导致挂挡重叠现象,应检查气管连接,若接错应立即予以调整。

18. 变速器漏油

当变速器漏油时,应检查油封是否损坏、连接盘螺栓有无松动、漏装、壳体有无砂眼、油面是否太高,应根据具体做出相应判断,并根据情况作出处理,更换相应部件或处理。

第五节　换向箱故障的判断及排除

一、换向箱异响

1. 产生换向箱异响的原因

换向箱主要作用就是传导动力,其异常杂音来源于各齿轮间啮合、花键轴与齿轮间的配合、轴承等方面。

(1)轴承或花键严重磨损。

(2)齿轮磨损严重或间隙过大。

(3)拨叉弯曲变形与齿轮插槽摩擦。

2. 排除方法

更换损坏或磨损超限的机件,如果是拨叉变形,能修复时可进行修复。

二、换向箱脱挡

1. 换向箱脱挡的原因

换向箱脱挡一般是由齿轮啮合、换向滑杆变形、拨叉插槽磨损超限、定位销弹簧失效以及输入轴与过桥轴不平行引起的。

2. 排除方法

针对上述原因,如果是变形引起的则可通过修复解决,否则予以更换,其他原因引起的脱挡问题首先要确定问题处所,更换故障机件。

三、不能换向

1. 不能换向的原因

当出现换向箱不能换向时,应考虑是以下原因引起的:

(1)换向拨叉折断。

(2)换向拨叉滑杆变形过大。

(3)输入轴花键严重变形、滑动齿轮被卡死。

(4)过桥轴齿轮断裂。

2. 排除方法

拆解换向箱,查找故障处所,根据检查情况,判断故障原因并根据实际情况修复或更换相应部件。

四、换向箱只有动力输入没有输出

换向箱只有动力输入而没有输出,问题应该出在差速器上,一个是差速器外壳的连接螺栓被切断或差速器十字轴折断。拆解换向箱差速器,查找故障处所,并根据故障情况做出相应处理、更换相关部件。

五、换向箱温升过高

当换向箱温升超过 55 ℃时应视为温升过高,应对换向箱进行检查,重点在润滑情况、润滑油质、润滑油量、轴承轴向游隙、轴头密封环间隙等，根据检查情况进行相应调整、处理。

轴承轴向游隙应在 0.2～0.3 mm 范围；轴端密封环间隙，径向为 1.5 mm，轴向为 2.5 mm，轴头螺母锁紧。

六、换向箱漏油

造成换向箱漏油的原因就是油封老化、输入轴迷宫式密封间隙变化、轴端盖锁紧螺母松动、回油不畅，应检查具体漏油原因并作出相应调整。

第六节　传动轴故障的判断及排除

一、传动轴抖振

1. 造成传动轴抖振的原因

(1)传动轴弯曲变形，平衡片脱落。

(2)两端万向节叉轴的相对位置不正确。

(3)万向节十字轴、花键等磨损严重。

2. 排除方法

(1)对传动轴弯曲变形、平衡片脱落时，冷压校直后并重新校验动平衡。

(2)两端万向节叉轴的相对位置不正确，重新装配万向节，保持两端万向节在同一平面内。

(3)若万向节十字轴、花键等磨损严重，应予更换。

二、传动轴异常响

1. 传动轴异常响的原因

造成传动轴异常响声的原因，一般为万向节十字轴、花键等磨损严重，另外就是传动轴花键松动、变形。

2. 排除方法

修复相关的传动花键轴、十字轴、花键等，修复安装前应进行动平衡校验。

第七节　车轴齿轮箱故障的判断及排除

一、异常响声

车轴齿轮箱的异常响声主要是齿轮、轴承磨损超限或损坏，润滑机油泵损坏，螺旋锥齿啮合侧隙太大或齿轮有硬点、悬挂吊杆损坏等原因引起的。首先检查悬吊杆有无损坏，其次打开车轴齿轮箱油底壳检查机油泵有无损坏，当以上均未损坏时应拆解车轴齿轮箱，判定故障处所。

根据损坏情况，更换相关机件或总成。

二、车轴齿轮箱只有动力输入没有输出

造成车轴齿轮箱只有输入没有输出的原因是传动齿轮损坏：一是输入圆锥主动齿轮折断；二是圆锥被动齿轮的连接螺栓折断；三是车轴圆柱被动齿轮键被折断。

此时应根据情况，更换损坏的相关部件。

三、车轴齿轮箱温升过高

当车轴齿轮箱温升超过 55 ℃时应视为温升过高，应对车轴齿轮箱进行检查，重点在齿轮油泵润滑工作情况、润滑油质、润滑油量、螺旋锥齿啮合侧隙太小等，根据检查情况进行相应调整、处理。滑动轴承间隙过小，保持间隙在 0.25～0.36 mm。

四、漏　　油

造成车轴齿轮箱漏油的原因就是油封老化、输入轴迷宫式密封间隙变化、挡油环渗油、油底壳渗油以及轴承回油孔堵塞。应检查具体漏油原因更换油封、石棉垫、毛毡条，调整间隙等。

第八节　电气系统故障的判断及排除

一、对应的电器不工作

当电器出现故障，应检查对应的开关、保险(管)、电线路及电器本身，依顺序逐次检查。

当开关出现问题时，维修或更换；保险烧损时，更换保险丝(管、片)；检查接线端子排、接线头处、与车体摩擦处有无短、断路现象，直至查出故障点，可借助万用表进行故障点测试；电器本体损坏时应予更换。

二、仪表显示不准

当仪表显示不准确或不显示时，应检查与仪表相连的传感器是否损坏，接线是否虚接。逐个检查，排除故障点。

三、发电机不工作、不充电

当发电机不工作时，应检查传动皮带是否松弛，整流二极管是否损坏。应及时调整发电机传动皮带张力，更换损坏的二极管或整流器。

如果发电机有电压输出而不充电时，检查电压调节器，必要时维修或更换。

四、启动机不工作

当启动机不工作时，要检查蓄电池是否有电、启动电锁是否损坏，必要时更换。接通电锁开关，检查启动机电磁开关有无动作和过热现象，如果无动作说明电磁开关或引线故障，更换电磁开关或检查启动电锁至电磁开关的线路；如果过热说明启动机损坏，应更换启动机。

五、蓄电池不工作

当出现蓄电池不工作时，用电池表检查，有电压显示说明亏电，应及时充电；否则蓄电池损坏，应更换新电池。

六、作业平台开关限位失灵

当接通电源开关后作业平台限位失灵，其原因就是行程开关损坏或相应的电磁阀卡滞。

行程开关损坏时进行维修，必要时更换；若电磁阀卡滞，可采取敲打的方式看能否消除，也可由按压反向手动电磁阀按钮看能否消除，否则更换电磁阀。

第九节　液压系统故障的判断及排除

一、液压油泵发响

1. 液压油泵发出响声的原因

当液压油泵发出异常响声时，应立即停车检查，造成异响的原因为：

(1)液压管路堵塞或油箱出油阀未打开。

(2)液压油箱内油量太少。

(3)油泵进油管破损或接头松，产生漏气。

(4)液压油黏度过大。

(5)液压油泵损坏。

2. 排除方法

(1)清洗或疏通液压管路、单向阀，打开出油阀。

(2)补充液压油，但加注的液压油必须与原液压油标号相同。

(3)紧固油泵进油口接头或更换油管。

(4)更换黏度低的液压油。

(5)液压油泵损坏的要更换油泵。

二、液压管路振动发响

1. 产生液压管路响动噪声的原因

(1)液压管路固定不实。

(2)液压管路堵塞或有泄漏。

(3)电磁阀卡滞或未回到位。

(4)液压油脏或黏度过大。

(5)液压油滤清器堵塞。

2. 排除方法

(1)紧固固定管路压板。

(2)清洗、疏通或更换堵塞管路。

(3)清洗电磁阀柱塞或更换电磁阀。

(4)更换符合标准的液压油。

(5)清洗或更换液压油滤清器。

三、液压油产生泡沫

1. 液压油产生泡沫的原因

液压油产生泡沫可导致液压系统不正常，压力不稳定，其原因有：

(1)液压油箱内油面过低。

(2)液压油泵轴的密封漏气。

(3)吸入管道中的接头漏气。

(4)吸入软管漏气。

(5)用油错误。

2. 排除方法

(1)加注同标号液压油到规定位置。

(2)更换液压油泵密封环。

(3)拧紧管道接口或更换吸入口管道。

(4)更换新软管。

(5)如果用油错误,应按季节、标号更换新油。

四、作业台无上升、下降

1. 操作时总油压表显示有压力

(1)操纵时总油压力表显示有压力无动作的原因

①手动换向阀损坏。

②升降柱卡住。

③升降电磁阀无电或卡死。

④安全溢流阀压力低。

⑤液压管路堵塞。

⑥平衡阀损坏。

(2)排除方法

①检查手动换向阀,如果损坏更换换向阀。

②排除升降柱运行障碍物。

③检查电磁阀是否有电,若有电用手按电磁阀手动按钮,有动作时为电磁铁故障,更换电磁铁;无动作时为液压故障。

④按照设备说明书要求调整溢流阀至规定压力值。

⑤清洗液压管路,并重新接好管路。

⑥更换平衡阀。

2. 操作时总油压表无显示或显示压力很低

(1)操纵时总油压力表无显示的原因

①司机台上作业平台电源开关未打开或虽打开但电源未接通。

②升降电磁阀无电或内泄。

③安全溢流阀未调整或损坏。

④紧线柱电源打开,安全互锁。

⑤液压管路接错。

⑥二位四通阀内泄或损坏。

⑦手动换向阀未在作业平台位置。

(2)排除方法

①接通作业平台控制电源。

②检查电磁阀是否有电,若有电检查或更换电磁阀。

③按照设备说明书要求调整溢流阀至规定压力值,如果调整无变化应更换溢流阀。

④关闭紧线柱电源,消除安全互锁。

⑤检查液压管路流向是否正确,按规定连接管路。

⑥检查二位四通阀,必要时检修或更换新阀。

⑦将手动换向阀置于作业平台位置。

五、作业台无回转

1. 操作时总油压表显示有压力(有升降动作)

(1)操作时总油压表显示但无回转的原因

①手动换向阀坏。

②回转带未打开。

③升降柱回转电磁阀无电或卡死。

④安全溢流阀压力低或损坏。

⑤液压管路堵塞。

⑥回转马达或减速机卡死或损坏。

(2)排除方法

①检查手动换向阀,如果损坏更换换向阀。

②调节螺丝使制动带排除异物及故障排除。

③检查电磁阀是否有电,若有电用手按电磁阀手动按钮,有动作时为电磁铁故障,更换电磁铁;无动作时为液压故障。

④按照设备说明书要求调整溢流阀至规定压力值。

⑤清洗液压管路,并重新接好管路。

⑥检修回转马达或减速机,必要时更换。

2. 操纵时总油压表显示无压力(有升降动作)

(1)操纵时总油压表显示无压力的原因

①手动换向阀未在作业平台位置。

②回转溢流阀压力调整过低。

③回转马达或减速机损坏。

④回转电磁阀无电或损坏。

⑤紧线柱电源打开,安全互锁。

(2)排除方法

①将手动换向阀置于作业平台位置。

②按照设备说明书要求调整溢流阀至规定压力值,如果调整无变化应更换溢流阀。

③检修回转马达或减速机,必要时更换。

④检查电磁阀是否有电,若有电用手按电磁阀手动按钮,有动作时为电磁铁故障,更换电磁铁;无动作时为液压故障。

⑤关闭紧线柱电源,消除安全互锁。

六、随车吊机无动作

1. 操作时总油压表显示无压力

(1)操作时位于液压油箱附近的总油压力表无显示、随车吊机无动作的原因

①液压油箱油量少。

②发动机转速低。

③操纵阀损坏。

④液压管路堵塞。

(2)排除方法

①按规定标号补充液压油至规定油量。

②调整发动机转速,掌握在 1 000 r/min 左右。

③操纵阀损坏时,拆解维修或更换。

④清洗、疏通液压管路,并按规定连接牢固。

2. 操作时总油压表显示有压力

(1)操作时位于液压油箱附近的总油压力表有压力、随车吊机无动作的原因

①操纵方向错误。

②执行机构发卡。

③手动换向阀位置不正确或损坏。

④多路操作阀损坏。

⑤发动机转速低。

⑥管路堵塞。

(2)排除方法

①按正确方向操作手柄。

②检查执行机构,消除卡滞处所,排除异物。

③检查手动换向阀的位置置于随机吊位,损坏时要更换。

④检查多路换向阀的状态,必要时拆修、更换。

⑤增大发动机油门,提高发动机转速。

⑥清洗、疏通液压管路,并按规定连接牢固。

七、紧线卷扬装置无动作

1. 液压总压力表有压力显示

(1)操作时液压压力表有压力但无动作的原因

①管路堵塞。

②液压马达、减速机或卷筒卡住。

③液压马达或减速机坏。

④电磁阀没电、卡滞或损坏。

(2)排除方法

①清洗、疏通液压管路,并按规定连接牢固。

②检查液压马达、减速机或卷筒,消除卡滞处所,排除异物。

③拆修液压马达、减速机或卷筒,消除故障处所。

④检查电磁阀,使用手动故障按钮,有电时立即松开,检修、清洗电磁阀,必要时更换。

2. 总油压表无压力或低于规定值

(1)操作时液压压力表无压力无动作的原因

①支撑臂操纵箱内电源开关未打开,或虽然打开但未接通电源。

②电磁阀未通电或损坏。

③手动换向阀位置不正确或损坏。

④溢流阀压力调整不当或损坏。

(2)排除方法

①打开电源开关,并使电源可靠接通。

②检查电磁阀及其电气线路,同时按动两个阀的手动按钮,若有动作,当松开哪个时其动作停止。

③检查手动换向阀的位置置于紧线柱位,损坏时要更换。

④调整溢流阀压力,无法调整损坏时要更换。

3. 按动故障按钮后仍无动作,总压力表无压力

(1)按动故障按钮后仍无动作的原因

①液压管路接错。

②电磁阀内泄。

(2)排除方法

①检查液压管路,按规定连接。

②检查、清洗电磁阀,必要时更换。

4. 按动故障按钮后仍无动作,总压力表有压力

(1)按动故障按钮后有压力无动作的原因

①管路堵塞。

②液压马达、减速机或卷筒卡住。

③液压马达或减速机坏。

(2)排除方法

①清洗、疏通液压管路,并按规定连接牢固。

②检查液压马达、减速机或卷筒,消除卡滞处所,排除异物。

③拆修液压马达、减速机或卷筒,消除故障处所。

八、紧线支撑臂升降无动作

1. 液压总压力表有压力显示

(1)操作时液压压力表有压力但无动作的原因

①液控单向阀损坏。

②支撑臂卡住。

③液压管路堵塞。

④节流阀开口较小。

⑤紧线柱支撑臂电磁阀无电或卡死。

⑥手动换向阀损坏。

(2)排除方法

①更换液压单向阀。

②排除支撑臂运行卡滞异物。

③清洗液压管路并按规定接好。

④调整节流阀出油量。

⑤拆修电磁阀,必要时更换。

⑥检查手动换向阀状态,必要时更换。

2. 总油压表无压力或低于规定值

(1)操作时液压压力表无压力无动作的原因

①支撑臂操纵箱内电源开关未打开,或虽然打开但未接通电源。

②电磁阀未通电或损坏。

③手动换向阀位置不正确或损坏。

④溢流阀压力调整不当或损坏。

(2)排除方法

①打开电源开关,并使电源可靠接通。

②检查电磁阀及其电气线路,同时按动两个阀的手动按钮,若有动作,当松开哪个时其动作停止。

③检查手动换向阀的位置置于紧线柱位,损坏时要更换。

④调整溢流阀压力,无法调整损坏时要更换。

3. 按动故障按钮后仍无动作

(1)按动故障按钮后有压力无动作的原因

①管路堵塞。

②液压马达卡住。

③液压马达损坏。

④溢流阀压力调整不当或损坏

(2)排除方法

①清洗、疏通液压管路,并按规定连接牢固。

②检查液压马达,消除卡滞处所,排除异物。

③拆修液压马达,消除故障处所,必要时更换。

④调整溢流阀压力,无法调整损坏时要更换。

九、轨道起重车液压系统故障

1. 支腿收放失灵

水平支腿收放失灵时,应为液压锁失效所致,所以应检查位于支腿顶部的液压锁,清洗柱塞、更换密封圈。

2. 吊重时支腿自动收缩

(1)吊重时支腿自动收缩的原因

在支腿承重后出现支腿自动收缩时,其原因为一是双向液压锁密封性差,出现内泄;二是支腿垂直油缸内泄;三是支腿换位旋阀内泄。主要是液压油封损坏、柱塞老化、液压油内杂质。

(2)排除方法

拆检相应支腿,清洗柱塞、油封,必要时更换油封,柱塞老化时要更换液压锁;如果是液压油脏引起的泄漏,应更换液压油。

3. 空载时速度慢

(1)空载时速度慢的原因

当起重机空载动作时,各机构运行速度缓慢,其原因为液压泵出口液压油压力低所致,而导致液压泵出口压力低的原因为:

①发动机转速低,直接影响液压泵的转速,使出口液压油压力低。

②液压泵损坏,在额定转速下泵出的液压油达不到规定压力。

③液压管路变形、挤扁。

④吸油液压管路漏气或管路中有空气。

⑤油箱液面过低或吸油管堵塞。

⑥溢流阀开启压力低。

⑦压力管路和回油管路串通或四联阀、中心回转接头、手动换向阀、溢流阀、油泵、油马达内部泄漏过大。

⑧油门加速装置故障。

(2)排除方法

针对以上八种原因,应对管路进行检查、判断,并根据情况作出处理。

①提高发动机转速以保证液压泵有足够的转速。

②拆修液压泵,如齿轮磨损超限,应更换液压油泵。

③更换变形液压油管,确保液压油正常流动。

④紧固管路接头、消除管路中的空气。

⑤补充同标号液压油至规定高度或清洗吸油管、滤清器。

⑥调整溢流阀压力,损坏时予以更换。

⑦检查油路及各液压元件,避免内泄发生。

⑧检修油门加速装置油路及液压元件。

4. 吊臂伸缩时压力过高或有振动现象

(1)吊臂伸缩时压力过高或振动的原因

①液压系统中有空气。

②平衡阀阻尼堵塞。

③固定部分和活动部分摩擦力过大或有异物阻滞。

④伸缩油缸内油封老化。

(2)排除方法

①通过多次伸缩大臂,排除液压系统中的空气。

②清洗平衡阀,必要时更换。

③ 检修滑块并在滑块处涂润滑脂。

④更换伸缩油缸油封。

5. 两节臂不同时伸缩,伸缩时抖动

(1)两节臂不同时伸缩及抖动收缩的原因

①大臂润滑不良。

②滑块损坏。

③伸缩绳松或损坏。

④大臂弯曲变形。

(2)排除方法

①在二臂、三臂外侧拐角摩擦处、滑块处涂抹润滑脂。

②更换磨损超限的滑块。

③调整伸缩绳排,如伸缩绳断裂则应予更换。

④校正变形的大臂或更换。

6. 第三节臂伸不到头或缩不到尾

造成第三节臂伸不到头或缩不到尾的原因就是伸缩臂钢丝绳长度不合适，将吊臂完全缩回靠紧，利用调节螺栓、螺母调整钢丝绳长度，相差较多时应重新做钢丝绳回头或更换。

7. 吊重后吊臂自动下落

(1)吊重后吊臂自动下落的原因

吊重后出现吊臂自动下落，其原因为：一是变幅油缸油封损坏内泄；二是平衡阀失灵或复位弹簧疲劳失效。

(2)排除方法

一是更换变幅油缸油封；二是清洗平衡阀或更换复位弹簧。

8. 起重机不能起升额定重物

(1)起重机不能起升额定重物的原因

①液压泵功率不足，或齿轮老化。

②溢流阀设定压力不当。

③液压密封件老化、泄漏。

(2)排除方法

①提高发动机转速以提高液压泵功率，当为液压泵本身的问题时，应更换液压泵。

②调整溢流阀出油压力。

③更换老化密封件。

9. 吊重制动停留时重物下落

吊重制动时重物下落，其原因是卷扬机制动器制动力不够、制动带磨损。应清洗制动盘片表面油污，排除向制动器内渗油的故障；更换制动带。

10. 卷扬机提升或下放时出现间歇爬行

(1)卷扬机提升或下放时出现间歇爬行的原因

①起重钢丝绳扭结或在卷筒上排列杂乱。

②制动器摩擦片损坏或磨损超限。

③起升马达内有污物。

④液压油泵供油不足，系统压力低。

(2)排除方法

①将钢丝绳全部放开，打开大钩的钢丝绳双耳连接器，清除应力，重新卷排。

②更换制动器摩擦片。

③拆修卷扬马达，清除污物。

④检查液压油泵工作状态及油箱油位，调整溢流阀整定值。

11. 起重机不能回转

(1)起重机不能回转的原因

①车辆车体倾斜超过规定坡度。

②回转马达功率不足、系统压力低。

③双向缓冲阀开启压力过低。

(2)排除方法

①重新调整支腿水平度，使车辆车体保持规定倾斜坡度以内。

②检查液压油泵工作状态及油箱油位，调整溢流阀整定值。

③调整双向缓冲阀开启压力，检查弹簧是否失效。

12. 起重机回转过程中出现间歇爬行

(1)起重机回转过程中出现间歇爬行的原因

起重机回转过程中出现间歇爬行一般为回转轴承损坏，出现轴承支架卡滞现象。

(2)排除方法

检修上车回转轴承。

13. 吊钩不能自由下放

吊钩不能自由下放的原因主要是离合器分离不彻底，应检查上车离合器，调整、检修、检查蹄片复位弹簧是否失效。

14. 起重机吊重后拒动

对于安装有力矩限制器的起重机，当起重机吊重即将负载时，出现起重机操作拒动，应为重物超出吊重曲线的规定要求，力矩限制器动作，切断了液压供油油路，确保作业安全。此时应将低起重重物质量，或对上车的变幅、跨距做出相应调整。

15. 停车时蓄能器压力下降快

(1)停车时蓄能器压力下降快的原因

①液压管路接头松动。

②液压密封件损坏。

③组合阀中单向阀内部泄漏。

④离合器操纵阀内漏。

(2)排除方法

①检查液压管路连接状态，对松动处拧紧。

②更换相关密封件。

③检修组合阀，必要时更换。

④检修离合器操纵阀，必要时更换。

16. 使用手摇泵无动作

(1)手摇泵无动作的原因

手摇泵是在液压泵故障情况下的应急装置，当出现手摇泵故障时，一般为：

①手摇泵进油开关未打开。

②手摇泵出油管堵塞。

③手摇泵出油单向阀堵塞损坏。

④手摇泵损坏。

(2)排除方法

①打开手摇泵的进油旋阀。

②清洗手摇泵管路。

③清洗或更换手摇泵总成。

17. 上车应急处置

起重机在得到正确的维护保养后，作业时一般不会出现大问题，为了防备万一，当油路系统出现问题而采用一般方法排除故障又可能会造成事故时，可先采取以下应急措施给以卸载，然后排除故障，此项操作必须十分小心。

(1)变幅不能下降

拧开进变幅油缸上腔的油管接头，并拧紧从平衡阀至变幅油缸下腔的油管接头，让油慢慢溢出，落下吊臂。

(2)吊臂不能缩回

拧紧伸缩油缸上腔的油管接头，然后松开平衡阀与伸缩油缸相通的油管接头，然后慢慢起臂，使吊臂缩回；若靠自重不能缩回时，可在吊钩上适当加载，使其缩回。

18. 上车动作时，运动副吱吱响

当使用起重机时，其运动副发出吱吱响声，说明该运动副应进行润滑，并根据运动副位置确定所使用的润滑脂或润滑油种类。

十、液压走行系统故障

1. 走行变速困难

(1)原因

①油路有堵塞或泄漏。

②脚踏阀不能换向。

③背压阀无背压。

④液压走行马达故障。

(2)排除方法

①清洗、检修液压走行管路。

②清洗、检修脚踏阀。

③清洗、检修背压阀。

④拆修液压走行马达。

2. 走行马达不能启动

(1)原因

①走行马达油管接反。

②过载阀失灵。

③液压走行马达有故障。

④平衡阀动作失灵。

(2)排除方法

①改变走行马达油管接法。

②清洗、检修过载阀。

③拆修液压走行马达。

④清洗、检修平衡阀。

3. 下坡失灵

(1)原因

①平衡阀动作失灵。

②液压走行马达故障。

(2)排除方法

①清洗、检修平衡阀。

②拆修液压走行马达。

4. 走行制动失灵

(1)原因

①过载阀动作失灵。

②平衡阀动作失灵。

(2)排除方法

清洗、检修过载阀、平衡阀。

5. 吊重走行时走行机构的锁定机构自动回缩

(1)原因

在吊重走行时出现支腿自动收缩，其原因为一是双向液压锁密封性差，出现内泄；二是锁定油缸内泄；三是换向阀内泄。主要是液压油封损坏、柱塞老化、液压油内杂质。

(2)排除方法

拆检相应锁定油缸，清洗柱塞、油封，必要时更换油封，柱塞老化时要更换液压锁；如果是液压油脏引起的泄漏，应更换液压油。

复习思考题

1. 排除故障遵循的原则是什么？
2. 柴油发动机不能启动的原因有几种？
3. 柴油发动机冒黑烟的原因是什么？
4. 离合器发抖的原因是什么？
5. 富勒主变速器跳挡或脱挡的原因是什么？
6. 起重机不能回转的原因有哪些？

第十一章　基础理论知识

接触网作业车司机是一个多学科知识交叉的职业，作为一名称职的接触网作业车司机来讲不仅仅是会开车的问题，而是要将车开好，特别是在高速铁路线路上，必须要做到安全行车、车辆质量优良，因此掌握必要的相关专业知识非常重要。

第一节　电 工 知 识

一、电工知识的基本概念

1. 电路

电路是各种电器设备按一定方式连接起来组成的一个总体。电路提供了电流通过的路径。

组成电路的基本部件包括电源、负载和中间环节。基本电路如图 11-1 所示。

电源：把其他形式的能转换为电能的装置，如电池将化学能转变为电能，发电机将机械能转换为电能。电源在电路中为负载提供电能，使电路中产生电流，并维持电路中的电压。

负载：电路中的用电设备统称负载，它将电能转变成其他形式的能，如灯泡将电能转换为光能，电机将电能转换为机械能，电炉将电能转换为热能等等。

中间环节：也就是连接电源、负载，控制、保护电路的导线、保护电器、开关等。

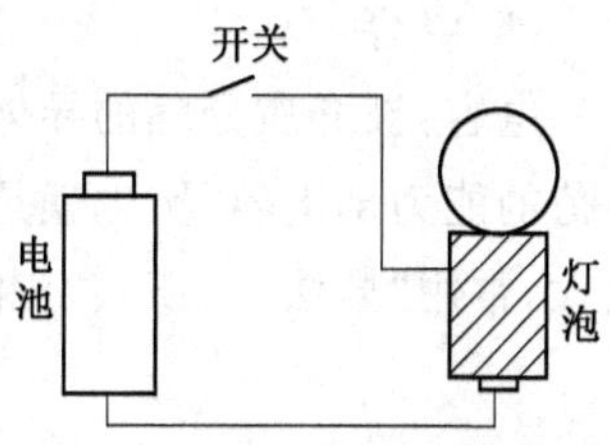

图 11-1　电路示意图

2. 电路的基本物理量及名词

(1)电荷

电荷为形成电的基本元素，带正负电的基本粒子为电荷，带正电的粒子叫正电荷(表示符号为“＋”)，带负电的粒子叫负电荷(表示符号为“－”)。电荷用“Q”表示，单位“库”(C)，1 个电荷的带电量为 1.6×10^{-19}C。

(2)电流

电荷有规律的运动即形成电流。电流用“I”表示，单位“安”(A)。电流的单位还有“毫安”(mA)、“微安”(μA)、“千安”(kA)。

电流的大小用电流强度来表示。电流强度是指在单位时间内通过导体截面积的电荷数量。电流强度通常称为电流。

$$I=\frac{q}{t} \tag{11-1}$$

电流既有大小又有方向，电流的大小和方向不随时间变化的，为恒定电流，即直流。

(3)电压与电位

电压：静电场或电路中两点之间的电位差称为电压。电压表示了电荷在电场力电场中的做功本领，电压用“U”表示，单位“伏”(V)。电压的单位还有“千伏”(kV)。

$$U_{AB}=\frac{W}{q} \tag{11-2}$$

电压既有大小又有方向，不随时间变化的电压，称为直流电压，直流电压用 U 表示。交变电压用 u 表示。

电位：表示电路中某一点性质的物理量，它是针对所确定的参考点说的，其数值就是电场力将单位电荷由参考点移至某一点 A 所做的功，用 V_A 表示。

(4)电阻

电阻：物体阻碍电荷运动的阻力称为电阻，它表示电路设备的耗能特性。电阻用“R”表示，单位“欧”(Ω)。

(5)电动势

电动势：电路中因能量转换而形成的电位差，称为电动势。它是衡量电源将非电能转换成电能本领的物理量，电动势用“E”表示，单位“伏”(V)。

$$E=\frac{W}{q} \tag{11-3}$$

电动势具有方向性，实际方向习惯规定为由电源的负极指向正极，或者由低电位点指向高电位点，在电路中用“+”、“—”符号在电源两端标出。

(6)电容

电容：被介质分隔的导体，在电压的作用下形成存储电荷的容器，即电容器。电容器储存电荷的能力即电容量，也就是电容。电容用“C”表示，单位“法”(F)。在实际工作中法拉单位太大，常用“微法”(μF)、“皮法”(pF)。

$$1\ \mu F=10^{-6}\ F$$

$$1\ pf=10^{-12}\ F$$

(7)电感

电感分为自感和互感。

自感就是闭合的电路在电流发生变化时，在线圈两端产生电动势的的现象称为线圈的自感。自感用“L”表示，单位“亨”(H)。在实际工作中电感并不大，常用“毫亨”(mH)、“微亨”(μH)。

互感就是相邻近的线圈，当其中一只线圈电流发生变化时，而引起的另一线圈两端产生电动势的现象，称为互感。互感用“M”表示，单位也是“亨利”(用 H 表示)，简称“亨”。

(8)容抗、感抗与阻抗

当交流电流过含有电容的电路时，电容对交流电产生阻碍作用，其阻碍电流通过的能力即容抗，容抗用“X_C”表示，单位也为“欧”(Ω)。

同样，当交流电流过含有电感的电路时，电感也会对交流电产生阻碍作用，电感阻碍电流通过的能力为感抗，感抗用“X_L”表示，单位也为“欧”(Ω)。

当电路中同时具有电容、电感、电阻时，其共同对电流产生的阻力，称为阻抗。阻抗用“Z”表示，单位“欧”(Ω)。

(9)直流电、交流电与频率、周期

直流电：电流大小和方向不随时间的变化而变化的电流，称为直电流，即直流电。

交流电：电流大小和方向随时间的变化而做周期变化的电流，称为交变电流，即交流电。

频率：单位时间（1 s）内，电流方向的改变次数，即称频率。自感用"f"表示，单位"赫兹"（用 Hz 表示）。

周期：交流电每变化一次所用的时间，称为周期。周期用"T"表示，单位"秒"（用 s 表示）。

（10）电功率

电路的目的就是实现电能与其他形式能的转换。

在普通电路中电功率就是单位时间内电荷在电场力的作用下移动所做的功。$W=U_{ABq}$，则电功率为：

$$P=\frac{W}{t}=U_{AB}I \tag{11-4}$$

电器设备的电功率指设备在单位时间内所做的功，称为功率，功率分为视在功率、有功功率、无功功率。

视在功率：在具有阻抗的交流电路中，电压与电流的乘积称为视在功率。视在功率用"S"或"P_s"表示，单位"伏安"（用 V·A 表示）。

有功功率：功率在一个周期内的平均值称为有功功率。即在交流电路中所消耗的功率。有功功率用"P"表示，单位"瓦"（W）。

无功功率：在具有电容、电感的交流电路中，交流电源与电容、电感之间只进行能量交换，没有能量消耗，因此称为无功功率。

功率因数：在交流电路中，有功功率与视在功率的比值，称为功率因数，用"$\cos\phi$"表示。

（11）交流电压与电流

交流电由三相组成，交流电压分为相电压和线电压，其电流也分为相电流和线电流。

相电压：也就是三相交流电路中的每相（火线）与中性线（零线）间的电压称为相电压。

相电流：三相交流电路中的一相负载中流过的电流称为相电流。

线电压：三相交流电路中，各相线（火线）之间的电压称为线电压。

线电流：三相交流电路中各线之间流过的电流称为线电流。

（12）电能

电能也就是电器设备工作在一定时间内所消耗的能量，用 W 表示。

$$W=Pt \tag{11-5}$$

电能常用的单位是千瓦时（kW·h）表示，又称"度"。

（13）导体与半导体

导体：在物体内带电质点能够自由移动的物体称为导体。

绝缘体：在物体内带电质点不能够自由移动的物体称为绝缘体，也称为电介质。

半导体：介于导体与绝缘体之间的物体称为半导体。

（14）磁场

在磁铁周围、载流导体周围，存在着对其他磁性物质或载流导体产生作用的力，这个能产生磁力作用的空间，称为磁场。

二、电工的基本定律

1. 欧姆定律

在电路中，导体中的电流跟导体两端的电压成正比，跟导体的电阻阻值成反比，这就是欧姆定律。

$$I=\frac{U}{R} \tag{11-6}$$

对于均匀截面的金属导体，它的电阻与导体的长度成正比，与导体的截面积成反比，同时与导体的导电能力有关。

$$R=\rho\frac{l}{S} \tag{11-7}$$

式中 ρ——导体材料的电阻率；

l——导体材料的长度；

S——导体材料的截面积。

2. 基尔霍夫定律

基尔霍夫定律分为电流定律和电压定律。

基尔霍夫电流定律(KCL)：在电路中，流入一个节点的电流之和等于流出节点的电流之和。节点即在电路中有两条以上线路的交汇连接点。

$$\sum I=0 \tag{11-8}$$

基尔霍夫电压定律(KVL)：在电路中，任意一个任一回路、任一瞬间沿此回路的各段电压的代数和恒为零，即电压的参考方向与回路的绕行方向相同时，该电压在式中取正号，否则取负号。

$$\sum U=0 \tag{11-9}$$

3. 焦耳楞次定律

电流流过导体会产生热量，它产生的热量与时间、电阻大小、电流的平方成正比，单位为“焦”(J)。

$$Q=I^2R\cdot t \tag{11-10}$$

4. 电磁感应定律

因磁通量变化产生感应电动势的，闭合电路的一部分导体在磁场里做切割磁感线的运动时，导体中就会产生电流，这种现象叫电磁感应。闭合电路的一部分导体在磁场中做切割磁感线运动，导体中就会产生电流。这种现象叫电磁感应现象。

三、电工的常用公式

1. 欧姆定律： $I=\frac{U}{R}$

2. 直流电功率： $P=UI=I^2R=\frac{U^2}{R}$

3. 导体电阻： $R=\rho\frac{l}{S}$

4. 电阻的串联：

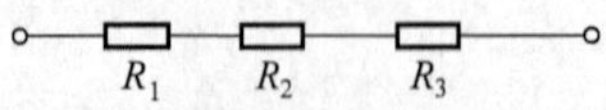

$R=R_1+R_2+R_3$

5. 电阻的并联：

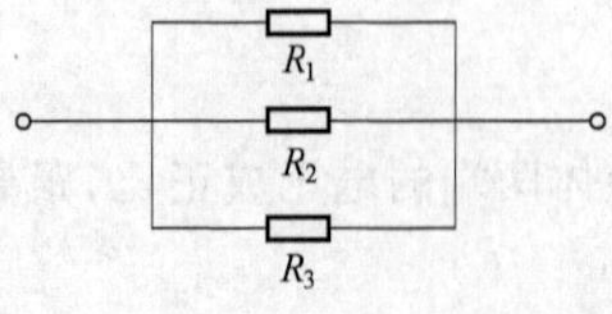

$\frac{1}{R}=\frac{1}{R_1}+\frac{1}{R_2}+\frac{1}{R_3}$

6. 电阻的串并联：

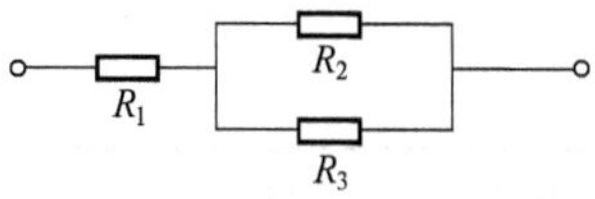

$$R=R_1+\frac{R_2\cdot R_3}{R_2+R_3}$$

7. 电抗：

$$X_L=2\pi fL$$

8. 容抗：

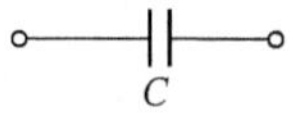

$$X_C=\frac{1}{2\pi fC}$$

9. 电阻电抗串联：

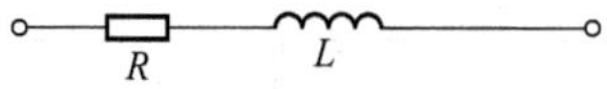

$$Z=\sqrt{R^2+X_L^2}$$

10. 电阻电容串联：

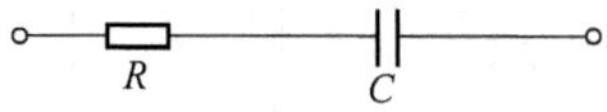

$$Z=\sqrt{R^2+X_C^2}$$

11. 电阻电感电容：

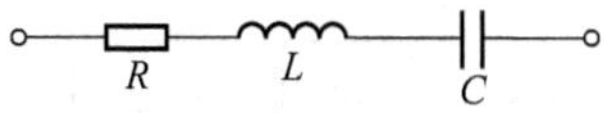

$$Z=\sqrt{R^2+(X_L^2-X_C^2)}$$

12. 电感的串联：

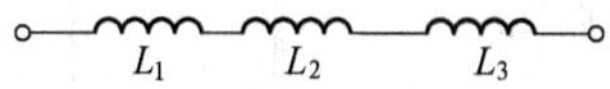

$$L=L_1+L_2+L_3$$

13. 电感的并联：

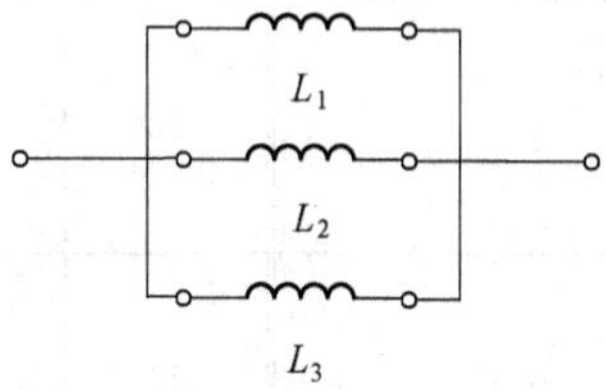

$$\frac{1}{L}=\frac{1}{L_1}+\frac{1}{L_2}+\frac{1}{L_3}$$

14. 电容的串联：

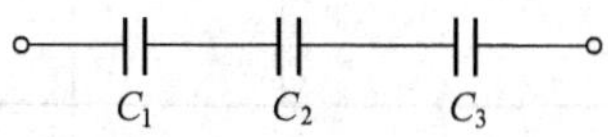

$$\frac{1}{C}=\frac{1}{C_1}+\frac{1}{C_2}+\frac{1}{C_3}$$

15. 电容的并联：

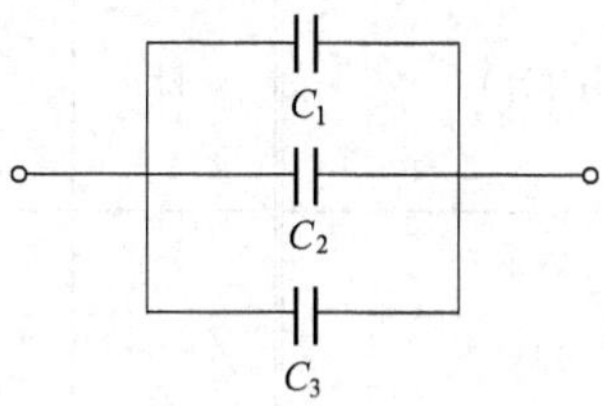

$$C=C_1+C_2+C_3$$

四、常用电工与电子学图形符号(见表 11-1)

表 11-1　常用电工与电子学图形符号

序号	符号	名称与说明	序号	符号	名称与说明
1	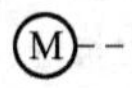	电动机	7	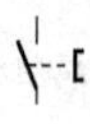	拉拔开关(不闭锁)
2		接地一般符号	8	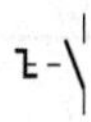	旋钮开关、旋转开关(闭锁)
3		熔断器式开关	9		接触器触点(在非动作位置断开)
4		交换器一般符号/转换器一般符号	10		熔断器一般符号
5	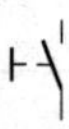	手动开关一般符号	11	优选型 	电容器一般符号
6	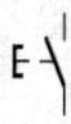	按钮开关(不闭锁)	12	优选型 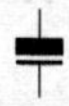	极性电容器

续上表

序号	符号	名称与说明	序号	符号	名称与说明
13		动断(常闭)触点	25		灯一般符号,信号灯一般符号
14		先断后合的转换触点	26	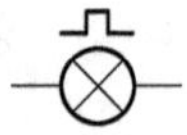	闪光型信号灯
15		中间断开的双向触点	27		电警笛,报警器
16		电压表	28	优选型 	可变电容器
17		电流表	29	优选型 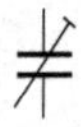	微调电容器
18	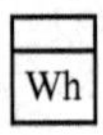	电能表(瓦特小时计)	30		电感器、线圈、绕组、扼流圈
19	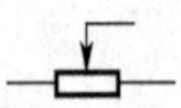	滑线式变阻器	31	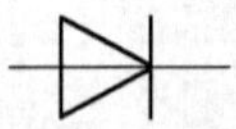	半导体二极度管一般符号
20	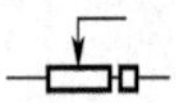	带滑动触点和断开位置的电阻器	32		发光二极管一般符号
21	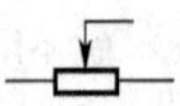	滑动触点电位器	33	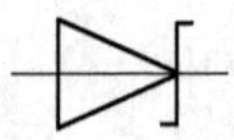	反向二极管(单隧道二极管)
22	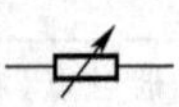	可变电阻器,可调电阻器	34	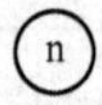	转速表
23	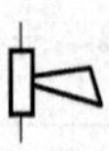	电喇叭	35		NPN 型半导体管,集电极接管壳
24		电抗器,扼流圈	36		光敏电阻

续上表

序号	符号	名称与说明
37		电机一般符号，符号内的星号必须用下述字母代替：G 发电机；M 电动机；TG 测速发电机
38	优选型  其他型 	蜂鸣器
39	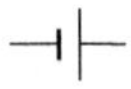	原电池或蓄电池
40	优选型  其他型 	电阻器一般符号
41	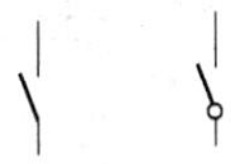	动合(常开)触点 注：本符号也可以用作开关一般符号
42	优选型  其他型 	电铃
43	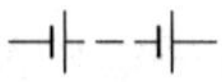 	原电池组或蓄电池组

五、直流电源

电路的电流方向不随时间而变化，这样的电源即为直流电源。

直流发电机等内容可参照第七章第一节，本节不再叙述。

接触网作业车发动机上的直流发电机实际是交流发电机，发出来的交流电经过位于发动机顶部的半导体硅整流电路，整流成直流电输出。

六、三相交流电

交流电路分为单相电路和三相电路。电源通过两条导线与负载相连的交流电路称为单线电路；由三相交流电源与负载相组成的电路为三相交流电路。

1. 三相交流发电机的工作原理

三相交流电是由均匀分布在发电机内三组对称的绕组，在磁场内做相对转动，产生切割磁力线运动，形成感应电动势。三相交流发电机工作原理如图 11-2 所示。

电枢是固定的，称为定子，由铁芯和绕组组成。铁芯由硅钢片冲压成圆形内有线槽的片叠加而成，槽内镶有绕组。绕组匝数相等，相隔 120°空间角均匀分布。发电机的磁极是旋转的，称为转子。转子有的为永久磁极，但一般多为绕组磁极，即由绕组和铁芯组成，绕组通有直流电产生磁场。

转子在外部动力的带动下旋转，使转子磁场旋转，在定子绕组中产生切割磁力线运动，在定子三个绕组中产生感应电动势，形成对称的三相交流电。

三相交流电电动势的表达式：

$$\left.\begin{aligned} e_U &= E_m \sin\omega t \\ e_V &= E_m \sin(\omega t - 120^\circ) \\ e_W &= E_m \sin(\omega t + 120^\circ) \end{aligned}\right\} \tag{11-11}$$

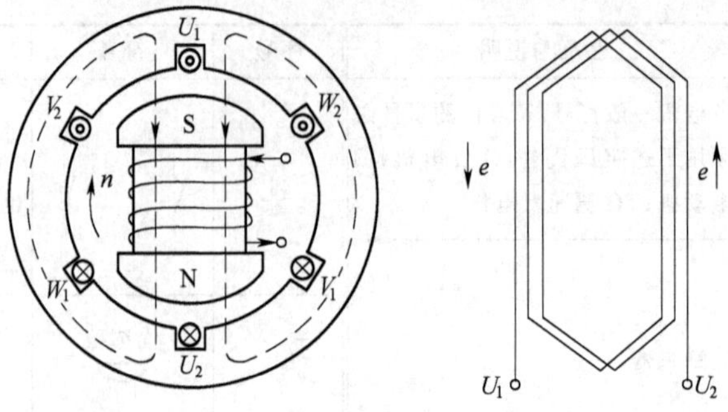

图 11-2　三相交流发电机工作原理示意图

相应的电动势波形图如图 11-3 所示。

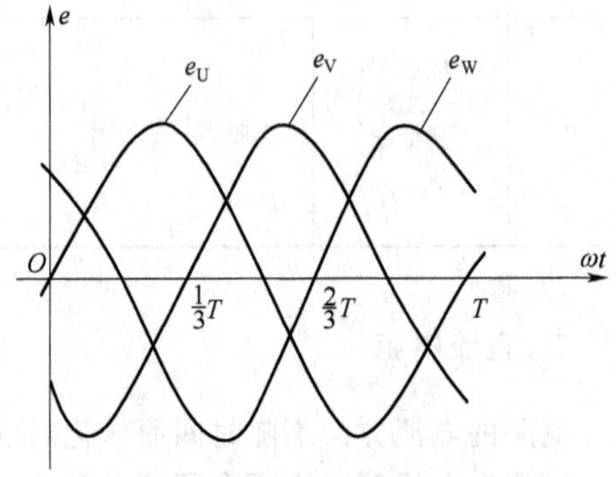

图 11-3　电动势波形图

发电机产生的三相对称电动势大小相等、频率相同，相位相差 120°，输出的电压称为三相对称交流电压。

2. 三相交流电的接线方式

三相交流电源的连接方式有两种，即“星形”接法和“三角形”接法，简称“Y”接法和“△”接法。如图 11-4 所示。

(1)“Y”接法

“Y”接法就是将绕组的末端连接在一起引出，该线称为中性线或零线，与其他三相组成三相四线的供电系统，每相与中性线可分别组成单相供电系统。三相四线的供电系统可输出两种电压，线电压和线电压。线电压就是两相之间的电压，相电压就是某相与中性线之间的电压。

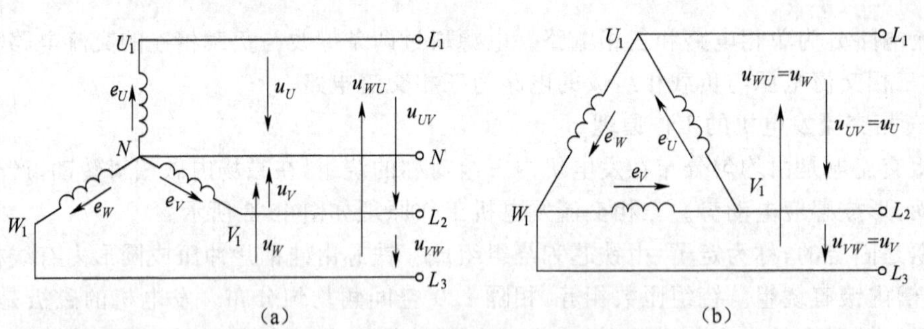

图 11-4　电源接法原理示意图

(2)“△”接法

“△”接法就是将三相绕组的首尾依次连接起来，形成一个闭合的“△”，从节点上引出输出线与负载相连。“△”接法仅能提供一种电压即相电压。由于三相绕组中电动势是对称的，所以“△”绕组内没有电流。

3. 三相交流电负载的连接方式

负载也就用电设备，接入三相供电系统必须要求其额定工作电压与供电系统额定电压相同，三相负载尽量均匀分布，系统的输出功率要大于负载的功率，只用这样才能保证系统的正常工作。负载连接方式如图 11-5 所示。(a)为单相负载接入示意图；(b)为三相负载接入示意图。

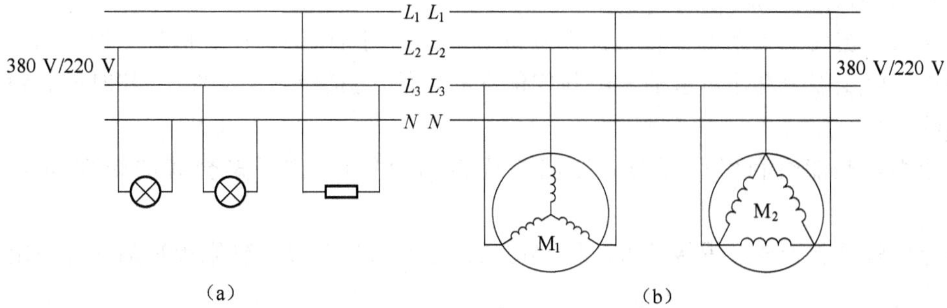

图 11-5　负载接入三相供电系统示意图

第二节　金属工艺知识

一、金属工艺常识简介

所谓的金属工艺科学就是研究金属材料以及如何把金属材料加工成零件的科学。

金属工艺包括金属构造及性能、金属材料的热处理、金属材料的冷加工、金属材料的热加工。

金属构造及性能介绍金属的结构、性能、成分、组织关系。

金属材料的热处理介绍金属材料通过固态加热、保温、冷却改变内部组织结构的一种方法。

金属材料的冷加工就是对金属材料在常温下进行切削加工。

金属材料的热加工就是金属毛坯的制作，如铸造、锻造、焊接等。

1. 金属的性能

金属的性能包括物理性能、化学性能、机械性能、工艺性能。

金属的物理性能包括金属的重度(也就是相对密度)、熔点、导电性、导热性、热膨胀性能、磁性等。

金属的化学性能包括耐腐蚀性、热安定性。

(1)金属的机械性能

金属的机械性能就是金属在受外力作用时所表现出的特性，包括强度、塑性、冲击韧性、硬度、蠕变和疲劳强度。金属的变形包括压缩、拉伸、扭转、剪切、弯曲等。

强度是金属在受外力作用下抵抗变形和破坏的能力，可通过金属的拉伸试验求得，金属在拉伸时首先是弹性变形，之后是塑性变形也就是“屈服”，在屈服达到极限后即发生断裂。

塑性就是金属在受外力作用时，发生显著的变形而不破裂的性能。

硬度是金属机械性能的一个重要指标，是对磨损和外力所能引起变形的抵抗能力的大小，它表示金属材料的坚硬程度。可用布氏硬度(HB)表示、洛氏硬度(HRA～HRC)表示、维氏硬度表示。

疲劳就是在交变载荷作用下，金属材料发生破裂的现象。很多机械零件虽然工作载荷在屈服极限以内，但在长时间"服役"会出现"破裂"现象。

蠕变就是金属在长期固定载荷的作用下，逐渐产生塑性变形的现象。

(2)金属的工艺性能

金属的工艺性能关系着金属是否容易加工，包括铸造性、锻造性、可焊性、切削加工性。

铸造性就是能否利用铸造的方法制成优良的铸件，包括液态流动性、冷却时的收缩率和偏析倾向等。

锻造性就是能否利用锻压的方法制成优良的锻压件，主要是金属的塑性和塑性变形抗力。

可焊性就是能否通过焊接的方法取得优良的接头，没有裂缝、砂眼等缺陷并有一定的机械性能。

切削加工性就是金属是否容易被切削。

2. 金属的结构

金属的性能由其结构来决定的，不同金属和合金有不同性能。

物质由原子组成，根据原子在物质内部的排列状态，分为晶体结构和非晶体结构。晶体结构的原子在空间有规律的排列，非晶体结构的原子在空间为无序的排列。金属和金属合金均属于晶体结构。金属由液态转为固态时的凝固过程叫做结晶。

3. 金属材料的分类

金属材料一般分为黑色金属和有色金属，黑色金属如铁、铁碳合金，有色金属如铝、铜等。

4. 有色金属

钢铁以外的所有金属统称有色金属。常用的有色金属如铝、铜、铬、锡、汞、镍、镁等。

二、铁碳合金

钢和铸铁是工业中最广泛的金属材料，钢和铸铁的种类很多，但其成分都是由铁(Fe)和碳(C)两种元素为主组成的合金，称为铁碳合金。

纯铁具有较好的塑性，但其强度较低，很少用于制造机械零件，通常使用铁和碳的合金。根据碳在铁碳合金中的含量不同，碳与铁可组成化合物，也可溶解在铁中形成固溶体或形成化合物与固溶体的机械混合物。

1. 铁碳合金的分类

铁碳合金根据其状态图可分为钢和铸铁。所谓状态图就是在极缓慢加热的情况下，不同成分的铁碳合金在不同温度时所具有的状态或组织图形。

含碳量低于2.11%的铁碳合金叫钢。钢分为亚共析钢(含碳量小于0.77%)、共析钢(含碳量为0.77%)、过共析钢(含碳量大于0.77%)。

含碳量大于2.11%的铁碳合金为铸铁。铸铁分为白口铸铁、灰口铸铁、麻口铸铁、可锻铸铁、球墨铸铁等。

2. 碳素钢

含碳量小于2.11%的铁碳合金称为钢、碳素钢，简称碳钢。碳钢中除了含有碳元素之外还含有锰、硅、硫、磷等元素，这些统称为杂质。

3. 碳素钢的分类

碳素钢可按多种方法分类。按含碳量大小可分为低碳钢(含碳量小于0.25%)、中碳钢

(含碳量在0.25%~0.55%)、高碳钢(含碳量大于0.55%);按脱氧方法分为沸腾钢、镇静钢、半镇静钢;按钢的质量分为普通碳素钢、优质碳素钢、高级优质碳素钢;按用途分为碳素结构钢、碳素工具钢。

三、钢的热处理

钢的热处理是通过钢在固态下加热、保温、冷却,来改变其内部组织结构,从而改变其性能的一种工艺方法。热处理在机械制造行业中应用广泛。

1. 钢热处理的分类

钢的热处理分为退火与正火、淬火、回火、表面热处理。

2. 钢热处理后性能的变化

(1)退火

退火分为完全退火、等温退火、球化退火和去应力退火。将钢加热到一定温度,保温一定时间,逐渐冷却的处理方法,其作用就是解决零件在铸造、焊接或机械加工中产生的内部应力。

(2)正火

类似于退火,但其冷却速度较快,一般在空气中直接冷却。正火后钢的强度和硬度都会提高。

(3)淬火

将钢加热到临界温度以上30~50 ℃,保温一段时间,然后快速冷却的处理方法,称淬火。淬火后钢的耐磨性和硬度大大提高。

(4)回火

回火就是将淬火或正火后的钢加热到一定温度后,保温一定的时间,然后以适宜的速度冷却的过程。回火的目的就是使钢获取所需要的机械性能、稳定的组织与尺寸、消除内部应力。

(5)表面淬火

表面淬火就是将机件表面淬硬到一定深度,而心部仍保持淬火前状态的一种局部淬火方法。

(6)化学热处理

钢的化学热处理,将工件置于化学介质中加热或保温,以改变表层的化学成分和组织,从而改变表面性能的热处理工艺。

第三节　机械基础知识

一、机械常识

机械与我们的工作、生活密切相关,为了满足人们的各种需要,各种各样的机械也应运而生,大大减轻了人们的劳动强度,极大地提高了劳动效率和质量。

机械是各种机构、机器、零件的统称,各种机构、机器、零件按一定方式装配,通过机械的各种运动,实现机械所能完成的特定功能,代替人的劳动,完成有用的机械功。

1. 机器、零件及分类

机器是实现能量转换的工具之一,它是由许多的零件、构件、机构和运动副组成的。

零件是制造机器的最小单元。零件常分为通用零件和专用零件;通用零件是指各种机器中经常使用的零件,如螺栓、螺母、垫圈、销钉、轴、轴承和齿轮等;专用零件是指某种机器所特定使用的零件,如活塞、曲轴、连杆、闸瓦等等。

2. 构件、机构、运动副

构件是指机器的某一运动单元或者说是运动的整体。构件既可以是一个单一的零件,也可以是一个由几个零件组成的刚性组合。

机构是由多个构件组成的、构件之间具有相对运动的组合体的总称。如车辆的传动机构、减速机构等。

运动副是指有一定相对运动势的两个机构的连接。运动副根据其相对运动形式分为回转副、移动副、螺旋副。运动副还可按接触方式分为高副、低副;高副是指面接触和线接触的运动副,低副是指点接触的运动副。

二、机　　构

1. 机构的分类

机构按照其结构形式分为平面连杆机构、凸轮机构、棘轮机构、槽轮机构、星轮机构以及不完全齿轮机构。

(1)平面连杆机构

平面连杆机构是有数个刚性构件通过回转副或移动副连接而组成的机构的总称。平面连杆机构能够进行多种机械运动形式的转换,实现一些较为复杂的平面运动。其机构的特点就是连接部分为面接触,可实现较大的力传递,磨损较小。

蒸汽机车车轮联动的平面连杆机构,是一个典型的四杆机构,如图 11-6 所示。

(2)棘轮机构

棘轮机构属于间歇机构,即在完成机械运动的同时,运动过程是间歇的。

棘轮机构由棘轮、棘爪、机架组成。棘轮实际上是一个尺齿形特殊的齿轮,在棘爪的推动下做间歇运动。如图 11-7 所示。

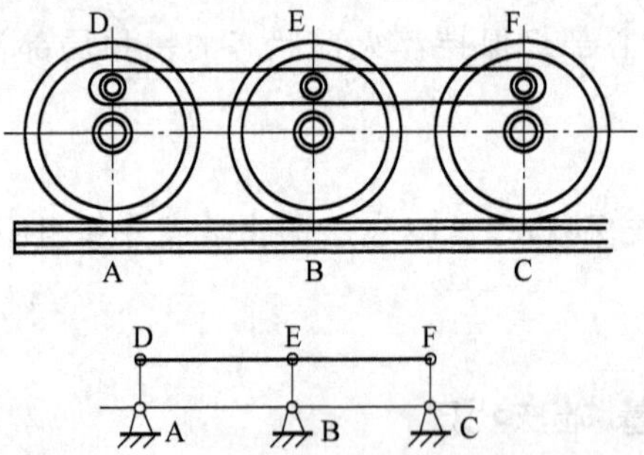

图 11-6　蒸汽机车车轮联动机构示意图

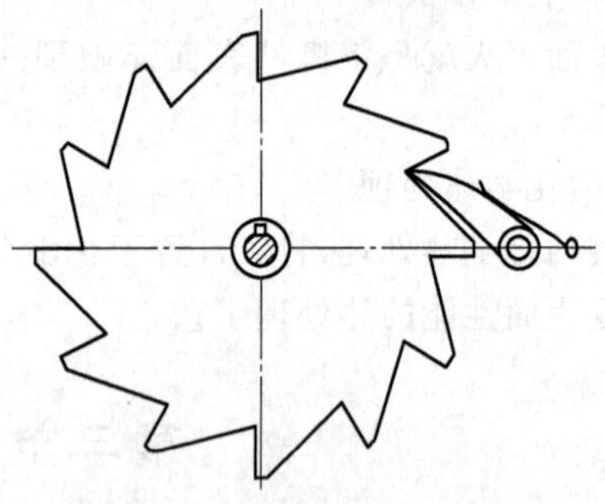

图 11-7　棘轮机构示意图

我们实际工作中接触的棘轮机构如车辆基础制动机构等。

(3)凸轮机构

凸轮机构是一种具有曲线轮廓或沟槽的构件,由凸轮、从动杆和机架组成。

凸轮是凸轮机构中的主动构件,被凸轮直接推动的构件为从动杆,从动杆的运动是连续的或间歇的往复直线运动或摆动,其运动规律由凸轮的形状来决定。

凸轮机构最大的优点就是可以按照预先设计的凸轮轮廓曲线,得到预期的从动杆的运动规律;其最大的缺点是由于凸轮与从动杆之间为点接触或线接触,因此磨损较大,不宜传递较大的力。

在我们实际工作中经常接触到的凸轮机构如发动机的凸轮轴,如图 11-8 所示。

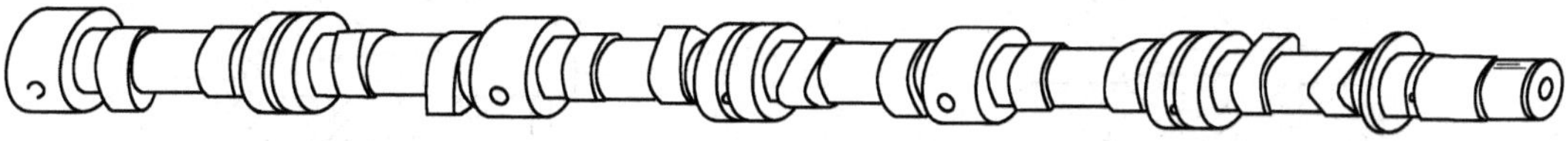

图 11-8 发动机凸轮轴

三、键和花键连接

1. 键连接

键连接主要用于轴和轴上零件做轴向之间的固定,用以传递扭矩。有的键还可以实现轴上零件的轴向移动或固定,如轨道车变速器中间轴、二轴就属于键轴,如图 11-9 所示。

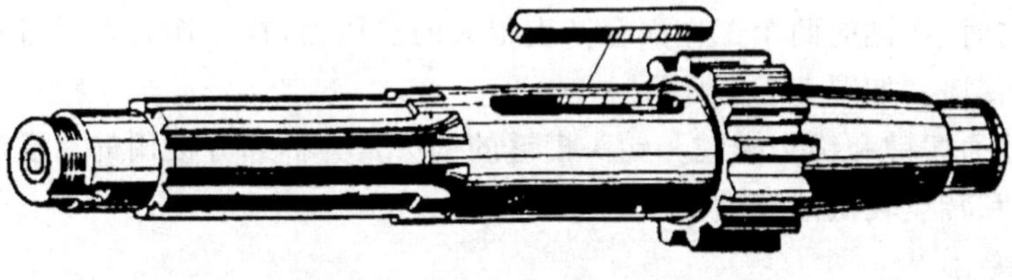

图 11-9 黄河变速器中间轴

键分为平键、半圆键、楔键及切向键等。

(1)平键

平键是矩形截面的连接件,实现轴向固定。平键又可分为普通平键和导向平键两种。

①普通平键。普通平键是靠侧面做轴向固定或连接传递扭矩。其特点就是结构简单、拆装方便、对中性好。如图 11-10 所示。通常平键与轴槽的配合较紧,在键与毂槽底面间留有间隙。

普通平键根据其形状的不同又可分为圆头普通平键(A 型)、平头普通平键(B 型)、半圆头普通平键(C 型),如图 11-11 所示。

②导向平键

导向平键同样是以侧面作为周向固定,鉴于毂槽的配合为间隙配合,键用螺钉固定在轴上,使轴上的零件可以在轴上做轴向移动。如图 11-12 所示。

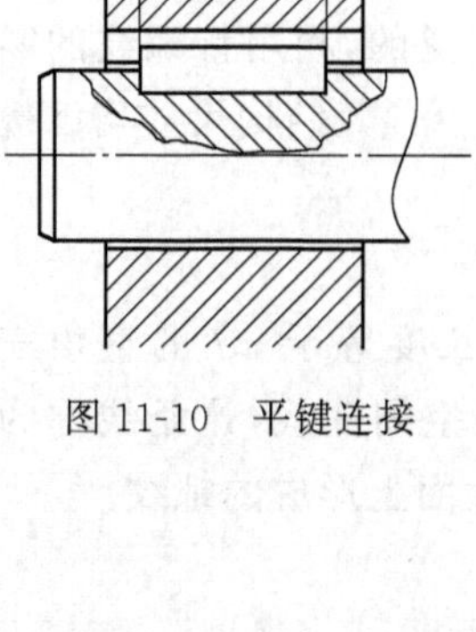

图 11-10 平键连接

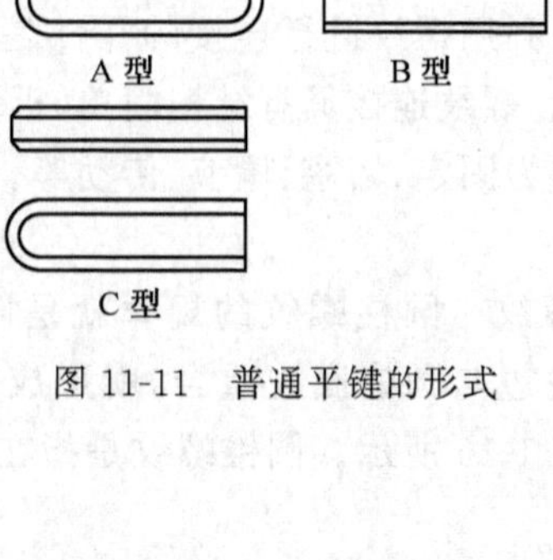

图 11-11 普通平键的形式

图 11-12 导向平键连接

(2)半圆键

半圆键也是以侧面作为周向固定，其定心性较好、装配方便。半圆键因轴键槽较深，因此所传递的扭矩不宜较大。如图 11-13 所示。

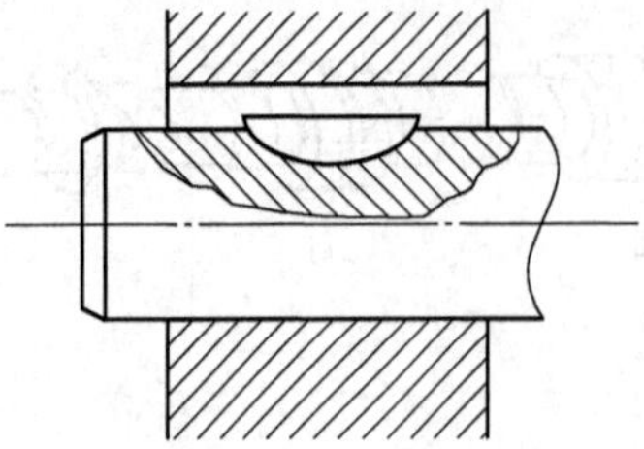

图 11-13　半圆键连接

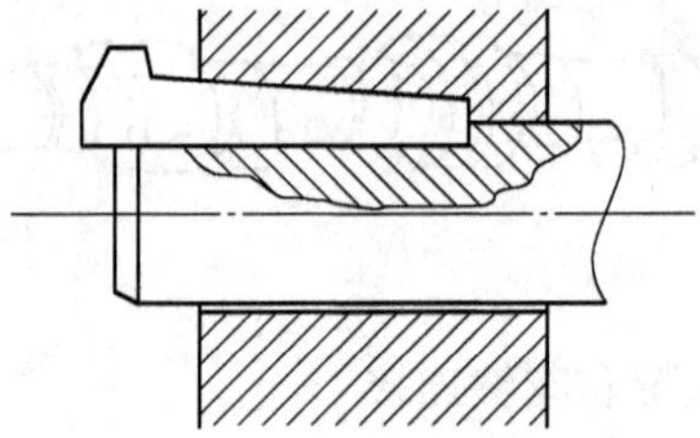

图 11-14　楔形键连接

(3)楔键连接

楔键上、下两个面均为工作面。键的上表面、毂槽的底面各有 1∶100 的斜度，所以当楔键打入轴和毂槽内时，在键的两个工作面会产生很大的挤压力，在工作时是通过各接触面的摩擦力，实现扭矩的传递。如图 11-14 所示。

楔键分为普通楔键和钩头楔键。钩头楔键的钩头是为拆卸方便用的。楔键一般用于扭矩较小、载荷平稳和转速较低的精度不高的连接方式。

2. 花键连接

花键连接在我们的工作中比较常见，在接触网作业车的变速箱、换向箱中都有使用，实际也就是我们常说的花键轴。

花键连接就是将键和轴制成一体，由轴上凸出的齿和轮毂上相对应的齿槽构成连接。其具有传递扭矩大、定心性好、导向性好、精度高等优点；但加工复杂，制作成本高，常用于较重要的连接部位。和平键一样，齿的侧面是传递扭矩的工作面，如图 11-15 所示。

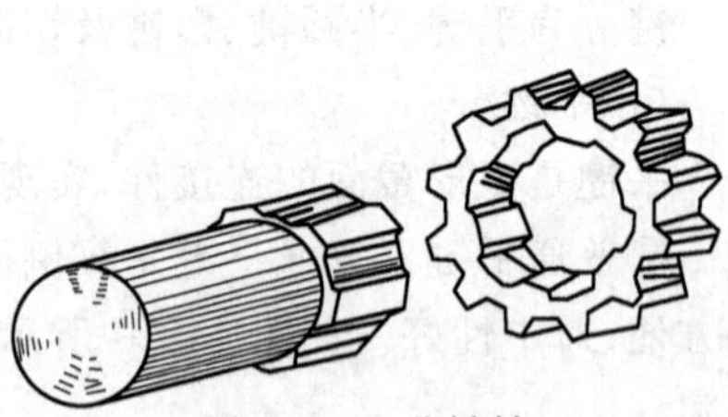

图 11-15　花键轴

花键按其键齿形状分为矩形花键、渐开线花键、三角形花键等。矩形花键其齿截面为矩形，侧面为矩形面，精度较高，应用广泛；渐开线型花键的齿廓为渐开线，齿的根部较厚，圆角较大，承载能力大，用于较大的载荷，定心精度较高；三角形花键内花键齿型为直线齿形，外花键齿形为分度圆压力角等于 45°的渐开线，由于键齿细小，承载能力较低，常用于轴与薄壁零件的连接。所谓定心也就是花键内花键齿与外花键齿同心的基准。

四、螺纹连接

在我们的日常生活、工作中，利用螺纹进行连接的零件是非常广泛的，利用带螺纹的零件所组成的连接，就成为螺纹连接。螺纹连接具有结构简单、拆装方便、可靠、结构尺寸均已标准化等优点。另外螺纹零件还可作为固定、堵塞、调节、传动等。

1. 螺纹的种类及参数

螺纹分为圆柱螺纹和圆锥螺纹。圆柱螺纹的规律就是以底边长度等于 πd 的直角三角形，绕在直径为 d 的圆柱上，其底边与圆柱底边重合，就形成了一条空间曲线，这条线称为螺旋线。角 λ 称为螺旋升角，如图 11-16 所示。圆锥螺纹是指在圆锥表面上形成的螺纹。

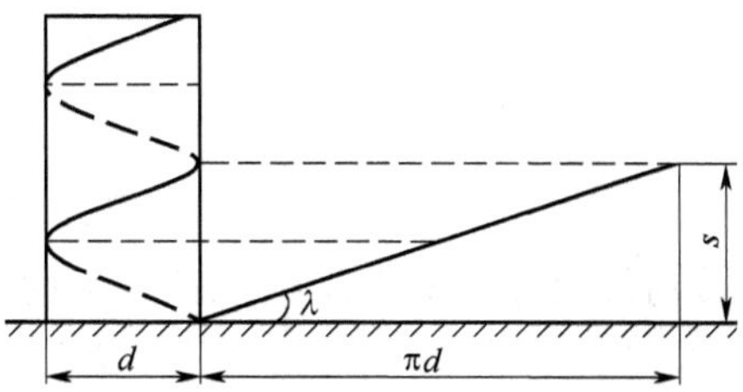

图 11-16　圆柱螺纹展开示意图

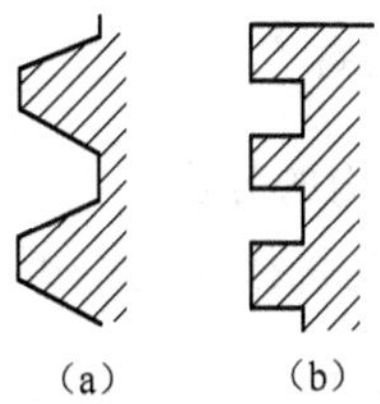

图 11-17　螺纹的类型

螺纹按形状分为三角形螺纹、矩形螺纹、梯形螺纹等，如图 11-17 所示。

螺纹按绕行方向分为左旋螺纹和右旋螺纹。如图 11-18 所示，(a)为左旋螺纹，(b)为右旋螺纹。

螺纹根据头数又可分为单头螺纹、双头螺纹、多头螺纹，一般连接用单头螺纹，传动用多头螺纹。

2. 圆柱螺纹的基本参数

圆柱螺纹有如下几项参数，如图 11-19 所示。

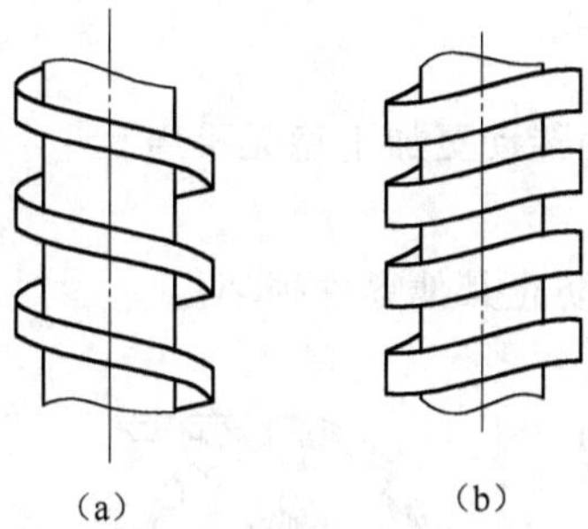

图 11-18　螺纹的绕向

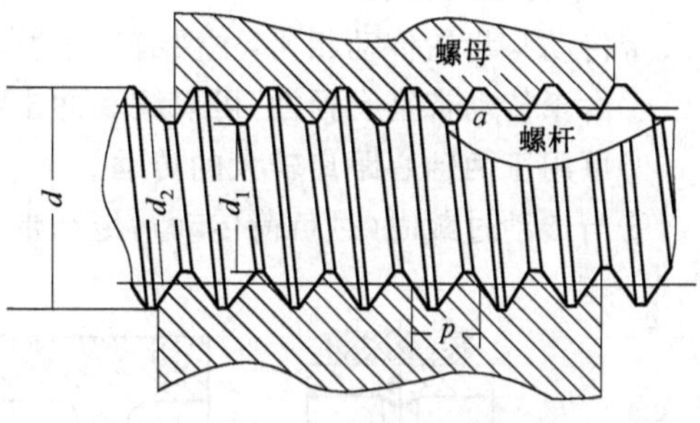

图 11-19　螺纹参数示意图

大径 d——螺纹的最大直径，也称公称直径(管螺纹除外)。

小径 d_1——螺纹的最小直径。

中径 d_2——在这个直径上牙后与牙间相等。

螺距 p——相邻两牙对应点间的轴向距离。

牙形角 α——在螺纹的轴线平面内，螺纹两侧边的夹角。

3. 常用螺纹的种类及特点

(1)普通螺纹。普通螺纹的强度高，摩擦力大，宜做连接用。

(2)矩形螺纹。牙齿为正方形，牙厚为螺距的一半，效率高，可做传动用。缺点是制造难度大，牙根强度弱等。

(3)梯形螺纹。剖面为等腰梯形，牙形角 30°，效率略低于矩形螺纹，牙根强度较高，应用较广泛。

(4)锯齿形螺纹。工作面的牙形斜角为 3°，非工作面的牙形斜角为 30°，综合了矩形螺纹与梯形螺纹的特点，用于单向传力的传力螺旋。

4. 举重螺纹

所谓举重螺纹就是可以用来传递很大力的螺纹，如千斤顶的丝杠等。螺纹通常为矩形、梯形和锯齿形。

五、传动机构

1. 传动机构的分类

传动机构是机械设备不可缺少的重要结构，通过传动机构可实现动力传递、改变力的方向和形式。

传动机构可分为带传动、链条传动、齿轮传动、蜗轮蜗杆传动等多种形式。

2. 带传动

带传动应用非常广泛，常用于各种机械设备中，它是通过挠性传动带与带轮之间的摩擦力来传递动力。如图 11-20 所示。

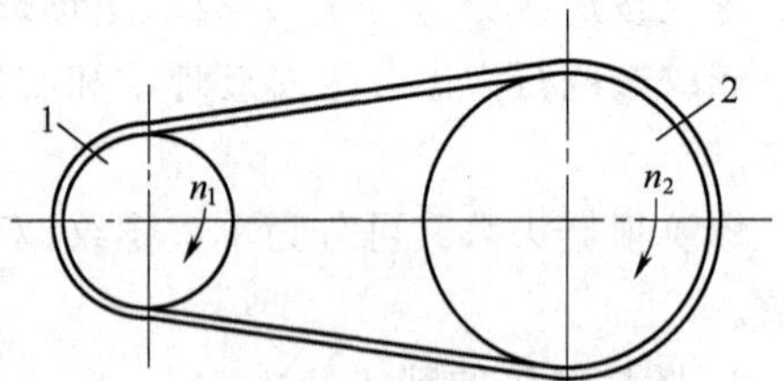

图 11-20　常用带传动示意图

(1)带传动的分类

根据传动带的剖面形状、结构分为平行带传动、三角带传动、圆形带传动和同步齿形带传动。如图 11-21 所示。

(2)带传动的特点

带传动与齿轮传动相比，主要有以下特点：

①由于传动带富有弹性，可以缓和冲击、吸收振动，使传动更加平稳无噪声。

②可用于两轴心距离较大的传动。

③当传动过载时(过负荷传动)，传动带会出现打滑，防止其他零件损坏。

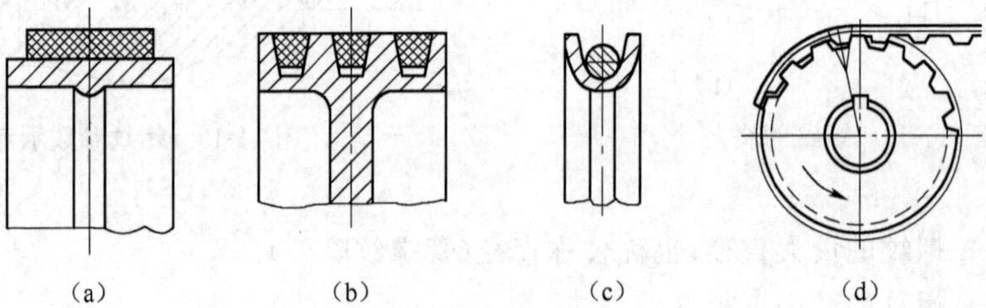

图 11-21　传动带的类型示意图

(a)—平带；(b)—三角带；(c)—圆带；(d)—同步齿形带

④结构简单，制造及安装精度降低，成本较低。

⑤由于传动带的弹性，因此不能保证恒定的传动比。

⑥传动的外廓尺寸较小。

⑦在传动过程中需要施加张力，轴及轴承受径向力较大。

⑧传动效率低，寿命较短。

⑨不适宜高温、易燃的场合下使用。

3. 链条传动

链条传动是由两个具有特殊齿形的链轮和一条链条组成，通过链条和链轮之间的啮合来传递动力或运动，是应用较广泛的传动形式之一。如图 11-22 所示。

(1)链条传动的优点是：

与传动角带相比，能保证平均传动比；效率较高；作用在轴上的压力较小；低时速时可传递较大的载荷；能在高温、重重载以及重粉尘的环境下工作。

与齿轮传动相比，中心轴距可以较大。

(2)链条传动的缺点是：

在传动过程中，吸收冲击和振动的能力低；链节磨损后，链条伸长易引起脱链；瞬时传动比不稳定。

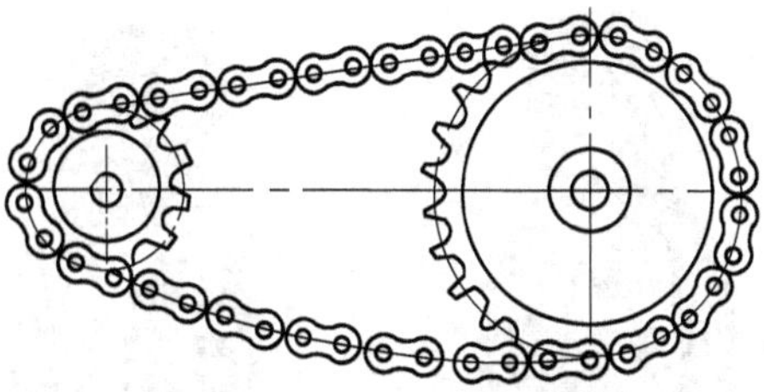

图 11-22　链条传动示意图

(3)链条的分类

链条分为传动链、起重链、运输链等。

4. 齿轮传动

齿轮传动是依靠一对齿轮相互啮合传动动力或运动的传动装置。它是机械中最普遍的传动形式。

(1)齿轮传动的分类

齿轮的分类有多种方法，可按啮合方式、轮齿的形态、齿轮轴线相互位置、齿廓形状进行分类。

①按啮合方式分类

按啮合方式分为外啮合齿轮传动、内啮合齿轮传动、齿轮齿条传动，如图 11-23 所示。

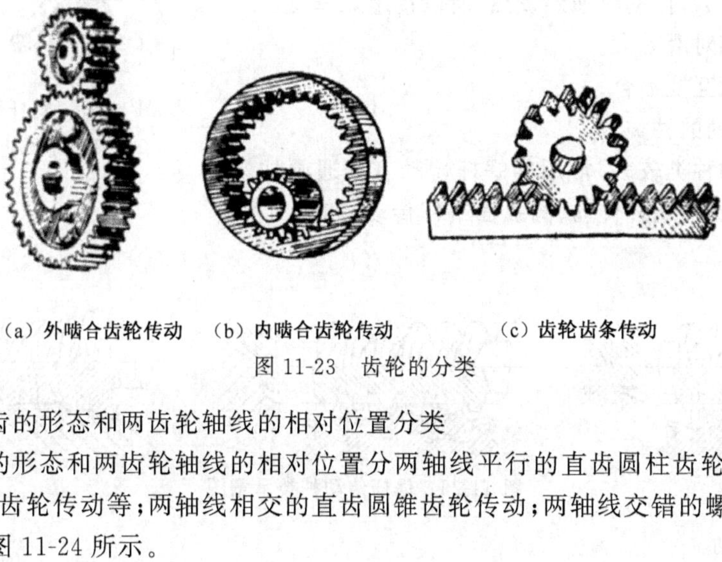

(a) 外啮合齿轮传动　(b) 内啮合齿轮传动　(c) 齿轮齿条传动

图 11-23　齿轮的分类

②根据轮齿的形态和两齿轮轴线的相对位置分类

根据轮齿的形态和两齿轮轴线的相对位置分两轴线平行的直齿圆柱齿轮传动、斜齿圆柱齿轮传动、人字齿轮传动等；两轴线相交的直齿圆锥齿轮传动；两轴线交错的螺旋齿轮传动，分别如图 11-23、图 11-24 所示。

③根据齿廓形状进行分类

按照齿廓形状进行分为渐开线齿轮传动、摆线齿轮传动、圆弧点啮合齿轮传动等。

(2)齿轮传动的特点

两轴传动比保持恒定不变；使用范围广，传递功率大；传递效率高，可达 0.98～0.99；结构紧凑，工作可靠，寿命长；制造工艺复杂，技术要求较高。

5. 蜗杆传动

蜗杆传动由蜗轮和蜗杆组成，用于传递空间交错的两轴的运动和动力，如图 11-25 所示。

(1)蜗杆传动的特点

蜗杆传动与齿轮传动相比有如下优点：

①传动比大。一般动力传动比 $i=8\sim60$，有的可达 600～1 000。

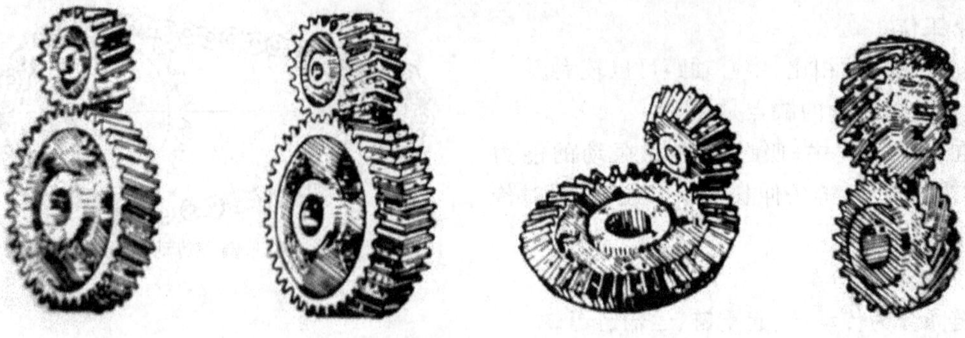

（a）斜齿齿轮传动　（b）人字齿轮传动　（c）直齿圆锥齿轮传动　（d）螺旋齿轮传动

图 11-24　齿轮的分类

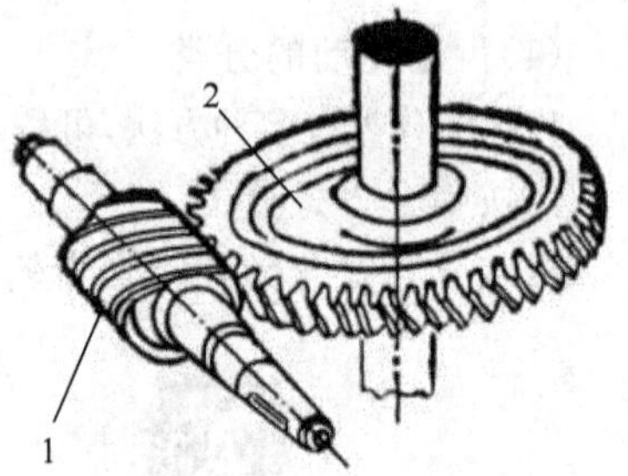

图 11-25　蜗杆传动示意图

1—蜗杆；2—蜗轮

②工作平稳。由于蜗杆是连续的螺旋齿形，传动平稳，噪声小。

③可以自锁。同螺旋一样，当蜗杆的螺旋升角小于当量摩擦角时，无论在蜗轮上施加多大的力，都不能使蜗杆转动。

④摩擦损失大，传动时强烈发热，所以传递效率低。

⑤工作面相对滑动大。

⑥不能任意互换啮合。

(2)蜗杆传动的种类

蜗杆传动的种类较多，常用的蜗杆传动有普通圆柱蜗杆传动、圆弧齿圆柱蜗杆传动、圆弧面蜗杆传动，如图11-26所示。

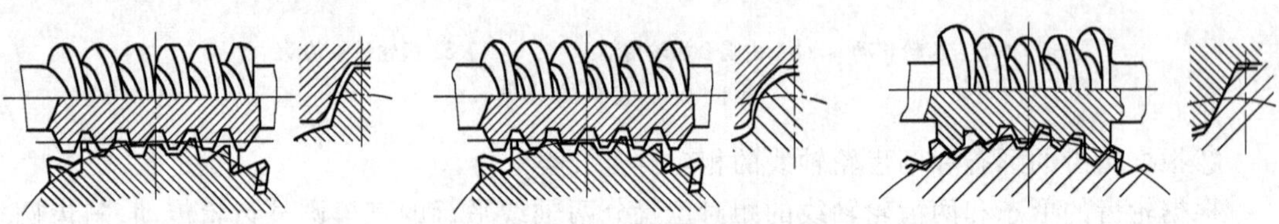

图 11-26　蜗杆传动种类示意图

6. 液压传动

液压传动是动力传动的一种重要形式，越来越被广泛应用，其特点在于动力传递过程中惯性力较小；能在给定范围内平稳的自动调节速度，并可实现无级调速；换向容易，可以较方便地实现工作机构旋转和直线往复运动的转换；机件运动表面间能自行润滑，磨损小，使用寿命长；操纵控制简便，自动化程度高；容易实现过载保护。

液压系统的工作原理及结构在第六章已经详细阐述，本处不再重复。

六、轴

轴是机械设备的重要部件之一，其作用就是支撑回转零件、传递转矩。

1. 轴的分类

轴可按所起的作用及其载荷性质、形状进行分类。轴按所起的作用及其载荷性质分为转轴、心轴、传动轴。

(1)转轴

即支撑零件又传递转矩的轴称为转轴,如图 11-27 所示。

(2)心轴

只支撑零件,不传递转矩的轴称为心轴,如图 11-28 所示。

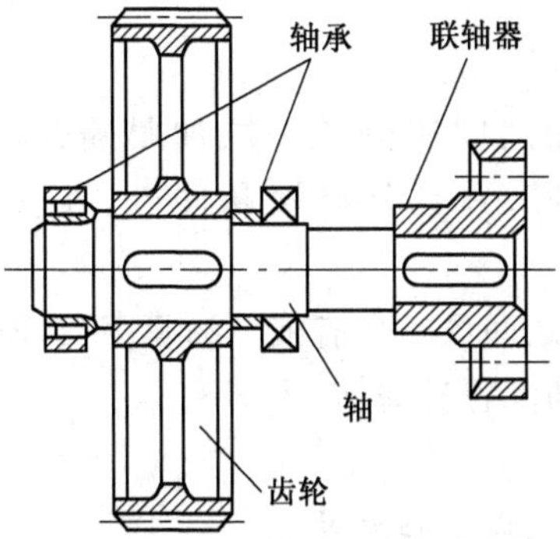

图 11-27　转轴示意图

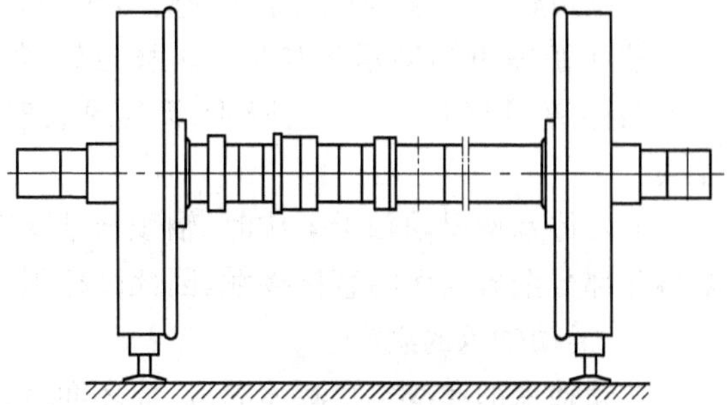
图 11-28　心轴示意图

(3)传动轴

只传递转矩的轴,称为传动轴,如图 11-29 所示。

传动轴按轴心线形状可分为直轴、曲轴;按直径变化可分为光轴、阶梯轴;还可分为实心轴、空心轴。

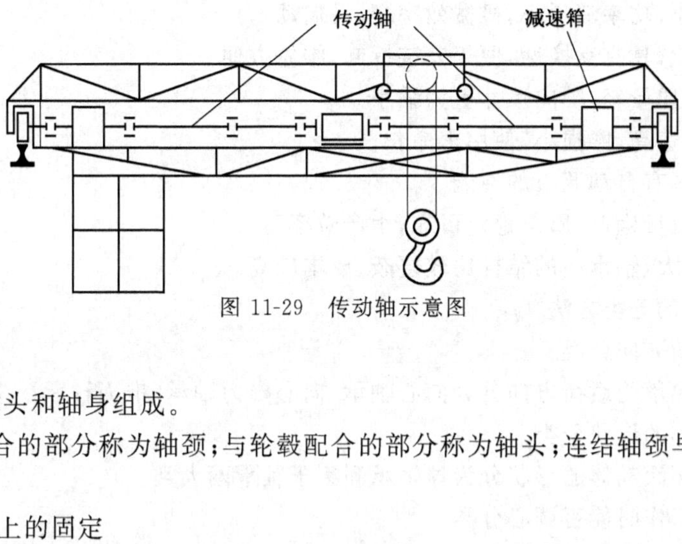

图 11-29　传动轴示意图

2. 轴的组成

轴由轴径、轴头和轴身组成。

轴与轴承配合的部分称为轴颈;与轮毂配合的部分称为轴头;连结轴颈与轴头的部分称为轴身。

3. 零件在轴上的固定

零件在轴上的固定分为轴向固定和周向固定。

零件在轴上的轴向固定分为轴肩和轴环固定、弹性挡圈固定、圆螺母固定、套筒固定、轴端挡圈固定、圆锥销固定、紧定螺钉固定等。

零件在轴上的周向固定主要防止零件在轴上转动,常用的固定方法有键固定和过盈配合。

七、轴　承

轴承是机械设备中不可缺少的零件之一,是支持轴的零件,其作用就是引导轴的旋转运动并承受轴传递的载荷。

1. 轴承的分类

轴承根据摩擦性质分为滑动轴承和滚动轴承。

2. 滑动轴承

(1)滑动轴承的分类

滑动轴承按照润滑状态分为液体摩擦滑动轴承和非液体摩擦滑动轴承。

(2)滑动轴承的特点

轴承由轴承支架、轴瓦、紧固螺钉等组成。

液体摩擦滑动轴承工作时，轴颈与轴承工作表面之间完全被一层油膜隔开，金属表面不发生直接接触，可大大降低摩擦损失和表面磨损，并且具有缓和冲击、吸收振动的能力。

非液体摩擦滑动轴承工作时，轴颈与轴承工作表面之间虽然也有液体油膜存在，但不能完全避免部分金属表面的直接接触，因此摩擦损失较大，轴承容易磨损。

(3)滑动轴承的润滑

滑动轴承的润滑包括滴油润滑、油环润滑、飞溅润滑、强迫润滑等。

3. 滚动轴承

(1)滚动轴承的分类

滚动轴承由外圈、内圈、滚动体、保持架组成。

(2)滚动轴承的特点

滚动轴承有以下优点：

①摩擦阻力小，功率消耗小，机械效率高，易启动。

②尺寸标准化，具有互换性，便于安装拆卸，维修方便。

③结构紧凑，质量轻，轴向尺寸更为缩小。

④精度高，转速高，磨损小，使用寿命长。

⑤部分轴承具有自动调心的性能。

⑥适用于大批量生产，质量稳定可靠，生产效率高。

缺点是：噪声大、轴承座的结构比较复杂、成本较高。

(3)滚动轴承的分类方法

①按承受载荷方向分类

滚动轴承按照承受载荷方向分为向心轴承、向心推力轴承、推力轴承。

②按照滚动体的形状分类

滚动轴承按照滚动体的形状分为球轴承和滚子轴承两大类。

③轴承按其工作时能否调心分类

滚动轴承按照工作时能否调心分为调心轴承、非调心轴承(刚性轴承)。

④轴承按滚动体的列数分类

滚动轴承按滚动体的列数可分为单列轴承、双列轴承、多列轴承。

⑤轴承按其部件能否分离分类

滚动轴承按其部件能否分离分为可分离轴承、不可分离轴承。

(4)滚动轴承代号

按照国家标准 GB/T 272—1993 规定，轴承代码由三部分组成，即前置代号、基本代号、后置代号组成，见表 11-2。

表 11-2　轴承代码组成表

<table>
<tr><td>前置代号</td><td></td><td colspan="2">基本代号</td><td></td><td>基本代号</td></tr>
<tr><td>字母</td><td></td><td colspan="2">字母和数字</td><td></td><td>字母和数字</td></tr>
<tr><td></td><td>×××</td><td colspan="2">××</td><td>××</td><td>内部结构</td></tr>
<tr><td rowspan="4">成套轴承的分部件</td><td rowspan="4">类型代号</td><td rowspan="4">宽度系列代号</td><td rowspan="4">直径系列代号</td><td rowspan="4">直径代号</td><td>密封、防尘与外形状变化</td></tr>
<tr><td>保持架结构、材料改变及轴承材料变化</td></tr>
<tr><td>公差等级及游隙</td></tr>
<tr><td>其他</td></tr>
</table>

基本代号表示轴承的基本类型、结构和尺寸，是轴承代号的基础。除滚针轴承外，基本代号由轴承类型代号、尺寸系列代号及内径代号构成。

轴承的前置代号用于表示轴承的分部件，用字母表示。如用 L 表示可分离轴承的可分离套圈；K 表示轴承的滚动体与保持架组件等等。代号及其含义可查阅机械设计手册。

轴承的后置代号是用字母和数字等表示轴承的结构、公差及材料的特殊要求等等。

第四节　钳工基础知识

一、钳工常用量具

量具就是我们日常生产中由于测量、检验零件和产品规格的工具，量具的种类很多，一般分为：万能量具、专用量具、标准量具。万能量具一般都标定有刻度，可在其测量的范围内，测量零件或产品的形状、尺寸的数值。如游标卡尺、千分尺等。专用量具不能直接测量实际尺寸，而是测量零件和产品的形状和尺寸是否合格，如卡规等。标准量具是制成某一固定尺寸，用于调整其他量具。

常用的法定长度计量单位有米(m)、分米(dm)、厘米(cm)、毫米(mm)。1 m＝10 dm＝100 cm＝1 000 mm。

另外在实际工作中还会遇到英制单位英尺、英吋。1 英尺＝12 英寸，1 英寸＝8 英寸。1 英寸＝25.4 mm。

1. 游标卡尺

(1)游标卡尺的构造

游标卡尺是一种常用的中等精度测量量具，可用于测量工件的外径、内径、长度、宽度、深度、孔距等。游标卡尺中最常见的两种形式，如图 11-30 所示。

游标卡尺由主尺、副尺(即游标)、辅助游标主要部分组成，如图 11-30(a)所示。可用于测量孔距尺寸、内径、外径、长度、齿轮公法线长度及孔、沟槽深度。

另外一种游标卡尺由主尺、副尺(即游标)、深度尺主要部分组成，如图 11-30(b)所示。可用于测量孔内径、外径、长度及孔、沟槽深度。

(2)游标卡尺数据的读法

游标卡尺有 0.02 mm、0.05 mm、0.1 mm 三种测量精度，游标卡尺是利用主尺刻度间距

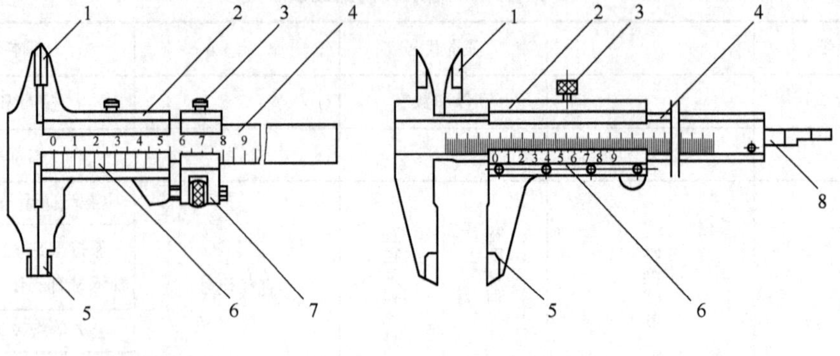

(a)可微调游标卡尺　　(b) 带深测杆的游标卡尺

图 11-30　游标卡尺

1—上量爪；2—尺框；3—紧固螺钉；4—主尺；5—下量爪；6—副尺(游标)；7—游标微调；8—深度尺

与副尺刻度间距读数的，如图 11-36 所示。以 0.02 mm 游标卡尺为例，主尺的刻度间距为 1 mm，当两卡脚合并时，主尺上 49 mm 刚好等于副尺上 50 格，副尺每格长为＝0.98 mm。主尺与副尺的刻度间相关为 1－0.98＝0.02(mm)，因此它的测量精度为 0.02 mm(副尺上直接用数字刻出)。如图 11-31 所示。

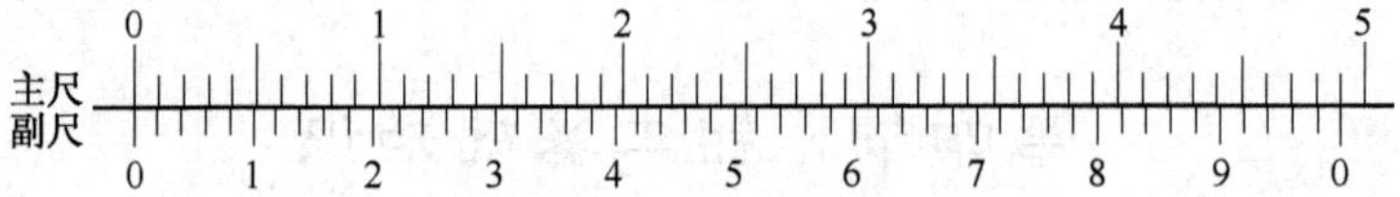

图 11-31　游标卡尺刻度

游标卡尺读数分为三个步骤，图 11-32 所示，下面以该图 0.02 游标卡尺的某一状态为例进行说明。

在主尺上读出副尺零线以左的刻度，该值就是最后读数的整数部分，如图示 33 mm；副尺上一定有一条与主尺的刻线对齐，在刻尺上读出该刻线距副尺的格数，将其与刻度间距 0.02 mm相乘，就得到最后读数的小数部分，如图示为 0.24 mm；将所得到的整数和小数部分相加，就得到总尺寸为 33.24 mm。

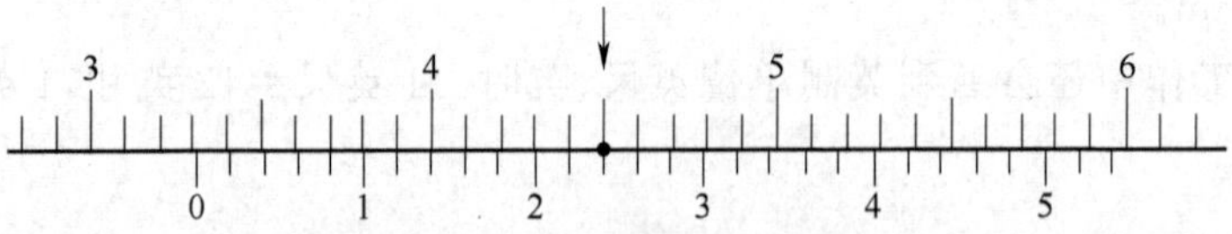

图 11-32　数据读取示意图

2. 千分尺

千分尺又叫螺旋测微器，是比游标卡尺更精密的测量长度的工具，用它测长度可以准确到 0.01 mm，测量范围为 25 mm。

(1)千分尺的构造

千分尺的构造如图 11-33 所示。

千分尺由尺架、测砧、测微螺杆、固定套管、滑动套管、罩壳、棘轮盘、锁紧装置等组成。

千分尺是依据螺旋放大的原理制成的，即螺杆在螺母中旋转一周，螺杆便沿着旋转轴线方向前进或后退一个螺距的距离，沿轴线方向移动的微小距离，就能用圆周上的读数表示出来，

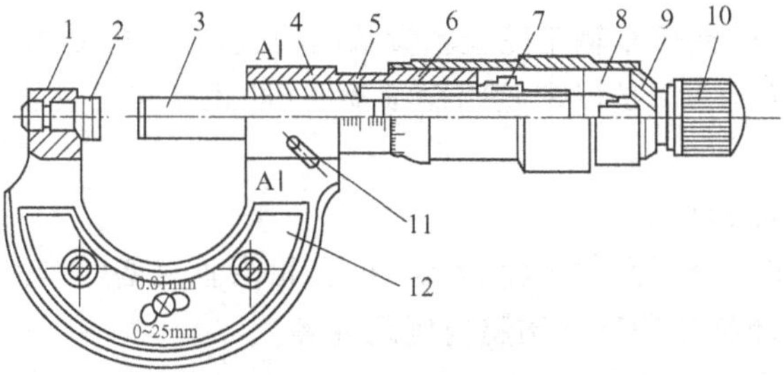

图 11-33　千分尺构造示意图

1—尺架；2—测砧；3—测微螺杆；4—螺纹轴套；5—固定套管；6—微分筒；
7—调节螺母；8—接头；9—垫片；10—测力装置；11—锁紧机构；12—绝热片

因此称螺旋测微器。千分尺的精密螺纹的螺距是 0.5 mm，可动刻度有 50 个等分刻度，可动刻度旋转一周，测微螺杆可前进或后退 0.5 mm，因此旋转每个小分度，相当于测微螺杆前进或后退 0.5/50＝0.01 mm，即可动刻度每一小分度表示 0.01 mm，所以千分尺可准确到 0.01 mm。由于还能再估读一位，可读到毫米的千分位，故名千分尺。

(2)千分尺数据的读取

使用千分尺时先要检查其零位是否校准，因此先松开锁紧装置，清除油污，特别是测砧与测微螺杆间接触面要清洗干净。检查微分筒的端面是否与固定套管上的零刻度线重合，若不重合应先旋转旋钮，直至螺杆要接近测砧时，旋转测力装置，当螺杆刚好与测砧接触时会听到喀喀声，这时停止转动。如两零线仍不重合(两零线重合的标志是：微分筒的端面与固定刻度的零线重合，且可动刻度的零线与固定刻度的水平横线重合)，可将固定套管上的小螺丝松动，用专用扳手调节套管的位置，使两零线对齐，再把小螺丝拧紧。

先读整数。看微分左边固定套筒上有数字的刻线露出部分是多少，那么它即是测得零件尺寸的整数部分；再读小数。看微分筒的哪条刻线与固定套筒上的轴向刻线对齐。首先读出该读数，再看半刻度线(0.5 mm 刻线)是否露出，如果半刻度线没露出来，那么刚才读出的刻线读数即为小数；如果半刻度线露出来了，那么要加上 0.5 mm 作为毫米小数(小数部分)。读数时要注意，看 0.5 mm 的刻线是否露出来，否则就会少读或多读 0.5 mm；两次读数相加(把整数部分和小数部分相加)即为千分尺的读数。

图 11-34(a)的读数：固定套筒露出的数值(整数部分)是 6 mm，微分筒刻线所对齐的数值是 0.05 mm，所认读数是 6＋0.05＝6.057(mm)。

图 11-34(b)的读数：固定套筒露出的数值是 35 mm，微分筒刻线所对齐的数值是 0.12 mm，0.5 mm 刻线已露出来，所以读数是 35＋0.5＋0.12＝35.62(mm)。

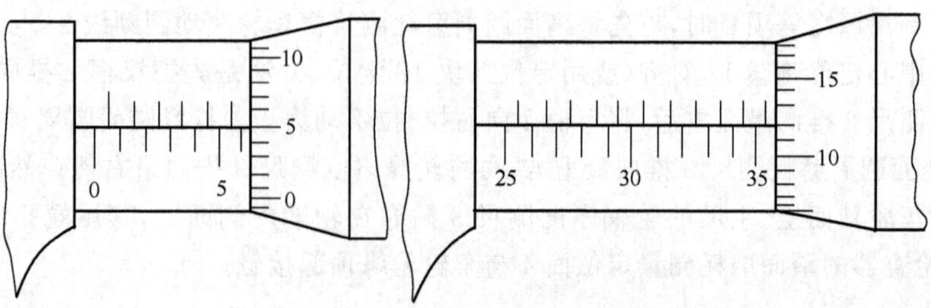

图 11-34　千分尺数据的读取

3. 车轮四种检查器

车轮检查器专门用于铁道车辆车轮技术参数的检查，是一种专用工具，主要用于测量车轮轮缘、踏面相关尺寸及缺陷，它是以车轮踏面滚动圆(即距车轮内侧面 70 mm)处的基线为测量基准。

(1)车轮四种检查器的功能

该检查器可测量车轮踏面圆周磨耗、轮缘厚度、轮缘垂直磨耗、轮缘高度、轮辋宽度、踏面擦伤深度和长度、车钩闭锁位钩舌与钩腕内侧距离等。

(2)车轮四种检查器的构造

车轮四种检查器的结构如图 11-35 所示，由主尺、踏面磨耗尺、轮辋宽度测尺、轮缘厚度尺、定位挡块、尺框等组成。

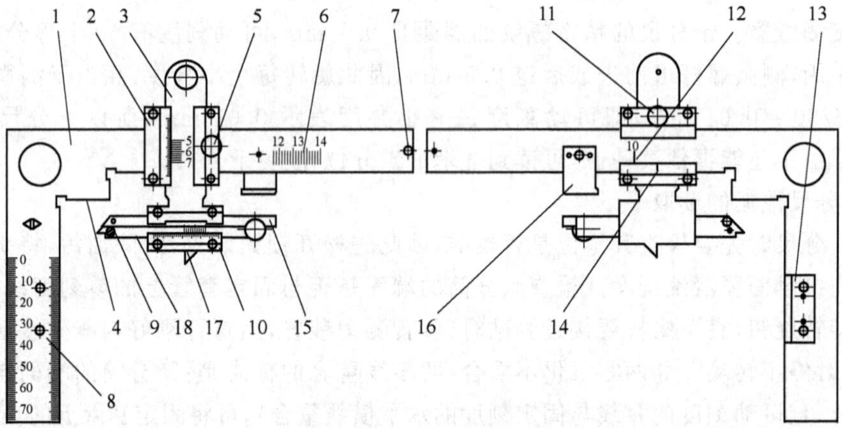

图 11-35　车轮四种检查尺结构示意图

1—主尺；2—踏面磨耗测尺尺框架；3—踏面磨耗测尺；4—轮缘高度测量定位面；5—尺框紧固螺钉；6—轮辋宽度测尺；7—止钉；8—轮辋厚度测尺；9—轮缘厚度尺；10—轮缘厚度尺尺框；11—踏面磨耗尺紧固螺钉；12—主尺背面滚动圆定位线；13—定位角铁；14—踏面磨耗尺框滚动圆刻线；15—垂直磨耗测尺；16—定位挡块；17—踏面磨耗测头；18—垂直磨耗刻线

主尺为直角形，垂直尺身刻有长度双刻度线、水平尺身的背面刻有车轮滚动圆定位刻线；踏面圆周磨耗尺和轮缘厚度测尺，通过踏面圆周磨耗测尺和轮缘厚度测尺尺框组合在一起，形成整体联动机构。

为保证车轮检查器测量操作的稳定和数据的准确可靠，在轮辋厚度测尺的背面装有定位角铁。

(3)车轮四种检查器的使用

测量车轮踏面圆周磨耗、轮辋厚度、轮缘垂直磨耗、轮缘高度、轮缘厚度、轮辋宽度、踏面擦伤以及踏面剥离深度等项目时，首先将踏面圆周磨耗测尺框车轮滚动圆刻线 14 与主尺背面上的车轮滚动中心定位刻线 12 对齐(或用定位挡块 17 定位，方法是先把尺框 2 推向最左侧，再把踏面磨耗测尺 3 推向最上方后，将尺框 2 向右拉，拉不动为止。)拧紧踏面圆周磨耗尺框紧固螺钉 5，将踏面圆周磨耗测尺 3 推向最上方，再将轮缘厚度测尺 9 推向最右侧。然后将车轮检查器立放在车轮踏面上，主尺的轮辋厚度测尺 8 贴靠在轮辋内侧面上，其尾端指向车轴中心线，使车轮检查器的踏面磨耗测量定位面 4 与车轮轮缘顶部接触。

4. 塞尺

塞尺又称厚薄规、间隙规，用于测量两个接合面之间的间隙，我们常用的就是测量气门间隙。

塞尺由许多厚度不同的薄钢片组成，如图 11-36 所示。

使用塞尺时必须注意下列几点：

(1)使用前必须先清除塞尺和工件上的污垢与灰尘。

(2)测量时，应先用较薄的一片塞尺插入被测间隙内，若仍有空隙，则挑选较厚的依次插入，直至恰好塞进而不松不紧，该片塞尺的厚度即为被测间隙大小。若没有所需厚度的塞尺，可取若干片塞尺相叠代用，被测间隙即为各片塞尺尺寸之和，但误差较大。使用中根据结合面的间隙情况选用塞尺片数，但片数愈少愈好。

(3)由于塞尺很薄，容易折断，测量时不能用力太大，以免塞尺遭受弯曲和折断；使用后应在表面涂以防锈油，并收回到保护板内。

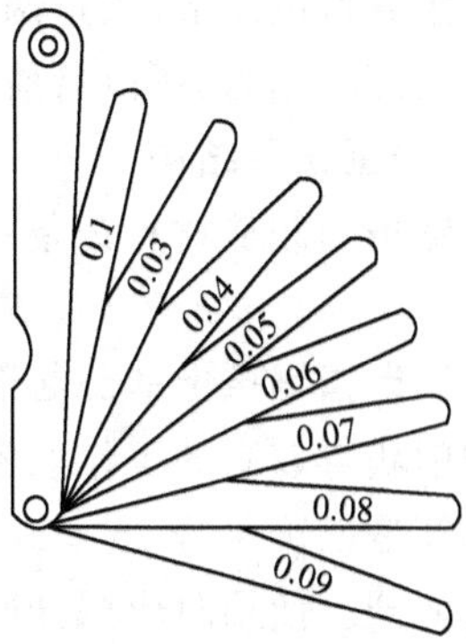

图 11-36　塞尺示意图

(4)塞尺的测量面不应有锈迹、划痕、折痕等明显的外观缺陷。

(5)不能测量温度较高的工件。

二、钳工常用工具及操作

钳工是机械制造及维修行业的基础工种，钳工工具是实现钳工操作的必要工具，包括手锤、手锯、錾子、锉刀、钻头等。

1. 手锤

手锤俗称鎯头，手锤的组成由锤头、木柄和楔子(斜楔铁)组成，如图 11-37 所示。

锤头用碳素工具钢制成，并经热处理淬硬；常用的 1 kg 手锤的木柄长约为 350 mm 左右，木柄用硬而不脆，比较坚韧的木材制成，如檀木等，手握处的断面应为椭圆形，以便锤头定向，准确敲击，木柄安装在锤头中，必须稳固可靠，木柄的孔做成椭圆形，且两端大，中间小，木柄的粗细和强度要适当，要和锤头大小相称；木柄敲紧装入锤孔后，再在端部打入带倒刺的铁楔子。

手锤的种类较多，一般分为硬头手锤和软头手锤两种。硬头手锤用碳素工具钢 T7 制成。软头手锤的锤头是用铅、铜、硬木或橡胶制成的，多用于装配和矫正工作。手锤的规格以锤头的质量来表示，有 0.25 kg(千克)、0.5 kg 和 1 kg 等。

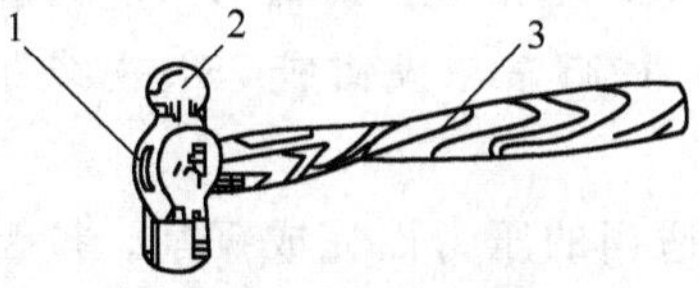

图 11-37　手锤示意图

1—楔子；2—锤头；3—木柄

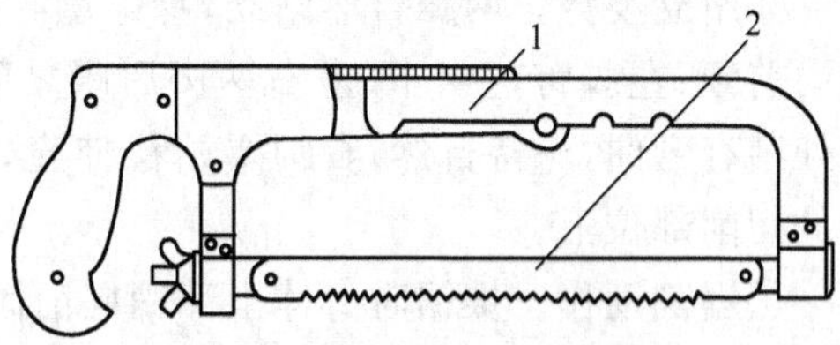

图 11-38　手锯结构示意图

1—锯弓；2—锯条

2. 手锯及锯割

(1)锯割及手锯分类

手锯俗称钢锯，是钳工的基本工具之一，主要用于锯割。

手锯由锯弓和锯条两部分组成，如图 11-38 所示。锯弓用于操作者握持又能张紧锯条。

锯弓的种类:锯弓有固定式和可调式两种。固定式锯弓的安装距离不可调整,只能安装一种长度的锯条。可调式锯弓的安装距离可以调整,能装几种不同长度的锯条。可调式锯弓的安装距离可以调节,通过调整可以安装几种长度的锯条,使用比较方便,并且,可调式锯弓的锯柄形状便于用力,所以目前被广泛使用。

(2)锯条及结构

锯条的制造材料锯条一般用碳素工具钢、合金工具钢或渗碳软钢冷轧制成,并经热处理淬硬。

锯齿指锯条上的凸起部分。锯条单面有齿。锯齿的切削角度分为前角、后角、楔角。为了使锯削获得较高的工作效率,必须使切削部分具有足够的容屑槽,因此锯齿的后角较大。锯齿的粗细是以锯条每 25 mm 长度内的齿数来表示的。锯条根据锯齿的牙距大小,有细齿、中齿、粗齿之分。使用时应根据所锯材料的软硬、厚薄来选用。

锯路指锯齿左右扳斜错开的排列形式。为了减少锯缝两侧面对锯条的摩擦阻力,避免锯条被夹住或折断。锯条在制造时,使锯齿按一定的规律左右扳斜错开,排列成一定形状,形成了锯齿的不同排列形式,称为锯路。锯路有交叉形和波浪形等。锯条有了锯路以后,使工件上的锯缝宽度大于锯条背部的厚度,从而防止了"夹锯"和锯条过热,并减少锯条磨损。

手锯是在向前推进时才起切削作用,回程时不起切削作用,因此锯条安装应使齿尖的方向朝向前推的方向,这样在前推时切割金属,工作平稳且用力方便。如果装反了,则锯齿前角为负值,切削困难,就不能正常锯割了。锯条的松紧也要控制适当,它由锯弓上的翼形螺母调节。在调节锯条松紧时,蝶形螺母不宜旋得太紧或太松,太紧时锯条受预拉伸力太大,在锯割中用力稍有不当,稍有阻力发生弯曲时,就会崩断;太松则锯割时锯条容易扭曲,也易折断,而且锯出的锯缝容易歪斜。其松紧程度可用手扳动锯条,以感觉硬实即可。锯条安装后,要保证锯条平面与锯弓中心平面平行,不得倾斜和扭曲,否则,锯割时锯缝极易歪斜。装好的锯条应与锯弓保持在同一中心面内,这样容易使锯缝正直。

(3)锯割注意事项:

①工件的夹持。通常将工件牢固的夹在虎钳的左面,并使锯缝平行地离钳口侧面约 20 mm,防止变形。

②手锯握法。右手满握锯柄,左手呈虎口状,拇指压住锯梁背部,其他四指轻扶在锯弓前端。

③站立姿势。两腿自然站立,身体重心稍微偏于后脚。身体与虎钳中心线大致成 45°,且略向前倾;左脚跨前半步(左右两脚后跟之间的距离约 250～300 mm),脚掌与虎钳成 30°,膝盖处稍有弯曲,保持自然;右脚要站稳伸直,不要过于用力,脚掌与虎钳成 75°;视线要落在工件的切削部位上。

④锯割动作。推锯时身体上部稍向前倾,给手锯以适当的压力而完成锯削。拉锯时不切削,应将锯稍微提起,以减少锯齿的磨损。推锯时推力和压力均由右手控制,左手几乎不加压力,主要配合右手起扶正锯弓的作用。手锯推出时为切削行程,应施加压力。手锯退回行程时全齿不参加切削,只作自然拉回,不施加压力,以免锯齿磨损。工件将要锯断时压力要小。

⑤起锯方法。起锯有远起锯和近起锯两种。起锯角约 15°,起锯是锯割工作的开始。起锯质量的好坏,直接影响锯割质量,如果起锯不正确,会使锯条跳出锯缝将工件拉毛或者引起锯齿崩裂。近起锯指锯条在工件的近端开始切入的起锯方法;远起锯指锯条在工件的远端开始切入的起锯方法。

⑥锯弓的运动方式。锯割时，锯弓的运动方式有直线运动和摆动式运动两种。直线式运动指割时锯弓始终平直地沿直线作往返运动，直线运动适用于锯削锯缝底面要求平直的槽和薄壁工件。摆动式运动指锯弓在作往返运动的同时还要作小幅度的上下摆动。

⑦锯削行程和速度。锯削行程指锯条在工件上走过的有效长度。通常不小于锯条全长的2/3。锯削时应尽量利用锯条的有效长度。行程太短，锯条局部磨损加快，锯条寿命缩短。甚至会因局部磨损，锯缝变窄，造成锯条卡死和折断。一般往复行程不应小于锯条全长的2/3。锯削速度指锯条每分钟往返运动的次数，通常锯削运动的速度一般以20～40次/min为宜。锯割硬材料要慢些，锯割软材料要快些。同时，锯割行程应保持均匀，返回行程的速度应相对快些，以提高锯削效率。

3. 锉刀及锉削

(1)锉刀及分类

锉刀是钳工常用的整形工具之一，用锉刀在工件表面进行切削加工叫做锉削。锉刀由锉身、锉柄组成，各部名称如图11-39所示。锉身部分加工有锉齿，用于切削；锉柄可加装锉把，用于操作者握持。

锉刀的品种很多。锉刀可按用途分为普通钳工锉、木锉、整形锉(什锦锉)、刃磨木工锯用锉刀等等；按剖面形状分为扁锉(平锉)、方锉、半圆锉、圆锉、三角锉、菱形锉和刀形锉等；锉刀按锉纹形式分单纹锉和双纹锉两种。

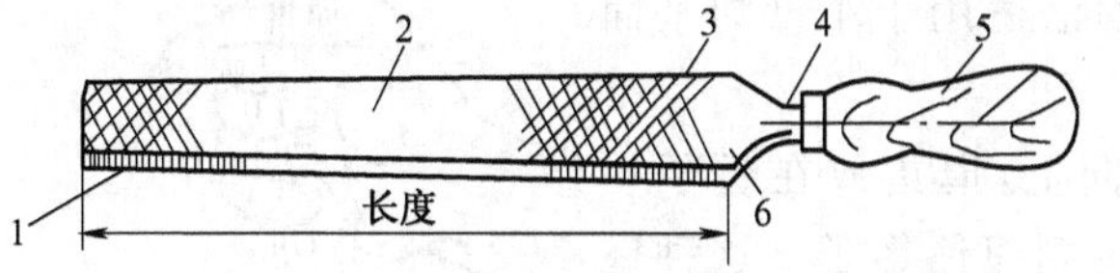

图 11-39 锉刀各部名称

1—锉刀边；2—锉刀面；3—锉齿；4—锉舍；5—锉把；6—锉刀尾

(2)锉刀的规格

锉刀的齿纹的粗细规格是按每10 mm长度内主锉纹条数分为Ⅰ～Ⅴ号，其中Ⅰ号为粗齿锉，Ⅱ号为中齿锉，Ⅲ号为细齿锉，Ⅳ号和Ⅴ号为油光锉，分别用于粗加工和精加工。

钳工锉刀的规格是指锉身的长度，异型锉和整形锉的规格是指锉刀的全长。

(3)锉刀的使用原则

为了延长锉刀的使用寿命，必须遵守下列原则：

①不准用新锉刀锉硬金属；

②不准用锉刀锉淬火材料；

③有硬皮或粘砂的锻件和铸件，须在砂轮机上将其磨掉后，才可用半锋利的锉刀锉削；

④新锉刀先使用一面，当该面磨钝后，再用另一面；

⑤锉削时，要经常用钢丝刷清除锉齿上的切屑；

⑥锉刀不可重叠或者和其他工具堆放在一起；

⑦使用锉刀时不宜速度过快，否则容易过早磨损；

⑧锉刀要避免沾水、沾油或其他脏物；

⑨细锉刀不允许锉软金属；

⑩使用什锦锉用力不宜过大，以免折断。

4. 錾子及錾削

(1)錾削及工作范围

操作者用錾子对金属或工件进行加工的过程，叫錾削。錾削是钳工的基本操作之一。錾削使用的工具就是錾子和手锤。

錾削的工作范围主要是去除毛坯上的凸缘、毛刺、分割材料、錾削平面及油槽等，经常用于不便于机械加工的场合。

(2)錾子的分类

钳工常用的錾子有扁錾、尖錾、油槽錾等，如图 11-40 所示。

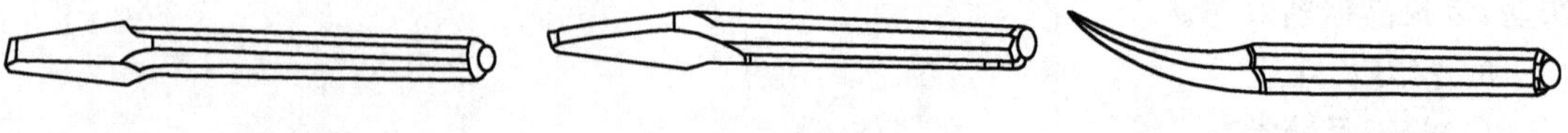

(a)扁錾　(b)尖錾　(c)油槽錾

图 11-40　錾子的种类

(3)錾削的操作要领

①正握法：手心向下；用虎口夹住錾身，拇指与食指自然张开，其余三指自然弯曲靠拢握住錾身，如图 11-41(a)所示。露出虎口上面的錾子顶部不宜过长，一般在 10～15 mm。

②反握法：手心向上；手指自然捏住錾身，手心悬空。这种握法适用于小量的平面或侧面錾削。

③立握法：虎口向上，拇指放在錾子一侧，其余四指放在另一侧捏住錾子。这种握法用于垂直錾切工件，如在铁砧上斩断材料。

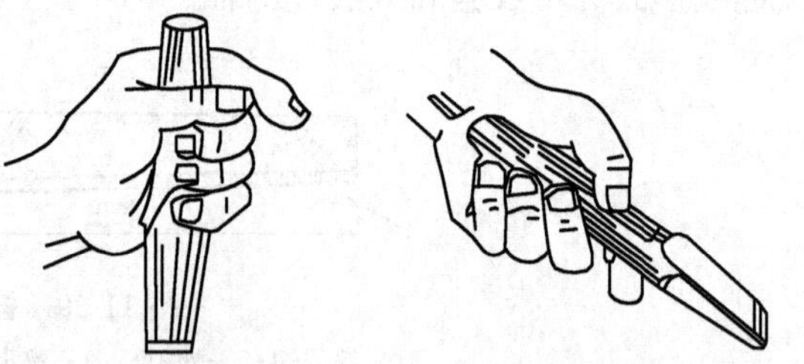

(a) 正握法　(b)反握法

图 11-41　錾子的握法

(4)錾削操作的注意事项

①先检查錾口是否有裂纹；

②检查手锤木柄是否有裂纹，锤头与木柄是否有松动；

③不要正面对人操作；

④錾头不能有毛刺；

⑤操作时不能戴手套，以免打滑；

⑥錾削时注意切削角度；

錾削临近终了时要减力锤击，以免用力过猛伤手。

5. 钻头及钻孔

(1)钻孔

在实体机件、材料上用钻头加工出孔的过程，称为钻孔、也成钻削。

钻削时，工件固定在钻床上，钻头在钻床上的旋转运动为主体运动；同时钻头沿轴线方向移动，为进给运动，如图 11-42 所示。

钻削时钻头是在半封闭的状态下进行的切削运动，转速高、切削量大、排屑困难，其特点为：

①摩擦严重，需要较大的钻削力；

②产生的热量多，而且传导、散热困难，切削温度较高；

③钻头的高速运转和较高的切削温度，导致钻头磨损严重；

④由于钻削时的挤压、摩擦，易产生孔壁的“冷作硬化”现象，给下一道工序加工增加困难；

⑤由于钻头细而长，在加工过程中易产生振动；

⑥加工精度低。

(2)麻花钻

麻花钻是最常用的钻头类型之一，常用高速钢(W18Cr4V 或 W9Cr4V2)制成，淬火后 HRC62～68。

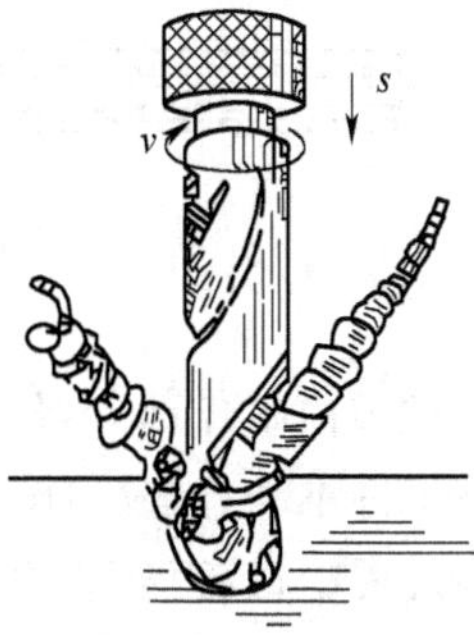

图 11-42　切削运动

麻花钻结构按其功用的不同，可以分为钻柄、钻颈、钻体三部分，如图 11-43 所示。

钻柄是钻头上供装夹持用的部分，并用以传递钻孔所需的动力(扭矩和轴向力)，分为锥柄、柱柄两种。一般直径小于 13 mm 的钻头做成柱柄，大于 13 mm 做成锥柄，锥柄钻柄规格见表 11-3。

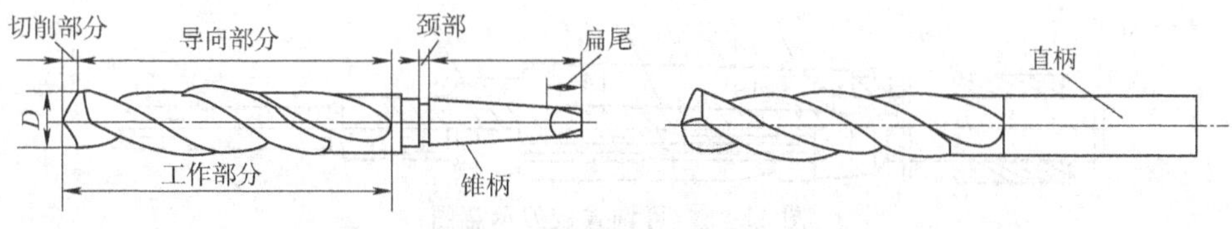

图 11-43　麻花钻结构示意图

钻颈位于刀体和钻柄之间的过渡部分，通常用作磨制钻头时砂轮退刀用的空刀槽。

钻体是钻头的工作部分，由切削部分(即钻尖)和导向部分组成。

表 11-3　锥柄钻柄规格表

莫氏锥柄号	1	2	3	4	5	6
大端直径(mm)	12.240	17.980	24.051	31.542	44.731	63.760
钻头直径(mm)	6～15.5	15.6～23.5	23.6～32.5	32.6～49.5	49.6～65	65 以上

麻花钻的切削部分如图 11-43 所示。前面即螺旋槽靠近切削刃的那部分面；后面即在钻尖上与被加工表面相对的面，有两个后面，每个又可分为第一后面和第二后面；钻尖或称钻峰，承担主要的切削任务；主切削刃即前面与后面相交成的刃口，普通麻花钻有两条；副切削刃是前面与刃带的相交线，即刃带边缘刃；横刃是两后面相交成的刃口；横刃转点即主切削刃与横刃相交成的转角交点；外缘转点即主切削刃与副切削力刃的转角交点；芯尖即理论上是麻花钻中心轴在钻尖处的端点，实际当中有偏差。

6. 铰孔

所谓铰孔就是利用铰刀从工件孔壁上切除微量金属层，以提高其尺寸精度和孔表面质量的方法，也是对经过粗加工的孔进行精加工的过程。

(1)铰刀的种类

钳工常用的铰刀有整体圆柱形机铰刀和手铰刀、可调节的铰刀、锥铰刀、螺旋槽铰刀。

①整体圆柱铰刀

整体圆柱铰刀分为机用和手用两种，如图 11-44 所示。

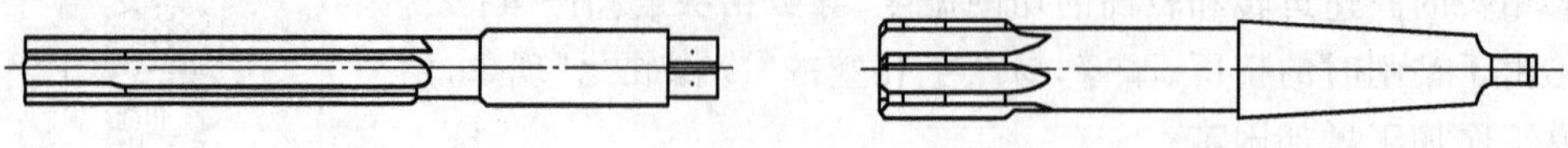

(a) 手用　　(b) 机用

图 11-44　整体圆柱铰刀示意图

铰刀由工作部分、颈部和柄部组成，工作部分包括切削部分和校准部分。铰削的工作方式一般是工件不动，由铰刀旋转并向孔中作轴向进给。在车床上铰削时，工件旋转，铰刀作轴向进给。铰削过程中，铰刀前端的切削部分进行切削，后面的校准部分起引导、防振、修光和校准作用。

②可调式圆柱铰刀

可调式铰刀一般用于非标准孔的制作，常用于单件或维修工作中。可调节铰刀的刀体上开有斜底槽，具有同样斜度的刀片放置在槽内，用可调整螺母和压圈压紧刀片的两端。调节调整螺母，可使刀片沿斜底槽移动，即可改变铰刀直径，以适应不同孔径的需要。可调铰刀的加工直径范围为 6.25～44 mm，直径的调节范围为 0.75～10 mm。如图 11-45 所示。

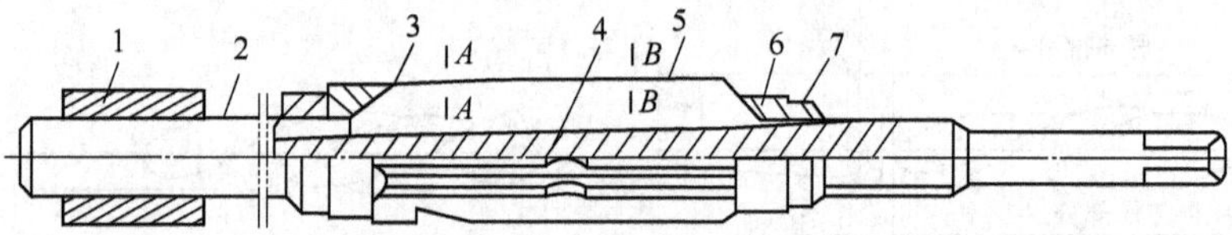

图 11-45　可调式铰刀示意图

1—导向套；2—导向柱；3—引导部分；4—刀体；5—刀片；6—压圈；7—调整螺母

③锥铰刀

该铰刀用于在柱形孔的基础上加工锥形孔。如图 11-46 所示。

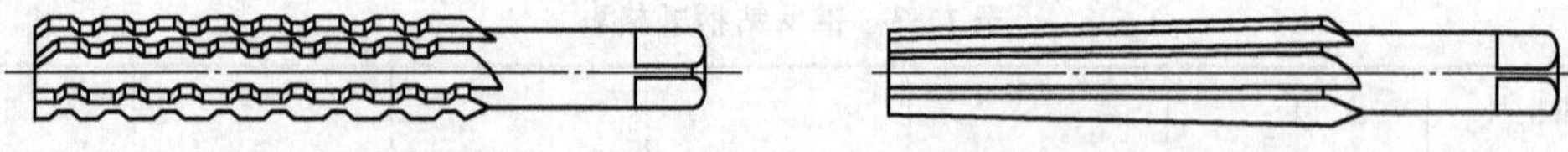

(a)粗铰刀　　(b)细铰刀

图 11-46　锥铰刀示意图

铰刀分为粗铰刀、细铰刀，一般 2 至 3 把一套，根据需加工锥孔的锥度不同，锥铰刀分为 1∶10锥铰刀、1∶30 锥铰刀、1∶50 锥铰刀、1∶16 锥铰刀等几种。

用锥铰刀加工铰孔时，整个刀齿都作为切削刃切削，负荷较重，因此每加工进刀 2～3 mm 应将铰刀取出一次，清除切屑。

④螺旋槽铰刀

顾名思义铰刀的刀刃做成螺旋状，如图 11-47 所示。螺旋槽铰刀铰孔时，铰削阻力均匀分布，铰削平稳，铰孔较光滑。

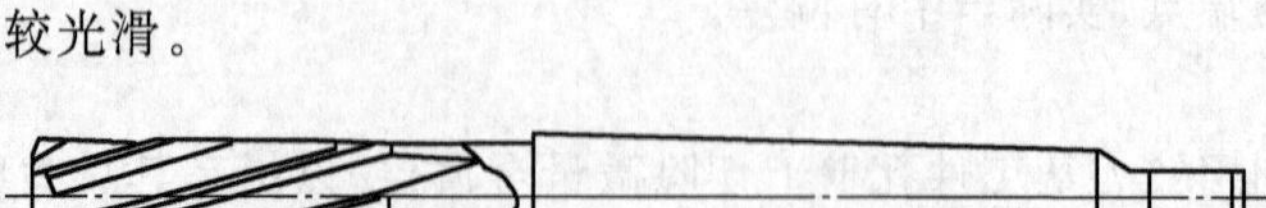

图 11-47　螺旋槽铰刀示意图

(2)铰削加工

进行铰削加工时，现根据铰孔大小在机件上进行钻孔，之后进行扩孔，然后再进行铰孔。铰孔时分为粗铰和细铰。铰削加工时由于铰刀与机件的摩擦，因此必须使用冷却润滑液来降低铰刀的温度。

7. 攻丝与套丝

攻丝、套丝是钳工中常见的工作之一，用丝锥在孔中切削出螺纹的过程叫攻丝；用板牙在螺杆上切削螺纹的过程叫套丝。

(1)攻丝

丝锥是攻丝的主要工具，由切削部分、导向部分、柄部组成，如图 11-48 所示。

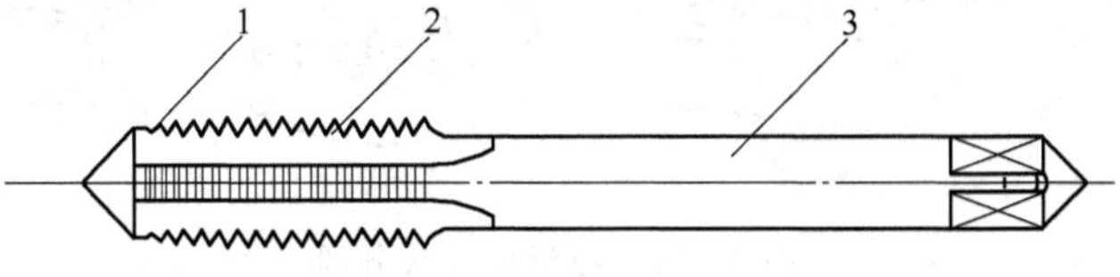

图 11-48　丝锥结构示意图

1—切削部分；2—导向部分；3—锥柄部分

切削部分、导向部分有数道沟槽构成切削刃，柄部有方榫，用于安装扳手。丝锥扳手如图11-49所示。

图 11-49　丝锥扳手

丝锥分为手用丝锥、管螺纹丝锥、机用丝锥。攻丝前应首先钻孔，钻头直径比螺纹内径稍大一些，而后攻丝。

为了减小切削力和延长丝锥的使用寿命，丝锥是成套使用的，切削量分配到几支丝锥来担当。通常 M6～M24 的丝锥为两支一组，M6 以下、M24 以上的丝锥为三支一组，细牙螺纹丝锥为两支一组。

攻丝要领如下：

①攻丝时要使丝锥的中心线与底孔的中心线相重合，或使丝锥的中心线垂直于孔口表面。

②两手用力(压力、旋转力)要均匀、平稳，把丝锥拧入孔内，使丝锥能够着实地切削下去。

③丝锥攻入孔内过程中，要不断地做反向旋转，以便清除切屑。

④攻丝时，要先用头锥，再用二锥、三锥扩大和修光螺纹。

在较硬的材料上攻丝时，可将头锥、二锥交替使用，防止断锥；在较软的材料上攻丝时，攻出二、三个牙后，还要继续施加压力，防止滑牙，当攻至四、五牙时可不再施加压力，自然旋转即可。

(2)套丝

套丝就是利用板牙作为工具，在螺杆上切削出螺纹的过程。

①板牙的结构

板牙是用合金工具钢或高速钢制成，由切削部分、校准部分和排屑孔组成，如图11-50所示。

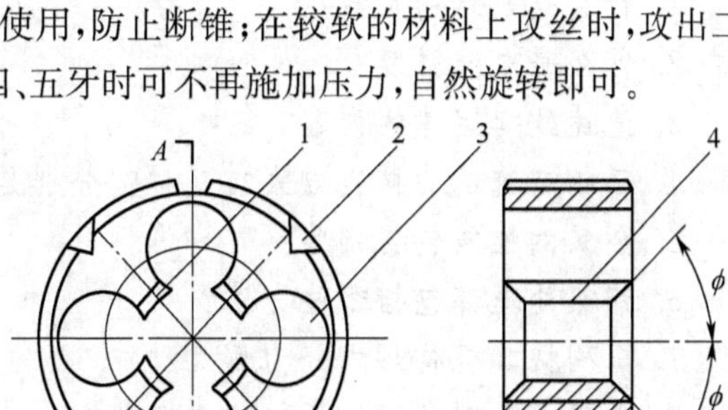

图 11-50　板牙的结构示意图

1—切削部分；2—调整螺钉锥坑；3—排屑孔；4—校准部分

切削部分是板牙两端有切削锥角(2ϕ)的

部分；板牙中间的部分为校准部分；校准部分旁边的圆孔为排屑孔。

②板牙的种类

板牙按构造可分为固定式板牙、相对调节式板牙、圆形调节式板牙、和管子板牙；按形状分为圆板牙、方板牙、六角板牙以及管形板牙。

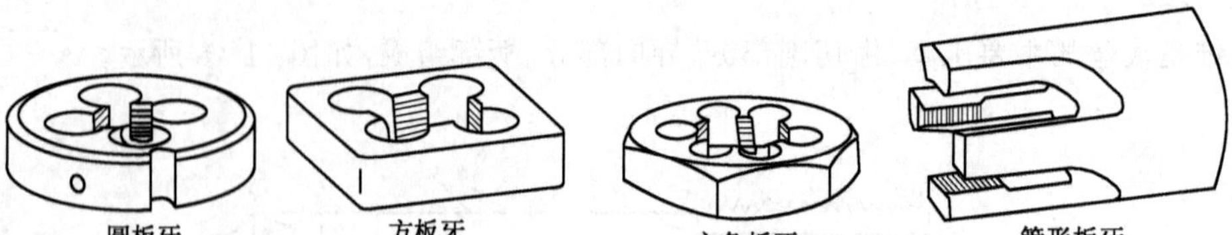

图 11-51　板牙按形状分类

③板牙架

板牙架是套丝不可缺少的工具，它用于放置、固定板牙，传递扭力、压力，如图 11-52 所示。

④套丝的方法

a. 需要套丝的螺杆直径应比板牙螺纹外径小 0.2～0.4 mm。

b. 须套丝螺杆的端部须倒角 10°～40°，使扳手容易对准工件中心并方便切入。

c. 套丝时板牙架两端压力和旋转扭力要均匀，开始时要压力适当，防止出现滑丝或无齿牙，当套入三、四个牙后即可正常旋转扳手，但要注意随时倒丝，切断切屑。

d. 套 12 mm 以上螺杆时，注意扳手扭力，防止扳手断裂，可用可调式扳手。

e. 为延长板牙寿命，提高螺纹精度，套丝时注意使用润滑冷却液。

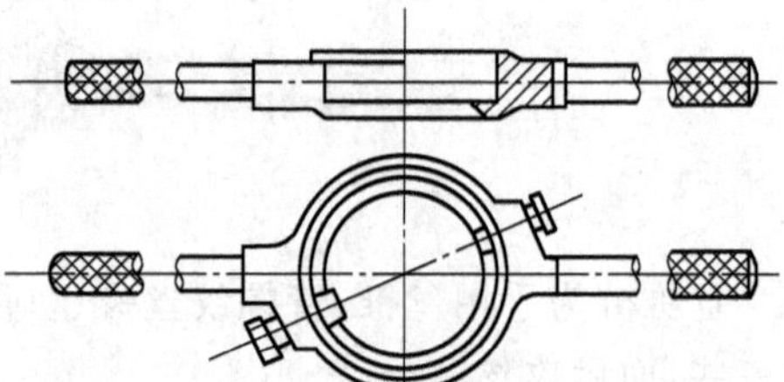

图 11-52　板牙架示意图

复习思考题

1. 什么是电路的负载？
2. 什么是电流强度？
3. 简述欧姆定律的内容。
4. 三相交流电的接线方式有几种？分别是什么？
5. 金属的性能包括哪些？
6. 钢热处理都包括哪些方法？
7. 机构按其机构形式分为哪几种？
8. 常用的法定长度计量单位有哪些？
9. 塞尺的用途是什么？

第十二章　接触网作业车行车知识简介

接触网作业车是铁路专用的运输设备和施工作业机具，随着铁路提速以及客运专线的开通，接触网作业车已经成为我们日常的检修作业机具，使用非常普遍。为此加强接触网作业车的管理，根据有关“重型接触网作业车、接触网作业车上线运行按列车办理”的规定，保证行车安全显得尤为重要。

第一节　接触网作业车的有关规章制度

规章制度是管理的基础和保障，接触网作业车的有关规章是接触网作业车管理、行车的法规，在日常工作中必须得到认真贯彻落实，才能保证接触网作业车管理有序、质量稳定、安全可控。

一、接触网作业车的管理规章

1. 管理规则

接触网作业车涵盖的内容比较多，根据设备分类它们分别有自己的管理规则，如《接触网作业车管理规则》、《轨道车管理规则》，这些规则对相关设备的管理、运用、检修、安全等工作做了具体规定，是管理接触网作业车的基本法规。

2. 技术规范

接触网作业车的技术规范根据相关设备分类包括相关的维修规范、技术条件等，如《电气化铁道接触网综合检修作业车技术条件》、《重型轨道车技术条件》、《轨道平车通用技术条件》、《轨道起重车通用技术条件》、《起重轨道平车》等等。这些规范及技术条件是接触网作业车维修、质量验收的技术标准和依据。

3. 行车规章

接触网作业车行车常用的规章制度有《铁路技术管理规程》、《行车组织规则》、《铁路交通事故应急救援和调查处理条例》、《铁路交通事故调查处理规则》、《车机联控作业》行业标准、《电气安全规则》、《铁路运输调度规则》等相应有关行车指挥的办法、措施。进入客运专线的接触网作业车还应执行相应的客运专线技术管理办法、行车组织规则等。

二、接触网作业车司机的管理

1. 接触网作业车司机的准入条件

接触网作业车司机称为铁路自轮运转车辆驾驶员，仅指驾驶接触网作业车在中华人民共和国境内铁路线路上行驶的人员(简称驾驶员)。

驾驶员实行资格许可，由铁道部运输局组织实施。每台接触网作业车设司机、副司机各1名。

2. 驾驶证的内容

铁路自轮运转车辆驾驶证分为D类、E类，每类分为学习驾驶证与驾驶证两种。D类准驾大型养路机械;E类准驾接触网作业车和轨道车。

驾驶证有效期为六年、学习驾驶证有效期为两年。补办的驾驶证有效期与原证一致。

取得驾驶证还需经铁道部运输局组织的驾驶资格理论培训考试和实作考试合格。

3. 驾驶证的取得

申请驾驶资格时,铁路运输企业申请人向所在地铁路安全监督管理办公室(简称报名点)提出申请,并提交申请表、体检表原件、身份证、学历证复印件等书面材料及相应的电子扫描文件。

驾驶资格考试分理论考试和实作考试。

理论考试实行全国统考制,理论考试合格后,向申请人颁发学习驾驶证。

申请人凭学习驾驶证由用人单位安排参加跟车实作练习。实作练习应在带教司机指导下或在实作培训基地内进行。申请人以不少于半年的时间进行跟车实作练习并在完成“实作练习操作指南”(另行发布)所规定的练习项目后,方可向报名点申请参加实作考试。

实作考试不合格者可当场申请再次补考,再次补考不合格者需再跟车练习三个月以后,在学习驾驶证有效期内再次申请实作补考,实作补考不超过两次。

4. 驾驶证管理

(1)驾驶证年鉴

驾驶证日常管理由属地铁路安全监督管理办公室负责。驾驶员资格实行年度鉴定制度,铁路安全监督管理办公室每年按相关规定对驾驶员进行年鉴。年鉴合格后,加盖年鉴合格章并发给次年考评计分卡。铁路建设单位的驾驶员年度培训、考核、年鉴等按属地原则管理,签订协议委托单位所在地或施工所在地的铁路安全监督管理办公室实行统一实施。

凡驾驶证没有加盖有效年度鉴定合格印章或鉴定不合格者,不得执业驾驶。

驾驶证有效期6年,持证驾驶员应在驾驶证有效期满前三个月向所在地的铁路安全监督管理办公室提出换证申请。

(2)驾驶证的吊销

有下列情形之一者,由运输局吊销其驾驶证:

①所持驾驶证与所驾车型类别不符的。

②发生责任行车一般B类及以上事故的。

③提供虚假材料的。

④铁道部规定的其他情形的。

被吊销驾驶证的人员,从吊销驾驶证之日起,两年内不准申请驾驶资格考试。

(3)驾驶证的注销

驾驶员具有下列情形之一时,经审核属实,由运输局注销其驾驶证:

①个人提出注销申请的。

②超过换证时限一年的。

③驾驶许可依法被撤销的(含驾驶员退休或死亡的)。

④凡未参加年度鉴定或连续两年鉴定不合格者。

⑤铁道部所规定的其他情形的。

5. 驾驶员执业管理

(1)持有驾驶证的人员,从业前必须参加由用人单位组织的岗前培训。

(2)驾驶员在驾驶自轮运转车辆时,必须携带驾驶证。驾驶员所驾车型须与其驾驶证类型相符。

(3)驾驶员在不同车型(同类驾驶证)的转型驾驶前,须经用人单位按照转驾车型的技术性能、运行特点、装运要求和铁路安全运输规章等内容,进行不少于7个工作日的培训,经考核合格发放上岗证,方可上岗驾驶。

(4)驾驶员每年必须参加由用人单位组织的按有关规定的年度脱产培训。

(5)铁路安全监督管理办公室对驾驶员进行年度综合考评,年度综合考评实行年度违章扣分制,每人每年度12分。

(6)违章扣分的等级按违章程度分为12分、6分、3分、2分、1分。具体执行标准见扣分办法。驾驶员因违章扣分年度累积达12分或严重违章,由铁路安全监察人员或自轮运转特种设备专业管理人员扣留其驾驶证。扣证后根据需要应向其出具临时驾驶证明。临时驾驶证明有效期不超过十个工作日。被扣驾驶证人员经集中学习培训并考核合格、接受相应处理后,凭处理部门书面处理结论,录入管理信息系统,向扣证人申请领回驾驶证,扣证人在驾驶证副证上记录违章情节及处理结论返还其驾驶证,在考评计分卡上记录,处理人签章,方可重新上岗执业。

(7)驾驶员在执业驾驶时,除必须携带驾驶证外,还须携带考评计分卡,接受铁路安全执法人员和管理人员的监察。

三、接触网作业车的年度检查鉴定

接触网作业车的年鉴工作包括司机的年审、车辆的年度检查鉴定。

司机的年审内容包括审查司机身体健康状况、考核司机技术业务能力、考核司机行车安全及各项规章的执行情况,对不合格人员提出处理建议。

车辆年鉴的内容包括:发动机的技术状态;走行部、传动部件的连接状态、转动状态以及技术状态;车架的工作状态、有无变形;制动系统各阀、件的校验记录,基础制动的技术状态;车辆重点部位车轴、车钩零部件的探伤记录;行车安全装备的检验记录;照明系统、附属设备、仪表的技术状态;液压系统的技术状态、自救系统的功能;车辆随车行车备品的配置、管理等等。

第二节　铁路行车组织名词术语

一、一般名词术语

1. 铁路行车组织

铁路行车组织是铁路运输组织的重要组成部分,是铁路综合运用各种技术设备合理组织列车运行以实现旅客和运输货物过程的生产计划与组织工作。它的主要内容包括:车站技术作业组织,车流组织,列车运行图和铁路通过能力,铁路运输工作技术计划和调度工作等。

2. 铁路技术管理规程(简称《技规》)

《技规》是铁路进行技术管理和从事运输生产的基本法规。它的主要内容包括:铁路技术设备的基本要求和标准,行车组织工作应遵循的基本原则、工作方法和作业程序,信号显示的要求和方法以及铁路运输工作人员的主要职责和必须具备的基本条件。

3. 铁路行车组织规则(简称《行规》)

《行规》是铁路局根据《技规》中行车组织篇规定的原则,结合铁路局管内技术设备的具体条件所制定的一种行车组织的补充规则,作为《技规》的补充。

4. 车站行车工作细则(简称《站细》)

《站细》是根据《技规》和《行规》的有关规定、结合车站技术设备和作业等具体条件所制定的车站技术管理和作业组织的基本技术文件。

5. 列车

按照规定条件把车辆编挂成的车列,并挂有机车及规定的列车标志时,称为列车。

单机、动车及重型接触网作业车虽未具备列车条件,当指定列车车次时亦按列车办理。

6. 车组

若干车辆连挂在一起,称为车组。

7. 车列

若干车组连挂在一起,称为车列。分为列车车列和调车车列。

8. 路用列车

路用列车是专为运送铁路自用物资或设备的列车。

9. 换算长度(简称换长)

机车车辆通常以其前后两钩舌内侧距离按 11 m 长为一换算单位计算得出的比值表示其长度,称为换算长度。

二、车站工作组织名词术语

1. 分界点

为保证行车安全和提高区段通过能力,将铁路线路划分为区间的设备称为分界点。其中:有配线的分界点为车站;无配线的分界点为线路所及自动闭塞区间的通过信号机。

2. 车站

有配线的分界点,办理列车接发和会让,通常还办理客货运输业务的称为车站。设备较完善的车站还进行列车解体和编组工作。

车站按技术作业性质分为编组站、区段站、中间站,按业务性质分为客运站、货运站和客货运站。

3. 线路所

线路所为无配线的分界点,一般只办理接发列车业务。

4. 站界

车站管辖范围的界限称为站界。单线区段以进站信号机中心线为界;双线或多线区段以各该线的进站信号机或站界标的中心为界。

5. 接发列车工作

车站(线路所)根据行车闭塞方式及技术设备条件,按规定程序办理列车接、发、通过的整个过程称为接发列车工作。

6. 行车闭塞法

通过相邻车站、线路所、闭塞分区的设备或人为控制,使列车与列车相互之间保持一定间隔,以保持列车运行安全的行车方法称为行车闭塞法。

7. 站间区间

两相邻车站之间的区间称为站间区间。

8. 所间区间

两线路所间或线路所与车间站间的线路空间称为所间区间。

9. 闭塞分区

自动闭塞区间，同方向相邻两通过色灯信号机的中心线间，或通过色灯信号机柱中心线与进站信号机中心线间，或出站信号机中心线与通过色灯信号机柱中心线间的一段线路空间称为闭塞分区。

10. 区间空闲

区间未被列车、机车车辆占用，或相邻两站未办妥接发列车闭塞手续及出站调车手续时称为区间空闲。

11. 区间占用

区间被列车、机车车辆占用，或相邻两站已办妥接发列车闭塞手续及出站(跟踪)调车手续时称为区间占用。

12. 区间封锁

由于施工或区间发生事故等原因，根据调度命令，除指定列车外，禁止其他列车进入该区间，称为区间封锁。

13. 书面联络法

车站一切电话中断时，为安全不间断地行车，单线区间两端站按有关规定用书面形式确定列车运行次序的一种特定行车方法称为书面联络法。

14. 时间间隔法

车站一切电话中断时，双线区间正方向按有关规定的时间间隔连续发出列车的一种特定行车方法称为时间间隔法。

15. 列车凭证

列车进入区间(闭塞分区)的凭据称为行车凭证。

16. 引导接车

在进站、接车进路信号机不能使用以及双线区间由反方向开来列车，使用引导信号或引导手信号接车时称为引导接车。

17. 调车

除列车在车站的到达、出发、通过及在区间内运行外，凡机车车辆进行一切有目的的移动统称为调车。

18. 关门车

为保证车内货物的运输安全或因车辆制动系统故障而关闭制动支管上的截断塞门，使制动机失去制动作业的车辆，称为关门车。

19. 行车凭证

列车进入区间(闭塞分区)的凭据称为行车凭证。

三、列车运行图名词术语

1. 列车运行图

列车运行图是列车运行的图解。我国运行图以纵轴表示距离，以横轴表示时间，以斜直线段和规定符号表示各种列车的运行线。列车运行图是铁路行车组织工作的基础。

2. 上行方向与下行方向

我国铁路目前原则上规定列车开往北京的方向为上行方向，对不易确定方向的线路，由有关部门确定。反之为下行方向。

3. 列车车次

为区别列车的种类、性质和运行方向，对每一列车所赋予的号码和代号，称为列车车次。上行列车为偶数、下行列车为奇数。

四、铁路运输调度工作名词术语

1. 调度命令

各级调度在组织指挥日常运输工作中对下级调度或站段，以及有关人员所发布的有关完成日常运输生产的具体部署和指挥行车的指令，其中必须在调度命令登记簿上登记的称为调度命令，无需登记的为口头指示。

2. 机车交路

机车交路有两种含义：一是指机车牵引区段和运转方式，如长交路、短交路、肩回交路、循环交路、半循环交路等等；另外指机车服务列车的顺序及折返方向。

3. 列车反方向运行

双线区间，因某种需要按有关规定临时组织列车在反方向的正线上运行时，称为列车反方向运行。

五、行车事故常用名词术语

1. 铁路交通事故

铁路机车车辆在运行过程中发生冲突、脱轨、火灾、爆炸等影响铁路正常行车的事故，包括影响铁路正常行车的相关作业过程中发生的事故；或者铁路机车车辆在运行过程中与行人、机动车、非机动车、牲畜及其他障碍物相撞的事故，均为铁路交通事故。

铁路交通事故按其性质分为特别重大事故、重大事故、较大事故和一般事故。

2. 机车车辆

机车车辆包括铁路机车、客车、货车、动车、动车组及各类自轮运转特种设备等。

列车与其他调车作业的机车车辆等互相冲撞而发生的事故，定列车事故。列车在站内以调车方式进行摘挂或转线而发生事故，定调车事故。区间调车作业、机车车辆溜入区间，发生冲突、脱轨事故时，定列车事故。在封锁区间内调车作业发生事故，定调车事故。

3. 运行过程中

运行过程中系指铁路机车车辆运行的全过程，也包括在其运行中的停车状态。

4. 相撞

相撞系指铁路机车车辆在运行过程中与行人、机动车、非机动车、牲畜及其他障碍物相互碰、撞、轧，造成人员伤亡、设备设施损坏。

5. 冲突

冲突系指列车、机车车辆互相间或与轻型车辆、设备设施（如车库、站台、车挡等）发生冲撞，致使机车车辆、轻型车辆、设备设施等破损。

在列车运行中由于人为失职或设备不良等原因，将车辆挤坏或拉坏构成中破及其以上程度，或在调车作业中由于人为失职或设备不良等原因，将车辆挤坏或拉坏构成大破以上程度时，亦按冲突论。

由于机车车辆冲撞造成货物窜动将车辆撞坏、挤坏时，定冲突事故，并根据所造成的后果，确定事故等级。

6. 脱轨

脱轨系指机车车辆的车轮落下轨面(包括脱轨后又自行复轨),或车轮轮缘顶部高于轨面(因作业需要的除外)。

每辆(台)只要脱轨1轮,即按1辆(台)计算。

7. 列车发生火灾

列车发生火灾是指列车起火造成机车车辆破损影响行车设备设施正常使用,或发生人员伤亡、货物、行包烧毁等。

8. 列车发生爆炸

列车发生爆炸系指机车车辆在运行过程中发生爆炸,造成其设备损坏,墙板、车体变形或出现孔洞,影响正常行车。

9. 正线

正线是指连接车站并贯穿或直股伸入车站的线路。

10. 繁忙干线

繁忙干线系指京哈(不含沈山线)、京沪、京广、京九(含广州至深圳段)、陇海、沪昆(不含株洲至昆明段)线及客运专线。

11. 中断铁路行车

中断铁路行车系指不论事故发生在区间或站内,造成铁路单线、双线区间或双线区间之一线不能行车。中断行车的时间,由事故发生时间起(列车火灾或爆炸由停车时间算起)至恢复客货列车原牵引方式连续通行时止。

如列车能在站内其他线通行,又回到原正线上进入区间的,不按中断行车算。

施工封锁区间发生冲突或脱轨的行车中断时间,从事故发生前原计划开通的时间起计算。

12. 占用区间

占用区间是指以下情况:

(1)区间内已进入列车。

(2)区间已被列车取得占用的许可(包括准许时间内未收回的出站、跟踪调车凭证)。

(3)封锁的区间(属于《技规》规定的除外)。

(4)区间内有停留或溜入的机车车辆、施工作业车辆。列车发出后溜入的亦算。

(5)发出进入正线的列车而区间内道岔向岔线开通。

(6)邻线已进入禁止在区间交会的列车。

列车前端越过出站信号机或警冲标即算。

办理越出站界调车后,没有取消手续,也没有办理列车闭塞手续,就用该调车手续将列车开出,亦按本项论。

13. 列车冒进信号或越过警冲标

列车冒进信号或越过警冲标系指列车前端任何一部分越过地面固定信号显示的停车信号;停车列车越过到达线末端计算该线有效长度的警冲标或轧上线路脱轨器(系指用于接发列车起隔开作用的脱轨器)时亦算。双线区间反方向运行,列车冒进站界标,亦按本项论。

14. 机车车辆溜入区间或站内

机车车辆溜入区间或站内系指以进站信号机或站界标为界,机车车辆由站内溜入区间或由区间、专用线溜入站内，在区间岔线内停留的机车车辆溜往正线越过警冲标，亦按本项论。

15. 无调度命令施工，超范围施工，超范围维修作业

无调度命令施工，超范围施工，超范围维修作业包括未按规定在车站登记要点进行施工、维修作业的，施工点前超范围准备的，未按规定施工维修作业内容进行作业的，均按本项论。

16. 挤道岔

挤道岔系指车轮挤过或挤坏道岔。

第三节　接触网作业车的运行

一、接触网作业车上道的质量要求

为确保行车安全，规章规定接触网作业车不得“带病”行驶，为此必须加强接触网作业车的质量管理。

1. 接触网作业车上道质量要求

接触网作业车具有下列情况之一者，禁止上线运行。

(1)发动机无力或有异响，油压、水温显示异常。

(2)传动不良、有异响、保安装置失效，液力传动系统压力异常。

(3)车轴有异响、裂纹或车轴轴箱温升超过规定要求。

(4)车轮有裂痕、碾堆、踏面剥离、掉块、擦伤超限；接触网作业车轮辋厚度、轮缘厚度不足。

(5)轮对内侧距离超过(1 353±3)mm 允许范围或轮轴发生相对位移。

(6)车架任何部位出现裂纹或弯曲。

(7)制动系统或基础制动装置不良。

(8)前后照明、雨刷、风笛失效。

(9)自动车钩“三态”作用不良，车钩座、舌、销磨损超限、有裂纹。

(10)行车安全装备故障，通信信号及安全防护用品失效。

(11)螺栓松动、销子脱落，机件弯曲、裂纹，危及行车安全。

(12) 车载作业机具(作业平台、随机小吊等)作用不良，影响行车安全。

2. 接触网作业车质量完好标准

接触网作业车上线运行时质量完好条件应符合《接触网作业车管理规则》、《轨道车管理规则》的要求。

二、接触网作业车运行计划的申报

接触网作业车运行要按照上级要求提报运行计划，各铁路局对接触网作业车运行计划的申报要求基本相同，一般分为纳入月度施工的月计划、周计划、临时计划，发生事故抢修时还有即时计划。申报计划是应包括出车日期、径路、车号、司机姓名、“三项设备”状态、LKJ(或 GYK)版本号、熟悉线路情况等内容，如果封闭作业还要申报封闭线路的线别、封闭范围、封锁时间、行别以及是否有车辆进入等事项。申报高速铁路计划时还应包括转线、调车内容。

三、接触网作业车上道前的准备

接触网作业车上道运行前，应做好出库前的各项准备工作。

1. 核查有效证件，包括车辆年鉴合格证、辅修年鉴标志及日期、司机驾驶证、驻站证等，检查车机联控信息卡、随车规章制度，汛期还要包括防洪重点地点明细等等。

2. 组织召开班前预想会，结合当日出乘的内容、天气等做好安全预测。

3. 按照《一次乘务标准》对车辆进行技术状态检查，启动车辆观察仪表显示情况、辨别声音异响、检查相关部位的温升。

4. 检查随车防护用具、起复用具、随车工具状态、数量。

5. 进行"三步闸"、"五步闸"试验，检查制动机制动性能简略试验、贯通试验，检查有无"关门车"、缓解不良车辆。

6. 对"三项设备"进行机能实验、发码试验，"三项设备"故障禁止列车上线运行。

7. 检查货物装载、加固情况，有无偏载、窜动、漂浮物，绑扎是否牢靠、有效。

8. 检查车辆编组是否符合规定要求。

9. 出库前要确认作业车作业平台锁闭、清理，关闭平台控制电源；铁鞋已经撤除；作业车车架安全栏杆已经挂好或扣紧；侧门已经关闭。

10. 检查结束，没有危及行车安全的问题时，开启"三项设备"并调整到相应控制模式，通知随车人员、工作领导人、执行人，具备出库条件并移至出库调车信号机前方，联系车站运转室（集中楼）等待信号开放。

四、接触网作业车的运行

1. 根据运行计划通过车站值班员或通过 CIR 向列车调度员提出运行申请，列车调度员发布加开临时列车调度命令，由司机接收并核实、复诵。

2. 申请运行区段的行车命令。

3. 司机核对行车凭证，包括调度命令、绿色许可证、红色许可证、路票等以及地面信号，核对行车凭证时要司机、副司机二人共同核对并做好相应记录。

4. 司机根据加开临时列车调度命令、列车径路输入列车运行监控装置数据，合理选用控制模式。

5. 待地面信号开放后进行车机联控。执行间路行车区段司机要首先进行联控呼叫；执行指路行车区段原则上由车站首先进行联控呼叫，当车站没有及时呼叫时司机也要适时呼叫。没有进行车机联控，严禁启动车辆运行。

6. 列车启动后要正确使用列车运行监控装置，适时进行数据确认、解锁、修正，不得人为降低控制模式等级、解锁，按列车运行监控装置的提示要求控制列车运行。

7. 列车运行中司机须精神集中，严格按规定进行车机联控和呼唤应答，做到"彻底瞭望、确认信号、高声呼唤、手比眼看"。

8. 列车运行中司机要时刻注意列车仪表的显示状态，要利用"听、闻、摸、看"（听声音、闻异味、触摸温度、看仪表显示和颜色）的方法，时刻注意车辆运行状态，发现异常立即采取措施妥善处理。

9. 列车在运行中通过车站、隧道、桥梁、曲线和路堑地段，要加强瞭望、适当减速、及时鸣笛（进入限制鸣笛区段要合理使用听觉信号）。运行中遇有动车组、特快列车等通过时要关闭通过侧车窗。

10. 运行中在长大坡道前，要进行制动试验，防止车列放飏。区间站避让车辆超过 20min 要进行制动机简略试验。

11. 恶劣天气行车、区间通过信号机显示停车信号时(包括显示不明、灯光熄灭、)严格按照《技规》要求执行。

12. 列车运行中被迫停车,要及时通知两端车站及追踪列车并在列车两端设置防护,侵入邻线时要通知邻线列车并同时在邻线设置防护,将故障原因及停车地点通知列车调度员。司机要积极组织排除故障,不能排除时要及时申请救援,申请救援后列车不得再行移动。

13. 多台接触网作业车(包括平车、放线车等)连挂编组运行时,不得超过10辆。前进方向的第一位车为本务机,负责全列车的运行安全,一位补机司机协助做好信号的瞭望、确认。

14. 接触网作业车辆多台连挂运行时,由本务机司乘人员负责接受传达调度命令及联系有关行车事宜,连挂各车辆司乘人员手抄记录本务司机传达的调度命令,听从本务司机的指挥。

15. 接触网作业车辆连挂运行时,必须全部连接风管,开车前由本务司机检查试验整列车辆制动主管的贯通状态,按规定进行制动机试验。各车司机应注意观察补机制动仪表显示及制动系统动作状态,确认制动性能良好,具备发车条件后方可启动列车。

16. 列车运行中,作业车列中连挂的平板车上严禁有人站立、坐卧。

17. 进入高铁及客运专线运行对接触网作业车行车的要求

(1)进入高铁及客运专线运行的接触网作业车应按规定配备运行控制设备,运行控制设备故障时,不得上线运行。

(2)进入高铁及客运专线运行的接触网作业车上线运行应纳入施工计划,列车调度员根据施工计划,发布准许上线运行的调度命令。

(3)需向接触网作业车发布调度命令时,在机车综合无线通信设备(CIR)正常使用条件的情况下,列车调度员通过机车综合无线通信设备(CIR)向司机下达;机车综合无线通信设备(CIR)不能正常使用时,由列车调度员指定车站停车递交。

(4)开车前司机和副司机应共同确认行车凭证及道岔开通位置,认真进行相关作业联系确认,严格按照列车调度员的指令行车。

(5)在运行和作业时,司机必须正确选用运行控制设备(GYK)模式。GYK、CIR设备严禁关机或变相关机,使用CIR设备要按规定进行注册、选线和注销。

(6)遇机车综合无线通信设备(CIR)不能正常接收接车进路预告信息时,司机应立即报告列车调度员。遇接车进路预告信息中的车次与担当的车次不符时,司机应立即减速,不得进站,并报告列车调度员,列车调度员接到司机报告后,立即核对车次与排列的进路是否一致,经确认正确后向司机发布准许进站的口头指示,司机根据列车调度员发布的准许进站的口头指示,凭列控车载设备显示的允许运行信号越过进站信号机。

(7)司机通过调度通信终端接受口头调度命令时,要认真执行复诵核对制度,录音保存,并将调度命令内容摘要记入《行车日志》。司机对其内容有疑问时,须立即向列车调度员询问。

(8)天窗内接触网作业车定点开行,车次及开车时间纳入运行图及调度日班计划,原则上同一区间同一行别只开行一组同专业接触网作业车。天窗内所有影响接触网作业车运行的施工和维修作业必须在接触网作业车通过后方可进行,并须在接触网作业车返回前结束。在借用其他专业天窗时,原则上不得使用接触网作业车,确需使用时仍须遵循同一区间同一行别只开行一组同专业接触网作业车的原则。

(9)通过车站、桥梁、曲线、路堑、施工等地段及天气不良的情况下运行时,应时刻注意线路情况,并适当减速。

(10)长度不足的接触网作业车组不得全部停留在调谐区内。因故障停留在调谐区内时,司机应立即向列车调度员报告，并及时在调谐区外适当地点以短路铜线防护。

五、接触网作业车的调车作业

接触网作业车调车作业是整个行车组织的重要组成部分，发生在日常工作中，由于目前接触网作业车使用 LKJ 以及 GYK 对调车作业不能实施正常监控，因此在日常行车工作中加强调车作业的管理非常重要。

1. 在调车作业前，应指定专人担任调车负责人，负责人应做到措施得当、分工明确、预想充分，组织调车人员正确及时完成调车任务，确保车辆、人身安全。临时变更调车计划，必须停轮传达。

2. 接触网作业车在车站调车作业、转线、连挂车辆时，必须按列车、调车作业办理。调车作业中司机要精神集中，要认真落实要道、还道制度，时刻注意确认信号，不间断地进行瞭望，认真执行呼唤应答制度和鸣示、回示制度，正确及时地执行信号显示要求，没有信号不准动车，信号不清立即停车。调车作业的重点在信号确认、道岔及脱轨器确认、调车速度控制上。调车信号的显示是由远及近，而确认时要由近及远，防止误认。当信号开放后要按照调车通知单规定的调车径路、工作量确认、道岔开放方向是否正确、脱轨器是否移出，防止误进、脱线事故发生。接触网作业车运行中必须坚持二人瞭望，按规定呼唤应答，做到车动集中看、瞭望不间断。

3. 接触网作业车调车时要严格遵守调车速度的规定：在空线上牵引运行时，不得超过 40 km/h；推进运行时，不得超过 30 km/h；调动有乘坐人员或转载爆炸品、压缩气体、液化气体、超限货物的车辆时，不超过 15 km/h；接近被连挂的车辆时，执行十、五、三车限制速度，距被挂车 2 m 前一度停车；遇有天气不良等情况，应再减低速度；在进头线上调车时，距线路终端应有 10 m 的安全距离；遇特殊情况，必须近于 10 m 时，副司机须下车指挥，严格控制速度。严格按“十、五、三”车距离和信号要求控制速度，其速度要求分别为 10 km/h、7 km/h、5 km/h；接近被连挂车辆时，速度不得超过 5 km/h。

4. 接触网作业车由车站进入专用线时，应执行一度停车确认制度，信号不清不准动车，并严格遵守专用线限制速度。需要停车时，车辆必须停在警冲标内方，停稳后，按规定做好防溜、防撞工作。

5. 接触网作业车在站内调车作业时执行车调联控，“不联控不动车”。进行车调联控后，也必须认真瞭望、确认，正确执行调车信号显示的要求，严禁臆测进行调车作业。

天气不良等非正常情况调车作业时，加强与车站的车调联控，确认信号显示后方可动车，并应适当降低速度。

6. 接触网作业车辆封闭作业时车辆连挂均按调车作业对待。分解作业时，原则应自本务机开始，依次进行逐台车辆前移分解，副司机负责车钩、风管摘解；分解车辆执行“一关前、二关后、三摘风管、四提钩”的作业程序。连挂作业时，应彻底联系，被连挂的车辆不得再行移动，连挂车辆的副司机手持信号旗(灯)负责引导挂车，距被连挂车辆一车距离时，必须一度停车，确认被连挂车辆的车钩、风管等状态良好时，再指挥连挂；连挂作业执行“一停、二检、三引、四挂、五试拉”的作业程序。

7. 进入高铁及客运专线运行的接触网作业车调车作业注意事项

(1)接触网作业车需转线时，司机根据转线计划向列车调度员提出申请。列车调度员核对计划无误，并准备好进路后，通知司机转线。

(2)单机、接触网作业车及其他自轮运转特种设备在未设调车信号机的车站或线路上调车作业时，由列车调度员办理列车进路，并点亮相应的进、出站信号机，司机根据列车调度员的准许越出站界调车的调度命令和进出站信号机的显示进行调车作业。

(3)未设调车信号机的车站在非常站控模式下需越出站界调车作业时，车务应急值守人员应报告列车调度员，经列车调度员同意并发布准许越出站界调车的调度命令后，车务应急值守人员方可点亮相应的进、出站信号机，开放进出站信号组织调车。列车调度员发布准许越出站界调车的调度命令前须确认区间空闲。调车作业完毕，车务应急值守人员应及时报告列车调度员，经列车调度员确认区间空闲后方可组织行车。

(4)同一股道只允许一端调车作业，禁止两端同时向同一股道排列调车进路。

(5)禁止跟踪出站调车。反方向出站调车时，列车调度员应确认区间空闲。

(6)调车作业执行“问路式”，司机应主动联系列车调度员(车站操作方式、非常站控模式下为车站值班员)。

(7)非常站控模式下调车作业时，须执行钩钩联控制度。接触网作业车需在站内转线时，应向车务应急值守人员提报书面转线计划，车务应急值守人员编制调车作业计划，由设备单位负责人转交司机，车务应急值守人员与司机核对无误后方可组织进行。

(8)越过出站信号机调车时，司机要格外注意回头瞭望进站信号机位置，不能进入区间后盲目运行。

六、接触网作业车的封锁作业

接触网作业车封锁作业是接触网作业车非正常行车的一种形式，也是一种经常发生的作业方式，加强对封锁作业的管理，对确保行车安全举足轻重。

《技规》规定，接触网作业车进入封锁区间的“行车凭证”为调度命令，调度命令的内容应包括：列车车次、运行速度、停车地点、到达车站的时刻等。

接触网作业车进入封锁地段前，司机应认真核实调度命令内容的相关要素是否与接触网作业车运行情况、作业内容相符并执行复诵制度，发现异议及时向车站值班员(或驻站值守员、列车调度员)提出更正申请，按规定要求输入 LKJ 或 GYK 相关数据。确认进入封锁区段的列车进路是否准备妥当，当列车发车进路建立后，应及时和车站值班员进行车机联控，按要求进入封锁区段作业，作业结束要及时折返到站内或指定地点。

接触网作业车进入作业区段后，应在防护人员显示的停车信号前停车，根据施工负责人的要求，按调车办法进入施工地点，施工中接触网作业车的运行速度应符合相关作业内容控制的运行速度，不得超速。

七、车机、车调联控作业

1. 车机联控、车调联控的内容

车机联控、车调联控是机车与车站为确保行车、提示行车信息的重要环节，车机联控是保证行车安全的一项重要措施，车调联控作业是车机联控作业的深化，是对调车作业安全关键环节进行动态控制的一项安全措施。

车机联控是车务、机务等行车有关人员使用列车无线调度通信设备，按规定联络，提示行车安全信息、确认行车要求的互控方式。

2. 车机联控、车调联控作业的要求

在车机联控、车调联控中会产生车机联控信息，也就是参与车机联控的人员需要及时反映行车设备故障、危及行车安全、违反本标准各项作业的有关信息。这些信息应按照信息分类、梳理，司机要按要求时间进行上报。

按照规定要求凡是上线运行的机车、动车组、自轮运转特种设备等应安装列车无线调度通信（车载）设备。运转车长、车站助理（外勤）值班员、机车司机、担当运转车长职能的车辆乘务员等参与车机联控的有关人员应配备列车无线调度通信设备的便携台（铁路数字移动通信系统的手持终端）。机车、动车组、自轮运转特种设备列车无线调度通信设备机车台故障时不准出库上线运行。在运行中发生故障时，列车应在前方站停车报告，取得调度命令后方可继续运行。

车机联控设备应纳入行车设备管理，投入使用的车机联控设备应保持状态良好。列车无线调度通信设备的使用人员应正确使用和爱护设备。列车无线调度通信设备（调度台、车站台、机车台）均应安装通信记录装置，配备转录设备、使用稳定可靠的电源，保证设备不间断工作。在运用状态中，任何人不应随意关机、移动、拔掉接线插头。列车无线调度通信设备车站台的通信记录装置应保持日常录音状态良好，并应安装在易于值班员确认的地方。通信记录装置纳入值班员交接班及班中检查内容，确认录音功能、核对时钟，并做好交接班检查记录。

车调联控作业的执行对象是管内所有车站、机车、动车组、自轮运转特种设备参与调车作业的有关人员；车调联控作业的媒介为列车无线调度通信设备、无线调车灯显设备；在作业过程中机车、动车组、自轮运转特种设备、车站有关人员通过执行车调联控作业有关规定，完成对调车信号和进路的确认和互控。

车站在集中区进行调车作业时，应执行车调联控作业。作业中车站值班员、接触网作业车司机，在执行有关规章制度的同时，还应执行车调联控作业的规定和用语。

调车作业牵引运行、单机出入库、机车转线、动车组自走行出入库，由车站值班员或信号员或内助（以下统称车站值班员）与司机进行车调联控作业；调车作业推进运行，车站值班员与调车人员进行车调联控作业。

车调联控作业原则上使用无线调车灯显设备进行，未配备无线调车灯显设备或无线调车灯显设备故障时，可使用列车无线调度通信设备进行。

调车作业前调车人员、司机、车站值班员应对使用的无线调车灯显设备进行通话试验。专调机车每班作业前与本区信号楼进行通话试验、区域调车机及小运转机车调车作业前与车站进行通话试验，确认设备通话性能良好后方可进行作业。执行车调联控作业时不得强行打断列车的车机联控。

执行车调联控时，遇一方未主动联控，另一方应及时补控。执行车调联控作业后，负责前方进路的司机或调车人员应认真逐个确认进路上调车信号显示正确，严禁臆测。作业中调车信号开放后，联控三次对方仍未应答时，应按照信号显示继续调车作业。

车机联控、车调联控的呼叫标准执行相关铁路局、站段相应的标准和补充规定。

第四节　接触网作业车安全作业的规定

一、接触网作业车编组连挂的规定

1. 接触网作业车连挂时，制动形式必须相同。

2. 接触网作业车辆的编挂，应根据生产实际需要安排，应将大功率或重载车编在前，大功率车作为补机时，不能作为主要的牵引动力。

3. 对 JZ-7 型制动机的接触网作业车作为补机(或无火回送)时，应将自动制动阀、单独制动阀手柄取出，并按相应车要求调整分配阀限制压力值调整为 245 kPa。

4. 编挂进入列车的接触网作业车辆，必须是经路局主管部门年检合格的接触网作业车辆。

5. 编挂进入车列的接触网作业车辆，其走行、制动、连接、车体等各部位的技术状态必须符合部、局规定的接触网作业车辆质量完好标准；应标有明确的厂修、辅修、轴检标记。

6. 新制、大修的接触网作业车辆，必须具有出厂合格证以及轴检等重点部位的探伤报告，方可上道运行。

7. 接触网作业车编组运行时，不超过 10 辆，前进方第一位接触网作业车为本务机，整列车须按规定进行制动机试验，确认制动性能良好。

8. 在编组作业过程中，禁止在未采取防溜逸措施时，将成组车辆解列。

9. 编挂有手动空、重制动调整阀的接触网作业车辆，编挂结束应根据车辆装载情况，调整阀柄位置。

10. 接触网作业车辆编挂结束后，车辆间相互连挂的车钩中心水平线的高度差不得超过 75 mm 。

11. 接触网作业车辆编组结束后，有关人员应认真检查列车、车辆的装载、加固状态、车顶"天窗"关闭情况。

12. 按规定进行列车制动试验：

(1)简略试验：后部人员向前部显示制动信号(或通知)，司机施行最大有效减压并保持 1 min，后部车辆发生制动后，立即显示缓解信号(或通知)，后部车辆缓解后，试验完成。

(2)保压试验：持续一定时间保压试验，制动手柄置于常用制动位，减压 100 kPa 后，手把位移至保压位置，在 3 min 内不得发生自然缓解。

二、接触网作业车电气化区段的规定

在电气化线路上使用接触网作业车时，在未确认停电和采取安全措施前，须遵守以下规定：

1. 不得攀登接触网作业车车顶及作业平台。

2. 乘坐接触网作业车、使用轨道平车装卸料具时，所有工作人员及料具与接触网带电部分必须保持 2 m 以上的距离。

3. 装卸长大材料时，只能平移，不得高抬翻转，严禁竖立；不得用木(竹)杆等物进行货物装卸高度的测量，不得进行接近带电接触网的作业。

4. 作业人员如必须在距接触网不足 2 m 处作业时，接触网必须停电，具体按《电气化铁路有关人员电气安全规则》的有关规定办理。

5. 在接触网未停电未接地的情况下，禁止冲刷车辆。

6. 在接触网未停电未接地的情况下，禁止轨道起重车作业及操纵起重臂。

7. 接触网作业车辆在接触网下正常运行或停留时，禁止打开接触网作业车天窗。

8. 接触网作业车辆在接触网下正常运行或停留时，禁止操纵作业机构。

9. 在接触网"V"停作业区段使用接触网作业车时，使用前应首先检查作业平台电控锁定机构、机械锁定机构是否可靠，非紧急情况严禁使用电控全区。

10. 在接触网“V”停作业区段使用轨道起重机时，必须有严密、可靠的安全措施，禁止向邻线旋转。

11. 当发现接触网有线索断线时，应远离 10 m 以外，不得触及，并通知有关专业人员处理。

三、200 km/h 及以上线路、区段作业的规定

1. 列车交会时，必须关闭相邻线路侧双层车窗，司机及作业人员要远离通过列车侧的车窗玻璃，防止玻璃破碎伤人。

2. 平板车装载货物须严格落实货物装载加固规定，应能适应 200 km/h 及以上列车交会时产生的气动力，确保货物装载加固质量和全程运输安全。

3. 接触网作业车在双线区段作业时，作业平台不得向邻线方向转动；作业人员须与邻线保持 2 m 以上的安全距离；利用“V”形天窗作业时，各种施工和检修人员须在高速列车到达前 10 min 停止作业，人、物不得侵入邻线限界，且作业车平台须旋转至正常行驶位，确保安全。

四、轨道起重车作业的规定

1. 轨道起重设备操作人员须持有起重设备操作证上岗，轨道起重设备进行装卸作业时，须指派有经验的施工负责人做现场指挥，并设专人防护，严格执行起重作业的相关规定。

2. 轨道起重车装卸作业时，必须由专业人员负责现场指挥，指定专人防护。夜间作业应有足够的照明。

3. 吊装前，检查索具是否完好，确认被吊物质量，严禁超载、偏载作业；捆绑挂钩必须牢固，位置正确，轻起轻放。

4. 起重司机、司索及地面指挥人员起重作业前，应检查起吊重物及现场，了解所起吊的物件。

5. 起重作业前，起重司机必须检查回转平台是否有枕木头及其他杂物，防止上车回转时卡滞及损坏起重机部件。

6. 司机按要求停好车位，根据地形适当给予保压制动，做好防溜，将换向手柄(或取力器)首先打至液压位，并按规定要求挂挡及给油。

7. 打支腿作业时，应先出水平油缸再出垂直油缸；收支腿时则相反。水平支腿伸出作业时，要注意支腿警示线；水平支腿伸出时，严禁车辆走行。

8. 打支腿作业时，应先支前腿，根据地形支牢、支实，垫木、支腿底盘不得偏斜，高度以轴箱弹簧松弛为宜；复线区段作业，邻线未封闭时，支腿禁止侵入邻线限界。

9. 支腿用垫木不得腐烂、开裂，表面有油迹的垫木不得有明水。

10. 上车回转面应水平，车体整体最大倾斜度不大于 1°30′；直线区段以轮缘不超过轨面为宜，曲线地段以超高轨侧轮踏面刚好离开钢轨面为宜，并注意车钩间的连接情况，防止损坏车钩。

11. 起重作业区应位于车辆的侧方或后方(即前方垂直支腿油缸垂直中心线至上车回转中心连线的后方区域)。

12. 起重作业结束撤除支腿时，要注意轮对下落情况，防止车辆脱线。

13. 起吊长大物件应有牵引绳。

14. 起吊重物时钢丝绳间夹角不宜过大，锐角物件要加垫；散装货物要捆牢扎实。

15. 起吊重物吊钩要对准货物重心；钢丝绳受力后要停车对钢丝绳、吊装及整车受力情况进行检查；货物离地 200～500 mm 再次进行停车检查。

16. 起重用钢丝绳必须符合有关标准，吊重符合吊重曲线的要求。

17. 起重作业过程中，起重司机要精神集中，时刻注意指挥人员的手语，发现异常，立即停车，且不得离开操纵室；长时间停车时，吊钩回落重物落地。

18. 起重作业中，遇有紧急情况时，对无论任何人发出的停车信号均应立即停车。

19. 起重作业中，起重臂下严禁站人。立杆作业支柱坑有人时禁止将支柱停留于坑上部。

20. 起重作业时，严禁关闭力矩锁作业。

21. 严禁带载伸缩吊臂；吊臂外伸时要注意下放吊钩，吊臂回缩时要注意收回吊钩。吊臂伸缩、回转、变幅严禁复合操纵。

22. 操纵时严禁猛拉、猛推、猛松，一方未停稳严禁进行反向操纵。非重力下降时，严禁踩制动器踏板；重力下放仅限于空钩。

23. 起重作业中，严禁随意扳动离合器操纵杆。

24. 起重作业，风力不大于 6 级，环境温度为－20～＋35 ℃；连续工作时，应注意油温不超过 75 ℃。

25. 吊钩收回落位时，讯响器鸣响，应立即停止落臂。

26. 起重作业时，滚筒余留钢丝绳不得少于 3 圈。

27. 作业完毕，应将吊臂收回放于支架上，吊钩用钢丝绳挂牢。

28. 起重作业中，人员攀登车辆、货物时，应注意手把牢靠，脚下注意防滑、踩实，有无尖、棱角物体。

五、接触网作业车随车防护用品及复轨器

1. 随车防护用品

随车防护用品用于接触网作业车被迫停车后的行车防护，随车防护用品见表 12-1。

表 12-1　随车防护用品表

品名		单位	常备数量	附注
一通信	1. 对讲机	部	2	可按需要调整频率
二信号用品	2. 手信号旗	面	6	红、黄色各一半
	3. 手信号灯	盏	3	红、黄、白三显示，轻型接触网作业车可按需要调整
	4. 信号灯	盏	2	双面红色，用于停车过夜
	5. 号角	个	3	
	6. 火炬	支	6	
	7. 响墩	个	12	
三安全防护用品	8. 短路铜线	根	2	自动闭塞区段用，长度为 1.5 m
	9. 止轮器	个	4	
	10. 液压复轨器	套	1	
	11. 灭火器	个	2	ABC 干粉型，2 kg 以上
	12. 轨道平车起复锁具	套	2	用于脱线平车起复时转向架与大梁的固定连接

续上表

品名		单位	常备数量	附注
四备品	13. 电控阀	个	1	液力传动接触网作业车备件
	14. 发电机调节器	个	1	根据柴油发动机需要确定
	15. 高压油管	套	1	根据柴油发动机需要确定
	16. 软管	根	2	柴油发动机用
	17. 喷油嘴总成	个	2	(6135 型)柴油发动机用
	18. 三角皮带	根	5	风泵 3 根,发电机 2 根(柴油发动机用)
	19. 电磁阀	个	1	列车运行监控装置用
	20. 放风阀	个	1	列车运行监控装置用
	21. 保压阀	个	1	列车运行监控装置用
	22. 钟表	个	1	
	23. 列车时刻表	份	1	运行区段范围
	24. 检修工具	套	1	含扳手、钳子、钳工锤、油枪等
	25. 技术说明书	份	1	制造厂随车提供
	26. 自锁插销	个	1	
	27. 检车锤	把	1	
	28. 红外线测温仪	台	1	便携式
	29. 手电筒	把	1	

2. 复轨器

接触网作业车由于自然原因或意外因素,可能会导致脱轨事故发生。发生脱轨后,接触网作业车司机要立即和两端车站取得联系,向列车调度员汇报并设置好行车防护,凡能通过复轨器起复的可立即组织乘务组人员起复脱轨车辆,避免事故范围进一步扩大。

(1)复轨器的作用

复轨器的作用就是将脱轨的车辆复原,使车轮重新"爬"上钢轨,恢复接触网作业车的正常行驶。

(2)复轨器的分类

复轨器分为机械复轨器、液压复轨器。

机械复轨器一般使用螺旋千斤顶和丝杠完成车辆的提升、平移,操作者需进入到车架下进行作业,当车架失衡落下时,易产生人身问题。

液压复轨器是通过液压油缸将人力变为液压能,推动油缸活塞动作,完成车辆的提升和平移,由于人基本上脱离在车架下作业,安全性大大提高。液压复轨器分为顶车轴的早期液压复轨器和顶车钩或端梁的"人"字复轨器。随着车辆自重的增加,顶车轴的早期液压复轨器基本已经淘汰,目前使用较为广泛的就是顶车钩或端梁的"人"字复轨器。

(3)"人"字复轨器的结构组成

"人"字复轨器由手动液压油泵、液压油缸、底座、连接链条、"弓"形顶托、鞍形顶托及楔块等组成,如图 12-1 所示。

液压复轨器与起复锁具结合起来使用才能完成整个起复工作。

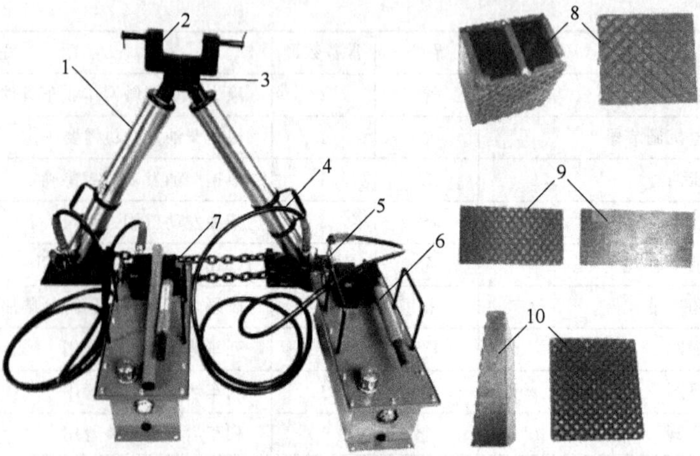

图 12-1　液压复轨器组成示意图

1—液压油缸；2—"弓"形顶托；3—鞍形顶托；4—高压油管；5—底座；6—液压泵；
7—连接链条；8—13 号钩侧楔块；9—13 号钩上楔块；10—2 号钩侧楔块

(4)"人"字复轨器的起复原理

通过给油泵加压后，高压油使油缸活塞顶出，将车轮托起至两轮缘高于轨面，通过两组油缸及连接链条组成的"三角形"变化实现脱轨车辆复轨。

①复轨器使用前的准备

a. 检查液压油泵液压油是否变质、缺少，如缺少应将过滤洁净的 20 号液压油注入油泵，注意一定要注满(注油孔螺盖，处于通气的状态；不用时必须将油孔螺盖拧紧，以防止进入杂物)。

b. 检查液压油缸气室压力，应不小于 800 kPa，不足时用高压气枪补足气压。

c. 检查各零部件不能有尘砂杂物，尤其是各孔接头处；各接头是否有松动，如有松动，请重新连接。

②起复作业过程

a. 连接复轨器。先将高压油管一头连接在油泵上，油管一定要插到底并拧紧滚花螺帽；油管另一头在油泵打出油后再和油缸连接，同样拧紧螺帽。

b. 将油泵置于对人身安全的地方，先松开油泵泄荷阀，抬起压杆，给油泵加压，反复几下(目的是为了排气)，然后按顺时针方向拧紧关闭泄荷阀。

c. 在液压缸两底板下面垫上垫木、垫板(用户自备，用户应根据地面的平整度和不同的起复要求选择不同的厚度)，将顶点为车钩的液压缸"三角形单元"置放在被起复车辆的前面，(如用钢丝绳连接，中间跨距用户可按说明书自调，但钢丝绳卡一定要卡死)，两液压缸顶部用鞍形顶托连接，组成"三角形单元"。"三角形单元"与被起复车辆必须在同一平行面内，不能前后倾斜。将"弓"形顶托置于鞍形托上部并安装在车钩上，左右油缸顶预置高度尽量达到不等边三角形，以便达到更大的位移量，慢慢摇动两个液压油泵手柄调整"弓"形顶托直至刚好受力为止，以上各点均检查无误，将止轮器放入不起复的车轮下(只止一个车轮)即可进行起复工作。

d. 用锁具锁止车轴，吊挂在车辆上(有的是锁转向架摇枕)，锁具链条松紧度要适宜，不要过紧。如图 12-2 所示。

f. 摇动液压油泵，将车辆顶起使轮对轮缘超过轨顶，注意不要起得过高，在顶起的过程中要随时注意车辆状态、锁具锁止情况，顶起时如发现底板失去水平、油缸前后倾斜、锁具脱落、

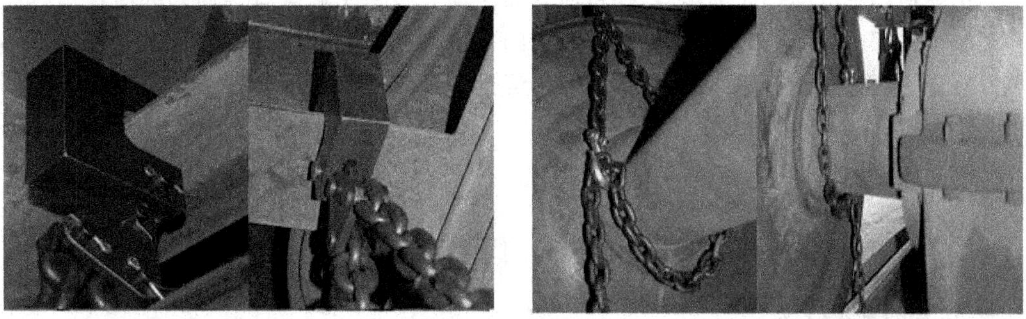

图 12-2 锁具锁挂示意图

车辆窜动，需重新回落油缸垫平底板、锁好锁具、做好防溜，防止意外发生。

g. 水平位移

如往右横移，则左侧油泵继续加压，伸长左侧油缸，右侧油泵通过泄荷阀间断重复的开与关，逐渐泄压，使“三角形单元”顶点向右平移至车轮对准道轨，如往左横移则反之。(各种型号液压缸的每级伸出长度请参看产品说明书)。

h. 下降

分别间断地开关泄荷阀，使车轮逐渐下降到道轨上。全部起复工作完成后，将复轨器泄油后拆卸，擦净装箱。

不是气压回油的液压缸将托盘与顶点松动后，将液压缸拖到安全地方插上直立销钉卸下高压油管，插入回油管，往下压液压缸回到原位。

(5)起复过程安全注意事项

①复轨器带自动回油装置的，使用前通过气嘴将缸内注满气(800～1 000 kPa)。

②复轨器组成的“三角形单元”，起复时要统一指挥，步调一致，防止倾斜。

③起复的地基一定要牢固平整。

④液压缸及各接头孔要干净无杂物。

⑤严禁空载加压或超出额定压力打压(额定压力值为 63 MPa)。

⑥复轨器与底板夹角不能大于 90°。

⑦下降时，不得一次全部打开卸荷阀。

(6)常见故障及排除方法

故障现象	产生原因	消除方法
油缸不能自动回位	1. 检查油泵阀门是否打开； 2. 检查气室是否有气压； 3. 打不进气或存不住气	打开阀门，用气筒充满气。更换气嘴或相应的 O 形圈
油缸漏油	1. O 形圈损坏	更换相应的 O 形圈
	2. 油缸内壁损坏	更换油缸

3. 接触网作业车被迫停车后的防护

接触网作业车因故被迫在区间停车后不能继续运行时，司机应立即使用无线列车调度电话通知两端车站及列车调度员，报告停车原因和停车位置，根据需要立即申请救援，申请救援后的列车不得再行移动。

列车被迫停车可能侵入邻线时，司机应立即使用无线列车调度电话通知邻线上运行的列车和两端车站，分别在列车的头部和尾部附近的邻线上点燃火炬，在自动闭塞区段还应对邻线来车方向短接轨道短路，当发现妨碍邻线列车运行时，应立即按规定设置防护。如果发现邻线有列车开来时，应立即鸣示紧急停车信号。

响墩的设置应符合《技规》要求。

第五节　信　　号

一、信号的基本概念

1. 铁路信号的定义

铁路信号是向有关行车和调车人员发出的指示和命令；它是通过音响、颜色、形状、位置、灯光等来表现的。

由于铁路运输具有高度集中和统一指挥，才能保证列车按规定速度，安全、迅速和不间断运行，信号在这一过程中起着传递信息、准确预告运行条件的重要作用，因此要求所有参与行车的人员都必须严格按信号的指示进行工作，任何单位、任何人均不得违反信号的相关定义、技术规定。

各种信号的灯光排列、颜色、尺寸、形状、安装位置必须符合铁道部 TB 10007—2006《铁路信号设计规范》规定的标准。

2. 铁路信号的分类

(1)铁路信号按感官分类

铁路信号按感官可分为视觉信号和听觉信号两大类。视觉信号是以物体或灯光的颜色、形状、位置、数目或数码显示等特征表示的信号。例如用信号机、列控设备信号、信号旗、信号牌、信号表示器、信号标志及火炬等表示的信号均属视觉信号；听觉信号是以不同声响设备发出音响的强度、频率、音响长短和数目等特征表示的信号。例如，用号角、口笛、响墩发出的音响及机车、接触网作业车鸣笛等发出的信号，都是听觉信号。

(2)铁路信号按状态分类

铁路信号按运动状态分为禁止信号和进行信号。要求停车的信号叫做禁止信号或停车信号。要求注意或减速运行的信号以及准许按规定速度运行的信号，都叫做进行信号。

3. 铁路信号的定义

(1)视觉信号颜色的定义

铁路信号通常用不同的颜色来显示其意义。我国规定有红、黄、绿三种基本颜色。其代表意义如下：

红色——停车；

黄色——注意或减速行驶；

绿色——按规定速度行驶。

大家知道红光的波长在七种可见光中波长最长，穿透力最强，且有较明显的视觉冲击效果，所以采用红色作为停车信号；黄光的穿透力仅次于红光，显示距离较远，穿透能力较强，用黄光作为注意或降低速度的信号；绿色与红色反差大、容易鉴别，也是一种波长较长的可见光，将绿色定义为按规定速度行驶的信号。

月白色、蓝色灯光作为调车信号和辅助信号的颜色。

为便于辨认信号，信号机上基本颜色的灯光不得同时点亮超过两个。

(2)听觉信号的定义

听觉信号有两种，一种是以长短声有一定规律的音响，反应行车的作业要求；另一种听觉信号是警报信号，提醒有关作业人员注意。

听觉信号长声 3 s，短声 1 s，音响间隔 1 s。重复鸣示须间隔 5 s 以上。

二、信号机及其显示

1. 固定信号机的分类

固定信号机按设置部位分为地面信号和机车信号；按构造和类型不同可分为臂板信号机、色灯信号机和机车信号机三种；按用途分为信号机和信号表示器两类；按安装方式分为高柱信号机、矮柱信号机、信号托架和信号桥；按停车信号的意义分类，固定信号可分为绝对信号和容许信号。

2. 固定信号机的显示

(1)臂板信号机

臂板信号机是以信号臂板的形状、颜色、数目、位置表达信号含义的信号机。大多用人力操纵、导线传动。它白天用臂板的不同位置，夜间用不同颜色的灯光显示信号。按每一信号机上装设臂板的数目来分，有单臂板和三臂板信号机两种主要形式。

目前，臂板信号机已很少采用，在偏远的支线还有可能存在。

(2)色灯信号机

色灯信号机是用灯光的颜色、数目及亮灯状态表示信号含义的信号机。不管昼间还是夜间都是用不同颜色的灯光来显示信号的。按照它们制作结构的不同，色灯信号机可以分为透镜式和探照式两大类。

透镜式信号机是一组透镜给出一个颜色的灯光。如果要显示多种颜色信号灯光时就要有多组透镜，所以又称它为多灯式。

透镜式色灯信号机结构简单，便于生产，比较安全可靠。主要缺点是显示距离有限，特别安装在曲线上时，不能保证连续显示。

探照式色灯信号机是一组透镜能显示出三个颜色灯光，所以又称它为单灯式。探照式色灯信号机具有节省电能，显示距离远等优点。但存在结构复杂，制造工艺要求严格，维修困难等缺点，现仅少量保留使用。

(3)几种主要固定信号机的设置地点及显示

信号机设置地点，对信号显示距离远近和安全行车等都有很大关系，一般设于线路左侧。我国铁路为左侧行车制，机车司机的座位统一设在左侧，为便于瞭望，规定所有信号机构均应设在行车方向线路的左侧。如果两线路之间距离不足以装设信号机时，可采用信号托架或信号桥。装在信号托架或信号桥上的信号机，可设于线路左侧，也可设在所属线路的中心线上空。

在特殊情况下，如线路左侧没有装设信号机的条件或因曲线、隧道、桥梁等影响，装在右侧比装在左侧显示距离更远，在保证不致使司机误认的条件下，经铁路局批准，也可设于右侧。

3. 信号机按用途的分类

信号机按用途分类为进站、出站、通过、预告、驼峰、驼峰辅助、遮断、复示、调车信号机。

(1)进站信号机

进站信号机应设在进站线路最外方道岔尖轨尖端(逆向道岔)或警冲标(顺向道岔)不少于50 m 的地点。

进站信号机是用来防护车站安全的，指示列车能否由区间进入车站以及进入车站的相关条件。显示距离不得少于1 000 m。

(2)出站信号机

出站信号机应设在每一发车线路警冲标内方(对向道岔为尖轨尖端外方)的适当地点。它是用来防护区间的安全，指示列车能否由车站进入区间。其高柱出站信号机显示距离不得少于800 m。

(3)预告信号机

预告信号机应设在距主体信号机不小于800 m的地点。它的作用是将主体信号机的显示状态提前告诉司机。

(4)通过信号机

通过信号机设在自动闭塞区段的闭塞分区分界处或非自动闭塞区段的所间区间的分界处。它的作用是指示列车能否进入它所防护的闭塞分区或所间区间。显示距离不得少于1 000 m。

(5)调车信号机

调车信号机一般设在调车作业繁忙的线路上(如到发线、咽喉道岔区)，以及从非联锁区到联锁区的入口处。它的作用是指示调车机车进行作业，一般采用矮型色灯信号机。显示距离不得少于200 m。

(6)驼峰信号机

在驼峰调车场的峰顶上，用来指示调车车列能否向峰顶推送和用多大速度推送而设置的信号机，叫做驼峰信号机。

为了能让车列后部的机车司机看清信号显示，在到发线的适当位置，还应装设驼峰辅助信号机。若驼峰辅助信号机的显示距离不能满足作业要求时，可再装设驼峰复示信号机。

驼峰信号机和驼峰辅助信号机的显示距离不得少于400 m。

(7)遮断信号机

为了防护道口、桥梁、隧道以及塌方落石等危险地点而设置的信号机，叫做遮断信号机。遮断信号机的设置位置，距其防护地点不得少于50 m。

遮断信号机显示一个红色灯光时，表示不准列车越过该信号机；不着灯时，不起信号作用。遮断信号机亦采用方形背板，并在机柱上涂有黑白相间的斜线，以区别于一般信号机。

(8)复示信号机

复示信号机一般安装于瞭望不便的处所，其作用就是对主体信号机的显示情况进行重复显示。

①进站色灯复示信号机

进站色灯复示信号机采用灯列式结构，背板为菱形，呈等腰三角形排列。

两个月白色灯光与水平线呈60°夹角表示进站信号机显示列车经道岔的直向位置向正线接车信号。

两个月白色灯光呈水平位置显示表示进站信号机显示列车经道岔的侧向位置接车信号。不显示时，表示进站信号机处于关闭状态。

②出站及进路色灯复示信号机

出站及进路色灯复示信号机背板为菱形。

一个绿灯表示出站及进路信号机主体信号在开放状态；不显示表示出站及进路信号机处于关闭状态。

③调车色灯复示信号机

调车色灯复示信号机背板为菱形。

一个月白色灯光表示调车信号机主体信号在开放状态;不显示表示调车信号机处于关闭状态。

4. 信号机的定位

信号机有关闭和开放两种状态。将信号机经常保持的显示状态作为信号机的定位。

信号机定位的确定,一般是考虑保证行车安全,提高运输效率或信号显示自动化等因素。进站、进路、出站信号机对行车安全起着极其重要的作用,规定以显示停车信号——红灯为定位。调车信号机以显示禁止调车信号——蓝灯为定位。预告信号机是附属于主体信号机的,仅能表示主体信号机的显示状态,故以显示注意信号——黄灯为定位。

驼峰信号机用以指示溜放作业和下峰调车,以显示停止信号——红灯为定位。

自动闭塞的每架通过信号机,都是其运行前方信号机的预告信号机。为提高区间通过能力,保证列车经常在绿灯下运行,规定通过信号机以显示绿灯为定位。进站信号机前方第一架通过信号机兼有预告信号机的作用,故以显示黄灯为定位。

非自动闭塞区段的通过信号机,兼有防护接车、发车的作用,以显示红灯为定位,遮断信号机和各种复示信号机以无显示为定位。

三、移动信号及手信号

1. 移动信号

当线路上出现临时性障碍或进行施工,要求列车停车或减速时,应按照规定设置移动信号,安放响墩、火炬或用手信号进行防护,以便保证行车安全。

我国使用的移动信号:停车信号、减速信号、减速防护地段终端信号。

2. 响墩及火炬信号

响墩是外形扁圆内装有炸药的听觉信号,防护时,将其放在钢轨上,当车轮压上后会发出爆炸声,要求司机立即停车。

响墩及火炬信号,是用于线路(包括桥梁隧道)遇到灾害、发生故障或列车在区间内发生事故、以及其他原因被迫停车时,防止前方或后方开来的列车发生脱轨或冲突而设置的临时紧急停车信号。

(1)显示要求

响墩爆炸声及火炬信号的火光,均要求紧急停车。停车后如无防护人员,机车乘务员应立即检查前方线路,如无异状,列车以在瞭望距离内能随时停车的速度继续运行,但最高不得超过 20 km/h。在自动闭塞区间,运行至前方第一个通过信号机前,如无异状,即可按该信号机显示的要求执行,在非自动闭塞区间,经过 1 km 后,如无异状,可恢复正常速度运行。

(2)使用方法

①响墩:3 个响墩为一组,在距防护对象(指停车列车,妨碍行车地点等)的规定距离处,顺来车方向的左侧钢轨上放置一个。然后,向远离防护对象方向间隔 20 m 右侧钢轨上放置一个,再隔 20 m 在左侧钢轨上再放置一个。安放时应尽量避免放于道岔、钢轨接头处及无砟桥及隧道内,并应避免列车停车后停在桥梁上或隧道内。

凡使用响墩时,均应有手持停车手信号的防护人员看守。防护人员应站在距防护对象最近的一个响墩的内方 20 m 处。

②火炬

火炬是一种在风雨天气都能点燃并发出火光的视觉信号,司机发现火炬信号的火光时应立即停车。停车后如无防护人员，机车乘务人员应立即检查前方线路，如无异状，可按规定速度继续运行。

火炬分为插式和投式。

插式——使用时先将铁支架向下推出约 120 mm，然后撕开火炬帽，露出发火药头。再用擦火帽擦燃发火药头，出现红光后，顺风向与地面成 45°插在道心。

投式——使用时先将铁帽拧下(不要解开铁翘紧口线)取擦火帽，擦燃出现红光后，轻轻放在道心，待其火焰烧断口线后，火炬则自行升起。

现在还有一种磁铁吸附式的，它属于插式的一种。

火炬没有安放距离要求，但要保证足够的瞭望距离。

3. 手信号

手信号是有关行车人员用手持信号旗或信号灯作出各种规定动作来表示停车、减速、发车、通过、引导等信号。

手信号的显示方法参阅《技规》即可。

四、信号表示器及信号标志

1. 信号表示器

信号表示器也是一种信号装置，但它没有防护意义，而是用来表示与行车有关设备的位置和状态，或表示信号显示的某种附加含义。

(1)道岔表示器

在发车进路上的手动道岔和非联锁区向联锁区的入口处的电动道岔，均装有道岔表示器，用以反映道岔所处的状态，以便于扳道员确认进路，也方便调车人员办理调车作业。联锁区域内的电动道岔，采用了调车信号机，所以不再另设道岔表示器。

道岔表示器有两种显示：

①昼间无显示，夜间是紫色灯光——表示道岔位置通向直向。

②昼间为中央划有一条鱼尾形黑线的黄色鱼尾形牌；夜间为黄色灯光——表示道岔位置开通侧向。

(2)发车线路表示器

用于设有线群出站信号机的地方。在调车线群的外方，设有线群共用的出站信号机，叫线群出站信号机，而在每一发车线警冲标内方适当地点，设有线路表示器。当线群出站信号机在开放的条件下，哪个线路表示器亮一个月白色灯光，即表示在该线路停留的列车可以发车。这些并排的线路表示器，同时只准一个点亮月白灯，而且只有在线群出站信号机开放后，它才能亮灯。

此外，还有进路表示器、车挡表示器、脱轨表示器等。

2. 信号标志

信号标志设在线路沿线，用来表明线路所在地点的某种情况或状态，以便司机和其他有关行车人员能够及时、正确地进行作业。这些标志包括警冲标、司机鸣笛标、作业标。

司机鸣笛标设在道口、大桥、隧道或视线不良地点的前方 500～1 000 m 处，司机见到这种标志时应当鸣笛示警。

作业标设在施工线路及其邻线距施工地点两端 500～1 000 m 处，司机见到此标志时须提高警惕并长声鸣笛。

五、高柱信号机、矮型信号机、信号托架和信号桥

高柱信号机的信号机构安装在信号机柱上，一般用于显示距离要求较远的信号机。高柱信号机具有显示距离远、观察位置明确等优点。因此，为保证安全，提高效率，进站、正线出站、接车进路、通过、预告、驼峰等信号机必须采用高柱信号机。设在岔线入口处、牵出线上的调车信号机以及驼峰调车场内指示机车上峰的线束调车信号机，也应采用高柱信号机。进站复示信号机因受地形影响，也采用高柱信号机。臂板信号机均为高柱信号机。

矮型信号机设于位于建筑接近限界下部外侧的基础上，一般用于显示距离要求不远的信号机上。因高柱信号机的设置受建筑限界的限制，另外应考虑信号机的设置不影响到发线有效长，站线出站、发车进路、一般情况下的调车信号机、驼峰调车场内设有线路表示器的指示机车上峰的线束调车信号机采用矮型信号机。出站、调车复示信号机多采用矮型信号机。

设于特殊地形和特殊条件下的信号机，其中包括进站信号机，经铁路局批准，亦可采用矮型信号机。如双线双向自动闭塞区段的反方向进站信号机即可采用矮型信号机。

因受限界限制，不能安装信号机柱时，则以信号托架和信号桥代替。信号托架为托臂形结构建筑物，信号桥为桥形结构建筑物。

六、绝对信号和容许信号

绝对信号指列车和调车车列必须无条件遵守的停车信号，一般信号机都属于这一类。它们显示禁止信号时，列车或调车车列不准许越过。当然调车信号机的禁止信号对列车不起作用。容许信号是设于区间通过机上的一种附属信号，当容许信号显示一个蓝灯时，规定的列车可在该通过信号机显示红灯的情况下不停车，以不超过 20 km/h 的速度通过。

复习思考题

1. 什么是铁路的行车组织？
2. 什么叫车站？
3. 什么是换算长度？
4. 什么叫区间封锁？
5. 什么是调度命令？
6. 什么是中断铁路行车？
7. 什么叫挤道岔？
8. 什么叫冒进？
9. 什么是车机联控？
10. 随车防护用品中响墩、火炬分别配置多少？
11. 铁路信号分为几类？
12. 视觉信号是如何定义的？
13. 信号机按用途分为几种？
14. 信号机定位有几种状态？分别是什么？
15. 试述响墩的使用方法。

参考文献

[1] 中华人民共和国铁道部．铁路技术管理规程．北京：中国铁道出版社，2010.

[2] 中华人民共和国铁道部．轨道车管理规则．北京：中国铁道出版社，2007.

[3] 中华人民共和国铁道部．接触网作业车管理规则．北京：中国铁道出版社，2009.

[4] 中华人民共和国铁道部．铁路货车运用维修规程．北京：中国铁道出版社，2010.

[5] 中华人民共和国铁道部．接触网安全工作规程．北京：中国铁道出版社，2007.

[6] 中华人民共和国铁道部．轨道车运行控制设备技术规范．北京：中国铁道出版社，2010.

[7] 中华人民共和国铁道部．铁路货物装载加固规则．北京：中国铁道出版社，2006.

[8] 上海柴油发动机股份有限公司．135 系列柴油发动机使用保养说明书．北京：经济管理出版社，1994.

[9] 中华人民共和国铁道部.铁路装卸作业安全技术管理规则.北京：中国铁道出版社，2005.

[10] 张旺狮．车辆制动装置．北京：中国铁道出版社，2003.

[11] 陈习莲．UM71 自动闭塞知识．北京：中国铁道出版社，2005.

[12] 铁路职工岗位培训教材编委会．轨道车司机．北京：中国铁道出版社，2010.

[13] 哈尔滨电机制造学校．电机学．北京：机械工业出版社，1979.

[14] 铁道部工务局．轨道车司机．北京：中国铁道出版社，1987.

[15] 傅世善．闭塞与列控概论．北京：中国铁道出版社，2006.

[16] 郑州铁路局．LKJ2000 型列车运行监控装置操作手册．北京：中国铁道出版社，2009.

[17] 吴海洪，郭劼．接触网检修作业车、轨道车乘务员出乘作业及运用安全．北京：中国铁道出版社，2006.

[18] 蒋丽川，王正生．轨道车司机．北京：中国铁道出版社，2000.

[19] 霍洪生，霍金友，田更全．轨道车司机．北京：中国铁道出版社，2002.

[20] 郭劼．自轮运转特种设备司机安全技术问答．北京：中国铁道出版社，2004.

[21] 杨志刚．LKJ2000 型列车运行监控记录装置．北京：中国铁道出版社，2008.

[22] 李晓村．内燃机车柴油发动机．北京：中国铁道出版社，2004.

[23] 郭进龙，王润田．内燃机车运用．北京：中国铁道出版社，2004.

[24] 周平．铁道概论．北京：中国铁道出版社，2007.

[25] 高继祥．铁路信号运营基础．北京：中国铁道出版社，2008.

[26] 王占元，纪峰．电工基础．北京：机械工业出版社，2004.

[27] 刘豫湘，陆缙华，潘传熙．DK-1 电空制动机与电力机车空气管路系统．北京：中国铁道出版社，2009.

[28] 汤毛志．起重技术．北京：中国电力出版社，1999.

[29] 黄璟一．起重工．北京：化学工业出版社，2001.